해커스공기업 NCS 통합 봉투모의고사

모듈형/피듈형/PSAT형+전공

NCS 실전모의고사 1회

모듈형

해커스

수험번호	
성명	

NCS 실전모의고사
1회
(모듈형)

시작과 종료 시각을 정한 후, 실전처럼 모의고사를 풀어보세요.

시 분 ~ 시 분 (총 50문항/60분)

□ **시험 유의사항**

[1] 모듈형 시험은 NCS 국가직무능력표준에서 제공하는 학습모듈 및 NCS 가이드북의 이론과 개념을 기반으로 한 문제로 구성되며, 국민연금공단, 소상공인시장진흥공단 등의 기업에서 출제하고 있습니다.
※ 2025년 상반기 필기시험 기준으로 변동 가능성이 있습니다.

[2] 본 실전모의고사는 직업기초능력평가 10개 영역 50문항으로 구성되어 있으므로 영역별 제한 시간 없이 1문항당 풀이 시간을 고려하여 60분 내에 푸는 연습을 하시기 바랍니다. 전공 시험을 치르는 직무의 경우 각 직무에 맞는 전공 실전모의고사를 추가로 풀어보는 것이 좋습니다.

[3] 본 실전모의고사 마지막 페이지에 있는 OMR 답안지와 해커스ONE 애플리케이션의 모바일 타이머를 이용하여 실전처럼 모의고사를 풀어본 후, 해설집의 '바로 채점 및 성적 분석 서비스' QR코드를 스캔하여 응시 인원 대비 본인의 성적 위치를 확인해보시기 바랍니다.

※ 추가적인 실전 연습이 필요한 경우, 해커스잡 사이트(ejob.hackers.com)에서 OMR 답안지를 다운로드한 후 출력하여 활용할 수 있습니다.

01. **다음은 직무 현장에서 사용되는 문서의 종류에 대한 설명이다. 이 중 설명과 문서의 종류가 적절하게 연결되지 않은 것은?**

① 업무 지시나 행정적 협조 요청 등을 위해 작성되며, '끝.'으로 마무리되고 육하원칙이 충실히 드러나야 하는 문서는 공문서이다.

② 특정 사안의 현황이나 처리 경과를 알리는 데 사용되며, 주간업무보고서, 결산보고서, 출장보고서 등이 포함되는 문서는 보고서이다.

③ 아이디어와 추진안을 담아 상대를 설득하고 실행을 유도하며, 목차 구성과 도표·그래프의 시각화가 중요한 문서는 기획서이다.

④ 사내 특정 부서에 공식적으로 의견을 전달하거나 승인을 요청하는 내부 문서로, 대체로 '귀 기관의 무궁한 발전을 기원합니다.'로 시작하는 문서는 기안서이다.

⑤ 전화 기록, 회의 중 특이사항, 업무 중 전달할 사소한 일 등을 간결히 정리해 전달하며, 주로 메모 형식으로 작성되는 문서는 비즈니스 메모이다.

02. 박 사원이 작성한 ○○회사 창립 20주년 기념행사에 참석을 요청하는 공문서가 다음과 같을 때, 김 대리가 박 사원에게 요청한 수정사항으로 가장 적절하지 않은 것은?

> ○○회사
>
> 수신자 수신처 참조
> (경유)
> **제 목** ○○회사 창립 20주년 기념행사(紀念行事) 참석 요청
>
> ---
>
> 1. 귀사의 무궁한 발전을 기원합니다.
> 2. ○○회사는 생필품 가전을 시작으로 현재는 반도체 및 LED 생산과 판매를 통해 현재까지 20년간 매출액 10% 이상 상승하였으며, 연 매출 5000억 원이 넘는 회사로 성장하고 있습니다.
> 3. 이를 기념하고자 아래와 같이 창립 20주년 기념행사(紀念行事)를 개최하고자 하오니 협력업체 및 협회 분들의 많은 참여를 부탁드립니다.
>
> – 아 래 –
>
> **가. 일시:** 2020. X. X.(수) 오후 3시
> **나. 장소:** XX 리조트 ○○홀
> **다. 주제:** ○○회사 창립 20주년 기념 및 공로 시상
> **라. 대상:** ○○회사 협력업체 및 협회 임원
>
> 붙임. ○○회사 창립 20주년 기념행사(紀念行事) 수신처 목록 1부, ○○회사 창립 20주년 기념행사(紀念行事) 행사 계획 1부.
>
> ○○전자 대표이사

① 문서 의미 전달에 중요하지 않다면 한자 사용은 지양해야 합니다.

② 날짜 다음 괄호를 사용하는 경우 괄호 뒤에 마침표를 표기해야 하므로 (수) 다음 마침표를 추가해주세요.

③ 시간 표기는 24시간제를 적용해야 하므로 15:00로 수정해야 합니다.

④ 첨부물이 두 가지 이상일 때는 항목을 구분하여 표시해야 하므로 붙임 1, 붙임 2로 나누어 표기해 주세요.

⑤ 마지막엔 한 글자를 띄우고 '끝' 자로 마무리해주세요.

[03-04] 다음 문서를 보고 각 물음에 답하시오.

○○금융연구원

문서번호:
시행일자: 2025년 8월 9일
수　　신: ○○과학기술원 원장
참　　조: 신기술창업지원단 ○○○

제　　목: 정책자금 및 경영서식 종합정보서비스 [정보사용료] 지급요청

---

1. 과학기술 발전과 기술산업입국을 위해 항상 노고가 많으심에 감사를 드립니다.
2. 귀 원과 체결(계약번호 S03-123)한 정책자금 및 경영서식 종합정보서비스 제공계약 제7조(정보사용료)에 따라 붙임 자료와 같이 정보사용료 지급을 요청합니다.
   가. 정보사용료에 대한 기준: 사업자별로 매 분기 초 시작일과 매 분기 말 종료일의 가입자 수를 합하여 평균한 값을 적용한 것입니다.
   나. 정보사용료에 대한 종류: 이동통신, 휴대인터넷, 무선호출, 주파수공용통신, 위치기반서비스, 위성휴대통신에 대해서도 무선데이터통신 단가를 적용합니다.
3. 검토하여 처리해주시기 바라며 귀원의 무궁한 발전을 기원 드립니다.

붙임. 1. 사업자등록증 사본 1부.
　　　2. 지정은행 통장 사본 1부.
　　　3. 세금계산서 1부. 끝.

○○금융연구원장

03. 위의 문서의 종류로 옳은 것은?

① 기안서　② 품의서　③ 기획서
④ 결의서　⑤ 공문서

04. 다음을 읽고 문서의 작성에서 잘못된 점을 지적한 것으로 가장 적절한 것은?

① 가. 나.의 세부적인 내용에서 ':(쌍점)'의 띄어쓰기를 잘못하였으므로 제목과 세부내용을 각각 띄어 쓴다.
② '2.'의 세부내용을 '가., 나.'로 쓰지 않고 '1), 2)'로 고쳐 써야 한다.
③ 문서의 마지막에 쓰는 '끝'을 '○○금융연구원장'의 마지막으로 옮겨야 한다.
④ 시행일자에서 '2025년 8월 9일'을 '2025. 08. 09.'로 바꿔 써야 한다.
⑤ 붙임에서 각각 되어 있는 붙임 파일을 사업자등록증 사본, 지정은행 통장 사본, 세금계산서 각각 1부로 고쳐 쓴다.

05. 다음 공문서에서 표기 방식의 일관성에 대한 내용으로 가장 적절하지 않은 것은?

> **경기도문화의전당**
>
> **수신:** 경기도청 문화체육관광국장(참조: 예술정책과장)
>
> **제목:** 2025 지역문화 창제작 지원사업 추진 계획 안내
>
> 귀 기관의 무궁한 발전을 기원드립니다.
>
> 경기도문화의전당은 지역 예술인의 창작 기반 조성을 위해 「2025 지역문화 창제작 지원사업」을 다음과 같이 추진하고자 하오니, 관련 업무에 참고하여 주시기 바랍니다.
>
> 1. **사업명:** 2025 지역문화 창제작 지원사업
> 2. **사업기간:** 2025.03.01.~2025. 12. 15.
> 3. **주요내용**
>   가. 지역 문화예술인 대상 공모사업 운영
>   나. 공연·전시 창작물 제작 지원
>   다. 결과발표회 및 홍보물 제작 지원
> 4. **기타사항**
>   가. 추진일정은 추후 공문을 통해 별도 안내 예정
>   나. 본 사업은 '경기도 예술진흥 기본계획(2025~2029)'과 연계됨
>
> 붙임 1. 2025 지역문화 창제작 지원사업 계획서 1부
> 붙임 2. 참여예정 예술단체 명단 1부 끝.
>
> 기안: 예술진흥팀 / 검토: 기획운영부 / 협조: 전략사업실
> 경기도 수원시 팔달구 효원로 307 (우16488) / www.ggac.or.kr
> 전화: 031-230-3200 / 팩스: 031-230-3201 / 이메일: office@ggac.or.kr

① '2025.03.01.~2025. 12. 15'에서 시작일은 연·월·일 사이에 띄어쓰기가 없고, 종료일은 연·월·일 사이에 띄어쓰기가 있지만, 기간 표시 목적상 이러한 차이는 공문서에서 허용되므로 표기 방식에는 일관성이 있다.

② 숫자는 모두 아라비아 숫자를 사용하고 있으며, 금액 등은 등장하지 않아 표기 방식에는 일관성이 있다.

③ 항목 구분 방식은 '1. → 가. → 나. → 다.' 순으로 계층적으로 표현되어 있고, 들여쓰기 규칙도 일관되게 지켜졌다.

④ '결과발표회 및 홍보물 제작 지원'이라는 표현은 '공연·전시 창작물 제작 지원'과 병렬 구조로 나열되었으며, 문장 구조상 일관성이 있다.

⑤ '경기도 예술진흥 기본계획(2025~2029)'이라는 계획 명칭 표기에서 사용된 연도 구간 기호는 일반적인 공문서 기준에 맞는 일관된 표현이다.

06. 다음 중 밑줄 친 부분에 대응하는 한자어로 적절하지 않은 것은?

① 한번 들인 습관은 <u>고치기</u>가 어렵다. → 수선(修繕)

② 그 기업은 사규를 <u>고쳐</u> 휴일을 조정했다. → 개정(改正)

③ 공문서의 표현을 형식에 맞게 <u>고쳤다</u>. → 정정(訂正)

④ 수리업체를 통해 컴퓨터를 <u>고쳤다</u>. → 수리(修理)

⑤ 그 한의사는 뇌졸중을 잘 <u>고친다</u>. → 치료(治療)

07. 다음 밑줄 친 단어 중 맞춤법에 맞는 것은?

① 물건 <u>개수</u>를 정확히 세어봅시다.

② 눈에 <u>띠는</u> 모습으로 다니지 말아라.

③ 모든 사람들이 <u>희노애락</u>에 초연할 수는 없다.

④ 이렇게 <u>거칠은</u> 환경에서 정말 잘 자라주었구나!

⑤ 몇 월 <u>몇 일</u>에 도착하는지 정확하게 정하기를 바랍니다.

08. 500g의 농도 20% 소금물에서 일부를 덜어낸 뒤, 덜어낸 양만큼 물을 넣어 농도 16% 소금물을 만들었다. 다시 이 소금물에서 100g을 덜어내고, 덜어낸 양만큼 농도 25% 소금물을 추가로 넣었더니 농도가 약 18%가 되었다. 처음 덜어낸 소금물은 몇 g인가?

① 80g ② 100g ③ 120g ④ 140g ⑤ 160g

09. 한 팀은 남자 직원 3명, 여자 직원 4명으로 구성되어 있다. 다음 주에 재택근무를 할 직원 3명을 뽑으려고 한다. 단, 뽑힌 인원 중에는 남자와 여자가 각각 적어도 1명 이상 포함되어야 한다. 이 경우 가능한 인원 조합 수는?

① 20가지 ② 25가지 ③ 28가지 ④ 30가지 ⑤ 32가지

10. 프로젝트 참여자 8명 중 3명은 마케팅팀, 2명은 개발팀, 나머지는 디자인팀 소속이다. 이 중 3명을 뽑아 발표를 하게 할 때, 각 팀에서 1명씩 포함되도록 선발하는 경우의 수는?

① 12가지 ② 14가지 ③ 16가지 ④ 18가지 ⑤ 20가지

11. 현재 민지의 나이는 어머니보다 24세 어리고, 5년 후 어머니의 나이는 민지 나이의 2배보다 6세 적을 때, 4년 전 어머니의 나이는 몇 세인가?

① 44세 ② 45세 ③ 48세 ④ 50세 ⑤ 52세

12. 시속 60km의 버스는 정각에, 시속 90km의 버스는 30분 늦게 같은 지점을 향해 출발한다. 두 버스가 동시에 도착했을 때, 그 구간의 거리는 얼마인가?

① 90km ② 100km ③ 105km ④ 120km ⑤ 135km

13. A 회사는 신제품 개발에 사용할 새로운 부속품을 구입하고자 한다. 신형 부속품에는 A, B 두 종류가 있으며, A를 560개 살 수 있는 예산으로 B는 630개를 살 수 있다. 같은 예산으로 A를 360개 구입할 때 나머지 예산으로 B는 몇 개 살 수 있는가?

① 180개 ② 220개 ③ 225개 ④ 230개 ⑤ 235개

14. 다음은 일부 항구 근처의 수질 점수에 대한 자료이다. 이에 대한 설명으로 옳은 것은?

[항구별 수질 점수]

(단위: 점)

구분	2015/02	2015/08	2016/02	2016/08	2017/02	2017/08	2018/02	2018/08	2019/02	2019/08
A 항	38	44	44	44	33	54	31	50	41	48
B 항	29	41	42	38	20	33	22	44	35	44
C 항	29	44	29	38	32	44	30	44	38	44

※ 1) 점수별 등급: 1등급 24점 이하, 2등급 25~34점, 3등급 35~47점, 4등급 48~60점, 5등급 61~100점

2) 등급 값이 낮을수록 수질이 좋은 것임

※ 출처: KOSIS(해양수산부, 국가해양생태계종합조사)

① A 항은 다른 항보다 항상 수질이 좋다.

② 항구위치에 상관없이 매년 동절기보다 하절기에 수질이 좋지 않다.

③ 2016~2018년 기간의 평균 수질 등급은 B 항과 C 항이 다르다.

④ A, B, C 항의 수질 등급이 3등급이었던 시기의 수는 같다.

⑤ 2017년 2월부터 동절기의 B, C 항의 수질은 나빠지고 있다.

15. 다음 근로여건 만족도에 대해 조사한 자료를 바탕으로 작성한 보고서의 내용 중 옳지 않은 것은?

[근로여건 만족도]

(단위: %)

구분		하는 일				근무환경				근로시간			
		만족	보통	불만	모르겠음	만족	보통	불만	모르겠음	만족	보통	불만	모르겠음
2013년		32.1	50.4	16.6	0.9	27.3	45.4	25.2	2.1	25.2	45.5	28.2	1.1
2015년		30.8	51.9	16.2	1.1	27.4	45.9	24.6	2.1	24.3	46.4	28.0	1.3
2017년		35.2	48.4	15.6	0.8	30.5	44.0	24.1	1.4	28.0	44.4	26.8	0.8
성별	남자	35.1	48.0	16.2	0.7	29.1	43.4	26.4	1.1	26.0	45.3	28.0	0.7
	여자	35.4	49.1	14.7	0.8	32.3	44.9	21.0	1.8	30.7	43.3	25.1	0.9
직군	전문관리직	52.8	37.4	9.6	0.2	44.9	38.9	15.7	0.5	38.0	38.5	23.3	0.2
	사무직	38.4	49.3	11.9	0.4	39.7	45.7	14.0	0.6	34.9	43.1	21.7	0.3
	서비스판매직	29.6	53.2	16.6	0.6	24.5	50.8	23.3	1.4	22.2	46.2	31.0	0.6
	기능노무직	21.4	54.3	22.7	1.6	15.8	43.7	37.7	2.8	18.1	49.2	31.1	1.6

1. 하는 일
- ▶ ① 2017년 우리나라 임금근로자가 하는 일에 대하여 만족하는 비율은 35.2%로 2년 전보다 4.4%p 증가함
- ▶ 하는 일에 대하여 만족하는 비율은 남자와 여자가 비슷함
- ▶ 하는 일에 대하여 만족하는 직군은 전문관리직이 52.8%로 가장 높음

2. 근무환경
- ▶ ② 2017년 우리나라 임금근로자가 근무환경에 대하여 만족하는 비율은 30.5%로 전년 대비 증가함
- ▶ ③ 근무환경에 대하여 만족하는 비율은 여자가 남자보다 3.2%p 높음
- ▶ 근무환경에 대하여 만족하는 직군은 전문관리직이 44.9%로 가장 높음

3. 근로시간
- ▶ 2017년 우리나라 임금근로자가 근로시간에 대하여 만족하는 비율은 28.0%로 2년 전보다 3.7%p 증가함
- ▶ ④ 근로시간에 대하여 만족하는 비율은 여자가 남자보다 4.7%p 높음
- ▶ ⑤ 근로시간에 대하여 만족하는 직군은 전문관리직과 사무직이 각각 38.0%, 34.9%로 나타나 상대적으로 다른 직군보다 만족도가 높음

16. 다음 중 문제해결의 장애요인으로 보기 어려운 것은?

① 문제 발생 시, 문제의 본질을 심도 있게 분석하기보다 즉각적인 대처 방안을 우선적으로 수립하여 실행하는 경우

② 과거의 성공 경험이나 개인적인 신념을 바탕으로 논리적 근거가 부족하더라도 특정 해결책을 고수하는 경우

③ 문제의 본질적 재정의를 위해, 기존의 합의된 관점을 비판적으로 검토하고 이견(異見)까지도 적극 수용하는 경우

④ 문제해결과정에서 여러 정보 중 가장 먼저 떠오르거나 이해하기 쉬운 일부 정보에만 과도하게 의존하는 경우

⑤ 해결안 도출을 위해 가능한 모든 자료를 수집하는 데 집중하느라, 구체적인 절차를 무시하는 경우

17. 다음 중 창의적 사고에 대한 설명으로 옳지 않은 것은?

① 문제를 빠르게 해결했다고 해서 그 사람을 창의적이라고 할 수는 없다.

② 창의적 사고란 내적 정보인 현상과 외적 정보인 지식의 조합이다.

③ 창의적 사고는 사회나 개인에게 새로운 가치를 창출한다.

④ 창의적 사고는 교육훈련을 통해 개발될 수 있는 능력이다.

⑤ 창의적 사고에는 사고력을 비롯해서 성격, 태도에 걸친 전인격적인 가능성까지도 포함된다.

18. 다음 중 창의적 사고 개발 방법에 대한 설명으로 적절하지 않은 것은?

① 자유연상법은 특정 주제에 대해 떠오르는 생각들을 제약 없이 계속 열거해 나가는 방식으로, 브레인스토밍이 대표적인 예에 해당한다.

② 강제연상법은 주제와 본질적으로 닮은 대상을 찾아 그 유사점을 힌트로 활용하여 사고를 확장하며, 체크리스트가 대표적인 활용 기법이다.

③ 비교발상법은 아이디어 발상을 위해 주제의 본질과 유사한 다른 것에서 힌트를 찾으며, 시네틱스 같은 기법을 통해 서로 관련 없어 보이는 요소들을 새롭게 조합하기도 한다.

④ 비교발상법의 NM법은 대상과 비슷한 것을 찾아내 그것을 힌트로 새로운 아이디어 등을 생각해 내는 방법이다.

⑤ 자유연상법, 강제연상법, 비교발상법 등은 문제에 대한 다양한 사실이나 아이디어를 창출할 수 있는 발산적 사고를 개발하는 데 그 목적이 있다.

19. 다음 중 '성급한 일반화의 오류'에 대한 설명으로 가장 적절한 것은?

① 상대방의 주장과는 전혀 상관없는 별개의 논리를 만들어 공격하는 오류이다.

② 어떤 주장이 증명되지 않았다는 것을 근거로 그 반대의 주장이 참이라고 결론 내리는 오류이다.

③ 문맥을 무시하고 특정 문구에만 과도하게 집착하여 잘못 해석하는 오류이다.

④ 특정한 몇몇 사례만을 근거로 전체가 그러할 것이라고 단정하는 오류이다.

⑤ 질문 안에 이미 특정 답변을 전제하거나 유도하여, 어떤 답변을 하든 불리하게 만드는 오류이다.

20. 다음 중 문제인식 단계의 '과제 선정' 절차에 대한 설명으로 적절하지 않은 것은?

① 도출된 여러 과제안들을 대상으로 효과 및 실행 가능성 측면을 종합적으로 평가하여 우선순위가 가장 높은 안을 선정한다.

② 과제안 평가 시에는 일반적으로 과제 해결의 중요성, 과제 착수의 긴급성, 그리고 과제 해결의 용이성을 고려하여 평가 기준을 설정한다.

③ 과제 해결의 중요성 평가 기준에는 해당 과제가 매출이나 이익에 기여하는 정도, 지속성 및 파급 효과, 고객 만족도 향상 등이 포함될 수 있다.

④ 과제 착수의 긴급성은 목표 달성의 시급도와 해당 과제 수행에 필요한 예상 시간 등을 기준으로 판단할 수 있다.

⑤ 과제 해결의 용이성은 실시상의 난이도, 필요자원 적정성, 자사 내부적 문제해결을 기준으로 판단한다.

21. 다음 중 실행계획 수립에 대한 설명으로 옳지 않은 것은?

① 무엇을(What), 어떤 목적으로(Why), 언제(When), 어디서(Where), 누가(Who), 어떤 방법으로(How)의 물음에 대한 답을 가지고 계획하는 단계이다.

② 실행계획 수립 시 인적, 물적, 예산, 시간 자원을 고려해야 한다.

③ 실행계획 수립 시에는 해결안별 난이도를 고려하여 세부 실행내용을 구체적으로 수립하는 것이 좋다.

④ 실행의 목적과 과정별 진행 내용을 일목요연하게 정리해야 한다.

⑤ 중요도와 실현 가능성을 고려해서 종합적인 평가를 내리고 채택 여부를 결정해야 한다.

22. 다음은 문제 유형을 기준에 따라 분류한 것이다. 빈칸에 들어갈 내용을 순서대로 바르게 나타낸 것은?

> • 해결방법에 따른 문제 유형: 논리적 문제, (㉠) 문제
> • 업무수행 과정 중 발생한 문제 유형: 발생형 문제(= ㉡), 탐색형 문제(=찾는 문제), 설정형 문제(= ㉢)

	㉠	㉡	㉢
①	창의적	개선문제	이탈문제
②	합리적	보이는 문제	이탈문제
③	창의적	보이는 문제	미래문제
④	합리적	개선문제	이탈문제
⑤	창의적	달성문제	미래문제

23. 다음 중 '문제해결을 위한 기본적 사고' 4가지에 대한 설명으로 적절하지 않은 것은?

① 전략적 사고는 당면한 문제의 해결에만 집중하기보다 해당 문제가 전체 시스템 및 다른 문제들과 어떻게 연관되는지 파악하는 것을 강조한다.

② 분석적 사고는 문제의 전체를 개별 요소로 분해하고, 각 요소의 의미를 파악한 후 우선순위를 정해 구체적인 해결 방법을 실행하는 과정을 포함한다.

③ 분석적 사고 중 '사실 지향의 문제해결'은 주관적 판단이나 편견을 배제하고, 수집된 객관적 데이터와 검증된 사실에 근거하여 문제의 원인을 파악하고 해결책을 모색하는 접근이다.

④ 발상의 전환은 기존의 고정된 인식의 틀에서 벗어나, 새로운 관점과 시각으로 문제를 바라보고 해결책을 모색하려는 유연한 사고방식을 의미한다.

⑤ 내·외부자원의 효과적 활용은 주로 외부 전문가나 컨설팅에 의존하여 해결책을 찾는 자세를 의미하며, 내부자원의 한계를 인정하는 데 중점을 둔다.

24. 해커스무역은 직원들의 동기 부여와 직무 만족도를 높이기 위해 다음 매슬로(Maslow)의 욕구 5단계를 참고해 다양한 인사 제도를 검토하고 있다. 다음 중 해커스무역이 직원들의 상위 욕구(존경의 욕구, 자기실현의 욕구) 충족을 목표로 할 때, 그 효과가 상대적으로 가장 미미할 것으로 예상되는 방안은?

① 뛰어난 성과를 보인 직원에게 공식적인 포상과 함께 동료들 앞에서 공개적으로 인정하는 제도를 마련한다.

② 직원들에게 도전적이고 의미 있는 직무를 부여하고, 자율성과 창의성을 발휘할 수 있는 업무 환경을 조성한다.

③ 모든 직원에게 업계 평균 이상의 기본급과 쾌적하고 안전한 작업 환경을 보장한다.

④ 직원들이 자신의 잠재력을 개발하고 전문성을 향상시킬 수 있도록 다양한 교육 및 경력개발 프로그램을 지원한다.

⑤ 직원들의 의견을 경청하고, 의사결정 과정에 참여할 기회를 확대하며, 리더십 개발 기회를 제공한다.

25. 정보처리 과정은 일반적으로 '정보의 기획 → 정보의 수집 → 정보의 관리 → 정보의 활용' 단계를 따른다. 다음은 한 기업의 신제품 개발팀이 수행한 활동들이다. 이 중 정보처리 과정의 단계가 부적절하게 적용되었거나, 그 단계의 핵심 목표와 거리가 먼 활동은?

① 정보의 기획: 신제품의 타겟 고객층을 정의하고, 해당 고객층의 니즈를 파악하기 위한 정보 수집 범위를 설정하였다. (5W2H 원칙 적용)

② 정보의 수집: 경쟁사 제품 분석 보고서, 소비자 트렌드 예측 자료, 관련 기술 특허 정보 등을 다양한 경로를 통해 입수하였다.

③ 정보의 관리: 수집된 모든 정보를 원본 그대로의 형태로 개인 PC에 날짜별 폴더를 만들어 보관하고, 필요시 검색 기능을 활용하기로 하였다.

④ 정보의 활용: 수집 및 관리된 정보를 바탕으로 신제품의 핵심 기능과 디자인 컨셉을 도출하고, 마케팅 전략 초안을 작성하였다.

⑤ 정보의 관리: 수집된 정보들을 중요도, 신뢰도, 관련성 등의 기준으로 평가하고, 핵심 정보들을 요약하여 데이터베이스에 구조화하여 저장하였다.

26. 김대수 대리는 스스로를 매우 적극적이고 협조적이라고 생각하지만, 다른 팀원들은 김대수 대리가 다소 독단적이고 소통에 미흡하다고 평가하는 상황을 알게 되었다. 다음 조하리의 창(Johari's Window) 모델에 비추어 볼 때, 김대수 대리가 자기 인식을 개선하고 팀워크를 향상시키기 위해 가장 우선적으로 노력해야 할 부분은?

	자신은 안다	자신은 모른다
타인은 안다	열린 창 Open Area	보이지 않는 창 Blind Area
타인은 모른다	숨겨진 창 Hidden Area	미지의 창 Unknown Area

① '미지의 창(Unknown Area)'을 탐색하여 자신의 숨겨진 잠재력을 발견하는 데 집중해야 한다.

② '숨겨진 창(Hidden Area)'에 해당하는 자신의 개인적인 정보를 팀원들에게 더 많이 공개하여 친밀감을 높여야 한다.

③ 다른 팀원들의 업무 스타일을 분석하여 '열린 창(Open Area)'에서 그들의 장점을 모방하려 노력해야 한다.

④ 동료들로부터 자신의 행동 방식이나 소통 스타일에 대한 솔직한 피드백을 적극적으로 구하고 이를 통해 '보이지 않는 창(Blind Area)'을 줄여나가야 한다.

⑤ 자신의 강점이라고 생각하는 부분을 더욱 강화하여 '열린 창(Open Area)'을 최대한 확장시켜 다른 영역을 압도해야 한다.

27. 다음은 H 회사의 인사팀이 신입사원 교육 방식을 논의하는 회의에서 논의된 내용 중 일부이다. 인적자원의 특성을 고려할 때 인사팀의 결정 중 가장 적절한 것은?

> **박 팀장:** 신입사원들은 회사의 핵심 자원입니다. 기계나 설비와 달리 사람은 학습과 성장 가능성이 있고, 업무 몰입에 따라 성과가 크게 달라질 수 있습니다.
> **이 과장:** 맞습니다. 초기 교육을 강화하면 적응력도 높아지고, 성과 향상에도 긍정적인 영향을 줄 수 있습니다. 다만, 사람마다 학습 속도나 기대하는 보상이 다르다는 점도 주의해야 할 것 같습니다.
> **정 대리:** 최근 설문조사에서도 신입사원들은 교육 과정에서 개인적인 피드백뿐 아니라, 본인의 성장을 체감할 수 있는 기회를 원한다는 응답이 많았습니다.

① 교육 후 개인별 성과를 확인하고, 잘한 부분은 공식적으로 인정하거나 추가 역할을 맡을 수 있는 기회를 제공한다.

② 입사 첫해에는 경쟁보다는 적응이 중요하므로 성과에 관련된 피드백은 최소화한다.

③ 교육 내용은 표준화하되, 성과 관리는 팀별로 자율적으로 수행하고 본사의 개입은 최소화한다.

④ 초기 교육 비용 절감을 위해, 현장 경험 기회를 늘리고 자연스럽게 실무 감각을 익히도록 유도한다.

⑤ 신입사원 교육은 이수 여부만 관리하고, 이후에는 성과가 나타나는 사원을 중심으로 성장 기회를 차등 부여한다.

28. C 회사는 최근 프로젝트 팀을 꾸리며 팀원 배치를 검토 중이다. 회사는 팀원들의 업무 경험, 기술, 성격을 고려해 적합한 역할에 배치하고, 프로젝트 종료 후 기여도를 평가해 보상할 계획이다. 이 접근은 인적자원관리의 어떤 원칙에 가장 부합하는가?

① 적재적소주의　② 능력주의　③ 균형주의
④ 공정인사의 원칙　⑤ 공정보상의 원칙

29. **다음 사례를 통해 알 수 있는 시간자원의 특성으로 가장 적절한 것은?**

> 이 대리와 박 과장은 같은 팀에서 일한다. 이 대리는 퇴근 후 헬스장에 가서 운동을 하고, 저녁 식사 후에는 온라인 강의를 들으며 자격증 공부를 한다. 그 덕분에 그는 체력과 업무 능력이 점점 좋아졌다. 반면 박 과장은 퇴근 후 집에서 TV를 틀어놓고 스마트폰으로 영상을 보며 시간을 보낸다. 처음에는 편안함을 느꼈지만, 반복되는 생활 속에서 늘 피로감과 무료함을 호소한다. 두 사람은 똑같이 하루 일과를 마치지만, 퇴근 후의 삶은 사뭇 다르게 흘러간다.

① 시간은 누구에게나 동일하게 주어진다.

② 시간은 속도를 조절하거나 늘릴 수 없다.

③ 시간은 저축하거나 미리 사용할 수 없다.

④ 시간은 사용 방식에 따라 가치가 달라진다.

⑤ 시간은 빌릴 수 없다.

30. **다음 사례를 통해 알 수 있는 물적자원관리의 방법으로 가장 적절하지 않은 것은?**

> D 공장의 생산라인에서는 하루에도 수십 번씩 공구와 부품을 꺼내 쓰는데, 최근에는 공구 창고에서 원하는 물품을 찾는 데 시간이 오래 걸려 작업 효율이 크게 떨어졌다. 관리팀은 작업 현장에서 바로 쓰이는 물품은 쉽게 꺼낼 수 있도록 배치하고, 같은 종류의 공구는 한 장소에, 용도가 비슷한 공구끼리는 가까운 위치에, 사용 빈도가 높은 공구는 창고 출입구 가까이에 배치했다. 또한, 부품은 입고 순서대로 사용하도록 관리해 재고가 오래 쌓이지 않게 했다. 이러한 조치들 덕분에 현장의 작업 속도와 재고 회전율이 눈에 띄게 향상됐다.

① 사용할 물건과 보관할 물건의 구분

② 동일성과 유사성에 따른 구분

③ 특성에 따른 구분

④ 회전대응 보관의 원칙

⑤ 선입선출의 원칙

31. **다음 사례에서 나타난 자원 낭비 요인으로 가장 적절한 것은?**

> S 회사 마케팅팀은 신제품 캠페인 준비로 한창이다. 팀장은 창의적인 아이디어를 중시해 회의 때 다양한 의견을 받아들이지만, 어떤 아이디어를 우선 적용할지 정하지 않은 채 일단 진행부터 하자고 한다. 직원들은 갑자기 바뀌는 업무 지시에 우왕좌왕하고, 같은 일을 반복하거나 이미 만든 자료를 다시 수정하는 일이 늘어난다. 일부 직원은 중요하지 않은 작업에 과도한 시간을 쓰기도 하고, 다른 부서와의 일정 조율이 어긋나면서 추가 회의가 열리고 일정은 계속 늦어진다. 결국, 프로젝트 마감이 다가오자 급히 인력을 충원했고 예산도 초과되었다.

① 비계획적 행동　② 편리성 추구　③ 자원에 대한 인식 부재
④ 노하우 부족　⑤ 주변 사람과의 소원함

32. **다음 중 인사관리의 원칙에 대해 잘못 설명하고 있는 사람은?**

① A: 적재적소 배치의 원칙은 직원들을 성격, 능력, 적성에 맞는 업무에 배치해서 개인과 조직의 성과를 높이는 것을 의미한다.
② B: 공정 보상의 원칙은 인사 평가, 승진, 배치, 근무 성적 평가 같은 절차를 공정하게 진행하는 것을 의미한다.
③ C: 종업원 안정의 원칙은 직원이 직장에서 신분이 보장되고, 계속 근무할 수 있다는 믿음을 갖게 하는 것을 의미한다.
④ D: 창의력 계발의 원칙은 직원들이 자신의 의견을 제안하거나 창의적인 아이디어를 낼 기회를 보장해주고 그 결과에 따른 인센티브를 적절하게 제공하는 것을 의미한다.
⑤ E: 단결의 원칙은 직원들이 소외감을 느끼지 않게 하고, 팀워크와 유대감을 높이는 것을 의미한다.

33. 고객을 다루기 위해서는 다양한 고객의 유형과 응대방법을 알아야 한다. 다음 상황을 통해 파악된 고객의 불만을 응대하는 가장 효과적인 방법은?

[상황]

백화점 명품관 매장에 한 고객이 방문하여 구매했던 가방의 미세한 스크래치에 대해 불만을 제기하고 있다. 이 고객은 상담을 시작하며 "내가 이 백화점 VVIP 고객인 거 알아요? 당신 같은 직원이 내 시간을 뺏는군. 매니저 나오라고 하세요."라고 말한다. 또한, 자신이 가지고 있는 다른 고가의 제품들을 언급하며, "이 정도 스크래치는 상상도 할 수 없는 일이야. 당신들이 뭘 알겠어?"라며 직원의 전문성을 무시하는 듯한 태도를 보이고, 규정에 따른 교환/환불 절차 설명에도 불구하고 즉각적인 특별 대우를 요구하고 있다.

① "고객님, 다른 고객님들도 모두 동일한 절차를 따르고 계십니다. 특별 대우는 어렵습니다."라고 단호하게 규정을 강조하며 맞선다.

② 고객의 무례한 태도에 감정적으로 반응하지 않고, 최대한 말을 아끼며 사무적으로 응대한다.

③ "고객님처럼 중요한 분께서 이런 불편을 겪으시다니 정말 죄송합니다. 고객님의 소중한 시간을 뺏지 않도록, 고객님의 높은 안목에 맞는 최선의 해결책을 신속히 찾아보겠습니다."와 같이 고객의 지위와 감정을 인정해주고 존중하는 태도를 보이면서, 가능한 해결책을 정중하게 제시한다.

④ 즉시 매니저를 호출하여 모든 응대를 매니저에게 넘기고 자신은 상황을 회피한다.

⑤ 고객의 요구를 모두 들어주어 일단 상황을 빠르게 마무리하고, VVIP 고객의 심기를 건드리지 않는다.

34. 다음은 자료, 정보, 지식의 정의를 설명한 것이다. 이를 바탕으로 〈보기〉에 주어진 예시를 옳게 구분한 것은?

- 자료: 객관적 실제의 반영이며, 그것을 전달할 수 있도록 기호화한 것
- 정보: 자료를 특정한 목적과 문제해결에 도움이 되도록 가공한 것
- 지식: 정보를 집적하고 체계화하여 장래의 일반적인 사항에 대비해 보편성을 갖도록 한 것

〈보기〉

ㄱ. 고객의 나이
ㄴ. 고객의 이름
ㄷ. 9월 한 달간 일평균 매출
ㄹ. 특정 요일의 매출 하락 이유
ㅁ. 매출을 늘리기 위한 신메뉴 개발 방안

	자료	정보	지식
①	ㄱ	ㄷ	ㄴ, ㄹ, ㅁ
②	ㄱ, ㄴ	ㄷ	ㄹ, ㅁ
③	ㄱ	ㄴ, ㄷ	ㄹ, ㅁ
④	ㄱ, ㄴ	ㄷ, ㄹ, ㅁ	없음
⑤	ㄱ, ㄴ, ㄷ	ㄹ	ㅁ

35. 귀하는 문제 해결과정 중 아래와 같이 작성되어 있는 논리회로를 확인했다. 아래 논리회로의 출력값으로 가장 적절한 것은?

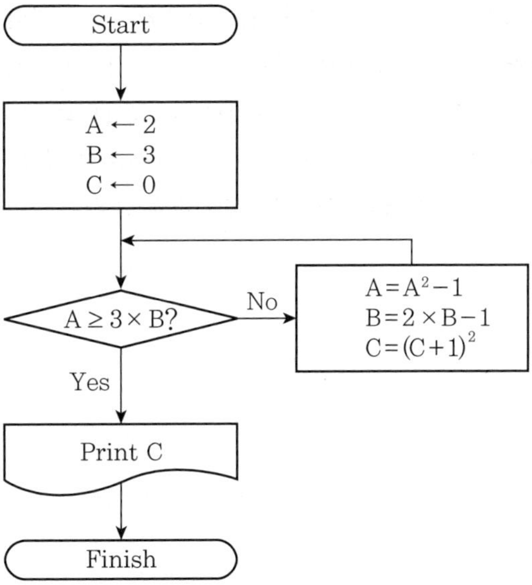

① 1 ② 3 ③ 4 ④ 25 ⑤ 676

36. 귀하는 이번에 팀에 배정된 박수민 인턴의 기초 직무교육을 맡게 되었다. 박수민 인턴은 자격증 취득을 위해 엑셀을 배웠지만 실제 업무에 사용해본 적이 없어 일일이 설명해줘야 하는 상황이다. 다음 [A1:D1] 영역을 채우기 핸들을 이용하여 아래쪽으로 드래그하였을 때, 3행에 채워지는 값으로 가장 적절한 것은? (단, 엑셀 정렬 데이터에 사용자지정 항목은 추가하지 않았다.)

	A	B	C	D
1	가	갑	월	자
2				
3				
4				
5				

① 가, 갑, 월, 자 ② 가, 병, 수, 자 ③ 가, 병, 수, 인
④ 다, 갑, 수, 자 ⑤ 다, 병, 수, 인

37. Windows10의 제어판은 프로그램 추가 및 제거, 사용자 계정 관리 등 기본적인 시스템 설정과 상태를 변경할 수 있다. 다음 중 제어판에서 할 수 없는 기능은?

① 마우스의 클릭 속도를 조절하고 오른쪽 단추와 왼쪽 단추의 기능을 바꿀 수 있다.

② 날짜와 시간을 변경함과 동시에 시계를 추가하여 다른 표준 시간대로 시간을 표시할 수 있다.

③ 컴퓨터의 성능을 최대로 낮추어 에너지를 절약하거나 디스플레이를 종료하는 시간을 설정할 수 있다.

④ 파일의 복사, 이동, 삭제, 이름 바꾸기, 속성 확인 등을 관리할 수 있다.

⑤ 화면에서 작업표시줄의 위치를 변경하거나, 자동 숨기기를 설정할 수 있다.

38. 신입사원 PC 실무 교육을 받고 있던 김도경 사원은 문득 인턴 때 곤혹스러웠던 경험이 떠올라 쉬는 시간에 따로 강사에게 질문을 했다. 강사의 답변에 들어갈 단축키로 적절한 것은?

김도경 사원: 제가 기획팀으로 발령받은 첫 날, 인터넷 브라우저 창과 PDF 파일 등 많은 창을 한꺼번에 켜 놓고 관련 자료를 참고하여 문서를 작성하는 업무를 했었습니다. 그러다 바탕화면에 저장해 놓은 파일을 열기 위해 창에 띄워 놓은 자료들을 하나씩 다 닫아야 해서 곤혹스러웠는데요, 한 번에 창을 내리고 바탕화면을 볼 수는 없나요?

강 사: 있죠. ( )을/를 누르면, 열려있는 모든 창이 최소화되고 바탕화면이 나타난답니다.

① ⊞

② ⊞ + [D]

③ ⊞ + [T]

④ ⊞ + [L]

⑤ ⊞ + [R]

39. **다음은 기사 내용의 일부이다. 이 기사에서 AI 전화 서비스는 기술 시스템의 발전 단계 중 어느 단계에 해당하는가?**

> "AI 전화 활용해 위기가구 모니터링"
>
> 행정안전부는 복지·안전 서비스의 사각지대 최소화를 위해 인공지능(AI) 전화를 활용한 위기가구 모니터링 사업을 16개 지방자치단체에 지원한다.
>
> 지자체는 독거노인, 중장년 1인 가구뿐 아니라 초기 상담 뒤 복지서비스를 신청하지 않은 사람 등 지역별 복지 사각지대를 없애기 위해 관리가 필요한 대상군을 선정해 주기적으로 안부를 확인한다. 수집된 응답을 분석해 복지공무원이 선제적으로 대응할 수 있도록 한다.
>
> 또한, 복지혜택 안내, 위기상황 대처요령 안내, 후원물품 신청 등 반복 업무를 인공지능이 대신 수행해 복지공무원이 단순 반복 업무를 줄이고 현장에 더 집중할 수 있는 여건도 만든다.
>
> 이번 사업으로 인공지능 전화를 지역 특성에 맞게 활용할 수 있게 돼 지역별 위기가구의 촘촘한 발굴과 사후 관리까지 지원할 수 있을 것으로 기대된다.

※ 출처: 행정안전부(2025-04-24 보도자료)

① 기술 경쟁의 단계
② 기술 이전의 단계
③ 기술 공고화 단계
④ 기술 향상의 단계
⑤ 기술 발명, 개발, 혁신의 단계

40. **기술을 선택할 때 새로운 기술을 개발하기도 하지만 성공한 기술의 벤치마킹(Benchmarking)을 통해 더 큰 성공을 거두기도 한다. 벤치마킹은 특정 분야에서 뛰어난 업체나 상품, 기술, 경영 방식 등을 배워 합법적으로 응용하는 것을 말한다. 다음 자료에 나온 벤치마킹의 종류는?**

> 서울 종로구 인사동은 조선시대 때 그림 그리는 일을 관장하던 '도화서'가 있던 곳으로 오랜 시간 우리나라 회화의 중추적 역할을 해 온 지역이다. 1960~1970년대 고미술시장이 활성화되면서 화랑과 표구, 필방 등도 인사동의 주종을 이루며 전성시대를 맞았다. 그러나 2000년대 들어 건축 양식 변화와 고미술시장 침체 현상 등에 따라 표구 장인들의 활동이 점차 줄어들어 오늘날에 이르렀다.
>
> 이에 종로구는 인사동을 대표하는 전통문화자원 표구를 주제로 다채로운 작품 전시를 진행하고 시민들에게 표구에 대한 관심을 환기시키려 한다. 표구의 역사와 의미를 재조명하는 「표구를 창작하라 "인사동에 가면 코끼리도 표구할 수 있을까?"」 전시회를 개최한다. 아울러 참치 해체 쇼를 벤치마킹한 '표구 해체 쇼'를 진행하여, 한 표구 장인의 작업 과정을 가감 없이 드러내고 관련 지식을 전달하는 의미 있는 시간으로 꾸렸다.

※ 출처: 종로구(2021-11-18 보도자료)

① 간접적 벤치마킹
② 내부 벤치마킹
③ 경쟁적 벤치마킹
④ 비경쟁적 벤치마킹
⑤ 글로벌 벤치마킹

41. '지속가능한 기술(Sustainable technology)'은 환경보호와 경제적 발전을 동시에 추구하는 지속가능한 발전을 위한 기술을 의미한다. 현재 선진 기업들은 환경·사회·지배구조 외에도 지속가능한 기술 혁신을 위한 R&D 역량 강화에 노력하고 있다. 다음 지속가능한 기술에 대한 내용 중 바르지 않은 것은?

① 지속가능한 기술은 기술적 효용만이 아닌 환경효용을 추구하며, 지금의 주된 발전 기술과 근본적으로 다르다.

② 기존의 품질경영을 환경분야까지 확장한 환경경영이 기업의 필수요건이 되고 있다.

③ 국제표준화기구(ISO)는 환경경영시스템을 규정한 국제규격인 ISO 14000 시리즈를 제정하였다.

④ 친환경제품에 대한 인식이 증가하면서 제품의 환경성을 과장하는 '그린워싱'의 문제가 대두되고 있다.

⑤ 우리나라는 환경친화적인 제품을 위한 정보를 제공하기 위해 '환경표시제도'를 시행하고 있다.

42. 다음 상황을 읽고 A 팀의 현재 상황과 필요성을 고려할 때, 프로젝트 관리자가 활용하기에 가장 적합한 업무 수행 시트에 대한 설명으로 묶인 것은?

[상황]

A 팀은 제품 개발 프로젝트를 진행하고 있다. 프로젝트 관리자는 팀원들이 각 개발 단계별로 필수적인 항목들을 빠짐없이 수행했는지 확인하고 싶어한다. 하지만 각 단계가 완료되기까지 걸리는 시간이나 전체 프로젝트 일정은 이미 다른 도구로 관리하고 있다.

(가) 전체 프로젝트의 일정을 막대그래프로 시각화한다.
(나) 도형과 선을 사용하여 업무의 흐름과 순서를 보여준다.
(다) 업무의 각 단계별로 수행해야 할 항목들을 목록화하여 누락을 방지한다.
(라) 각 업무에 필요한 예산과 자원을 배분하는 데 특화되어 있다.
(마) 업무 처리 과정에서의 병목 현상을 파악하는 데 유용하다.
(바) 각 항목의 완료 여부나 특정 기준 충족 여부를 점검하는 데 사용된다.
(사) 주로 시간의 흐름보다는 수행 여부 확인에 중점을 둔다.
(아) 업무 간의 선후 관계와 의존성을 명확하게 보여준다.
(자) 프로젝트의 위험 요소를 분석하고 대응 전략을 수립한다.
(차) 각 업무의 시작/종료 시점을 명확히 보여준다.

① (가), (나), (다)　② (나), (마), (아)　③ (다), (바), (사)
④ (라), (자), (차)　⑤ (가), (사), (차)

43. 조직구조는 조직마다 다양하게 이루어지며, 조직목표의 효과적 달성에 영향을 미친다. 따라서 자신이 속한 조직구조를 정확히 이해해야 주어진 업무를 제대로 수행할 수 있다. 다음 〈보기〉는 특정 조직 형태에 대한 설명이다. 이 조직 형태의 특징으로 가장 적절하지 않은 것은?

〈보기〉

핵심적인 부문에만 조직의 활동을 집중시키고, 나머지 부문에 대해서는 아웃소싱이나 전략적 제휴 등을 통해 외부의 전문가에게 맡기는 조직 형태이다. 네트워크를 구성하는 개인이나 팀이 상하 구분 없이 동등한 입장에서 업무를 분담하고 협력함으로써 조직 간에 벽이 없고 부문 간의 교류가 활발하다. 결과적으로, 조직이 내부적으로 비대해지는 것을 방지하고 고정자산 투자에 대한 부담을 최소화하면서도, 외부의 최신 기술이나 전문 지식을 효과적으로 통합하여 활용할 수 있게 된다.

① 새로운 사업기회나 부가가치 창출 기회와 관련된 정보를 쉽게 얻을 수 있다.
② 성과에 대한 책임소재가 분명해져 업무에 대한 높은 주인의식을 유도할 수 있다.
③ 광범위한 전략적 제휴로 기술혁신이 가능하다.
④ 개방성 및 유연성이 높아 전략과 상품의 전환이 빠르다.
⑤ 협력업체와의 관계 유지 및 갈등 해결에 시간이 소요될 수 있다.

44. ○○에너지공사 경영혁신부 TF1팀을 이끌고 있는 오 과장은 팀원들의 직무역량을 강화하기 위한 스터디 모임을 운영하고 있다. 다음 〈보기〉는 이번 모임에서 각자 정리해온 관리 기법의 정의를 모은 자료로, 〈보기〉에서 설명하는 관리 기법은?

〈보기〉

팀원 A: 기업이 고객에 대한 정보(연령, 성별, 소비행태 등)를 바탕으로 고객을 관리하는 전략으로 단순히 제품을 팔기보다는 고객과의 관계와 고객의 니즈에 주안점을 둔다.
팀원 B: 구체적으로 고객 성향이나 취향을 먼저 파악한 뒤 이를 토대로 고객이 원하는 제품을 만들고 마케팅 전략을 개발한다. 이를 위해서는 고객들의 행동 패턴, 소비 패턴 등 고객이 원하는 바를 알아내야 하므로 고도의 정보분석 기술이 필요하다.
팀원 C: 신규고객 창출보다는 기존고객 관리에 초점을 맞추는 전략이다.

① ERP ② CSV ③ ESG ④ CSR ⑤ CRM

45. SWOT 분석은 기업의 내부 환경과 외부 환경을 분석하여 경영 전략을 수립하는 기법이다. 다음 중 어느 라면 회사의 SWOT 분석 결과를 바탕으로 수립한 경영 전략 중, WO(약점-기회) 전략에 해당하는 것은?

[분석 결과]

강점(S)	• 압도적인 브랜드 인지도: 수십 년간 구축된 업계 1위의 강력한 브랜드 파워와 소비자 신뢰도 • 충성도 높은 핵심 고객층: 프리미엄 라인업에 대한 높은 재구매율과 브랜드 팬덤 형성 • 독보적인 R&D 역량: 차별화된 맛과 품질을 구현하는 자체 스프 개발 기술 및 다수의 관련 특허 보유 • 안정적인 전국 유통망: 대형마트, 편의점, 온라인 채널 등 주요 판매처와의 견고한 파트너십 • 높은 시장 점유율: 프리미엄 라면 시장에서의 지배적인 위치
약점(W)	• 높은 가격 포지셔닝: 주력 제품군이 경쟁사 대비 평균 15~20% 높은 가격대로, 가성비 중시 소비자층 확대에 한계 • 신속한 트렌드 대응 미흡: 젊은 세대의 급변하는 입맛과 새로운 소비 트렌드(비건, 이색 조합 등)에 대한 제품 출시 및 마케팅 반응 속도 상대적 저조 • 지속적인 원가 상승 부담: 주요 원재료(밀가루, 팜유 등) 가격 및 물류비, 그리고 최근 몇 년간의 인건비 연속 인상으로 인한 수익성 압박 • 온라인/모바일 플랫폼 활용도 저조: 자체 D2C(Direct-to-Consumer) 채널 부재 및 소셜 미디어를 통한 고객 소통, 디지털 마케팅 전략 미흡 • 보수적인 조직 문화: 신규 사업 시도나 혁신적인 아이디어 실행에 대한 내부 의사결정 속도 지연 가능성
기회(O)	• 글로벌 K-푸드 열풍 지속: 한류 영향으로 한국 라면에 대한 해외 관심도 및 수요 급증, 수출 시장 확대 가능성 • 엔데믹 전환 및 외식/간편식 수요 회복: 사회적 거리두기 완화로 인한 외부 활동 증가 및 간편식 시장의 꾸준한 성장세 • 푸드테크 및 디지털 전환 가속화: AI 기반 수요 예측, 스마트 팩토리 도입을 통한 생산 효율성 증대, 빅데이터를 활용한 개인 맞춤형 제품 추천 등 디지털 혁신 기회(예: 사이렌 오더와 같은 간편 주문/결제 시스템 도입 가능성) • 건강 및 웰빙 트렌드 확산: 저칼로리, 저나트륨, 비건 라면 등 건강 지향적인 프리미엄 제품군에 대한 시장 수요 증가 • 1인 가구 및 소포장 제품 선호 증가: 변화하는 인구 구조에 맞춰 소용량, 프리미엄 간편식 시장 공략 가능
위협(T)	• 대체 식품 시장 성장: 건강을 중시하는 소비 트렌드 변화로 밀키트, HMR(가정간편식) 등 라면 대체재 시장의 급격한 성장 • 저가 경쟁 심화: 가성비를 앞세운 신흥 중소 브랜드 및 유통업체 자체 브랜드(PB) 상품의 공격적인 시장 공세 • 글로벌 공급망 불안정: 국제 정세 및 기후 변화로 인한 주요 원재료 수급 불안정 및 가격 변동성 심화 • 온라인 유통 채널의 가격 경쟁 압력: 다양한 온라인 플랫폼에서의 가격 비교 용이성으로 인한 출혈 경쟁 가능성 및 수익성 악화 우려 • 정부의 건강 관련 규제 강화 가능성: 나트륨 함량, 영양 성분 표시 등에 대한 규제 강화 움직임

① 강력한 브랜드 파워를 활용하여 코로나 상황 탈피 후 오프라인 매장 행사를 늘린다.

② 높은 가격대 메뉴 이미지를 개선하기 위해 충성도 높은 고객 대상 프로모션을 강화한다.

③ 매장 인력을 대체할 수 있는 AI 딜리버리 로봇을 도입하여 인건비를 절감하고 디지털 혁신 기회를 활용한다.

④ 라면 수요 감소에 대응하여 충성도 높은 고객을 대상으로 신규 메뉴를 개발한다.

⑤ 기존 프리미엄 메뉴의 독점적 가치를 명확히 전달하고 차별화된 고객 경험을 제공하여 가격 경쟁력을 넘어선 브랜드 충성도를 구축한다.

46. **세계 최고의 혁신기업 ○○○는 엄격한 위계질서나 고지식한 영역 주장이 조직원들의 상호작용을 방해하고 팀워크를 무너뜨린다는 생각에 연공 서열이나 담당 부서 같은 구분이 철저히 무시된다. 다음에서 설명하는 조직문화의 기능은?**

> ○○○는 전 직원이 600명 조금 넘는 규모지만, 세계적인 기업들과 작업하며 '혁신'의 대명사로 불리는 디자인 컨설팅 기업이다. ○○○가 창안한 애플 컴퓨터의 첫 번째 마우스, P&G 크레스트 치약의 한 번 돌려 여는 뚜껑, 개인용 휴대단말기(PDA) 팜(Palm) V 등은 디자인을 통해 기술을 혁신한 사례로 꼽힌다.
> ○○○가 창의성과 혁신의 무대가 될 수 있었던 가장 큰 요인으로 주인의식이 꼽힌다. ○○○에서는 일방적으로 인사 발령을 내는 일이 드물다. 자신이 속하고 싶은 팀이나 도전해보고 싶은 프로젝트를 직원들 스스로 선택할 수 있다. 우수한 직원에게 팀장 권한을 주고 팀원 10~20명을 모은 다음, 사무실 여러 곳 중 원하는 곳을 골라 일한다.
> 그러나 팀장이라고 해서 무턱대고 팀원을 지명할 수는 없다. 팀장은 직원들에게 자신이 하려는 일과 자신이 생각하는 혁신적인 작업방식에 대해 공개적으로 설명하고, 직원들의 선택을 받아야 한다.
> 직원들이 직장에 주인의식을 가지면 아주 긍정적인 결과로 이어진다. ○○○는 어디서 누구와 일할지 스스로 선택하게 함으로써 직원들에게 강력한 오너십을 갖게 했다.

① 행동 지침 제공
② 구성원의 조화와 단합
③ 환경 적응 강화
④ 조직 몰입의 강화
⑤ 조직의 안정성 유지

47. **공공기관에 근무하는 오지호 대리는 담당 업무와 관련된 B 기업으로부터 명절 선물로 15만 원 상당의 한우 세트를 받았다. 오지호 대리는 B 기업과의 원활한 업무 관계 유지를 위해 선물을 받는 것이 관례라고 생각했지만, 최근 강화된 청탁금지법(부정청탁 및 금품등 수수의 금지에 관한 법률)에 대해 교육받은 것이 마음에 걸렸다. 청탁금지법과 공직자의 직업윤리 관점에서 오지호 대리가 취해야 할 가장 바람직한 행동은?**

① 선물을 정중히 거절하고, 즉시 소속 기관장에게 서면으로 신고한다.
② 선물을 일단 받고, 나중에 B 기업에 상응하는 선물을 제공하여 상호 호혜의 원칙을 지킨다.
③ 선물을 받고 감사의 표시를 한 후, 별도의 신고 없이 조용히 처리한다.
④ 선물을 받아 팀원들과 함께 나누어 먹고, 받은 사실을 기록으로 남기지 않는다.
⑤ 10만 원을 초과하는 부분(5만 원)만 B 기업에 반환하고, 10만 원 상당의 선물은 수수한다.

48. 기업의 사회적 책임은 경제적 책임, 법률적 책임, 윤리적 책임, 자선적 책임의 4단계로 구분된다. 다음 〈보기〉에서 설명하고 있는 기업들의 사회적 책임 단계를 바르게 묶은 것은?

〈보기〉

(1) 글로벌 패션기업 A 사는 의류를 생산하면서 개발도상국 하청업체의 열악한 노동 환경과 아동 노동 문제에 대해 인지하고 있다. 이러한 사실이 알려질 경우 기업 이미지에 심각한 타격을 입을 수 있지만, 생산 단가를 낮추기 위해 현재의 하청 구조를 유지하고 있다. 최근 한 시민단체가 A 사의 비윤리적인 공급망 관리에 대한 문제를 제기했다.

(2) 지역 농산물가공업체 B 사는 최근 몇 년간 지속적인 경기 침체와 경쟁 심화로 인해 재정적인 어려움을 겪고 있다. 그럼에도 불구하고, B 사는 고용 유지를 위해 노력하며, 지역 사회에 필요한 생활용품을 합리적인 가격으로 생산·공급하기 위해 최선을 다하고 있다. 경영진은 "기업이 지속적으로 존재하며 사회에 필요한 가치를 제공하기 위해서는 먼저 경제적으로 생존해야 한다"는 점을 강조하고 있다.

(3) 신재생에너지 사업을 주력으로 하는 C 사는 사업을 운영함에 있어 환경 관련 법규를 철저히 준수하는 것은 물론, 법적 기준보다 더 엄격한 내부 환경 기준을 설정하고 이를 자발적으로 이행하고 있다. 또한, 모든 사업 활동에서 공정거래법, 노동관계법 등 관련 법률을 위반하지 않기 위해 전 직원 대상 정기 교육과 내부 통제 시스템을 강화하고 있다.

(4) 글로벌 IT 기업 D 사는 높은 수익성을 바탕으로 법적, 경제적 책임을 다하는 것은 물론, 공정하고 투명한 경영을 실천하고 있다. 더 나아가, 회사는 매년 순이익의 일정 비율을 사회에 환원하기로 결정하고, 소외 계층 아동들을 위한 교육 프로그램 지원, 지역 사회 문화 예술 활동 후원, 환경 보호 캠페인 전개 등 다양한 사회 공헌 활동을 적극적으로 펼치고 있다. 이러한 활동은 법이나 윤리적 규범으로 강제된 것은 아니지만, 기업 시민으로서 사회 발전에 기여하고자 하는 자발적인 노력이다.

	A 사	B 사	C 사	D 사
①	경제적 책임	윤리적 책임	자선적 책임	법률적 책임
②	윤리적 책임	경제적 책임	법률적 책임	자선적 책임
③	자선적 책임	법률적 책임	윤리적 책임	경제적 책임
④	법률적 책임	윤리적 책임	자선적 책임	경제적 책임
⑤	자선적 책임	경제적 책임	법률적 책임	윤리적 책임

49. ○○공사 정기공채가 끝나고 신입사원들이 첫 출근한 날의 점심시간에 신입사원들끼리 직업의 의미에 대해 이야기하고 있다. 다음 중 직업의 의미를 바르게 말한 사람은 모두 몇 명인가?

> A: 어릴 적부터 꿈꿔온 ○○공사에 입사해 너무 기뻐요. 월급 안 받아도 열심히 회사에 다니고 싶어요.
> B: 다 먹고 살자고 하는 일이잖아요. 월급 받은 만큼은 열심히 일해야지요.
> C: 지금까지 해온 아르바이트하고 큰 차이는 없는 것 같아요.
> D: 입사하려고 정말 열심히 노력했는데 이제는 슬슬 즐기면서 회사에 다니고 싶어요.
> E: 여기서 하는 일이 나뿐만 아니라 우리 사회에도 도움이 됐으면 해요.

① 1명 ② 2명 ③ 3명 ④ 4명 ⑤ 5명

50. 신입사원인 이나래 씨는 아침 일찍 출근하여 엘리베이터를 기다리고 있었다. 잠시 후, 같은 부서의 박태호 부장이 다가와 함께 엘리베이터를 기다리게 되었다. 이나래 씨는 아침에 사무실 앞에서 박태호 부장에게 이미 "안녕하십니까, 부장님!"하고 정식으로 인사를 드린 상태였는데, 엘리베이터가 도착하여 함께 탑승하게 되었다. 엘리베이터에 함께 탑승한 상황에서, 이나래 씨가 박태호 부장에게 취해야 할 가장 적절한 예절은?

① 엘리베이터 안에서 다시 한번 큰 소리로 "부장님, 안녕하십니까!"라고 외치며 깍듯하게 인사한다.
② 박태호 부장이 먼저 말을 걸거나 아는 척할 때까지 조용히 앞만 보고 서 있는다.
③ 가볍게 눈을 맞추며 목례를 하거나, "먼저 타십시오." 또는 "몇 층 가십니까?" 등 상황에 맞는 자연스러운 배려의 말을 건넨다.
④ 박태호 부장에게 어젯밤 화제가 되었던 드라마 이야기를 꺼내며 친근하게 대화를 시도한다.
⑤ 최대한 박태호 부장과 멀리 떨어진 구석으로 이동하여 불편함을 주지 않도록 한다.

약점 보완 해설집 p.3

✂ 자르는 선

해커스잡

NCS 실전모의고사 1회 모듈형

성명

㉠	ㅏ	㉠	㉠	ㅏ	㉠	㉠	ㅏ	㉠	㉠	ㅏ	㉠
㉡	ㅑ	㉡	㉡	ㅑ	㉡	㉡	ㅑ	㉡	㉡	ㅑ	㉡
㉢	ㅓ	㉢	㉢	ㅓ	㉢	㉢	ㅓ	㉢	㉢	ㅓ	㉢
㉣	ㅕ	㉣	㉣	ㅕ	㉣	㉣	ㅕ	㉣	㉣	ㅕ	㉣
㉤	ㅗ	㉤	㉤	ㅗ	㉤	㉤	ㅗ	㉤	㉤	ㅗ	㉤
㉥	ㅛ	㉥	㉥	ㅛ	㉥	㉥	ㅛ	㉥	㉥	ㅛ	㉥
㉦	ㅜ	㉦	㉦	ㅜ	㉦	㉦	ㅜ	㉦	㉦	ㅜ	㉦
㉧	ㅠ	㉧	㉧	ㅠ	㉧	㉧	ㅠ	㉧	㉧	ㅠ	㉧
㉨	ㅡ	㉨	㉨	ㅡ	㉨	㉨	ㅡ	㉨	㉨	ㅡ	㉨
㉩	ㅣ	㉩	㉩	ㅣ	㉩	㉩	ㅣ	㉩	㉩	ㅣ	㉩
㉪	ㅐ	㉪	㉪	ㅐ	㉪	㉪	ㅐ	㉪	㉪	ㅐ	㉪
㉫	ㅒ	㉫	㉫	ㅒ	㉫	㉫	ㅒ	㉫	㉫	ㅒ	㉫
㉬	ㅔ	㉬	㉬	ㅔ	㉬	㉬	ㅔ	㉬	㉬	ㅔ	㉬
㉭	ㅖ	㉭	㉭	ㅖ	㉭	㉭	ㅖ	㉭	㉭	ㅖ	㉭
ㄲ	ㅘ	ㄲ	ㄲ	ㅘ	ㄲ	ㄲ	ㅘ	ㄲ	ㄲ	ㅘ	ㄲ
ㄸ	ㅚ	ㄸ	ㄸ	ㅚ	ㄸ	ㄸ	ㅚ	ㄸ	ㄸ	ㅚ	ㄸ
ㅃ	ㅝ	ㅃ	ㅃ	ㅝ	ㅃ	ㅃ	ㅝ	ㅃ	ㅃ	ㅝ	ㅃ
ㅆ	ㅟ	ㅆ	ㅆ	ㅟ	ㅆ	ㅆ	ㅟ	ㅆ	ㅆ	ㅟ	ㅆ
ㅉ	ㅢ	ㅉ	ㅉ	ㅢ	ㅉ	ㅉ	ㅢ	ㅉ	ㅉ	ㅢ	ㅉ
	ㅙ			ㅙ			ㅙ			ㅙ	
	ㅞ			ㅞ			ㅞ			ㅞ	

수험번호

⓪	⓪	⓪	⓪	⓪	⓪
①	①	①	①	①	①
②	②	②	②	②	②
③	③	③	③	③	③
④	④	④	④	④	④
⑤	⑤	⑤	⑤	⑤	⑤
⑥	⑥	⑥	⑥	⑥	⑥
⑦	⑦	⑦	⑦	⑦	⑦
⑧	⑧	⑧	⑧	⑧	⑧
⑨	⑨	⑨	⑨	⑨	⑨

생년월일

⓪	⓪	⓪	⓪	⓪	⓪
①	①	①	①	①	①
②	②	②	②	②	②
③	③	③	③	③	③
④	④	④	④	④	④
⑤	⑤	⑤	⑤	⑤	⑤
⑥	⑥	⑥	⑥	⑥	⑥
⑦	⑦	⑦	⑦	⑦	⑦
⑧	⑧	⑧	⑧	⑧	⑧
⑨	⑨	⑨	⑨	⑨	⑨

1	①	②	③	④	⑤	21	①	②	③	④	⑤	41	①	②	③	④	⑤
2	①	②	③	④	⑤	22	①	②	③	④	⑤	42	①	②	③	④	⑤
3	①	②	③	④	⑤	23	①	②	③	④	⑤	43	①	②	③	④	⑤
4	①	②	③	④	⑤	24	①	②	③	④	⑤	44	①	②	③	④	⑤
5	①	②	③	④	⑤	25	①	②	③	④	⑤	45	①	②	③	④	⑤
6	①	②	③	④	⑤	26	①	②	③	④	⑤	46	①	②	③	④	⑤
7	①	②	③	④	⑤	27	①	②	③	④	⑤	47	①	②	③	④	⑤
8	①	②	③	④	⑤	28	①	②	③	④	⑤	48	①	②	③	④	⑤
9	①	②	③	④	⑤	29	①	②	③	④	⑤	49	①	②	③	④	⑤
10	①	②	③	④	⑤	30	①	②	③	④	⑤	50	①	②	③	④	⑤
11	①	②	③	④	⑤	31	①	②	③	④	⑤						
12	①	②	③	④	⑤	32	①	②	③	④	⑤						
13	①	②	③	④	⑤	33	①	②	③	④	⑤						
14	①	②	③	④	⑤	34	①	②	③	④	⑤						
15	①	②	③	④	⑤	35	①	②	③	④	⑤						
16	①	②	③	④	⑤	36	①	②	③	④	⑤						
17	①	②	③	④	⑤	37	①	②	③	④	⑤						
18	①	②	③	④	⑤	38	①	②	③	④	⑤						
19	①	②	③	④	⑤	39	①	②	③	④	⑤						
20	①	②	③	④	⑤	40	①	②	③	④	⑤						

해커스공기업

NCS

통합 봉투모의고사

모듈형/피듈형/PSAT형+전공

NCS 실전모의고사 2회

피듈형

해커스

수험번호	
성명	

NCS 실전모의고사

2회

(피듈형)

시작과 종료 시각을 정한 후, 실전처럼 모의고사를 풀어보세요.

시 분 ~ 시 분 (총 60문항/70분)

□ **시험 유의사항**

[1] 피듈형 시험은 모듈형의 문제와 PSAT형의 문제가 혼합된 형태로 구성되며, 건강보험심사평가원, 한국도로공사, 한국수자원공사, 한국농어촌공사 등의 기업에서 출제하고 있습니다.
※ 2025년 상반기 필기시험 기준으로 변동 가능성이 있습니다.

[2] 본 실전모의고사는 직업기초능력평가 10개 영역 60문항으로 구성되어 있으므로 영역별 제한 시간 없이 1문항당 풀이 시간을 고려하여 70분 내에 푸는 연습을 하시기 바랍니다. 전공 시험을 치르는 직무의 경우 각 직무에 맞는 전공 실전모의고사를 추가로 풀어보는 것이 좋습니다.

[3] 본 실전모의고사 마지막 페이지에 있는 OMR 답안지와 해커스ONE 애플리케이션의 모바일 타이머를 이용하여 실전처럼 모의고사를 풀어본 후, 해설집의 '바로 채점 및 성적 분석 서비스' QR코드를 스캔하여 응시 인원 대비 본인의 성적 위치를 확인해보시기 바랍니다.

※ 추가적인 실전 연습이 필요한 경우, 해커스잡 사이트(ejob.hackers.com)에서 OMR 답안지를 다운로드한 후 출력하여 활용할 수 있습니다.

01. 다음 공문서를 공문서 작성 규정에 비추어 설명한 내용 중 가장 적절하지 않은 것은?

> 전라북도청
>
> 수신: 문화체육관광부 장관(참조: 지역문화진흥과장)
>
> 제목: 2025년 전라북도 지역문화축제 통합계획 제출
>
> 귀 기관의 무궁한 발전을 기원합니다.
>
> 전라북도는 2025년 지역문화축제를 아래와 같이 추진하고자 하며, 관련 계획을 공유드리오니, 협조 및 참고 부탁드립니다.
>
> 1. 행사명: 2025 전라북도 지역문화축제 통합계획
> 2. 기간: 2025.06.10.~2025. 10. 20.
> 3. 장소: 전라북도 내 14개 시·군 전역
> 4. 주요 내용:
>   가. 전통문화 계승형 축제 기획 운영
>   나. 지역 대표 콘텐츠 연계 전시 및 공연
>   다. 주민 참여형 생활문화 프로그램 확대
> 5. 협조 요청사항:
>   가. 문화체육관광부 예산 연계 사업 안내
>   나. 타 지역 연계형 축제 교류사업 협력
>
> 붙임 1. 2025 지역문화축제 통합계획서 1부
> 붙임 2. 시군별 행사일정표(요약본) 1부
>
> 붙임자료는 별도 송부 예정 끝.
>
> 기안: 문화예술과 / 검토: 문화정책팀 / 협조: 행정기획실
> 전라북도 전주시 완산구 효자로 225 (우54968) / www.jeonbuk.go.kr
> 전화: 063-280-2114 / 팩스: 063-280-2199 / 이메일: admin@jeonbuk.go.kr

① 날짜 표기 방식인 '2025.06.10.'은 연·월·일 순서에 온점을 찍었지만, 항목 간 띄어쓰기가 없어 공문서 작성 규범에 어긋난다.

② 수신자는 기관의 장으로 표기되었고, 괄호 안에 참조 부서장이 명시되어 있어 수신 대상의 표기 방식은 적절하다.

③ 본문 내 항목 구분은 '1. → 가. → 나.'의 순서를 따르고 있으며, 들여쓰기도 2타씩 적용되어 있어 규정에 부합한다.

④ '붙임자료는 별도 송부 예정'이라는 표현은 첨부파일이 별도로 전달된다는 것을 명확히 전달하므로 공문서상 유효한 표현이다.

⑤ '협조 및 참고 부탁드립니다'와 같은 표현은 공문서의 공식적 문체로서 적절하며, 상대 기관에 요청을 전달할 때 자연스럽게 사용할 수 있다.

02. 다음을 읽고 문단의 순서 배열을 바르게 한 것은?

(가) 또한 권력은 모든 방면에서 동시에 이동하고 있다. 우리가 초기호경제로 이행해 감에 따라 권력의 성격 자체가 변화하고 있는 것이다. 이전의 경제에서는 모든 활동이 순차적이고 서로 독립된 별개의 것으로 이해되었지만, 초기호경제의 새로운 생산모델은 생산을 더욱더 동시적, 종합적인 것으로 파악한다. 이 과정의 부분들은 전체가 아니며 또한 서로 분리될 수도 없다. 단속성이 아닌 연속성, 분해가 아닌 통합, 순차적 단계가 아닌 실시간적인 동시성 등이 새로운 생산 패러다임의 바탕에 깔린 가설들이다.

(나) 지식은 경제를 초기호적인 것으로 몰고 간다. 이전의 공장굴뚝 돈에서 초기호적인 돈으로 권력이 이동하는 것이다. 여기에 권력뿐 아니라 권력의 스타일까지 변화하고 있다. 개인주의자, 과격파, 배짱파 혹은 기업특공대까지 조직하는 여러 사람이 권력의 스타일을 교활한 것으로 만든다. 그들은 지식을 획득하기 위해 전쟁을 치르는 참모총장과도 같아서 이전의 느긋하고 정의로운 스타일은 더 이상 살아남기 어려워졌다.

(다) 초기호경제로 흘러 들어감에 따라 모든 단계에서 가치를 구현하고 부가해주는 것은 값싼 노동력이 아닌 지식이 될 것이다. 부가가치의 원천에 관한 이 폭넓은 재정은 중대한 결과를 초래할 텐데, 그것은 자유시장주의와 마르크스주의 가설을 똑같이 분쇄하고, 또한 이 두 가지를 만들어낸 물질우위론의 가설마저 분쇄하는 것이다. 초기호경제에서 실업감축 전략 등 일반 경제의 문제들을 해결하기 위한 효과를 발휘하려면 부의 배분보다는 지식의 배분에 더욱 의존해야만 하는 것이다.

(라) 어떤 경제체제를 이해하는 데 가장 중요한 것 중의 하나는 클록-타임, 즉 체제 운영의 속도이다. 일반적으로 경제활동의 속도가 빨라지면 매시간 단위의 금전적 가치가 늘어난다. 초기호경제에서 이 속도는 지능에 기인한다. 전화, 전자 고속도로, 중추신경 네트워크 등 시스템 내에 지능을 주입하여 스스로 판단하는 이전까지의 '내적지능'도 이제는 무용지물이 되어 버렸다. 메시지를 수용하여 변환할 수 있는 '외적지능' 시스템이 광범위하게 이용되고 있는 것이다. 특히, 부가가치 네트워크인 VAN의 등장은 자율신경계통과 결부되면서 유기체에 자의식과 자체 변화능력을 부여할 뿐 아니라 기업에서부터 시작하여 우리 생활에 직접 개입할 수 있는 능력까지도 부여하기 시작하고 있다.

(마) 이러한 외적지능은 초기호경제를 중앙화 혹은 분산화시키며 클록-타임을 기하급수적으로 늘어나게 한다. 그에 따라 이제 인간은 정보처리의 역할 정도, 추상화의 수준, 자율성과 책임성 등의 영역마저도 외적지능의 발전적 형태인 또 다른 제3의 두뇌에게 넘겨주게 될지도 모른다.

(바) 이처럼 시간의 가치와 인간의 가치가 기호를 중심축으로 반비례하는 초기호경제임에도 불구하고 새로운 경제는 자유로운 표현, 지배자와 피지배자 간의 보다 원활한 피드백, 대중적인 정책결정 과정에의 참여가 있을 때 번영할 것이다. 그것은 덜 관료적이고 더욱 탈중앙집권화된 신속한 정부를 만들어낼 수 있다. 또한 그것은 개인의 독립성 증대, 즉 국가로부터의 권력의 이동을 조성할 수 있다. 무엇보다 초기호경제에서 가장 중요한 것은 지식에 관한 지식이라는 명제일 것이다.

① (나) - (가) - (다) - (라) - (마) - (바)
② (나) - (다) - (라) - (마) - (바) - (가)
③ (나) - (라) - (마) - (가) - (바) - (다)
④ (라) - (가) - (나) - (마) - (바) - (다)
⑤ (라) - (나) - (마) - (가) - (바) - (다)

03. 다음은 직장 내 팀장이 구성원과의 면담에서 보인 경청 태도에 대한 사례이다. 사례에서 A 팀장의 경청 태도에 대한 설명으로 가장 적절한 것은?

A 팀장은 최근 잦은 결근과 무기력한 태도를 보이는 B 사원과 면담을 진행하였다. 면담 도중 A 팀장은 B 사원의 말이 끝나기도 전에 "그건 네가 노력하지 않아서야"라고 단정 지으며 말을 끊었고, B 사원이 "최근 가족 간 갈등으로 정신적으로 힘들다"고 말하자 "그런 개인적인 문제는 직장과 별개야, 참고 견뎌야지"라고 반응했다. A 팀장은 면담 중 내내 팔짱을 끼고 시선을 피했으며, 면담이 끝난 후에도 대화 내용을 요약하거나 정리하는 언급 없이 빠르게 자리를 떴다.

① A 팀장은 적극적 경청의 인지적 요소를 실천한 것으로, 말의 표면적 내용뿐 아니라 B 사원의 감정 상태를 이해하고 공감하려는 노력이 돋보인다.

② A 팀장은 감정적으로 몰입하여 지나치게 B 사원의 개인적 상황에 감정이입하였고, 이는 비판적 경청의 실패 사례로 볼 수 있다.

③ A 팀장의 행동은 겉치레 경청과 방어적 경청의 특징을 모두 보이며, 비언어적 태도에서도 SOLER 기법이 지켜지지 않았다.

④ A 팀장은 대화 말미에 피드백을 제공함으로써 경청 과정의 반영 기법을 성공적으로 활용하였고, 이는 정서적 과정의 대표 사례이다.

⑤ A 팀장의 태도는 정보를 수집하기보다는 판단을 우선시하였기 때문에, 정보적 경청의 전형적인 예에 해당한다고 볼 수 있다.

04. 다음 보도자료의 제목으로 가장 적절한 것은?

산업통상자원부는 2025년 5월 24일, 인공지능(AI) 기반 산업 생태계 조성을 위한 '전국 AI 혁신허브 구축 계획'을 발표하였다. 이번 정책은 지역 균형 발전과 산업 경쟁력 제고를 동시에 꾀하기 위한 것으로, 전국 6대 권역에 AI 혁신허브를 설치하여 지역 맞춤형 산업 디지털화를 추진하는 것을 주요 내용으로 한다.

정부는 이를 위해 올해부터 3년간 약 1조 원의 재정을 투입하며, 민간투자도 연계해 총 2조 5천억 원 규모의 예산을 마련할 계획이다. 각 지역 허브에는 ▲제조업 스마트화 지원센터 ▲AI 교육 및 창업 인큐베이팅 플랫폼 ▲산학연 협력 R&D 실험실 등이 들어설 예정이며, 이를 통해 지역 기업의 디지털 전환을 가속화하고 청년 인재의 정착을 유도한다는 복안이다.

특히 이번 사업은 단순한 기술 지원을 넘어, AI가 지역 산업 구조에 자연스럽게 융합될 수 있도록 'AI 수요 기반 맞춤형 정책'으로 설계되었다. 즉, 각 지역의 산업 특성을 반영해 자동차·조선·섬유·의료 등 특화된 AI 적용 모델을 개발하고, 이를 통해 지역산업의 경쟁력을 획기적으로 끌어올리겠다는 것이다.

산업부 관계자는 "AI는 산업의 판을 바꾸는 도구이며, 이번 정책은 AI를 통해 지역 산업의 새로운 르네상스를 여는 출발점이 될 것"이라고 강조했다.

① 지역 일자리 창출을 위한 산업 전환 지원 정책 발표

② 2025년 산업통상자원부 예산안 공개

③ 전국 6대 산업단지 리모델링 계획 확정

④ AI로 지역산업에 날개를 달다: 산업부, 혁신허브 구축 추진

⑤ 디지털 교육 활성화를 위한 산학연 프로그램 출범

05. **다음을 읽고 문단의 순서 배열을 바르게 한 것은?**

(가) 예술이나 음악 분야에서 박사 학위를 받은 유명 예술가나 음악가는 몇 명일까? 실제로 많은 교육을 받은 예술가와 음악가가 있지만 선택한 진로에 대한 학문적 훈련을 받은 사람은 거의 없다. 유튜브, 페이스북에서 유명해진 사람들도 마찬가지다. 여기서 종종 나타나는 일반적인 오해는 학교 성적이 좋지 못한 사람들이 멍청하거나 재능이 없다고 생각하는 것이다. 하지만 이는 사실이 아니다.

(나) 우리는 성공의 길은 학교를 통해야만 한다고 들어왔다. 그러나 부유하고 성공한 비즈니스 리더, 업계 아이콘 등 학업이 아닌 다른 길을 택한 위대한 영웅들에 관한 사례가 바로 위에 있다는 것을 알 수 있다.

(다) 수년 전에 초등학교나 중고등학교를 중퇴한 755명의 유명한 사람들의 삶을 조사한 연구결과가 공개되었다. 이 목록에는 25명의 억만장자, 8명의 미국 대통령, 10명의 노벨상 수상자, 8명의 올림픽 메달 수상자, 8명의 아카데미 수상자, 55명의 베스트셀러 작가, 31명의 기사 작위 수여자가 있었다.

(라) 오늘날 「포브스 400」 목록에 있는 미국에서 가장 부유한 400명의 억만장자 가운데, 여덟 명 중 한 명은 대학을 중퇴했다. 역사상 많은 유명인이 학업 실패와 중퇴자였기 때문에 이것은 새로운 것이 아니다. 토머스 에디슨, 앤드류 카네기, 헨리 포드, 월트 디즈니 등이 대표적 인물이다.

① (가) – (나) – (다) – (라)
② (가) – (나) – (라) – (다)
③ (가) – (다) – (라) – (나)
④ (나) – (가) – (라) – (다)
⑤ (나) – (라) – (다) – (가)

06. 다음 ㉠에 들어갈 속담으로 적절한 것은?

> 자라 가로되,
> "나는 친구를 위하여 좋은 도리를 권하려 함이니 그대는 조금도 어찌 생각지 말라. 이제 나를 만남은 이 또한 우연함이 아니로다. 그대 만일 이 풍진을 하직하고 나를 따라 수궁에 들어갈진대 세상 고락 꿈속에 부쳐두고 조금이나 생각할까?"
> 토끼 그 말 듣고 수상히 여겨 고개를 흔들며 가로되,
> "그대의 말은 비록 좋으나 아마도 위태하다. 속담에 이르기를 노루 피하면 범 만난다 하였고, (㉠) 하였으니 육지에 살던 자 공연히 수궁에 들어가리오? 남의 호강 부질없이 욕심내어 이 세상을 하직하고 그대 따라 수궁에 들어가다가 필연코 칠성 구멍에 물이 들어 할 수 없이 죽을 것이니 천만 가지로 생각하여도 십에 팔구분은 위태하도다."

① 눈 가리고 아웅한다

② 궁하면 통한다

③ 핑계 없는 무덤 없다

④ 금방울도 제 자리에 있어야 빛난다

⑤ 구더기 무서워 장 못 담그랴

07. 다음 밑줄 친 표현 중 어법상 가장 적절하지 않은 것은?

① 흥분한 개는 주인이 <u>진정시키지</u> 않으면 주변 사람에게 해를 끼칠 수 있다.

② 대기업일수록 외부인의 출입을 <u>금지시키는</u> 구역이 많다.

③ 병원에 가기를 꺼리는 아내를 억지로 <u>입원시키고</u> 돌아오는 길이야.

④ 언쟁 중인 두 사람을 <u>화해시킬</u> 방법이 좀처럼 떠오르지 않는다.

⑤ 그 교수님의 제자에 대한 애정은 많은 사람을 <u>감동시켰다</u>.

08. 다음 보도자료의 내용과 일치하지 않는 것은?

박주봉 중소기업 옴부즈만(차관급, 이하 옴부즈만)은 대통령비서실 인태연 자영업비서관(이하 비서관)과 함께 8월 24일(화) 부산광역시를 찾아 부산·울산·경남지역 소상공인들의 규제 관련 고충을 듣는 '소상공인 현장 간담회'를 개최했다고 밝혔다. 간담회에 앞서 박 옴부즈만과 인 비서관은 오전 부산 동구 초량2동 행정복지센터에서 초량전통시장 상인들과 만나 코로나19로 겪고 있는 고충을 나누는 자리를 가졌다.

이 자리에서 초량전통시장 상인들은 쾌적한 쇼핑환경 제공을 위한 개선 공사 지원 등을 요청했고, 이에 박 옴부즈만은 "부산시에 건의한 결과, 하반기 소규모 환경개선사업으로 9월에 현장실사를 통해 면밀히 검토해 지원할 예정이라는 답변을 받았다"고 안내했다. 이어 박 옴부즈만은 오후 2시부터 부산 동구청 대회의실에서 부산·울산·경남지역 소상공인, 협·단체 대표 10명과 함께 '소상공인 현장 간담회'를 진행했다. 이 자리에는 허영회 소상공인시장진흥공단 부이사장, 권택준 부산광역시 상인연합회 지회장 등이 함께 참석했다. 간담회에 참석한 대한미용협회 울산동부지회 김경란 지회장은 "헤어 미용 분야에서 이뤄지는 도제학습에 학생이 아닌 일반인도 참여할 수 있도록 해달라"고 건의했다. 이에 박 옴부즈만은 "일·학습병행은 재학생 신분으로 채용되어 훈련을 받는 경우는 물론, 1년 이내 입직한 재직자를 대상으로도 훈련이 가능하다"고 말했다.

한편 경전요 허일 대표는 "수공예품의 품질표시를 별도 용지에 할 수 있도록 개선해달라"고 요청했다. 경전요는 도자기를 활용한 전등 등을 제작하는 업체로 제작한 수공예품에 하나하나 박음질로 품질표시를 해야 하는 고충을 겪어왔다. 박 옴부즈만은 "국가기술표준원에 받은 답변에 따르면 가정용 섬유제품 중 개별 제품의 박음질 표시가 미관을 심히 저해하거나 사용에 불편을 주는 제품의 경우는 개별 표시가 가능하다"고 답했다. 이 외에도 참석자들은 △소공인 특화상품 개발 관련 국가통합인증마크(KC)면제 요청, △문화예술단체의 재산세와 지역자원시설세 감면 지원 △청년채용특별장려금 지원대상 확대 등 제도개선 등 다양한 현장 애로를 건의했다.

인태연 비서관은 "코로나19 상황이 매우 엄중한 상황에서 강화된 사회적 거리두기로 소상공인의 경영회복이 지연되지 않을까 걱정이 크다. 정부는 방역과 민생에 최우선을 두고 소상공인 피해지원, 손실보상 등을 속도감 있게 추진하겠다"며, "오늘 건의된 내용은 잘 챙겨 여러분께 힘이 되는 정책으로 보답할 수 있도록 노력하겠다"고 말했다.

박 옴부즈만은 "정부는 코로나19로 인한 경제적 어려움을 극복하기 위해 총력을 기울이고 있다"라며, "크고 작은 것 가리지 않고 소상공인들의 고충을 해결할 수 있도록 그 어느 때보다 더 엄중하게 생각하고 최선의 노력을 다하고 있다"고 말했다. 한편 중소기업 옴부즈만은 6월 대구·경북을 시작으로 대전·세종지역에 이어 이번 부산·울산·경남지역을 거쳐 연말까지 매달 서울, 경기, 광주 등 주요 거점 도시를 찾아 '소상공인 현장 간담회'를 개최할 예정이다.

※ 출처: 중소벤처기업부(2021-08-24 보도자료)

① 초량전통시장 상인들은 쾌적한 쇼핑환경 제공을 위한 공사 지원을 요청했고, 이에 하반기에 검토를 통해 지원할 것이라고 했다.

② 헤어 미용 분야에서 일·학습병행은 재학생 신분으로 채용되어 훈련을 받는 경우는 물론, 1년 이내 입직한 재직자를 대상으로도 훈련이 가능하다.

③ 간담회에서 참석자들은 청년채용특별장려금 지원대상 확대 등의 현장 애로를 건의했다.

④ 가정용 섬유제품 중 개별 제품의 박음질 표시가 미관을 심히 저해하거나 사용에 불편을 주는 제품의 경우는 개별 표시가 가능하다.

⑤ 소상공인 현장 간담회는 처음 서울, 경기 지역에서 개최되었고, 이번 부산·울산·경남을 찾았다.

09. 다음 글의 ㉠~㉤을 바르게 고쳐 쓴다고 할 때, 적절하지 않은 것은?

> 서구 과학에서의 물질에 대한 탐구는 그 물질이 무엇으로 구성되어 있는가 ㉠하는데에 ㉡촛점이 맞추어져 있었다. 그런데 문제는 이러한 물질의 현상적 성질이 인간의 인식 범주 안에 모두 포섭될 수 있는가 하는 것이었다.
>
> 서구인이 생각한 인식의 범주란 대상이 계량화될 수 있는 경우에만 국한되었다. 예를 들어 어떤 물질적 대상이 가진 성질 가운데서 면적과 부피와 무게는 ㉢수로서 표현할 수 있는 반면에, 색깔과 냄새와 맛 등은 수로 표현할 수 없었다. 이와 같이 물질의 성질은 수로 표현할 수 있는 성질과 수로 표현할 수 없는 성질로 구분된다고 본 것이 근대 서구인의 생각이었다.
>
> 근대의 과학과 철학에서 중요한 위치를 갖는 갈릴레오와 뉴턴은 모두 이러한 성질의 차이를 중시하여, 수로 표현할 수 있는 성질과 없는 성질을 각각 1차 성질과 2차 성질로 나누었다. 그리고 이들은 1차 성질만이 물질의 근원적인 속성이 될 수 있으며, 2차 성질은 물질의 부차적인 속성이라고 보았다.
>
> 그런데 현대에 이르러 실제로 자연의 모든 물질이 계량화될 수 있는지에 대해 많은 과학자들이 의심을 품기 시작하였다. 고전과학의 정언명법은 계량화하기 위하여 자연은 반드시 정지되어야 한다는 것을 전제로 삼았지만, 실제의 자연은 변화하고 운동한다는 사실이 밝혀졌기 때문이다. ㉣이러한 변화는 시간과 물질의 관계에 대한 인식의 변화와 관련이 있다. ㉤물질이 변화한다는 사실은 물질은 늘 시간의 흐름과 관련을 맺는다는 것이다. 그런데 서구 과학은 물질이 시간의 흐름에 의존하지 않는다고 보았기 때문에 물질의 변이 과정을 정지 상태에 놓아둠으로써 물질을 수학적으로 형상화했던 것이다.

① ㉠의 '데'는 의존명사이므로 '하는 데에'로 수정한다.
② 사잇소리 표기 원칙에 따라 ㉡을 '초점'으로 수정한다.
③ 맥락상 '수단'을 나타내는 의미이므로 ㉢을 '수로써'로 수정한다.
④ 전체 글의 흐름을 고려하여 ㉣을 글의 마지막 부분으로 이동한다.
⑤ 주술호응을 고려하여 ㉤의 목적어와 서술어를 '~맺는다는 것을 의미한다'로 수정한다.

10. 농도 7%의 소금물 A와 농도 12%의 소금물 B를 3:2의 비율로 섞었더니 농도 x%의 소금물 250g이 되었다. 이 소금물 250g 중 일부를 버리고, 버린 양만큼 농도 4% 소금물을 다시 넣었더니 최종 농도가 8.2%가 되었다. 처음 만들어진 250g 중 버린 소금물은 몇 g인가?

① 40g ② 50g ③ 60g ④ 70g ⑤ 80g

11. 진주는 영어학원에서 A, B, C, D 중 하나의 강의를 무작위로 수강 신청한다. 다음은 각 강의의 수강 확률과 수강료일 때, 진주가 지불하게 될 수강료의 기댓값은 얼마인가?

강의	수강 확률	수강료
A	20%	100,000원
B	25%	80,000원
C	35%	60,000원
D	20%	120,000원

① 82,000원 ② 83,000원 ③ 84,000원 ④ 85,000원 ⑤ 86,000원

12. 어떤 상품을 정가에서 20% 할인해 판매했더니 6,000원의 이익이 났고, 40% 할인해 판매했더니 2,000원의 손해가 발생했다. 이 상품의 원가는 얼마인가?

① 20,000원 ② 22,000원 ③ 24,000원 ④ 25,000원 ⑤ 26,000원

13. 어떤 제품이 불량일 확률은 0.4이고, 불량이면 반드시 탐지되며, 정상이어도 $\frac{1}{5}$ 확률로 잘못 탐지된다. 제품이 불량 판정을 받았을 때, 실제로 불량일 확률은?

① $\frac{2}{3}$ ② $\frac{3}{4}$ ③ $\frac{4}{5}$ ④ $\frac{6}{7}$ ⑤ $\frac{10}{13}$

14. 어떤 회사에서 직원 1,200명 중 65%는 건강검진을 받았고, 건강검진을 받은 사람 중 30명은 질병이 발견되었다. 건강검진을 받지 않은 사람 중 질병이 발견된 사람은 45명일 경우, 직원 중 임의로 1명을 뽑았을 때 질병이 없고 건강검진을 받지 않은 사람일 확률은?

① $\frac{9}{240}$ ② $\frac{5}{16}$ ③ $\frac{75}{84}$ ④ $\frac{75}{156}$ ⑤ $\frac{291}{300}$

15. 어떤 제품을 정가에서 20% 할인하여 판매하되 원가의 4%만큼 이익을 남기려고 한다. 원가에 몇 %를 붙여 정가를 책정해야 하는가?

① 30% ② 40% ③ 50% ④ 60% ⑤ 65%

16. **다음은 우리나라의 모든 특별시·광역시별 실업률과 연령별 실업률을 조사한 〈표〉이다. 다음 중 제시된 〈표〉에서 도출 가능한 것은?** (단, 연령별 실업률 분포는 전국적으로 동일하다고 가정한다.)

〈표 1〉 특별시·광역시별 실업률

(단위: %)

도시 \ 연도	2016	2017	2018	2019	2020	2021
서울	2.5	2.7	7.6	7.0	4.8	4.5
부산	3.5	3.9	8.9	9.1	6.5	5.2
대구	3.1	3.8	7.9	7.1	4.7	4.6
인천	2.4	3.4	8.4	7.9	4.9	4.2
광주	2.7	3.1	7.7	7.7	5.6	4.6
대전	2.7	2.9	7.1	6.4	4.5	4.1
울산	–	–	7.4	6.4	4.2	3.9
전국	2.0	2.6	7.0	6.3	4.1	3.8

〈표 2〉 연령별 실업률

(단위: %)

연령 \ 연도	2016	2017	2018	2019	2020	2021
15~29세	4.6	5.7	12.2	10.9	7.6	7.5
30~59세	1.2	1.6	5.6	5.2	3.3	2.9
60세 이상	0.4	0.8	2.4	2.3	1.3	1.1
전체	2.0	2.6	7.0	6.3	4.1	3.8

① 2017년에서 2018년 사이 실업률이 가장 큰 폭으로 증가한 연령층은 60세 이상이다.

② 실업률이 가장 높은 도시에서 15~29세 인구비율도 가장 높다.

③ 특별시·광역시보다 그 외 지역의 실업률이 대체적으로 더 낮다.

④ 2016년에서 2021년 사이 모든 특별시·광역시의 실업률은 2018년에 최고치에 달했다.

⑤ 60세 이상의 실업률이 낮은 것으로 보아 노년노동인구가 많음을 알 수 있다.

17. 다음은 결혼과 동거에 대한 성별·연령별 조사 자료이다. 자료에 대한 설명으로 옳은 것은?

[결혼과 동거에 대한 견해]

(단위: %)

구분		계	결혼				동거	
			해야 한다	해도 좋고 하지 않아도 좋다	하지 말아야 한다	모르겠다	동의한다	반대한다
2016년		100.0	51.9	42.9	3.1	2.1	48.0	52.0
2018년		100.0	48.1	46.6	3.0	2.3	56.4	43.6
성별	남자	100.0	52.8	42.3	2.2	2.7	58.9	41.1
	여자	100.0	43.5	50.8	3.8	1.9	53.9	46.1
연령대	13~19세	100.0	28.4	58.5	4.9	8.2	69.5	30.5
	20~29세	100.0	33.5	58.4	5.3	2.8	74.4	25.6
	30~39세	100.0	36.2	58.7	3.6	1.5	73.2	26.8
	40~49세	100.0	41.9	53.9	2.9	1.3	60.1	39.9
	50~59세	100.0	55.7	40.7	2.0	1.6	45.6	54.4
	60세 이상	100.0	71.2	25.6	1.6	1.6	34.8	65.2

① 결혼에 대해 '해야 한다'고 응답한 인원수는 여자보다 남자가 많다.

② 동거에 대해 '동의한다'고 응답한 인원수는 30대 이후로 감소한다.

③ 2018년 동거에 대해 '동의한다'고 응답한 전체 비율은 2년 전 대비 8.4% 증가하였다.

④ 결혼과 동거에 대해서는 남자가 여자보다 '해야 한다'와 '동의한다'고 생각하는 경향이 높다.

⑤ 연령대가 높아질수록 결혼에 대해 '해야 한다'고 응답한 비율과 동거에 대해 '동의한다'고 응답한 비율의 증감 추이는 정반대이다.

18. 다음은 국내 한 종합 방송 채널 업체의 최근 3년간 실적 및 가입자 수에 대한 연도별 현황자료이다. 이에 대한 설명으로 옳은 것은?

[최근 3년간 실적 및 가입자 수 증감 현황]

(단위: 백만 원, 명)

구분	매출	영업이익	가입자 수		
			방송	인터넷	모바일
2019년	658,296	65,027	4,187,717	107,030	–
2020년	660,404	67,128	4,037,281	194,777	2,609
2021년	655,354	57,422	3,844,751	287,772	115,443

㉠ 최근 3년간 이 업체의 매출, 영업이익은 2020년에 전년 대비 증가 후 다시 감소했고, 인터넷과 모바일 가입자가 지속 증가했음에도 불구하고 총 가입자 수는 지속적으로 하락했다.
㉡ 2019년 대비 2021년 총 가입자 수 감소율은 동 기간 매출액 감소율보다 더 크게 하락했다.
㉢ 해당 종합 방송 채널의 모바일 서비스는 2020년에 처음 시작하여 1년 만에 약 40배 이상 성장하였다.
㉣ 2022년의 매출과 영업이익은 전년 대비 각각 5%, 10% 하락이 예상된다면 2022년 매출액은 6,000억 원, 영업이익은 500억 원을 하회할 것으로 예상된다.

① ㉠, ㉡ ② ㉠, ㉢ ③ ㉡, ㉢ ④ ㉡, ㉣ ⑤ ㉢, ㉣

19. 다음은 어느 광역시의 행정 구역별 위치하고 있는 공원에 대한 제반 시설물 보완작업 진행 현황을 보여주는 자료이다. 각 공원의 보완작업 현황이 다음과 같을 때, 보완 예정에 포함되지 않은 시설의 개수가 가장 적은 행정 구역부터 순서대로 바르게 나열한 것은? (단, 계산 결과는 소수점 첫째 자리에서 반올림한다.)

구분	보완 예정 공원 시설				보완율
	기계시설	전기시설	건축시설	토목시설	
A 구	35	110	115	80	75%
B 구	20	85	50	115	85%
C 구	0	120	60	100	60%
D 구	40	65	100	80	40%

※ 보완율(%) = 보완 예정 공원 시설 개수 / 전체 공원 시설 개수 × 100

① B 구 – A 구 – C 구 – D 구
② B 구 – A 구 – D 구 – C 구
③ B 구 – C 구 – A 구 – D 구
④ C 구 – A 구 – D 구 – B 구
⑤ D 구 – C 구 – A 구 – B 구

20. **다음 중 논리적 사고에 대한 설명으로 적절하지 않은 것은?**

① 논리적 사고는 생각의 흐름에서 앞뒤 관계의 일관성을 검토하고 아이디어를 평가하는 능력으로, 타인 설득 및 효율적 사고에 기여한다.

② 논리적 사고의 기초는 일상에서 접하는 모든 것에 대해 '왜 그런가?'라는 의문을 갖고 지속적으로 생각하는 습관을 기르는 것이다.

③ 논리적 사고 개발 방법 중 하나인 피라미드 구조화는 하위의 근거들을 토대로 상위의 핵심 주장을 단계적으로 구축해 나가는 방식이다.

④ 논리적 사고 개발을 위한 'so what' 방법은 제시된 정보로부터 '그래서 결국 무엇이 문제인가?'라는 질문에 집중하여 문제점 자체를 심층적으로 파악하는 데 주목적이 있다.

⑤ 논리적 사고를 통한 설득은 자신의 주장을 타인에게 이해시켜 공감대를 형성하고 원하는 행동을 유도하는 과정이며, 일방적인 사상 강요와는 구별된다.

21. **다음 빈칸 안에 들어갈 단어로 옳은 것은?**

난폭운전으로 전복사고가 일어났을 때, 사고의 발생을 문제라 하고, 난폭운전은 (　　　)이다. 이렇게 (　　　)은/는 개선해야 할 사항이나 손을 써야 할 사항, 그에 의해서 문제가 해결될 수 있고 문제의 발생을 미리 방지할 수 있는 사항을 말한다.

① 목표　　② 현상　　③ 문제점
④ 해결방안　　⑤ 문제 해결

22. **SWOT 분석방법 중 외부환경요인 분석에 대한 설명으로 옳은 것은?**

① 외부환경요인은 강점과 약점으로 구분된다.

② 자신을 포함하여 모든 정보를 기술하며 좋은 쪽으로 작용하는 것은 기회, 나쁜 쪽으로 작용하는 것은 위협으로 분류한다.

③ 언론매체, 개인 정보망 등을 통하여 입수한 당사자에게 미치는 영향을 시작으로 상식적인 세상의 변화 내용을 순서대로, 점차 일반화한다.

④ 동일한 Data라도 자신에게 긍정적으로 전개되면 기회로, 부정적으로 전개되면 위협으로 구분한다.

⑤ 외부환경분석에는 MMMITI 체크리스트를 활용하면 편리하다.

23. 브레인스토밍(Brain Storming)은 미국의 알렉스 오즈번이 고안한 그룹발산기법으로, 창의적인 사고를 위한 발산방법 중 가장 흔히 사용되는 방법이다. 다음 중 브레인스토밍 진행방법에 대한 내용으로 적절한 것은?

① 논의하고자 하는 주제는 포괄적이고 추상적일수록 많은 아이디어가 도출될 수 있다.

② 구성원들의 얼굴을 볼 수 있도록 사각형이나 타원형으로 책상을 배치해야 하고, 떠오르는 아이디어를 나중에 모아서 한 번에 적을 수 있도록 하는 것이 바람직하다.

③ 직급이나 근무경력을 바탕으로 리더를 선출하여 주제를 잘 분석하고 다양한 아이디어를 산출할 수 있게 하는 방법들을 연구해야 한다.

④ 구성원은 전문가 위주로 5~8명 정도로 구성하며, 주제에 대한 비전문가를 절반 이하로 구성한다.

⑤ 누구나 무슨 말이라도 할 수 있도록 해야 하는데 제시된 아이디어는 비판해서는 안 된다.

24. 다음 중 문제인식 단계의 '환경 분석' 방법에 대한 설명으로 가장 적절한 것은?

① 환경 분석은 주요 과제가 도출된 후 과제를 선정하기 전에 실시한다.

② 3C 분석은 주로 자사의 내부 환경을 심층적으로 분석하여 개선 과제를 도출하는 데 사용되며, 외부 환경 요소는 고려하지 않는다.

③ SWOT 분석은 기업 외부 환경의 강점(Strengths)과 약점(Weaknesses), 그리고 내부 환경의 기회(Opportunities)와 위협(Threats)을 교차 분석하여 전략을 수립하는 기법이다.

④ SWOT 분석에서 내부 환경 요인인 강점과 약점을 분석할 때는 주로 SCEPTIC 체크리스트를 활용하고, 외부 환경 요인인 기회와 위협은 MMMITI 체크리스트를 통해 분석한다.

⑤ 3C 분석은 자사(Company), 경쟁사(Competitor), 고객(Customer)을 중심으로 사업 환경을 분석하며, 고객 분석은 '고객이 자사 상품/서비스에 만족하는지'를 파악하는 것을 포함한다.

25. **다음 중 문제처리 과정의 '해결안 개발' 단계에 대한 설명으로 가장 적절한 것은?**

① 해결안 개발 단계의 주된 목적은 문제의 근본 원인을 찾는 것이며, 다양한 관점에서 원인을 분석하는 데 집중한다.

② 해결안 도출 시에는 가능한 한 많은 아이디어를 나열하는 것이 중요하므로, 아이디어의 독창성이나 혁신성보다는 양적 측면을 최우선으로 고려한다.

③ 최적의 해결안은 주로 과거 성공 사례에 기반하여 가장 신속하게 적용 가능한 안으로 선정하며, 복잡한 평가는 지양한다.

④ 해결안 평가는 도출된 각 해결안에 대해 문제(what), 원인(why), 방법(how)을 고려하고, 중요도 및 실현 가능성 측면에서 종합적으로 검토하여 최적안을 선정하는 과정이다.

⑤ 해결안 개발 단계에서는 아이디어의 군집화나 최종 해결안으로의 정리는 지양하고, 가능한 모든 개별 아이디어를 실행 계획으로 즉시 옮기는 것을 목표로 한다.

26. **다음 전제를 읽고 반드시 참인 결론을 고르면?**

- 주식에 투자하는 사람은 부동산에 투자하지 않는다.
- 채권에 투자하는 사람은 펀드에 투자한다.
- 부동산에 투자하는 사람은 채권에 투자한다.
- 주식에 투자하지 않는 사람은 펀드에 투자하지 않는다.

① 채권에 투자하는 사람은 주식에 투자하지 않는다.

② 펀드에 투자하는 사람은 부동산에 투자한다.

③ 주식에 투자하지 않는 사람은 부동산에 투자하지 않는다.

④ 주식에 투자하는 사람은 펀드에 투자하지 않는다.

⑤ 부동산에 투자하지 않는 사람은 주식에 투자하지 않는다.

27. **아래 규정에 의할 때 다음 중 허용되는 경우는?**

> 제○○조
> 누구든지 이 법에 의하지 아니하고는 정치자금을 기부하거나 받을 수 없다.
> 제○○조
> 정치자금은 국민의 의혹을 사는 일이 없도록 공명정대하게 운용되어야 하고, 그 회계는 공개되어야 한다.
> 제○○조
> 정치자금은 정치활동을 위하여 소요되는 경비로만 지출하여야 하며, 사적 경비로 지출하거나 부정한 용도로 지출하여서는 아니 된다. 이 경우 "사적 경비"라 함은 다음 각호의 어느 하나의 용도로 사용하는 경비를 말한다.
> 1. 가계의 지원·보조
> 2. 개인적인 채무의 변제 또는 대여
> 3. 향우회·동창회·종친회, 산악회 등 동호인회, 계모임 등 개인 간의 사적 모임의 회비 그 밖의 지원경비
> 4. 개인적인 여가 또는 취미활동에 소요되는 비용
> 제○○조
> 이 법에 의하여 1회 120만 원을 초과하여 정치자금을 기부하는 자와 다음 각호에 해당하는 금액을 초과하여 정치자금을 지출하는 자는 수표나 신용카드·예금계좌입금 그 밖에 실명이 확인되는 방법으로 기부 또는 지출하여야 한다. 다만, 현금으로 연간 지출할 수 있는 정치자금은 연간 지출총액의 100분의 20(선거비용은 선거비용 제한액의 100분의 10)을 초과할 수 없다.
> 1. 선거비용 외의 정치자금: 50만 원. 다만, 공직선거의 후보자·예비후보자의 정치자금은 20만 원
> 2. 선거비용: 20만 원
> 제○○조
> 누구든지 타인의 명의나 가명으로 정치자금을 기부할 수 없다.

① 자신의 정치성향이 밝혀지는 것이 껄끄러워 자신이 지지하는 후보에게 아내의 명의로 20만 원을 기부하였다.

② 국회의원 후보자가 자신이 가입된 산악회 회원들과 같이 등산한 후 자신의 정치자금으로 회원들에게 점심을 대접하였다.

③ 자신과 같은 뜻을 가진 정치인에게 방학 동안 아르바이트로 모은 200만 원을 좋은 곳에 써달라는 글과 함께 익명으로 정치인 사무실 앞에 가져다 놓았다.

④ 노동자 신분으로 국회의원 선거에 출마한 자가 몇몇 지인들의 기부만으로 선거활동을 하였기 때문에 특별히 따로 회계를 공개하지 않았다.

⑤ 정치에 별로 관심이 없었으나, 우연히 후보 A의 유세를 보고 선거비용을 후원하기로 생각해서 그 자리에서 빈 봉투에 10만 원을 담아 익명으로 건네주었다.

28. A 사의 1층은 왼쪽부터 시작하여 101호부터 106호까지 있는데 각 호마다 최대 2개 팀이 사용할 수 있다. 이곳에는 기획실 A 팀, B 팀, C 팀, 인사팀, 총무팀 및 그 외 부서들이 자리하고 있는데 각 부서의 구성과 위치는 다음과 같다. 이 내용을 토대로 할 때 다음 〈보기〉 중 반드시 참이라고 볼 수 없는 것은?

가. 이 6개의 사무실에는 총 10개의 팀이 있다.
나. 101호에는 기획실의 두 팀이 사용한다.
다. 인사팀은 재무팀과 같은 104호를 사용한다.
라. 관리팀은 기획실 B 팀과 같은 102호를 사용한다.
마. 103호와 105호에는 영업부 A 팀, B 팀, C 팀만 있다.
바. 104호부터 106호는 5개 팀이 사용하고 있다.

〈보기〉

㉠ 관리팀의 옆에는 영업부 가운데 한 팀이 있다.
㉡ 기획 A 팀의 옆에는 기획실 B 팀이 있다.
㉢ 재무팀의 바로 왼쪽 사무실에는 영업부 두 팀이 있다.
㉣ 106호 사무실은 하나의 팀만 사용한다.
㉤ 총무팀 옆에는 영업부 A 팀이 있다.

① ㉡, ㉢　　② ㉠, ㉡, ㉣　　③ ㉢, ㉤　　④ ㉠, ㉤　　⑤ ㉢, ㉣, ㉤

29. 입사 15년 차인 최지상 부장은 최근 자신이 속한 산업 분야가 기술 융합으로 인해 빠르게 재편되고 있음을 인지했다. 그는 현재까지 쌓아온 전문성과 경력을 바탕으로 미래에도 지속적으로 성장하기 위한 경력개발 전략을 고민 중이다. 다음 중 최지상 부장의 현재 경력 단계(경력 중기)와 변화하는 환경을 고려할 때, 장기적으로 가장 효과적인 경력개발 전략은?

① 현재의 직무 전문성을 유지하는 데에만 집중하며, 외부 환경 변화에 대해서는 관망하는 자세를 취한다.
② 과거의 성공 경험을 바탕으로 새로운 기술 습득보다는 기존의 강점을 활용할 수 있는 안정적인 직무로의 수평이동을 우선적으로 추진한다.
③ 자신의 핵심 역량을 진단하고, 미래 산업 동향에 맞춰 필요한 신기술 및 융합 지식을 적극적으로 학습하며, 새로운 역할이나 리더십 개발 기회를 모색한다.
④ 단기적인 성과를 위해 현재 인기 있는 자격증을 최대한 많이 취득하는 데 시간과 비용을 투자한다.
⑤ 조직 내 인맥 관리에만 집중하여 승진 기회를 확보하는 것을 최우선 목표로 삼는다.

30. 최근 자신이 종사하는 산업이 인공지능(AI) 기술의 발전으로 인해 큰 변화를 맞이할 것이라는 전망이 나오면서, 입사 7년 차인 김진호 과장은 현재 직무의 미래에 대한 불안감을 느끼기 시작했다. 그는 이러한 변화에 효과적으로 대응하고 자신의 경력을 지속적으로 발전시키기 위한 자기개발 계획을 수립하고자 한다. 이 과정에서 김진호 과장이 가장 먼저 체계적으로 수행해야 할 자기개발 활동은?

① AI 관련 최신 기술 동향을 분석하고 유망 자격증 취득 계획을 세운다.

② 자신의 직업적 흥미, 강점, 약점, 가치관을 객관적으로 재평가하고, 변화하는 산업 환경에서 발휘할 수 있는 핵심 역량을 진단한다.

③ 즉시 이직을 준비하기 위해 여러 기업의 채용 정보를 수집하고 입사 지원서를 작성한다.

④ 현재까지의 업무 성과를 정리하여 상사와의 면담을 통해 자신의 고용 안정성을 확보하려 노력한다.

⑤ 불안감을 해소하기 위해 동료들과 스터디 그룹을 조직하여 함께 AI 기술을 학습한다.

31. 인공지능(AI)과 로봇으로 대표되는 4차 산업혁명이 가져올 미래의 변화는 긍정적·부정적 요소를 동시에 가지면서 고용, 교육, 경제, 일상생활에 이르기까지 광범위한 분야에서 일어날 것으로 예상된다. 전통적인 일자리는 사라지고 직업의 생성, 분화, 소멸 속도는 빨라질 것이라는 전망이 나오고 있어 4차 산업혁명 시대에는 개인에게 진로탄력성, 창의성, 융복합성 등을 요구할 것으로 보인다. 특히 변화된 환경에 효과적으로 대처하고 적응할 수 있는 진로탄력성이 떠오르고 있는데, 다음에서 설명하는 진로탄력성의 구성요소로 옳은 것은?

> 사람은 누구나 다양한 역경과 위기를 겪으며 살게 된다. 특히 커리어에 역경과 위기를 맞게 되면 생존과 직결되는 만큼 삶의 자신감과 자존감이 급속도로 떨어지는 것을 확인할 수 있다.
>
> 그래서 미래의 어려운 상황에서도 극복할 수 있다는 긍정적인 믿음으로 부정적인 감정을 다스려야 한다. 자신의 상황에 감사하는 마음과 미래를 낙관적으로 생각하고 끊임없이 노력하는 미래지향적 태도가 필요하다. 이를 위해서는 감사일기 쓰기와 규칙적인 운동이 가장 효과적이다.

① 적응성　② 자기이해　③ 자기조절　④ 긍정적 태도　⑤ 대인·정보관계

32. 터크만(Tuckman)의 팀 발달 단계 이론은 팀의 현재 상태를 이해하고, 각 단계에서 발생할 수 있는 문제점을 예측하며, 팀이 더 높은 수준으로 발전하는 데 유용한 틀을 제공한다. 다음 각 팀의 상황을 팀 발달 단계와 바르게 연결한 것은?

- A 팀은 프로젝트 목표 달성을 위해 매우 효율적으로 움직이고 있다. 팀원들은 각자의 역할에 대해 깊이 이해하고 있으며, 서로의 강점을 활용하여 시너지를 창출하고 있다. 문제가 발생하더라도 팀 자체적으로 해결책을 모색하고, 리더의 개입 없이도 자율적으로 업무를 수행하며, 높은 수준의 성과를 내고 있다.
- B 팀은 프로젝트 목표 달성을 위한 구체적인 방법론을 논의하던 중, 팀원들 간에 의견 충돌이 잦아지고 있다. 특히, 팀원 F와 팀원 G는 서로 다른 접근 방식을 강하게 주장하며 감정적인 대립까지 보이고 있다. 팀 내부에 파벌이 형성될 조짐도 보이며, 일부 팀원은 회의 참여에 소극적인 태도를 보이기 시작했다.
- 6개월간 진행된 프로젝트가 성공적으로 마무리되었다. C 팀은 최종 결과 보고서를 제출하고, 그동안의 성과를 정리하며 공식적인 해산을 앞두고 있다. 팀원들은 목표 달성에 대한 만족감과 함께, 함께 일했던 동료들과 헤어지는 것에 대한 아쉬움을 느끼고 있다. 팀장은 팀원들의 노고를 치하하는 마무리 회식을 계획하고 있다.
- D 팀은 새로운 프로젝트를 위해 각기 다른 부서에서 차출된 직원들로 구성되었다. 첫 회의에서 팀원들은 서로 어색해하며 주로 자기소개를 하고 프로젝트의 전반적인 목표에 대해 막연하게 이야기했다. 리더인 김 부장은 팀원들에게 편안한 분위기를 만들어주려 노력했지만, 아직 명확한 역할 분담이나 구체적인 실행 계획에 대한 논의는 이루어지지 않았다.
- E 팀은 몇 차례의 의견 충돌과 논쟁을 거친 후, 이제는 팀의 공동 목표를 명확히 이해하고 있다. 팀원들은 서로의 역할과 책임을 인지하고 있으며, 원활한 협업을 위한 팀 내 규칙과 의사소통 방식을 만들어가고 있다. 팀원들 간의 신뢰가 쌓이기 시작했고, 서로에게 도움을 주려는 분위기가 형성되고 있다.

① 형성기 – 격동기 – 해체기 – 형성기 – 규범기

② 규범기 – 형성기 – 해체기 – 격동기 – 규범기

③ 규범기 – 격동기 – 해체기 – 규범기 – 형성기

④ 성과기 – 격동기 – 해체기 – 형성기 – 규범기

⑤ 성과기 – 형성기 – 해체기 – 규범기 – 격동기

33. 해커스식품의 개발팀과 품질관리팀은 신제품 출시를 앞두고 중요한 갈등 상황에 놓여 있다. 다음 상황에서 개발팀과 품질관리팀이 Win-Win 해결책을 찾기 위해 가장 먼저 시도해야 할 협상 전술 또는 활동은?

> [상황]
>
> 개발팀은 경쟁사보다 먼저 제품을 출시하여 시장을 선점하는 것이 최우선 목표이다. 이를 위해 개발 일정을 최대한 단축해야 한다는 '입장'을 고수하고 있다. 이들의 근본적인 '이해관계'는 '빠른 시장 진입을 통한 초기 성공 확보 및 R&D 성과 인정'이다.
>
> 반면 품질관리팀은 제품 출시 후 발생할 수 있는 치명적인 결함을 예방하고, 회사의 브랜드 신뢰도를 지키기 위해 철저하고 충분한 기간의 품질 테스트가 반드시 필요하다는 '입장'이다. 이들의 근본적인 '이해관계'는 '제품 완성도 확보를 통한 고객 만족 및 리스크 관리'이다.
>
> 양 부서는 이 문제를 해결하기 위해 '협력 전략(Win-Win 전략)'을 사용하기로 합의했다. 이는 "나도 이기고 너도 이기는 방법(I Win, You Win)"으로, 서로의 목적이나 우선순위에 대한 정보를 교환하고 통합하여 문제를 해결하고자 하는 접근 방식이다.

① 각 부서의 입장(일정 단축 vs 품질 보장)을 최대한 강하게 주장하여 기선 제압을 시도한다.

② 제3자인 상급자에게 중재를 요청하여 빠른 결정을 내리도록 한다.

③ 각 부서가 조금씩 양보하여 '일정 약간 연장, 테스트 약간 축소'와 같은 중간 지점에서 타협하는 방안을 모색한다.

④ "왜 일정을 단축해야 하는가?", "왜 완벽한 품질 보장이 필요한가?"와 같이 각 부서의 표면적인 입장 뒤에 숨겨진 근본적인 '이해관계(Interest)'가 무엇인지 함께 탐색하고 정보를 교환한다.

⑤ 협상이 결렬될 경우를 대비하여 각자의 최상의 대안(BATNA)을 강화하는 데 집중한다.

34. 다음 중 명함 관리 팁을 잘못 활용한 사례로 가장 적절한 것은?

① 김 대리는 거래처에서 받은 명함을 명함지갑에 정리하며, 만난 날짜와 상대방의 주요 관심사를 명함에 간단히 메모했다.

② 이 과장은 명함 관리 앱에 명함을 스캔해 저장하고, 중요한 상대방은 별도로 즐겨찾기 표시를 해두었다.

③ 박 부장은 인맥관리카드에 상대방의 이름, 직장, 연락처뿐 아니라 향후 함께할 수 있는 업무 아이디어까지 적어두었다.

④ 정 사원은 받은 명함을 주머니나 서랍에 넣어두고, 필요할 때마다 꺼내어 볼 수 있도록 관리했다.

⑤ 최 팀장은 명함을 정리할 때 업무와 관련 없는 명함은 따로 모아 분류해 관리하고, 필요한 경우를 대비해 연락처는 따로 기록해두었다.

35. 다음 중 잘못된 대응을 하고 있는 사례로 가장 적절한 것은?

① 박 대리는 고객이 주문한 상품의 작은 불량 문제를 직접 확인하고 바로 교환 조치한 후, 추가로 접수된 건의사항은 별도로 정리해 부서에 전달했다.

② 김 과장은 고객이 단순 환불 요청을 했지만, 우선 회사 차원의 환불 정책 개편안을 마련해야 한다고 고객에게 고지한 후 회사에 전체 회의를 요청했다.

③ 이 부장은 행사장에서 발생한 안내 오류 문제를 현장 직원에게 즉시 처리하도록 지시하고, 전반적인 행사 운영 개선 논의는 행사 후로 미뤘다.

④ 정 팀장은 고객센터에 접수된 간단한 문의는 담당 직원에게 넘겨 빠르게 답변하도록 하고, 자신은 서비스 개선 보고서를 작성했다.

⑤ 최 사원은 예약 변경 요청이 들어오자, 우선 고객의 예약부터 신속히 처리한 뒤 시스템 문제를 관련 부서에 보고했다.

36. 다음은 자원관리 수업을 통해 중요하지만 긴급하지 않은 일보다 중요하지 않지만 긴급한 일을 우선 처리하는 것이 필요하다고 배운 A 대리가 오늘 해야 할 일들에 대해 동료와 나눈 대화 내용일 때, 처리 순서로 가장 적절한 것은?

> **A 대리:** 아, 오늘 오전에 마감인 고객 보고서 때문에 정신없겠다. 어제 자료 정리는 끝냈지만 오늘 아침에 최종 점검해서 제출해야 해.
> **동료 B:** 그거 끝나면 혹시 나 좀 도와줄 수 있어? 점심 전에 고객 PT 자료 정리해야 하는데 혼자 하면 시간이 모자랄 것 같아서.
> **A 대리:** 알겠어, 그것 말고도 오늘 오후에는 이번 분기 개인 목표도 정리해야 하고, 올해는 자기계발도 좀 신경 쓰려고 계획을 세워야지. 그거 안 하면 또 연말에 후회하니까.
> **동료 B:** 좋네, 올해는 뭐 배워볼 건데?
> **A 대리:** 디지털 마케팅 쪽 자격증 공부해볼까 생각 중이야. 근데 사실 퇴근 후에는 맥 놓고 유튜브 예능이나 보면서 쉬고 싶더라. 하루 종일 집중하면 머리가 다 아파서.

① 고객 보고서 → 동료 자료 정리 → 개인 목표·자기계발 계획 → 유튜브 시청

② 고객 보고서 → 개인 목표·자기계발 계획 → 동료 자료 정리 → 유튜브 시청

③ 개인 목표·자기계발 계획 → 고객 보고서 → 동료 자료 정리 → 유튜브 시청

④ 고객 보고서 → 동료 자료 정리 → 유튜브 시청 → 개인 목표·자기계발 계획

⑤ 동료 자료 정리 → 고객 보고서 → 개인 목표·자기계발 계획 → 유튜브 시청

[37 – 38] 아래의 상황 및 〈표〉를 토대로 각 물음에 답하시오.

[상황]

○○전자는 최근 전자부품 A와 B를 생산하는 대형 프로젝트를 수주하여 서울 외곽에 3개월 임대 계약으로 전용 공장을 마련하고, 제품 생산을 위한 설비를 설치했다. 프로젝트에는 생산직 직원 20명을 포함하여 총 25명의 임직원이 투입되었다. 모든 프로젝트는 3개월 동안 진행이 되었고, 아래의 〈표〉는 3개월간 진행을 하면서 사용된 비용을 정리한 것이다.

〈표〉

비용 항목	금액	비고
임대료	10,000,000원/월	공장 임대료
관리비	3,000,000원	3개월간 전용 공장 관리비
원재료비	40,000,000원	전자부품 A, B 생산에 투입된 원재료 비용
인건비	3,100,000원/인	1명당 1개월 인건비이며, 모두 동일한 인건비 지급
공과금	1,300,000원/월	3개월간 공과금의 평균 금액
감가상각비	6,000,000원	전자부품 A, B 생산을 위해 구매한 설비의 감가상각비

※ 위에 제시된 비용 외 소요된 비용은 없다고 가정함

37. 다음 중 ○○전자가 지출한 비용 항목 중에서 직접비에 해당하지 않는 항목은?

① 임대료 ② 원재료비 ③ 인건비 ④ 공과금 ⑤ 감가상각비

38. 전체 직접비를 전자부품 A와 B에 3:2로 배분할 때, 전자부품 A에 배분되는 직접비는 총 얼마인가?

① 183,900,000원 ② 184,500,000원 ③ 185,100,000원
④ 185,700,000원 ⑤ 186,300,000원

39. 민교는 자원관리 강의에서 배운 시간 계획 순서에 따라 시간 계획을 수립했지만, 계획대로 업무를 수행하지 못하는 일이 많았다. 민교가 만든 시간 매트릭스와 시간 계획표가 아래와 같을 때, 민교가 계획대로 업무를 수행하지 못한 원인은?

[3월 9일 시간 매트릭스]

	긴급하지 않음	긴급함
중요함	• 하반기 학술연수 지원을 위한 영어 공부 • 하반기 프로젝트를 위한 자료 수집	• 상반기 워크숍 자료 작성 (상반기 워크숍: 3월 11일) • 불량 개선 회의
중요하지 않음	• 회사 입사 동기들과 커피 약속	• 후배 이 대리의 업무 질문 • 고객사 B/M 응대

구분	시간	업무명	비고
1	-	고객사 B/M 응대	이 대리에게 위임하여 이 대리가 진행
2	-	하반기 프로젝트 자료 수집	다음 주에 시작하는 것으로 변경
3	09:00~12:00	상반기 워크숍 자료 작성	
4	12:00~13:00	점심 식사	
5	13:00~13:30	이 대리 질문 응대	B/M 응대에 필요한 질문만 간략히
6	13:30~15:00	불량 개선 회의	기술 그룹 주관 회의 참석
7	15:00~18:00	상반기 워크숍 자료 작성	
8	18:00~19:00	저녁 식사	
9	19:00~20:00	영어 공부	회사 지원 프로그램 이용

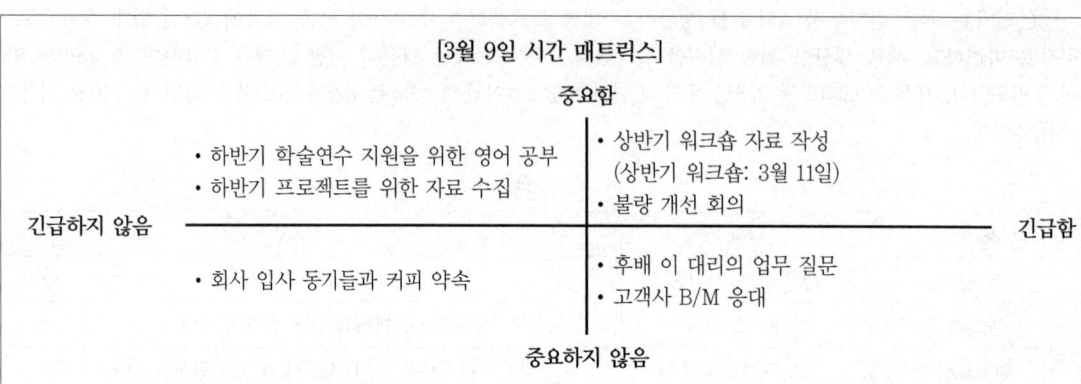

※ 1) 회사 입사 동기들과 커피 약속은 다음 주에 일정이 한가해지면 진행하는 것으로 변경됨
2) 상반기 워크숍 자료 작성업무는 예상 소요시간이 3시간이며, 확인까지 총 6시간이 소요됨

① 업무 우선순위 선정이 잘못되었다. 이 대리의 질문에 응대하는 스케줄은 포함할 필요가 없었다.
② 상반기 워크숍 자료 작성을 하는 데 너무 많은 시간을 할애했다.
③ 불량 개선 회의에 참석하지 않고 다른 업무에 시간을 투자했어야 한다.
④ 영어 공부 스케줄을 포함하지 않았어야 한다.
⑤ 계획을 작성할 때 여유시간을 포함하여 작성했어야 한다.

40. 다음은 카페를 운영하는 A 씨가 새로운 원두를 구입하기 위해 커피 원두를 조사하여 작성한 자료이다. 커피 원두 견적과 선정 기준을 참고할 때, A 씨가 거래처로 선정하기에 가장 적합한 로스터리는?

[커피 원두 견적]

1) 필요 품목: 커피 원두(에티오피아 예가체프 원두)
2) 드립 커피 1잔 추출 시 필요 원두의 양: 10g
3) 1달 예상 판매량: 드립 커피 기준 1,500잔
4) 업체별 원두 정보

로스터리 명	원두 품질		가격(g당 가격)
	소비자 만족 점수	전문가 평가 점수	
A	85	88	9원
B	90	85	10원
C	92	90	10원
D	88	90	12원
E	90	88	9원

※ 1) 원두 품질 점수는 소비자 만족 점수 50%, 전문가 평가 점수 50%를 합산하여 계산함
2) 모든 업체는 1kg씩 포장 판매를 하고 있으며, 포장 금액은 별도로 1kg당 1,000원이 부가됨(모든 업체 동일)
3) 모든 업체는 10kg 이상 계약 시 배송 비용은 별도로 부가되지 않음

[선정 기준]

1. 가격이 저렴한 원두를 최우선으로 선택한다.
2. 가격이 동일하다면 품질이 더 좋은 원두를 선택한다.
3. 드립 커피 1잔당 원두 차이에 따른 원가 상승이 10원을 초과하지 않으면 품질이 더 좋은 원두를 선택한다.

① A 로스터리 ② B 로스터리 ③ C 로스터리 ④ D 로스터리 ⑤ E 로스터리

41. **아래의 상황과 조건을 토대로 임동근 과장이 휴가를 마치고 처음 출근하는 날짜를 고르면?** (단, 휴가는 반드시 5월에 시작하여 5월에 끝나는 일정으로 수립해야 한다.)

[상황]

○○공사에 근무하는 임동근 과장은 다음 달(5월) 휴가를 계획하고 있다. 휴가 선정은 날씨와 미세먼지 농도, 공휴일과의 연계성 등을 종합적으로 평가하여 점수가 가장 높은 일정으로 휴가를 사용할 예정이다. ○○공사에서 임동근 과장은 월~금 주 5일제 근무를 하고 있으며, 다음 달 휴가는 5일로 계획하고 있다.

[조건]

1. 휴가 기간 중간에 휴일이 포함될 수는 있으나, 2번에 걸쳐서 휴가를 나누지 않는다.
2. 휴일을 포함하여 연속 11일 이상 쉴 수 있는 일정에는 +3점, 연속 10일 이상 쉴 수 있는 일정에는 +2점의 가산점을 부여한다. (4월과 6월의 주말/휴일은 고려하지 않는다.)
   2-1. 휴일을 포함하여 연속 9일 미만 쉴 수 있는 일정은 고려하지 않는다.
3. 휴가 일정 중 비가 오는 날이 포함되면 1일당 1점을 감점한다.
4. 휴가 일정 중 미세먼지 등급이 매우 나쁨이 포함되면 1일당 1점을 감점한다.
5. 총점수가 동일한 경우 전체 휴가 기간 중 미세먼지 농도의 평균이 낮은 일정으로 선택한다.

[5월 미세먼지 및 날씨 예보]

월	화	수	목	금	토	일
1 흐림 105	2 맑음 82	3 맑음 123	4 흐림 107	5 맑음 151	6 흐림 110	7 흐림 73
8 비 15	9 비 48	10 맑음 170	11 맑음 162	12 흐림 103	13 흐림 100	14 맑음 125
15 흐림 75	16 흐림 48	17 흐림 30	18 흐림 68	19 맑음 72	20 비 13	21 흐림 28
22 흐림 68	23 맑음 113	24 맑음 128	25 맑음 168	26 맑음 170	27 맑음 125	28 맑음 105
29 흐림 101	30 맑음 107	31 맑음 156				

[미세먼지 등급]
(단위: $\mu g/m^3$)

등급	농도
좋음	0~30
보통	31~80
나쁨	81~150
매우 나쁨	151~

[날씨 예보 표시]

날씨 예보 표시
맑음
흐림
비

※ 5월 주말 외 휴일: 5월 1일(근로자의 날), 5월 5일(어린이날), 5월 19일(석가탄신일)

① 5월 10일 ② 5월 15일 ③ 5월 22일 ④ 5월 23일 ⑤ 5월 29일

42. 아래의 내용을 토대로 했을 때, 신청한 휴가를 변경하지 않아도 되는 사람은?

[○○부서 휴가 및 출장 운영 규정]

1. 8월 중 부서원 모두가 남아있는 여름휴가(5일)를 모두 소진해야 한다.
   1-1. 휴가 일수에 주말 및 공휴일은 포함되지 않는다.
2. 사무실에는 최소 4명이 근무하고 있어야 한다.
   2-1. 출장 및 외근의 경우 사무실에서 근무하는 인원에서 제외한다.
3. 휴가는 분할하여 사용할 수 없다.
   3-1. 휴가 기간 중 주말 또는 공휴일은 포함될 수 있다.
4. 휴가 일정을 위해 업무 일정을 조정할 수는 없다.
5. 휴가 희망일이 겹쳐 조정이 필요한 경우 가장 나중에 신청한 인원의 휴가를 조정한다.

[8월 달력]

일	월	화	수	목	금	토
	1	2	3	4	5	6
7	8	9	10	11	12	13
14	15	16	17	18	19	20
21	22	23	24	25	26	27
28	29	30	31			

※ 8월 공휴일: 8월 15일(광복절)

[직원별 업무 일정 및 휴가 신청 현황]

구분	업무 일정	휴가 희망일	휴가 신청일
갑	8/1~8/4 출장	8/4~8/10	6월 27일
을	8/11~8/12 출장	8/19~8/25	7월 30일
병	8/8~8/10 교육	8/11~8/17	8월 1일
정	8/1~8/4 출장	8/18~8/24	7월 23일
무	8/8~8/10 교육	8/16~8/22	7월 15일
기	8/17~8/19 출장	8/22~8/26	7월 17일
경	8/17~8/19 출장	8/9~8/16	7월 5일

※ ○○부서는 위 7명으로 구성되어 있음

① 갑 ② 을 ③ 병 ④ 정 ⑤ 무

43. 다음은 A 회사 영업팀의 2025년 분기별 판매실적과 목표 달성 여부를 나타내는 엑셀 시트이다. [E2] 셀에 목표 달성액(판매실적 − 목표실적, 목표 미달 시 −1)을 계산하고, [F2] 셀에 목표 달성 여부("달성", "미달")를 표시한 후, 나머지 분기에도 자동 채우기를 하려고 한다. [E2] 셀과 [F2] 셀에 입력할 가장 적절한 수식은?

	A	B	C	D	E	F
1	분기	목표실적	판매실적	초과 달성률	목표 달성액	달성 여부
2	1분기	100,000	120,000	20%		
3	2분기	150,000	140,000	−6.67%		
4	3분기	120,000	180,000	50%		
5	4분기	200,000	200,000	0%		

	[E2]	[F2]
①	=MAX(−1, C2−B2)	=IF(C2>=B2, "달성", "미달")
②	=IF(C2−B2 < 0, −1, C2−B2)	=IF(E2 > 0, "달성", "미달")
③	=C2−B2	=IF(D2>=0, "달성", "미달")
④	=SUMIF(C2, ">"&B2, C2−B2)	=VLOOKUP(D2, {"−100%", "미달";"0%", "달성"}, 2, TRUE)
⑤	=ABS(C2−B2)	=IF(AND(C2 > B2, D2 > 0), "달성", "미달")

44. ○○기업의 장세영 사원은 최근 정보능력을 강화하기 위해 사내 직무교육을 신청했다. 어제 배운 Windows 단축키를 업무 중 사용해보았는데 잘못 작동하는 것이 있다. Windows 10에서 사용하는 바로가기 키에 대한 설명으로 옳지 않은 것은?

① 〈Alt〉 + 〈ESC〉: 시작 메뉴

② 〈Shift〉 + 〈F10〉: 선택한 항목의 바로가기

③ 〈Ctrl〉 + A: 텍스트 모두 선택

④ 〈Alt〉 + 〈Enter〉: 선택한 파일의 속성 바로가기 및 확인

⑤ 〈Ctrl〉 + 숫자(1~9): 웹 브라우저 상에서 누른 숫자에 해당하는 탭으로 이동

45. 공기업 취업을 준비하는 박○○은 면접 전형을 앞두고 제출한 서류를 저장해두지 않아 난처한 상황을 겪고 있다. 함께 공부하는 친구가 꼭 별도로 저장해두라고 조언하면서 여러 가지 방법을 알려주었는데, 다음 중 Windows10에서 원하는 화면을 캡처(Capture)할 수 있는 방법이 아닌 것은?

① 윈도우키 + W

② 윈도우키 + Print Screen

③ 윈도우키 + M

④ 윈도우키 + Shift + S

⑤ Alt + Print Screen

[46-47] 아래 내용을 토대로 각 물음에 답하시오.

[System Monitoring Screen] System is checking now······ Monitoring system type is NTFS. Data Labeling process type is C: Running······ Problem founded at 43$27$_A_0 Sorting index······ Index QDOPISD with CRT Input code:

System type	항목	세부사항	
NTFS	오류 발생 범위	Problem founded 뒤에 나타나는 문자 예 11$12$_A_1: A_1 구역 Disk 중 (11 × 12)개 Data	
	오류 해결 기간 (오류 발생 Data 범위에 따라 결정)	50개 미만	3시간 이내
		50개 이상 100개 미만	12시간 이내
		100개 이상 300개 미만	24시간 이내
		300개 이상 500개 미만	48시간 이내
		500개 이상	72시간 이상
	오류 타입	Index 뒤에 나타나는 7개의 문자	
	치명도	오류 타입 뒤 (with) 문자 뒤에 나타나는 3개의 문자	

판단 기준	오류 타입	치명도	Input code
안전코드와 알파벳 차이 3개 미만	단순 Data 오류	NOR	PSNM
		WAR	PSNM
		CRT	RADM
안전코드와 알파벳 차이 3개 이상 5개 미만	단순 Data 삭제	WAR	RCPG
		CRT	CDIM
안전코드와 알파벳 차이 5개 이상	Data 복구 불가	CRT	RCPG
		PSD	PGSD

※ 1) 안전코드: QXOPIAE
2) 치명도: NOR(평범) < WAR(주의) < CRT(치명) < PSD(System Shut down 필요)

46. 귀하가 Data Monitoring을 하던 중 위와 같은 오류 메시지가 확인되었다. 이 오류를 해결하기 위해 필요한 기간은?

① 3시간 이내
② 12시간 이내
③ 24시간 이내
④ 48시간 이내
⑤ 72시간 이상

47. 귀하는 오류 메시지를 확인하고 이를 정상적으로 해결하기 위한 코드를 입력하고자 한다. 위의 자료를 토대로 귀하가 입력해야 하는 코드로 올바른 것은?

① PSNM
② RADM
③ RCPG
④ CDIM
⑤ PGSD

48. 다음은 악의적인 목적으로 만들어진 프로그램인 악성코드를 분류하여 설명한 것이다. 빈칸에 들어갈 악성코드의 종류로 옳은 것은?

• (A): 사용자 컴퓨터 내에서 사용자 몰래 프로그램이나 실행 가능한 부분을 변형해 자신 또는 자신의 변형을 복사하는 프로그램으로, 가장 큰 특성은 복제와 감염이다. 다른 네트워크의 컴퓨터로 스스로 전파되지는 않는다. • (B): 인터넷 또는 네트워크를 통해서 컴퓨터에서 컴퓨터로 전파되는 악성 프로그램으로, 윈도우의 취약점 또는 응용 프로그램의 취약점을 이용하여 이메일이나 공유 폴더를 통해 스스로 전파되는 특성이 있다. • (C): 일반적인 파일이나 프로그램으로 위장해서 사용자의 컴퓨터에 침투하여 조종할 수 있는 프로그램으로, 자기 자신을 다른 파일에 복사하지는 않는다.

	(A)	(B)	(C)
①	웜	애드웨어	바이러스
②	바이러스	웜	트로이 목마
③	바이러스	트로이 목마	애드웨어
④	애드웨어	바이러스	트로이 목마
⑤	트로이 목마	웜	바이러스

49. 우리나라 순수 자체 기술로 개발한 한국형 발사체 '누리호(KSLV-Ⅱ)'가 지난 2021년 10월 21일 발사되었다. 전남 고흥 나로우주센터 내 제2발사대에서 날아올라 고도 700km까지 정상 비행했으나 탑재된 1.5톤급 모사체 위성의 궤도 안착에는 실패해 '절반의 성공'이라는 평가를 받고 있다. 처음 개발한 발사체가 성공적으로 발사될 확률은 30%에 불과한 것으로 알려졌다. 실제 일론 머스크가 만든 스페이스X도 첫 발사 성공까지 세 번이나 실패를 경험했다. 이처럼 연구 개발과 같이 지식을 획득하는 과정에서 실패는 항상 발생한다. 다음 중 기술적 실패 혹은 실패한 기술에 대해 잘못 설명한 것은?

① 혁신적인 기술능력을 가진 사람은 성공과 실패의 경계를 유동적인 것으로 만들어, 실패의 영역에서 성공의 영역으로 자신의 기술을 이동시킬 줄 안다.

② 실패는 일을 하는 과정에서 어쩔 수 없이 일어나거나 직면하는 원인이 있는 반면, 태만이나 고의적 부정처럼 의도적인 행위에 의한 원인도 있다.

③ 실패를 은폐하거나 과거의 실패를 반복하는 것은 어떤 의미에서도 바람직하지 않다.

④ 실패에는 다양한 이유가 있으며, '실패는 성공의 어머니'라는 말처럼 어떤 경우의 실패라도 분명히 보탬이 된다.

⑤ 실패를 은폐하다 보면 실패가 반복될 수 있고, 이로 인해 커다란 재앙이 발생하기도 한다.

50. 근로자가 안전하고 건강하게 일할 수 있도록 안전의식을 제고하여 산업 재해 사고사망자를 감소시키기 위한 대국민 홍보 캠페인이 추진되고 있다. 다음 자료에 대한 설명으로 적절하지 않은 것은?

[중대재해 사례: 조류 착지 방지 장치 설치를 위해 이동하던 중 감전]

■ 재해 개요

○○시에서 조류가 송전 선로에 착지하지 못하도록 철탑에 착지 방지 장치 설치를 위해 중간암의 끝단으로 이동하던 근로자가 상부암 활선에 신체를 접촉하거나 접근 한계 거리(170cm) 이내로 접근하여 감전으로 인해 추락사한 사건 발생

■ 재해 발생 원인

1) 충전 선로에서 작업 시 감전 방지 조치 미실시
 - 충전 선로에서 조류 착지 방지 장치 설치작업 시 감전될 우려가 있으나 154kV 송전 선로에 대한 정전조치 미실시

2) 충전 선로에 대한 접근 한계 거리 미준수
 - 충전 선로(154kV) 충전부에 신체가 접촉 또는 접근 한계 거리(170cm) 이내로 접근함

■ 재해예방 대책

1) 충전 선로에서 작업 시 해당 전로를 차단하거나 접근 한계 거리를 준수해야 함
 - 충전 선로에서 조류 착지 방지 장치 설치작업 시 154kV 송전 선로에 대한 정전 조치를 실시해야 함
 - 충전 선로(154kV) 정전작업이 어려운 경우, 충전부에 재해자의 신체가 접촉 또는 접근 한계 거리(170cm) 이내로 접근 시 공기의 절연파괴로 인한 섬락으로 감전위험이 있으므로 접근 한계 거리 밖에서 조류 착지 방지 장치를 설치하거나 이동하여야 함

2) 추락 방지용 안전대 착용에 대해 관리·감독을 철저히 해야 함
 - 조류 착지 방지 장치 설치작업을 하거나 이동하면서 추락 방지용 안전대를 수평이동봉에 걸도록 관리·감독하여야 함

※ 출처: 한국산업안전보건공단

① 자료와 같은 산업 재해는 산업 재해의 기본적 원인 중에서 작업관리상 원인에 해당한다.

② 작업 시 해당 선로 차단 또는 접근 한계 거리 준수는 불안전한 행동 방지를 위한 방법에 해당한다.

③ 자료와 같은 산업 재해가 발생한 원인은 직접적 원인 중에서 불안전한 상태에 해당한다.

④ 추락 방지용 안전대 착용 관리·감독은 불안전한 상태를 제거하는 방법에 해당한다.

⑤ 자료와 같은 대책은 산업 재해 예방 대책 중에서 4단계 '시정책의 선정'에 해당한다.

51. 철강업체의 선박용접기술팀 부장으로 일하고 있는 귀하는 기술경영자로서의 성장을 목표로 삼고 있지만, 사실 기술경영자가 어떤 사람인지 잘 알지 못한다. 이에 따라 성공한 기술경영자 사례를 통해 기술경영자의 능력을 배우기로 했다. 다음의 빌 게이츠 사례에서 귀하가 배울 수 있는 기술경영자의 능력으로 가장 적절한 것은?

> 지금의 마이크로소프트사를 만든 것은 Windows 이전에 MS-DOS였다. 1981년 당시 세계 최대의 컴퓨터 회사인 IBM은 후에 IBM-PC로 불리게 되는 퍼스널 컴퓨터 개발에 착수하였으며, 마이크로소프트사에 8086용 CP/M 개발을 의뢰했다. 이에 빌 게이츠는 시애틀 컴퓨터사가 독자적으로 개발한 86-DOS의 판권을 구입한 후 IBM PC용으로 보완하여 PC-DOS를 만들어냈으며, 이후 마이크로소프트사는 자사상표인 MS-DOS라는 이름으로 이를 시장에 내놓았다. 사용자들은 너도나도 IBM-PC를 사용하기를 원했고, IBM-PC에서 사용할 수 있는 유일한 OS는 거의 MS-DOS뿐이었다.

① 기술을 기업의 전반적인 전략 목표에 통합시키는 능력

② 조직 내의 기술 이용을 수행할 수 있는 능력

③ 기술 전문 인력을 운용할 수 있는 능력

④ 크고 복잡하며 서로 다른 분야에 걸쳐 있는 프로젝트를 수행할 수 있는 능력

⑤ 빠르고 효과적으로 새로운 기술을 습득하고 기존의 기술에서 탈피하는 능력

52. 다음 자료에 제시된 조직의 특성으로 적절한 것은?

> ○○○○공사 인천김포권지사는 인천 서구 노숙인재활시설 '은혜의집'을 방문해 코로나19 예방 용품을 전달했다.
> 은혜의집은 지난 19XX년도에 설립돼 각종 장애와 가족 체계 와해로 일정한 거주지와 직업이 없는 이들을 대상으로 사회의 정상적인 일원으로 복귀할 수 있도록 종합적인 서비스를 제공하고 있는 노숙인 재활시설이다.
> ○○○○공사는 현재 전국 117개 '물사랑나눔단' 봉사동아리별로 지역 취약계층, 복지시설 등을 대상으로 다양한 프로그램을 통해 나눔과 봉사를 실천하고 있으며, 인천김포권지사는 20XX년부터 노숙인 재활시설 은혜의집에서 생활하고 있는 노숙인들을 위해 후원금과 생필품 등을 지원해 왔다.

① 목표나 임무가 비교적 명확하게 규정된 조직

② 조직 구성원들의 행동을 통제할 장치가 마련되어 있는 조직

③ 이윤을 목적으로 하는 조직

④ 인간관계에 따라 형성된 자발적인 조직

⑤ 규모와 기능 그리고 규정이 조직화되어 있는 조직

53. **민츠버그는 경영자의 역할을 대인적 역할, 정보적 역할, 의사결정적 역할로 분류했다. 다음 중 〈보기〉의 경영자 활동과 그 역할을 바르게 연결하지 못한 것은?**

〈보기〉

(가) ○○타이어 임현희 전무는 수개월간 지속된 생산직 노조의 임금 인상 요구 및 근무 환경 개선 관련 분규를 조속히 해결하고, 연내 생산 목표 차질을 최소화하기 위해 노조 대표단과 긴급 단독 면담을 갖고, 회사의 최종 협상안을 제시하며 타결을 시도하고 있다.

(나) 안정희 사장은 신년도 경영 전략 발표회에서, "혁신과 고객 중심"이라는 새로운 비전을 선포하는 취임사를 통해 회사가 나아가야 할 중장기적 방향과 핵심 가치를 공유하고, 전 직원에게 위기 극복과 목표 달성에 대한 강한 도전 의식과 자긍심을 고취하며 동기를 부여했다.

(다) 차은숙 팀장은 주력 제품 구매 고객들에게서 발생한 단체 식중독 사고의 신속한 원인 규명, 피해 고객에 대한 즉각적인 보상 조치, 그리고 대외 신뢰도 하락 방지를 위한 긴급 대응 태스크포스(TF)를 직접 지휘하며, 관계 부서들과 협력하여 재발 방지 종합 대책을 마련하고 있다.

(라) 홍수아 회장은 미래 성장 동력 확보와 시장 지배력 강화를 목표로, 경쟁 관계에 있는 유망 기술 보유 기업 B 사와의 인수·합병(M&A)을 성사시키기 위해, B 사 경영진 및 주요 주주들과 인수 가격, 지분 구조, 핵심 인력 고용 승계 등 민감한 조건들을 놓고 최종 담판 협상을 진행 중이다.

(마) 김진국 본부장은 최근 발표된 국내외 온라인 광고 시장 성장률 보고서, 소비자 행동 변화 분석 자료, 주요 경쟁사들의 디지털 마케팅 전략 등을 종합적으로 검토한 후, 이를 기반으로 자사의 새로운 타겟 고객층을 설정하고 맞춤형 디지털 콘텐츠를 강화하는 신성장 마케팅 전략을 임원회의에서 발표하였다.

① (가) - 의사결정적 역할
② (나) - 대인적 역할
③ (다) - 정보적 역할
④ (라) - 의사결정적 역할
⑤ (마) - 정보적 역할

54. **○○식품은 프로젝트를 중심으로 일하는 구조를 만들기 위해 전사 팀 조직을 다음과 같이 대대적으로 개편해 직급과 관계없이 누구나 팀장이 될 수 있도록 했다. 상호보완적인 기능을 가진 사람들이 공동의 목표를 달성하기 위해 형성하는 조직인 팀제에 관한 설명으로 가장 적절한 것은?**

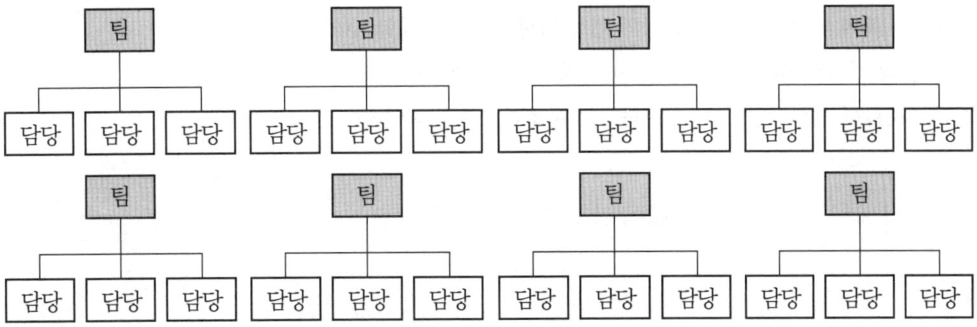

① 고객의 수요 변화 등 동태적 상황에 대한 조직 구성원의 신속한 의사결정을 저해시킨다.
② 팀 내 업무 분담이 명확하기 때문에 팀원의 무임승차 행위로 인한 업무 공동화 현상은 나타나지 않는다.
③ 계급제적 속성이 강한 사회에서는 팀 조직이 성공적으로 형성될 확률이 높다.
④ 수평적 조직구조로서 전략적 업무를 수행하는 조직에 적합하다.
⑤ 팀장은 최고경영자의 결정을 정확하게 전달하고 팀원들의 역할을 관리한다.

55. 해커스 식품회사는 유럽 시장 진출을 목표로 하고 있다. 이를 위해 회사는 제품의 품질뿐만 아니라, 환경 보호 및 사회적 책임 경영을 강화하고자 한다. 유럽 바이어들은 특히 식품 안전과 환경 경영, 그리고 기업의 사회적 책임 이행 여부를 중요하게 평가한다. 해커스 식품회사가 성공적인 유럽 진출을 위해 우선적으로 취득해야 할 ISO 경영시스템 표준으로 가장 적절하게 묶인 것은?

① ISO 9001, ISO 14001, ISO 45001

② ISO 14001, ISO 22000, ISO 26000

③ ISO 9001, ISO 22000, ISO 26000

④ ISO 22000, ISO 26000, ISO 45001

⑤ ISO 9001, ISO 14001, ISO 22000

56. ○○기술은 이번에 새롭게 비전 2030을 수립하고 여기에 걸맞도록 기존의 조직문화를 개선하고자 한다. 다음 중 조직문화의 방향성을 결정할 때 참고해야 할 사항이 아닌 것은?

① 새로운 조직문화의 방향성은 기업의 정체성을 강화시키는 데 기여할 수 있어야 한다.

② 기존 조직문화의 장단점을 비교하고 제거해야 할 조직문화를 찾아본다.

③ 조직문화의 방향성은 외부 환경의 변화 방향까지도 반영할 수 있어야 한다.

④ 매출 및 성과와 직접적으로 연계시켜 정량화해야 한다.

⑤ 조직문화를 변화시키고자 하는 목적이 분명하고 합리적이어야 한다.

57. 다음 상황에서 A의 행동을 직업윤리의 관점에서 평가한 내용으로 가장 적절한 것은?

> [상황]
>
> H 제과점의 직원 A는 유통기한이 임박한 빵을 폐기하는 대신, 몰래 집으로 가져가거나 주변 사람들에게 나누어 주곤 했다. 그는 "어차피 버릴 음식인데, 좋은 일 하는 셈 치자."라고 생각했다.

① 유통기한 임박 제품을 활용하여 자원 낭비를 막았으므로 근면성이 돋보이는 행동이다.

② 어려운 이웃에게 나누어 주었으므로 공동체 윤리를 실천한 모범적인 행동이다.

③ 회사의 자산(제품)을 정해진 절차 없이 임의로 처분하고 사적으로 유용한 것은 정직성과 준법성에 위배되는 비윤리적 행동이다.

④ 유통기한이 임박한 제품은 맛이 없으므로, 이를 나누어 주는 것은 제과점의 이미지를 실추시키는 행위이다.

⑤ 폐기 절차를 지키지 않아 동료들의 업무 부담을 가중시키는 이기적인 행동이다.

58. 인사는 예절의 기본이며 인간관계의 시작이기 때문에 상대와 상황에 따라 적절하게 해야 한다. ○○전자 신입사원 교육에서 다룬 다음 사례 중 인사 예절에 어긋나는 인사를 한 사람은?

> - 지원자 김수정 씨는 면접 장소에 들어가서 면접관에게 45도 정도 허리 숙여 정중하게 인사했다.
> - 윤태호 사원은 상담이 끝난 후 고객을 배웅하면서 30도 정도 허리 숙여 인사했다.
> - 박소원 대리는 복잡한 엘리베이터에서 만난 최재혁 과장에게 가볍게 묵례로 인사했다.
> - 김성현 대리는 화장실에서 상사인 김호진 과장을 만나 가볍게 미소를 지으면서 15도 정도 허리 숙여 인사했다.
> - 승진해서 해외지사로 발령받은 김호진 과장은 상사인 홍수현 부장에게 그간 감사했다는 마음을 표현하기 위해 90도로 허리 숙여 인사했다.

① 지원자 김수정 씨

② 윤태호 사원

③ 박소원 대리

④ 김성현 대리

⑤ 김호진 과장

59. 지난해 공공기관 경영평가에서 낙제점을 받은 ○○공사는 올해 윤리경영 확립을 목표로 조직문화를 쇄신할 수 있는 방안을 마련하는 데 힘을 쏟고 있다. 21세기 경영환경의 변화는 이제 공공기관에도 고도의 윤리경쟁력 강화를 요구하고 있으며, 이에 발맞춰 각 공공기관은 윤리경영을 도입하여 투명하고 깨끗한 경영을 위해 끊임없이 노력하고 있다. 다음 중 공공기관이 실천하고 있는 윤리경영의 사례로 보기 어려운 것은?

> A 사: 청렴교육 실시 등 맞춤형 특화교육을 통해 구성원의 윤리의식을 제고하였다.
> B 사: 기후변화대응부를 신설, 농어촌용수의 기후변화 영향을 분석하고 선제적으로 대응하고 있다.
> C 사: 미(美)연방 조직범죄 판결지침의 '준법 프로그램 구성요소'를 준용하여 '윤리경영 시스템'을 구축하였다.
> D 사: ISO 19600 국제인증을 도입했으며 내부신고 통합플랫폼을 개발하였다.
> E 사: '명절에 선물 안 주고 안 받기' 캠페인을 전개하였다.
> F 사: 지속적으로 발생하는 부정 대출을 막기 위해 금융기관 간에 정보공유체계를 구축하였다.
> G 사: 클래식 음악 발전을 위해 인재를 발굴하고 예술가의 활동을 지원하였다.

① A 사, E 사　② B 사, D 사　③ B 사, G 사
④ C 사, F 사　⑤ D 사, G 사

60. 성희롱은 인권과 근로권, 성적자기결정권을 침해하는 불법행위이다. 이는 권위주의적이고 성차별적인 조직문화나 왜곡된 직장 내 권력관계 속에서 발생하므로 직장 내 성희롱은 개인의 문제로 치부할 게 아니라 우리 모두의 문제로 인식하고 함께 대처해야 한다. 다음 중 성희롱 피해자에게 적절하지 않은 조언을 한 사람은?

> A: 문제해결을 위해 누구로부터 도움을 받을 것인지 먼저 결정해야 합니다.
> B: 성희롱을 당하면 단호하게 거부의 의사를 표현하고 합리적인 해결방안을 모색하세요.
> C: 직장 내 성희롱 구제 절차가 마련되어 있다면 해당 기구에 신고하고, 기구나 담당자가 없는 경우 인사부서에 신고하세요.
> D: 상대방과의 대화 내용을 녹음하는 것은 불법이기 때문에 피하고, 만나서 이야기할 경우 자신의 입장을 잘 정리하여 말할 수 있도록 준비하는 게 좋아요.
> E: 성폭력 범죄 등 형사 처벌되는 법 위반행위에 대해서는 검찰에 고소하고, 성희롱으로 인하여 발생한 손해배상 청구는 법원에 민사소송을 제기하면 됩니다.

① A, B　② A, D　③ B, C　④ B, D　⑤ C, E

약점 보완 해설집 p.16

자르는 선

해커스잡

NCS 실전모의고사 2회 피듈형

성명											
㉠	ㅏ	㉠	㉠	ㅏ	㉠	㉠	ㅏ	㉠	㉠	ㅏ	㉠
㉡	ㅑ	㉡	㉡	ㅑ	㉡	㉡	ㅑ	㉡	㉡	ㅑ	㉡
㉢	ㅓ	㉢	㉢	ㅓ	㉢	㉢	ㅓ	㉢	㉢	ㅓ	㉢
㉣	ㅕ	㉣	㉣	ㅕ	㉣	㉣	ㅕ	㉣	㉣	ㅕ	㉣
㉤	ㅗ	㉤	㉤	ㅗ	㉤	㉤	ㅗ	㉤	㉤	ㅗ	㉤
㉥	ㅛ	㉥	㉥	ㅛ	㉥	㉥	ㅛ	㉥	㉥	ㅛ	㉥
㉦	ㅜ	㉦	㉦	ㅜ	㉦	㉦	ㅜ	㉦	㉦	ㅜ	㉦
㉧	ㅠ	㉧	㉧	ㅠ	㉧	㉧	ㅠ	㉧	㉧	ㅠ	㉧
㉨	ㅡ	㉨	㉨	ㅡ	㉨	㉨	ㅡ	㉨	㉨	ㅡ	㉨
㉩	ㅣ	㉩	㉩	ㅣ	㉩	㉩	ㅣ	㉩	㉩	ㅣ	㉩
㉪	ㅐ	㉪	㉪	ㅐ	㉪	㉪	ㅐ	㉪	㉪	ㅐ	㉪
㉫	ㅒ	㉫	㉫	ㅒ	㉫	㉫	ㅒ	㉫	㉫	ㅒ	㉫
㉬	ㅔ	㉬	㉬	ㅔ	㉬	㉬	ㅔ	㉬	㉬	ㅔ	㉬
㉭	ㅖ	㉭	㉭	ㅖ	㉭	㉭	ㅖ	㉭	㉭	ㅖ	㉭
ㄲ	ㅘ	ㄲ	ㄲ	ㅘ	ㄲ	ㄲ	ㅘ	ㄲ	ㄲ	ㅘ	ㄲ
ㄸ	ㅚ	ㄸ	ㄸ	ㅚ	ㄸ	ㄸ	ㅚ	ㄸ	ㄸ	ㅚ	ㄸ
ㅃ	ㅝ	ㅃ	ㅃ	ㅝ	ㅃ	ㅃ	ㅝ	ㅃ	ㅃ	ㅝ	ㅃ
ㅆ	ㅟ	ㅆ	ㅆ	ㅟ	ㅆ	ㅆ	ㅟ	ㅆ	ㅆ	ㅟ	ㅆ
ㅉ	ㅢ	ㅉ	ㅉ	ㅢ	ㅉ	ㅉ	ㅢ	ㅉ	ㅉ	ㅢ	ㅉ
	ㅙ			ㅙ			ㅙ			ㅙ	
	ㅞ			ㅞ			ㅞ			ㅞ	

수험번호					
⓪	⓪	⓪	⓪	⓪	⓪
①	①	①	①	①	①
②	②	②	②	②	②
③	③	③	③	③	③
④	④	④	④	④	④
⑤	⑤	⑤	⑤	⑤	⑤
⑥	⑥	⑥	⑥	⑥	⑥
⑦	⑦	⑦	⑦	⑦	⑦
⑧	⑧	⑧	⑧	⑧	⑧
⑨	⑨	⑨	⑨	⑨	⑨

생년월일					
⓪	⓪	⓪	⓪	⓪	⓪
①	①	①	①	①	①
②	②	②	②	②	②
③	③	③	③	③	③
④	④	④	④	④	④
⑤	⑤	⑤	⑤	⑤	⑤
⑥	⑥	⑥	⑥	⑥	⑥
⑦	⑦	⑦	⑦	⑦	⑦
⑧	⑧	⑧	⑧	⑧	⑧
⑨	⑨	⑨	⑨	⑨	⑨

1	①	②	③	④	⑤	21	①	②	③	④	⑤	41	①	②	③	④	⑤
2	①	②	③	④	⑤	22	①	②	③	④	⑤	42	①	②	③	④	⑤
3	①	②	③	④	⑤	23	①	②	③	④	⑤	43	①	②	③	④	⑤
4	①	②	③	④	⑤	24	①	②	③	④	⑤	44	①	②	③	④	⑤
5	①	②	③	④	⑤	25	①	②	③	④	⑤	45	①	②	③	④	⑤
6	①	②	③	④	⑤	26	①	②	③	④	⑤	46	①	②	③	④	⑤
7	①	②	③	④	⑤	27	①	②	③	④	⑤	47	①	②	③	④	⑤
8	①	②	③	④	⑤	28	①	②	③	④	⑤	48	①	②	③	④	⑤
9	①	②	③	④	⑤	29	①	②	③	④	⑤	49	①	②	③	④	⑤
10	①	②	③	④	⑤	30	①	②	③	④	⑤	50	①	②	③	④	⑤
11	①	②	③	④	⑤	31	①	②	③	④	⑤	51	①	②	③	④	⑤
12	①	②	③	④	⑤	32	①	②	③	④	⑤	52	①	②	③	④	⑤
13	①	②	③	④	⑤	33	①	②	③	④	⑤	53	①	②	③	④	⑤
14	①	②	③	④	⑤	34	①	②	③	④	⑤	54	①	②	③	④	⑤
15	①	②	③	④	⑤	35	①	②	③	④	⑤	55	①	②	③	④	⑤
16	①	②	③	④	⑤	36	①	②	③	④	⑤	56	①	②	③	④	⑤
17	①	②	③	④	⑤	37	①	②	③	④	⑤	57	①	②	③	④	⑤
18	①	②	③	④	⑤	38	①	②	③	④	⑤	58	①	②	③	④	⑤
19	①	②	③	④	⑤	39	①	②	③	④	⑤	59	①	②	③	④	⑤
20	①	②	③	④	⑤	40	①	②	③	④	⑤	60	①	②	③	④	⑤

해커스공기업

NCS

통합 봉투모의고사

모듈형/피듈형/PSAT형+전공

NCS 실전모의고사
3회

피듈형

해커스

수험번호	
성명	

NCS 실전모의고사

3회

(피듈형)

시작과 종료 시각을 정한 후, 실전처럼 모의고사를 풀어보세요.

시 분 ~ 시 분 (총 60문항/70분)

□ **시험 유의사항**

[1] 피듈형 시험은 모듈형의 문제와 PSAT형의 문제가 혼합된 형태로 구성되며, 건강보험심사평가원, 한국도로공사, 한국수자원공사, 한국농어촌공사 등의 기업에서 출제하고 있습니다.
※ 2025년 상반기 필기시험 기준으로 변동 가능성이 있습니다.

[2] 본 실전모의고사는 직업기초능력평가 10개 영역 60문항으로 구성되어 있으므로 영역별 제한 시간 없이 1문항당 풀이 시간을 고려하여 70분 내에 푸는 연습을 하시기 바랍니다. 전공 시험을 치르는 직무의 경우 각 직무에 맞는 전공 실전모의고사를 추가로 풀어보는 것이 좋습니다.

[3] 본 실전모의고사 마지막 페이지에 있는 OMR 답안지와 해커스ONE 애플리케이션의 모바일 타이머를 이용하여 실전처럼 모의고사를 풀어본 후, 해설집의 '바로 채점 및 성적 분석 서비스' QR코드를 스캔하여 응시 인원 대비 본인의 성적 위치를 확인해보시기 바랍니다.

※ 추가적인 실전 연습이 필요한 경우, 해커스잡 사이트(ejob.hackers.com)에서 OMR 답안지를 다운로드한 후 출력하여 활용할 수 있습니다.

01. **다음은 정부의 '스마트 AI 팩토리 종합지원 로드맵'에 관한 보도자료이다. 다음 보도자료를 읽고 설명한 것으로 적절하지 않은 것은?**

> 산업통상자원부는 2025년 5월 ○○일, 중소제조업의 디지털 대전환을 위한 『2025 스마트 AI 팩토리 종합지원 로드맵』을 발표했다. 이번 로드맵은 단순한 공장 자동화를 넘어서, 인공지능(AI)이 공정관리, 품질예측, 설비진단, 에너지 최적화 등 전반적인 생산활동에 직접 개입할 수 있도록 체계를 정비하고 재정과 제도, 인력 정책을 전방위로 통합한 것이 특징이다.
>
> 이번 로드맵은 2025년부터 2030년까지 6년간 단계적으로 시행되며, 연간 약 4,000억 원의 예산이 투입될 예정이다. 특히 ① AI 공정제어 솔루션 고도화, ② 스마트 센서 기반 실시간 데이터 수집 체계 구축, ③ AI 기반 설비 예지보전 시스템 확산, ④ 중소기업 맞춤형 AI 교육훈련 강화 등 4대 핵심 영역에 전략이 집중된다.
>
> 산업부는 이번 로드맵의 추진을 위해 전국 8개 지역에 'AI 스마트제조혁신센터'를 설립할 예정이다. 이 센터들은 지역 내 중소제조업체에 맞춤형 AI 솔루션을 제공하고, 기술도입 컨설팅부터 사후 정비까지 전 주기적 지원을 담당하게 된다. 또한, '스마트팩토리 디지털 트윈 플랫폼'을 서울·부산·대전 등 주요 거점에 구축하여 기업들이 가상 시뮬레이션을 통해 공정 변화에 따른 효과를 사전에 검증할 수 있도록 한다.
>
> 성과 기반 확산도 강화된다. 정부는 2022~2024년간 시범사업으로 AI 공정을 도입한 180개 스마트공장 사례를 분석한 결과, 평균 생산성은 28%, 품질지수는 31%, 에너지 소비는 21% 개선된 것으로 나타났다고 밝혔다. 이에 따라 2027년까지 2,500개 공장에 AI 솔루션을 도입하고, 2030년까지 전국 스마트공장 1만 개 중 70% 이상을 'AI 융합형 공장'으로 전환하는 것을 목표로 삼고 있다.
>
> 중소기업의 도입 장벽을 낮추기 위한 재정지원도 확대된다. 도입 초기에는 정부가 AI 솔루션 및 인프라 비용의 최대 75%를 보조하며, 이후 유지·보수 등 후속비용에 대해서도 일정 부분 장려금을 지급할 예정이다. AI 솔루션에 필수적인 데이터 표준화와 클라우드 기반 연계도 지원 범위에 포함되며, 이를 위한 '제조AI 표준모델 개발협의체'가 2025년 하반기부터 운영에 들어간다.
>
> 보안 측면도 강화된다. 산업부는 제조공정 데이터의 외부 유출 및 사이버공격을 막기 위한 '제조AI 보안 프레임워크'를 한국전자통신연구원(ETRI)과 공동 개발하고 있으며, 이는 2026년부터 국가 인증제와 연계하여 기업에 단계적으로 적용된다.
>
> 한편, AI 인력 양성도 중요한 축으로 다뤄졌다. 로드맵에 따르면, 산업부는 전국 산업단지 중심으로 'AI 융합 제조기술 전문대학원'을 3곳 지정·운영하고, '재직자 AI 현장훈련 프로그램'도 연 1만 명 규모로 확대할 계획이다. 이는 단기적 기술 도입을 넘어서 산업 전반에 AI 활용 인력을 지속 공급하기 위함이다.
>
> 산업부 장관은 이날 기자회견에서 "AI 스마트팩토리는 대한민국 제조업의 차세대 표준이자 글로벌 경쟁력의 핵심"이라며, "디지털 전환이 일부 대기업만의 영역이 되지 않도록, 모든 중소 제조업체가 AI의 혜택을 체감할 수 있도록 하겠다"고 밝혔다.

① 정부는 중소기업의 AI 도입 초기 비용을 최대 75%까지 지원하고, 유지보수 비용에 대해서도 일부 장려금을 지급할 계획이다.

② '스마트팩토리 디지털 트윈 플랫폼'은 전국 모든 산업단지에 구축되어 모든 중소기업이 가상 시뮬레이션을 활용할 수 있도록 한다.

③ 시범 도입된 AI 스마트공장에서는 생산성과 품질지수, 에너지 소비에서 모두 두 자릿수 이상의 개선 효과가 나타났다.

④ 정부는 전국 8개 지역에 AI 스마트제조혁신센터를 세워 지역 맞춤형 기술 컨설팅과 사후 지원까지 통합 서비스를 제공할 예정이다.

⑤ AI 융합 제조인력 양성을 위해 산업단지 내 전문대학원과 재직자 대상 현장훈련 프로그램이 함께 운영될 계획이다.

02. **다음 보도자료의 내용과 일치하는 것을 〈보기〉에서 모두 고르면?**

산업통상자원부는 탄소중립 목표 달성과 에너지전환 가속화를 위한 『신재생에너지 산업육성 및 소비지원 종합계획』을 확정하고, 이를 기반으로 오는 2035년까지 재생에너지 비중을 전체 발전량의 40% 이상으로 확대하겠다는 정책 비전을 제시했다. 이번 종합계획은 기술개발–시장활성화–수요촉진의 3축 체계를 기반으로 설계되었으며, '분산형 에너지 체계 확립'과 '재생에너지 수용성 강화'를 동시에 달성하는 것을 목표로 한다.

정부는 이번 계획을 통해 연간 2조 원 규모의 예산을 단계적으로 투입하며, △기술혁신형 태양광·풍력 개발지원 △그린수소 생산 및 저장기술 인프라 구축 △에너지저장장치(ESS) 보급 확대 △분산형 전력중개시장 시범운영 △지자체 연계형 주민참여형 RE(재생에너지) 프로젝트 등을 주요 전략으로 추진한다.

기술혁신 부문에서는 '태양광 고효율 셀 기술'과 '부유식 해상풍력 설계 최적화 기술'에 집중 투자하며, 이를 통해 2029년까지 국내 제조기업의 글로벌 점유율을 태양광 셀 기준 15%, 해상풍력 설비 기준 10%까지 끌어올리는 것을 목표로 한다. 현재 세계 시장에서 국내 점유율은 각각 6.2%, 2.7% 수준이다.

수요촉진 부문에서는 '에너지캐시백' 제도와 '재생에너지 전환 리스 프로그램'을 도입한다. 에너지캐시백은 전년 동기 대비 전력 소비량을 일정 비율 이상 줄인 가구와 소상공인에게 월 최대 2만 원의 인센티브를 제공하는 제도이며, 리스 프로그램은 초기 설치비 부담 없이 태양광 및 ESS 설비를 임대할 수 있도록 설계되었다. 이와 함께, 전기차 충전 인프라와 연계한 태양광 연계형 충전소도 시범 설치될 예정이다.

이번 계획의 가장 큰 특징은 지방자치단체와의 연계 강화다. 산업부는 총 30개 지자체와 '재생에너지 공동추진 협약'을 체결하였으며, 주민수익배분형 프로젝트 100건 이상을 지역단위로 추진 중이다. 이를 통해 주민의 재생에너지 수용성을 확보하고, 지역 경제에도 순환 효과를 유도한다는 방침이다.

또한, 산업부는 민간투자를 촉진하기 위해 '그린금융 종합지원센터'를 설립하고, 신재생에너지 프로젝트에 대해 장기저리 융자 프로그램 및 발전사업자 투자 리스크 완화 장치를 제공한다. 특히, 중소형 발전사에 대해서는 최초 5년간 고정 단가 구매제도를 적용하여 수익 예측 가능성을 보장할 예정이다.

정부는 이번 종합계획의 실행을 위해 산·학·연으로 구성된 '신재생에너지 정책자문단'을 발족했으며, 연 1회 공개보고서를 통해 추진 실적과 문제점을 국민에게 투명하게 공유할 예정이다. 또한, 한국에너지공단, 에너지기술평가원, 지역 에너지센터 등 총 12개 유관기관이 역할을 분담해 실행력을 높이기로 했다.

산업부 관계자는 "이번 종합계획은 단기적인 탄소감축 수단을 넘어, 산업 전반의 에너지 구조 전환을 촉진하는 장기 로드맵의 성격을 갖는다"며, "기술, 제도, 금융이 결합된 이른바 '트라이앵글 전략'을 통해 지속가능한 에너지 전환의 초석을 마련하겠다"고 밝혔다.

〈보기〉

ㄱ. 정부는 '재생에너지 공동추진 협약'을 전국 모든 지자체와 체결하여 RE 프로젝트를 전국 단위로 일괄 추진하고 있다.
ㄴ. '에너지캐시백'은 전기요금 체납 가구를 제외한 모든 국민에게 월 2만 원의 보조금을 제공하는 제도이다.
ㄷ. 태양광 고효율 셀 기술과 부유식 해상풍력 설계 기술은 기술혁신 투자 전략의 핵심 항목으로 설정되었다.
ㄹ. 산업부는 에너지기술평가원과 지역 에너지센터 등 총 12개 유관기관을 중심으로 종합계획을 실행할 계획이다.
ㅁ. 신재생에너지 정책자문단은 분기마다 성과보고서를 발표하며 국민과의 소통을 강화할 예정이다.

① ㄱ, ㄴ ② ㄷ, ㄹ ③ ㄷ, ㅁ
④ ㄹ, ㅁ ⑤ ㄷ

03. 다음은 '중소기업 역량강화 종합대책'에 대한 보도자료의 일부이다. 단락 (가)~(마)를 가장 논리적인 글 흐름으로 배열한 것은?

(가) 중소벤처기업부는 최근 고금리·고물가 기조의 장기화, 글로벌 공급망 재편, 기술패권 경쟁 심화 등 급변하는 대외 환경 속에서 국내 중소기업의 지속가능한 성장을 뒷받침하기 위한 '2025 중소기업 역량강화 종합대책'을 발표했다. 이번 대책은 자금, 기술, 인력, 판로 등 4대 부문의 정책 역량을 통합하고, 위기 대응력 강화와 미래시장 선점을 위한 중장기 전략을 병행하는 데 초점을 맞췄다.

(나) 이번 종합대책은 기존의 공급자 중심 정책기조에서 벗어나 수요 기반 맞춤형 지원으로의 전환을 선언한 것이 특징이다. 정부는 중소기업을 단순 보호 대상이 아니라 경제 주체로 보고, 민간 투자와 연계된 유연한 정책 설계를 통해 산업생태계 안착을 유도한다는 방침이다. 특히 기술 혁신형 기업에 대한 '투자 연계 패키지', 성장 기업군 전용 정책금융, 민간 기술이전 플랫폼 활성화 등을 핵심 정책으로 제시하였다.

(다) 자금 부문에서는 유동성 확보를 위한 긴급경영안정자금 공급 규모를 기존 대비 1.5배 확대하고, '스케일업 전용 펀드'를 2조 원 규모로 조성하여 매출 100억 원 이상 중견도약 기업에 집중 투입한다. 또한 담보능력이 부족한 기업을 위한 '보증료 차등 감면제도'를 새로 도입해, 기술력 평가를 기반으로 보증비용을 최대 60%까지 경감할 수 있도록 하였다.

(라) 기술·인력 부문에서는 '공공연구소 개방형 실험실(Open Lab)' 15개소를 신설하고, 이들 실험실을 통해 중소기업과 연구기관 간 공동 R&D 과제를 수행할 수 있도록 연계한다. 동시에 '디지털 전환 맞춤형 직무훈련' 프로그램을 신설하여 연간 1만 명의 현장 기술 인력을 양성하며, 이를 지역별 특화산업과 연결해 수요 중심 훈련 체계를 구축할 계획이다.

(마) 해외 진출 및 판로 확대를 위해 정부는 '글로벌 스타트업 육성 프로그램'을 통해 연 300개 기업의 해외 인큐베이팅을 지원하고, K-브랜드 특별전과 같은 온라인 수출 플랫폼을 확충하기로 했다. 또한 대기업-중소기업 간 공동 수출 프로젝트를 확대하고, 수출 바우처 단가 상향을 통해 중소기업의 수출비용 부담을 줄이기로 하였다.

① (가) - (나) - (다) - (마) - (라)
② (가) - (나) - (라) - (다) - (마)
③ (가) - (나) - (다) - (라) - (마)
④ (나) - (가) - (다) - (라) - (마)
⑤ (가) - (라) - (다) - (마) - (나)

04. 다음 보도자료의 제목으로 가장 적절한 것은?

정부는 최근 내수 둔화, 원자재 가격 상승, 인건비 부담 등 삼중고를 겪고 있는 소상공인을 위해 '2025년 소상공인 성장·회복 종합지원방안'을 발표하였다. 이번 대책은 생존 중심의 단기 회복 지원을 넘어, 장기적으로 소상공인이 자생력을 갖추고 지속 성장할 수 있도록 구조를 혁신하는 데 초점을 맞추고 있다.

이번 종합방안은 △맞춤형 자금지원 강화 △디지털 전환 촉진 △상권 르네상스 2.0 확산 △폐업 재기 지원 확대 △사회안전망 보강 등 5대 핵심과제로 구성된다. 먼저 자금 지원 측면에서는 금리 부담 완화를 위해 희망대출플러스 프로그램의 한도를 최대 5천만 원까지 확대하고, 1%대 초저금리로 3년간 고정금리를 적용하는 정책자금 트랙을 신설한다.

디지털 전환 부문에서는 '소상공인 AI 점포 매니저' 시범 사업이 처음 도입된다. 매출 분석, 고객 응대 자동화, 재고 관리 등의 업무를 하나의 플랫폼에서 지원하는 시스템으로, 올해 1천 개 점포에 시범 적용한 뒤 내년부터 전국으로 확대된다.

상권 활성화 차원에서는 '상권 르네상스 2.0' 사업이 기존의 물리적 환경 개선 중심에서 벗어나 콘텐츠, 브랜드, 상생모델 구축 중심으로 진화한다. 특히 공공기관과 대기업이 지역 소상공인과 협업하는 '상권 동반성장 프로젝트'를 통해 5년간 300개 상권에 집중 투자할 계획이다.

또한 폐업 소상공인에 대한 지원도 확대된다. 재창업 교육, 창업 컨설팅, 초기 창업비용 지원 외에도 '업종 전환 바우처'가 도입되어 재도약을 위한 실질적 기반을 제공한다. 아울러 사회보험료 지원과 임대료 분쟁 조정 확대 등 사회안전망 차원의 지원도 병행된다.

정부 관계자는 "이번 대책은 단순히 무너진 매출을 보전해주는 수준이 아니라, 소상공인의 미래를 다시 설계할 수 있도록 성장의 사다리를 복원하는 데 의미가 있다"며 "시장 경쟁 속에서도 살아남고 성장할 수 있는 기반을 제도적으로 뒷받침하겠다"고 밝혔다.

① 자영업자 부담 완화를 위한 세제 개편 추진

② 소상공인 생존을 넘어 성장을 위한 국가 프로젝트 발표

③ 상권 르네상스 2.0 전국 확대: 도시재생 중심 전략

④ 정부, 폐업 소상공인 대상 재창업 제한 정책 강화

⑤ 디지털 소상공인 전환을 위한 플랫폼 산업 육성 전략

[05-06] 다음 안내문을 읽고 물음에 답하시오.

[2025년 ○○시 소상공인 금융지원사업 안내]

○○시는 관내 소상공인의 경영안정을 위해 아래와 같이 금융지원을 시행합니다. 대상 요건과 유의사항을 반드시 확인하시고 기한 내에 신청하여 주시기 바랍니다.

1. 사업개요
 • 지원내용: 업체당 최대 3천만 원 이내 운전자금 대출에 대한 이자차액 보전(2.5%), 최대 2년간 지원
 • 지원방식: 소상공인이 금융기관에서 자율 대출 실행 → 시에서 이자 일부 지원
 • 신청기간: 2025년 4월 1일(화)~2025년 6월 30일(월)
 • 신청방법: 시청 경제일자리과 방문 또는 지역경제지원센터 온라인 신청

2. 지원대상 요건
 • 사업자등록 후 1년 이상 영업 중인 관내 소상공인
 • 최근 1년간 지방세 체납 사실이 없을 것
 • 동일 사업으로 타 정책자금 중복 수혜를 받지 않았을 것

3. 제외대상
 • 휴업 및 폐업 중인 업체
 • 대기업 계열 가맹점
 • 도박, 향락, 유흥 등 업종 제한 대상 사업자
 • 신청일 기준 신용등급 10등급 이하 또는 연체자

4. 기타 유의사항
 • 지원 신청은 예산 소진 시 조기 마감될 수 있음
 • 허위 또는 중복 신청 시 지원이 취소될 수 있으며, 향후 2년간 동일 사업 신청이 제한됨

문의: ○○시 경제일자리과 ☎ 000-1234-5678

05. 다음 중 위 안내문의 내용과 일치하지 않는 것은?

① 금융기관 대출 실행 후에 지자체가 일부 이자를 보전해주는 방식이다.
② 해당 지원은 최대 2년간 업체당 3천만 원까지 무상으로 지급된다.
③ 지방세 체납 이력이 있는 소상공인은 지원대상에서 제외된다.
④ 중복 지원을 방지하기 위해 타 정책자금을 받은 동일 사업자는 신청할 수 없다.
⑤ 신청자가 허위 서류를 제출하면 향후 2년간 동일 사업에 신청할 수 없다.

06. 다음 중 금융지원을 받을 수 없는 대상자로 적절한 사람은?

① 2년간 구두 가게를 운영 중이며, 신용등급은 7등급인 사업자
② 최근 지방세를 50만 원 체납했으나 1년 전 납부 완료한 제과점 사장
③ 동일 사업으로 중소벤처기업부 정책자금을 받은 카페 운영자
④ 1년 6개월째 식당을 운영 중이며, 지방세 체납 사실이 없고 신용등급은 6등급인 사업자
⑤ 3년째 영업 중이나 도박장 근처에 위치한 전통찻집 운영자

07. 다음 문장을 가장 적절한 순서로 배열한 것은?

ㄱ. 특히 최근에는 비대면 커뮤니케이션의 비중이 커지면서 문서 작성의 중요성이 더욱 강조되고 있다.
ㄴ. 기업에서 효과적인 문서 작성 능력은 조직 내외부의 신뢰를 형성하는 기반이 된다.
ㄷ. 따라서 문서 작성자는 명확한 목적과 독자 분석을 통해 설득력 있는 내용을 구성해야 한다.
ㄹ. 불분명하거나 모호한 표현은 오해를 불러일으켜 의사소통의 실패로 이어질 수 있기 때문이다.

① ㄴ － ㄱ － ㄹ － ㄷ
② ㄱ － ㄴ － ㄷ － ㄹ
③ ㄴ － ㄱ － ㄷ － ㄹ
④ ㄱ － ㄷ － ㄴ － ㄹ
⑤ ㄴ － ㄷ － ㄱ － ㄹ

08. 다음 중 〈보기〉에서 설명하고 있는 오류를 포함하고 있는 문장은?

〈보기〉

우리가 흔히 저지르는 문장 오류 중 하나는 문장 성분 간의 호응 불일치이다. 문장의 기본 구성 요소인 주어와 서술어는 의미와 형식 양면에서 서로 호응해야 하며, 이 관계가 어긋나면 문장은 비문이 되거나 의미 전달이 모호해진다. 이러한 호응 오류는 문장 전체의 논리적 완결성과 표현의 명료성을 해치는 주요 원인이 된다.

① 연극을 인생과 비유하는 데에는 아무런 무리가 없다.
② 시민의 행복을 침해하는 법률은 마땅히 폐기되어져야 한다.
③ 인간은 법을 지키기도 하고, 구속을 받기도 하며 살아간다.
④ 철수는 달려오면서 손을 흔드는 친구에게 반갑다고 인사했다.
⑤ 우리에게 가장 큰 문제는 타인을 대할 때와 자신을 대할 때 기준이 다르다.

09. **다음 〈보기〉를 바탕으로 한 설명으로 적절하지 않은 것은?**

〈보기〉

- 오늘 ㉠김 부장님께 보고서를 제출해야 한다.
- 세월이 ㉡쏜살같이 빠르게 흘렀다.
- 거북이가 ㉢가듯이 느릿느릿한 걸음
- 사람은 ㉣기계만큼 정확할 수 없다.
- ㉤솔직한 사람은 종종 손해를 본다.

① ㉠의 예에서 보듯, '박 과장', '이 대리'처럼 직함 앞에 붙은 성씨는 띄어 써야 한다.

② ㉡과 같이 '나와같이 가자.'의 '나와같이'도 붙여 써야 한다.

③ ㉢의 사례에 비추어 볼 때, '여름이 지난 뒤 열매가 맺듯이'의 '맺듯이'도 붙여 써야 한다.

④ ㉣과 달리 '나도 할 만큼 했다'의 '할 만큼'은 띄어 써야 한다.

⑤ ㉤의 표현을 참고하면, '하얀 구름', '예쁜 너'처럼 띄어 쓰는 것이 옳다.

10. **다음 밑줄 친 단어를 고친 표현으로 적절한 것은?**

① "설혹 문제가 생기더라도 우리는 계획대로 움직여야 해." → 설령

② "우리 이제 원래 계획했던 장소로 이동해보자." → 지금

③ "마침 선물 받은 커피가 있으니 네게 줄게." → 공교롭게

④ "뚝배기에 담긴 설렁탕이 무척 뜨겁다." → 덥다

⑤ "궁중떡볶이는 근본이 깊은 음식이다." → 유래

11. 농도 10%의 소금물 200g과 농도 5%의 소금물 300g을 섞으려 하였으나, 실수로 소금 14g이 추가로 더 들어갔다. 처음 계획한 농도에 맞추기 위해 추가로 넣어야 할 물의 양은?

① 136g ② 150g ③ 176g ④ 186g ⑤ 200g

12. A 상인은 단가 16,000원짜리 물건을 75개 구매하였다. 전체 물건 중 5개는 이벤트용 증정으로 제외하고, 나머지 70개를 동일한 가격으로 판매하여 전체 원가의 40% 이익을 얻으려 한다. 1개당 판매가격은 얼마여야 하는가?

① 23,000원 ② 23,500원 ③ 24,000원 ④ 24,500원 ⑤ 25,000원

13. 어느 회사의 사무직 직원 수는 작년 대비 15% 증가하였고, 현장직 직원 수는 작년 대비 12% 증가하였다. 올해 전체 직원 수는 작년보다 96명 증가하였고, 작년에는 현장직 직원 수가 사무직 직원 수보다 80명 많았다고 할 때, 올해 사무직 직원 수는 몇 명인가?

① 320명 ② 352명 ③ 368명 ④ 372명 ⑤ 400명

14. 성열이는 여러 명의 커피를 타기 위한 물을 끓이기 위해 전기 포트에 물을 받으려고 한다. A 정수기로 물을 가득 채워 받는 데 1분이 걸리고, B 정수기로 물을 받으려고 하니 1분 12초가 걸린다. 두 정수기를 동시에 이용하여 물을 받기 시작하여 이 전기 포트에 물을 채우는 데 걸리는 시간은?

① 약 30초 ② 약 33초 ③ 약 35초 ④ 약 37초 ⑤ 약 40초

15. **겨울 스키장 리조트의 숙박비는 비수기 대비 20% 할증된 가격으로 운영된다. 객실의 수는 총 100개이며 비수기 하루 매출과 성수기 하루 매출의 평균은 665만 원이다. 이때, 성수기의 하루 숙박료는?** (단, 비수기에는 매일 정확히 30%의 공실이 발생하며, 성수기에는 만실이라고 가정한다.)

① 64,000원　② 70,000원　③ 72,000원　④ 80,000원　⑤ 84,000원

16. **부산의 한 회사의 영업 1팀에서는 신사업 프로젝트를 위해 영업 3팀과 협업을 진행 중이고, 이와 관련하여 Kick-off 회의를 진행하려고 한다. 테이블의 좌측은 임원진이 위치하고, 우측은 3년 차 이상의 직원 4명과 3년 차 미만 직원 3명이 함께 앉으려고 한다. 이때 우측 열의 자리는 직원의 팀과 직책에 따른 자리 구분을 하지 않으나 3년 차 미만 직원들은 서로 인접하여 앉아야 한다. 우측 열 자리에 직원 7명이 앉을 수 있는 경우의 수는 몇 가지인가?**

① 240가지　② 720가지　③ 1,440가지　④ 2,400가지　⑤ 4,320가지

17. **○○제품 1개를 만들기 위해 A와 B가 같이 작업을 하면 18일이 걸리고, B가 단독으로 작업하면 A가 단독으로 작업했을 때보다 1.5배의 시간이 걸린다. A가 단독으로 작업했을 때 ○○제품 1개를 만드는 데 걸리는 시간은?** (단, A와 B가 같이 작업을 했을 때, A, B가 각각 단독으로 작업했을 때 모두 A, B의 작업속도는 동일하다.)

① 21일　② 30일　③ 35일　④ 42일　⑤ 45일

18. **근무실적, 직무수행능력, 태도 등을 정기적으로 평가하는 근무성적평정 과정에는 평정 결과를 왜곡시키는 여러 가지 오류가 발생한다. 다음에서 나타나는 현상을 설명하는 용어는?**

> 인사이동으로 새로운 권역을 책임지게 된 권 부장은 사내 영업팀 중 영업 2팀을 눈여겨보았다. 그는 평소에도 영업 2팀의 실적이 향상될 것이라며 자주 언급하고 치켜세우며 그에 대한 믿음을 공고히 했다. 이에 영업 2팀 팀원들 역시 권 부장의 기대를 의식하며 업무를 진행하는 모습을 보이기도 했다.
> 마침내 1/4분기 영업실적 발표일 날, 권 부장의 예측이 실제로 일어났다. 영업 2팀은 지난 실적 우수 팀인 영업 3팀을 가볍게 제치고 실적 우수 팀이 되었다.

① 플라세보 효과　② 피그말리온 효과　③ 근본적 귀속의 착오
④ 막바지 효과　⑤ 연쇄 효과

19. 다음은 초, 중, 고등학교 학생의 사교육비에 관한 자료이다. 이에 대한 설명으로 옳은 것만을 모두 고르면?

〈표1〉 학교급별 연간 사교육비 총액

(단위: 억 원)

구분	초등학교	중학교	고등학교	전체
2016	77,438	48,102	55,065	180,606
2017	81,311	48,297	57,095	186,703
2018	85,531	49,972	59,348	194,852
2019	95,597	52,554	61,819	209,970

〈표2〉 학교급별 학생 1인당 월평균 사교육비

(단위: 만 원)

구분	평균	초등학교	중학교	고등학교
2016	25.6	24.1	27.5	26.2
2017	27.2	25.3	29.1	28.5
2018	29.1	26.3	31.2	32.1
2019	32.1	29.0	33.8	36.5

※ 1인당 월평균 사교육비=연간 사교육비 총액/전체 학생 수/12개월

〈표3〉 학교급별 사교육 참여율

(단위: %)

구분	평균	초등학교	중학교	고등학교
2016	67.8	80.0	63.8	52.4
2017	71.2	82.7	67.4	55.9
2018	72.8	82.5	69.6	58.5
2019	74.8	83.5	71.4	61.0

※ 출처: KOSIS(교육부, 초중고사교육비조사)

〈보기〉

ㄱ. 2017~2019년 1인당 월평균 사교육비의 전년 대비 증가율은 매년 초등학교가 중학교보다 크다.
ㄴ. 전체 학생 수는 매년 증가한다.
ㄷ. 2017~2019년 초등학교의 연간 사교육비 총액의 전년 대비 증가율은 고등학교보다 매년 크다.
ㄹ. 초등학교를 제외하고는 매년 사교육 참여율이 증가한다.

① ㄱ, ㄴ ② ㄱ, ㄷ ③ ㄴ, ㄷ ④ ㄴ, ㄹ ⑤ ㄷ, ㄹ

20. 다음은 상수도에 관련된 일부 자료이다. 이에 대한 설명으로 옳은 것은?

[상수도 통계 공표자료의 주요 통계표]

구분	2009	2010	2011	2012	2013	2014	2015	2016	2017	2018
1인 1일 급수량(L)	332	333	335	332	335	335	335	339	341	348
1인 1일 사용량(L)	274	277	279	278	282	280	282	287	289	295
생산원가(원/m^3)	761.6	777.2	813.4	814.7	849.3	876.5	881.7	868	898	914.3

※ 총 생산원가 = (사용량 × 생산원가) × 0.001

※ 출처: KOSIS(환경부, 상수도통계)

① 1인 1일 급수량 대비 사용량의 비율은 매년 점점 증가하고 있다.

② 2017년의 1인 1일 상수도 사용량의 총 생산원가는 250원 이상이다.

③ 생산원가의 전년 대비 증가량이 가장 높았던 해는 2013년이다.

④ 2018년 1인 1일 급수량의 5년 전 대비 증가율은 4% 이상이다.

⑤ 2018년의 생산원가의 전년 대비 증가율이 유지될 때 2019년의 생산원가는 932원 이상이다.

21. 다음은 프랜차이즈 업종별 가맹점 수 현황에 대해 조사한 자료이다. 자료에 대한 설명으로 옳지 않은 것은?

[업종별 가맹점 수 현황]

구분	2017년	2018년		2017년 대비 2018년	
	가맹점 수 (천 개)	가맹점 수 (천 개)	구성비 (%)	증감량 (천 개)	증감률 (%)
계	169,449	175,200	100.0	5,751	3.4
편의점	39,549	41,359	23.6	1,810	4.6
의약품	3,893	3,632	2.1	−261	−6.7
안경·렌즈	2,925	3,184	1.8	259	8.9
한식	28,240	29,209	16.7	969	3.4
외국식	6,482	7,561	4.3	1,079	16.6
제과점	7,815	7,354	4.2	−461	−5.9
피자·햄버거	11,755	11,576	6.6	−179	−1.5
치킨	24,654	25,110	14.3	456	1.8
김밥·간이음식	11,856	13,077	7.5	1,221	10.3
생맥주·기타주점	12,026	11,676	6.7	−350	−2.9
커피·비알코올 음료	16,795	17,565	10.0	770	4.6
두발 미용	3,459	3,897	2.2	438	12.7

① 2018년 가맹점 수 상위 3대 업종은 편의점, 한식, 치킨으로 이는 전체의 54.6%를 차지한다.

② 2018년 업종별 가맹점 수의 전년 대비 증감률은 외국식이 16.6%로 가장 높고, 두발 미용이 12.7%, 김밥·간이음식이 10.3%로 증가한 반면, 의약품과 제과점은 각각 −6.7%, −5.9%로 감소하였다.

③ 2018년 치킨의 가맹점 수는 생맥주·기타주점 가맹점 수의 2배 이상이며 제과점 가맹점 수의 3배 이상이다.

④ 2018년 전체 가맹점 수의 전년 대비 증감량에서 2017년 대비 2018년에 증가한 편의점 가맹점 수가 차지하는 비중은 30% 이하이다.

⑤ 2017년 대비 2018년에 증가한 가맹점 수가 가장 많은 업종과 가장 적은 업종의 2018년 가맹점 수의 차이는 38,000천 개 이상이다.

22. 다음 표는 1995~2015년 전국 시도의 인구밀도와 관련한 자료이다. 조건의 설명을 토대로 (A)~(D) 지역을 순서대로 올바르게 연결한 것은?

[1995~2015년 전국 시도별 인구밀도]

(단위: 명/km^2)

구분	1995	2000	2005	2010	2015
전국	449.4	463.9	474.5	485.6	509.2
서울특별시	16,889.3	16,342.2	16,221.0	16,188.9	16,364.0
(A)	5,093.1	4,820.4	4,609.4	4,452.3	4,479.9
(B)	2,766.1	2,801.0	2,786.5	2,767.4	2,791.0
인천광역시	2,417.0	2,566.2	2,546.3	2,587.5	2,755.5
(C)	2,508.8	2,697.8	2,827.5	2,945.6	2,998.8
대전광역시	2,356.3	2,534.5	2,673.0	2,781.2	2,852.3
(D)	756.3	886.4	1,028.1	1,119.3	1,226.4
강원도	88.7	89.7	88.2	88.2	90.2
충청북도	187.9	197.3	196.5	203.4	214.6
충청남도	206.7	214.9	219.7	235.0	256.6
전라북도	236.0	234.9	221.5	220.3	227.4
전라남도	173.5	166.6	150.7	142.2	146.1
경상북도	140.7	143.2	137.1	136.6	140.8
경상남도	332.5	283.2	290.5	300.0	316.4
제주도	273.9	278.0	287.8	287.7	327.5

※ 출처: KOSIS(통계청, 인구총조사)

〈조건〉

㉠ (A), (B), (C), (D) 지역은 경기도, 광주광역시, 대구광역시, 부산광역시 중 하나이다.
㉡ 1995~2015년 동안 조사가 진행된 시점에 대구광역시의 인구밀도는 인천광역시보다 항상 높았다.
㉢ 1995~2015년까지 경기도와 광주광역시의 인구밀도는 꾸준한 증가 추이를 보인다.
㉣ 조사가 진행된 모든 시점에 부산광역시의 면적이 경기도의 3배라면 인구는 9배 이상이다.

	(A)	(B)	(C)	(D)
①	대구광역시	부산광역시	경기도	광주광역시
②	대구광역시	부산광역시	광주광역시	경기도
③	부산광역시	광주광역시	경기도	대구광역시
④	부산광역시	대구광역시	광주광역시	경기도
⑤	경기도	광주광역시	부산광역시	대구광역시

23. **다음 중 업무수행 과정에서 발생한 문제 유형에 대한 설명으로 옳지 않은 것은?**

① 발생형 문제, 탐색형 문제, 설정형 문제가 있다.

② 발생형 문제는 우리 눈앞에 발생되어 당장 걱정하고 해결하기 위해 고민하는 문제를 의미한다.

③ 탐색형 문제는 눈에 보이지 않는 문제이다.

④ 탐색형 문제는 잠재 문제, 예측 문제, 미달 문제의 세 가지 형태로 구분된다.

⑤ 설정형 문제는 목표지향적 문제이며 많은 창조적인 노력이 요구된다.

24. **다음은 문제해결을 위한 세 가지 접근 방법(소프트 어프로치, 하드 어프로치, 퍼실리테이션)에 대한 설명이다. 〈보기〉에서 옳은 것을 모두 고른 것은?**

〈보기〉

ㄱ. 소프트 어프로치는 구성원 간 문화적 동질성과 이심전심의 이해를 가정하며, 제3자는 공감이나 권위에 기반하여 의견을 조정하고 타협을 도모한다.

ㄴ. 하드 어프로치는 구성원들이 사실과 원칙에 근거한 논리적 토론과 협상을 통해 의견을 조정하며, 제3자는 이러한 논리를 기반으로 지도와 설득을 시도한다.

ㄷ. 퍼실리테이션에서 제3자인 퍼실리테이터는 합리적 결론 도출을 위해 명확한 해결안과 합의점을 미리 설정하고, 그룹 토의를 예정된 방향으로 능숙하게 이끌어 간다.

ㄹ. 소프트 어프로치와 하드 어프로치는 주로 구성원 간의 감정적 만족도 극대화를 목표로 하며, 퍼실리테이션은 창의성보다는 논리적 합의 도출에 더 중점을 둔다.

① ㄱ, ㄴ

② ㄱ, ㄷ

③ ㄴ, ㄹ

④ ㄱ, ㄴ, ㄷ

⑤ ㄱ, ㄴ, ㄷ, ㄹ

25. 다음 중 문제처리 과정의 '원인 분석' 단계에 대한 설명으로 가장 적절한 것은?

① 원인 분석 단계의 주된 목표는 다양한 해결책을 즉시 실행하여 가장 효과적인 방안을 찾는 것이며, 근본 원인 규명은 부차적이다.

② 원인 분석은 주로 데이터 수집, 해결안 평가, 실행 계획 수립의 3단계로 진행된다.

③ 원인 분석의 쟁점 분석 단계의 '가설 설정'은 지식, 정보에 의존하기보다는 직관과 경험에 의존하여 자유롭게 진행하는 것이 핵심이다.

④ 쟁점 분석 과정에서 설정하는 가설은 관련 자료나 인터뷰 등을 통해 검증 가능해야 하며, 논리적이고 객관적으로 명료하게 표현되어야 한다.

⑤ 최종 원인 파악 시, 모든 문제의 원인은 '닭과 계란의 인과관계'처럼 원인과 결과를 명확히 구분하기 어려운 복잡한 패턴으로 나타나므로, 단순 인과관계 분석은 지양해야 한다.

26. 다음 중 문제해결과 관련된 다양한 개념 및 절차에 대한 설명으로 적절하지 않은 것은?

① 문제점은 문제 발생의 근본 원인이 되는 핵심 사항을 의미하며, 이를 정확히 파악하는 것이 문제해결의 중요한 단계이다.

② 문제의 유형 중 '발생형 문제'는 이미 일어난 일탈이나 미달 상황에 해당하며, '탐색형 문제'는 현재 상황을 개선하거나 효율을 높이기 위한 과제를 다룬다.

③ 논리적 사고 개발 방법인 피라미드 구조화 방법은 하위 사실로부터 상위 주장을 구성하며, 'so what' 방법은 "그래서 무엇이지?"하고 자문자답하는 의미로, '어떻게 될 것인가?', '어떻게 해야 한다'라는 내용이 포함되어야 한다.

④ 창의적 사고는 기존의 정보를 새롭게 조합하여 가치 있는 아이디어를 산출하는 정신 과정이며, 발산적 사고를 특징으로 하고 교육훈련을 통해 개발될 수 있다.

⑤ 환경 분석 기법 중 3C 분석은 주로 기업 내부의 강점, 약점, 기회, 위협을, SWOT 분석은 경쟁사, 고객, 자사를 분석하여 전략을 도출하는 데 활용된다.

27. SWOT 분석 방법 중 외부환경 분석 방법으로 SCEPTIC 체크리스트를, 내부환경 분석 방법으로 MMMITI 체크리스트를 활용할 수 있다. 다음 중 각 체크리스트에서 의미하는 바가 올바르게 짝지어진 것은?

외부환경 분석 SCEPTIC		내부환경 분석 MMMITI	
S	① Science	M	Man
C	Competition	M	④ Machine
E	Economic	M	Money
P	② Politic	I	Information
T	③ Time	T	⑤ Technology
I	Information	I	Image
C	Client		

28. 일반적으로 문제해결절차는 문제 인식, 문제 도출, 원인 분석, 해결안 개발, 실행 및 평가의 5단계를 따른다. 다음 중 단계별 절차에 대한 설명으로 옳은 것은?

① 문제 인식 단계 중 환경 분석 절차에서는 후보과제를 도출하고 효과 및 실행 가능성 측면에서 평가하여 과제를 도출한다.

② 문제 도출 단계는 문제 구조 파악 후 이슈(Issue) 분석을 한다.

③ 원인 분석 단계 중 데이터(Data) 분석 절차에서는 근본 원인을 파악하고 원인과 결과를 도출한다.

④ 해결안 개발 단계는 문제로부터 최적의 해결안을 도출하고 아이디어를 명확화한 후, 최적안 선정을 위한 평가기준을 선정하고 우선순위 선정을 통해 최적안을 선정한다.

⑤ 실행 및 평가 단계는 '해결안 도출 → 실행 → Follow-up'의 절차를 따른다.

29. 다음 중 원인 분석 단계의 절차에 따른 내용이 적절하게 분류된 것은?

[원인 분석 단계의 절차]

구분	이슈 분석	데이터 분석	원인 파악
내용	• ① Data 수집계획 수립 • ② Output 이미지 결정	• ③ 가설 설정 • Data 정리/가공 • ④ 핵심이슈 설정	• ⑤ Data 해석 • 근본 원인을 파악하고 원인과 결과를 도출

30. 다음 전제를 읽고 반드시 참인 결론을 고르면?

- 사과를 좋아하는 사람은 바나나를 좋아하지 않는다.
- 포도를 좋아하지 않는 사람은 오렌지도 좋아하지 않는다.
- 복숭아를 좋아하는 사람은 반드시 바나나도 좋아한다.
- 오렌지를 좋아하는 사람은 사과도 좋아한다.

① 포도를 좋아하는 사람은 복숭아를 좋아한다.

② 복숭아를 좋아하는 사람은 오렌지를 좋아한다.

③ 오렌지를 좋아하지 않는 사람은 사과를 좋아하지 않는다.

④ 복숭아를 좋아하는 사람은 사과를 좋아한다.

⑤ 복숭아를 좋아하는 사람은 오렌지를 좋아하지 않는다.

31. 도서관에서 희귀 도서가 훼손되는 사건이 발생했다. 범인은 민수, 지현, 태경, 수빈 중 한 명이다. 이들 네 명은 각각 두 개의 진술을 했으며, 모두 진실 하나, 거짓 하나를 말했다. 진술이 아래와 같을 때 다음 중 옳은 것은?

민수: 나는 책을 훼손하지 않았다. 수빈은 범인이 아니다.
지현: 태경은 무죄다. 수빈이 범인이다.
태경: 나는 무죄다. 민수는 범인이 아니다.
수빈: 지현이 범인이다. 나는 범인이 아니다.

① 민수는 범인이 아니다.
② 지현의 첫 번째 말은 진실이다.
③ 태경의 두 번째 말은 진실이다.
④ 지현과 수빈 중에 범인이 있다.
⑤ 민수와 수빈은 모두 첫 번째 말이 진실이다.

32. 다음 중 거피의 사육법으로 가장 적절한 것은? (단, 제시되지 않은 조건은 고려하지 않는다.)

건강하고 아름다운 거피를 키우기 위해서는 여러 조건이 충족되어야 한다. 우선, 수조는 조용하고 통풍이 잘 되며 직사광선이 들지 않는 장소에 설치한다. 수질은 약산성이어야 하는데, 구체적으로 pH 6.2~6.8의 범위가 좋다. 거피의 스트레스를 경감시키기 위해서는 수조에 수초를 넣는 것이 좋다. 수초를 심기 위해서는 수조 바닥에 자갈을 넣어야 하지만, 모난 자갈은 거피의 지느러미나 몸을 다치게 할 가능성이 있으므로 둥근 알갱이의 작은 자갈을 사용하는 것이 좋다. 이때, 칼슘 성분이 흘러나와 수질을 변화시키는 산호 자갈은 피해야 한다. 거피가 선호하는 수온은 20~27도이다. 열대어 중에서는 비교적 낮은 수온에서 사육할 수 있는 물고기지만, 겨울철에는 히터로 수온을 올릴 필요가 있으며, 여름철에는 수온계로 수온을 수시로 체크할 필요가 있다. 실지렁이, 브라인슈림프 등의 살아있는 먹이와 플레이크푸드 등의 인공 먹이를 균형 있게 공급하되, 먹다가 남기지 않을 만큼의 적당한 양으로 1일 2회 이상 주어야 한다.

※ 거피(Guppy): 송사리목 난태생송사리과의 민물고기

① 물은 pH 6.5로 하고, 히터와 수온계가 붙어있는 수조의 바닥에 둥근 작은 돌과 산호 자갈을 넣어 사용하고, 실지렁이와 플레이크푸드를 1일 3회 준다.
② 물은 pH 6.3으로 하고, 수온계가 붙어있는 수조의 바닥에 둥근 작은 돌과 세척된 우목을 넣어 사용하고, 실지렁이와 플레이크푸드를 소량 준다.
③ 물은 pH 6.4로 하고, 히터가 붙어 있는 수조의 바닥에 둥근 작은 돌을 넣고, 수초를 심어 사용하고, 실지렁이와 플레이크푸드를 적당량 준다.
④ 물은 pH 6.7로 하고, 온도조절이 되는 히터가 붙어있는 수조의 바닥에 수초를 심고, 둥근 작은 돌을 넣어 사용하고, 실지렁이와 브라인슈림프를 적당량 준다.
⑤ 물은 pH 6.6으로 하고, 히터와 수온계가 붙어있는 수조의 바닥에 둥근 작은 돌을 넣고, 수초를 심어 사용하고, 브라인슈림프와 플레이크푸드를 적당량 준다.

33. **다음 중 아래 규정에 대한 설명으로 옳은 것은?**

> **제○○조(자료 분류 원칙)**
> 도서관의 모든 자료는 고유 식별 번호를 부여받고, 도서는 KDC 분류와 저자명 순, 비도서 자료는 형태 기준, 정기간행물은 주기·주제 기준으로 분류된다.
> **제○○조(식별 번호 부여)**
> 자료는 '분류기호-입수연도-일련번호' 형식으로 식별 번호가 부여되며, 전자책·온라인 저널은 디지털 접근 코드로 관리된다.
> **제○○조(대출 한도 및 기간)**
> ① 정회원은 도서 최대 5권, 비도서 자료 최대 2점까지 대출할 수 있으나, 정기간행물은 대출할 수 없다.
> ② 일반 도서의 대출 기간은 7일이며, 베스트셀러 및 신간 도서(입수 후 3개월 이내)는 5일이다.
> ③ 대출 기간 연장은 1회에 한하여 가능하며, 해당 자료가 연체되지 않았고 다른 예약자가 없어야 한다.
> ④ 연장 기간은 원래 대출 기간과 동일하다.
> **제○○조(연체 및 제재)**
> ① 연체된 자료에 대해서는 연체 1일당 100원의 연체료가 부과된다.
> ② 대출 중인 자료가 연체된 회원은 추가 대출이 불가능하며, 연체료를 완납하기 전까지 모든 도서관 서비스(열람실 이용 포함)가 제한된다.
> **제○○조(훼손 자료 처리)**
> ① 대출 자료 반납 시 내용을 읽을 수 없게 하거나 원상 복구가 불가능한 훼손이 발견되면 자료의 원가 전액을 변상해야 한다.
> ② 경미한 훼손은 변상금 없이 재발 방지 교육을 이수해야 하며, 3회 이상 누적되면 심각한 훼손으로 간주한다.
> ③ 훼손 여부 판단은 사서의 재량에 따른다.

① 도서는 KDC 분류와 저자명 순으로 분류되고, 전자책은 '분류기호 – 입수연도 – 일련번호' 형식으로 식별 번호가 부여된다.

② 일반 도서 대출 기간은 7일이며, 1회 연장하면 도합 14일까지 대출할 수 있다.

③ 정회원은 도서 7권, 비도서 3점까지 대출할 수 있고, 정기간행물은 1권 대출 가능하다.

④ 훼손된 자료는 사서의 판단과 관계없이 원가 전액 변상을 해야 한다.

⑤ 연체 중인 자료가 있는 경우 열람실 이용은 가능하지만, 추가 대출은 제한된다.

34. **사교육 절감을 위한 인터넷 수능교육의 방송수단을 선정하고자 할 때, 〈보기〉의 설명 중 옳은 것을 모두 고르면?** (단, 하루에 동일한 전송방식을 중복하여 사용할 수 없으며 전송방식의 초기 설치 비용은 무시한다.)

사교육 절감을 위해 교육방송과 연계하여 인터넷 수능교육을 시행하고자 한다. 효율적인 방송수단을 찾는 과정에서 A 전송방식과 B 전송방식을 고려하고 있으며, 필요시 요일별로 두 전송방식을 혼용할 계획도 가지고 있다. A 전송방식과 B 전송방식은 각각 서버관리 비용과 네트워크 비용에 있어서 차이를 보이고 있으며, 수험생의 동시접속 예상인원은 요일마다 큰 차이가 있다.

[A 전송방식과 B 전송방식의 관리 비용]

구분	서버관리 비용		네트워크 비용	
	동시접속자 1만 명 기준 시	동시접속자 5만 명 기준 시	동시접속자 1만 명 기준 시	동시접속자 5만 명 기준 시
A 전송방식	10억 원	20억 원	5억 원	5억 원
B 전송방식	1억 원	2억 원	10억 원	30억 원

※ 1) 관리 비용은 일주일 내내 같은 방식을 사용하였을 경우를 기준으로 산정하였으므로 만약 일주일 중 특정 요일에만 사용했다면 관리 비용을 7로 나누어서 비용을 산정함
2) 관리 비용=서버관리 비용+네트워크 비용

[요일별 예상 동시접속자]

월요일	화요일	수요일	목요일	금요일	토요일	일요일
5,000명	10,000명	10,000명	15,000명	30,000명	50,000명	40,000명

〈보기〉

㉠ A 전송방식 하나만 사용하거나 B 전송방식 하나만 사용하는 것보다 두 전송방식을 혼용하여 요일별로 저렴한 전송방식을 사용하는 것이 더 유리하다.
㉡ A 전송방식만 사용하는 경우가 B 전송방식만 사용하는 경우보다 비용면에서 유리하다.
㉢ 월요일, 화요일, 수요일에는 A 전송방식을 사용하고, 목요일, 금요일, 토요일, 일요일에는 B 전송방식을 사용하는 것이 비용면에서 가장 유리하다.

① ㉠
② ㉡
③ ㉠, ㉡
④ ㉠, ㉢
⑤ ㉠, ㉡, ㉢

35. 입사 1년 차인 박선홍 사원은 얼마 전 자기개발에 대한 사내교육에 참여하였다. 자기개발에 대해 고민은 했지만 막연하기도 하고 조언을 구할 사람도 마땅치 않았던 차에 회사에서 진행하는 강의를 듣게 되었다. 박 사원은 강의를 통해 자기개발 목표를 성취하기 위해서는 전략을 고려하여 목표를 수립하고 방법을 선정해야 한다는 것을 배웠다. 박 사원에게 적합한 자기개발 설계 전략이 아닌 것은?

① 자신이 어떤 분야에 흥미가 있고, 어떤 능력의 소유자이며, 어떤 행동을 좋아하는지를 종합적으로 분석한다.

② 자신의 욕구, 가치, 적성을 고려하여 장기목표를 수립하고, 직무 관련 경험, 자격증, 인간관계 등을 고려하여 단기 목표를 수립한다.

③ 가족, 직장동료, 상사, 부하직원, 고객 등 많은 인간관계를 고려하여 자기개발 계획을 수립한다.

④ 현 직무를 담당하는 데 필요한 능력과 이에 대한 자신의 수준, 개발해야 할 능력, 관련된 적성 등을 고려해야 한다.

⑤ '매일 재무관리 강의 1시간 듣기' 등 자신이 수행해야 할 자기개발 방법을 명확하고 구체적으로 수립한다.

[36－37] 다음 자료를 보고 각 물음에 답하시오.

[러닝화 업체별 정보]

업체명	디자인 점수	내구성 점수	착화감 점수	판매가격(원/켤레)
A 업체	85	90	88	74,000
B 업체	90	85	90	75,000
C 업체	92	90	85	80,000
D 업체	88	88	92	87,000
E 업체	86	89	87	73,000

※ 1) 위 5개 업체 외 선택 가능한 업체는 없다고 가정함
2) 최종 점수는 디자인 점수에 25%, 내구성 점수에 45%, 착화감 점수에 30%의 가중치를 두어 산출함

36. 러닝 용품 숍을 운영하고 있는 채윤이는 위의 업체별 정보를 바탕으로 최종 점수가 가장 높은 업체를 선택하여 러닝화를 주문하려고 한다. 채윤이가 선택할 업체로 적절한 곳은 어디인가?

① A 업체 ② B 업체 ③ C 업체 ④ D 업체 ⑤ E 업체

37. 채윤이가 선정한 업체의 1켤레당 원가 정보가 아래와 같을 때, 해당 업체가 1달에 500켤레의 러닝화를 판매할 경우 얻을 수 있는 순수익은 얼마인가?

재료비	인건비	유통비
20,000원	30,000원	7,500원

※ 순수익＝총 판매금액－원가(재료비, 인건비, 유통비)

① 14,630,000원 ② 14,750,000원 ③ 14,780,000원
④ 14,860,000원 ⑤ 14,870,000원

38. 귀하는 A 회사의 물품 구매 담당자로 원재료 변경을 위한 업무를 담당하고 있다. 아래 박 팀장의 지시에 따를 때, 귀하가 원재료 계약을 위해 지급해야 하는 계약금은?

구분	원료 품질	kg당 단가	월 생산량	비고
KC 머티리얼즈	중	6,000원	1.2t	계약량 5t 이상 시 10% 할인
KL 머티리얼즈	상	6,200원	0.7t	계약량 3t 이상 시 5% 할인
KG 머티리얼즈	중	5,500원	2.1t	계약량 10t 이상 시 20% 할인
KN 머티리얼즈	상	6,500원	1.5t	

※ 1) 물품 계약 시 총 물품 금액의 10%를 계약금으로 지불해야 함
2) 원료 품질은 상, 중, 하로 구분됨

[박 팀장의 지시]

이번에 제품의 품질 경쟁력 강화 및 원가 절감을 위한 방안으로 원재료를 변경하게 되었습니다. 회사의 경쟁력 확보를 위한 업무인 만큼 책임감을 가지고 임해주시길 바랍니다. 지속적인 경쟁사 제품의 품질이 강화되고 있는 만큼 무엇보다 중요한 건 품질입니다. 원료의 품질이 제품의 품질에도 직접적인 영향을 주는 만큼 품질을 최우선으로 고려하여 업체를 선정해 주세요. 다만 원가 절감을 통한 가격 경쟁력 확보로 시장 점유율을 확대할 수도 있으니 원료의 품질이 동등하다면 더 저렴한 업체로, 원료의 품질이 한 단계 낮더라도 가격이 20% 이상 저렴하다면 원료의 품질이 한 단계 낮은 업체로 선정해 주시기 바랍니다.

이번에 선정되는 업체와는 우선 6개월 단위로 계약을 진행해 주세요. 우리가 1달에 사용하는 원료량이 1,000kg이니, 물품 공급에 차질이 없는 업체로 선정해야 합니다.

① 2,640,000원 ② 3,240,000원 ③ 3,300,000원 ④ 3,534,000원 ⑤ 3,900,000원

[39 – 40] 다음 자료를 보고 각 물음에 답하시오.

S 회사와 T 회사는 분기별로 각각 A 제품, B 제품, C 제품, D 제품 중 한 제품만 홍보한다. 다음은 S 회사와 T 회사의 홍보 제품별 분기당 수익과 분기별 매출 증가율을 나타낸 것이다. S 회사는 분기별 매출 증가율에 따라 경쟁관계인 T 회사를 견제할 수 있는 홍보 사업 계획을 수립하려고 한다.

[각 기업의 홍보 제품별 분기당 수익]

(단위: 조 원)

구분		T 회사			
		A 제품	B 제품	C 제품	D 제품
S 회사	A 제품	(4, −1)	(−2, 8)	(1, 3)	(5, 2)
	B 제품	(−3, 9)	(11, −4)	(−5, 14)	(−4, 10)
	C 제품	(8, −7)	(−5, 10)	(2, −4)	(−2, −6)
	D 제품	(6, 2)	(3, −3)	(−5, 7)	(2, 2)

※ (S 회사의 한 분기 수익, T 회사의 한 분기 수익)을 의미함

[홍보 제품에 따른 분기별 매출 증가율]

(단위: %)

구분	1분기(1~3월)	2분기(4~6월)	3분기(7~9월)	4분기(10~12월)
A 제품	50	0	0	50
B 제품	0	50	50	100
C 제품	25	0	50	0
D 제품	100	50	0	25

※ 해당 제품을 홍보하면 분기별 수익이 증가율만큼 증가하거나 분기별 손해가 증가율만큼 감소함을 의미함

39. 다음 중 분기별 매출 증가율을 고려하지 않을 때, 1년 동안 S 회사와 T 회사가 얻는 수익의 합이 가장 큰 경우는?

	S 회사	T 회사
①	A 제품	D 제품
②	B 제품	B 제품
③	B 제품	C 제품
④	C 제품	B 제품
⑤	D 제품	A 제품

40. T 회사는 내년 1분기에 A 제품만 홍보할 계획이며, S 회사는 해당 정보를 바탕으로 내년 1분기 사업 계획을 수립하려고 한다. S 회사가 내년 1분기에 T 회사보다 더 많은 수익을 내면서 T 회사와의 수익 차이는 최대가 되려면 홍보해야 하는 제품은?

① A 제품 ② B 제품 ③ C 제품 ④ D 제품 ⑤ 알 수 없음

41. 아래의 내용을 토대로 귀하가 노트북 구매를 위해 지불해야 하는 금액을 고르면?

[대화 내용]

점원: 안녕하세요, 고객님. 찾으시는 물건이 있으신가요?

귀하: 네, 안녕하세요. 사용하던 노트북이 고장 나서 새로운 노트북을 하나 구입하려고 합니다.

점원: 아, 그러셨군요. 원하시는 조건을 말씀해 주시면 적당한 제품을 추천해 드리겠습니다.

귀하: 감사합니다. 우선은 기존에 사용하던 노트북이 1.54kg이었는데, 생각보다 무겁더군요. 적어도 기존에 사용하던 노트북보다 300g 이상은 가벼웠으면 좋겠습니다. 그리고 RAM은 적어도 16GB는 되어야 할 것 같습니다. 아, 화면 크기를 말씀드리지 않았네요. 화면 크기는 15인치 이상인 제품으로 추천 부탁드립니다. 제가 말씀드린 조건을 만족하는 제품이 2개 이상이라면 가능하면 저렴한 제품으로 선택하려고 하는데, 만약에 가장 저렴한 제품보다 노트북 무게가 100g 이상 가벼운 제품의 최종 가격이 10% 이상 비싸지 않다면 무게가 100g 이상 가벼운 제품으로 추천 부탁드립니다. 결제는 A 카드사의 카드로 하겠습니다.

점원: 네, 알겠습니다. 고객님의 조건을 고려해보니 (   ) 제품이 가장 적합하겠네요.
A 카드사 혜택을 포함하면 총금액은 (   )원입니다.

귀하: 네, 확인했습니다. 일시불로 결제해 주세요.

점원: 네, 고객님. 감사합니다!

[노트북 정보]

구분	갑 노트북	을 노트북	병 노트북	정 노트북
가격(만 원)	180	195	159	168
노트북 크기(인치)	16.2	15.4	17.1	17.2
무게(kg)	1.24	1.12	0.987	2.62
RAM	16GB	16GB	8GB	16GB
디자인	플렉스	베젤리스	베젤리스	일반

※ 1) 일반 노트북 화면 크기 = 노트북 크기 − 1인치
2) 플렉스 디자인은 화면이 360° 회전, 베젤리스 디자인은 노트북 크기 = 화면 크기가 특징인 디자인임
3) A 카드사 카드 이용 시 제품 가격의 10% 할인 및 마우스 증정 이벤트 진행 중

① 1,590,000원 ② 1,620,000원 ③ 1,755,000원 ④ 1,800,000원 ⑤ 1,950,000원

42. 갑 회사와 을 회사는 아래의 정보를 토대로 보안업체를 선정하고자 한다. 보안업체별 평가 결과와 갑, 을 각 회사의 보안업체 선정 기준이 아래와 같을 때, 각 회사가 선정할 보안업체를 올바르게 연결한 것은?

[보안업체별 평가 결과]

구분	평균 긴급 출동 소요 시간	상주 인력 수	CCTV 평가 점수		
			비용	녹화 시간	야간 촬영 기능
A 업체	5분	2명	7	10	9
B 업체	7분	3명	9	7	10
C 업체	6분	3명	10	6	7
D 업체	8분	2명	6	9	10
E 업체	10분	1명	8	10	7
F 업체	4분	1명	6	8	7
G 업체	12분	2명	9	10	7

[각 회사별 선정 기준]

갑 회사: 상주 인력 수가 2명 이상이면서 평균 긴급 출동 소요 시간이 10분 미만인 업체 중 CCTV 평가 항목 중 비용 4 : 녹화 시간 3 : 야간 촬영 기능 3의 비율로 최종 점수를 산출하여 해당 점수가 가장 높은 업체로 선정

을 회사: CCTV 평가 항목 중 비용 4 : 녹화 시간 2 : 야간 촬영 기능 4의 비율로 점수를 산출하고, 해당 점수에 평균 긴급 출동 소요 시간이 5분 이하인 업체에 가산점 1점, 상주 인력 수가 2명을 초과하는 경우 가산점 1점을 부여하여, 최종 점수가 가장 높은 업체로 선정

	갑 회사	을 회사
①	A 업체	A 업체
②	A 업체	G 업체
③	B 업체	A 업체
④	B 업체	B 업체
⑤	D 업체	G 업체

[43 - 45] 다음 자료를 보고 각 물음에 답하시오.

[상황]

○○회사에 근무하고 있는 이동현 씨는 관할 지역 내 거래처 A~E 5곳을 방문할 계획을 수립하고자 한다. 본사 사무실에서 오전 8시부터 1시간 동안 회의를 마치고 방문 업무를 시작하려고 하며, 각 거래처에서는 1시간씩 업무 수행이 필요한 상황이다. 또한 2번째 거래처 업무를 마치고는 점심식사를 위해 1시간 휴식을 취할 예정이며, 이동현 씨는 시간 절약을 위해 전체 이동 거리가 최소가 될 수 있도록 이동 동선을 계획하고 있다.

[거래처 간 상호 거리]

(단위: km)

구분	사무실	A	B	C	D	E
사무실	-	7.3	6.9	-	-	5.9
A	7.3	-	-	-	10.2	-
B	6.9	-	-	8.2	-	3.4
C	-	-	8.2	-	4.2	-
D	-	10.2	-	4.2	-	3.7
E	5.9	-	3.4	-	3.7	-

※ 단, 거리가 표시되지 않은 경우 이동이 불가함

[이동현 씨가 사용한 업무차량 정보]

차량 연비(km/L)	유종	기준 유가(휘발유)
14.0	휘발유	1,890원/L

※ 유류비는 계산값과 정확히 일치한다고 가정함

43. 위의 상황과 거래처 간 상호 거리를 토대로 할 때 이동현 씨가 이동한 총 거리는 몇 km인가?

① 38.0km ② 38.4km ③ 38.7km ④ 39.2km ⑤ 39.9km

44. 위와 같이 업무를 수행한 이동현 씨가 유류비를 신청하려고 할 때, 이동현 씨가 신청할 유류비로 적절한 것은?

① 5,292원 ② 5,384원 ③ 5,430원 ④ 5,446원 ⑤ 5,488원

45. 위와 같이 업무를 수행한 이동현 씨가 모든 업무를 마치고 사무실에 도착한 시간은 몇 시인가? (단, 이동현 씨의 평균 이동 속력은 50km/h였고, 제시된 업무와 휴식 및 이동 외 소요된 시간은 없다고 가정하며, 최종 결과 값에서 초 단위 미만은 절사한다.)

① 오후 3시 45분 36초 ② 오후 3시 46분 04초 ③ 오후 3시 46분 26초
④ 오후 3시 47분 02초 ⑤ 오후 3시 47분 52초

46. 새롭게 구성된 TF(Task Force) 팀이 프로젝트 초기 단계에 있다. 팀원들은 서로를 잘 알지 못해 다소 서먹하고 조심스러운 분위기이며, 프로젝트 목표와 각자의 역할에 대해 탐색하고 있다. 터크만(Tuckman)의 팀 발달 단계에서 현재 단계에서 다음 단계로 나아가기 위해 리더가 해야 할 가장 적절한 역할은?

① 팀의 자율성을 존중하고 성과를 축하한다.

② 팀원 간의 응집력을 높이고 협업 문화를 정착시킨다.

③ 발생 가능한 갈등을 중재하고 명확한 의사소통 규칙을 확립한다.

④ 명확한 목표와 방향을 제시하고, 팀원 간의 상호 이해와 관계 형성을 촉진한다.

⑤ 프로젝트 성과를 정리하고 팀원들의 기여를 인정한다.

47. 귀하는 기밀유지가 중요한 공사에서 근무하고 있다. 다음은 내부 정보보호에 대해 나눈 직원들의 대화일 때, 발언 내용이 적절하지 않은 직원은?

① 김 대리: 내부정보의 유출은 해커 등 외부의 침입에 의해 이루어지는 경우보다 내부 사용자가 유출하는 경우가 더욱 많습니다. 데이터 유출은 출력물 형태로 이루어지기 때문에 출력물을 가장 중요하게 보호해야 합니다.

② 이 사원: 출력물 관련 보안 사고를 방지하려면 사내에서 생기는 모든 출력물의 원본 이미지와 텍스트, 사용자 정보 등을 로그로 저장하며, 모든 출력물에 출력한 사람의 정보를 워터마크로 삽입해야 합니다.

③ 유 팀장: 모바일 기기 보안 관리를 위해서는 디바이스 제어 관리(카메라, 마이크, 네트워크 등)와 분실 시의 원격 조치(삭제, 위치 추적, 잠금, 백업, 공장초기화 등)를 통해 데이터 유출을 방지해야 합니다.

④ 강 대리: 개인정보 보호를 위해, 사내 모든 서버와 PC에 지능형 개인정보 관리 시스템을 갖춰서, 다양한 개인 식별정보의 실시간 검출 및 자동 암호화를 가능하게 하는 것이 필요합니다.

⑤ 박 사원: 정보 보안을 위해서는 유출을 방지하는 것도 물론 중요하지만, 정보가 위변조 되거나 진본으로써 가지는 효력이나 증거력을 잃지 않도록 하는 것도 중요합니다.

48. 정보관리의 3원칙은 목적성, 용이성, 유용성이다. 다음 사례에서 최동수 과장이 겪고 있는 문제와 가장 직접적으로 관련된 정보관리 원칙의 위배 사항은?

[사례]

최동수 과장은 최근 5년간의 모든 마케팅 관련 자료(보고서, 데이터, 이미지, 영상 등)를 개인 외장 하드에 날짜별로 꼼꼼하게 정리하여 보관하고 있다. 파일명도 일관된 규칙으로 작성하여 양은 방대하지만 나름 체계적으로 관리하고 있다고 생각한다. 그러나 최근 경쟁사 분석 보고서를 작성하면서 3년 전 특정 캠페인 관련 성과 데이터와 당시 촬영했던 제품 이미지를 찾으려 했으나, 수많은 파일 속에서 원하는 정보를 즉시 찾고, 그것을 활용하는 데 많은 시간을 소모했고, 결국 일부 자료는 마감 기한 내에 찾지 못했다.

① 목적성 위배: 자료 수집 및 정리의 궁극적인 목적이 불분명하여 활용도가 떨어진다.

② 용이성 위배: 파일명 규칙은 있으나, 방대한 자료 속에서 필요한 정보를 쉽게 검색하고 접근할 수 있는 시스템이 부족하다.

③ 유용성 위배: 자료는 많으나, 실제 업무에 즉시 활용 가능한 형태로 가공되거나 요약되어 있지 않다.

④ 목적성 및 용이성 동시 위배: 정보 활용 목적에 맞는 분류 체계가 미흡하고, 이로 인해 정보 접근이 어렵다.

⑤ 용이성 및 유용성 동시 위배: 쉽게 찾을 수 없고, 찾더라도 바로 사용하기 어려운 형태로 정보가 관리되고 있다.

49. 다음 표에서 '합격'한 학생의 수를 세어 [D2] 셀에 표시하려고 한다. [D2] 셀에 입력해야 할 올바른 엑셀 함수식은?

	A	B	C	D
1	이름	점수	결과	합격자 수
2	김철수	85	합격	
3	이영희	70	불합격	
4	박민수	92	합격	
5	최지영	60	불합격	
6	정우진	78	합격	

① = COUNT(C2:C6)

② = COUNTA(C2:C6)

③ = COUNTIF(C2:C6, "합격")

④ = COUNTIF(B2:B6, "합격")

⑤ = SUMIF(C2:C6, "합격")

50. 아래와 같은 Python 코드가 있다. 다음 프로그램 코드를 실행 후 귀하가 4를 입력했을 때, 출력되는 결괏값은?

```
>>> a = int(input("검증 값을 넣으세요: "))
>>> z = 1
>>> w = (z - 3)*2 + 1
>>> if a > z or w > a:
. . . y = 2*a
. . . else:
. . . y = 4*a
. . . print(y)
```

① 1 ② 2 ③ 4 ④ 8 ⑤ 16

51. ○○공사는 신규 채용인원의 지원번호를 토대로 성별을 구분하는 작업을 하고 있다. 아래의 [D2] 셀에 함수를 삽입한 뒤 채우기 핸들을 이용해 [D3:D7] 영역을 채우려고 할 때, 모든 영역에 오류가 발생하지 않도록 [D2] 셀에 삽입해야 할 함수로 올바른 것을 고르면?

	A	B	C	D
1	번호	이름	지원번호	성별
2	1	김태형	22-24023M	
3	2	유지민	21-14506F	
4	3	전정국	23-42312M	
5	4	김민정	32-28512F	
6	5	정호석	14-39521M	
7	6	김남준	24-21541M	
8				
9	구분	성별 코드		
10	남	M		
11	여	F		

① = IF(RIGHT(C2, 1) = B10, "남", "여")

② = IF(RIGHT(C2, 1, 1) = B10, "남", "여")

③ = IF(RIGHT(C2, 1) = B$10, "남", "여")

④ = IF(RIGHT(C$2, 1) = B$10, "남", "여")

⑤ = IF(RIGHT(C2, 1, 1) = B$10, "남", "여")

52. **다음은 기술의 발전에 대한 신문 기사의 일부이다. 이를 바탕으로 4차 산업혁명 시대에 요구되는 기술능력으로 보기 어려운 것은?**

인공지능(AI)과 로봇 기술의 발전으로 인간의 일자리가 위협받을 것이라는 우려가 커지고 있다. 전문가들은 이러한 변화에 대응하기 위해 인간 고유의 역량을 강화해야 한다고 강조한다. 4차 산업혁명 시대에는 단순 반복적인 업무는 기계에 맡기고, 인간은 고차원적인 사고와 창의성을 발휘하는 방향으로 나아가야 한다. 이에 따라 기술을 이해하고 활용하는 능력, 새로운 기술을 학습하고 적용하는 능력, 그리고 다양한 분야의 기술을 융합하여 새로운 가치를 창출하는 능력이 중요해질 것이다.

① 주어진 기술 매뉴얼을 정확하게 이해하고 따르는 능력

② 최신 기술 동향을 파악하고 업무에 적용할 방안을 모색하는 능력

③ 여러 기술을 조합하여 기존에 없던 새로운 서비스를 개발하는 능력

④ 기술 발전이 사회에 미칠 영향을 예측하고 윤리적 문제를 성찰하는 능력

⑤ 정해진 절차와 규정에 따라 기술 시스템을 안정적으로 운영하는 능력

53. **귀하는 연예기획사 전략기획팀에서 근무하고 있다. 이번에 컴백하는 걸그룹 ○○○은 한 멤버의 탈퇴 직후 그룹 위기론이 지속적으로 대두되고 있다. 팀 회의에서 걸그룹 ○○○의 홍보전략에 대한 브레인스토밍을 한다고 할 때, 브레인스토밍에 참여하는 태도로 가장 적절하지 않은 사람은?**

① 윤 사원: 꼭 이대로 컴백해야 합니까? 차라리 해체하고 다시 만드는 건 어때요?

② 송 대리: 어떻게 그렇게 쉽게 이야기하세요? 아무리 그래도 우리 식구인데.

③ 박 대리: 일단 끝까지 들어봅시다. 뭔가 생각이 있으니 하는 소리겠지요.

④ 오 팀장: 맞아요. 제한을 두지 말고 우리가 할 수 있는 모든 방안을 생각해 봅시다.

⑤ 최 사원: 컴백을 포기하고 준비 중인 걸그룹의 데뷔를 앞당기는 건 어떨까요?

54. 디지털 시대의 고객은 지금까지의 고객과 현저히 다르다. 이로 인해 마케팅의 개념도 변화하고 있는데, 마케팅 4P가 전통적인 판매자 중심의 관점에서 마케팅 믹스를 바라보기 때문에 고객을 중시하는 현대에는 4C가 중요하다. 다음 중 고객 관점의 4C에 해당하지 않는 것은?

4P	↔	4C
Product – 상품과 서비스 Price – 가격 Promotion – 촉진 Place – 유통채널		

① Culture
② Convenience
③ Customer Cost
④ Customer Value
⑤ Communication

55. 일 경험에서 국제 비즈니스 매너를 잘 알지 못하면, 문제라고 생각하지 않았던 행동들이 심각한 문제가 되는 경우가 있다. 따라서 글로벌 시대에는 업무상의 실수를 하지 않기 위해 주요 국제 비즈니스 매너를 알아 둘 필요가 있다. 다음은 국제 비즈니스 상황에서 여러 사람이 취한 행동들이다. 이 중 국제 비즈니스 매너에 어긋나거나 부적절한 행동을 한 사람들로만 올바르게 짝지어진 것은?

- 주영: 중국의 오랜 거래처 사장 아들의 결혼식에 참석하여, 행운을 상징하는 붉은색 봉투에 축의금을 짝수로 맞춰 전달했다.
- 민지: 인도 바이어와의 저녁 식사 자리에서, 음식을 권하거나 개인 접시에 덜어줄 때 자연스럽게 오른손을 사용했다.
- 혁기: 인도 현지 법인의 동료들과 대화 중, 인도의 다양한 문화에 대한 호기심으로 카스트 제도의 현재 영향력과 개인적인 경험에 대해 구체적으로 질문했다.
- 상진: 중요한 미국 바이어와의 첫 미팅에 15분 정도 늦게 도착했으나, 교통 체증 때문이었다고 설명하며 가볍게 사과한 후 본론으로 들어갔다.
- 혜민: 러시아 파트너사 대표의 생일 축하 자리에서 감사의 의미로 화려하게 포장된 10송이(짝수) 장미 꽃다발을 선물했다.
- 지훈: 일본 기업 대표와 첫 대면 시, 명함을 교환한 후 받은 명함을 즉시 자신의 명함 지갑에 넣지 않고 테이블 위에 정중히 놓아둔 채 대화를 시작했다.
- 선우: 태국 지사 방문 중, 현지 직원이 잠시 데리고 온 어린 아이가 귀여워 칭찬하며 아이의 머리를 부드럽게 쓰다듬었다.

① 주영, 민지
② 혁기, 지훈
③ 민지, 혜민
④ 상진, 선우
⑤ 혜민, 주영

56. 물류회사에 다니는 김수정 씨는 그동안 무리 없이 업무를 수행해 왔다고 생각했지만 자신의 업무 특성을 제대로 이해하지 못해 후임자에게 인수인계를 하는 데 어려움을 겪고 있다. 다음 중 조직의 목적을 달성하기 위해 중요한 근거가 되는 업무에 대한 설명으로 적절하지 않은 것은?

① 하나의 목적을 달성하기 위한 조직의 특성으로 인해 팀 업무의 독립성이나 재량권은 인정되지 않는다.
② 조직 내에서 구성원들이 수행하는 업무는 조직의 구조를 결정한다.
③ 조직 내에서 이루어지는 업무 활동은 공통된 하나의 목적을 지향하는 것이 일반적이다.
④ 각 팀의 업무에 따라 전문성의 차이는 존재하며, 각 팀은 업무적으로 상호연계성을 가지고 있다.
⑤ 하나의 목적 달성을 위해 다양한 일로 구성된 업무를 팀별로 나누어 추진한다.

57. 혁신을 통해 사회적 가치를 실현하고 있는 우수 공공기관을 선정해 발표하는 '공공기관 혁신경영 대회'가 최근 개최되었다. 부대 행사로 열린 기업경영 세미나에서 큰 관심을 받은 주제는 TQM(Total Quality Management)이다. 세미나에 다녀온 황 대리의 노트에 적힌 TQM에 대한 설명으로 옳은 것으로만 짝지어진 것은?

가. TQM은 팀워크 중심의 조직관리이다. 나. TQM은 서비스 제공 이후의 AS를 중시한다. 다. TQM은 고객의 요구를 중시한다. 라. TQM은 장기적 관점을 중시한다. 마. TQM은 기능적 조직구조에 적합하다.

① 가, 나 ② 가, 나, 라 ③ 가, 다, 라
④ 나, 다, 마 ⑤ 나, 다

58. 비즈니스 식사 자리는 업무의 연장이기 때문에 기본적인 식사 예절은 꼭 지켜야 한다. 다음 상황에서 박진영 대리가 지켜야 할 식사 예절 및 대화 예절로 가장 적절한 것은?

[상황] 해외영업팀에 근무하는 박진영 대리는 중요한 바이어인 스미스 씨와 저녁 식사를 함께 하게 되었다. 식사 자리에는 스미스 씨 외에도 그의 동료들이 함께 참석했으며, 편안한 분위기에서 대화가 오가고 있다.

① 식사가 시작되자마자 스미스 씨에게 준비해 온 계약서 내용을 상세히 설명하며 서명을 재촉한다.
② 스미스 씨에게만 집중적으로 말을 걸고, 다른 동석자들에게는 거의 관심을 보이지 않는다.
③ 음식은 소리 내어 먹거나 식기를 부딪히는 소리를 내지 않도록 주의하며, 대화 중에는 상대방의 말을 경청하고 적절히 호응하고, 특정 종교나 정치적 견해 등 민감한 주제는 피한다.
④ 자신의 주량을 과시하며 스미스 씨에게 계속해서 술을 권하고, 술자리 분위기를 주도하려 한다.
⑤ 식사 중에도 휴대폰을 자주 확인하며 업무 관련 메시지를 주고받고, 급한 전화는 자리에서 바로 받는다.

59. 다음은 유연근로제를 도입하면서 직원 만족도와 생산성이 올라간 기업들에 대한 내용이다. 근무시간에 여유가 생겼을 때 조직인으로서 실천할 수 있는 적합한 행동은?

> 배달 애플리케이션(앱) 배달의민족을 운영하는 우아한형제들은 파격적인 유연근로제를 적용 중이다. 매주 월요일 1시에 출근하는 주 35시간 근무제를 이미 운영 중이다. 팀별 탄력적 근로시간제와 함께 재택근무, 임신기간 자율선택근무, 학부모 특별 휴가 등을 적용한 결과 4년 만에 매출이 5배 이상 급등했다.
> 10시 출근제, 재량껏 출퇴근시간을 조정하는 책임근무제를 도입한 네이버는 추가적으로 선택적 근로시간제 및 임금삭감 없는 포괄임금제 폐지를 단행했다. 책임근무제 당시에는 근무시간 기준이 없는 대신 단지 성과로 평가할 뿐 연장근무에 대한 보상도 없었는데, 선택적 근로시간제를 도입하면서 주 40시간(최대 52시간)이라는 기준이 세워졌고 연장근무에 대한 보상도 마련됐다.

① 봉사활동을 통해 사회적으로 기여

② 자신의 직무 능력을 향상시키는 역량개발 활동

③ 은퇴 이후의 직업 설계와 관련된 공부

④ 다른 팀원들과 사적인 대화

⑤ 모바일 메신저를 이용한 친구들과의 대화

60. 성희롱은 쉽게 해결할 수 없는 문제이다. 한 사람이 문제제기를 한다고 바뀌지는 않지만 많은 사람의 작은 행동들이 모인다면 충분히 바꿀 수 있다. 따라서 직장 동료들의 적극적인 도움이 필요하다. 다음 중 상황에 적합한 반응으로 보기 어려운 것은?

> A 기업에서 근무하고 있는 장 사원은 같은 부서에 근무하고 있는 민 과장의 불필요한 신체 접촉은 성희롱에 해당한다며 민 과장의 행동을 제지해 줄 것을 회사 측에 건의했다가 회사로부터 감봉 조치라는 불이익 처분을 받았다. 이를 견디기 힘들었던 장 사원은 동료들에게 고충을 토로하였으나, 이를 나서서 도왔다가 자신도 불이익을 당하게 될까 염려한 동료들은 아무런 행동을 취하지 않았다.

① 장 사원을 비난하거나 불이익을 주는 것은 명백한 2차 가해라는 것을 알아야 해.

② 사내 고충 상담원에게 찾아가서 이 문제를 의논하고 후속 조치를 취하는 것도 한 방법이지.

③ 무엇보다 장 사원이 혼자라고 느끼지 않도록 동료가 끝까지 지지해주고 응원해주는 게 중요할 거야.

④ 절차를 잘 모르고 행동한 장 사원에게 정확한 규정과 절차를 알려줘서 다시 이런 일을 당하지 않도록 도와주는 게 좋겠어.

⑤ 직장 내 성희롱이 받아들여질 수 없는 분위기와 문화가 조성되도록 함께 노력해야 돼.

약점 보완 해설집 p.32

자르는 선

해커스잡

NCS 실전모의고사 3회 피듈형

성명

ㄱ	ㅏ	ㄱ	ㄱ	ㅏ	ㄱ	ㄱ	ㅏ	ㄱ	ㄱ	ㅏ	ㄱ
ㄴ	ㅑ	ㄴ	ㄴ	ㅑ	ㄴ	ㄴ	ㅑ	ㄴ	ㄴ	ㅑ	ㄴ
ㄷ	ㅓ	ㄷ	ㄷ	ㅓ	ㄷ	ㄷ	ㅓ	ㄷ	ㄷ	ㅓ	ㄷ
ㄹ	ㅕ	ㄹ	ㄹ	ㅕ	ㄹ	ㄹ	ㅕ	ㄹ	ㄹ	ㅕ	ㄹ
ㅁ	ㅗ	ㅁ	ㅁ	ㅗ	ㅁ	ㅁ	ㅗ	ㅁ	ㅁ	ㅗ	ㅁ
ㅂ	ㅛ	ㅂ	ㅂ	ㅛ	ㅂ	ㅂ	ㅛ	ㅂ	ㅂ	ㅛ	ㅂ
ㅅ	ㅜ	ㅅ	ㅅ	ㅜ	ㅅ	ㅅ	ㅜ	ㅅ	ㅅ	ㅜ	ㅅ
ㅇ	ㅠ	ㅇ	ㅇ	ㅠ	ㅇ	ㅇ	ㅠ	ㅇ	ㅇ	ㅠ	ㅇ
ㅈ	ㅡ	ㅈ	ㅈ	ㅡ	ㅈ	ㅈ	ㅡ	ㅈ	ㅈ	ㅡ	ㅈ
ㅊ	ㅣ	ㅊ	ㅊ	ㅣ	ㅊ	ㅊ	ㅣ	ㅊ	ㅊ	ㅣ	ㅊ
ㅋ	ㅐ	ㅋ	ㅋ	ㅐ	ㅋ	ㅋ	ㅐ	ㅋ	ㅋ	ㅐ	ㅋ
ㅌ	ㅒ	ㅌ	ㅌ	ㅒ	ㅌ	ㅌ	ㅒ	ㅌ	ㅌ	ㅒ	ㅌ
ㅍ	ㅔ	ㅍ	ㅍ	ㅔ	ㅍ	ㅍ	ㅔ	ㅍ	ㅍ	ㅔ	ㅍ
ㅎ	ㅖ	ㅎ	ㅎ	ㅖ	ㅎ	ㅎ	ㅖ	ㅎ	ㅎ	ㅖ	ㅎ
ㄲ	ㅘ	ㄲ	ㄲ	ㅘ	ㄲ	ㄲ	ㅘ	ㄲ	ㄲ	ㅘ	ㄲ
ㄸ	ㅚ	ㄸ	ㄸ	ㅚ	ㄸ	ㄸ	ㅚ	ㄸ	ㄸ	ㅚ	ㄸ
ㅃ	ㅝ	ㅃ	ㅃ	ㅝ	ㅃ	ㅃ	ㅝ	ㅃ	ㅃ	ㅝ	ㅃ
ㅆ	ㅟ	ㅆ	ㅆ	ㅟ	ㅆ	ㅆ	ㅟ	ㅆ	ㅆ	ㅟ	ㅆ
ㅉ	ㅢ	ㅉ	ㅉ	ㅢ	ㅉ	ㅉ	ㅢ	ㅉ	ㅉ	ㅢ	ㅉ
	ㅙ			ㅙ			ㅙ			ㅙ	
	ㅞ			ㅞ			ㅞ			ㅞ	

수험번호

0	0	0	0	0	0
1	1	1	1	1	1
2	2	2	2	2	2
3	3	3	3	3	3
4	4	4	4	4	4
5	5	5	5	5	5
6	6	6	6	6	6
7	7	7	7	7	7
8	8	8	8	8	8
9	9	9	9	9	9

생년월일

0	0	0	0	0	0
1	1	1	1	1	1
2	2	2	2	2	2
3	3	3	3	3	3
4	4	4	4	4	4
5	5	5	5	5	5
6	6	6	6	6	6
7	7	7	7	7	7
8	8	8	8	8	8
9	9	9	9	9	9

1	①	②	③	④	⑤	21	①	②	③	④	⑤	41	①	②	③	④	⑤
2	①	②	③	④	⑤	22	①	②	③	④	⑤	42	①	②	③	④	⑤
3	①	②	③	④	⑤	23	①	②	③	④	⑤	43	①	②	③	④	⑤
4	①	②	③	④	⑤	24	①	②	③	④	⑤	44	①	②	③	④	⑤
5	①	②	③	④	⑤	25	①	②	③	④	⑤	45	①	②	③	④	⑤
6	①	②	③	④	⑤	26	①	②	③	④	⑤	46	①	②	③	④	⑤
7	①	②	③	④	⑤	27	①	②	③	④	⑤	47	①	②	③	④	⑤
8	①	②	③	④	⑤	28	①	②	③	④	⑤	48	①	②	③	④	⑤
9	①	②	③	④	⑤	29	①	②	③	④	⑤	49	①	②	③	④	⑤
10	①	②	③	④	⑤	30	①	②	③	④	⑤	50	①	②	③	④	⑤
11	①	②	③	④	⑤	31	①	②	③	④	⑤	51	①	②	③	④	⑤
12	①	②	③	④	⑤	32	①	②	③	④	⑤	52	①	②	③	④	⑤
13	①	②	③	④	⑤	33	①	②	③	④	⑤	53	①	②	③	④	⑤
14	①	②	③	④	⑤	34	①	②	③	④	⑤	54	①	②	③	④	⑤
15	①	②	③	④	⑤	35	①	②	③	④	⑤	55	①	②	③	④	⑤
16	①	②	③	④	⑤	36	①	②	③	④	⑤	56	①	②	③	④	⑤
17	①	②	③	④	⑤	37	①	②	③	④	⑤	57	①	②	③	④	⑤
18	①	②	③	④	⑤	38	①	②	③	④	⑤	58	①	②	③	④	⑤
19	①	②	③	④	⑤	39	①	②	③	④	⑤	59	①	②	③	④	⑤
20	①	②	③	④	⑤	40	①	②	③	④	⑤	60	①	②	③	④	⑤

해커스공기업

NCS

통합 봉투모의고사

모듈형/피듈형/PSAT형+전공

NCS 실전모의고사
4회

피듈형

해커스

수험번호	
성명	

NCS 실전모의고사
4회
(피듈형)

시작과 종료 시각을 정한 후, 실전처럼 모의고사를 풀어보세요.

시　　분 ~　　시　　분 (총 60문항/70분)

□ **시험 유의사항**

[1] 피듈형 시험은 모듈형의 문제와 PSAT형의 문제가 혼합된 형태로 구성되며, 건강보험심사평가원, 한국도로공사, 한국수자원공사, 한국농어촌공사 등의 기업에서 출제하고 있습니다.
※ 2025년 상반기 필기시험 기준으로 변동 가능성이 있습니다.

[2] 본 실전모의고사는 직업기초능력평가 10개 영역 60문항으로 구성되어 있으므로 영역별 제한 시간 없이 1문항당 풀이 시간을 고려하여 70분 내에 푸는 연습을 하시기 바랍니다. 전공 시험을 치르는 직무의 경우 각 직무에 맞는 전공 실전모의고사를 추가로 풀어보는 것이 좋습니다.

[3] 본 실전모의고사 마지막 페이지에 있는 OMR 답안지와 해커스ONE 애플리케이션의 모바일 타이머를 이용하여 실전처럼 모의고사를 풀어본 후, 해설집의 '바로 채점 및 성적 분석 서비스' QR코드를 스캔하여 응시 인원 대비 본인의 성적 위치를 확인해보시기 바랍니다.

※ 추가적인 실전 연습이 필요한 경우, 해커스잡 사이트(ejob.hackers.com)에서 OMR 답안지를 다운로드한 후 출력하여 활용할 수 있습니다.

[01 – 02] 다음 국민기초생활보장제도에 관한 글을 읽고 각 물음에 답하시오.

구(舊) 생활보호법을 대체한 국민기초생활보장법은 1999년 9월 7일 제정되고, 2000년 10월 1일부터 시행되었다. 국민기초생활보장제도는 지난 40여 년 동안 시혜적 단순 보호 차원의 생활 보호 제도에서 저소득층에 대한 국가적인 책임을 강화하는 종합적 빈곤 대책으로 전환되었다. 다시 말해 국가의 보호를 필요로 하는 최저 생계비 이하의 저소득층에 대한 기초생활을 나라에서 보장하면서 종합적인 자립 자활 서비스를 제공하여 생산적인 복지를 구현하는 것을 목적으로 한다. 또한, 2015년 7월 1일부터는 최저 생계비 이하의 가구에 대해 모든 급여를 통합하여 지원하던 방식에서 벗어나 상대 빈곤선(貧困線)을 도입하고, 급여별 선정 기준을 다층화하여 욕구별 지원을 강화하기 위한 '맞춤형 기초생활보장제도'로 개편되었다.

이는 가구(세대) 단위로 보장하는 것을 원칙으로 하고 있으며, 특히 필요하다고 인정하는 경우에는 개인 단위로 급여를 행할 수 있다. 수급자로 선정되기 위해서는 소득인정액 기준과 부양의무자 기준을 동시에 충족시켜야 한다. 먼저 소득인정액 기준은 급여별 선정 기준 이하인 가구를 말하는데, 생계급여 선정 기준은 소득인정액이 기준 중위소득의 30% 이하가 되어야 한다. 예를 들어 4인 가구 기준으로 기준 중위소득이 4,749,174원이라면, 1,424,752원 이하는 선정 기준에 포함된다. 이때, 소득인정액은 소득평가액과 재산의 소득환산액을 모두 더한 값으로 산정한다. 단, 소득평가액과 재산의 소득환산액이 마이너스인 경우는 0원으로 처리한다. 다음으로 부양의무자 기준은 부양의무자가 없는 경우, 부양의무자가 있어도 부양능력이 없는 경우, 부양의무자가 부양능력이 미약한 경우로서 수급권자에 대한 부양비 지원을 전제로 부양능력이 없는 것으로 인정하는 경우, 부양능력이 있는 부양의무자가 있어도 부양을 받을 수 없는 경우가 포함된다. 부양의무자의 범위는 수급권자의 1촌 직계혈족인 부모, 아들, 딸이 포함되며, 수급권자의 1촌 직계혈족의 배우자(며느리, 사위, 계부, 계모)도 해당된다. 다만, 수급권자의 사망한 1촌 직계혈족의 배우자인 사위와 며느리는 부양의무자가 아니다.

부양의무자는 소득기준, 재산기준, 가구 특성의 기준에 모두 해당하는 경우 부양능력이 없는 것으로 인정한다. 여기서 소득기준은 부양의무자의 부양능력 판정소득액이 부양의무자 가구기준 중위소득 50% 미만인 경우이다. 재산기준은 부양의무자의 재산의 소득환산액이 '수급권자 및 당해 부양의무자 가구 각각의 기준 중위소득의 합'의 18% 이상 50% 미만인 경우이다. 가구의 특성은 부양의무자 가구원 중 국민기초생활보장법 시행령 제7조에 따른 근로능력이 있는 가구원이 없거나 부양의무자뿐만 아니라 함께 거주하는 개별가구원을 포함하여 가구의 재산이 전세를 포함한 주택에 한정되어 있는 경우를 말한다.

01. **윗글을 통해 국민기초생활보장제도에 대해 추론한 내용으로 적절하지 않은 것은?**

① 국민기초생활보장제도는 종합적인 빈곤 대책으로 전환되기 전에는 시혜적 단순 보호 차원의 생활 보호 제도였다.

② 국민기초생활보장제도의 수급자로 선정되기 위해서는 소득인정액 기준과 부양의무자 기준 중 하나만 충족해도 된다.

③ 3인 가구의 기준 중위소득이 3,870,577원이라면 소득인정액의 선정 기준은 1,161,173원 이하가 된다.

④ 4인 가구의 기준 중위소득이 4,000,000원이라고 가정했을 때, 소득인정액 기준 생계급여가 1,200,000원 이하에 부양의무자가 없는 사람은 국민기초생활보장제도의 수급자가 된다.

⑤ 수급권자의 1촌 직계혈족과 그 배우자가 부양능력이 없는 경우에는 부양의무자 기준이 충족된다.

02. **다음은 가구 규모에 따른 기준 중위소득을 나타낸 자료이다. 윗글과 다음 자료를 바탕으로 국민기초생활보장제도의 수급자로 선정될 수 있는 사람을 모두 고르면?** (단, 기준 중위소득은 한 달을 기준으로 계산하며, 모든 사람의 재산의 소득환산액을 마이너스라고 가정한다.)

[가구 규모에 따른 기준 중위소득]

(단위: 원)

가구 규모	1인 가구	2인 가구	3인 가구	4인 가구	5인 가구	6인 가구	7인 가구
기준 중위소득	1,757,194	2,991,980	3,870,577	4,749,174	5,627,771	6,506,368	7,389,715

㉠ 이 씨는 소득이 없지만 부양능력이 있는 의사인 아들과 며느리로부터 매달 100만 원씩 용돈을 받고 있다.
㉡ 외동아들인 김 씨는 결혼하지 않았으며 부모님이 돌아가신 이후로 매달 아르바이트로 500,000원을 벌며 혼자 살고 있다.
㉢ 한 씨는 남편과 이혼하고 고등학생 딸 한 명과 함께 살고 있으며, 연봉 4,000만 원을 받는 전문직에 종사하고 있다.
㉣ 어렸을 때 부모님을 여읜 강 씨는 3년 전에 아내와 사별하고 초등학생 아들 두 명과 살고 있으며, 허드렛일로 매달 250,000원을 벌고 있다.

① ㉠, ㉡
② ㉠, ㉢
③ ㉡, ㉢
④ ㉡, ㉣
⑤ ㉢, ㉣

03. △△대학교 기계공학부 윤○○ 교수는 꾸준히 갈고 닦은 제어계측 실력을 인정받아 고졸 출신으로 교수 자리까지 올랐다. 오늘 윤 교수는 모교를 방문하여 고등학생들을 대상으로 '참된 기술자의 조건'이라는 제목의 강연을 진행하였다. 다음 윤 교수가 강연에서 말한 내용 중 적절하지 않은 것은?

> S 전자는 후발 주자임에도 불구하고 현재 반도체 분야에서 최고의 자리에 올랐습니다. 특히 D램 부문에서는 압도적인 세계 1위를 지키고 있습니다. 끊임없이 기술혁신을 통해 성공을 거둔 대표적인 사례입니다. 하지만 만족하지 않고 항상 새로운 도전을 위해 준비하고 있습니다.
>
> ① 기술혁신은 의도된 계획보다 우연에 의해 이루어지는 경우가 많으며, 기업의 투자가 구체적인 성과로 이어지기까지는 비교적 긴 시간이 필요합니다. 하지만 ② 기술혁신은 기존 제품의 반복적인 생산·판매나 회계처리 등과 달리 명확하고 확실한 특성을 갖고 있기 때문에 기업 내의 갈등과 논쟁을 감소시켜주기도 합니다. 이를 위해 요즘 기업들은 구성원들에게 많은 관심을 갖고 기술 능력을 향상시킬 수 있는 프로그램을 제공하고 있습니다. ③ 기술혁신은 지식 집약적이며, 조직의 경계를 넘나드는 특징이 있습니다. 연구개발에 참여한 연구원들이 이탈하면 기술과 지식의 손실이 크게 발생하게 될 뿐 아니라 연구부서 단독으로 수행할 수도 없습니다.
>
> 저는 고졸이라는 학력 때문에 정식 사원이 되지 못하고 견습사원으로 입사했습니다. 하지만 새벽 5시에 출근하여 업무를 완벽히 파악하고, 야간과 주말을 이용해 대학과 대학원 교육을 끝낼 수 있었습니다. 회사의 배려로 유학을 가서 박사 학위를 취득한 후 다시 회사로 돌아와 기술 개발 프로젝트를 이끌었습니다.
>
> 기술능력은 직업에 종사하는 모든 사람들에게 필요한 능력입니다. 제가 현장에서 지켜본 ④ 기술능력이 뛰어난 사람은 실질적 해결이 필요한 문제를 인식하고, 다양한 해결책을 개발하고 평가합니다. 또한 ⑤ 기술능력이 뛰어난 사람은 실제적 문제를 해결하기 위해 지식이나 기타 자원을 선택하고 최적화하여 적용합니다.

04. 해커스테크사는 혁신적인 (가) 신소재 제조 기술을 개발하였고, 이 기술을 적용하여 (나) 독특한 외형의 스마트폰 케이스를 만들었다. 또한, 이 제품 라인업을 위해 (다) 새로운 브랜드 로고를 제작하였다. 해커스테크사가 이러한 개발 성과를 법적으로 보호받기 위해 취해야 할 산업재산권 조치로 가장 적절하게 연결된 것은?

	(가) 신소재 제조 기술	(나) 스마트폰 케이스 외형	(다) 브랜드 로고
①	특허권	디자인권	상표권
②	실용신안권	특허권	디자인권
③	특허권	실용신안권	저작권
④	디자인권	특허권	상표권
⑤	영업비밀	디자인권	실용신안권

05. 다음 중 절차도와 설명을 정확하게 연결한 문장으로 옳지 않은 것은?

다음은 A 시청 문화체육과에서 운영하는 공공시설 대관 신청 처리 절차도이다. 각 단계는 실제 공공기관의 행정 처리 프로세스를 반영하며, 절차별 담당 부서와 신청인의 역할, 처리 시한, 연계 조건 등을 포함한다.

[A 시 공공시설 대관 신청 처리 절차]

[STEP 1] 신청 접수 (신청인 → 온라인 시스템 등록)
↓
[STEP 2] 서류 확인 (문화체육과 담당자)
↓ ※ 필수 첨부서류: 사업계획서, 시설 사용계획서, 안전계획서
[STEP 3] 시설 담당관 협의 (시설관리팀)
↓ ※ 일정 중복 및 안전관리 점검
[STEP 4] 내부 심의 (문화행정심의위원회)
↓ ※ 시설규모 500㎡ 이상 or 야간 사용 포함 시 의무
[STEP 5] 사용 승인 및 고지 (시청 총무과)
↓
[STEP 6] 대관료 납부 (신청인 → 지정 계좌 이체)
↓
[STEP 7] 사용 확정 통보 (시청 → 신청인)

- 대관 신청은 사용 예정일 최소 30일 전까지 완료해야 하며, 서류가 미비하면 STEP 2에서 반려될 수 있음
- 심의 절차는 특정 조건이 충족될 때만 진행되며, 일반 소규모 행사($500m^2$ 미만, 주간 사용)에는 생략 가능
- 사용 승인 이후 대관료를 기한 내 납부하지 않을 경우 승인 취소됨
- 모든 과정은 온라인 포털을 통해 신청인에게 실시간 통보됨

① $800m^2$ 규모의 야간 콘서트를 신청한 단체는 반드시 내부 심의를 거쳐야 하며, 승인 이후 대관료 납부까지 완료해야 사용이 확정된다.

② 신청 접수가 완료되면 문화체육과 담당자가 서류를 검토하며, 이때 안전계획서가 누락된 경우 신청은 반려될 수 있다.

③ 시설관리팀의 일정 확인과 안전 점검이 통과되면 곧바로 사용 승인으로 넘어가며, 내부 심의 절차는 항상 생략된다.

④ 사용 승인 고지가 있은 후에도 대관료 미납 시에는 신청이 무효 처리될 수 있으며, 이 사항은 신청인에게 온라인으로 통보된다.

⑤ 주간 사용을 전제로 $200m^2$ 규모의 독서 세미나를 신청할 경우, 심의 절차는 생략되며 서류 확인과 시설 협의 이후 바로 승인 절차로 진행된다.

06. 다음은 '소상공인 사업재편 전환지원 프로그램 안내'에 관한 안내문으로, 인물의 상황에 대한 설명과 매칭된 절차 단계가 옳은 것은?

「2025년 A 시 지역경제진흥원 – 소상공인 사업재편 전환지원 프로그램」 안내

A 시 지역경제진흥원에서는 기존 업종 구조를 전환하거나 디지털화를 추진하려는 소상공인을 대상으로 다음과 같은 지원 요건 및 실행 절차에 따라 지원 프로그램을 운영합니다.

1. 지원 대상 요건
가. A 시 관내에서 사업자등록 후 1년 이상 영업 중인 소상공인
나. 최근 1년간 지방세 및 4대 보험 체납 이력이 없을 것
다. 사업전환 또는 디지털 전환 필요성이 명확히 입증되어야 함 (서류 제출 필수)

2. 전환지원 실행 절차(총 6단계)

단계	수행주체	내용
[1]	신청인	온라인 포털을 통해 신청 등록 및 서류 제출(전환계획서 + 사업진단표 등)
[2]	지역경제진흥원 1차 검토팀	서류 요건 및 전환 필요성 1차 심사(형식 요건, 필요성 명시 여부 등)
[3]	외부 전문가 위원회	실질 심층검토(시장성, 지속가능성, 타당성 등)
[4]	지역경제진흥원 자금지원부	조건부 선정 대상자에게 지원금 신청 안내문 발송
[5]	신청인	안내문 수령 후 보조금 신청서 및 실행계획서 제출
[6]	지역경제진흥원 최종 승인팀	제출 서류 검토 후 최종 보조금 지급 결정 및 통보

3. 유의사항
가. 서류 미제출 또는 기한 초과 시 자동 탈락 처리됨
나. 형식 요건에 맞지 않는 신청서는 [2]단계에서 반려
다. 전환계획의 시장성이 불충분한 경우 [3]단계에서 탈락 가능
라. 최종 지원금 수령은 [6]단계 최종 승인 이후에만 가능함

① 김○○ 씨는 형식 요건을 통과했으나 전환 아이템의 시장성이 낮다는 이유로 탈락 통보를 받았다. → [2]단계
② 박○○ 씨는 신청 서류 제출 후, 현재 자금지원 안내문 수신을 기다리고 있다. → [4]단계
③ 정○○ 씨는 온라인 포털을 통해 신청을 완료하고 기본 서류를 제출한 상태다. → [3]단계
④ 이○○ 씨는 안내문을 수령한 후, 보조금 신청서와 실행계획서를 추가 제출했다. → [4]단계
⑤ 윤○○ 씨는 최종 보조금 지급 결정 통보를 받은 후, 지원금 수령을 완료했다. → [4]단계

07. 다음은 공공기관 A 부서에서 발생한 내부 커뮤니케이션 갈등 상황 중 일부 대화이다. 박 대리는 정 과장의 지시에 대해 불만을 품고 있었고, 정 과장은 일정 지연에 대한 책임을 묻고 있다. 이때 빈칸에 들어갈 정 과장의 말로 가장 적절한 것은?

> **정 과장:** 박 대리, 이번 외부 보고서 일정이 예상보다 3일이나 지연됐어요. 솔직히 이 부분은 팀워크에도 영향을 줄 수 있는 상황입니다.
>
> **박 대리:** 과장님, 저도 충분히 책임감을 갖고 처리하려 했습니다. 그런데 초안 수정이 반복되면서 업무량이 늘어난 점도 고려해 주셨으면 합니다.
>
> **정 과장:** 그 부분은 알겠어요. ( )
> 하지만 앞으로는 이런 상황이 반복되지 않도록 사전 조율이 필요할 것 같아요.

① 그래도 지시사항은 무조건 기한 내에 끝내는 게 기본 아닌가요?

② 그럼에도 불구하고 일정이 지연된 건 분명히 문제가 있어요.

③ 업무량이 많았던 건 이해합니다. 저도 조율이 부족했던 점이 있었던 것 같네요.

④ 그런데 변명보다는 결과로 보여주는 게 중요하지 않습니까?

⑤ 이런 식이면 앞으로 중요한 보고서 맡기기가 어렵겠네요.

08. 다음 글에 제시된 '바디우'의 견해와 부합하는 것은?

현대 철학자 알랭 바디우는 정치란 세상을 변화시키는 것이라고 말하며, 더 나은 세상을 만들기 위해서는 좋은 지도자를 뽑아 정부를 잘 운영하는 것으로는 부족하고 사회구조의 변화가 이루어져야 한다고 말한다. 그렇다면 사회 구조의 변화는 어떻게 가능한 것인가? 이에 대해 바디우는 '사건'을 계기로 '진리'가 만들어지면서 사회 구조가 변화하게 되는 것이라고 설명한다.

바디우에 따르면, 사건이란 기존의 사회 구조를 뒤흔들 만큼 충격적인 일이면서 미리 계획하거나 예측할 수 없는 일이다. 또한 사건은 의도적으로 발생시킬 수 없는 것으로, 사회에 엄청난 충격을 일으키지만 사회 전체에서 일어나는 것이 아니라 사회 내의 특정한 지점에서 발생한다. 바디우는 사건은 일시적으로 나타났다가 사라져 버리는 것이지만 사회 구조 변화의 출발점이 된다는 것을 강조한다. 그는 사건의 대표적 예로 1871년 프랑스 파리에서 일어났던 파리코뮌을 들고 있다.

바디우는 기존의 사회 구조를 벗어나는 독특한 사건이 발생하면 사회 구성원들은 이 사건을 전에 없던 '이름'으로 부르고 이 이름은 사건이 사라진 후에도 사회에 흔적으로 남는다고 본다. 사건이 사라지고 난 후, 개인이나 집단은 사건의 이름을 통해 사건을 떠올리며 사회 안의 각 요소들과 사건의 관련성을 살펴보는 시도를 한다. 즉 개인이나 집단이 사회 안의 제도, 행위, 발언 등을 검토하여 그것이 사건을 이어 갈 수 있는 것인지 아닌지를 가려낼 수 있다고 보는 것이다. 사회 안의 요소들 중에서 사건에 충실한 요소와 그렇지 않은 요소를 가려내는 이러한 작업을 바디우는 '탐색'이라고 부르고, 탐색의 판단 기준을 '충실성'이라고 부른다. 이때 탐색에 참여하는 개인이나 집단은 어떤 의도를 가지고 사회 안의 특정한 요소를 선택해 그것의 충실성 여부를 검토하는 것이 아니라 사회 안에서 우연히 마주치게 되는 요소들이 사건과 어떤 관계를 가지는지를 조사한다.

바디우는 탐색을 통해 사건에 충실한 것으로 분류된 요소들이 진리를 이룬다고 말한다. 즉, 바디우에게 있어 진리란 거짓에 반대되는 사실을 가리키는 것이 아니라, 사건을 계기로 이루어진 탐색의 결과이자 사회 안에서 사건에 충실한 요소들의 집합체이다. 바디우는 이러한 진리는 정치 이외에도 과학, 예술, 사랑의 영역에서 만들어질 수 있다고 본다.

바디우는 진리가 만들어지는 과정, 즉 진리 절차에서 진리를 이루는 부분들을 '주체'라고 부른다. 진리를 만들어 가는 개인이나 집단의 행위, 발언 중에서 충실한 요소들이 모여 주체가 되는 것이다. 따라서 진리 절차에 참여하는 사람이라도 그 사람 자신이 곧 주체는 아니며, 그 사람의 행위나 발언 중 사건에 충실한 것만이 주체의 일부가 된다. 이러한 바디우의 시각이 개인을 보잘것없게 만든다고 비판하는 사람들도 있다. 하지만 이에 대한 반대급부가 있다. 어떤 사람이 정치적 활동을 하면서 예술 활동을 하고 있다면 이 활동은 정치적 주체의 일부이면서 예술적 주체의 일부가 될 수 있으므로 개인은 다양한 영역에서 활동할 수 있다는 것이다.

특히 바디우는 자신의 철학을 펼치면서 사건은 진리가 만들어지는 데 필수적이지만 그 자체가 진리는 아니라고 강조하며, 사회 구조의 변화를 위해 중요한 것은 우연한 사건보다 시간의 경과 속에서 만들어지는 진리라고 말한다. 이는 바디우가 말하는 '용기'의 중요성과도 연결된다. 바디우에게 있어 용기란 진리를 좇는 용기, 즉 사회 안의 요소들을 진리에 속하는 것과 아닌 것으로 나누는 작업을 포기하지 않고 지속할 수 있는 용기이다. 결국 바디우는 사회 구조의 변화를 위해서는 앞으로의 일이 아니라 이미 일어났던 사건에 관심을 가지고 그 사건을 이어 가기 위해 노력해야 한다고 보는 것이다.

① 정치의 목적은 정부 운영을 잘하는 것이다.

② 사건은 사회 전체에서 일어난 것이어야 의미가 있다.

③ 개인은 사회 안의 제도나 행위에 대해 검토할 수 있다.

④ 거짓이 아닌 사실들을 체계적으로 정리하는 과정을 진리 절차라고 한다.

⑤ 사회 구조를 변화시키기 위해서는 앞으로 일어날 사건을 예측할 수 있어야 한다.

09. 다음 중 〈보기〉의 ㉠과 바꿔 쓰기에 적절한 것은?

> 〈보기〉
>
> 쌍무지개는 물방울의 크기가 커서 빛을 많이 모을 수 있을 때 보인다. 쌍무지개는 위-아래 순서로 1차 무지개, 2차 무지개로 부르는데, 2차 무지개는 1차 무지개와는 달리 밑에서부터 빨주노초파남보의 순서로 보이기 때문에, 두 무지개는 색깔이 ㉠ 서로 포개질 수 있게 보인다.

① 대립(對立)된다. ② 대비(對比)된다. ③ 대응(對應)된다.
④ 대조(對照)된다. ⑤ 대체(對替)된다.

10. 다음 문장을 가장 적절한 순서로 배열한 것은?

> ㄱ. 구체적인 실행 계획이 없거나 현실과 동떨어진 제안은 실현 가능성이 낮다.
> ㄴ. 기획안이란 특정 목적을 이루기 위한 실행 전략을 담은 문서이다.
> ㄷ. 따라서 기획자는 자료 조사와 현장 분석을 바탕으로 타당성 있는 방안을 제시해야 한다.
> ㄹ. 기획안의 성패는 '실행 가능성'이라는 평가 기준에 따라 크게 좌우된다.

① ㄴ – ㄹ – ㄱ – ㄷ
② ㄴ – ㄱ – ㄷ – ㄹ
③ ㄷ – ㄱ – ㄹ – ㄴ
④ ㄴ – ㄷ – ㄱ – ㄹ
⑤ ㄴ – ㄹ – ㄷ – ㄱ

11. 다음 ㉠~㉤을 바르게 고쳐 쓴다고 할 때 가장 적절하지 않은 것은?

> 국민의 노후생계를 보장하는 것은 정부가 주도하는 국민연금과 민간 기업이 주도하는 사적 보험으로 ㉠나눌 수 있다. 먼저 정부의 비대화(肥大化)를 원치 않으며 다양한 보장 방식을 원하는 사람들은 정부의 강제적이고 공적인 프로그램이 갖는 당위성에 대해 의문을 제기한다. 노후생계보장에 정부가 간여하게 되면 국민경제에서 정부가 차지하는 상대적 비중이 엄청나게 불어나기 때문이다. 또한, 국민연금은 사적 보험에 비해 소비자의 다양한 요구에 부응하는 보험 상품을 개발하여 공급할 수 없다는 단점이 있다.
>
> 그러나 효율성의 측면에서 정부의 주도에 의한 국민연금이 기업의 주도에 의한 사적 보험보다 많은 ㉡이점을 가지고 있다. 우선 국민 전체가 참여하는 국민연금은 규모의 경제라는 측면에서 사적 보험보다 유리하다. 보험이라는 것은 기본적으로 위험을 여럿이 나누어 부담하는 것이므로 위험을 공동으로 부담하는 사람이 ㉢많을 수록 이득은 더 커진다. 따라서 전 국민이 가입대상인 국민연금의 경우 이득이 극대화된다고 말할 수 있다.
>
> 역선택의 문제를 해소할 수 있다는 측면에서도 국민연금은 사적 보험보다 더 효율적이다. 일반적으로 역선택의 문제는 시장에서 거래되는 물건의 속성에 대해 판매자가 구매자보다 더 많은 정보를 가지고 있어 상대적으로 정보가 부족한 구매자가 불리한 선택을 하는 상황에서 발생한다. ㉣그러나 전 국민을 가입 대상으로 하는 국민연금에서는 역선택의 문제가 나타나지 않는다. 이러한 역선택의 문제는 민간 부문의 보험회사가 노후의 생계와 관련된 보험을 제공하는 경우에도 발생할 수 있다.
>
> 또한, 민간 부문의 보험회사는 보유자금의 일부를 지급준비금의 형태로 보유하고 있어야만 한다. 그러나 국민연금은 안정적인 보험료가 보장되고 사회보장세 등을 통한 수입을 기대할 수 있어 지급준비금을 많이 ㉤보유시킬 필요가 없다. 이에 따라 국민연금은 사적 보험보다 소비자에게 더 좋은 노령연금의 혜택을 제공할 수 있다.

① ㉠은 문맥상 '구분할 수'로 바꾸어 써도 무방하다.

② ㉡은 사잇소리 현상이 발생하고 있으므로 '잇점'으로 고쳐 써야 한다.

③ ㉢의 '－ㄹ수록'은 어미이므로 '많을수록'으로 붙여 써야 한다.

④ 문맥의 의미를 고려하여 ㉣의 위치를 문단 끝으로 이동한다.

⑤ ㉤은 불필요한 사동표현이 사용되었으므로 '보유할'로 고쳐 써야 한다.

12. 다음 중 의미상 혼동의 여지가 없는 문장은?

① 거래처 직원들이 다 오지 않았다.

② 이런저런 생각이 많아 돈을 다 쓰지는 못했다.

③ 지난 주말에 예약한 손님이 예상보다 일찍 방문했다.

④ 나는 입사동기들보다 보고서 작성업무를 더 좋아한다.

⑤ 오랜 시간 고민하다 마침내 등산을 결심한 그는 운동화를 신고 있다.

13. 밑면이 가로 4cm, 세로 5cm로 직사각인 사각기둥 용기에 매초 10mL의 물을 부을 때, 8초 후 가득 찼다면, 이 용기의 높이는 몇 cm인가?

① 3cm ② 4cm ③ 5cm ④ 6cm ⑤ 7cm

14. 민호와 지훈이는 주사위를 2번 던져서 나온 값의 곱이 큰 사람이 이기는 게임을 하고 있다. 민호가 첫 번째 던졌을 때 나온 값은 5이고, 지훈이가 첫 번째 던졌을 때 나온 값은 4일 때, 지훈이가 최종적으로 승리할 확률은 얼마인가?

① $\frac{1}{4}$ ② $\frac{1}{3}$ ③ $\frac{13}{36}$ ④ $\frac{1}{2}$ ⑤ $\frac{19}{36}$

15. 어느 회사에서 사원 80명에게 연수를 실시하고 연수 점수에 따라 상위 25%를 뽑아 해외 연수를 보내 주기로 하였다. 해외 연수를 가는 사원의 최저 연수 점수는 전체 사원의 평균 연수 점수보다 8점이 높고, 해외 연수를 가지 않는 사원들의 평균 연수 점수보다는 18점이 높았다. 또한, 해외 연수를 가는 사원의 최저 연수 점수는 해외 연수를 가는 사원들의 평균 연수 점수의 $\frac{2}{3}$배보다 2점이 높았다. 이때 해외 연수를 가는 사원의 최저 연수 점수는?

① 40점 ② 45점 ③ 50점 ④ 55점 ⑤ 60점

16. 어느 제과점에서 머핀과 쿠키를 생산한다. 머핀과 쿠키를 만들 때 필요한 밀가루, 버터의 사용량은 다음 표와 같고, 오늘 사용할 수 있는 재료는 밀가루 2,600g, 버터 1,600g이다. 이 재료로 만들 수 있는 머핀과 쿠키는 각각 최대 몇 개인가?

구분	밀가루	버터
머핀	300g	200g
쿠키	200g	100g

① 머핀 4개, 쿠키 7개 ② 머핀 5개, 쿠키 6개 ③ 머핀 6개, 쿠키 4개
④ 머핀 7개, 쿠키 4개 ⑤ 머핀 8개, 쿠키 3개

17. 현아와 현수는 각자 농도 20%의 소금물을 만들기로 했는데, 현수는 80g의 수돗물에 20g의 소금을 더해 소금물을 만들었고, 현아는 A 비커의 수돗물이 80g인 줄 알고 A에 20g의 소금을 섞어 소금물을 만들었다. 둘의 소금물을 모두 합치고 농도를 재어보니 20%가 되지 않아서 4g의 소금을 더하니 농도가 정확히 20%가 되었다면, 현아가 사용한 A 비커에 담겨있던 수돗물의 양은 원래 몇 g이었는가?

① 80g ② 88g ③ 96g ④ 100g ⑤ 104g

18. ○○제품을 1개 생산하는 데 A, B, C 기계를 사용할 수 있다. ○○제품 1개를 생산하는 데 기계를 1대만 사용할 경우에 A 기계만 사용하면 18일, B 기계만 사용하면 9일, C 기계만 사용하면 36일이 소요된다. 원래 계획은 A와 B를 동시에 3일 동안 사용 후 남은 작업은 C를 단독으로 사용할 계획이었으나 기계 고장으로 A와 B를 동시에 사용하는 일수는 2일로 단축되었으며 나머지 기간은 전부 C만 사용하여 ○○제품 1개를 생산하였다. 이때 실제 생산에 걸린 기간과 계획한 기간의 차이는 며칠인가?

① 3일 ② 4일 ③ 5일 ④ 6일 ⑤ 7일

19. ○○기업에서 작년에 신입사원을 총 2,000명 채용하였다. 올해는 작년에 비해 남성 신입사원은 15% 증가하였고, 여성 신입사원은 12.5% 감소하였다. 올해 전체 신입사원의 수는 작년에 비해 4% 증가하였을 때 올해 채용된 남성 신입사원의 수는?

① 800명 ② 920명 ③ 1,150명 ④ 1,265명 ⑤ 1,380명

20. 다음은 건강보험 통계의 의료기관 종별 전문과목별 전문의 현황에 대한 자료이다. 이에 대한 설명으로 옳은 것은?

〈표1〉 의료기관 종별 전문과목별 전문의 현황(남성)

(단위: 명)

구분	계	상급종합병원	종합병원	병원	요양병원	의원
내과	10,580	2,015	1,478	1,023	609	5,455
외과	5,437	806	1,064	516	700	2,351
정형외과	6,044	548	1,237	1,690	227	2,342
신경외과	2,158	441	727	733	199	58
산부인과	3,467	234	451	684	301	1,797
안과	2,634	288	179	193	12	1,962
이비인후과	3,454	297	278	98	33	2,748
피부과	1,633	124	86	38	8	1,377

〈표2〉 의료기관 종별 전문과목별 전문의 현황(여성)

(단위: 명)

구분	계	상급종합병원	종합병원	병원	요양병원	의원
내과	3,866	1,020	1,054	324	237	1,231
외과	535	182	131	58	18	146
정형외과	36	10	16	4	1	5
신경외과	43	19	19	2	2	1
산부인과	2,110	168	262	423	25	1,232
안과	642	110	119	68	1	344
이비인후과	357	45	81	4	2	225
피부과	513	49	58	10	0	396

※ 출처: KOSIS(국민건강보험공단, 건강보험통계)

① 성별과 관계없이 총인원의 각 전문과목 순위는 동일하다.

② 전체 내과 전문의 중에서 종합병원에 소속되어 있는 사람은 15% 이상이다.

③ 여성 피부과 전문의 소속이 없는 의료기관의 남성 전문의 수는 내과가 신경외과의 3배 이하이다.

④ 상급종합병원에 소속되어 있는 사람의 비율은 이비인후과보다 피부과가 더 높다.

⑤ 남성 전문의 중에서 전문과목별로 종합병원에 소속되어 있는 사람이 차지하는 비율은 정형외과가 가장 높다.

21. 다음은 건물 업종별 에너지 사용현황에 관련한 자료이다. 이에 대한 설명으로 옳지 않은 것은?

〈표〉 건물 업종별 에너지 사용현황

(단위: 천 toe)

구분	상용	공공	아파트	호텔	병원	학교	전화국	연구소	백화점	건물 기타
2000	139	50	597	166	125	130	20	48	118	60
2010	295	107	462	236	254	296	46	116	293	76
2014	365	116	386	226	283	331	54	148	262	152
2015	388	126	429	224	287	338	69	169	271	191
2016	405	154	479	233	306	352	71	206	299	215

※ 출처: KOSIS(산업통상자원부, 에너지사용량통계)

① 2014년 이후의 에너지 사용량 상위 3개 업종은 동일하다.

② 2015년 전화국의 5년 전 대비 에너지 사용량 증가율은 연구소보다 크다.

③ 2016년의 전년 대비 에너지 사용량 증가량이 가장 큰 곳이 2016년 전체 에너지 사용량에서 차지하는 비중은 10% 이하이다.

④ 2015년의 15년 전 대비 에너지 사용량 증가량이 동일하게 유지될 때 2030년에는 상용 건물의 사용량이 가장 많다.

⑤ 2014~2016년도 사이에 에너지 사용량이 계속해서 증가하지 않는 곳의 평균 사용량은 약 228천 toe이다.

22. 다음 표는 2016~2019년 업종별 창업기업 수에 관련한 자료이다. 자료에 대한 설명으로 옳지 않은 것은?

[2016~2019년 업종별 창업기업 수]

(단위: 개)

구분		합계	농림수산업 및 광업	제조업	에너지 공급업	건설업	서비스업
2016	전체	1,190,177	10,296	58,742	6,693	62,200	1,052,246
	법인	96,625	2,368	14,775	754	8,575	70,153
	개인	1,093,552	7,928	43,967	5,939	53,625	982,093
2017	전체	1,256,267	10,885	58,015	25,704	65,019	1,096,644
	법인	97,549	2,383	15,054	2,138	9,094	68,880
	개인	1,158,718	8,502	42,961	23,566	55,925	1,027,764
2018	전체	1,344,366	10,709	57,325	36,758	67,397	1,172,177
	법인	102,372	2,362	15,286	2,954	9,326	72,444
	개인	1,241,994	8,347	42,039	33,804	58,071	1,099,733
2019	전체	1,285,259	11,990	52,317	27,729	66,279	1,126,944
	법인	109,520	2,651	14,807	1,164	9,632	81,266
	개인	1,175,739	9,339	37,510	26,565	56,647	1,045,678

※ 출처: KOSIS(중소벤처기업부, 창업기업동향)

① 2016~2019년 전체 창업기업 중에서 개인 창업기업이 차지하는 비중은 매년 90% 이상이다.

② 2016~2019년 전체 창업기업 수가 매년 감소하는 업종은 전체 창업기업 중에서 차지하는 비중이 매년 5% 이하이다.

③ 2017~2019년 동안 에너지공급업 법인 창업기업 수의 전년 대비 증감폭이 가장 큰 해는 2017년이다.

④ 2017년 건설업의 법인 창업기업 수의 전년 대비 증가율은 2017년 건설업의 개인 창업기업 수의 전년 대비 증가율보다 크다.

⑤ 2017~2019년 법인 창업기업과 개인 창업기업을 더한 창업기업 수의 증감 추이가 전체 창업기업 합계의 증감 추이와 동일한 업종은 3개이다.

23. 경상수지는 외국과 거래한 상품 및 서비스의 수출입, 자본 노동 등 생산 요소의 이동으로 발생하는 수입과 지급을 총합으로 나타낸 것으로, 국제수지를 이루는 중요 요소이다. 국제수지 중 경상수지가 변동되는 사례를 설명하고자 할 때, 다음 중 적절하지 않은 것은?

① K팝을 좋아하는 외국인 관광객들이 K팝 댄스 체험 프로그램에 참여하기 위해 한국을 찾고 있다.

② 중국 ○○그룹이 제주도에 설립될 예정인 영리병원에 대규모로 투자하였다.

③ 미국 월가에 위치한 ○○은행이 국내 반도체 기업에 투자한 대가로 배당금을 받았다.

④ 홍수로 인해 발생한 아프리카 저개발국가의 난민을 구제하기 위해 국제 난민기구에 원조를 했다.

⑤ 캐나다가 블랙 프라이데이를 맞아 고가의 가전제품을 대폭 할인하였는데, 환율이 하락해 캐나다의 물건을 수입하는 사람들이 늘었다.

24. 국제 거래에서 수입을 할 때는 대금을 지급하고 수출을 할 때는 대금을 수취하게 되는데, 이를 국제수지라고 한다. 국제수지에 대해 정리한 내용으로 적절하지 않은 것은?

① 상품수지는 반도체, 선박 등 상품의 수출액과 수입액의 차이로, 우리나라는 제조업 중심의 수출국가여서 상품수지는 거의 매년 흑자이다.

② 서비스수지는 여행, 운송, 교육 등 서비스의 수출액과 수입액의 차액으로, 우리나라의 서비스수지는 해외여행 비용이나 해외유학 비용이 많아 대부분 적자이다.

③ 본원소득수지는 금융소득이나 노동소득으로 외국에서 벌어들인 돈과 나간 돈의 차액으로, 달러화 강세가 이어져 국내 기업들이 해외법인에 쌓여 있는 이익잉여금을 본사로 회수할 경우 본원소득수지가 크게 확대된다.

④ 이전소득수지는 무상원조, 구호물자 등 대가 없이 국가 간에 이전된 수지로, 우리나라의 국제적 위상에 맞게 공적개발원조(ODA)를 확대하면서 이전소득수지가 적자를 기록하고 있다.

⑤ 자본·금융 계정은 국제 거래상 자본의 이동으로 유입된 외환과 유출된 외환의 차이로, 1997년 금융위기는 수출의 부진으로 경상수지 적자가 누적되어 자본·금융 계정의 적자로 이어지면서 발생하였다.

25. 다음은 고용률과 실업률에 대한 조사 결과이다. 자료에 대한 설명으로 옳지 않은 것은?

[연도별 전체 고용률 및 실업률]

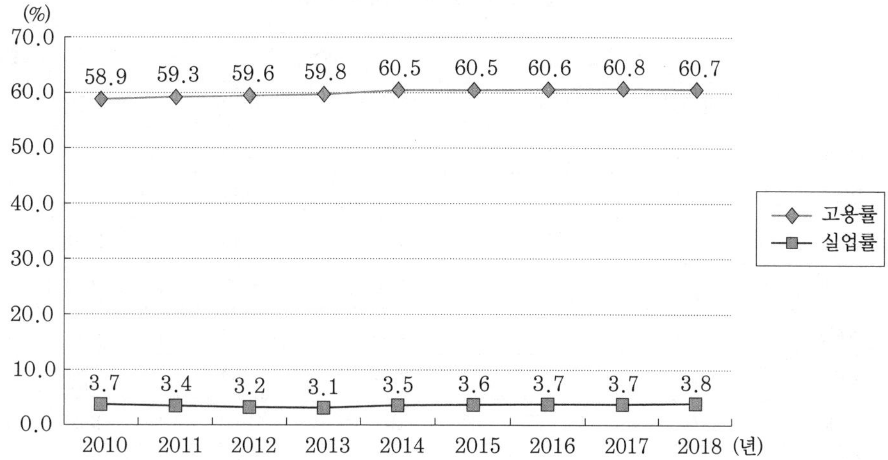

[성별 고용률 및 실업률]

구분		2010년	2011년	2012년	2013년	2014년	2015년	2016년	2017년	2018년
고용률	남자(%)	70.3	70.7	71.1	71.1	71.7	71.4	71.2	71.2	70.8
	여자(%)	47.9	48.3	48.6	48.9	49.7	50.1	50.3	50.8	50.9
	성별 차이 (%p)	22.4	22.4	22.5	22.2	22.0	21.3	20.9	20.4	19.9
실업률	남자(%)	4.0	3.6	3.4	3.3	3.5	3.6	3.8	3.8	3.9
	여자(%)	3.3	3.1	3.0	2.8	3.5	3.5	3.6	3.6	3.7
	성별 차이 (%p)	0.7	0.5	0.4	0.5	0.0	0.1	0.2	0.2	0.2

① 전체 고용률은 2011년 이후 전반적으로 증가하는 경향을 보이다가 2018년에 전년 대비 0.1%p 감소하였다.

② 2018년 남자 고용률은 70.8%로 전년보다 0.4%p 감소하였으나, 여자 고용률은 50.9%로 전년보다 0.1%p 증가하였다.

③ 남녀 고용률의 차이는 2012년 이후 계속 감소 추세이지만, 남녀 실업률의 차이는 2014년 이후 감소 추세가 아니다.

④ 2010년 대비 2018년 여자 고용률의 증가율은 남자 고용률의 증가율의 10배 이상이다.

⑤ 2011년 이후 남녀 실업률의 전년 대비 증감 추이가 동일하지 않은 해는 1개 연도이다.

26. 다음은 국제 인구 이동 통계에 관련한 자료이다. 이에 대한 설명으로 옳은 것은?

〈표〉 2000~2010년 국제 인구 이동 추이

(단위: 천 명)

연도	총 이동		입국		출국	
	내국인	외국인	내국인	외국인	내국인	외국인
2000	472	262	198	173	274	89
2001	507	273	210	164	297	109
2002	518	272	228	159	290	113
2003	529	323	236	169	293	154
2004	565	330	244	179	321	151
2005	637	519	277	254	360	265
2006	703	477	311	303	392	174
2007	731	452	330	300	401	152
2008	749	512	356	302	393	210
2009	697	466	359	233	338	233
2010	693	489	339	293	354	196

※ 순 이동인구 = 입국인원 − 출국인원

〈그림〉 2000~2018년 내·외국인 순 이동 추이

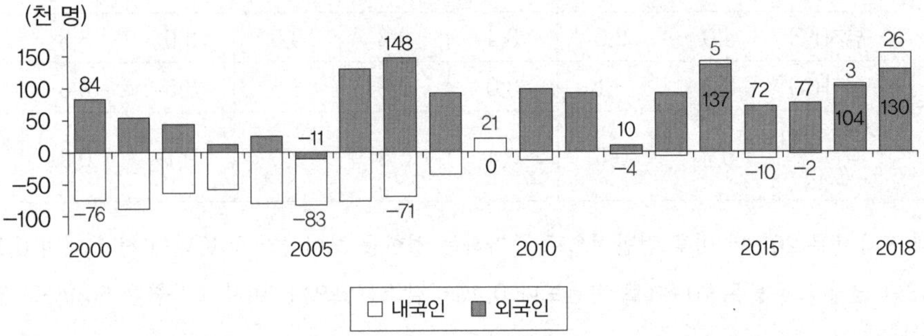

※ 출처: KOSIS(통계청, 국제인구이동통계)

① 2000년 이후 10년간 순 이동 인구수로 보았을 때 10년간 계속 우리나라의 내국인은 감소하였다.

② 2000년 이후 외국인의 총 이동수가 감소하기 시작한 첫해의 내국인 순 이동인구는 62천 명이다.

③ 2014년의 내국인이 1천 명이었다면 2018년에는 최종 18천 명이 되었을 것이다.

④ 2000~2004년의 우리나라의 외국인은 계속 감소하였다.

⑤ 2009년의 외국인 대비 내국인의 비율은 입국자보다 출국자가 더 높다.

27. '비판적 사고'의 핵심적인 특징 및 요구되는 태도를 나타낸 것으로 가장 옳지 않은 것은?

① 어떤 주장을 접했을 때, 곧바로 수용하기보다 타당한 근거가 있는지 능동적으로 분석하고 평가한다.

② 실수로 얻은 결과라도 '왜 그럴까?'라는 문제의식을 갖고 끈기 있게 관찰하여 새로운 가능성을 찾는다.

③ 기존의 정보나 지식을 해체하고 새롭게 조합하여, 가능한 한 많은 아이디어를 떠올리려 노력한다.

④ 사소한 문제보다는 문제의 핵심을 중요한 대상으로 삼아 객관적인 근거에 기초하여 분석한다.

⑤ 기존의 용도나 상식에 얽매이지 않고, 편견 없이 사물을 다른 관점에서 바라보는 개방성을 갖는다.

28. 문제해결의 필수요소에 대한 설명으로 옳지 않은 것은?

① 문제해결을 위해서는 체계적인 교육훈련을 통해 일정수준 이상의 문제해결능력을 발휘할 수 있도록 조직과 각 실무자가 노력해야 한다.

② 고정관념과 편견 등 심리적 타성을 극복하고 기존의 패러다임을 통해 새로운 아이디어를 효과적으로 낼 수 있는 창조적 스킬 등을 습득하는 것이 필요하다.

③ 창조적 문제해결능력의 향상은 문제해결 방법에 대한 체계적인 교육훈련을 통해서 얻을 수 있다.

④ 문제해결을 위해서 개인은 사내외의 체계적인 교육훈련을 통해 문제해결을 위한 기본 지식뿐 아니라 본인이 담당하는 전문영역에 대한 지식도 습득해야 한다.

⑤ 문제를 조직 전체의 관점과 각 기능 단위별 관점으로 구분하고, 스스로 해결할 수 있는 부분과 조직 전체의 노력을 통해서 해결할 수 있는 부분으로 나누어 체계적으로 접근해야 한다.

29. **다음 중 '실행 및 평가 단계'에서 수행하는 활동에 대한 설명으로 가장 적절하지 않은 것은?**

① 인적, 물적 자원과 예산, 시간 등을 고려하여 '누가', '언제', '어떻게' 할 것인지 구체적인 계획을 세운다.

② 도출된 여러 해결안을 중요도, 실현 가능성 등을 기준으로 평가하여 가장 효과적인 최적안을 선정한다.

③ 전면적으로 적용하기에 앞서 사전 조사(pilot test)를 통해 문제점을 발견하고 해결안을 보완하는 과정을 거친다.

④ 해결안 실행 후, 문제가 재발하지 않는지, 계획된 기간과 비용이 지켜졌는지 등을 확인하기 위한 감시 체제(monitoring system)를 구축하는 것이 바람직하다.

⑤ 가능한 사항부터 우선 실행하고 그 과정에서 나타나는 문제점을 보완하며 해결안의 완성도를 높여나간다.

30. **문제해결과정 중에는 다양한 환경에 대한 분석이 필요하고, 그중 고객이 무엇을 원하는지, 고객의 만족도는 어떤지 등 고객들의 요구를 조사해야 할 필요가 있다. 이러한 고객들의 요구를 조사하는 방법은 매우 다양하지만 심층면접법, 표적집단면접(Focus Group Interview)의 방법이 많이 이용된다. 이에 대한 설명으로 옳은 것은?**

① 심층면접법은 6~8인으로 구성된 그룹에서 특정 주제에 대해 논의하는 과정으로 숙련된 사회자의 컨트롤 기술에 의해 집단의 이점을 십분 활용하여 구성원들의 의견을 도출하는 방법이다.

② 심층면접법은 다른 방법을 통해 포착할 수 없는 심층적인 정보를 경험적으로 얻을 수는 없으나 독특한 정보를 얻을 수 있는 등의 장점을 지니고 있다.

③ 심층면접법은 조사자의 철저한 인터뷰 기법 스킬과 훈련이 요구되며 인터뷰 결과를 사실과 다르게 해석할 수 있다는 단점이 있다.

④ 표적집단면접이란 조사자가 응답자와 일대일로 마주한 상태에서 응답자의 잠재된 동기와 신념, 태도 등을 발견하고 조사주제에 대한 정보를 수집하는 방법이다.

⑤ 표적집단면접을 진행할 때 주의사항은 동의 혹은 반대의 경우 합의 정도와 강도를 중시, 확실한 판정이 가능한 것은 판정을 하지만 그렇지 못한 경우는 가장 가까운 결과를 선정하여 판정 등이 있다.

31. 다음 업무수행 과정 중 발생한 문제 유형 세 가지에 대한 내용 가운데 가장 적절하지 않은 것은?

① 발생형 문제는 과거의 기준에서 벗어난(일탈) 문제를 원래 상태로 되돌리는(원상복귀) 것을 목표로 하며, 원인 지향적 성격이 강하다.

② 탐색형 문제는 눈에 보이지 않지만 현재 상태를 개선하거나 효율을 높이기 위한 문제로, '더 잘해야 할 문제'에 해당한다.

③ 설정형 문제는 '앞으로 어떻게 할 것인가'에 대한 미래 전략의 문제로, 많은 창조적 노력이 요구되어 '창조적 문제'라고도 불린다.

④ '지난 분기 판매량이 목표에 미달한 원인을 분석하고 대책을 수립하는 과제'는 발생형 문제에 해당한다.

⑤ '경쟁사보다 높은 수준의 고객 만족도를 달성하기 위한 새로운 서비스 방안을 모색하는 과제'는 설정형 문제에 해당한다.

32. '문제해결을 위한 기본적 사고'와 '문제해결의 장애요인'에 대한 설명으로 가장 옳은 것은?

① 사실 지향의 분석적 사고는 문제해결 시 우리가 알고 있는 단순한 정보들에 의존하여 신속하게 판단하는 것을 말한다.

② 내·외부자원의 효과적인 활용을 위해서는 구체적인 절차보다는 가능한 한 많은 자료를 확보하는 것이 우선시 된다.

③ 발상의 전환이란 기대하는 결과를 미리 명시하고, 그것을 효과적으로 달성하기 위한 방법을 사전에 구상하는 것이다.

④ 전략적 사고는 해결 방안이 상위 시스템과 어떻게 연결되는지 고려하는 것이며, 고정관념에 얽매이는 것은 이러한 사고를 방해하는 장애요인이 될 수 있다.

⑤ '문제를 철저히 분석하지 않는' 장애요인을 극복하려면, 가설 지향의 분석적 사고를 통해 결론을 가정한 뒤 검증 없이 다음 단계로 신속히 넘어가야 한다.

33. **논리적 사고를 개발하기 위한 방법 가운데 So what은 눈앞에 있는 정보로부터 의미를 찾아내어 가치 있는 정보를 이끌어 내는 사고이다. 다음 상황에서 So what 방법을 적절히 사용한 예를 〈보기〉에서 모두 고른 것은?**

[상황]

1. 우리 회사의 자동차 판매량이 창사 이래 처음으로 전년 대비 마이너스를 기록했다.
2. 우리나라 자동차 업계 전체는 전년 대비 일제히 적자 결산을 발표했다.
3. 주식시장은 몇 주간 조금씩 하락하고 있다.

〈보기〉

㉠ 자동차 판매의 부진
㉡ 자동차 산업의 미래
㉢ 자동차 산업과 주식시장의 상황
㉣ 자동차 관련 기업의 주식을 사서는 안 된다.
㉤ 지금이야말로 자동차 관련 기업의 주식을 사야 한다.

① ㉠, ㉢ ② ㉡, ㉢ ③ ㉠, ㉤ ④ ㉡, ㉣ ⑤ ㉣, ㉤

34. **다음 결론이 반드시 참이 되게 하는 전제를 고르면?**

전제	운전을 잘하는 사람은 영어를 잘한다.
	운전을 잘하지 못하는 사람은 영업팀이 아니다.
결론	안경을 쓰지 않은 사람은 영업팀이 아니다.

① 안경을 쓴 사람은 영어를 잘하지 못한다.
② 영어를 잘하는 사람은 안경을 쓴다.
③ 안경을 쓰지 않은 사람은 영어를 잘한다.
④ 영어를 잘하지 못하는 사람은 안경을 쓰지 않는다.
⑤ 안경을 쓰지 않은 사람은 운전을 잘한다.

35. **6명의 친구 A, B, C, D, E, F가 원형 테이블에 일정한 간격으로 둘러앉아 있다. 다음 조건들을 바탕으로 추론했을 때, 항상 참인 것은?**

• A는 D의 맞은편에 앉는다. • B는 A의 옆에 앉는다. • C는 D의 옆에 앉는다. • E는 F의 맞은편에 앉는다

① B와 D 사이에는 E가 앉는다.

② A의 왼쪽 두 번째 자리에는 C가 앉는다.

③ 만약 A와 E가 이웃한다면, D의 바로 오른쪽에는 F가 앉는다.

④ C와 E는 서로 이웃하여 앉지 않는다.

⑤ F의 바로 왼쪽에 D가 있으면 A의 바로 오른쪽에는 E가 앉는다.

36. 아래 규정에 의할 때 다음 중 옳은 것은?

> 제○○조(의무복무기간)
> ① 장교, 준사관 및 부사관의 의무복무기간은 다음 각 호와 같다.
> 1. 장기복무 장교의 의무복무기간은 10년으로 한다. 다만, 장기복무 장교로 임용된 날부터 5년이 되는 해에 한 차례 전역(轉役)을 지원할 수 있다.
> 2. 제1호에도 불구하고 해군의 항공과 장교 또는 공군의 조종과 장교로서 비행훈련과정을 수료하여 비행자격을 취득한 사람 중 해군사관학교 또는 공군사관학교를 졸업한 사람의 의무복무기간은 15년, 그 외의 사람의 의무복무기간은 13년으로 한다. 다만, 장교로 임용된 날부터 5년이 되는 해에 한 차례 전역을 지원할 수 있다.
> 3. 단기복무 장교의 의무복무기간은 3년으로 한다. 다만, 육군3사관학교나 국군간호사관학교를 졸업한 사람은 6년으로 하고, 학생군사교육단 사관후보생과정 출신 장교 및 여군(女軍) 중 간호과 장교(국군간호사관학교를 졸업한 간호과 장교는 제외한다)에 대하여는 국방부장관이 각 군의 인력 운영을 위하여 필요하다고 인정하는 경우 1년의 범위에서 그 복무기간을 단축할 수 있다.
> 4. 단기복무 부사관의 의무복무기간은 4년, 장기복무 부사관의 의무복무기간은 7년으로 한다.
>
> ② 군인으로서 위탁교육이나 그 밖의 교육을 받은 사람은 다음 각 호의 구분에 따른 기간을 의무복무기간에 가산(加算)하여 복무한다.
> 1. 외국에서 6개월 이상 위탁교육을 받은 사람: 그 교육기간의 2배에 상당하는 기간
> 2. 국내의 군 외의 교육기관에서 6개월 이상 위탁교육을 받은 사람: 그 교육기간에 상당하는 기간
> 3. 국내의 군 교육기관에서 학위과정의 교육을 6개월 이상 받은 사람: 그 교육기간에 상당하는 기간
> 4. 국내의 군 외의 교육기관에서 야간과정의 위탁교육을 받은 사람: 그 교육기간의 2분의 1에 상당하는 기간

① 장기복무 장교로 임용되어 7년째 복무 중이며 전역 지원을 하지 않은 김 대위는 의무복무기간인 10년을 채운 뒤에도 전역이 제한된다.

② 공군사관학교 졸업 후 비행자격을 취득한 조종과 장교로 4년째 복무 중인 박 소위는 복무기간이 13년이며, 5년 차가 되면 자동으로 전역된다.

③ 단기복무 부사관으로 3년 6개월 복무 중이며 국내의 군 외의 교육기관에서 6개월 위탁교육을 이수한 이 중사는 복무기간이 3년 6개월에서 4년으로 늘어난다.

④ 국군간호사관학교를 졸업한 최 대위는 국방부장관이 필요하다고 인정하는 경우 그 복무기간을 단축할 수 있다.

⑤ 장기복무 부사관으로 외국에서 7개월간 위탁교육을 받은 정 상사는 외국에서 받은 7개월 위탁교육으로 인해 복무기간이 14개월 연장된다.

37. ○○부는 고용허가제와 함께 외국인 중 취업희망자에 한해 현지 6개 국가에서 한국어능력시험을 시행하여 합격자에게 취업 자격을 주기로 하였다. 이를 위해 ○○부는 해당 시험을 시행할 자격이 있는 기관을 물색하여 현지 6개 국가에서 갑, 을, 병 시험을 실시하는 것으로 결정하였다. 국가에서 부담하는 응시료 지원 경비와 감독관 파견 경비를 최소로 줄이고자 할 때, 다음 자료를 토대로 추론한 내용으로 옳은 것을 〈보기〉에서 모두 고르면?

[시험별 특성]

구분	응시 가능 인원 (1회)	시행 가능 지역 (국가별 1개 고사장의 수용 가능 인원)	회당 수험료 (1인당)
갑	50,000명	필리핀(500명), 베트남(500명), 태국(300명), 인도네시아(300명), 스리랑카(100명), 몽골(100명)	20,000원
을	25,000명	필리핀(300명), 태국(200명), 스리랑카(50명), 몽골(100명)	15,000원
병	20,000명	필리핀(100명), 태국(50명)	10,000원

[국가별 고용허가제를 통한 시험 응시 예상 인원 및 감독관 파견 경비]

구분	예상 인원	감독관 1인당 파견 경비
필리핀	15,000명	500,000원
베트남	15,000명	1,000,000원
태국	10,000명	1,000,000원
인도네시아	10,000명	1,000,000원
스리랑카	3,000명	2,000,000원
몽골	3,000명	1,000,000원

※ 1) 취업희망자에게 징수하는 응시료는 10,000원으로 통일하며 차액에 대해서는 국가에서 부담함
2) 감독관은 국가가 경비를 부담하여 고사장당 1인을 파견함

〈보기〉

㉠ 필리핀에서 가장 적은 국가 부담비용으로 시행할 수 있는 시험은 병 시험이다.
㉡ 몽골의 경우 갑 시험에 대한 국가 부담비용은 을 시험보다 1인당 5,000원이 더 많다.
㉢ 스리랑카의 경우 갑 시험에 대한 국가 부담비용은 을 시험보다 1인당 10,000원이 더 적다.

① ㉠　② ㉡　③ ㉠, ㉡　④ ㉠, ㉢　⑤ ㉡, ㉢

38. 자기 효능감은 특정한 문제를 스스로 해결할 수 있다는 자기 자신에 대한 신념이나 기대감을 의미한다. 다음은 우리나라와 영국의 아이들을 비교한 자료이다. 자기 효능감에 영향을 주는 하위 요인 중 영국 아이들의 사례에 해당하는 요인으로 가장 적절한 것은?

> 자녀들의 뒤를 따라다니며 하나하나 챙겨 주느라 분주한 아침을 보내는 우리나라의 어머니들과 달리 영국의 어머니들은 비교적 여유로운 아침을 보낸다. 영국의 한 초등학교 1학년 아이는 깨우지 않아도 스스로 일어나 옷을 골라 입으며 등교 준비를 한다. 이때 어머니는 아이가 옷 입는 것이 서툴더라도 도와주지 않는다. 아이가 도움을 요청할 때만 도와줄 뿐이다. 옷을 입은 아이는 혼자 시리얼을 꺼내 먹은 후 인사하고 학교로 간다.

① 성공 경험　② 대리적 경험　③ 정서적 각성
④ 언어적 설득　⑤ 생리적 상태

[39 – 40] **다음은 A 회사의 신입사원 선발을 위한 회의 내용 중 일부이다. 아래의 내용을 토대로 각 물음에 답하시오.**

> **김 부장:** 이번에 대규모 공개채용을 진행할 예정입니다. 이번 신입사원 선발은 부서별 필요 인력을 취합하여 최종 선발 인원수를 결정할 예정입니다. 아무리 능력이 뛰어나다 하더라도 현재 추가 인력이 불필요한 부서에 배치할 인력을 선발할 필요는 없겠지요.
>
> **이 팀장:** 네. 그리고 선발을 해서 인력을 배치할 때, 팀 전체의 능력 향상이나 의식 개혁, 사기 증진을 도모하기 위해 모든 부서, 모든 팀원에 대해 평등한 적재적소를 고려해야 합니다. 신입사원을 선발하여 배치하기 전에 이 부분도 고려하는 것이 좋을 것 같습니다.
>
> **박 부장:** 저는 평가 방식에 대해 얘기를 하고 싶습니다. 이전 신입사원 선발에서 능력에만 치중하여 선발한 결과 업무에 제대로 적응을 하지 못하는 경우가 꽤 있었습니다. 선발할 때, 지원 부서에 따라 지원자의 경험이나 성향을 고려하여 해당 부서에서 제대로 능력을 발휘할 수 있을지 또한 평가 항목에 추가해야 할 것 같습니다.
>
> **최 팀장:** 여러 의견이 있으시지만 아무래도 능력 측면을 배제할 수는 없습니다. 이번에 부서별로 직무평가표를 만들어서 현재 해당 부서에서 필요로 하는 신입사원의 능력을 객관적으로 평가할 수 있는 자료를 취합하여 평가 자료로 활용하는 방안이 좋을 것 같습니다. 아무래도 전체의 효율 향상을 위해서는 적합한 위치에 필요한 능력을 갖춘 인재를 배치하는 것이 가장 좋다고 생각하기 때문입니다.
>
> **김 부장:** 네. 말씀하신 내용을 토대로 선발 인원수와 선발 기준을 마련하고, 향후에 배치 방향 또한 결정하도록 하겠습니다. 다만 당부드리고 싶은 점은 신입사원을 선발하여 각 현직 부서에 배치하게 되면 신입사원들이 능력을 발휘할 수 있도록 기회와 장소를 제공해주시기를 부탁드립니다. 또한 그에 따른 성과를 공정하게 평가해서 적절한 보상을 줄 수 있도록 부서 내 평가 방식에 대해서도 다시 한번 고민해주시기를 부탁드리겠습니다.

39. **위의 대화 내용 중 박 부장이 말하고 있는 인력배치의 유형으로 적절한 것은?**

① 양적배치 ② 질적배치 ③ 적성배치 ④ 적응배치 ⑤ 성향배치

40. **다음 중 이 팀장, 최 팀장, 김 부장이 언급한 인적자원의 배치 원칙을 순서대로 올바르게 연결한 것은?**

① 균형주의 – 능력주의 – 적재적소주의

② 균형주의 – 적재적소주의 – 능력주의

③ 적재적소주의 – 능력주의 – 균형주의

④ 적재적소주의 – 균형주의 – 능력주의

⑤ 능력주의 – 적재적소주의 – 균형주의

41. ○○공사에 근무하고 있는 임동근 씨는 각 부서의 요청사항에 맞춰 경력직원을 선발하려고 한다. 부서별 요청사항과 지원자 정보를 토대로 임동근 씨가 각 부서에 배치해야 하는 사람은?

[부서별 요청사항]

- 인프라 지원팀 요청사항

현재 전기분야 엔지니어가 퇴사 예정인 상태라서 바로 업무를 인수인계받을 수 있는 사람이 필요합니다. 따라서 전기기사 자격증은 필수로 있어야 하고 엔지니어 경력이 3년 이상인 사람이어야 합니다. 조건을 만족하는 사람이 2명 이상이라면 전기공사기사 자격증을 가진 사람을 우선으로 하고, 해당 자격증까지 고려해도 2명 이상이라면 경력이 많은 사람을 선발해 주세요.

- 관리팀 요청사항

사업 확장에 따른 업무량 증가로 새로운 사원이 필요합니다. 사무 또는 생산 관리 경력이 2년 이상 정도만 되면 좋을 것 같습니다. 다만 아무래도 문서 작성 업무가 많다 보니 경력을 만족한다면 컴퓨터활용능력 1급 자격증을 보유하고 있는 사람으로 선발 부탁드립니다. 만약 조건을 만족하는 사람이 2명 이상이라면 토익 점수가 높은 사람으로 선발해 주세요.

[지원자 정보]

지원자	경력 사항	자격 사항	토익 점수
갑	사무 2년	컴퓨터활용능력 2급, 한국사 1급	760
을	생산 관리 3년	컴퓨터활용능력 1급	835
병	엔지니어 2년	전기기사, 전기공사기사	730
정	엔지니어 5년	전기기사	820
무	사무 3년	사회조사분석사 1급, 컴퓨터활용능력 2급	935
기	생산 관리 4년	컴퓨터활용능력 1급, 한국사 2급	870
경	엔지니어 3년	전기기사, 전기공사기사	790
신	사무 1년	사회조사분석사 2급, 컴퓨터활용능력 1급	980
임	엔지니어 4년	전기기사, 전기공사기사	725

※ 지원자는 위의 9명 외에 없으며 각 부서별 1명씩 선발함

	인프라 지원팀	관리팀
①	정	무
②	경	신
③	경	갑
④	임	을
⑤	임	기

[42 - 43] 다음 자료를 보고 각 물음에 답하시오.

[커피 원두 정보]

1) 원두명: 파나마 에스메랄다 게이샤 원두
2) 1달 예상 판매량: 450잔
3) 업체별 원두 정보

업체명	블라인드 테이스팅 결과		편의성	가격(원/g)
	향	맛		
A 업체	85	88	92	125
B 업체	90	85	90	130
C 업체	92	90	88	150
D 업체	88	90	94	170
E 업체	90	88	87	135

※ 1) 원두커피 1잔 추출 시 필요 원두량은 항상 10g으로 동일하다고 가정함
2) 위 가격 외 별도 추가되는 금액은 없다고 가정함

[업체 선정 기준]

1. 블라인드 테이스팅 결과와 편의성을 감안하여 산출한 최종 점수가 높은 순서대로 우선순위를 산출하여 우선순위가 높은 업체를 선택한다.
   1-1. 최종 점수는 블라인드 테이스팅 결과와 편의성을 각각 70%와 30%의 가중치를 두어 산출한다.
   1-2. 블라인드 테이스팅 결과는 향과 맛을 동일한 가중치로 하여 산출한다.
2. 단, 최종 점수 순위상 우선순위 업체보다 차순위 업체의 가격이 10% 이상 저렴하다면 차순위 업체를 선정한다.

42. 카페를 운영하는 선영 씨는 새로운 원두를 구입하기 위해 커피 원두에 대한 테스트를 진행하고 있다. 위의 커피 원두 정보와 업체 선정 기준을 토대로 선영 씨가 선택하기에 가장 적절한 업체는 어디인가?

① A 업체　② B 업체　③ C 업체　④ D 업체　⑤ E 업체

43. 위와 같이 업체를 선정한 선영 씨는 선정한 업체에 계약금을 지불하려고 한다. 1달 원두 구입 비용의 10%를 계약금으로 지불한다고 할 때, 선영 씨가 업체에 지불해야 하는 계약금은 얼마인가?

① 59,850원　② 60,250원　③ 60,750원　④ 61,250원　⑤ 61,750원

44. ○○공사 재무부서에 근무하고 있는 귀하는 다음 주 부서 회의 일정을 수립하고자 한다. 아래 부서원들의 스케줄과 〈조건〉을 토대로 귀하가 수립할 수 있는 회의 일정으로 가장 적절한 것은?

[다음 주 재무부서 부서원 회의 참석 가능 스케줄]

부서원 \ 요일		월요일	화요일	수요일	목요일	금요일
이름	직급					
A	부장	09~12시, 14~16시	–	–	09~11시, 13~16시	–
B	차장	09~12시	13~18시	09~12시, 14~16시	–	09~12시
C	과장	–	09~12시	09~11시, 13~15시	13~18시	09~10시, 13~18시
D	과장	09~11시	09~11시	09~12시, 13~16시	09~12시, 13~16시	09~12시, 16~18시
E	대리	–	09~12시, 16~18시	13~18시	09~12시, 13~17시	09~11시
F	대리	13~15시	09~11시, 14~18시	09~12시	–	13~18시
G	사원	09~11시, 13~18시	09~12시	09~12시, 13~14시	09~12시, 13~18시	09~11시, 14~18시
귀하	사원	09~12시, 14~18시	09~12시, 14~16시	–	09~12시, 14~17시	09~10시, 13~18시

※ –: 참여 가능 시간 없음

〈조건〉

- 귀하를 제외한 부서원 5명 이상이 참석할 수 있어야 한다. (귀하는 반드시 참석해야 한다.)
- 부장 또는 차장 중 1명 이상은 반드시 참석해야 한다.
- 과장/대리 직급에서 3명 이상은 반드시 참석해야 한다.
- 회의는 연속해서 2시간 동안 진행되며, 회의 참석 인원은 2시간 모두 참석해야 한다.
- 회의는 업무 시간인 09~18시 사이에 진행하며, 점심시간인 12~13시가 포함되면 안 된다.
- 가능한 일정이 여러 개가 있다면 가장 빠른 일정으로 진행한다.

① 월요일 09~11시　② 화요일 09~11시　③ 목요일 13~15시
④ 목요일 14~16시　⑤ 금요일 09~11시

45. ○○공사에 근무 중인 임동근 씨는 오늘 오전 8시에 집에서 출발 후 사무실에 출근해서 3시간 동안 자료 작성 및 회의에 참석하고 업무가 종료되는 즉시 거래처로 이동해서 거래처와의 업무 미팅을 3시간 동안 진행한 뒤 집으로 돌아올 예정이다. 개인 차량이 고장 난 관계로 대중교통을 이용할 수밖에 없고, 모든 대중교통은 단 1번씩밖에 이용할 수 없다고 할 때, 임동근 씨가 집에 도착할 수 있는 가장 빠른 시간은? (단, 임동근씨는 거래처와의 업무를 진행하기 전 휴식 및 점심식사를 위해 1시간 동안 휴식을 취했다.)

[대중교통 수단별 소요시간]

구분	집 ↔ 사무실	사무실 ↔ 거래처	거래처 ↔ 집
버스	40분	45분	50분
지하철	35분	40분	35분
택시	30분	30분	40분

※ 1) 오전 8시~10시는 출근 교통 혼잡시간으로 버스는 소요시간이 20%, 택시는 소요시간이 50% 증가함
2) 각 소요시간은 교통수단을 이용하기 위한 이동 시간 및 대기 시간을 모두 합한 시간으로 그 외 시간은 고려하지 않음

① 오후 4시 35분 ② 오후 4시 40분 ③ 오후 4시 45분
④ 오후 4시 53분 ⑤ 오후 4시 58분

46. 창업을 준비 중인 ○○씨는 1일 유동 인구가 5만 명 이상인 지하철역 근처 1층에 위치한 상가를 계약하려고 한다. 조건을 만족하는 상가 중 2년 동안 납입할 월세와 보증금의 합이 가장 적은 상가를 계약하려고 할 때, ○○씨가 2년간 지불해야 하는 보증금과 월세의 합은?

[지하철역별 유동 인구수]

구분	A 지하철역	B 지하철역	C 지하철역
오전 유동 인구	24,320명	19,786명	21,562명
오후 유동 인구	17,480명	21,345명	20,435명
야간 유동 인구	9,745명	7,654명	11,432명

※ 1일 유동 인구 = 오전, 오후, 야간 유동 인구의 총합

[상가 정보]

구분	갑 상가	을 상가	병 상가	정 상가	무 상가
인접 지하철역	A	A	B	C	C
층수	1층	2층	1층	1층	1층
보증금(만 원)	17,430	15,800	16,320	16,300	14,950
월세(만 원)	85	95	85	105	145

① 18,060만 원 ② 18,430만 원 ③ 18,820만 원
④ 19,280만 원 ⑤ 19,470만 원

[47－48] 다음 자료를 보고 각 물음에 답하시오.

[상황]

귀하는 기업 창립 20주년 기념 이벤트를 기획하면서 시간계획 순서에 따라 업무 우선 순위를 나누고 각각의 소요 시간을 확인하여 계획을 수립하고 있다. 귀하의 기획안을 검토한 홍보팀장은 임원진 회의를 통해 아래와 같은 사항을 결정하고 귀하에게 전달하였다.

[창립 20주년 기념 이벤트 기획안]

1. 이벤트 목표: 기업 이미지 제고 및 고객 감사 이벤트의 성공적 개최
2. 총 예산: 350,000,000원
3. 특이사항: 이벤트 홍보는 전문 홍보 대행사에서 전담
4. 이벤트 전체 일정표

구분	작업	소요 시간	선행 작업
A	장소 섭외	4일	－
B	협찬사 모집	3일	－
C	이벤트 프로그램 기획 회의	6일	A, B
D	홍보 자료 제작 요청	2일	C
E	이벤트 안내문 발송	2일	D
F	현장 운영 계획 수립	7일	C
G	리허설	2일	E, F
H	이벤트 본 행사	1일	G

※ 단, 모든 작업은 선행 작업 완료 후에만 진행 가능하며, 조건을 만족하는 경우 동시 진행도 가능함

[홍보팀장의 전달사항]

기획안 잘 확인했습니다. 임원진 회의에서 일정 조정 건이 확정됐습니다. 우선 장소 섭외는 이미 진행 중이라 2일이면 완료될 것 같습니다. 홍보 자료 제작 요청은 대행사 측에서 인력이 부족하다며 2일 연장을 요청했습니다. 그리고 리허설은 프로그램 기획 단계에서 미리 검토한 덕분에 이벤트 안내문 발송만 끝나면 현장 운영 계획 수립 완료 여부와 관계없이 바로 진행 가능합니다. 추가로, 협찬사 모집은 이번엔 하지 않기로 결정했으니 해당 업무는 고려하지 않아도 괜찮습니다. 그에 따라 후속 일정도 조정해 주세요.

47. 위의 상황과 창립 20주년 기념 이벤트 기획안 그리고 홍보팀장의 전달사항을 토대로 할 때, 장소 섭외부터 이벤트 본 행사 완료까지 소요되는 기간은 총 얼마인가?

① 15일 ② 16일 ③ 17일 ④ 18일 ⑤ 19일

48. 아래의 대화를 토대로 할 때, 이벤트 본 행사가 진행되는 날짜는 언제인가?

[4월 3일 화요일 대화 내용]

귀하: 창립 20주년 기념 이벤트 기획안이 이제 다 마무리가 된 것 같아.
귀하의 동료: 홍보팀장님이 말씀하신 부분도 다 보완이 된 거야?
귀하: 당연하지. 홍보팀장님이 말씀하신 부분도 다 반영해서 수정했고, 최종 결재를 받았어.
귀하의 동료: 다행이네! 그럼 언제부터 업무를 시작하는 거야?
귀하: 시간이 조금 빠듯하네. 사흘 뒤에는 시작해야 본 행사에 딱 맞출 수 있을 것 같아. 다행히 그 사이에는 주말을 제외하고는 공휴일도 없으니, 평일에만 업무를 해도 될 것 같네.

① 4월 30일 ② 5월 1일 ③ 5월 2일 ④ 5월 3일 ⑤ 5월 4일

49. **다음 상황에서 A 부서의 김 부장과 B 부서의 박 부장이 주로 취하고 있는 갈등관리 유형으로 적절한 것을 바르게 짝지은 것은?**

> [상황]
>
> • A 부서(김 부장): "차세대 디스플레이 기술 개발은 우리 회사의 미래 생존이 걸린 문제입니다. 이번 분기에 반드시 목표한 예산을 확보해야만 경쟁사를 따라잡고 시장을 선도할 수 있습니다. 마케팅 예산은 다음 분기에 증액해도 되지 않습니까? 지금은 기술 개발이 최우선입니다."라며, 회의 내내 강력한 어조로 예산 확보의 당위성을 주장하면서 타 부서의 입장은 고려하지 않는 모습을 보인다.
>
> • B 부서(박 부장): "물론 기술 개발도 중요합니다. 하지만 이번 신제품의 성공적인 론칭을 위해서는 초기 마케팅 예산 확보가 절실합니다. 여기서 실패하면 기술 개발도 의미가 없어질 수 있습니다. 하지만... A 부서의 사정도 매우 중요하니, 만약 정 어렵다면 저희가 어떻게든 계획을 축소해서라도 진행해 보겠습니다. 부서 간의 관계가 나빠지는 것은 원치 않습니다."라며, 자신의 필요성을 이야기하면서도 타 부서와의 관계를 우려하며 양보할 의사를 내비친다.

> [갈등관리 유형]
>
> 1. 회피형(Avoiding): 나도 지고 너도 진다 (Lose–Lose)
> 2. 경쟁형(Competing): 나는 이기고 너는 진다 (Win–Lose)
> 3. 수용형(Accommodating): 나는 지고 너는 이긴다 (Lose–Win)
> 4. 타협형(Compromising): 조금씩 이기고 조금씩 진다 (Mini Win–Lose)
> 5. 통합형/협력형(Integrating/Collaborating): 나도 이기고 너도 이긴다 (Win–Win)

	A 부서 김 부장	B 부서 박 부장
①	통합형(협력형)	회피형
②	경쟁형	수용형(동조형)
③	타협형	경쟁형
④	수용형(동조형)	통합형(협력형)
⑤	회피형	타협형

50. 영업팀 박선홍 팀장은 명확한 성과 목표를 제시하고, 목표를 달성한 팀원에게는 인센티브를 지급하지만, 목표에 미달한 팀원에게는 질책하는 등 '조건적 보상'과 '예외에 의한 관리'를 주로 활용하여 팀을 관리한다. 반면, 기획팀 이진주 팀장은 팀원들에게 회사의 장기적인 비전을 공유하며 영감을 주고, 팀원 개개인의 의견을 존중하며, 그들의 성장과 잠재력 개발을 지원하는 데 많은 노력을 기울인다. 이때 박선홍 팀장과 이진주 팀장이 주로 보여주는 리더십 스타일은 각각 어디에 해당되는가?

	영업팀 박선홍 팀장	기획팀 이진주 팀장
①	변혁적 리더십	거래적 리더십
②	거래적 리더십	변혁적 리더십
③	지시적 리더십	지원적 리더십
④	방임적 리더십	변혁적 리더십
⑤	거래적 리더십	서번트 리더십

51. 다음은 한 사무실 직원들이 윈도우즈 및 엑셀 단축키에 대해 나눈 대화이다. 단축키에 대해 바르게 설명한 사람들끼리 묶은 것은?

> **김 대리:** Windows에서 현재 열려 있는 모든 창을 한 번에 바탕화면으로 내리고 싶을 때는 Windows 로고 키 + M을 사용하면 편리해요.
>
> **이 사원:** Excel에서 작업하다가 현재 셀에 바로 현재 시간을 입력해야 할 때가 있는데, 그럴 때는 Ctrl + Shift + ;(세미콜론)을 누르면 바로 입력돼요.
>
> **박 과장:** Windows에서 여러 프로그램을 실행 중일 때, 프로그램 간 화면 전환은 Alt + Enter 키를 사용하면 빠르게 할 수 있습니다.
>
> **최 주임:** Excel에서 급하게 새로운 워크시트를 추가해야 할 때는 Ctrl + N 단축키를 사용하면 바로 새 시트가 삽입돼요.

① 김 대리, 이 사원

② 김 대리, 박 과장

③ 이 사원, 최 주임

④ 김 대리, 박 과장, 최 주임

⑤ 김 대리, 이 사원, 최 주임

52. 방송통신기자재를 제조 또는 판매하거나 수입하려면 국립전파연구원의 적합성평가를 받아야 한다. 방송통신기자재 등의 적합성평가 제도에 관한 다음 자료를 참고했을 때, 적합등록을 받은 식별부호가 아닌 것은?

[적합성평가별 구비서류]

구분	구비서류	대상기자재의 예
적합인증	사용자설명서 시험성적서(지정시험기관 또는 MRA 체결국가 시험기관 발행) 외관도 부품배치도 또는 사진 회로도 대리인지정서	선박국용 레이더 통합공공망용 무선설비 이동통신용 무선설비의 기기 레벨측정 레이다용 무선기기 전화교환기 IPTV 셋톱박스
적합등록	적합성평가기준에 부합함을 증명하는 확인서 및 대리인지정서	컴퓨터/모니터/전기청소기/전기세탁기/전기담요 및 매트/전동공구/전동스쿠터/조명기기
		계측기/산업용 기기/산업용 컴퓨터
잠정인증	기술설명서 자체시험결과 설명서 사용자 설명서 외관도 회로도 부품배치도 또는 사진 대리인지정서	적합성평가 기준이 마련되지 않은 신규 개발 기기

[식별부호 표시방법]

<table>
<tr><td>R</td><td>-</td><td>C</td><td>S</td><td>-</td><td>A</td><td>B</td><td>C</td><td>-</td><td>X</td><td>X</td><td>X</td><td>X</td><td>X</td><td>X</td><td>X</td><td>X</td><td>X</td><td>X</td><td>X</td><td>X</td><td>X</td><td>X</td></tr>
<tr><td>1</td><td></td><td>2</td><td>3</td><td></td><td colspan="3">4</td><td></td><td colspan="14">5</td></tr>
<tr><td>방송통신 기기식별</td><td></td><td colspan="2">기본인증 정보식별</td><td></td><td colspan="3">신청자 정보식별</td><td></td><td colspan="14">제품식별</td></tr>
</table>

1에는 전파법에 따른 방송통신기자재 등의 적합성평가를 의미하는 'R'을 기재한다.
2에는 기본 인증정보로서 '인증분야 식별부호'를 기재한다.

인증분야	식별부호
적합인증	C(Certification)
적합등록	R(Registration)
잠정인증	I(Interim)

3에는 기본 인증정보로서 동일기자재에 대한 적합인증 또는 적합등록의 경우에만 'S'를 기재한다.
4에는 원장이 부여한 '신청자 식별부호'를 기재한다.
5에는 신청자의 '제품 식별부호(영문, 숫자, 하이픈(-), 언더바(_))'를 기재하여야 하며, 14자리 이내에서 신청자가 정할 수 있다.

① R-C-BZI-LolliPods
② R-R-BL8-ICD-S-2222
③ R-RS-A2B-A140
④ R-R-OMR-NY-00074
⑤ R-R-Zkl-MEC-D18W

53. T 사에서 근무하는 귀하는 엑셀 교육 중 주어진 함수식의 올바른 출력값을 구하라는 과제를 부여받았다. 다음 함수식을 [C6] 셀에 입력했을 때의 출력값으로 옳은 것은?

=INDEX(A1:C5, MATCH(5, B1:B5, 1), MATCH(42, C1:C5, 1))

	A	B	C
1	4	2	19
2	5	6	36
3	18	15	42
4	34	29	55
5	57	44	88
6			

① 6 ② 15 ③ 19 ④ 29 ⑤ 42

54. 재무회계부 신입사원 성민호 씨는 법인카드의 사용 현황을 관리할 수 있는 법인카드 관리대장의 데이터를 입력하는 도중 자꾸 헷갈려 신입사원 교육 때 받은 자료를 확인하고 있다. 다음 중 워크시트의 데이터 입력에 관한 설명으로 옳은 것은?

① 숫자 데이터는 기본적으로 셀의 왼쪽으로 정렬된다.

② 숫자 데이터 중간에 공백이 있으면 문자로 인식한다.

③ 문자 데이터는 기본적으로 셀의 오른쪽으로 정렬된다.

④ 날짜 데이터는 자동으로 셀의 왼쪽으로 정렬된다.

⑤ 날짜 데이터는 콜론(:)을 이용하여 연, 월, 일을 구분한다.

55. ○○기업은 조직발전 전략의 일환으로 외부 전문가를 초빙하여 조직 문화의 변화를 시도 중이다. 컨설턴트에 의하면 ○○기업은 사업구조 조직 특유의 부서 간 높은 경쟁률에서 빚어지는 갈등과 소통불화로 인한 문제가 심각한 편이다. 이를 극복하기 위해 올 한 해는 부서 간 화합을 목표로 강도 높은 갈등관리에 들어갈 예정이다. ○○기업이 조직발전을 위해 시행할 갈등관리에 관한 설명으로 옳지 않은 것은?

① 갈등관리 전략에는 갈등해소 전략뿐만 아니라 갈등을 촉진하는 전략도 포함된다.

② 갈등관리에서의 갈등은 표면적으로 드러나는 것만을 말하는 것으로, 당사자들이 느끼는 잠재적 갈등상태까지 포함하지는 않는다.

③ 조직 내 상위목표 설정 및 제시를 통해 갈등을 해소할 수 있다.

④ 갈등은 새로운 아이디어 촉발, 문제 해결력 개선 등 순기능도 있다.

⑤ 대인관계 악화로 발생하는 갈등을 해결하기 위해서는 의사전달의 장애 요소를 제거하고 직원 혹은 부서 간 소통의 기회를 제공해 줄 필요가 있다.

56. 컨설팅팀 정현채 책임 애널리스트는 반도체 제조 장비를 생산하는 ○○업체로부터 분석 의뢰를 받았다. 정현채 책임 애널리스트가 BCG 매트릭스와 SWOT 분석을 이용해 의뢰 회사의 환경을 분석한 결과로 적절하지 않은 것은?

① BCG 매트릭스 분석에서 시장점유율이 높고 시장성장률이 낮은 캐쉬카우 사업을 다수 보유하고 있는 것은 ○○업체의 장점이다.

② ○○업체에서 진행하고 있는 사업이 퇴거 장벽이 높다는 점은 기회 요인이다.

③ ○○업체가 주력으로 밀고 있는 제품을 소수의 유통 기업이 대량 구매하고 있는 상황은 위협 요인이다.

④ SWOT 분석 중 SO에 속하는 상황에서는 시장에서의 입지를 더욱 공고히 하기 위한 성장전략을 추구해야 한다.

⑤ 내·외부 환경 모두에서 약점이 드러나는 상황에서는 방어전략을 취하는 것이 도움이 된다.

57. ○○공사는 고객만족을 위해 전 직원을 대상으로 '고객만족 경영마인드 향상'이란 주제로 강연을 준비하고 있다. 인사복지부에서는 그동안 자체적으로 시행한 고객 친절 모니터링 결과를 분석해 부족한 부분을 개선하기 위한 방법을 공유했으며 고객 만족도를 높이기 위해 친절한 업무처리 방법에 대한 내용을 담으려고 한다. 다음 교육자료에 대한 내용 중 고객의 만족도를 높이기 위한 방안으로 보기 어려운 것은?

1. 대화요령

1) 청취방법

- 상대방의 말을 잘 듣고 용건을 정확히 파악한다.
- ① 선입견을 갖지 말고 참을성 있게 끝까지 경청한다.
- 적극적이면서도 긍정적인 자세로 듣는다.
- 상대방의 논점을 정리하면서 듣는다.

2) 대화방법

- 친절한 태도로 의사를 정확히 전달한다.
- ② 몸의 움직임을 최소화하여 꼿꼿한 자세로 대화한다.
- 상대방의 기분을 생각하면서 대화한다.

2. 전화예절

1) 전화 걸 때

- ③ 상대방이 받으면 먼저 자신을 밝힌 후 상대를 확인한다.
- 말은 공손하고 분명하게, 통화는 짧고 요령 있게 한다.

2) 전화 받을 때

- 전화벨이 울리면 즉시 수화기를 들고 응답한다.
- 필요한 사항은 메모한 후 확인한다.
- ④ 방문객과 대화 중 전화를 받을 때는 "잠깐 실례합니다"라고 양해를 구하고 전화를 받는다.

3. 사무실 내의 행동요령

- ⑤ 최소한 근무 시작 10분 전까지는 자리에 앉아 일할 자세를 갖춘다.
- 무단으로 자리를 비우거나 근무시간 중 사적인 일은 삼간다.
- 퇴근 시에는 책상서랍 등은 반드시 잠그고, 책상과 사무실을 정리정돈한다.

58. **직업을 가진 사람에게 자신의 임무는 수많은 사람과 관련된 공적인 약속이자 최우선의 과제이므로 어떤 일을 대하더라도 책임지는 자세를 가져야 한다. 다음 중 책임에 대한 설명으로 바르지 못한 것은?**

① 책임을 지기 위해서는 책임소재를 명확히 하기 위하여 일단 모든 경우를 의심하는 자세를 가져야 한다.

② 모든 일을 책임지기 위해서는 상황을 있는 그대로 받아들여야 한다.

③ 책임이란 모든 결과는 나의 선택으로 말미암아 일어났다고 생각하는 태도이다.

④ 아무도 잘못을 지적하지 않는다고 해도 "일의 모든 책임은 내가 진다"라는 태도가 필요하다.

⑤ 동료의 일도 팀의 업무라 생각하고 적극적으로 참여하는 것이 책임감 있는 태도이다.

59. **사회생활을 하다 보면 다양한 경조사를 치르게 되고 경조사별 격식에 맞는 매너가 필수적으로 요구된다. 다음 중 장례식에 가장 어울리지 않는 행동을 한 사람은?**

- **지원:** 회색 정장 차림으로 장례식장을 방문했다.
- **성훈:** 영전에 조문을 하고 상주에게 위로의 말을 건넨 후 조위금을 전달했다.
- **수원:** 유족들에게 돌아가신 연유를 상세히 물으며 위로해 주었다.
- **재진:** 가까운 사이라 함께 밤을 새워 가며 일을 도와주었다.

① 지원 ② 성훈 ③ 수원 ④ 재진 ⑤ 없음

60. 중장비 렌탈 회사에서 근무하는 두 사람의 대화이다. 다음 중 김 대리에게 부족한 직업윤리는?

> **김 대리:** 오늘 A 산업에 들어가는 포크레인 말이죠. 제가 너무 급해서 그러는데 B 산업에 먼저 입고시켜주시면 안 될까요? 제가 내일까지 어떻게든 한 대 더 구해서 A 산업에 넣을 테니 사람 좀 살려주세요. B 산업 담당자가 지난주부터 렌탈한 포크레인이 안 들어온다고 화를 내서 오늘까지 넣겠다고 말했거든요.
> **박 과장:** 안 돼. A 산업도 오늘 꼭 필요하다고 해서 입고를 미룰 수는 없어. 거기도 수출 때문에 급하다고 했어.
> **김 대리:** 제발요, 이번에도 약속 어기면 다음부터는 업체를 바꾸겠다고 했단 말이에요.
> **박 과장:** 왜 미리 물량 확보 안 하고 매번 급하게 처리하는 거지? 지난주까지 약속한 걸 제때 처리하지 않아 이런 거잖아.
> **김 대리:** 저도 그러고 싶어서 그런 게 아니에요. 지난주에는 그리 급해 보이지 않았거든요.
> **박 과장:** B 산업도 자기들 계획과 일정이 있을 건데 왜 김 대리는 본인 편할 대로 일을 하는 거지? 일 하나하나에 정성을 다해야 신뢰를 얻을 수 있어.

① 정직 ② 성실 ③ 근면 ④ 책임 ⑤ 준법

약점 보완 해설집 p.47

자르는 선

해커스잡

NCS 실전모의고사 4회 피듈형

성명

㉠	ㅏ	㉠	㉠	ㅏ	㉠	㉠	ㅏ	㉠	㉠	ㅏ	㉠
㉡	ㅑ	㉡	㉡	ㅑ	㉡	㉡	ㅑ	㉡	㉡	ㅑ	㉡
㉢	ㅓ	㉢	㉢	ㅓ	㉢	㉢	ㅓ	㉢	㉢	ㅓ	㉢
㉣	ㅕ	㉣	㉣	ㅕ	㉣	㉣	ㅕ	㉣	㉣	ㅕ	㉣
㉤	ㅗ	㉤	㉤	ㅗ	㉤	㉤	ㅗ	㉤	㉤	ㅗ	㉤
㉥	ㅛ	㉥	㉥	ㅛ	㉥	㉥	ㅛ	㉥	㉥	ㅛ	㉥
㉦	ㅜ	㉦	㉦	ㅜ	㉦	㉦	ㅜ	㉦	㉦	ㅜ	㉦
㉧	ㅠ	㉧	㉧	ㅠ	㉧	㉧	ㅠ	㉧	㉧	ㅠ	㉧
㉨	ㅡ	㉨	㉨	ㅡ	㉨	㉨	ㅡ	㉨	㉨	ㅡ	㉨
㉩	ㅣ	㉩	㉩	ㅣ	㉩	㉩	ㅣ	㉩	㉩	ㅣ	㉩
㉪	ㅐ	㉪	㉪	ㅐ	㉪	㉪	ㅐ	㉪	㉪	ㅐ	㉪
㉫	ㅒ	㉫	㉫	ㅒ	㉫	㉫	ㅒ	㉫	㉫	ㅒ	㉫
㉬	ㅔ	㉬	㉬	ㅔ	㉬	㉬	ㅔ	㉬	㉬	ㅔ	㉬
㉭	ㅖ	㉭	㉭	ㅖ	㉭	㉭	ㅖ	㉭	㉭	ㅖ	㉭
ㄲ	ㅘ	ㄲ	ㄲ	ㅘ	ㄲ	ㄲ	ㅘ	ㄲ	ㄲ	ㅘ	ㄲ
ㄸ	ㅚ	ㄸ	ㄸ	ㅚ	ㄸ	ㄸ	ㅚ	ㄸ	ㄸ	ㅚ	ㄸ
ㅃ	ㅝ	ㅃ	ㅃ	ㅝ	ㅃ	ㅃ	ㅝ	ㅃ	ㅃ	ㅝ	ㅃ
ㅆ	ㅟ	ㅆ	ㅆ	ㅟ	ㅆ	ㅆ	ㅟ	ㅆ	ㅆ	ㅟ	ㅆ
ㅉ	ㅢ	ㅉ	ㅉ	ㅢ	ㅉ	ㅉ	ㅢ	ㅉ	ㅉ	ㅢ	ㅉ
	ㅙ			ㅙ			ㅙ			ㅙ	
	ㅞ			ㅞ			ㅞ			ㅞ	

수험번호

⓪	⓪	⓪	⓪	⓪	⓪
①	①	①	①	①	①
②	②	②	②	②	②
③	③	③	③	③	③
④	④	④	④	④	④
⑤	⑤	⑤	⑤	⑤	⑤
⑥	⑥	⑥	⑥	⑥	⑥
⑦	⑦	⑦	⑦	⑦	⑦
⑧	⑧	⑧	⑧	⑧	⑧
⑨	⑨	⑨	⑨	⑨	⑨

생년월일

⓪	⓪	⓪	⓪	⓪	⓪
①	①	①	①	①	①
②	②	②	②	②	②
③	③	③	③	③	③
④	④	④	④	④	④
⑤	⑤	⑤	⑤	⑤	⑤
⑥	⑥	⑥	⑥	⑥	⑥
⑦	⑦	⑦	⑦	⑦	⑦
⑧	⑧	⑧	⑧	⑧	⑧
⑨	⑨	⑨	⑨	⑨	⑨

1	①	②	③	④	⑤	21	①	②	③	④	⑤	41	①	②	③	④	⑤
2	①	②	③	④	⑤	22	①	②	③	④	⑤	42	①	②	③	④	⑤
3	①	②	③	④	⑤	23	①	②	③	④	⑤	43	①	②	③	④	⑤
4	①	②	③	④	⑤	24	①	②	③	④	⑤	44	①	②	③	④	⑤
5	①	②	③	④	⑤	25	①	②	③	④	⑤	45	①	②	③	④	⑤
6	①	②	③	④	⑤	26	①	②	③	④	⑤	46	①	②	③	④	⑤
7	①	②	③	④	⑤	27	①	②	③	④	⑤	47	①	②	③	④	⑤
8	①	②	③	④	⑤	28	①	②	③	④	⑤	48	①	②	③	④	⑤
9	①	②	③	④	⑤	29	①	②	③	④	⑤	49	①	②	③	④	⑤
10	①	②	③	④	⑤	30	①	②	③	④	⑤	50	①	②	③	④	⑤
11	①	②	③	④	⑤	31	①	②	③	④	⑤	51	①	②	③	④	⑤
12	①	②	③	④	⑤	32	①	②	③	④	⑤	52	①	②	③	④	⑤
13	①	②	③	④	⑤	33	①	②	③	④	⑤	53	①	②	③	④	⑤
14	①	②	③	④	⑤	34	①	②	③	④	⑤	54	①	②	③	④	⑤
15	①	②	③	④	⑤	35	①	②	③	④	⑤	55	①	②	③	④	⑤
16	①	②	③	④	⑤	36	①	②	③	④	⑤	56	①	②	③	④	⑤
17	①	②	③	④	⑤	37	①	②	③	④	⑤	57	①	②	③	④	⑤
18	①	②	③	④	⑤	38	①	②	③	④	⑤	58	①	②	③	④	⑤
19	①	②	③	④	⑤	39	①	②	③	④	⑤	59	①	②	③	④	⑤
20	①	②	③	④	⑤	40	①	②	③	④	⑤	60	①	②	③	④	⑤

해커스공기업

NCS

통합 봉투모의고사

모듈형/피듈형/PSAT형+전공

NCS 실전모의고사
5회

PSAT형

해커스

수험번호	
성명	

NCS 실전모의고사

5회

(PSAT형)

시작과 종료 시각을 정한 후, 실전처럼 모의고사를 풀어보세요.

시 분 ~ 시 분 (총 60문항/80분)

□ 시험 유의사항

[1] PSAT형 시험은 공직적격성 시험(PSAT)과 유사한 유형의 문제로 구성되며, 국민건강보험공단, 한국공항공사, 한국수력원자력, 한국전력공사, 인천국제공항공사, IBK기업은행 등의 기업에서 출제하고 있습니다.
※ 2025년 상반기 필기시험 기준으로 변동 가능성이 있습니다.

[2] 본 실전모의고사는 직업기초능력평가 의사소통능력, 수리능력, 문제해결능력, 자원관리능력 4개 영역 60문항으로 구성되어 있으므로 영역별 제한 시간 없이 1문항당 풀이 시간을 고려하여 80분 내에 푸는 연습을 하시기 바랍니다. 전공 시험을 치르는 직무의 경우 각 직무에 맞는 전공 실전모의고사를 추가로 풀어보는 것이 좋습니다.

[3] 본 실전모의고사 마지막 페이지에 있는 OMR 답안지와 해커스ONE 애플리케이션의 모바일 타이머를 이용하여 실전처럼 모의고사를 풀어본 후, 해설집의 '바로 채점 및 성적 분석 서비스' QR코드를 스캔하여 응시 인원 대비 본인의 성적 위치를 확인해보시기 바랍니다.

※ 추가적인 실전 연습이 필요한 경우, 해커스잡 사이트(ejob.hackers.com)에서 OMR 답안지를 다운로드한 후 출력하여 활용할 수 있습니다.

01. 다음 글로부터 알 수 있는 사실이 아닌 것은?

'뉴욕 타임즈'와 '워싱턴 포스트'를 비롯한 미국의 많은 신문은 선거 과정에서 특정 후보에 대한 지지를 표명한다. 전통적으로 이 신문들은 후보의 정치적 신념, 소속 정당, 정책을 분석하여 자신의 입장과 같거나 그것에 근접한 후보를 선택하여 지지해 왔다. 그러나 근래 들어 이 전통은 적잖은 논란거리가 되고 있다. 신문이 특정 후보를 지지하는 것이 실제로 영향력이 있는지, 또는 공정한 보도를 바탕으로 하는 신문이 특정 후보를 지지하는 행위가 과연 바람직한지 등과 관련하여 근본적인 의문이 제기되고 있는 것이다.

신문의 특정 후보 지지가 유권자의 표심에 미치는 영향은 생각보다 강하지 않다는 것이 학계의 일반적인 시각이다. 1958년 뉴욕 주지사 선거에서 '뉴욕 포스트'가 록펠러 후보를 지지해 그의 당선에 기여한 유명한 일화가 있긴 하지만, 지지 선언의 영향력은 해가 갈수록 줄어들고 있다. 이 현상은 '선별 효과 이론'과 '보강 효과 이론'으로 설명할 수 있다.

선별 효과 이론에 따르면, 개인은 미디어 메시지에 선택적으로 노출되고, 그것을 선택적으로 인지하며 선택적으로 기억한다. 예를 들면, '가' 후보를 싫어하는 사람은 '가' 후보의 메시지에 노출되는 것을 꺼려할 뿐만 아니라 그것을 부정적으로 인지하고, 그것의 부정적인 면만을 기억하는 경향이 있다. 한편 보강 효과 이론에 따르면, 미디어 메시지는 개인의 태도나 의견을 보강하는 차원에 머무른다. 가령 '가' 후보의 정치 메시지는 '가' 후보를 좋아하는 사람에게는 긍정적인 태도를 강화시키지만, 그를 싫어하는 사람에게는 부정적인 태도를 강화시킨다. 이 두 이론을 종합해 보면, 신문의 두 후보 지지 선언이 유권자의 후보 선택에 크게 영향을 미치지 못한다는 것을 알 수 있다.

신문의 후보 지지 선언이 과연 바람직한가에 대한 논쟁도 계속되고 있다. 후보 지지 선언이 언론의 공정성을 훼손할 수 있다는 것이 이 논쟁의 핵심 내용이다. 이런 논쟁이 일어나는 이유는 신문의 특정 후보 지지가 언론의 권력을 강화하는 도구로 이용될 뿐만 아니라, 수많은 쟁점들이 복잡하게 얽혀 있는 선거에서는 후보에 대한 독자의 판단을 선점하려는 비민주적인 행위가 될 수 있기 때문이다. 일부 정치 세력이 신문의 후보 지지 선언을 정치 선전에 이용하는 문제점 또한 이에 대한 비판의 근거로 제시되고 있다.

신문이 특정 후보를 공개적으로 지지하는 것은 사회적 가치에 대한 신문의 입장을 분명히 드러내는 행위이다. 하지만 그로 인해 보도의 공정성을 담보하는 데에 어려움이 따를 수도 있다. 따라서 신문은 지지 후보의 표명이 보도의 공정성을 해치지 않는지 신중하게 따져 보아야 하며, 독자 역시 지지 선언의 함의를 분별할 수 있는 혜안을 길러야 할 것이다.

① 보강 효과 이론은 개인의 태도와 관련이 있다.

② 선별 효과 이론은 개인의 인지 작용과 관련이 있다.

③ 신문의 특정 후보 지지 문제는 보도의 공정성 문제로 이어진다.

④ 신문의 후보 지지 선언이 선거 결과와 항상 관련 없는 것은 아니었다.

⑤ 신문은 후보의 정치적 성향과 유권자의 표심을 분석하여 지지 후보를 선택한다.

02. 다음 보도자료의 내용과 일치하는 것은?

과학기술정보통신부는 대한민국이 글로벌 생성형 인공지능(GAI, Generative AI) 기술 패권 경쟁에서 주도권을 확보하기 위한 『K–생성형 인공지능 도약 전략』을 발표하였다. 이번 전략은 대규모 인공지능 모델 개발뿐 아니라, 고품질 데이터 구축, 반도체 인프라, 산업 생태계 조성, 윤리·규제 기반까지 아우르는 5대 핵심 추진전략으로 구성된다.

정부는 현재까지 GPT 계열을 중심으로 미국 기업이 주도하고 있는 GAI 시장에서 'K–모델'을 중심으로 기술주권 확보와 산업 경쟁력 강화를 동시에 추구한다는 방침이다. 특히 언어 기반 AI에 집중되어 있던 기존 생태계를 멀티모달 모델 중심으로 확장하고, 의료, 금융, 과학기술 등 산업 특화형 AI 개발을 통해 글로벌 차별화 전략을 꾀하고 있다.

첫째, '국가 초거대 AI 개발 프로젝트'를 통해 초당 300조 개 연산이 가능한 고성능 연산 인프라를 단계적으로 구축하며, 2027년까지 매개변수 5,000억 개 이상의 한국형 생성모델(K–LLM)을 독자 개발할 계획이다. 이를 위해 AI 전용 GPU 클러스터를 국책 연구기관에 우선 배치하고, 국내 기업·연구소 간의 공동개발체계를 강화한다.

둘째, 데이터 구축 전략으로는 의료, 법률, 과학기술, 공공 언어 등 분야별 고품질 데이터셋 150종 이상을 개방형으로 구축하고, 민간 데이터와의 연계 공유를 통해 학습 효율성을 높인다. 특히 공공데이터 개방에 있어 개인정보 보호, 저작권 이슈 등에 대한 '데이터 신뢰성 가이드라인'을 제정하여 기술 개발과 사회적 수용성의 균형을 맞추기로 했다.

셋째, AI 반도체 지원 부문에서는 AI 전용 반도체(NPU) 개발을 가속화하고, 국산 AI 반도체의 국가 데이터센터 채택률을 2030년까지 50% 이상으로 확대하는 목표를 세웠다. 또한 고속 네트워크 기반 연산 구조를 갖춘 '엣지 AI 처리 플랫폼'을 통해 산업별 소형 모델 운용 기술도 병행 개발한다.

넷째, 정부는 기업 성장 환경 조성을 위해 K–AI 스타트업 육성 펀드(1조 원 규모)를 조성하고, 모델 상용화를 위한 테스트베드·GPU 인프라를 제공하며, GAI 개발 기업에 대한 AI 바우처 지원사업도 확대한다. 특히 중소·중견기업이 GAI 모델을 적용할 수 있도록 맞춤형 컨설팅과 교육 프로그램도 함께 지원된다.

마지막으로, 사회적 신뢰 형성을 위한 AI 윤리 체계와 위험기반 규제 정비도 추진된다. 생성형 AI의 허위 정보 생성, 악용 가능성 등에 대응하기 위해 'K–AI 윤리 프레임워크'를 기반으로 한 가이드라인을 수립하고, 민간 주도 자율규제 체계를 제도적으로 뒷받침한다는 계획이다.

정부 관계자는 "생성형 AI는 단순한 기술을 넘어 경제, 사회, 윤리 전반을 아우르는 혁신의 동력"이라며, "K–생성형 인공지능 도약 전략은 기술 자립과 글로벌 도전이라는 두 마리 토끼를 동시에 잡기 위한 정부의 장기적 비전"이라고 강조했다.

① K–생성형 인공지능 도약 전략은 현재 한국에서 주도하고 있는 글로벌 GAI 시장을 더 확장하는 것을 목표로 한다.

② 한국형 생성모델은 2025년까지 매개변수 5,000억 개 규모로 미국의 GPT 모델과 공동 개발될 예정이다.

③ 정부는 산업별 AI 모델을 개발할 때 기존 언어 중심 생태계만 유지하며 확장에는 신중한 입장이다.

④ 국산 AI 반도체는 2030년까지 국가 데이터센터 내 채택률을 50% 이상으로 높이는 것이 목표이다.

⑤ K–AI 윤리 프레임워크는 정부가 직접 모든 규제 기준을 정해 민간의 자율적 대응은 허용하지 않는다.

03. 다음 글을 읽고 유추한 것으로 바르지 않은 것은?

> 메타버스(Metaverse)라는 용어의 유래는 1992년 발간된 닐 스티븐슨(Neal Stephenson)의 소설 「스노우 크래쉬」로 언급되고 있다. 해당 소설에서 '초월'을 뜻하는 Meta와 '우주'를 뜻하는 Universe를 합친 'Metaverse'라는 가상세계를 의미하는 표현으로 등장하였으며, 이와 함께 가상세계를 들어가기 위한 가상의 신체를 의미하는 '아바타' 또한 처음 등장한 뒤로 오늘날까지 유사한 의미로 사용되고 있다.
>
> 메타버스의 특징은 미국 비영리 연구단체인 미래가속화 연구 재단(Acceleration Studies Foundation; 이하 ASF)이 제시한 메타버스의 4대 시나리오를 중심으로 설명되고 있다. ASF는 소설이 아닌 현실에서 적용 가능한 메타버스의 개념을 구체화하였으며, 메타버스를 구현하는 주요한 두 가지 특징을 제시하였다. 첫 번째 특징은 기술과 현실과의 관계로, 증강 기술과 시뮬레이션 기술의 발전을 포함하고 있다. 증강 기술은 현실의 물리적 공간과 물체들에 정보처리 기술을 융합한 것이며, 시뮬레이션 기술은 가상세계를 현실에서 확장된, 동등한 환경으로 구축할 수 있는 기술을 의미한다. 두 번째 특징은 기술과 이용자 간의 관계로, 이용자들이 메타버스를 활용하는 기술인 외재적 기술(External technology)과 이용자가 메타버스 시스템 내에서 아바타와 같은 디지털 대행자(Agency)를 통해 활동할 수 있는 내재적 기술(Intimate technology)을 의미한다. 이와 같은 메타버스의 두 가지 특징의 중심축을 바탕으로 메타버스가 세상에 구현될 모습을 예측하기 위하여 시나리오 접근법을 제시하였다. 이는 연속적 특징을 가진 두 가지 중심축을 기반으로 가상세계, 거울세계, 증강현실, 라이프로깅이라는 4가지 시나리오가 있다. 그중 먼저 현재도 사용하고 있는 가상세계 시나리오와 거울세계 시나리오가 어떻게 활용될 것인지를 살펴보아야 한다.
>
> 먼저, 가상세계 시나리오는 내재적-외재적의 축에서는 내재적 방향, 그리고 증강-시뮬레이션의 축에서는 시뮬레이션 방향이 강화된 경우에 그려지는 시나리오이다. 이 시나리오의 주요 요소 중 하나는 개인의 아바타, 혹은 다중플레이어 게임에서라면 캐릭터, 즉 이용자가 가상 세계 내에서 의인화된다는 것이다. 이는 가상세계 기반의 다중플레이어 게임과 가상세계 기반의 사회 환경게임으로 나눠진다. 이러한 세계는 내적 일관성으로 유지되거나 판타지에 기반을 둔 영역 안에 고정되어 있으며 대체로 오락(Entertainment)이 곧 일차적 목표일 수 있으며, 소위 말하는 '기능성 게임(Serious games)'에서는 훈련과 교육이 일차적 목표라 할 수 있다. 반면, 사회적 가상세계는 공공연한 목표나 가치 구조를 내세우지 않는다. 여기서 이용자는 오픈앤드 방식으로 객체(Object) 생성, 경제 및 사회적 교류, 그리고 대인관계 네트워크와 자율성을 부여받는다. 이 시나리오가 극대화된다면 오락부터 일, 교육, 쇼핑, 사회적 교류 등 현재의 디지털 상호작용이 일어나는 부분에서 가상세계가 거의 모든 형태를 점령할 것이라고 보았다.
>
> 두 번째, 거울세계는 외재적 특성과 시뮬레이션 특성이 강화된 경우 나타날 수 있는 시나리오로서, '정보 측면으로 확장된 가상세계이며, 실제 세계의 반영'이다. 즉, 거울세계는 우리 주변의 세상 그대로를 모델로 하는 것으로, 대표적인 예로는 구글어스(Google Earth)가 있다. 이는 지리정보시스템(GIS: Geographical Information Systems)으로 알려진 거울세계의 큰 분류 중의 하나라 할 수 있다. 이 시나리오에 의하면, 거울세계 인터페이스에서 이용자들은 내비게이션, 교육, 상업, 비즈니스 분석(예: 물류, 마케팅 재무 등) 등을 활용하거나 위치 및 상황 인식 센서를 활용하여 스마트도시와 스마트농촌 환경을 만들어낼 수 있다. 또한, 위치기반 시스템(Location-based system)을 활용하여 이용자들이 주위 환경에서 관심 있는 모든 것의 위치를 실시간으로 거울세계 맵에서 확인할 수 있도록 해준다.

① 메타버스의 시나리오에서 거울세계의 특징은 정보 측면으로 확장된 가상의 세계이고 실제 세계를 반영하는 특징을 가질 수 있다.

② 메타버스에서 사용되는 4개의 시나리오는 새로운 기술로서 기존에 사용하고 있던 기술 환경을 벗어나는 것이다.

③ 가상세계 시나리오가 확장이 되면 현대 사회에서 디지털 상호작용이 일어나고 있는 모든 형태를 점령할 수도 있을 것이다.

④ ASF는 소설이 아닌 현실에서 적용 가능한 메타버스의 개념을 구체화하였다.

⑤ 메타버스는 2020년대 이후에 새롭게 나타난 개념이라고 할 수는 없다.

04. **다음은 금리와 주택가격의 관계에 대한 정부의 보도자료이다. 이를 읽고 난 뒤 추론한 것으로 바르지 않은 것은?**

> 실거래가격이 하락 전환되는 등 주택시장 안정세가 뚜렷해지는 가운데, 금일 한국은행 기준금리 인상(1.14 오전 한국은행 금융통화위원회 기준금리 25bp 인상 발표(1.00 → 1.25%))으로 중장기적 시장 하향 안정세는 보다 확고해질 전망입니다.
>
> 최근 유례없는 물가상승 압력에 직면하면서, 글로벌 통화정책 정상화 시계가 더욱 빨라지고 있습니다. 통화정책 정상화 기조 등을 감안하여 한국은행도 금일 금융통화위원회를 개최하여 기준금리 인상(1.00 → 1.25%)을 결정하였으며, 영국·뉴질랜드 등 해외 주요국도 이미 정책금리를 인상한 바 있습니다. 주요국 금리인상 사례로는 영국은 21년 12월 0.1 → 0.25% 증가시켰고, 뉴질랜드는 0.25 → 0.50 → 0.5% 증가시켰습니다.
>
> 아울러 미국 연방준비은행은 '22.3월부터 금리인상에 착수하여 '23년까지 6~8차례 금리를 인상할 것으로 전망되고 있어 과거 경험상 우리나라도 추가 기준금리 인상이 예상('00년 이후 우리나라는 미국發 금리조정을 5차례 이상 경험)되는 상황입니다. 금리 수준이 집값에 미치는 영향을 감안하면, 금리인상 사이클 본격화는 주택시장 안정에 크게 기여할 전망입니다.
>
> 美 연준이 단기금리 1%p 하락(상승) 시 실질 주택가격 2년간 8.2% 상승(하락)했습니다. 금융 당국도 금리 인상기에 대비하여 거시건전성 관리를 위한 적극적인 가계부채 관리에 나서고 있고, 이미 '21.12월 가계대출 증가폭이 0.2조 원으로 전월(5.9조 원) 대비 크게 둔화되었고, 은행권 가계대출은 0.2조 원 감소하였습니다. 해외 주요국도 GDP 대비 가계부채 비율이 '21년 1분기를 정점으로 감소하는 등 디레버리징 사이클이 본격화되고 있고, 우리 금융당국도 가계대출 총량관리, DSR 조기 시행 등 가계부채 관리를 지속 강화해 나갈 예정입니다.
>
> 아울러 22년에는 주택 인허가·분양·준공 등 공급 지표 전반이 호전되는 등 수급 여건이 더욱 개선될 것으로 기대됩니다. 그간의 공급확대 노력으로 인허가 실적은 21년 들어 이미 증가세로 전환되었으며 특히 서울은 2배 이상 증가했습니다. 풍부한 공공택지 지정 실적 및 도심 복합사업 추진 등으로 인해 22년에도 인허가 증가세가 지속되는 등 중장기 인허가 여건은 매우 양호할 것으로 전망됩니다.

※ 출처: 국토교통부(2022-01-14 설명·반박자료)

① 미국은 2022년 3월부터 금리인상과 더불어 23년까지 6~8차례 금리를 인상할 것으로 전망하고 있다.

② 최근 물가상승은 유례없는 상승과 더불어 금리를 인상하는 통화정책을 쓸 것이라고 전망해볼 수 있다.

③ 단기금리가 하락하게 되면 실질 주택가격도 하락한다는 통계자료가 있다.

④ 은행권 가계대출의 감소와 증가폭이 둔화됨에 따라 금리를 올릴 수 있는 환경이 만들어졌다. 그러므로 가계부채 관리가 강화되어야 한다.

⑤ 주택 공급확대와 금리 상승으로 인해 실질 주택가격은 하락할 것으로 예상할 수 있다.

05. **다음 보도자료를 보고 바르게 이해하지 못한 것은?**

> 정부는 지역 소멸 위기와 수도권 집중 현상을 동시에 완화하고, 지방 균형 발전을 통한 국가경쟁력 강화를 위해 「지역경제 활성화 5대 전략」을 발표했다. 이번 전략은 지역 투자 확대, 인재 유입 기반 구축, 특화산업 육성, 지역 브랜드 강화, 디지털 기반 상권 회복 등 5개 핵심축으로 구성되었다.
>
> 첫째, 지방 투자 인센티브 개편을 통해 지역 기업에 대한 세액공제와 입지 지원을 확대하고, 수도권 기업의 지방 이전 시 공장부지 매입비, 고용보조금, R&D 비용의 일부를 패키지로 지원한다. 정부는 이를 통해 향후 5년간 500개 기업의 지방 이전을 유도할 계획이다.
>
> 둘째, 청년과 중장년 인재의 지역 정착 유도를 위해 지역혁신 캠퍼스를 확대하고, 지역 정착형 일자리 연계를 강화한다. 특히, 청년층 유입을 위해 「로컬 창업 패스」를 신설하여, 지역 대학생과 청년 창업자가 지방대 졸업 → 창업 → 정착 → 금융 지원까지 연계된 원스톱 지원체계를 경험할 수 있도록 한다.
>
> 셋째, 지역특화산업 육성 전략을 통해 농식품·바이오·이차전지·관광·디지털콘텐츠 등 지역별 주력 산업군을 지정하고, 기술개발 – 사업화 – 수출 – 인력양성으로 이어지는 종합 성장 사다리를 구축한다. 기존 '규모 중심 지원'에서 '연결 중심 성장'으로 전환해, 수도권과의 격차를 좁힌다는 방침이다.
>
> 넷째, 지역 브랜드 가치 제고를 위해 국토교통부·중소벤처기업부·문화체육관광부 등 6개 부처가 공동으로 'K-로컬 브랜드 육성 프로젝트'를 실시한다. 이를 통해 지역 중소기업과 소상공인이 스토리텔링·디자인·온라인 홍보·수출에 필요한 전문 마케팅 역량을 갖출 수 있도록 지원한다.
>
> 다섯째, 디지털 전환 기반 상권 회복 사업을 통해 전통시장과 골목상권에 스마트 점포 전환 키트, 통합 배달플랫폼, 온라인 고객분석 툴 등을 보급한다. 특히 디지털 접근에 취약한 고령 소상공인을 위해 찾아가는 디지털 활용 교육 프로그램도 함께 운영된다.
>
> 정부 관계자는 "지역경제의 활력은 곧 국가의 지속가능성을 결정짓는 핵심 요소"라며, "이번 전략은 지방소멸 위기에 대응하면서 동시에 지역이 스스로 성장하는 선순환 기반을 만드는 것을 목표로 한다"고 밝혔다.

① 청년 창업자의 지역 정착을 위해 창업, 금융, 주거를 연계한 일자리 원스톱 지원체계가 마련된다.
② 지역특화산업 육성 전략은 기술개발에서부터 수출과 인력양성까지 단계적으로 연결되는 체계를 추구한다.
③ K-로컬 브랜드 육성 프로젝트는 지역기업의 온라인 홍보, 수출, 디자인 역량 강화를 위해 6개 부처가 협업한다.
④ 정부는 지역 전통시장에 스마트 점포 전환 키트를 보급하고, 고령층을 위한 디지털 교육은 생략하기로 했다.
⑤ 지방 이전 기업에 대해서는 고용보조금, 부지 매입비, R&D 비용 등을 패키지로 지원할 계획이다.

06. 다음 지문에서 설명하고 있는 내용과 일치하지 않는 것은?

생성형 인공지능(Generative AI)의 등장은 과거의 AI 혁신보다 한층 더 근본적인 질문을 야기한다. 단순히 기술이 인간 노동을 '보조'하거나 '대체'하는 문제를 넘어, 노동이라는 행위 자체의 재정의를 요구하는 지점에 이르렀기 때문이다. GPT-4와 같은 고도화된 언어 모델은 텍스트 생산, 요약, 기획, 번역 등 지식 기반 직무에까지 깊이 개입하고 있으며, 이는 과거 제조업 자동화가 단순 반복 작업을 대체했던 것과는 질적으로 다른 구조다.

많은 기술철학자들이 '노동의 종말'이라는 개념을 다시 소환하는 것도 이 때문이다. 물론 기술 발전으로 대체되는 직무가 있으면 새로운 산업과 직무가 생긴다는 '창조적 파괴'의 낙관론도 여전하다. 하지만 생성형 AI의 특징은 그것이 '인간만이 할 수 있다고 믿었던 일'에 도전하고 있다는 점에서, 단순한 대체나 보완의 논리로 설명하기에는 한계가 있다.

이러한 변화는 노동의 시간 구조에도 근본적인 질문을 던진다. 특히 OECD 국가들을 중심으로 주 4일제에 대한 논의가 급부상하고 있다. 주 4일제는 단순히 근로 시간을 줄인다는 의미를 넘어서, 노동과 삶의 균형, 생산성 재정의, 분배 정의 등 광범위한 담론과 맞물려 있다. 실제로 아이슬란드, 스페인, 일본 등은 실험적 주 4일제를 도입해, 노동자 만족도 상승과 생산성 유지를 동시에 경험한 사례를 보고하고 있다.

하지만 주 4일제는 여전히 보편적 제도라기보다 특정 조건을 충족한 기업과 직무에 국한된 실험적 모델에 가깝다. 특히 서비스업, 돌봄노동, 물류 등 비가시적 필수노동을 수행하는 계층은 이러한 유연성을 적용받기 어렵다. AI 기술로 인해 고소득 전문직의 근무시간은 줄어들 수 있으나, 저소득 필수노동자의 근로 강도는 오히려 증가할 수 있다는 '이중화 경고'도 제기된다. 결국 AI가 노동을 줄여줄 것이라는 기대는 계층·직무·산업에 따라 상이한 양상을 보이며, 기술적 가능성과 제도적 수용력 간의 격차를 보여준다.

따라서 생성형 인공지능의 도입이 전면적 주 4일제 실현으로 곧장 이어지리라는 서사에는 비약이 존재한다. 현재까지의 흐름은, 고도화된 기술이 인간의 노동을 완전히 대체하기보다, 특정 계층의 노동을 효율화하는 동시에 또 다른 계층의 노동은 더 취약하게 만드는 방향으로 작동하고 있기 때문이다. 노동의 종말은 오지 않았고, 어쩌면 새로운 방식으로 더 깊이 파고들고 있는지도 모른다.

① 생성형 인공지능은 지식노동까지 침투하면서, 과거 단순 자동화와는 다른 양상을 보이고 있다.

② 주 4일제는 일부 국가에서 실험적 제도로 도입되었으며, 만족도가 상승하고 생산성이 유지된 사례도 존재한다.

③ 생성형 AI는 고소득 노동자에게는 근로시간 감축의 가능성을 제공하지만, 저소득 필수노동자에게는 오히려 더 큰 해방을 가져다줄 수 있다.

④ '노동의 종말'이라는 담론은 기술이 인간만의 고유 영역이라고 여겨졌던 직무까지 침범하고 있다는 인식에서 다시 등장하고 있다.

⑤ AI 기술의 발전이 전면적 주 4일제 실현으로 직결된다고 보는 시각은 과도하게 일반화된 주장이라는 비판을 받는다.

07. 다음 글의 내용과 일치하지 않는 것은?

기획재정부는 최근 발표한 『2025~2035 중장기 경제성장 전략』을 통해, 저성장 고착화 흐름을 반전시키고, 잠재성장률을 끌어올리기 위한 3대 축의 전략 방향을 제시하였다. 이번 전략은 "생산성 제고", "인구·노동 구조 혁신", "미래산업 기반 강화"라는 세 가지 구조적 대응 과제를 중심으로 수립되었다.

첫째, 생산성 향상 전략은 민간 중심의 기술혁신 촉진과 서비스업 고도화를 핵심 축으로 한다. 정부는 제조업 대비 절반 수준인 서비스업 노동생산성을 끌어올리기 위해, 디지털 전환 촉진, 규제 유연화, 첨단 서비스업 투자 세액 공제 확대 등의 정책을 병행 추진하기로 했다.

둘째, 인구 및 노동구조 혁신 전략은 고령화 가속과 생산가능인구 감소라는 구조적 문제를 반영한 것이다. 정부는 60세 이상 고령층의 노동시장 참여를 확대하고, 외국인 고급인력 도입 확대, 청년층 고용률 제고를 위한 직무역량 중심 고용정책을 추진한다. 특히 '스마트 직무이전 플랫폼'을 통해 전직·재취업 수요에 대응할 계획이다.

셋째, 미래산업 기반 강화 전략은 반도체, 배터리, 바이오, 우주항공, 수소경제 등 5대 국가전략기술을 중심으로 설정되었다. 이들 산업에 대해서는 국가전략기술 R&D 패스트트랙 제도를 도입하고, 민관 공동 투자와 규제샌드박스를 연계한 기술 상용화를 집중 지원할 예정이다.

이 외에도, 정부는 경제의 외부 리스크 대응력을 높이기 위한 거시건전성 정책 유지, 국가 신용등급 방어, 통화정책과 재정정책의 조율도 병행한다. 단기 경기 대응보다 중장기 구조 개혁을 통한 성장 기반 확충에 무게를 둔 이번 전략은, 단순한 양적 성장의 회복이 아니라 질적 전환과 지속가능성 확보를 핵심 가치로 삼고 있다.

① 한국 정부는 서비스업의 낮은 생산성을 보완하기 위해 디지털화와 규제 완화를 포함한 다각도의 정책을 추진하고 있다.

② 고령층의 노동시장 이탈을 줄이기 위해 정부는 정년 연장을 전면적으로 의무화하는 방안을 발표했다.

③ 정부는 반도체, 수소경제 등 미래산업에 대한 기술 상용화를 민관 협력 기반으로 촉진할 계획이다.

④ 생산가능인구 감소에 대응하기 위해 외국인 인력 도입과 청년 고용률 제고를 병행 추진하고 있다.

⑤ 이번 중장기 성장 전략은 경기부양보다 구조 개혁을 통한 질적 성장에 더 큰 비중을 두고 있다.

08. 다음을 읽고 바르게 이해하지 못한 것은?

> 국토교통부는 2025년 ○월 ○일, 디지털 전환 가속화와 도시문제 다변화에 대응하기 위한 「스마트시티 고도화 로드맵 2.0」을 공식 발표하였다. 이번 로드맵은 기존의 파일럿형 스마트시티 실증에서 벗어나, '확장형 융합도시 플랫폼' 구축을 중심축으로 한 전국 단위 도시전환 전략으로 격상되었다.
>
> 정부는 스마트시티의 개념을 단순한 기술 도입이 아닌, 도시의 '운영 체계 자체를 재구조화하는 거버넌스 전환 전략'으로 정의하고 있다. 이에 따라 도시 내 수집·활용되는 모든 공공 및 민간 데이터는 '도시통합데이터허브(CDH)'를 통해 연계·분석·가공되며, 이 데이터 기반의 정책결정 시스템인 '도시디지털트윈(Digital Twin City)' 모델이 모든 지자체에 단계적으로 적용될 예정이다. 이번 로드맵은 3대 실행전략을 핵심으로 한다.
>
> 첫째, 도시서비스의 선제적 대응 구조 정립이다. 정부는 교통, 방범, 환경, 재난 등 핵심 도시 기능에 대해 AI 기반 예측–알림–조치 체계를 표준화하고, 고도화된 실시간 센서망과의 통합 연동을 강화한다. 이를 위해 스마트 횡단보도, 예측형 미세먼지 대응 시스템, 자율주행 연계 인프라 등을 전국 20개 선도지자체에 우선 적용한다.
>
> 둘째, 스마트시티 모듈형 확산 체계구축이다. 기존 도시개발사업과 연계 가능한 스마트 모듈 패키지(교통, 에너지, 물류 등)를 공공택지와 재개발·재건축 구역에 적용하여, 도시재생과 기술 융합의 상시화를 유도한다. 특히 도시 내 격차 문제를 완화하기 위해 디지털 소외지역을 중심으로 '스마트 포용 존(Smart Inclusion Zone)'을 지정하여 차등형 기술 지원이 병행된다.
>
> 셋째, 도시데이터 거버넌스와 법제도 정비이다. 정부는 데이터 소유권, 활용 주체, 개인정보 경계 등에 대한 법적 불확실성을 줄이기 위해 '스마트시티 데이터기본법' 제정 추진, '지방정부–민간–시민'이 참여하는 3자 협의형 데이터 관리체계를 구축할 계획이다. 이를 통해 시민이 데이터의 수동적 대상이 아닌 능동적 기여자(Prosumer)로 전환되는 구조를 유도한다.
>
> 국토부 관계자는 "이번 스마트시티 고도화 전략은 단순한 인프라 개선이 아닌, 도시 작동 방식 자체를 디지털 기반으로 재정의하는 패러다임 전환 전략"이라며, "기술 이전에 신뢰와 참여를 중심에 두는 도시 운영 모델을 만들 것"이라고 강조했다.

① 스마트시티 고도화 전략은 일부 지역의 실증을 넘어, 전국 지자체에 도시디지털트윈 시스템을 단계적으로 확대 적용하는 것을 포함한다.

② 정부는 스마트시티 고도화를 통해 도시 운영 방식을 재정의하며, 기술 도입보다 제도와 법률 정비를 우선하는 전략을 세우고 있다.

③ 도시서비스 선제 대응 전략에는 AI 기반 예측 시스템과 실시간 센서망이 결합된 조치 체계를 적용하고 있다.

④ 도시 격차 완화를 위해 정부는 디지털 소외지역을 중심으로 스마트 포용 존을 지정하고 차등형 기술 지원을 실시할 예정이다.

⑤ 시민이 데이터 활용의 수동적 대상이 아니라 능동적 기여자가 될 수 있도록 3자 협의형 데이터 거버넌스를 도입한다는 계획이다.

09. 다음 글에 대해 이해한 것으로 적절하지 않은 것은?

> 외국 통화에 대한 자국 통화의 교환비율을 환율이라고 한다. 환율은 장기적으로 한 국가의 생산성과 물가 등 기초 경제 여건을 반영하고 있다. 그러나 단기적으로 환율은 이와 다르게 움직이는 경우가 있다. 만약 환율이 예상과는 다른 방향으로 움직이거나 또는 예상과 같은 방향으로 움직이더라도 변동 폭이 예상보다 크게 나타날 경우 경제 주체들은 과도한 위험에 노출될 수 있다. 환율이나 주가 등 경제 변수가 단기에 지나치게 상승 또는 하락하는 현상을 오버슈팅(Overshooting)이라고 한다. 오버슈팅은 물가 경직성 또는 금융 시장 변동에 따른 불안 심리 등에 의해 촉발되는 것으로 알려져 있다. 여기서 물가 경직성은 시장에서 가격이 조정되기 어려운 정도를 의미한다.
>
> 물가 경직성에 따른 환율의 오버슈팅을 이해하기 위해 통화를 금융 자산의 일종으로 보고 경제 충격에 대해 장기와 단기에 환율이 어떻게 조정되는지를 알아보아야 한다. 경제에 충격이 발생할 때 물가나 환율은 충격을 흡수하는 조정 과정을 거치게 된다. 물가는 단기에는 장기 계약 및 공공요금 규제 등으로 인해 경직적이지만 장기에는 신축적으로 조정된다. 반면 환율은 단기에서도 신축적인 조정이 가능하다. 이러한 물가와 환율의 조정 속도 차이가 오버슈팅을 초래한다. 물가와 환율이 모두 신축적으로 조정되는 장기에서의 환율은 구매력 평가설에 의해 설명되는데, 이에 의하면 장기의 환율은 자국 물가 수준을 외국 물가 수준으로 나눈 비율로 나타나며, 이를 균형 환율로 본다. 가령 국내 통화량이 증가하여 유지될 경우 장기에서는 자국 물가도 높아져 장기의 환율은 상승한다. 이때 통화량을 물가로 나눈 실질 통화량은 변하지 않는다.
>
> 그런데 단기에는 물가의 경직성으로 인해 구매력 평가설에 기초한 환율과는 다른 움직임이 나타나면서 오버슈팅이 발생할 수 있다. 가령 국내 통화량이 증가하여 유지될 경우, 물가가 경직적이어서 실질 통화량은 증가하고 이에 따라 시장 금리는 하락한다. 국가 간 자본 이동이 자유로운 상황에서, 시장 금리 하락은 투자의 기대 수익률 하락으로 이어져, 단기성 외국인 투자 자금이 해외로 빠져나가거나 신규 해외 투자 자금 유입을 위축시키는 결과를 초래한다. 이 과정에서 자국 통화의 가치는 하락하고 환율은 상승한다. 통화량의 증가로 인한 효과는 물가가 신축적인 경우에 예상되는 환율 상승에, 금리 하락에 따른 자금의 해외 유출이 유발하는 추가적인 환율 상승이 더해진 것으로 나타난다. 이러한 추가적인 상승 현상이 환율의 오버슈팅인데, 오버슈팅의 정도 및 지속성은 물가 경직성이 클수록 더 크게 나타난다. 시간이 경과함에 따라 물가가 상승하여 실질 통화량이 원래 수준으로 돌아오고 해외로 유출되었던 자금이 시장 금리의 반등으로 국내로 복귀하면서, 단기에 과도하게 상승했던 환율은 장기에는 구매력 평가설에 기초한 환율로 수렴된다.
>
> 단기의 환율이 기초 경제 여건과 괴리되어 과도하게 급등락하거나 균형 환율 수준으로부터 장기간 이탈하는 등의 문제가 심화되는 경우를 예방하고 이에 대처하기 위해 정부는 다양한 정책 수단을 동원한다. 오버슈팅의 원인인 물가 경직성을 완화하기 위한 정책 수단 중 강제성이 낮은 사례로는 외환의 수급 불균형 해소를 위해 관련 정보를 신속하고 정확하게 공개하거나, 불필요한 가격 규제를 축소하는 것을 들 수 있다. 한편 오버슈팅에 따른 부정적 파급 효과를 완화하기 위해 정부는 환율변동으로 가격이 급등한 수입 필수 품목에 대한 세금을 조절함으로써 내수가 급격히 위축되는 것을 방지하려고 하기도 한다. 또한 환율 급등락으로 인한 피해에 대비하여 수출입 기업에 환율 변동 보험을 제공하거나, 외화 차입 시 지급 보증을 제공하기도 한다.

① 국내 통화량이 증가하여 유지될 경우 장기에는 실질 통화량이 변하지 않으므로 장기의 환율도 변함이 없을 것이다.

② 물가가 신축적인 경우가 경직적인 경우에 비해 국내 통화량 증가에 따른 국내 시장 금리 하락 폭이 작을 것이다.

③ 물가 경직성에 따른 환율의 오버슈팅은 물가의 조정 속도보다 환율의 조정 속도가 빠르기 때문에 발생하는 것이다.

④ 환율의 오버슈팅이 발생한 상황에서 외국인 투자 자금이 국내 시장 금리에 민감하게 반응할수록 오버슈팅 정도는 커질 것이다.

⑤ 환율의 오버슈팅이 발생한 상황에서 물가 경직성이 클수록 구매력 평가설에 기초한 환율로 수렴되는 데 걸리는 기간이 길어질 것이다.

10. **다음 보도자료의 내용과 일치하지 않는 것은?**

> 개인정보보호위원회(위원장 고○○)와 한국인터넷진흥원(원장 이△△)은 2025년 6월 2일부터 '글로벌 국경 간 프라이버시 규칙(Global Cross-Border Privacy Rules, Global CBPR)' 인증(이하 '글로벌 인증')을 공식 시행한다고 밝혔다.
>
> 글로벌 인증(Global CBPR)은 회원국 간 전자상거래를 활성화하고 국경 간 안전한 개인정보 이전을 촉진하기 위한 제도로, 개인정보 관리체계 등에 대한 심사를 거쳐 일정한 개인정보 보호 수준을 갖춘 기업은 인증을 받을 수 있다.
>
> 인증을 받은 기업은 해외 사업 시 대외 신뢰도 향상 등의 효과를 얻을 수 있다. 아울러, 글로벌 인증(Global CBPR)을 국외이전 수단으로 채택한 국가(일본, 싱가포르 등)로부터 원활하게 개인정보를 이전받을 수 있게 된다.
>
> 해당 인증(CBPR)은 지난 2011년 아시아·태평양 지역 9개 국가를 중심으로 상호 간 인증(APEC CBPR)으로 시작하였으며, 이후 영향력을 전 세계로 넓히기 위해 우리나라와 미국, 일본 등의 주도로 2022년 글로벌 협의체가 출범하였다. 3년간의 논의를 거친 결과 글로벌 인증(Global CBPR)을 개시하게 된 것이다. 현재 영국, 두바이 등 4개 지역이 추가로 참여하고 있으며, 다수의 국가들이 참여 의사를 표명하고 있다.
>
> 이에 따라 기존의 아시아·태평양 지역 인증(APEC CBPR)을 받은 국내 12개 기업은 6월 2일부터 자동으로 글로벌 인증(Global CBPR)을 부여받게 된다. 그 외 신규로 인증 취득을 희망하는 기업을 위해서 심사방법 및 일정 등 자세한 사항은 한국인터넷진흥원 홈페이지를 통해 6월 중 공지할 예정이다.

※ 출처: 개인정보보호위원회(2025-06-01 보도자료)

① 글로벌 CBPR 인증 제도는 국경 간 안전한 개인정보 이전을 촉진하는 데 목적이 있다.

② 글로벌 CBPR 인증을 받은 기업은 일본이나 싱가포르 등 특정 국가로부터 개인정보를 이전받는 것이 가능해진다.

③ 글로벌 CBPR 인증은 APEC 회원국들의 주도로 2022년에 처음 도입되었다.

④ 한국인터넷진흥원은 글로벌 CBPR 인증 제도의 인증심사를 담당하는 기관이다.

⑤ 기존에 APEC CBPR 인증을 받은 국내 기업들은 별도의 심사 없이 글로벌 인증을 자동 부여받는다.

11. **다음 글의 ㉠~㉤을 바르게 고쳐 쓴다고 할 때, 적절한 것은?**

> 파스퇴르는 짧은 휴가를 떠나면서 닭콜레라 세균 배양 접시를 방치해 둔 덕에 멋진 행운을 얻게 되었다. 휴가를 마치고 돌아와 다시 일을 시작한 파스퇴르는 방치되었던 접시의 세균을 닭에게 주사하였다. 놀랍게도 닭들은 약한 발열 증세만 일으켰을 뿐 콜레라에 걸리지 않았다. 이번에는 정상적인 세균을 배양하여 다시 닭들에게 주사하였다. 그러자 배양된 지 오래된 세균을 한 번 주사했던 닭들은 여전히 콜레라에 걸리지 않았지만, 정상적인 세균을 처음으로 주사한 닭들은 병에 걸려 곧 죽어버렸다. 파스퇴르는 고민 끝에 이러한 현상이 무엇을 의미하는지 알아차릴 수 있었다. 그가 우연히 방치해 둔 세균은 독성이 약해져서 닭에게 약한 콜레라만 일으키고는 독성이 강한 정상 세균의 공격에 대한 면역을 ㉠만들어 준 셈이다.
>
> ㉡사실 홍역, 천연두, 페스트 등의 증세를 일으켰다가 회복된 사람이 같은 병에 다시 감염되는 일이 거의 없다는 사실은 수천 년 전부터 알려져 왔던 것이기도 하다. 일찍이 중국인과 아랍인은 심하지 않은 천연두의 부스럼을 취하여 건강한 사람에게 감염시킴으로써 면역을 얻는 기술을 개발하였다. 이 기술은 18세기에 콘스탄티노플의 영국 대사 부인이었던 몬태규 부인에 의해 서유럽에 소개되었고, 죄수와 고아들을 대상으로 시험을 거친 후 영국 하노버가의 왕들에 의해 채택되었다. 어떤 역사가는 산업혁명을 유발한 인구 증가의 한 원인으로 천연두 사망률의 저하를 ㉢들기도 한다.
>
> 아랍에서 전래된 천연두 예방법을 접하게 된 영국의 의학자 제너는 우두에 걸린 소젖 짜는 소녀들의 상처에서 얻은 물질을 이용하여 천연두 예방법을 한층 더 발전시켰다. 제너는 '소'를 의미하는 라틴어 'Vacca'를 따서 이 방법을 'Vaccination'(백신요법)이라고 (㉣   )하였다. 그의 여생은 논쟁으로 점철되었고, 영국 왕립내과의학대학은 제너가 라틴어 시험에 합격하지 못했다는 이유로 의사 자격증을 주지 않았다. ㉤그러나 파스퇴르는 제너의 업적을 인정하고 기리며 자신의 예방 접종법을 부르는 데 '백신'이라는 단어를 고집했다. 이로써 파스퇴르의 발견은 그의 시대 이전에 이루어진 주요한 의학적 발견 중 하나인 제너의 종두법에 과학적 타당성과 근거까지 제공한 셈이다.

① 띄어쓰기 규정에 따라 ㉠을 '만들어준'으로 붙여 쓴다.

② 글의 전체 흐름을 고려하여 ㉡을 두 번째 문단의 마지막으로 옮긴다.

③ 주술호응을 고려하여 ㉢을 '들 수 있다'로 수정한다.

④ 문맥의 흐름에 따라 ㉣에 '명명'을 넣는다.

⑤ 앞 문장과의 연결성을 고려하여 ㉤을 '또한'으로 고쳐 쓴다.

12. 다음 ㉠~㉤을 바르게 고쳐 쓴다고 할 때, 가장 적절한 것은?

> 나노 기술이란 원자 하나하나를 기계적으로 빠르게 제어할 수 있는 기술을 가리킨다. ㉠즉, 원자를 조작하여 새로운 물질과 세계를 만드는 것을 목표로 하는 기술을 말한다.
>
> 나노 기술이 본격화되면 원자들을 인위적으로 결합하는 것이 가능해지며 결합한 원자와 동일한 물질을 만들어 낼 수 있게 된다. 이렇게 되면 사람들은 자연을 통해서만 얻을 수 있던 자원에 의존하지 않고도 얼마든지 필요한 물질을 생산할 수 있게 된다. 소가 없어도 쇠고기를 만들 수 있고, 벼를 재배하지 않아도 쌀을 제조할 수 있을 뿐만 아니라 인체에 필요한 DNA 유전자나 혈구 등을 직접 만들 수도 있게 되는 것이다. ㉡나노 기술을 이용하면 필요한 물질을 생산하기만 하는 것이 아니라 인체 내 암세포나 병원균을 완벽하게 제거하는 치료법으로서의 역할도 할 것이다.
>
> 사실 자연은 오래전부터 스스로 진화하는 과정에서 이러한 프로그램을 실현해 왔다. 소립자들이 상호 작용을 통해 핵을 만들고, 핵은 다시 원자로, 원자는 분자로, 분자는 고분자 화합물로 점차 확대 결합하면서 오늘날과 같은 무수한 물질들이 만들어졌고, 세포 분열 때에도 DNA의 유전 정보에 따라 필요한 단백질들이 합성되어 하나의 생명체가 탄생할 수 있었다. 나노 과학자들은 이러한 자연 현상을 인공적으로도 ㉢재현할 수 있다고 생각한 것이다.
>
> 자연을 모델로 만들었지만 나노 기계들은 자연적인 과정보다 훨씬 빠르고 정확하게 작동하게 될 것이며, 사람들은 이들 기계를 이용하여 필요한 물질을 신속하게 제조하거나 처리할 수 있을 것이다. 또 몇 분 안에 바이러스나 암세포를 분해하여 퇴치하는 면역 기계나 DNA를 5분 안에 자동으로 합성하는 자동 합성기, 원자 단위의 정보를 실어 보냄으로써 정보 처리 속도를 ㉣수만배 향상시킨 ㉤포켓용 슈퍼컴퓨터 등의 나노 기계들을 저렴한 가격으로 쉽게 구입할 수 있게 될 것이다.

① 앞 문장과의 연결성을 고려하여 ㉠을 '반면'으로 고쳐 쓴다.

② 글의 전체 흐름을 고려하여 ㉡을 세 번째 문단의 마지막으로 옮긴다.

③ 잘못된 어휘가 사용되었으므로 ㉢을 '재연'으로 수정한다.

④ 띄어쓰기 규정에 따라 ㉣을 '수만 배'로 띄어 쓴다.

⑤ 외래어 표기법에 따라 ㉤을 '포켄용'으로 고쳐 쓴다.

13. 다음 ㉠~㉤을 바르게 고쳐 쓴다고 할 때 가장 적절하지 않은 것은?

> 신제품을 개발하는 방식은 크게 압축전략과 경험전략으로 나눌 수 있다. 먼저 압축전략은 예측이 가능한 단계들로 구성된 제품 개발 과정을 단축할 수 있다는 특성이 있다. 각 단계들은 예측이 가능하므로 그 합이 전체 과정이라 할 수 있다. 이 전략은 각 단계에서 걸리는 ㉠ 시간이 단축된다. 이를 위해 압축전략에서는 각 단계들을 명확히 확립하고 분석하여 제품 개발을 가속화하는 방안을 수립하는 데 중점을 둔다.
>
> (㉡) 이 전략은 전략 단계를 계획하는 데 많은 시간을 할애해야 한다. 계획 과정을 통해 불필요한 단계를 제거할 수 있으며 활동을 효율적인 순서로 배열하여 의사소통과 업무 조정에 드는 시간을 줄일 수 있기 때문이다. 이를 위해 기업에서는 협력 업체의 전문 기술을 활용하여 데이터베이스에 축적된 과거의 설계들을 재활용하는 과정을 거친다. 이 과정이 완료된 다음에는 여러 부서의 협력을 얼마만큼 ㉢ 공고이 다지느냐가 이 전략의 관건이 된다. 이때 다양한 부서로 구성된 팀을 운영하면 여러 부서의 협력을 유도하여 개발 과정을 빠르게 하는 데 결정적인 도움을 줄 수 있다. 포상제도 또한 계획 기간 안에 개발을 완료하겠다는 각오와 집중력을 이끌어 낼 수 있다는 점에서 효과적이지만, 신제품 개발 선정 시 손쉬운 개발 대상을 선호하게 만들 수도 있기 때문에 지양하는 경우가 일반적이다.
>
> 이 전략은 압축전략과 달리, 시장 상황이 불투명하거나 단계별 계획 수립이 어려운 상황에서 선택된다. ㉣ 반면 경험전략은 단지 기존의 과정을 압축하여 가속화하는 것만으로는 현실적으로 시장에 제품을 내놓는 속도를 빠르게 하기 어렵다고 본다. 변화하는 환경에 대처하기 위해서는 직관력을 키우고 유연한 대안을 구사해야 한다는 것이다. 또한 이 전략은 즉각적인 결정을 통한 유연성 있는 대처, 실시간 교류와 경험 등을 중요시한다. 그러나 빈번하게 바뀌는 계획으로 인해 개발 활동이 무질서하게 진행될 수 있다는 것을 염두에 두고 수시로 현재 진행 상황을 ㉤ 재평가하는 과정을 거친다. 그리고 부서 내에 강력한 힘을 가진 리더를 배치함으로써 팀 구성원들의 이탈을 막는다. 수없이 많은 반복과 시험 활동으로 팀 구성원들이 큰 그림을 잃는다면 개발 과정이 통제 밖으로 벗어날 우려가 크기 때문이다. 강력한 리더는 그러한 사태를 막아 개발 과정의 지연을 미연에 방지하는 역할을 한다.

① 주술 호응을 고려하여 ㉠을 '시간을 단축하고자 한다'로 수정한다.

② 앞 단락과의 연결성을 고려하여 ㉡에 접속부사 '따라서'를 넣는다.

③ 맞춤법 규정에 따라 ㉢을 '공고히'로 수정한다.

④ 글의 흐름을 고려하여 ㉣을 바로 앞의 문장과 순서를 바꾼다.

⑤ 정확한 의미 표현을 위해 ㉤을 '다시 재평가하는'으로 고쳐 쓴다.

14. 다음 속담의 구조와 가장 정확히 대응하는 한자성어는?

"팔은 안으로 굽는다"

① 이율배반(二律背反)

② 당동벌이(黨同伐異)

③ 수구초심(首邱初心)

④ 인지상정(人之常情)

⑤ 비일비재(非一非再)

15. 다음 문장을 가장 적절한 순서로 배열한 것은?

ㄱ. 따라서 구성원들의 적극적인 소통이 어느 때보다 중요하다. ㄴ. 최근 우리 회사는 다수의 프로젝트를 동시다발적으로 수행하고 있다. ㄷ. 특히 부서 간 의사소통 부족은 이와 같은 문제를 더욱 심화시킬 수 있다. ㄹ. 여러 과제가 동시에 진행되다 보면 자원 배분이나 일정 관리에서 혼선이 생길 수 있다.

① ㄴ – ㄹ – ㄷ – ㄱ

② ㄴ – ㄷ – ㄹ – ㄱ

③ ㄷ – ㄴ – ㄹ – ㄱ

④ ㄹ – ㄴ – ㄷ – ㄱ

⑤ ㄹ – ㄷ – ㄱ – ㄴ

16. 다음 〈보기〉 중에서 타당하지 않은 것을 모두 고르면?

〈보기〉

㉠ 다음과 같이 임의의 규칙이 적용된 문자표가 있다.

A	(1)	다	D	e	(3)	사	(4)
ㄱ	2	Ⅲ	(2)	5	바	Ⅶ	H

밑줄 친 ( )에 들어갈 문자를 추리하여 왼쪽부터 순서대로 나열한 것은 'b, ㄹ, Ⅵ, 8'이다.

㉡ 다음과 같이 배열된 세 군의 숫자에는 동일한 규칙이 적용되어 있다.

2 3 5   5 7 12   9 ( ) 17

( )에 들어갈 숫자로 알맞은 것은 '8'이다.

㉢ 네 자리 수인 1949를 한 번에 인쇄하려면, 1, 9, 4, 9와 같이 4개의 활자가 필요하다. 1에서 100까지의 자연수를 한 번에 인쇄할 때 필요한 활자의 수는 192개이다.

㉣ 토끼와 거북이가 경주를 한다. 토끼는 10㎞/h의 일정한 속력으로 1시간을 달리고 1시간을 쉬는 과정을 반복하며, 거북이는 쉬지 않고 6㎞/h의 일정한 속력으로 달린다. 토끼와 거북이가 동시에 출발하여 130분이 지났을 때, 거북이가 토끼보다 1.5㎞ 이상을 앞서가고 있을 것이다.

① ㉠, ㉡ ② ㉠, ㉣ ③ ㉡, ㉢ ④ ㉢, ㉣ ⑤ ㉡, ㉢, ㉣

17. 질병 A에 대하여 총 1,000명이 검사를 하였다. 이중 실제로 질병 A에 감염된 환자는 300명이며 검사키트의 정확성은 아래와 같다고 할 때 검사키트 사용 결과 질병 A에 감염되지 않았다고 판정된 사람 중 실제로 질병 A에 감염된 사람의 비율은? (단, 해당 확률은 소수점 둘째 자리에서 반올림한다.)

대상자 분류	검사키트가 맞을 확률
실제 질병 A에 감염	70%
실제 질병 A에 감염되지 않음	80%

① 9.0% ② 10.6% ③ 12.2% ④ 13.8% ⑤ 15.4%

18. 다음은 건강보험 질병에 관련한 통계자료이다. 이에 대한 설명으로 옳은 것은?

〈표1〉 질병통계 현황: 진료실 인원

(단위: 천 명)

구분	2011년	2017년	2018년
고혈압	5,322	6,054	6,310
당뇨병	2,161	2,863	3,043
심장질환	1,123	1,458	1,528
대뇌혈관질환	784	921	966
악성신생물	1,043	1,513	1,602
간 질환	1,556	1,627	1,771
정신 및 행동장애	2,285	2,924	3,144
호흡기결핵	85	60	52
신경계질환	2,452	2,974	3,094
갑상선장애	1,137	1,299	1,375
만성신장병	118	206	228
관절염	4,073	4,709	4,857

〈표2〉 질병통계 현황: 진료비

(단위: 억 원)

구분	2011년	2017년	2018년
고혈압	25,610	31,124	33,329
당뇨병	14,320	22,239	24,474
심장질환	13,719	23,396	26,085
대뇌혈관질환	17,257	25,915	27,867
악성신생물	41,246	66,224	74,917
간 질환	6,610	9,797	10,202
정신 및 행동장애	21,097	37,091	41,092
호흡기결핵	953	1,353	1,452
신경계질환	11,396	22,796	25,500
갑상선장애	2,224	3,127	3,385
만성신장병	11,734	18,123	19,472
관절염	14,854	21,625	23,483

※ 출처: KOSIS(국민건강보험공단, 건강보험통계)

① 2018년 진료실 인원은 전년 대비 모든 질병에 대해 증가하였다.

② 간 질환 항목의 1인당 평균 진료비는 계속 증가하였다.

③ 2018년 대뇌혈관질환 진료비의 전년 대비 증가율은 7%보다 높다.

④ 진료실 인원이 가장 적은 항목의 2018년 진료비의 전년 대비 증가율은 모든 항목 중 가장 낮다.

⑤ 진료비가 적은 질병의 순위는 2011년, 2017년, 2018년도 모두 동일하다.

19. 다음은 의료서비스 이용률에 대한 자료이다. 이에 대한 설명으로 옳은 것은?

〈표〉 2018~2019년 의료서비스 이용률

(단위: %)

구분		2018			2019		
		외래	입원	전혀 없음	외래	입원	전혀 없음
전체	소계	62.7	3.7	36.1	69.3	4.2	29.6
성별	남성	57.4	3.2	41.5	64.2	3.8	34.9
	여성	68.0	4.2	30.7	74.4	4.7	24.4
연령별	15~19세	37.8	0.7	61.9	41.7	0.5	58.2
	20~29세	38.0	0.6	61.6	43.5	1.4	55.7
	30~39세	52.3	1.9	47.0	59.8	2.6	39.0
	40~49세	65.4	3.0	33.7	64.2	2.8	34.9
	50~59세	71.0	4.4	27.5	75.5	4.2	23.6
	60세 이상	83.7	7.5	14.0	89.0	7.8	9.4
교육수준별	초등교육 이하	87.3	10.6	9.4	91.1	9.0	7.4
	중등교육	67.5	4.0	31.1	72.8	4.9	25.9
	고등교육	54.1	2.4	45.3	59.2	2.2	40.0
활동상태별	임금근로자	57.6	2.4	41.6	63.0	2.2	36.1
	자영업·고용주	74.8	4.6	23.9	73.6	5.0	25.4
	주부	79.5	6.3	18.4	83.2	6.4	15.3
	학생	35.1	0.5	64.6	41.1	0.9	58.9
	무직	76.9	9.3	20.4	85.7	9.4	12.4
	기타	72.8	5.3	25.8	72.7	3.2	26.0
거주지역별	동	61.3	3.5	37.6	68.4	4.2	30.5
	읍·면	69.3	4.4	29.3	73.9	4.6	25.2
의료보장 유형별	국민건강 보험	62.4	3.6	36.4	68.6	3.9	30.3
	의료급여	72.0	6.3	26.4	91.2	15.3	6.5

※ 출처: KOSIS(보건복지부, 의료서비스경험조사)

① 2018년에 의료서비스를 이용하지 않은 남성은 2019년보다 많다.

② 40대 중 외래와 입원서비스를 모두 이용한 비율은 2019년에 감소하였다.

③ 2018년에 외래와 입원서비스 중 하나라도 이용한 비율은 무직이 주부보다 높다.

④ 외래나 입원서비스를 이용하는 비율은 연령대가 올라갈수록 항상 높다.

⑤ 2019년의 전년 대비 외래 이용 증가율이 가장 높은 교육수준은 중등교육 부분이다.

20. 다음은 댐 저수 현황을 나타낸 자료이다. 이에 대한 설명으로 옳지 않은 것은?

〈표〉 2019년 댐별 저수 현황

구분	강수량 (mm)	유입량 (백만 m^3)	방류량 (백만 m^3)	평균 저수량 (백만 m^3)	평균 저수율 (%)
김천부항댐	1,292.1	54.0	53.2	33.7	62.0
남강댐	1,630.0	2,188.6	2,190.0	165.2	53.4
대청댐	996.0	1,354.5	1,394.6	1,023.0	68.7
밀양댐	1,825.5	112.2	109.0	57.3	77.9
보령댐	1,022.3	66.3	100.2	49.9	42.7
부안댐	1,217.0	27.2	24.3	33.1	65.7
섬진강댐	1,104.8	365.1	412.6	262.8	56.4
소양강댐	887.9	1,148.4	1,434.4	1,501.3	58.2
안동댐	1,002.4	641.2	756.4	779.8	62.5
용담댐	1,190.0	540.0	501.1	643.2	78.9
임하댐	993.1	498.8	485.6	358.9	60.3
충주댐	884.6	2,346.5	2,801.7	1,504.7	54.7
합천댐	1,262.3	588.5	481.2	600.6	76.0
횡성댐	893.2	67.9	2,801.7	65.2	75.0
장흥댐	1,598.2	151.1	89.8	118.1	61.9
군위댐	915.0	29.3	30.6	23.9	49.0
성덕댐	1,215.5	19.5	20.7	18.0	64.4
보현산댐	935.6	10.3	9.9	8.5	38.6

〈그림〉 시기별 전국 평균 저수율 및 평균 저수량

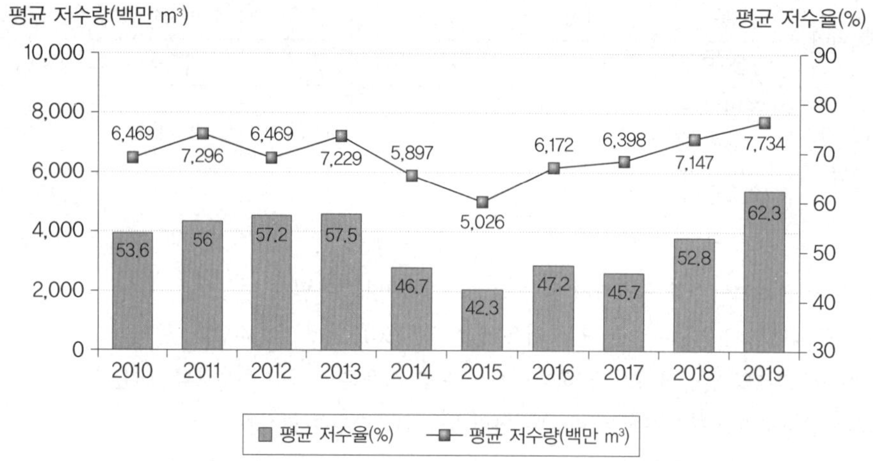

※ 평균 저수율(%) = 평균 저수량 / 평균 저수용량 × 100

※ 출처: KOSIS(환경부, 수자원 현황)

① 2019년 평균 저수용량은 성덕댐이 보현산댐보다 크다.

② 2019년의 전국 평균 저수용량은 3년 전 대비 증가하였다.

③ 평균 저수량이 가장 큰 해에 평균 저수율도 가장 높다.

④ 평균 저수용량이 가장 큰 댐이 유입량도 가장 많다.

⑤ 유입량 하위 5개 댐 항목은 평균 저수량 하위 5개 댐 항목과 동일하다.

21. 다음은 원인 및 가스별 가스 사고에 대한 자료이다. 이에 대한 설명으로 옳지 않은 것은?

〈표〉 원인 및 가스별 가스 사고 건수

(단위: 건)

구분	2016			2017			2018			2019		
	LP가스	도시가스	고압가스	LP가스	도시가스	고압가스	LP가스	도시가스	고압가스	LP가스	도시가스	고압가스
사용자 취급 부주의	37	1	0	28	2	1	19	2	2	25	0	0
공급자 취급 부주의	2	0	1	2	1	0	3	0	3	1	0	0
타 공사	0	7	1	0	7	0	0	6	0	1	13	0
시설미비	16	5	5	19	5	5	19	11	4	22	5	2
제품노후(고장)	5	1	6	13	1	4	24	2	11	12	1	2
단순누출	3	1	2	0	0	0	0	0	0	0	0	0
과열화재	1	1	0	1	1	0	1	1	0	2	2	0
교통사고	0	2	1	2	6	0	2	1	0	2	3	2
자연재해	0	0	0	0	0	0	0	0	0	0	0	0
고의사고	5	7	0	6	3	0	10	2	0	1	6	0
기타	6	4	2	10	3	1	10	6	4	11	2	3

〈그림〉 시기 및 가스별 가스 사고 건수

(단위: 건)

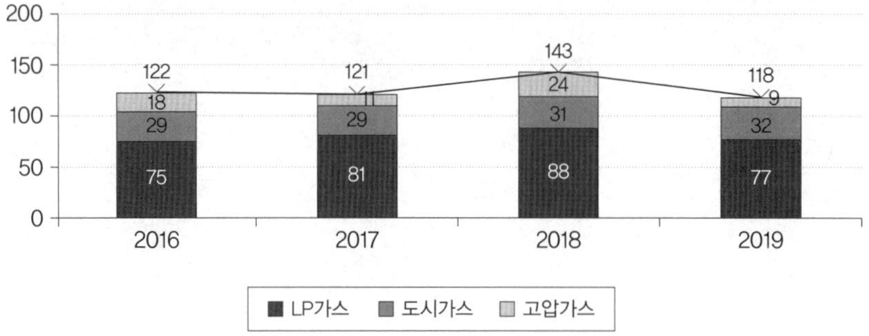

※ 출처: KOSIS(한국가스안전공사, 가스사고통계)

① 주어진 시기의 전체 가스 사고와 고압가스 사고 건수의 증감 추이는 동일하다.

② 전체 가스 사고 중 도시가스와 고압가스의 사고 비율의 합은 매년 40% 이하이다.

③ 2017~2019년 LP가스 사고의 원인 항목 중 기타를 제외한 상위 3개 항목은 매년 동일하다.

④ 2018년의 사고 발생 건수 중 전년 대비 증가율은 도시가스가 LP가스보다 높다.

⑤ 주어진 시기의 원인별 연평균 발생 건수는 시설미비가 사용자 취급 부주의보다 많다.

22. 다음 표는 2003~2007년 전국 공공도서관 현황에 대한 자료이다. 자료에 대한 설명으로 옳지 않은 것은?

[2003~2007년 전국 공공도서관 시설 현황]

시점	직원 수(명)	도서관 수(개)	좌석 수(천 개)	자료 수(만 권)		
				소계	도서	비도서
2003	5,317	424	240	4,031	3,798	233
2004	5,977	461	256	3,802	3,482	320
2005	6,133	491	258	5,361	4,970	391
2006	6,550	551	248	5,584	5,189	
2007	6,862	581	270	6,108	5,667	441

[2003~2007년 전국 공공도서관 연간 이용 현황]

(단위: 백만 명, 백만 권)

시점	2003	2004	2005	2006	2007
연간 이용자 수	110	134	151	164	187
연간 이용책 수	135	143	198	249	282

※ 출처: KOSIS(행정안전부, 한국도시통계)

① 연간 이용자 1인당 평균 이용책 수는 2004년 대비 2005년에 증가하였다.

② 도서관 1개당 보유하고 있는 평균 좌석 수는 2003년 대비 2006년에 감소하였다.

③ 전국 공공도서관 자료 수의 전년 대비 증가량이 가장 큰 해의 도서관 1개당 평균 직원 수는 12명 이상이다.

④ 2003년 대비 2004년의 전국 공공도서관 수의 증가율은 전국 공공도서관 내 총 좌석 수의 증가율보다 작다.

⑤ 2003~2007년 전국 공공도서관이 보유한 총 비도서의 수는 매년 증가한다.

23. 다음은 국내총생산(GDP)과 1인당 국민총소득(GNI)에 대한 자료이다. 자료에 대한 설명으로 옳은 것을 모두 고르면?

[연도별 국내총생산 및 1인당 국민총소득]

구분		2011	2012	2013	2014	2015	2016	2017	2018
국내총생산(GDP)	원화(조 원)	1,389	1,440	1,501	1,563	1,658	1,741	1,836	1,893
	전년 대비 증감률(%)	-	3.7	4.2	4.1	6.1	5.0	5.5	3.1
	달러(억 달러)	12,534	12,780	13,706	14,840	14,653	15,000	16,233	17,209
	전년 대비 증감률(%)	-	2.0	7.2	8.3	-1.3	2.4	8.2	6.0
1인당 국민총소득(GNI)	원화(만 원)	2,799	2,899	2,995	3,095	3,260	3,411	3,589	3,979
	전년 대비 증감률(%)	-	3.6	3.3	3.3	5.3	4.6	5.2	10.9
	달러(달러)	25,256	25,724	27,351	29,384	28,814	29,394	31,734	33,434
	전년 대비 증감률(%)	-	1.9	6.3	7.4	-1.9	2.0	8.0	5.4

㉠ 원화 기준 2018년 GDP는 1,893조 원으로 전년 대비 3.1% 성장하였다.
㉡ 달러 기준 2018년 1인당 GNI는 33,434달러로 7년 전 대비 35% 이상 증가하였다.
㉢ 원화 기준 GDP의 전년 대비 증감률이 가장 높은 해에 1인당 GNI의 전년 대비 증감률도 가장 높다.
㉣ 달러 기준 2014년 대비 2018년의 GDP 증가율은 같은 기간 1인당 GNI 증가율보다 크다.

① ㉠, ㉡　② ㉠, ㉣　③ ㉡, ㉢　④ ㉠, ㉡, ㉣　⑤ ㉠, ㉢, ㉣

[24 - 25] 다음은 고령층 인구(55~79세)의 경제 활동 현황을 나타낸 자료이다. 각 물음에 답하시오.

[고령층 취업자 및 고용률 추이]

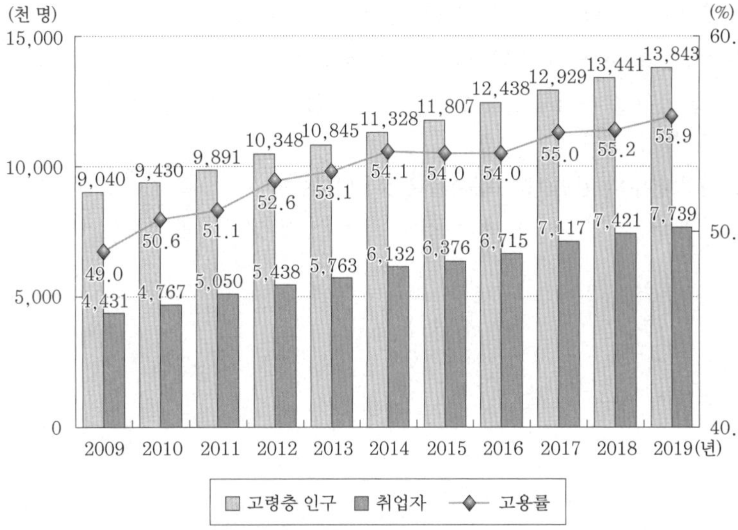

※ 고용률(%) = 취업자 / 고령층 인구 × 100

[고령층 경제 활동 상태]

(단위: 천 명)

구분		2018년 5월			2019년 5월			
		고령층 인구	55~64세	65~79세	고령층 인구	증감	55~64세	65~79세
전체		13,441	7,677	5,764	13,843	402	7,883	5,960
경제 활동 인구	계	7,621	5,371	2,250	7,974	353	5,524	2,450
	취업자	7,421	5,213	2,208	7,739	318	5,350	2,389
	실업자	200	158	42	235	35	174	61
비경제 활동 인구		5,820	2,306	3,514	5,869	49	2,359	3,510
경제 활동 참가율(%)		56.7	70.0	39.0	57.6	0.9	70.1	41.1
고용률(%)		55.2	67.9	38.3	55.9	0.7	67.9	40.1
실업률(%)		2.6	2.9	1.9	2.9	0.3	3.1	2.5

※ 증감은 2018년 5월 고령층 인구 대비 2019년 5월 고령층 인구의 수치 변화를 의미함

24. **다음 중 자료에 대한 설명으로 옳지 않은 것은?**

① 2019년 5월 고령층 인구의 경제 활동 참가율은 전년 동월 대비 1%p 미만 증가하였다.

② 2009년부터 2019년까지 고령층 인구의 고용률이 계속 증가한 것은 아니다.

③ 2019년 고령층 인구는 10년 전 대비 약 55% 증가하였다.

④ 2019년 5월 고령층 인구 중 비경제 활동 인구가 전년 동월 대비 증가한 것은 55~64세 비경제 활동 인구가 증가했기 때문이라고 볼 수 있다.

⑤ 2019년 고령층 취업자 수의 전년 대비 증가율은 5% 미만이다.

25. **2010년부터 2019년까지 고령층 인구의 고용률이 전년 대비 가장 크게 변화한 해에 고령층 취업자 수의 전년 대비 증가율은?** (단, 증가율은 소수점 둘째 자리에서 반올림하여 계산한다.)

① 6.3% ② 6.8% ③ 7.3% ④ 7.6% ⑤ 8.1%

26. 다음은 시도별 가구당 자산, 부채, 소득 현황 중 일부이다. 아래 자료에 대한 해석으로 옳지 않은 것은?

시도	항목	2020	2019	2018	2017
서울	가구주 연령(세)	55	54	53	53
	경상소득(전년도)(만 원)	6,575	6,595	6,495	6,172
	자산(만 원)	67,839	64,240	60,714	54,431
	부채(만 원)	11,077	10,635	10,073	9,690
	순자산(만 원)	(a)	53,605	50,641	44,741
인천	가구주 연령(세)	55	54	53	53
	경상소득(전년도)(만 원)	6,075	5,704	5,536	5,069
	자산(만 원)	40,605	35,159	33,800	30,464
	부채(만 원)	8,498	7,277	(b)	6,333
	순자산(만 원)	32,107	27,882	26,735	24,131
경기	가구주 연령(세)	54	53	52	51
	경상소득(전년도)(만 원)	6,503	6,430	6,320	5,913
	자산(만 원)	48,437	47,546	45,940	42,032
	부채(만 원)	10,213	10,217	9,850	9,028
	순자산(만 원)	38,224	37,329	36,090	33,005

※ 순자산 = 자산 − 부채

※ 출처: KOSIS(한국은행, 가계금융복지조사)

① 경기도의 가구당 자산액은 2018년에서 2019년에 3% 이상 증가했다.

② 서울시의 2020년 가구당 순자산액은 56,762만 원이다.

③ 모든 시도별 가구당 경상소득(전년도)은 2017년부터 지속적으로 증가했다.

④ 인천시의 2018년 가구당 부채액은 7,065만 원이다.

⑤ 2020년 자산 대비 부채 비율이 제일 높은 시도는 경기도이다.

27. 다음 표는 2017년에 조사한 스마트폰 1일 평균 이용횟수 설문조사 결과를 나타낸 자료이다. 자료에 대한 설명으로 옳은 것을 모두 고르면?

[스마트폰 1일 평균 이용횟수 설문조사 결과]

구분		응답자특성별	10회 미만(%)	10회 이상 30회 미만 (%)	30회 이상 50회 미만 (%)	50회 이상 (%)	평균(회)
전체	소계	소계	27.3	39.9	20.6	12.2	24.7
연령대	유아동 (만 3~9세)	소계	78.2	15.7	4.9	1.2	7.0
		과의존위험군	18.5	49.2	25.8	6.5	21.7
		일반사용자군	92.3	7.7	0.0	0.0	3.5
	청소년 (만 10~19세)	소계	21.5	47.0	20.8	10.7	24.0
		과의존위험군	28.5	45.8	15.0	10.7	22.2
		일반사용자군	18.5	47.5	23.3	10.7	24.8
	성인 (만 20~59세)	소계	23.8	40.4	21.8	14.0	26.8
		과의존위험군	21.4	32.0	28.6	18.0	32.7
		일반사용자군	24.3	42.2	20.4	13.1	25.5
	60대 (만 60~69세)	소계	22.2	46.2	23.0	8.6	23.0
		과의존위험군	17.1	44.1	26.7	12.1	26.8
		일반사용자군	22.9	46.5	22.6	8.0	22.4

[스마트폰 1일 평균 이용횟수 설문조사 표본 수]

(단위: 명, %)

구분	표본 수	과의존위험군 비율
전체	29,712	18.6
남성	14,790	17.9
여성	14,922	19.3
유아동(만 3~9세)	2,651	19.2
청소년(만 10~19세)	5,144	30.3
성인(만 20~59세)	19,712	17.3
60대(만 60~69세)	2,205	12.9

※ 출처: KOSIS(과학기술정보통신부, 스마트폰과의존실태조사)

〈보기〉

㉠ 연령대가 높아질수록 과의존위험군, 일반사용자군 모두 1일 평균 스마트폰 이용횟수가 증가한다.
㉡ 설문조사에서 과의존위험군에 속하는 여성이 과의존위험군에 속하는 남성보다 많다.
㉢ 스마트폰 1일 평균 이용횟수가 가장 많은 연령대는 과의존위험군, 일반사용자군 모두 성인이다.
㉣ 과의존위험군 청소년 중 스마트폰 1일 평균 이용횟수가 10회 미만이라고 한 응답자 수는 과의존위험군 60대 중 스마트폰 1일 평균 이용횟수가 10회 미만이라고 한 응답자 수의 10배 이하이다.

① ㉠, ㉡　② ㉡, ㉢　③ ㉡, ㉣　④ ㉢, ㉣　⑤ ㉡, ㉢, ㉣

28. **다음은 우리나라 비만유병률 추이를 나타낸 자료이다. 이에 대한 설명으로 옳은 것은?** (단, 응답자 수는 소수 첫째 자리에서 반올림, 백분율은 소수 둘째 자리에서 반올림한 수치이다.)

[연령대별 비만유병률 추이]

(단위: 명, %)

응답자 특성	세부 특성	2016		2017		2018	
		응답자 수	백분율	응답자 수	백분율	응답자 수	백분율
연령대별	19~29세	686	27.2	722	29.4	756	26.9
	30~39세	1,064	34.2	888	33.4	894	37.8
	40~49세	1,139	39.0	1,136	35.3	1,130	36.8
	50~59세	1,109	36.1	1,214	38.0	1,197	35.2
	60~69세	1,017	40.2	1,099	38.0	1,108	36.8
	70세 이상	1,064	37.5	1,091	34.7	1,085	38.0

[2011~2018년 연도별 전체 인구 비만유병률]

(단위: %)

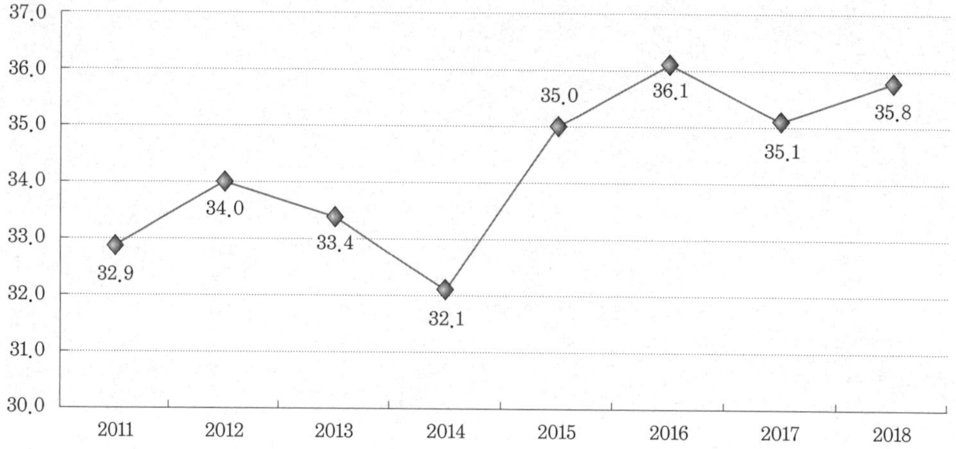

※ 출처: KOSIS(통계청, 국민건강영양조사)

① 2016년 50~59세의 비만유병률은 2011~2018년 전체 인구 비만유병률보다 항상 높다.

② 60세 이상 연령대의 비만유병자 수는 2016년 대비 2017년에 증가했다.

③ 전체 인구 비만유병률은 2012년부터 2년간 소폭 하락 후 지속 증가했다.

④ 2018년 응답자 중 40~49세 비만유병자는 50~59세 비만유병자보다 적다.

⑤ 2016년부터 2018년까지 19~29세 연령의 응답자 중 비만유병자 수는 지속 증가했다.

29. 다음 표는 2018~2019년 감전사고 현황에 대한 자료이다. 이에 대한 〈보기〉의 설명 중 옳은 것을 모두 고르면?

[2018~2019년 감전형태별 감전사고 현황]

(단위: 명)

감전형태	2018			2019		
	전체 사상자 수	사망자 수	부상자 수	전체 사상자 수	사망자 수	부상자 수
전체	515	17	498	508	27	481
충전부직접접촉	263	12	251	248	21	227
누전	50	5	45	29	4	25
정전유도	4	–	4	6	–	6
아크	185	–	185	195	1	194
플래쉬오버	13	–	13	29	1	28
기타	–	–	–	1	–	1

[2018~2019년 화상정도별 감전사고 현황]

(단위: 명)

화상정도	2018			2019		
	전체 사상자 수	사망자 수	부상자 수	전체 사상자 수	사망자 수	부상자 수
전체	515	17	498	508	27	481
1도	137	10	127	172	18	154
2도	233	4	229	213	3	210
3도	126	1	125	111	3	108
4도 이상	19	2	17	12	3	9

※ 출처: KOSIS(한국전기안전공사, 감전재해조사)

〈보기〉

㉠ 2019년에 감전사고로 인한 사망자 중 2도 이상의 화상을 입은 사람의 비중은 전년 대비 감소하였다.
㉡ 2018년 아크로 인한 부상자 중 2도 이하의 화상을 입은 사람의 수는 적어도 43명 이상이다.
㉢ 감전사고로 인한 전체 사상자 중 충전부직접접촉으로 인한 감전사고 사상자가 차지하는 비중은 전년 대비 2019년에 증가하였다.
㉣ 2019년 3도 이하의 화상을 입은 사람 중 충전부직접접촉으로 인한 감전사고 사상자가 2019년 아크로 인한 감전사고 사상자의 수보다 많다.

① ㉠, ㉡　② ㉡, ㉢　③ ㉡, ㉣　④ ㉠, ㉡, ㉢　⑤ ㉠, ㉡, ㉣

30. 다음은 우리나라 연도별 공공기관 신규채용 현황을 보여주는 자료이다. 이에 대한 설명으로 옳지 않은 것은?

[연도별 공공기관 신규채용 현황]

(단위: 명)

구분		2011년	2012년	2013년	2014년	2015년	2016년
전체		14,673	16,608	㉠	17,568	18,932	20,474
공기업	전체	2,684	4,279	4,041	4,158	4,331	5,112
	시장형	1,856	2,713	3,126	2,912	3,202	㉡
	준시장형	828	1,566	915	1,246	1,129	1,549
준정부기관	전체	㉢	3,943	3,980	5,040	4,835	5,858
	기금관리형	1,352	1,047	1,252	1,274	1,011	1,151
	위탁집행형	2,769	2,896	2,728	3,766	3,824	4,707
기타공공기관		7,868	8,386	9,303	8,370	㉣	9,504

※ 신규채용 전체 인원 = 공기업 채용 인원 + 준정부기관 채용 인원 + 기타 공공기관 채용 인원

※ 출처: 알리오, 공공기관 신규채용 현황

① 조사기간 중 공공기관 전체 신규채용 인력 현황은 매년 증가하고 있다.

② 매년 신규채용 인력 중 공기업과 준정부기관에서 채용하는 인력은 전체의 절반 이상을 차지하고 있다.

③ 2014년 위탁집행형 준정부기관의 신규채용 증가 인력 수는 기타 공공기관의 신규채용 감소 인력 수보다 더 크다.

④ 2011년 대비 2016년 공공기관 채용 인력은 기금관리형 공공기관을 제외한 모든 기관에서 증가하였다.

⑤ 기타공공기관 신규채용 인력이 가장 많은 해와 가장 적은 해는 1,900명 이하로 차이가 난다.

31. 마을에서 절도 사건이 발생했는데 용의자는 갑, 을, 병, 정이며 이 중 한 명이 범인이다. 이들의 진술이 아래와 같을 때 다음 중 옳지 않은 것은?

갑: 을이나 병 중에 한 명이 범인이다. 을: 정은 범인이 아니다. 병: 을은 거짓말을 하고 있다. 정: 갑이나 을 중에 한 명이 범인이다.

① 거짓을 말하는 사람이 1명이면 범인은 을이다.

② 거짓을 말하는 사람이 3명이면 진실을 말하는 사람은 병이다.

③ 갑이 범인이면 병은 거짓을 말하고 있다.

④ 병이 범인이면 진실을 말하는 사람은 2명이다.

⑤ 거짓을 말하는 사람이 2명이면 갑은 반드시 진실을 말하고 있다.

32. L 회사에서 만들어지는 LCD TV를 자세히 살펴보면 하나의 화소(색을 표현하는 점)는 아래와 같이 12개의 R(적색), G(녹색), B(청색) 칸으로 이루어진다. 12개의 칸의 색에 대한 정보는 〈보기〉와 같을 때, 아래의 발언 중 잘못된 것은?

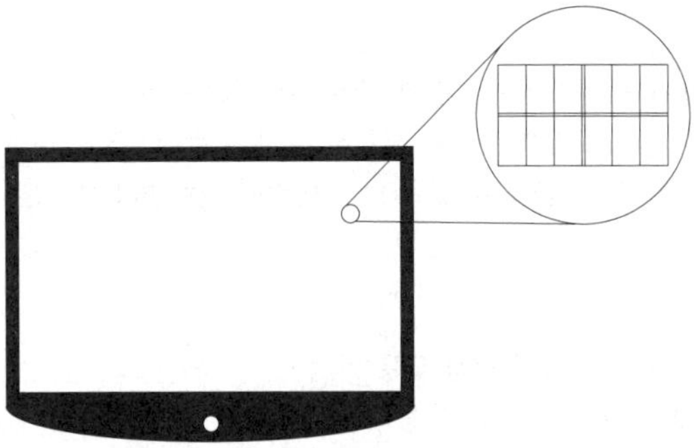

〈보기〉

- A 행과 B 행의 2, 5열의 4칸에는 R, G, B가 적어도 하나씩 들어간다.
- A 행과 B 행의 1, 6열의 4칸에는 R, G, B가 적어도 하나씩 들어간다.
- A 행 [1, 2, 3], [4, 5, 6]칸, B 행 [1, 2, 3], [4, 5, 6]칸에는 R, G, B가 각각 하나씩 존재해야 한다.
- 상하좌우로 인접한 어떤 두 칸도 같은 색일 수 없다.
- A 행과 B 행의 3, 4열은 아래와 같이 확정되어 있다.

	1열	2열	3열	4열	5열	6열
A 행			R	G		
B 행			B	R		

〈화소를 확대한 그림〉

① A 행의 5열이 R이면 B 행의 1열은 R이다.

② B 행의 6열이 G라면 A 행의 2열은 G이다.

③ A 행의 6열과 B 행의 2열은 같은 색이 가능하다.

④ A 행의 1열과 B 행의 6열은 같은 색이다.

⑤ A 행의 2열과 B 행의 4열은 같은 색이 불가능하다.

[33 - 34] 다음은 ○○은행의 고향기부플러스적금에 대한 설명이다. 각 물음에 답하시오.

상품명: 고향기부플러스적금

1. 상품개요 및 특징
   - 고향사랑기부제와 연계하여 농촌지자체 발전에 기여하는 적금 상품
   - 고향사랑기부제 참여자 대상으로 우대금리를 제공하는 자유적립식 적금 상품
   - 판매금액 일부가 지역 사회 공익기금으로 적립되어 지방자치단체 발전에 기여

2. 거래조건
   - 가입대상: 개인(1인 1계좌)
   - 가입방법: 영업점 방문, 인터넷·모바일 뱅킹 모두 가능
   - 적립방식: 자유적립식(매월 자유롭게 입금 가능)
   - 가입금액: 최초 1만 원 이상, 매회 1천 원 이상, 월 최대 40만 원
   - 가입기간: 12~24개월(월 단위 선택 가능)
   - 이자지급: 만기 또는 중도해지 시 지급(중도해지 시 이율 낮음)
   - 비과세: 자격 충족 시 비과세 종합저축 가능
   - 기타: 계약은 상품특약 및 약관 기준에 따름

3. 금리 및 우대조건
   - 기본금리: 연 2.7%
   - 우대금리(최대 +0.65%p)

조건	우대금리
고향사랑기부금 5만 원 이상 납부	+0.4%p
60세 이상 고객	+0.1%p
청년층(만 18~34세)	+0.2%p
인터넷뱅킹 가입	+0.05%p

4. 기타 유의사항
   - 고향사랑기부제 참여 시
     - 세액공제 혜택(10만 원 이하 전액, 초과분 16.5%)
     - 지역 답례품 제공
   - 우대금리 적용을 위해 기부금 영수증 등 증빙서류 제출 필요
   - 만기 전 해지 시, 중도해지금리 적용 → 이자 손해 발생 가능
   - 자동해지 등록 계좌는 만기 전 우대금리 신청 필수
   - 압류, 질권 설정 시 원금 및 이자 지급 제한 가능

33. 다음 중 '고향기부플러스적금'에 대한 설명으로 옳은 것은?

① 이 상품은 매달 동일한 금액을 자동이체 해야 한다.

② 고향사랑기부금을 5만 원 납부한 고객은 우대금리 0.65%p를 받을 수 있다.

③ 가입기간은 최소 6개월부터 최대 36개월까지 자유롭게 선택할 수 있다.

④ 가입금액은 반드시 5만 원 이상부터 시작해야 하며, 매달 최소 3만 원 이상을 넣어야 한다.

⑤ 고향기부플러스적금의 기본금리가 연 2.7%이고, 한 가입자가 받을 수 있는 우대금리를 모두 적용받으면 최대 연 3.35% 금리가 가능하다.

34. 다음은 고향기부플러스적금에 가입한 다섯 명에 대한 내용이다. 이들 중 받을 수 있는 최종 연 금리가 가장 높은 사람은?

이름	나이	고향사랑기부금 납부액	인터넷뱅킹 가입 여부
갑	30	5만 원	미가입
을	70	0원	가입
병	40	5만 원	가입
정	25	3만 원	미가입
무	68	2만 원	미가입

① 갑　② 을　③ 병　④ 정　⑤ 무

35. **다음 명제가 모두 참일 때 항상 옳은 것은?**

> • 우울한 사람은 초연하지 않다.
> • 자존감이 높은 사람 중에 우울한 사람이 있다.
> • 초연한 사람 중에 자존감이 높지 않은 사람이 있다.

① 초연하면서 자존감이 높은 사람이 있다.
② 우울하면서 자존감이 높지 않은 사람이 있다.
③ 자존감이 높은 사람은 모두 초연한 사람이다.
④ 자존감이 높으면서 우울하지만 초연하지 않은 사람이 있다.
⑤ 우울하지 않으면서 초연하지만 자존감이 높은 사람이 있다.

36. **한 공장에 새로운 생산 라인이 생기면서 1개월마다 한 명씩 새로운 사원이 추가로 배치되었다. 다음 그래프는 사원 수의 변화에 따른 이 생산 라인의 1인당 월평균 생산량을 표시한 것이다. 〈보기〉의 설명 중 옳은 것을 모두 고르면?** (단, 1월에 일하는 사원은 A 사원 혼자이다.)

[사원 수별 1인당 월평균 생산량]

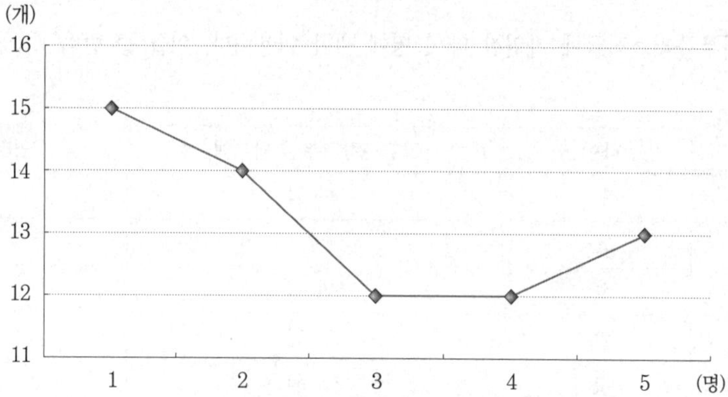

※ 1) 1월에 A 사원이 투입되었고 이후 4개월 동안 매월 B, C, D, E 사원이 차례로 1명씩 추가 투입되었음
2) 다른 조건은 일정하며 사원별 월간 생산량은 측정 기간 동안 변하지 않았다고 가정함

> 〈보기〉
> ㉠ 총 생산량이 가장 많은 달은 1월이고 가장 적은 달은 3월과 4월이다.
> ㉡ 다섯 명 중 월간 생산량이 가장 많은 사원은 5월에 새로 투입된 사원이다.
> ㉢ 다섯 명 중 월간 생산량이 가장 적은 사원은 3월에 새로 투입된 사원이다.
> ㉣ A 사원보다 B 사원의 월간 생산량이 더 많다.

① ㉡, ㉢　　② ㉢, ㉣　　③ ㉠, ㉡, ㉢　　④ ㉡, ㉢, ㉣　　⑤ ㉠, ㉡, ㉢, ㉣

37. 이번 세미나에 참석할 사람으로 가영, 나희, 다솔이 후보자로 선정되었다. 이 가운데 누가 참석할 것인지에 대해 다음과 같은 규칙이 적용된다고 할 때, 다음 중 반드시 거짓인 것은?

〈규칙〉

- 가영과 다솔이 동시에 참석하는 경우는 없다.
- 셋 중 최소 1명은 참석해야 한다.
- 나희가 참석하면 가영은 참석하지 않는다.

① 셋이 참석하는 경우의 수는 4가지이다.

② 나희가 참석하면 다솔도 참석한다.

③ 다솔이 참석하면 나희도 참석한다.

④ 가영이 참석하지 않는 경우, 나희와 다솔이 참석하는 경우의 수는 2가지이다.

⑤ 다솔이 참석하지 않는 경우, 가영과 나희 중에 한 명만 참석한다.

38. **다음 내용에 대한 설명으로 옳은 것은?**

> 고조선이 어떠한 사회였는지, 그리고 한군현이 설치된 이후 사회 모습이 어떻게 변화했는지 살펴보는 것은 중요한 역사적 과제이다. 단군조선에 관한 기록은 대부분 신화나 설화의 형태로 전해지며, 대표적으로 단군의 아들 부루가 도산에서 하나라의 우임금을 만났다는 이야기가 전해질 뿐이다. 이는 역사적 사실이라기보다는 민간에서 전승된 이야기로, 단군조선의 구체적인 사회 구조나 정치 체계에 대해서는 명확한 자료가 부족한 실정이다.
>
> 그 다음으로 전해지는 기자조선의 전설에서는 당시 사회가 점차 조직화되고 체계화되는 모습이 엿보인다. 기자는 정전제라는 토지 제도를 도입하였고, 8조교라는 법률과 도덕 규범을 세워 백성들을 교화하는 한편, 시서예악 등 유교적 교양을 가르쳤다고 전해진다. 이 8조교 중 현재는 다음의 3조목만이 알려져 있는데, 이 3조목이 실제로 기자가 만든 것인지는 확실하지 않지만 고조선 고유의 법령임은 분명하다. 이러한 기록들은 고대 사회가 점차 부족 단위를 넘어 국가적 체계로 발전해 가는 과정을 보여준다.
>
> 첫째, 사람을 죽인 자는 사형에 처한다.
> 둘째, 남에게 상해를 입힌 자는 곡물로써 배상한다.
> 셋째, 남의 물건을 훔친 자는 데려다 노비로 삼는다. 단, 스스로 속죄하려는 자는 1인당 50만 전을 내야 한다.
>
> 이밖에 나머지 5조목은 아마도 간음이나 질투에 대한 처벌이 아니었을까 짐작된다. 부여에도 고조선과 비슷한 법금이 있고, 또 고려시대에 유행했던 8관계율도 그와 비슷한 내용을 담고 있기 때문이다.
>
> **※ 부여의 법금**
> ① 살인자는 사형에 처하고, 그 가족은 노비로 삼는다.
> ② 남의 물건을 훔친 자는 12배로 배상한다.
> ③ 간음한 자는 사형에 처한다.
> ④ 남편에 대하여 질투하는 여자는 죽인다.
>
> **※ 고려시대의 8관계율**
> ① 살상하지 말라. ② 도둑질하지 말라.
> ③ 질투하지 말라. ④ 간음하지 말라.
> ⑤ 음주하지 말라. ⑥ 사치하지 말라.
> ⑦ 높은 자리를 탐하지 말라.
> ⑧ 보고 듣는 일을 즐기지 말라.

① 단군조선에 관한 기록은 대부분 역사적 사실에 근거한 문서로 남아 있다.

② 고조선의 8조교는 살인, 상해, 도둑질에 대한 처벌 규정이 있었으나, 간음과 질투에 대한 조항은 명확히 전해지지 않는다.

③ 고조선의 8조교 중 사람을 죽인 자는 곡물로 배상해야 한다는 조항이 포함되어 있다.

④ 부여의 법금에서는 도둑질한 자에게 사형을 내리는 내용이 포함되어 있다.

⑤ 고려시대 8관계율에 의하면 사치와 재혼을 금지함을 알 수 있다.

39. ○○공사는 '○○공사 정책 설명회'를 4개 도시에서 개최하려고 한다. 총예산을 최소화하고자 할 때, 다음 자료를 토대로 추론한 내용으로 옳은 것을 〈보기〉에서 모두 고르면?

[설명회 유형별 특성]

구분	설명회장 1개당 수용 인원	참석 시민 100명당 운영비
종합 설명회	200명	500,000원
표준 설명회	150명	400,000원
간편 설명회	100명	300,000원

[도시별 예상 정보]

구분	예상 참석 시민 수	설명회장 1개당 대관료
서울	600명	2,000,000원
부산	400명	1,500,000원
대구	250명	1,000,000원
광주	150명	800,000원

※ 1) 총예산 = (총 대관료) + (총 운영비)
2) 필요한 설명회장의 수는 (예상 참석 시민 수 ÷ 설명회장 1개당 수용 인원)으로 계산하며 소수점 첫째 자리에서 올림함

〈보기〉

ㄱ. 서울에서 총예산이 가장 적게 드는 유형은 종합 설명회이다.
ㄴ. 대구에서 표준 설명회를 진행할 때의 총예산은 종합 설명회를 진행할 때보다 250,000원 적다.
ㄷ. 4개 도시 모두에서 가장 저렴한 유형만을 선택하여 진행할 경우, 총예산은 2,000만 원이 넘는다.

① ㄱ
② ㄷ
③ ㄱ, ㄴ
④ ㄴ, ㄷ
⑤ ㄱ, ㄴ, ㄷ

40. 갑, 을, 병, 정, 무 다섯 팀이 리그전으로 경기를 했으며, 경기 내용은 다음과 같았다. 그러나 이 정보만으로는 전체 경기 결과를 알 수 없어서 정보를 추가하고자 할 때, 전체 경기 결과를 알 수 있는 정보로 옳지 않은 것은?

- 게임에서 이기면 3점, 지면 0점을 획득하며 무승부는 없었다.
- 갑은 무에게 졌으며, 갑의 총점은 9점이다.
- 병은 을에게 졌으며, 을의 총점은 3점이다.
- 정은 무에게 이겼으며, 무의 총점은 6점이다.

① 병의 총점은 을의 총점보다 높다.

② 정은 3승을 거뒀다.

③ 병과 정의 승수를 합하면 4이다.

④ 경기 결과 을이 단독으로 5위를 차지했다.

⑤ 경기 결과 갑이 단독으로 1위를 차지했다.

41. 아래 제시문에 대한 설명으로 옳지 않은 것은?

> 1. **채용 인원:** 총 527명(비전임교원 41명, 강사 486명)
>
> 2. **지원 자격:**
> 가. 공통: 「고등교육법」 등 관련 규정에서 정한 자격을 충족하거나 이에 준하는 경력을 보유해야 합니다.
> 나. 강사: 만 65세 미만이어야 하며, 임용 후 만 65세가 되면 해당 학기 말일로 당연 퇴직합니다.
> 다. 겸임교수: 원소속(본직)기관에서 상시적으로 근무하고 있는 자(기간제 및 단시간근로자 제외)로서, 근무 경력이 3년 이상이어야 합니다. 또한, 담당하게 될 교수 및 연구 내용이 원소속기관의 직무 내용과 유사해야 합니다.
>
> 3. **임용 기간:**
> 가. 기본 임용 기간은 20X5년 9월 1일(월)부터 20X6년 8월 31일(월)까지 1년입니다.
> 나. 초빙교수 및 겸임교수의 경우 최대 2년까지 임용될 수 있습니다.
> 다. 강사는 신규 임용 기간을 포함하여 3년간 재임용 절차가 보장됩니다.
> 라. 교과목이 개설되지 않아 강의를 담당하지 않는 학기 또한 임용 기간에 포함됩니다.
>
> 4. **전형 방법:**
> 가. 전형 구분: 일반전형과 학문후속세대전형으로 나뉩니다.
> 나. 학문후속세대전형은 박사학위 미취득자 또는 박사학위 취득 후 3년 이내인 자만 지원할 수 있습니다.
> 다. 심사 절차: 총 3단계로 진행됩니다(기초심사, 전공심사, 면접심사). 기초·전공심사를 통해 3배수 내외의 후보자를 선발하며, 면접심사는 해당 합격자에 한하여 진행됩니다.
>
> 5. **지원 방법 및 기간:**
> 가. 공고 및 지원서 접수 기간: 20X5년 5월 30일(금)부터 20X5년 6월 9일(월) 15시까지입니다.
> 나. 서류 제출: 지원서 접수 기간과 동일하게 온라인으로 제출하며, 모든 서류를 PDF 형태로 변환하여 하나의 압축 파일로 업로드해야 합니다.
>
> 6. **기타 유의사항:**
> 가. 중복 지원은 불가능하며, 중복 지원 시 모든 지원이 무효 처리됩니다.
> 나. 20X5년 9월 1일 기준으로 본교에 재직 중인 비전임교원, 강사, 조교는 지원할 수 없습니다.
> 다. 제출 서류에 허위 사실이 있거나 신원조회 및 성범죄경력조회 결과 문제가 있을 경우 합격이 취소될 수 있습니다.
> 라. 채용 전형 결과는 20X5년 7월 10일(목)에 지원서에 기재된 이메일로 안내될 예정입니다.

① 총 527명을 채용하며, 이 중 강사는 486명이다.

② 강사는 만 65세 미만이어야 하며, 임용 후 만 65세에 달하면 해당 학기 말일로 당연 퇴직한다.

③ 겸임교수는 원소속기관에서 상시 근무하고 있으며, 근무 경력이 3년 이상인 자에 한하여 지원할 수 있다.

④ 지원서 접수 및 서류 제출 기간은 20X5년 5월 30일(금)부터 20X5년 6월 9일(월) 15시까지이다.

⑤ 본교에서 20X5년 9월 1일 자 기준 재직 중인 비전임교원 및 강사, 조교는 학문후속세대전형으로 지원 가능하다.

42. 다음 중 제시문에서 추론할 수 있는 것으로 옳은 것은?

말뚝들 위에 지은 다리 교각의 견고함은 대체로 말뚝들이 박힌 깊이에 달려 있다. 1700년 이전 말뚝들은 '거부'될 때까지 박혔는데, '거부'란 말뚝들이 더 깊이 들어갈 수 없는 지점에 도달했다는 것을 의미한다.

베네치아에서는 리알토 다리를 보라는 말이 있을 정도로 리알토 다리는 물의 도시 베네치아를 대표하는 다리이다. 리알토 다리는 1854년까지 대운하 사이의 유일한 다리였으며 그 아래로 무역선들이 문제없이 지나다닐 수 있게 교각 중심이 높이 치솟은 아치형이 특징이다. 리알토 다리는 안토니오 다 폰테에 의해 만들어졌으며 르네상스 토목 공학의 대표적인 업적으로 평가된다. 그런데 1588년 리알토 다리 교각의 견고함에 대한 조사에 따르면 다리를 만든 안토니오 다 폰테는 '거부'에 대한 당대의 표준을 만족시켰다고 생각했다. 왜냐하면 그는 해머로 말뚝들을 24번 내리쳐서 2인치 이상 들어가지 않을 때까지 계속해서 박았기 때문이다.

① 리알토 다리는 안전하지 않은 말뚝들로 건설되었다.

② 거부에 대한 기준은 다리의 안전을 보증할 수 있을 만큼 충분하지 않다.

③ 거부에 대한 다 폰테의 기준은 당시 다른 다리 건축가들에 비해 덜 엄격했다.

④ 1588년 이후 거부지점까지 박힌 말뚝들로 건설된 다리는 없었다.

⑤ 건설 당시 리알토 다리의 모든 말뚝들은 해머로 24번 내리쳐도 2인치 이상 들어가지 않았을 것이다.

43. 현수는 3층짜리 상가 빌딩을 가지고 있는데, 최근 이 지역의 도시계획이 변경되면서 대상 토지의 용적률 및 건폐율이 상승되어 보다 높은 빌딩을 지을 수 있게 되었다. 이에 현수는 감정평가사와 건축사에게 투자개발 컨설턴트를 의뢰한 결과 다음과 같은 보고서를 받았을 때, 이 보고서를 토대로 현수가 선택할 수 있는 가장 적절한 판단은?

[투자개발 보고서]

가. 대상 토지 시가: 50억 원
나. 대상 건물 연간 임대료: 2억 원
다. 대상 건물 예상 철거비: 2억 원
라. 대상 토지를 주차장으로 이용 시 연간 예상 수익: 3억 원
마. 건폐율 및 용적률을 최대로 한 상가건물 신축비 및 임대료: 30억 원과 연간 6억 원의 수익
바. 임대주택 신축 시 비용 및 임대료수익: 20억 원과 연간 5억 원의 수익
사. 대상 건물 리모델링 시 비용 및 리모델링 후 연간 임대료: 10억 원과 연간 4억 원의 수익
아. 환원율: 0.1

※ 부동산의 가치 = 연간 예상 수익 / 환원율
예 대상 건물 연간 임대료가 1억 원인 경우 대상 건물의 가치 = 1억 원 / 0.1 = 10억 원

① 대상 건물을 현재 상태 그대로 계속 이용한다.

② 대상 건물을 철거하고 주차장으로 이용한다.

③ 대상 건물을 철거하고 상가건물을 신축한다.

④ 대상 건물을 철거하고 임대주택을 신축한다.

⑤ 대상 건물을 리모델링한다.

44. **이번 달 도서관에서 대출할 수 있는 책의 종류는 소설, 역사, 과학, 예술, 여행, 요리 여섯 종류인데 이 가운데 세 종류의 책만을 대출하려고 한다. 다음 조건에 의할 때 대출할 수 없는 책으로만 짝지어진 것은?**

- 여행책을 대출하면 예술책도 대출한다.
- 여행책을 대출하지 않으면 소설책도 대출하지 않는다.
- 과학책을 대출하면 요리책도 대출한다.
- 역사책과 소설책 중 한 종류만 대출할 수는 없다.
- 역사책을 대출하지 않으면 과학책을 대출한다.

① 소설, 예술　② 역사, 여행　③ 과학, 요리
④ 소설, 요리　⑤ 여행, 과학

45. **새로 책을 출간하게 된 성철은 출판 계약금으로 받은 금액을 투자할 계획을 세우고 있는데 은행에 넣어두기보다는 펀드에 1년간 투자하려고 하며, 각 펀드의 성격은 다음과 같다. 전문가들의 예측은 경기가 좋을 확률이 0.3, 경기가 보통일 확률이 0.5, 경기가 좋지 않을 확률이 0.2라는 분석이 지배적이다. 그렇다면 다음 중 옳지 않은 것은?**

- A 펀드는 경기에 큰 영향을 받지 않기 때문에 경기가 좋지 않을 때에는 300만 원의 이득을 얻고 경기가 보통일 때에는 700만 원의 이득을 얻으며 경기가 좋을 때에는 900만 원의 이득을 얻는다.
- B 펀드는 경기의 흐름과는 반대로 움직이기 때문에 경기가 좋을 때에는 200만 원의 손해를 보게 되고 경기가 보통일 때에는 700만 원의 이득을 얻으며 경기가 좋지 않을 때에는 오히려 1,500만 원의 이득을 얻게 된다.
- C 펀드는 경기에 큰 영향을 받기 때문에 경기가 좋지 않을 때에는 500만 원의 손해를 보고 경기가 보통일 때에는 700만 원의 이득을 얻으며 경기가 좋을 때에는 2,000만 원의 이득을 얻을 수 있다.

① 전문가의 예측에도 불구하고 내년 경기가 좋을 것이라고 예상한다면 C 펀드에 투자하는 것이 바람직하다.
② 경기에 관한 전문가의 예측을 전적으로 신뢰하여 최대한의 기대이득을 얻으려 한다면 A 펀드에 투자하는 것은 최악의 선택이 된다.
③ 성철이 자신은 운이 없어 어떤 펀드를 선택해도 최악의 결과를 얻는다고 판단한다면 A 펀드에 투자하는 것이, 운이 좋아 어떤 펀드를 선택해도 최선의 결과를 얻는다고 판단한다면 C 펀드에 투자하는 것이 합리적인 선택이 된다.
④ 전문가들의 예측에도 불구하고 내년 경기가 보통일 것이라고 예상한다면 어떤 펀드에 투자해도 상관없다.
⑤ 경기에 관한 전문가의 예측을 믿지 않고 경기에 관한 확률이 모두 동일하다고 생각한다면 C 펀드에 투자하는 것이 합리적인 선택이 된다.

46. △△기관의 탁 팀장은 이벤트 행사를 기획하는 업무를 담당하고 있으며, 내년 1년 동안 진행할 행사를 선정한 후 필요한 예산을 보고하려고 한다. 최대한 많은 행사를 최소 비용으로 진행하려고 할 때, 탁 팀장이 행사에 책정한 예산은?

[행사 선정 기준]

- 여러 행사를 동시에 진행하지 않는다.
- 한번 진행한 행사는 다시 진행하지 않는다.
- 1년 동안 행사를 진행하지 않는 기간이 4개월 이상이면 안 된다.

[행사별 정보]

구분	진행 기간	예산	지원 인원
A	3개월	3천만 원	4명
B	3개월	2천만 원	3명
C	5개월	4천만 원	4명
D	2개월	2천만 원	5명
E	6개월	5천만 원	3명

① 7천만 원　② 8천만 원　③ 9천만 원　④ 10천만 원　⑤ 11천만 원

47. 귀하는 20△△년 XX회사의 지사 방문 업무용 차량을 계약하는 업무를 담당하고 있다. 아래의 조건을 감안하여 귀하가 선택해야 하는 업체와 차량을 올바르게 연결한 것은?

[20△△년 XX회사 업무용 차량 계약 지침]

비용 절감을 위해 업무용 차량을 계약할 경우 1년 대여비용과 유류비용의 합이 가장 저렴한 업체 및 차량을 선택하여 계약한다.

가. 1년 주행 거리는 40,000km를 기준으로 한다.

나. 용도에 따라 차량 등급을 별도로 지정한다.

1) 사장 및 부사장 지급용 – 대형(3,500cc 이상)

2) 부사장 미만 임원 지급용 – 대형(3,500cc 미만)

3) 손님 접대용 – 대형(3,000cc)

4) 지사 방문용 – 준대형(3,000cc 미만)

5) 사내 업무용 – 준중형(2,000cc 미만)

다. 차량 계약 시 별도의 유종에 대한 제한은 두지 않는다.

라. 유류비의 계산은 해당연도 1월 1일의 유종별 가격을 기준으로 1년 주행 거리를 기준 내에서 최대로 주행했을 경우를 가정하여 산정한다.

[유종별 가격]

구분	휘발유(원/L)	경유(원/L)	LPG(원/L)
가격	1,400	1,200	980

※ 20△△년 1월 1일 기준

[업체별 차량 종류 및 대여료]

업체	차량	구분	배기량(cc)	유종	연비(km/L)	대여료(백만 원/연)	비고
S-class 렌터카	A	대형	3,500	휘발유	8	10	
	B	준대형	2,500	경유	15	7	1년 주행 거리 35,000km 이상 시 계약 불가
	C	준대형	2,000	휘발유	14	7	
3S 렌터카	B	준대형	2,500	휘발유	10	8	
	C	준대형	2,000	경유	18	7.5	1년 주행 거리 45,000km 이상 시 계약 불가
	D	준중형	1,600	휘발유	20	5	

※ 1) 자동차 보험료는 대여료에 모두 포함됨
2) 모든 대여료는 소수점에서 반올림함

① S-class 렌터카 – B 차량
② S-class 렌터카 – C 차량
③ 3S 렌터카 – B 차량
④ 3S 렌터카 – C 차량
⑤ 3S 렌터카 – D 차량

48. □□기업은 지역 아동센터에 학용품을 후원하기 위해 물품을 준비하고 있다. 아동센터마다 요청 품목이 다르며 요청 수량만큼 물품을 제공하려고 할 때, 모든 아동센터에 요청한 수량만큼 학용품을 제공하기 위한 최소 비용은?

[아동센터별 학용품 요청 정보]

아동센터	학용품명	요청 수량
푸른 하늘 센터	색연필	120세트
해맑은 꿈 터	필기구세트	180세트
햇살 가득 쉼터	크레파스	150세트

[물품 정보 및 업체별 가격 조건]

물품 구분	A 업체	B 업체
색연필	5,000원/세트	5,200원/세트
필기구세트	6,000원/세트	5,200원/세트
크레파스	5,500원/세트	4,700원/세트

※ 1) A 업체에서 3종류의 물품을 모두 구매할 경우 최종 금액의 10%를 할인 받을 수 있음
2) B 업체에서 최종 결제 금액이 300만 원을 초과할 경우 최종 결제 금액의 10%를 할인 받을 수 있음
3) 각 물품은 정해진 수량만큼만 구매하고, 정해진 수량을 초과해서는 구매하지 않음

① 2,241,000원 ② 2,254,500원 ③ 2,265,000원
④ 2,285,500원 ⑤ 2,302,000원

[49 – 50] 다음 자료를 보고 각 물음에 답하시오.

[상황]

□□기업은 직원들의 직무 전문성과 실무 역량 강화를 위해 매년 외부 전문 교육기관과 연계한 직무 교육 프로그램을 운영하고 있다. 해당 프로그램은 업무 성과 향상뿐만 아니라 향후 리더십 개발 대상자 선발 시에도 주요 평가 요소로 반영되는 중요한 교육 과정이다.

현재 □□기업은 6월 10일부터 2박 3일 일정으로 진행되는 외부 전문 교육 프로그램에 참여할 직원 1명을 선발하고자 하며, 신청자들에 대한 공정하고 객관적인 기준에 따라 대상자를 결정할 계획이다. 교육은 전 일정 참석이 가능한 경우에만 참여가 가능하며, 신청자는 사전에 제공된 정보를 바탕으로 참여 의사를 밝힌 상태이다.

□□기업은 회사 내부 선발 기준에 따라 신청자의 교육 참여 이력, 근속 연수, 역량 평가 결과 등을 종합적으로 고려하여 최종 참여자를 결정하고자 한다.

[선정 기준]

1. 금년 교육 참여 횟수가 적은 사람을 우선 선발한다.
2. 금년 교육 참여 횟수가 같은 경우 근속 연수가 긴 사람을 우선 선발한다.
3. 근속 연수도 같을 경우, 최종 평가 점수가 높은 사람을 우선 선발한다.
   3-1. 최종 평가 점수는 동료 평가 60%, 부서장 평가 40%의 비율로 산출한 점수에 가점을 더하여 산출한다.

[신청자 명단 및 정보]

이름	직급	참석 가능 일자	금년 교육 참여 횟수	근속 연수	동료 평가	부서장 평가	가점
김도윤	과장	6/10~6/12	2회	9년	80	85	1
이서진	과장	6/10~6/12	2회	8년	78	88	2
박지후	과장	6/10~6/12	1회	6년	87	82	
최민재	대리	6/10~6/11	0회	7년	88	90	
정하윤	대리	6/10~6/12	1회	6년	86	82	1

※ 위 표에 제시된 사람 외 신청한 사람은 없음

49. 위의 자료를 토대로 할 때, □□기업의 직무 전문성과 실무 역량 강화를 위한 외부 전문 교육 프로그램에 참여할 직원으로 선발될 사람은?

① 김도윤 ② 이서진 ③ 박지후 ④ 최민재 ⑤ 정하윤

50. 위의 문제에서 선발된 직원은 교육 프로그램에 참여하기 위한 준비를 하고 있다. 아래의 숙소 정보와 지원금 지급 조건을 토대로 해당 직원이 지원받을 수 있는 최대 금액과 최소 금액의 차이는 얼마인가?

[숙소 정보]

숙소명	숙박비(원/박)	식비(원/식)	비고
산들채	120,000	12,000	
바다쉼터	140,000	11,000	
하늘정원	150,000	10,500	
골든스위트	160,000	13,000	과장 이상 예약 가능

※ 선발된 직원은 교육 기간 중 총 7번의 식사를 한다고 가정함

[지원금 지급 조건]

직급	대리	과장
기본 지급률(%)	70	80
최대 지급 가능 금액(원)	250,000	300,000

※ 최대 지급 가능 금액은 2박 3일 총 비용을 기준으로 함

① 23,200원 ② 25,450원 ③ 27,400원 ④ 30,250원 ⑤ 34,650원

51. △△기관은 7월 1일 자로 본사 소속 부서에 배정할 업무용 차량을 리스로 도입하고자 한다. △△기관은 차량을 선택할 때 차량 성능 평가 항목의 최종 점수가 85점 이상인 업체만 계약이 가능하며, 조건을 만족하는 업체가 여러 곳이라면 1년간 총 비용이 가장 저렴한 업체를 선택한다고 할 때, △△기관이 차량 리스를 위해 업체에 1년간 지불해야 하는 비용은 얼마인가?

[차량 리스 업체별 정보]

업체	차량 제공 가능일	연비 평가	안정성 평가	정비 편의성	월 리스료 (만 원/월)	연간 보험료 (만 원/년)	부가 옵션료 (만 원/년)
A	6월 28일	88	82	86	120	36	7
B	7월 2일	91	88	84	110	35	15
C	6월 27일	92	85	89	118	40	8
D	6월 30일	83	86	81	112	38	12

※ 1) 최종 점수는 연비 평가, 안정성 평가에 각 35%, 정비 편의성에 30%의 가중치를 두어 합산함
2) 총 비용 계산 시 월 리스료, 연간 보험료, 부가 옵션료 외 사항은 고려하지 않음

① 1,370만 원 ② 1,438만 원 ③ 1,452만 원 ④ 1,464만 원 ⑤ 1,483만 원

52. **아래의 시차 계산 방법과 임동근 과장의 상황을 토대로 임동근 과장이 뉴욕 공항에 도착하는 시간을 계산하면 뉴욕 현지 시간으로 언제인가?** (단, 비행시간 및 경유 시간 이외의 이동 시간은 고려하지 않는다.)

[시차 계산 방법]

1. 시차는 경도가 0°인 본초자오선을 기준으로 동쪽으로 15° 이동할 때마다 1시간씩 빨라지며, 서쪽으로 15° 이동할 때마다 1시간씩 느려진다.
2. 본초자오선은 영국의 그리니치를 지나는 경도를 말하며, 동쪽 0°~180°를 '동경'이라 하고, 서쪽 0°~180°를 '서경'이라 한다. (동경 180° 또는 서경 180°를 날짜변경선이라 한다.)

[임동근 과장의 상황]

서울 본사에서 근무 중인 임동근 과장은 동경 135°에 위치한 인천공항에서 출발하여 서경 75°에 위치한 뉴욕으로 출장을 가려고 계획을 수립하고 있다. 인천에서 20XX년 4월 21일 08시에 출발 예정이며, 중간에 서경 120°에 위치하고 있는 시애틀을 경유하여 갈 예정이다. 인천에서 시애틀까지의 비행시간은 13시간 40분이 소요되며, 시애틀에서 경유 시간은 3시간이 소요된다. 이후 시애틀에서 뉴욕까지 비행시간은 3시간 20분이 소요된다.

① 4월 21일 오후 2시

② 4월 21일 오후 5시

③ 4월 21일 오후 9시

④ 4월 22일 오전 1시

⑤ 4월 22일 오전 4시

[53 – 54] 다음 자료를 보고 각 물음에 답하시오.

동근이는 업무용 사무실을 마련하기 위하여 가~마의 5개 지역을 조사하여 아래와 같이 평가 항목별로 점수를 매겼고, 각 지역을 평가 근거에 따라 최종 점수를 산출하여 입지를 선정하고자 한다.

[지역별 조사 결과]

구분	가	나	다	라	마
지하철 접근성	도보 2분	도보 8분	도보 6분	도보 13분	도보 17분
유동 인구수	시간당 640명	시간당 370명	시간당 400명	시간당 530명	시간당 360명
월세	84만 원	67만 원	54만 원	47만 원	38만 원
보증금	2억 원	1억 5천만 원	1억 3천만 원	1억 6천만 원	8천 5백만 원
면적	$18m^2$	$23m^2$	$27m^2$	$26m^2$	$34m^2$

※ 위에 주어진 항목 외에는 고려하지 않음

53. **동근이는 아래의 산출 기준에 따라 가점과 감점을 포함하여 최종 점수가 가장 높은 지역에 사무실을 마련한다고 할 때, 동근이가 사무실을 마련하기에 가장 적절한 지역은?** (단, 총점이 동일한 경우 보증금 > 월세 > 지하철 접근성 > 유동 인구수 순으로 점수가 높은 지역을 선정한다.)

[최종 점수 산출 기준]

구분	25점	20점	15점	10점	5점
지하철 접근성	도보 3분 미만	도보 7분 미만	도보 10분 미만	도보 15분 미만	도보 15분 초과
유동 인구수	시간당 500명 이상	시간당 500명 미만 400명 이상	시간당 400명 미만 300명 이상	시간당 300명 미만 200명 이상	시간당 200명 미만
월세	50만 원 미만	50만 원 이상 60만 원 미만	60만 원 이상 70만 원 미만	70만 원 이상 80만 원 미만	80만 원 이상
보증금	1억 원 미만	1억 원 이상 1.2억 원 미만	1.2억 원 이상 1.4억 원 미만	1.4억 원 이상 1.6억 원 미만	1.6억 원 이상

※ 사무실 면적이 $30m^2$를 초과 시 최종 점수에서 +5점, $20m^2$ 미만이면 최종 점수에서 −5점을 함

① 가 지역 ② 나 지역 ③ 다 지역 ④ 라 지역 ⑤ 마 지역

54. **동근이의 친구 효원이도 동근이가 조사해 둔 내용을 토대로 사무실 입지를 선정하고자 한다. 아래 효원이와 동근이의 대화 내용을 토대로 했을 때, 효원이가 사무실을 마련하기에 가장 적절한 지역은?**

> **효원:** 나도 사무실을 마련하기 위해서 입지를 선정하려고 하는데, 조사하러 다닐 시간이 없어.
> **동근:** 내가 조사해 둔 자료를 토대로 선정해 보는 건 어때?
> **효원:** 그래도 될까? 고마워. 그러면 나는 각 항목을 100점 만점으로 해서 '지하철 접근성'은 접근성이 가장 좋은 지역부터 순서대로 각 100점, 90점, 80점, 70점, 60점으로 하고, '유동 인구수'는 유동 인구가 많은 지역부터 순서대로 각 100점, 90점, 80점, 70점, 60점, '월세'와 '보증금'은 저렴한 지역부터 순서대로 각 100점, 90점, 80점, 70점, 60점을 부여해서 최종 점수를 산출해야겠어.
> 아무래도 '지하철 접근성'과 '유동 인구수'가 중요하니 이 두 가지 항목은 30%의 가중치를 두고 '월세'와 '보증금'은 20%의 가중치를 두어서 최종 점수를 100점 만점으로 산출해 봐야겠다.
> **동근:** 면적은 고려하지 않아도 괜찮을까?
> **효원:** 면적은 25m^2 미만인 경우에만 총점에서 10점을 감점하면 좋을 것 같아. 너무 좁지만 않다면 아무런 상관 없거든.

① 가 지역　② 나 지역　③ 다 지역　④ 라 지역　⑤ 마 지역

55. 임동근 씨는 기존에 사용하던 냉장고에 고장이 발생하여 가전제품 매장에 가서 새로운 냉장고를 구매하려고 하는 상황이다. 아래의 대화 내용과 임동근 씨의 가전제품 현황을 토대로 할 때, 임동근 씨가 구매하기에 가장 적합한 냉장고는?

[대화 내용]

점원: 안녕하세요! 찾으시는 물건이 있으신가요?

임동근: 네, 집에 하나밖에 없던 냉장고가 고장이 나서 기존의 냉장고를 버리고 새로운 냉장고를 구매하려고 합니다.

점원: 네, 혹시 원하시는 조건이 있으신가요?

임동근: 우선 현재 사용하는 냉장고 용량인 840L보다 크거나 같은 냉장고를 원합니다. 그리고 개인적으로 4-door type보다는 양문형 냉장고를 선호합니다. 조건에 맞는 양문형 냉장고가 없다면 어쩔 수 없겠지만, 가능하면 양문형 냉장고를 구매하고 싶네요.

점원: 네 알겠습니다. 혹시 색상이나 가격은 상관없으신가요?

임동근: 색상은 별로 상관없습니다. 가격은 제가 말씀드린 조건을 만족하는 제품이 여러 개라면 가장 저렴한 것으로 추천해 주세요. 아, 그러고 보니 한가지 말씀을 드리지 않은 조건이 있습니다. 전기세 절감을 위해서 집의 모든 가전제품 일 평균 소비전력의 총합이 14kWh를 초과하지 않도록 하고 싶습니다. 가능한 제품이 있을까요?

점원: 말씀하신 조건을 맞추려면 (　　　) 제품밖에 없을 것 같네요. 괜찮으신가요?

임동근: 네 알겠습니다. 추천해 주신 제품으로 하도록 하겠습니다.

[가전제품 매장 판매 냉장고 세부 사항]

구분	A 냉장고	B 냉장고	C 냉장고	D 냉장고	E 냉장고
Type	4-door	양문형	양문형	양문형	4-door
색상	회색	은색	흰색	흰색	은색
용량(L)	850	810	840	830	850
일 평균 소비전력(kWh)	2.4	1.8	1.9	1.7	0.8
가격(만 원)	96	114	138	128	136

※ 가전제품 매장에는 위의 냉장고밖에 없으며, 임동근 씨는 반드시 해당 매장에서 냉장고를 구매함

[임동근 씨 가전제품 현황]

제품명	일 평균 소비전력(kWh)	제품명	일 평균 소비전력(kWh)
드라이기	0.4	컴퓨터/모니터	2.4
냉장고	1.3	TV	2.7
세탁기	2.1	정수기	0.3
에어컨	3.2	에어 프라이어	0.8

※ 위에 제시된 항목 외에 에너지를 소비하는 항목은 없다고 가정함

① A 냉장고　② B 냉장고　③ C 냉장고　④ D 냉장고　⑤ E 냉장고

56. **프로젝트 진행 관리 업무를 담당하게 된 귀하는 갑~무 5개의 프로젝트 담당자를 지정하여 귀하의 상사인 정 그룹장에게 보고했다. 귀하의 보고 사항을 확인한 정 그룹장의 지시사항을 토대로 새롭게 프로젝트 담당자를 지정한다고 할 때, 병 프로젝트 담당자로 새롭게 지정될 직원은?**

[정 그룹장의 지시사항]

보고 사항은 잘 확인했습니다. 수고 많으셨습니다. 다만 프로젝트의 담당자를 다시 지정할 필요가 있겠네요. 갑 프로젝트의 경우 고객사와의 마찰이 많이 예상되기 때문에 대인관계능력과 협상능력이 뛰어난 직원이 담당할 필요가 있습니다. 두 가지 능력 평가 점수 중 대인관계능력을 60%, 협상능력을 40%의 가중치로 두고 환산했을 때 점수가 가장 높은 직원으로 변경하도록 하세요.

또한 을 프로젝트는 2년 전부터 진척이 지지부진한 상태입니다. 따라서 업무실행능력과 결단력, 그리고 기획력이 높은 직원이 담당했으면 합니다. 갑 프로젝트 담당자를 제외하고 남은 직원 중 업무실행능력과 결단력, 기획력 순서로 고려하여 우선순위가 높은 항목부터 평가 점수가 높은 직원을 선택하여 업무를 담당하도록 변경해 주세요. 우선순위가 높은 항목의 평가 점수가 동일한 직원에 대해서는 순차적으로 다음 우선순위가 높은 항목에서 비교해서 담당자를 선정하면 좋겠군요.

다음 병, 정, 무 프로젝트는 갑, 을 프로젝트를 담당한 직원을 제외하고 남은 임직원들의 평가 점수를 대인관계능력을 30%, 업무실행능력, 기획력을 각 20%, 나머지 항목을 각 15%의 가중치를 두고 환산했을 때 점수가 가장 높은 직원은 정 프로젝트, 두 번째로 높은 직원은 병 프로젝트, 가장 낮은 직원을 무 프로젝트의 담당자로 선정해 주세요.

[직원 평가 점수]

구분	대인관계능력	협상능력	업무실행능력	결단력	기획력
유지민	9	7	9	7	8
장규진	8	7	8	9	7
김민정	6	8	7	8	6
김진우	8	8	9	7	6
배진솔	8	9	9	6	8

※ 각 점수는 10점 만점을 기준으로 평가한 점수임

① 유지민 ② 장규진 ③ 김민정 ④ 김진우 ⑤ 배진솔

57. ○○공사에서 발주 업무를 담당하고 있는 귀하는 4월 27일 수요일에 진행 예정인 행사의 홍보용 리플릿을 주문하고자 한다. 아래 팀장님 지시사항과 업체별 정보를 토대로 할 때, 귀하가 홍보용 리플릿을 주문하기 위해 필요한 총금액은? (단, 모든 제작은 팀장님 지시 다음 날부터 시작되며, 배송에 소요되는 시간은 없다고 가정한다.)

[4월 5일 화요일 팀장님 지시사항]

이번 행사 준비 관련해서 말씀드릴 사항이 있습니다. 홍보를 위해 리플릿을 제작해야 합니다. 총 수량은 6,000개를 제작해야 하고 홍보용이기 때문에 행사 시작 2주일 전인 4월 13일에는 최종 완성이 되어야 정상적으로 활용이 가능하니, 기한을 반드시 엄수하시길 바랍니다. 해당 기한까지 제작 가능한 업체가 여러 곳이라면 가장 저렴한 업체로 선택해 주세요. 하지만 아무리 저렴하더라도 기한 내에 제작이 불가능하다면 선택해서는 안 됩니다. 이 부분 꼭 명심해서 업무 진행하세요.

[업체별 정보]

업체명	리플릿 제작 기본 가격(원/개)	시간당 제작 가능 수량	1일 근무 시간	비고
갑을 판촉물	180	180개	6시간	매주 토, 일 휴일
병정 기프트	160	100개	8시간	매주 일 휴일
무기 인쇄소	170	80개	10시간	휴일 없음

※ 1) 모든 금액은 부가세(VAT) 10%가 포함된 금액임
2) 각 업체는 업체별 휴일을 제외한 모든 공휴일 및 주말에도 제작을 진행함
3) 모든 업체는 별도 요청 시 휴일에도 제작을 진행함
- 휴일에 제작 시에도 평일과 동일한 시간에 제작을 진행하며, 그 외 시간에는 제작하지 않음
- 1일 최대 제작 수량 단위로 요청 가능(기본 금액의 50%에 해당하는 금액을 추가로 지불 필요)

① 960,000원 ② 1,020,000원 ③ 1,024,000원 ④ 1,080,000원 ⑤ 1,274,400원

58. ○○공사에서 근무 중인 귀하는 업무용 차량을 계약하고자 한다. 아래의 내용을 토대로 했을 때, 귀하가 차량 계약을 위해 3년간 지불해야 하는 대여비용과 유류비용의 총합은?

[조건]

1. 차량 대여는 1년 단위로 계약 가능하다.
2. 조건을 만족하는 차량이 2대 이상일 경우 대여비용과 유류비용의 총합이 가장 저렴한 차량으로 계약한다.
3. 유류비용은 직전 3년간 운행 거리를 통해 산출한 '월평균 주행 거리'와 현재 기준 유가, 차량별 공인 연비를 기준으로 산출한다.
   3-1. 월평균 주행 거리: 2,600km
   3-2. 현재 기준 유가: 가솔린(1,840원/L), 디젤(1,740원/L)
4. 지사 출장을 위한 차량으로 준 중형 이상, 대형 미만의 차량으로 계약한다.
   4-1. 차량 구분은 경차 < 소형차 < 준 중형 < 중형 < 준 대형 < 대형으로 구분한다.
   4-2. SUV 차량은 계약하지 않는다.
5. 대여 기간 중 회사 업무용 차량이라는 것을 표시하기 위해 외벽에 문구 스티커 부착이 가능한 차량으로 대여한다.

[차량별 정보]

차량명	차량 구분	대여비 (만 원/년)	공인 연비 (km/L)	사용 연료	비고
A	소형차	320	13.7	가솔린	-
B	준 중형	390	13.0	디젤	-
C	SUV	540	13.3	디젤	-
D	준 대형	680	8.9	가솔린	차량 외벽 스티커 부착 불가
E	중형	480	9.2	가솔린	3년 이상 계약 시 대여비 10% 할인

※ 모든 차량은 3년 이상 계약이 가능하며, 대여비 외 추가 비용은 없음

① 24,228,000원
② 25,740,000원
③ 27,620,000원
④ 29,940,000원
⑤ 31,680,000원

[59 – 60] 다음 자료를 토대로 각 물음에 답하시오.

다음은 전기자동차에 사용하는 리튬이온(Li–ion) 전지(이하 전지)의 특성 및 그에 따른 평가점수 산출방식을 나타낸 표이다.

[전지의 특성]

구분	A 전지	B 전지	C 전지	D 전지	E 전지
단가(만 원)	580	560	600	520	620
무게(kg)	310	300	280	260	320
전지 용량(kWh)	74	73	69	65	78
주행거리	440	430	430	400	510

[평가점수 산출방식]

구분	갑 회사	을 회사	병 회사
성능 점수	30%	40%	30%
경제성 점수	30%	20%	40%
연비 점수	40%	40%	30%

※ 1) 성능 점수: 전지 용량이 높은 순서대로 5점 > 4점 > 3점 > 2점 > 1점 부여
2) 경제성 점수: 단가가 낮은 순서대로 5점 > 4점 > 3점 > 2점 > 1점 부여
3) 연비 점수: 전지 용량당 주행거리(km/kWh)가 높은 순서대로 5점 > 4점 > 3점 > 2점 > 1점 부여
4) 총점: 성능 점수, 경제성 점수, 연비 점수를 각 회사 별 기준에 따른 가중치를 부여하여 산출
5) 단, 병 회사는 무게가 300kg을 초과하는 전지는 선택하지 않음

59. 갑, 을, 병 회사는 위의 자료를 토대로 산출한 총점이 가장 높은 전지를 선택하고자 한다. 각 회사가 선택할 전지를 올바르게 짝지은 것은?

	갑 회사	을 회사	병 회사
①	A 전지	A 전지	D 전지
②	A 전지	E 전지	E 전지
③	C 전지	A 전지	D 전지
④	E 전지	E 전지	D 전지
⑤	E 전지	E 전지	E 전지

60. 병 회사는 300kg을 초과하는 전지도 선택할 수 있도록 하는 대신 기존의 평가점수 산출방식을 무게 점수를 추가하여 총점을 산출하는 방식으로 변경하여 새롭게 전지를 선택하고자 한다. 바뀐 평가점수 산출방식에 따라 병 회사가 선택해야 하는 전지는?

[병 회사 평가점수 산출방식 변경 안]

구분	성능 점수	경제성 점수	연비 점수	무게 점수
가중치	30%	20%	20%	30%

※ 1) 무게 점수: 전지 무게가 가벼운 순서대로 5점 > 4점 > 3점 > 2점 > 1점 부여
2) 성능 점수, 경제성 점수, 연비 점수 산출방식은 기존과 동일

① A 전지 ② B 전지 ③ C 전지 ④ D 전지 ⑤ E 전지

약점 보완 해설집 p.63

자르는 선

해커스잡

NCS 실전모의고사 5회 PSAT형

성명

ㄱ	ㅏ	ㄱ	ㄱ	ㅏ	ㄱ	ㄱ	ㅏ	ㄱ	ㄱ	ㅏ	ㄱ
ㄴ	ㅑ	ㄴ	ㄴ	ㅑ	ㄴ	ㄴ	ㅑ	ㄴ	ㄴ	ㅑ	ㄴ
ㄷ	ㅓ	ㄷ	ㄷ	ㅓ	ㄷ	ㄷ	ㅓ	ㄷ	ㄷ	ㅓ	ㄷ
ㄹ	ㅕ	ㄹ	ㄹ	ㅕ	ㄹ	ㄹ	ㅕ	ㄹ	ㄹ	ㅕ	ㄹ
ㅁ	ㅗ	ㅁ	ㅁ	ㅗ	ㅁ	ㅁ	ㅗ	ㅁ	ㅁ	ㅗ	ㅁ
ㅂ	ㅛ	ㅂ	ㅂ	ㅛ	ㅂ	ㅂ	ㅛ	ㅂ	ㅂ	ㅛ	ㅂ
ㅅ	ㅜ	ㅅ	ㅅ	ㅜ	ㅅ	ㅅ	ㅜ	ㅅ	ㅅ	ㅜ	ㅅ
ㅇ	ㅠ	ㅇ	ㅇ	ㅠ	ㅇ	ㅇ	ㅠ	ㅇ	ㅇ	ㅠ	ㅇ
ㅈ	ㅡ	ㅈ	ㅈ	ㅡ	ㅈ	ㅈ	ㅡ	ㅈ	ㅈ	ㅡ	ㅈ
ㅊ	ㅣ	ㅊ	ㅊ	ㅣ	ㅊ	ㅊ	ㅣ	ㅊ	ㅊ	ㅣ	ㅊ
ㅋ	ㅐ	ㅋ	ㅋ	ㅐ	ㅋ	ㅋ	ㅐ	ㅋ	ㅋ	ㅐ	ㅋ
ㅌ	ㅒ	ㅌ	ㅌ	ㅒ	ㅌ	ㅌ	ㅒ	ㅌ	ㅌ	ㅒ	ㅌ
ㅍ	ㅔ	ㅍ	ㅍ	ㅔ	ㅍ	ㅍ	ㅔ	ㅍ	ㅍ	ㅔ	ㅍ
ㅎ	ㅖ	ㅎ	ㅎ	ㅖ	ㅎ	ㅎ	ㅖ	ㅎ	ㅎ	ㅖ	ㅎ
ㄲ	ㅘ	ㄲ	ㄲ	ㅘ	ㄲ	ㄲ	ㅘ	ㄲ	ㄲ	ㅘ	ㄲ
ㄸ	ㅚ	ㄸ	ㄸ	ㅚ	ㄸ	ㄸ	ㅚ	ㄸ	ㄸ	ㅚ	ㄸ
ㅃ	ㅝ	ㅃ	ㅃ	ㅝ	ㅃ	ㅃ	ㅝ	ㅃ	ㅃ	ㅝ	ㅃ
ㅆ	ㅟ	ㅆ	ㅆ	ㅟ	ㅆ	ㅆ	ㅟ	ㅆ	ㅆ	ㅟ	ㅆ
ㅉ	ㅢ	ㅉ	ㅉ	ㅢ	ㅉ	ㅉ	ㅢ	ㅉ	ㅉ	ㅢ	ㅉ
	ㅙ			ㅙ			ㅙ			ㅙ	
	ㅞ			ㅞ			ㅞ			ㅞ	

수험번호

0	0	0	0	0	0
1	1	1	1	1	1
2	2	2	2	2	2
3	3	3	3	3	3
4	4	4	4	4	4
5	5	5	5	5	5
6	6	6	6	6	6
7	7	7	7	7	7
8	8	8	8	8	8
9	9	9	9	9	9

생년월일

0	0	0	0	0	0
1	1	1	1	1	1
2	2	2	2	2	2
3	3	3	3	3	3
4	4	4	4	4	4
5	5	5	5	5	5
6	6	6	6	6	6
7	7	7	7	7	7
8	8	8	8	8	8
9	9	9	9	9	9

1	①	②	③	④	⑤	21	①	②	③	④	⑤	41	①	②	③	④	⑤
2	①	②	③	④	⑤	22	①	②	③	④	⑤	42	①	②	③	④	⑤
3	①	②	③	④	⑤	23	①	②	③	④	⑤	43	①	②	③	④	⑤
4	①	②	③	④	⑤	24	①	②	③	④	⑤	44	①	②	③	④	⑤
5	①	②	③	④	⑤	25	①	②	③	④	⑤	45	①	②	③	④	⑤
6	①	②	③	④	⑤	26	①	②	③	④	⑤	46	①	②	③	④	⑤
7	①	②	③	④	⑤	27	①	②	③	④	⑤	47	①	②	③	④	⑤
8	①	②	③	④	⑤	28	①	②	③	④	⑤	48	①	②	③	④	⑤
9	①	②	③	④	⑤	29	①	②	③	④	⑤	49	①	②	③	④	⑤
10	①	②	③	④	⑤	30	①	②	③	④	⑤	50	①	②	③	④	⑤
11	①	②	③	④	⑤	31	①	②	③	④	⑤	51	①	②	③	④	⑤
12	①	②	③	④	⑤	32	①	②	③	④	⑤	52	①	②	③	④	⑤
13	①	②	③	④	⑤	33	①	②	③	④	⑤	53	①	②	③	④	⑤
14	①	②	③	④	⑤	34	①	②	③	④	⑤	54	①	②	③	④	⑤
15	①	②	③	④	⑤	35	①	②	③	④	⑤	55	①	②	③	④	⑤
16	①	②	③	④	⑤	36	①	②	③	④	⑤	56	①	②	③	④	⑤
17	①	②	③	④	⑤	37	①	②	③	④	⑤	57	①	②	③	④	⑤
18	①	②	③	④	⑤	38	①	②	③	④	⑤	58	①	②	③	④	⑤
19	①	②	③	④	⑤	39	①	②	③	④	⑤	59	①	②	③	④	⑤
20	①	②	③	④	⑤	40	①	②	③	④	⑤	60	①	②	③	④	⑤

해커스공기업

NCS

통합 봉투모의고사

모듈형/피듈형/PSAT형+전공

NCS 실전모의고사
6회

PSAT형

해커스

수험번호	
성명	

NCS 실전모의고사
6회
(PSAT형)

시작과 종료 시각을 정한 후, 실전처럼 모의고사를 풀어보세요.

시 분 ~ 시 분 (총 60문항/80분)

□ **시험 유의사항**

[1] PSAT형 시험은 공직적격성 시험(PSAT)과 유사한 유형의 문제로 구성되며, 국민건강보험공단, 한국공항공사, 한국수력원자력, 한국전력공사, 인천국제공항공사, IBK기업은행 등의 기업에서 출제하고 있습니다.
※ 2025년 상반기 필기시험 기준으로 변동 가능성이 있습니다.

[2] 본 실전모의고사는 직업기초능력평가 의사소통능력, 수리능력, 문제해결능력, 자원관리능력 4개 영역 60문항으로 구성되어 있으므로 영역별 제한 시간 없이 1문항당 풀이 시간을 고려하여 80분 내에 푸는 연습을 하시기 바랍니다. 전공 시험을 치르는 직무의 경우 각 직무에 맞는 전공 실전모의고사를 추가로 풀어보는 것이 좋습니다.

[3] 본 실전모의고사 마지막 페이지에 있는 OMR 답안지와 해커스ONE 애플리케이션의 모바일 타이머를 이용하여 실전처럼 모의고사를 풀어본 후, 해설집의 '바로 채점 및 성적 분석 서비스' QR코드를 스캔하여 응시 인원 대비 본인의 성적 위치를 확인해보시기 바랍니다.

※ 추가적인 실전 연습이 필요한 경우, 해커스잡 사이트(ejob.hackers.com)에서 OMR 답안지를 다운로드한 후 출력하여 활용할 수 있습니다.

01. 다음 글쓴이의 주장에 대한 내용으로 적절하지 않은 것은?

몇 년 뒤에는 연료전지로 움직이는 승용차, 트럭, 버스가 선보여지면서 분산전원 혁명이 본격적으로 전개될 듯싶다. 세계 굴지의 자동차 메이커들이 연료전지 구동 자동차 제조 계획을 발표했었다. 1997년 다임러-벤츠는 연료전지 개발에서 선두주자로 나선 캐나다 업체 밸러드 파워 시스템스와 3억 5000만 달러 상당의 합작기업을 공동으로 출범시켰다. 수소 연료전지 엔진을 제작하기 위해서이다. 그 뒤 포드 자동차가 다임러-크라이슬러와 밸러드 파워 시스템스의 계획에 동참하면서 공동 투자 규모는 10억 달러를 웃돌았다. 하지만 그들은 수소 자동차를 포기했다. 모빌리티에서 전기 자동차가 우세하고 더 효율적이라는 결론에서였다. 의외로 수소 자동차는 한국 현대자동차에서 만들어졌다. 그 후 한국이 수소산업을 리드하고 있고, 이제 일본, 미국, 호주, 중국, EU가 수소 레이스에 동참하고 있다.

업계에서는 세계의 모든 승용차, 트럭, 버스가 내연 엔진이 아닌 수소 연료전지로 굴러가는 것을 가정해 보라고 말한다. 수소 연료전지는 지구 온난화 가스를 전혀 배출하지 않는다. 부산물이라고 해 봐야 열과 순수한 물뿐이다. 수소 연료전지가 동력원으로 사용될 경우 오랫동안 군림해 왔던 탄화수소 에너지는 종언을 고하고 동시에 탄소연료 연소 시 방출되는 이산화탄소의 증가도 막을 내릴 것이다. 지구 온난화 속도가 급격히 줄어들어 산업 시대 이전 수준에 머물고 지구 기온 상승이라는 장기적 환경 위기도 누그러질 수 있다.

새로운 수소 연료전지 시대에 자동차 자체가 20킬로와트의 발전 용량을 지닌 '바퀴 달린 발전소'라는 점도 중요하다. 일반적으로 자동차는 폐차될 때까지 수명 기간 중 96퍼센트 동안 멈춰있기 마련이다. 따라서 주차 중 가정과 사무실의 전선이나 쌍방향 전력 네트워크로 연결해 생산되는 프리미엄 전기를 송전망에 돌려줄 수 있다. 에너지를 되팔아 얻은 수익으로 자동차 임대료 지불이나 구입비 상환에 보탤 수도 있을 것이다. 일부 운전자만이라도 자동차에서 생산한 에너지를 전력업체에 되팔 수만 있다면 자유로운 분산형 전원으로 수소는 작용하게 될 것이다. 또한 더 나아가 진정한 에너지 민주화가 일어날 수 있을 것이다.

이제 수소 경제가 가시권으로 진입했다. 우리는 수소 경제권으로 얼마나 빨리 도달할 수 있을까. 그것은 석유를 비롯한 화석 연료로부터 벗어나겠다는 우리의 열의가 얼마나 뜨거운가에 달려 있다. 21세기 중반까지 우리의 욕구를 충족시킬 수 있을 만큼 값싼 석유가 아직 많이 남아 있다는 생각에 미적거리기만 한다면 몇 년 뒤 세계 석유 생산이 절정으로 치달았을 때 수소 경제는 아예 꿈도 꾸지 못할 수 있다. 유력 경제 전문지 가운데 상당수는 수소 경제와 세계 에너지망이 위대한 차세대 상업 혁명을 일으킬 것이라고 내다봤다. 그러나 이런 전망이 현실화되기 위해서는 재계는 물론 일반 대중도 수소 경제로 나아가는 방법을 둘러싸고 수소 미래와 현실적 비전에 대해 확신하고 있어야 한다. 이렇게 수소에 대한 대중화 논의가 일어나고 발전하게 된다면 수소 가격이 저렴해질 것이다. 그럴 경우 진정한 에너지 민주화의 길이 열리면서 모든 인류가 수소를 에너지로 사용할 수 있을 것이다.

① 수소자동차를 통해 에너지를 되파는 형태가 된다면 에너지 민주화가 열린다고 주장한다.

② 수소 경제는 화석 연료로부터 벗어나야 한다는 열의가 있어야 한다고 주장한다.

③ 한국을 제외한 나머지 자동차 회사에서 수소 자동차의 연구를 포기한 이유는 인프라에 대한 부재 때문이었다.

④ 수소 경제가 실현된다면 지구 온난화 속도가 급격히 줄어들어 산업 시대 이전 수준이 될 것이라고 이야기한다.

⑤ 수소 경제의 실현이 눈앞에 놓여있다고 주장하며 대중화에 대한 논의가 일어나야 한다고 주장한다.

02. 다음 글을 통해 알 수 있는 내용으로 적절하지 않은 것은?

연금 제도의 목적은 나이가 많아 경제 활동을 못하게 되었을 때 일정 소득을 보장하여 경제적 안정을 도모하는 것이다. 이를 위해서는 보험 회사의 사적 연금이나 국가가 세금으로 운영하는 공공 부조(생활 능력이 없는 국민에게 사회적 최저 수준의 생활이 가능하도록 국가가 현금 또는 물품을 지원하거나 무료 혜택을 주는 제도)를 활용할 수 있다. 그럼에도 국가가 이 제도들과 함께 공적 연금 제도를 실시하는 까닭은 무엇일까?

그것은 사적 연금이나 공공 부조가 낳는 부작용 때문이다. 사적 연금에는 역선택 현상이 발생한다. 안정된 노후 생활을 기대하기 어려운 사람들이 주로 가입하고 그렇지 않은 사람들은 피하므로, 납입되는 보험료 총액에 비해 지급해야 할 연금 총액이 자꾸 커지는 것이다. 이렇게 되면 보험 회사는 계속 보험료를 인상하지 않는 한 사적 연금을 유지할 수 없다. 한편 공공 부조는 도덕적 해이를 야기할 수 있다. 무상으로 부조가 이루어지므로, 젊은 시절에는 소득을 모두 써 버리고 노년에는 공공 부조에 의존하려는 경향이 생길 수 있기 때문이다. 이와 같은 부작용에 대응하기 위해 공적 연금 제도는 소득이 있는 국민들을 강제 가입시켜 보험료를 징수한 뒤, 적립된 연금 기금을 국가의 책임으로 운용하다가, 가입자가 은퇴한 후 연금으로 지급하는 방식을 취하고 있다.

우리나라에서 공적 연금 제도를 운영하는 과정에는 사회적 연대를 중시하는 입장과 경제적 성과를 중시하는 입장이 부딪치고 있다. 구체적으로 전자는 이 제도를 계층 간, 세대 간 소득 재분배의 수단으로 이용해야 한다고 주장한다. 소득이 적어 보험료를 적게 낸 사람에게 보험료를 많이 낸 사람과 비슷한 연금을 지급하고, 자녀 세대의 보험료로 부모 세대의 연금을 충당하는 것은 그러한 관점에서 이해될 수 있다. 하지만 후자는 이처럼 사회 구성원 일부에게 희생을 강요하는 소득 재분배는 물가 상승을 반영하여 연금의 실질 가치를 보장할 수 있을 때만 허용되어야 한다고 비판한다. 사회 내의 소득 격차가 커질수록, 자녀 세대의 보험료 부담이 커질수록, 이 비판은 더욱 강해질 수밖에 없다.

이 두 입장은 요사이 연금 기금의 투자 방향에 관해서도 대립하고 있다. 이에 대해서는 원래 후자의 입장에서 연금 기금을 가입자들이 노후의 소득 보장을 위해 맡긴 신탁 기금으로 보고, 안정된 금융 시장을 통해 대기업에 투자함으로써 수익률을 극대화하려는 태도가 지배적이었다. 그러나 최근에는 전자의 입장에서 연금 기금을 국민 전체가 사회 발전을 위해 조성한 투자 자금으로 보고, 이를 일자리 창출에 연계된 사회 경제적 분야에 투자해야 한다는 주장이 힘을 얻고 있다. 이는 지금까지 연금 기금을 일종의 신탁 기금으로 규정해 온 관련 법률을 개정하여, 보험료를 낼 소득자 집단을 확충하는 데 이 막대한 돈을 직접 활용하자는 주장이기도 하다.

① 연금 제도의 목적을 달성하는 수단은 다양하다.
② 공적 연금 제도가 시행된다고 하여 사적 연금이 금지되는 것은 아니다.
③ 공적 연금 제도를 시행한 뒤에는 공공 부조를 폐지해야 한다.
④ 공공 부조가 낳은 도덕적 해이는 국민들의 납세 부담을 증가시킨다.
⑤ 공적 연금 제도는 소득 재분배의 수단이 될 수 있다.

[03 - 04] **다음 글을 읽고 물음에 답하시오.**

국제법에서 일반적으로 조약은 국가나 국제기구들이 그들 사이에 지켜야 할 구체적인 권리와 의무를 명시적으로 합의하여 창출하는 규범이며, 국제 관습법은 조약 체결과 관계없이 국제 사회 일반이 받아들여 지키고 있는 보편적인 규범이다. 반면에 경제 관련 국제기구에서 어떤 결정을 하였을 경우, 이 결정 사항 자체는 권고적 효력만 있을 뿐 법적 구속력은 없는 것이 일반적이다. 그런데 국제결제은행 산하의 바젤위원회가 결정한 BIS 비율 규제와 같은 것들이 비회원의 국가에서도 엄격히 준수되는 모습을 종종 보게 된다. 이처럼 일종의 규범적 성격이 나타나는 현실을 어떻게 이해할지에 대한 논의가 있다. 이는 위반에 대한 제재를 통해 국제법의 효력을 확보하는 데 주안점을 두는 일반적 경향을 되돌아보게 한다. 곧 신뢰가 형성하는 구속력에 주목하는 것이다.

BIS 비율은 은행의 재무 건전성을 유지하는 데 필요한 최소한의 자기자본 비율을 설정하여 궁극적으로 예금자와 금융 시스템을 보호하기 위해 바젤위원회에서 도입한 것이다. 바젤위원회에서는 BIS 비율이 적어도 규제 비율인 8%는 되어야 한다는 기준을 제시하였다. 이에 대한 식은 다음과 같다.

BIS 비율(%) = $\frac{1}{5} \times 100 \geq 8$

여기서 자기자본은 은행의 기본자본, 보완자본 및 단기후순위 채무의 합으로, 위험가중자산은 보유 자산에 각 자산의 신용 위험에 대한 위험 가중치를 곱한 값들의 합으로 구하였다. 위험 가중치는 자산 유형별 신용 위험을 반영하는 것인데, OECD 국가의 국채는 0%, 회사채는 100%가 획일적으로 부여되었다. 이후 금융 자산의 가격 변동에 따른 시장 위험도 반영해야 한다는 요구가 커지자, 바젤위원회는 위험가중자산을 신용 위험에 따른 부분과 시장 위험에 따른 부분의 합으로 새로 정의하여 BIS 비율을 산출하도록 하였다. 신용 위험의 경우와 달리 시장 위험의 측정 방식은 감독 기관의 승인 하에 은행의 선택에 따라 사용할 수 있게 하여 '바젤 I' 협약이 1996년에 완성되었다.

금융 혁신의 진전으로 '바젤 I' 협약의 한계가 드러나자 2004년에 '바젤 II' 협약이 도입되었다. 여기에서 BIS 비율의 위험가중자산은 신용 위험에 대한 위험 가중치에 자산의 유형과 신용도를 모두 고려하도록 수정되었다. 신용 위험의 측정 방식은 표준 모형이나 내부 모형 가운데 하나를 은행이 이용할 수 있게 되었다. 표준 모형에서는 OECD 국가의 국채는 0%에서 150%까지, 회사채는 20%에서 150%까지 위험 가중치를 구분하여 신용도가 높을수록 낮게 부과한다. 예를 들어 실제 보유한 회사채가 100억 원인데 신용 위험 가중치가 20%라면 위험가중자산에서 그 회사채는 20억 원으로 계산된다. 내부 모형은 은행이 선택한 위험 측정 방식을 감독 기관의 승인 하에 그 은행이 사용할 수 있도록 하는 것이다. 또한 감독 기관은 필요시 위험가중자산에 대한 자기자본의 최저 비율이 규제 비율을 초과하도록 자국 은행에 요구할 수 있게 함으로써 자기자본의 경직된 기준을 보완하고자 했다.

최근에는 '바젤 III' 협약이 발표되면서 자기자본에서 단기후순위 채무가 제외되었다. 또한 위험가중자산에 대한 기본자본의 비율이 최소 6%가 되게 보완하여 자기자본의 손실 복원력을 강화하였다. 이처럼 새롭게 발표되는 바젤 협약은 이전 협약에 들어 있는 관련 기준을 개정하는 효과가 있다. 바젤 협약은 우리나라를 비롯한 수많은 국가에서 채택하여 제도화하고 있다. 현재 바젤위원회에는 28개국의 금융 당국들이 회원으로 가입되어 있으며, 우리 금융 당국은 2009년에 가입하였다. 하지만 우리나라는 가입하기 훨씬 전부터 BIS 비율을 도입하여 시행하였으며, 현행 법제에도 이것이 반영되어 있다. 바젤 기준을 따름으로써 은행이 믿을 만하다는 징표를 국제 금융 시장에 보여 주어야 했던 것이다. 재무 건전성을 의심받는 은행은 국제 금융 시장에 자리를 잡지 못하거나, 심하면 아예 발을 들이지 못할 수도 있다.

바젤위원회에서는 은행 감독 기준을 협의하여 제정한다. 그 헌장에서는 회원들에게 바젤 기준을 자국에 도입할 의무를 부과한다. 하지만 바젤위원회가 초국가적 감독 권한이 없으며 그의 결정도 법적 구속력이 없다는 것 또한 밝히고 있다. 바젤 기준은 100개가 넘는 국가가 채택하여 따른다. 이는 국제기구의 결정에 형식적으로 구속을 받지 않는 국가에서까지 자발적으로 받아들여 시행하고 있다는 것인데, 이런 현실을 말랑말랑한 법(Soft law)의 모습이라 설명하기도 한다. 이때 조약이나 국제 관습법은 그에 대비하여 딱딱한 법(Hard law)이라 부르게 된다. 바젤 기준도 장래에 딱딱하게 응고될지 모른다.

03. 윗글에서 알 수 있는 내용으로 적절하지 않은 것은?

① 조약은 체결한 국가들에 대하여 권리와 의무를 부과하는 것이 원칙이다.

② 새로운 바젤 협약이 발표되면 기존 바젤 협약에서의 기준이 변경되는 경우가 있다.

③ 딱딱한 법에서는 일반적으로 제재보다는 신뢰로써 법적 구속력을 확보하는 데 주안점이 있다.

④ 국제기구의 결정을 지키지 않을 때 입게 될 불이익은 그 결정이 준수되도록 하는 역할을 한다.

⑤ 세계 각국에서 바젤 기준을 법제화하는 것은 자국 은행의 재무 건전성을 대외적으로 인정받기 위해서이다.

04. BIS 비율에 대한 이해로 가장 적절한 것은?

① 바젤 I 협약에 따르면, 보유하고 있는 회사채의 신용도가 낮아질 경우 BIS 비율은 낮아지는 경향이 있다.

② 바젤 II 협약에 따르면, 각국의 은행들이 준수해야 하는 위험가중자산 대비 자기자본의 최저 비율은 동일하다.

③ 바젤 II 협약에 따르면, 보유하고 있는 OECD 국가의 국채를 매각한 뒤 이를 회사채에 투자한다면 BIS 비율은 항상 높아진다.

④ 바젤 II 협약에 따르면, 시장 위험의 경우와 마찬가지로 감독 기관의 승인 하에 은행이 선택하여 사용할 수 있는 신용 위험의 측정 방식이 있다.

⑤ 바젤 III 협약에 따르면, 위험가중자산 대비 보완자본이 최소 2%는 되어야 보완된 BIS 비율 규제를 은행이 준수할 수 있다.

05. 다음 중 김 과장 또는 박 대리의 발언과 관점이 일치하지 않는 것은?

김 과장: 최근 GPT나 로봇개발이 폭발적으로 발전하는 걸 보면, 정말 기술이 사람을 대체하는 시대가 현실이 되는 것 같아요. 예전엔 공상과학 얘기였는데, 지금은 일반 사무직조차도 AI가 대신하는 상황이잖아요.
박 대리: 맞습니다. 특히 생성형 인공지능은 지식노동까지 대체하는 수준이라, 단순 반복 업무뿐 아니라 문서 작성, 기획, 심지어 상담 업무까지 넘보고 있으니까요. 여기에 로봇 기술까지 결합되면, 인간의 역할 자체가 근본적으로 달라질지도 몰라요.
김 과장: 그렇죠. 기술 진보가 생산성을 높이는 건 분명하지만, 저는 일자리 감소나 계층 간 격차 심화가 우려돼요. 고급 기술에 접근할 수 있는 사람은 더 부유해지고, 그렇지 못한 사람은 오히려 소외될 수 있거든요.
박 대리: 그 점은 동의해요. 그래서 단순히 기술 발전에 기대는 게 아니라, 제도적 장치와 윤리적 기준 정비가 필요하다고 생각합니다. 예를 들어, AI가 대체하는 분야에 대해선 직무 전환 교육이나 기본소득 개념도 논의될 수 있고요.
김 과장: 게다가 중요한 건, AI나 로봇의 결정이 항상 '공정'하거나 '설명 가능'하지 않다는 거예요. 특히 공공 분야나 교육, 의료처럼 인간 중심의 가치가 중요한 영역에서는, 기술만으로는 안 되는 한계가 분명하다고 생각해요.
박 대리: 정확히 그거죠. 그래서 저는 기술을 인간을 위한 '보조적 도구'로 관리할 수 있는 감시체계, 그리고 윤리적 가이드라인이 반드시 병행돼야 한다고 봅니다. 기술은 도구일 뿐, 방향을 정하는 건 결국 사람이어야 하니까요.
김 과장: 결국 우리가 해야 할 건, '기술에 휘둘리지 않고 기술을 설계하는' 사람이 되는 거군요. 인공지능 시대의 진짜 경쟁력은, 어쩌면 기술을 이해하고 판단할 수 있는 인간적 통찰력인지도 모르겠네요.

① 김 과장은 생성형 AI와 로봇의 발전이 오히려 인간의 일자리와 사회 구조에 위협이 될 수 있다고 본다.

② 박 대리는 기술 발전 그 자체보다는 제도적·윤리적 보완 장치의 병행이 더 중요하다고 주장한다.

③ 김 과장은 인공지능 기술이 의료나 교육 분야처럼 사람 중심의 가치를 요구하는 영역에서도 효과적으로 대체 가능하다고 긍정한다.

④ 박 대리는 인공지능의 공정성과 설명 가능성에 한계가 있음을 인정하며 감시체계의 필요성을 말한다.

⑤ 김 과장과 박 대리는 모두 인간이 기술을 통제하고 설계할 수 있어야 한다는 점에 의견을 같이한다.

06. 다음 보도자료에서 제시된 정책의 실행 사례와 해당하는 관광산업 활성화 전략 항목의 연결이 가장 적절한 것은?

문화체육관광부는 2025년 6월, 지역 관광산업의 자생적 성장을 도모하고, 국내외 관광 수요를 구조적으로 확대하기 위한 「2025 관광산업 활성화 종합전략」을 발표하였다. 이번 전략은 단순한 관광객 유치 중심을 넘어, 지역경제 순환과 지속가능한 관광 생태계 조성을 핵심 목표로 설정하고 있으며, 크게 5대 분야로 추진된다.

1. 체류형 지역관광 모델 확대

정부는 단기 방문 중심의 관광 구조를 개편하고, 3박 이상 체류형 관광모델을 지역에 도입하기 위해, 지역문화콘텐츠와 연계한 체험형 관광코스와 지역연계 숙박할인 플랫폼을 확대 운영할 계획이다. 특히, 비수도권 12개 기초지자체에는 '로컬 관광 실험지구'를 지정하여 장기 체류형 상품 개발을 인센티브와 연계한다.

2. 관광 인프라 디지털화 및 스마트 서비스 확장

디지털 기반의 관광서비스 확대를 위해, 관광지 혼잡도 예측 서비스, AI 관광안내 챗봇, 모바일 기반 다국어 관광 해설 콘텐츠가 구축된다. 또한 스마트관광 시범지구를 20개소까지 확대하고, 데이터 기반 지역관광 수요 분석 플랫폼을 운영하여 관광 수용력 관리를 고도화할 예정이다.

3. 지역관광기업 성장 및 유니콘 육성

정부는 관광을 '서비스산업의 고부가가치 영역'으로 재정의하며, 관광벤처·스타트업을 중심으로 한 지역 관광기업 성장사다리 체계를 구축한다. 이를 위해 관광기업 지원센터를 권역별로 확대하고, 관광 분야 전용 투자펀드 1,000억 원 조성, 관광기업 해외진출 지원 프로그램도 병행된다.

4. 생활관광 및 공정관광 확산

'관광은 거창한 이벤트가 아니라 일상 속 경험'이라는 관점에서, 생활관광 브랜드 사업을 추진하고, 주민이 직접 참여·기획하는 공정관광 마을 모델을 확산한다. 특히 지역민과 관광객이 함께 만드는 관광-커뮤니티 연계형 콘텐츠개발을 지원하고, 관광 수익의 지역 재분배 모델을 실증한다.

5. 국제관광 다변화 및 한류 연계 전략

방한 관광시장을 일본·중국 외 국가(동남아, 중동, 중남미 등)로 다변화하고, K-콘텐츠와 연계된 융복합형 관광콘텐츠를 발굴한다. 정부는 글로벌 K-관광 플랫폼을 통해 드라마·음악·전통문화 체험이 통합된 패키지를 운영하고, 현지어 맞춤 홍보와 해외 인플루언서 연계 마케팅 전략도 강화한다.

문체부 관계자는 "이번 전략은 관광을 단순한 유치산업이 아닌, 지속가능한 지역산업과 문화교류의 매개로 재설계한 것"이라며, "관광객의 '체류시간'과 '지역 기여도'를 중심으로 구조 전환을 추진하겠다"고 밝혔다.

① 부산시가 일본인 관광객 대상의 드라마 촬영지 체험 프로그램을 운영하고, 해당 콘텐츠를 일본 현지 유튜브 채널을 통해 홍보한다. → 생활관광 및 공정관광 확산

② 전주시가 3박 4일 이상 체류하는 관광객에게 지역 음식 쿠폰과 숙박비 일부를 환급해주는 장기 체류 연계 정책을 시행한다. → 체류형 지역관광 모델 확대

③ 강릉시가 관광객의 유입 패턴과 체류 시간 데이터를 분석해 혼잡 시간대를 조절하고 안내한다. → 지역관광기업 성장 및 유니콘 육성

④ 대구시가 청년 관광 스타트업에게 사업 초기 자금을 지원하고, 해외 관광박람회 참가 기회를 제공한다. → 관광 인프라 디지털화 및 스마트 서비스 확장

⑤ 공주 지역 주민들이 직접 운영하는 역사 체험 마을이 공정관광 인증을 받고, 수익의 일부를 지역 사회복지기금으로 환원한다. → 국제관광 다변화 및 한류 연계 전략

07. 다음 글은 글쓴이가 앞으로 전개될 미래사회에 대한 예측을 한 것이다. 미래사회에 이루어지지 않는 것은?

4차 산업혁명은 소위 A.I 혁명이라고 한다. 인공지능이 일상화될 것이고, 이 인공지능으로 인해 우리의 삶은 편리해질 것이라고 이야기하고 있다. 또한 IoT의 세상 역시 4차 산업혁명의 핵심이라고 한다. 사물을 인터넷이라는 것과 결합하여 다른 제품이 만들어지게 되는 것이다. 네트워크 사회의 심화라고도 한다. 기존에 네트워크 사회는 플랫폼을 통해 인간과 인간이 연결되는 형태였다면 IoT의 세상은 개인과 사물이 연결되는 사회로 변화해 간다고 이야기한다. 마치 4차 산업혁명은 우리에게 장밋빛 미래를 보장해 줄 것만 같다.

하지만 이를 받아들이고 있는 이 사회는 어떠할까? 문화적인 측면이나 노동적인 측면에서는 부정적인 이야기가 더 많이 쏟아지고 있다. 인공지능이 우리를 지배할 것이라는 막연한 두려움이나 인공지능이 우리의 일자리를 빼앗아 갈 것이라는 두려움이 산재해 있는 것이다. 여기에서 이야기하는 인공지능에 대한 두려움은 터미네이터 같은 강한 인공지능의 두려움이 아니다. 영국 드라마 [Humans]에서는 오히려 약한 인공지능이 우리의 일을 대신하고, 우리의 미묘한 표정 변화를 알아차려 우리의 역할을 빼앗아 간다고 이야기한다. 예를 들어 완벽하게 동화책을 읽어주는 인공지능을 엄마가 읽어주는 동화책보다 아이들이 더 좋아한다. 그리고 자신의 변화를 눈치 못 채는 남편보다 자신의 감정 변화나 표정 변화를 섬세하게 케어해주는 인공지능 로봇에게 더 많은 감정을 느끼는 장면은 인공지능이 인간을 대체할 수 있다는 암시를 하고 있다.

감정을 느끼지 못하는 인공지능이 과연 인간을 대체할 수 있을까에 대한 의구심이 들 때가 있다. 하지만 프란시스 베이컨도 이야기했듯이 인간의 오류 중에 하나는 바로 '종족의 우상'이다. 인간은 자신이 바라보는 사물에 감정을 투영한다. 인공지능 역시 그러하다. 인공지능은 '딥러닝'을 통해 개인의 취향, 성향, 언어습관을 학습한다. 즉 개인에게 맞춰지는 것이다. 이렇게 개인에게 맞춰진 인공지능에게 우리 인간이 감정을 갖지 않는 것이 더 이상하다. 나를 위해 끊임없이 무엇인가를 해주는 인공지능과 로봇에게 우리 인간은 반드시 감정을 느끼게 될 것이다. 즉 인공지능이 우리 옆에 있는 것은 인간을 불안하게 만든다. 인공지능이 나의 생활 패턴을 파악하고, 적재적소에 나에게 필요한 것을 가져다준다는 것은 어쩌면 유토피아적인 생활일지도 모르겠지만, 이에 불안함을 느끼는 것은 비단 나뿐만이 아닐 것이다. 이 불안함은 인간이 근원적으로 가지고 있던 노동에 대한 소명 의식에서부터 출발할 수도 있다. 인간은 늘 생산적인 일을 해왔다. 유희에서 생산이 되었고, 생산 자체에서 소명 의식을 느낀 적도 있었다. 놀기 위해 벽화를 그렸다는 것은 또 다른 주술적 의미를 가지는 중의적인 모습일 것이다. 결국 4차 산업혁명 시기에 인간은 '생산'의 주체가 바뀌는 경험을 하게 되는 것이다.

이에 따라 경제 또한 변화될 가능성이 있다. '공유경제'라고 불리는 현상이다. 클라우드 펀딩을 통해 투자된 돈이 어떠한 생산을 하기 위해 쓰이게 된다. 이때 그 생산물은 자신의 소유가 아니다. 이미 클라우드 펀딩을 했을 때부터 생산물은 '소유'할 수 없는 '공동의 것'으로 돌아가게 되는 것이다. 대표적으로 한국에서 'SOCAR', 미국에서 'ZIPCAR', 'AIRBNB' 등이 있지 않은가? 여기에 나만의 것이 존재하는가? 그렇지 않다. 재화를 빌려 쓰는 것이다. 결국 인간이 청동기 시대부터 가지고 있던 '사유재산'이라는 개념이 희박해지게 된다. 물론 완전히 사유재산이 없어진다는 이야기는 아니다. 사유재산이란 '청동기 시대'부터 생겨왔던 개념이자 인간의 소유욕이라는 욕망과도 관련이 있는 부분이기 때문에 필연적으로 없어질 수는 없을 것이다.

다만, 우리 인류는 문명이 발전하고 산업 사회가 발전할수록 공유재도 늘어났다는 것이다. 국가라는 개념이 생겨나면서 사유재산도 있었지만 산업사회를 넘어오는 고개마다 공공재는 늘어났다. 예를 들어 자유주의 경제를 이야기한 애덤 스미스도 "국가는 경제발전에 필요한 경우에만 공공사업을 건설하고 유지할 수 있는 재정이 있어야 한다"라고 이야기하고 있다. 공공사업이란 도로·항만·운하 등의 토목건설사업을 말하는데, 개인이 투자하면 이윤을 얻을 수 없어서 외면하는 경우에만 국가가 공공사업을 하여도 된다고 말하고 있다. 더 나아가 근대 사회에서 문명은 상·하수도 사업을 통해 인간의 삶의 질을 높였다. 인간의 문명이 진보하면서 정부의 역할이 더 커지며 공공재의 역할이 더욱 중요해졌고 인간은 점점 한계비용이 줄어드는 쪽으로 변화할 것이라고 예상할 수 있다.

① 인공지능이 감정을 가지는 것이 아니라 인간이 인공지능에게 감정을 느낀다고 예측하고 있다.

② 앞으로 미래에는 생산의 주체가 인공지능으로 바뀌게 될 것이라고 예측한다.

③ 앞으로 문명이 진보하면서 공공재의 역할이 더 중요해질 것이라고 예측한다.

④ 소유의 개념은 완전히 없어지면서 공유경제가 완전히 자리 잡을 것이라고 한다.

⑤ 앞으로는 개인과 사물이 연결되는 사회가 될 것이라고 예측한다.

08. **다음 문단을 가장 논리적인 글 흐름으로 배열한 것은?**

(가) 정부는 우선적으로 시장 다변화와 공급망 재조정을 추진해야 한다. 특정 국가에 대한 수출 의존도를 낮추고, 중간재 및 원자재 공급선을 다변화함으로써 특정 국가의 관세 정책 변화가 우리 경제에 미치는 영향을 줄일 수 있다. 인도, 동남아, 중동 등 신흥시장과의 연계 확대가 핵심이다.

(나) 트럼프 전 대통령은 재임 중에도 중국뿐 아니라 한국, 유럽 등 우방국을 대상으로도 고율 관세를 전격적으로 부과한 전력이 있으며, 재집권 시 '보편 관세주의'가 현실화될 가능성이 크다. 특히 '전방위 무차별 관세 부과'라는 캠프 내 공약 방향이 실제 통상정책으로 연결될 경우, 한국 수출 구조에 큰 파장을 미칠 수 있다.

(다) 궁극적으로는 '포스트 미국' 전략 수립이 병행되어야 한다. 미국 중심의 글로벌 공급질서가 흔들릴 경우, 한국은 자국 내 핵심 기술 자립, 무역 다변화, 신남방·신북방 전략 강화 등을 포함하는 장기적 체질 개선 방향으로 통상 전략을 재구축해야 한다. 이는 단기 대응을 넘어선 구조적 전환이다.

(라) 한편, 정부는 통상 협상 채널의 다층화를 고려해야 한다. 단일한 정상회담이나 FTA 테이블만으로는 예외 지위 확보에 한계가 있다. 따라서 국가 안보·기술·경제 외교를 연계한 '복합 협상 프레임'이 요구되며, 과거 한미 FTA 개정 협상 당시 얻었던 자동차·철강 관세 유예 사례처럼, 전략적 분야별 접근이 필요하다.

(마) 이처럼 관세정책이 단순한 무역 보호 수단을 넘어, 미국의 안보·기술 전략과 결합된 수단으로 사용된다면, 한국 역시 단기 대응을 넘는 보다 전략적 대응 체계를 마련할 필요가 있다. 관세 이슈를 통상 차원이 아닌 국가 전략의 일환으로 접근해야 한다는 목소리도 높아지고 있다.

① (나) – (가) – (라) – (마) – (다)

② (나) – (가) – (마) – (라) – (다)

③ (가) – (나) – (라) – (마) – (다)

④ (나) – (마) – (가) – (라) – (다)

⑤ (마) – (나) – (가) – (라) – (다)

09. 의미 관계가 〈보기〉의 ⓐ : ⓑ와 가장 유사한 것은?

> 〈보기〉
>
> 시나리오에서는 장면과 장면을 연결할 때, 이야기가 순조롭게 진행될 수 있도록 매개 요소를 가정하여 넣는데, ⓐ 매개 요소는 어떤 장면의 말미와 다음 장면의 서두를 이어 주는 '형식적 고리'이다. 일반적으로 매개 요소는 두 장면 사이의 공통성이나 대립성을 활용하며, 공통성과 대립성은 분위기, 빛과 음향, 대사, 연기 혹은 행위, ⓑ 인물의 성격 등의 측면에서 찾을 수 있다.

① 자동차에는 승용차, 트럭, 오토바이가 있다.

② 소는 사람과 달리 네 개의 위를 가지고 있다.

③ 자동차 타이어는 여름에 팽창하고 겨울에 수축한다.

④ 납세의 의무를 다하지 않은 국민에게는 징세를 해야 한다.

⑤ 그 학교의 모든 교실에는 책상과 의자가 가지런히 놓여 있었다.

10. 다음 글의 ㉠~㉤을 바르게 고쳐 쓴다고 할 때, 적절하지 않은 것은?

> '미운 오리 새끼' 동화의 주인공인 백조는 오리들과 생김새가 ㉠ 틀리다. 새끼 오리들은 자신들과 다른 백조를 따돌리지만, 어미 오리는 백조를 그대로 받아들인다. 백조가 다른 오리들에게는 ㉡ 차별 받았지만 어미 오리에게는 한 가족으로 인정받은 것이다. 어린 새는 태어나 처음 본 움직이는 대상을 어미로 여기고, ㉢ 어린 새를 자신의 새끼로 받아들이는 습관이 있다.
>
> 우리 역시 동화에 나오는 새끼 오리들처럼, 끊임없이 다른 사람과 자신의 차이를 찾아서 그것을 차별의 근거로 삼으려 한다. (㉣) 내가 차별을 당하고 싶지 않다면 나 역시 다른 이를 차별하지 말아야 한다. 이를 위해서는 어미 오리처럼 다른 사람과의 차이를 인정하고 그 사람을 ㉤ 허용하려는 미덕을 가져야 한다.

① ㉠: 문맥상 의미가 적절하지 않으므로 '다르다'로 바꾸어 쓴다.

② ㉡: 띄어쓰기가 올바르지 않으므로 '차별받았지만'으로 바꾸어 쓴다.

③ ㉢: 문맥에 맞게 '어미도 그 어린 새를 자신의 새끼로 받아들이는 습성이 있기 때문이다.'로 고친다.

④ ㉣: 앞뒤 내용을 고려하여 '그런데 차별은 차이를 전제로 하므로 사람 사이의 차별은 차이에서 비롯된다.'를 넣는다.

⑤ ㉤: 적절한 의미전달을 위해 '포용하려는'으로 수정한다.

11. 다음 글의 논지 전개 방식으로 적절한 것은?

> 현대 산업 사회는 인간의 삶을 전방위로 지배하는 구조를 지닌다. 효율성과 생산성의 극대화를 위해 사회는 점차 합리화되고 기계화되며 집단화되는 경향을 보이고, 이로 인해 삶의 문화적 다양성과 개인의 개성은 점차 희미해진다. 기업들은 경쟁에 대응하기 위해 보다 조직적이고 기계적인 집단체로 변화하며, 개인은 시스템의 부속품처럼 기능하게 된다. 이러한 구조 속에서 인간의 사고방식과 존재 방식은 시스템 중심으로 재편되고 있다.
>
> 물론 산업 사회는 삶을 편리하고 풍요롭게 만드는 이점이 있지만, 동시에 인간의 자유와 고유한 가치, 자율적 사고 능력을 약화시키는 문제도 발생한다. 기술적 지능만을 강조하는 사회 구조는 인간을 도덕적 성찰 없는 존재로 만들며, 수단이 목적을 압도하는 '수단 우위'의 특성을 드러낸다. 이는 칸트가 경고한 바, "인간은 결코 수단이 아닌 그 자체로 목적이어야 한다"는 인식을 다시금 환기시킨다.
>
> 더 나아가 산업 사회는 인간을 효율적으로 통제하기 위한 수단으로 사회과학과 심리학을 동원하고 있다. 가치 판단을 배제하고 '중립'을 표방하는 학문은 인간을 조작 가능한 대상으로 전락시키며, 마르쿠제는 이를 '일차원적 사고'라고 비판했다. 산업 사회에서 '합리화'란 결국 인간을 위한 것이 아니라, 수단의 효율성을 위한 것에 지나지 않는다.
>
> 또한 산업 사회는 소비 욕망을 끊임없이 창조하고, 이를 마치 필수적인 삶의 요소처럼 포장한다. 광고와 매스미디어는 새로운 수요를 인위적으로 만들어내고, 인간은 이를 자율적 선택인 줄 알면서도 실은 통제된 구조 안에서 행동하게 된다. 이처럼 산업 사회는 인간의 욕망과 사고, 심지어 인격까지도 지배하는 체계를 구축해가고 있다.

① 산업 사회에 대한 상반된 입장을 나란히 비교하고 있다.
② 산업 사회를 특정 철학자들의 이론을 중심으로 해석하고 있다.
③ 산업 사회의 핵심 개념을 정의하고, 구체적 사례를 제시하고 있다.
④ 산업 사회가 등장하게 된 역사적 배경을 순차적으로 설명하고 있다.
⑤ 산업 사회가 인간에게 미치는 부정적 영향을 다각도로 분석하고 있다.

12. 다음 문장의 빈칸에 들어갈 가장 적절한 한자성어는?

> 그는 회의에서 끊임없이 말을 이어갔지만, 정작 중요한 본질은 비껴갔다. 자신의 의견을 정당화하기 위해 엉뚱한 예를 끌어다 붙이는 모습은 전형적인 (　　　)에 가까웠다.

① 견강부회(牽强附會)
② 아전인수(我田引水)
③ 언중유골(言中有骨)
④ 백면서생(白面書生)
⑤ 미사여구(美辭麗句)

13. **다음 글의 ㉠~㉤을 바르게 고쳐 쓴다고 할 때, 적절하지 않은 것은?**

> '(㉠)'는 표현은 흔히 사랑에 빠진 사람의 비합리성이나 맹목성을 표현하는 데 사용된다. 또한 명백히 드러난 객관적인 사실을 보지 못하거나 다르게 해석할 때도 적용되는 표현이다. 일반적으로 사람들은 자신은 이성적인 존재이며 자신의 판단은 대부분 합리적인 사고 과정의 결과라 믿는다. ㉡즉 자신은 언제나 합리적인 판단을 내릴 수 있는 존재여서, 판단에 필요한 정보만 충분히 주어진다면 언제든지 합리적인 결론에 도달할 수 있다는 전제를 두고 있는 것이다.
>
> 하지만 심리학자 대니얼 카너먼(Daniel Kahneman)은 이러한 현상을 특별한 실수나 오류가 아닌 일상에서 흔히 일어나는 일로 이해한다. 카너먼에 의하면 오히려 인간은 원래 합리성의 절대적 기준 자체도 가지고 있지 않으며 '긍정결과 검증전략(Positive-testing strategy)'을 사용한다고 한다. ㉢주어진 정보를 최대한 사용하여 모든 가능성을 검증하기보다는, 주어진 정보를 이용해 자신이 원하는 결론을 내리거나 이미 가지고 있는 결론을 강화하려는 심리적 경향이 있다.
>
> 이러한 편향성은 특히 그 판단이 자신과 깊이 관련되어 있을수록 자신에게 유리한 방향으로 휘어지는 것으로 밝혀졌다. 여기서 위험한 사실은 진실을 알지 못하는 상황에서 모든 판단이 내려지지만, 그 판단을 한 개인에게는 진실처럼 ㉣받아들인다는 것이다. 즉 자신의 눈에 씌어진 '콩깍지'는 자신에게는 보이지 않는다. 따라서 자신과 견해차를 보이는 상대가 거짓말과 음모, 고집으로 가득한 존재로 보이며, 이와 같은 오해가 미움과 갈등으로 발전할 수 있다.
>
> 그러나 모든 심리적 과정엔 나름대로의 기능이 있다는 진화 사회심리학의 관점에서 보면 편향성이 꼭 나쁜 것만은 아니다. 만약 인간이 합리성에만 근거해서 판단한다면 세상에서 과연 몇 쌍의 부부들이 결혼할 수 있을까? 이렇게 된다면 당연히 많은 후손을 남겨 번성할 기회가 줄어들 것이다. 또한 공식 세계 랭킹이 31위였던 우리나라 축구대표팀이 월드컵에서 16강, 8강, 4강에 진출하리라는 ㉤기대내지 믿음이 가능할까? 이러한 측면에서 생각한다면 어느 정도의 '콩깍지'는 행복한 삶을 위해 반드시 필요한 요소이기도 하다. 다만 편향성을 경계하는 지혜가 필요할 것이다.

① 문맥을 고려하여 ㉠에 '눈에 콩깍지가 쓰였다'를 첨가한다.

② 부가적인 내용을 추가하고 있으므로 ㉡을 '게다가'로 수정한다.

③ 문장성분 간의 호응을 고려하여 ㉢을 '~심리적 경향이 있다는 것이다'로 수정한다.

④ 정확한 피동의 의미를 표현하기 위해 ㉣을 '받아들여진다는'으로 수정한다.

⑤ 띄어쓰기 규정을 고려하여 ㉤을 '기대 내지'로 수정한다.

14. **다음 ㉠~㉤ 중 띄어쓰기가 적절하지 않은 것은?**

> 조선의 역대 왕 가운데 세종은 제도를 정비하고 유교적 문치(文治)를 ㉠구현한 데 있어 가장 두드러진 업적을 남긴 군주로 널리 ㉡평가된다. 하지만 세종이 우리나라의 현실에 맞게 음악 체계를 정리하고 이를 ㉢국가 의례에 활용하도록 한 사실은 잘 알려져 ㉣있지 않다. 그는 훈민정음을 창제하여 백성을 위한 통치를 실현했을 ㉤뿐만아니라, 음악을 제도화함으로써 깊은 문화적 안목과 애민 정신을 드러냈다고 할 수 있다.

① ㉠　② ㉡　③ ㉢　④ ㉣　⑤ ㉤

15. 다음은 연도별 철강 생산량에 대한 자료이다. 이에 대한 설명으로 옳지 않은 것은?

〈표〉 2015~2019년 철강 생산량

(단위: 천 톤)

구분	2015	2016	2017	2018	2019
전로강	48,500	47,521	47,676	48,281	48,716
전기로강	21,171	21,055	23,354	24,183	22,696
철강재	78,720	80,185	81,314	81,132	79,927
형강	4,515	4,398	4,467	4,784	4,644
철근	9,800	10,341	11,296	10,621	9,936
중후판	10,040	9,502	8,986	9,393	9,525
열연강판	17,535	17,605	16,768	16,964	17,767
냉연강판	10,127	9,907	9,825	10,005	9,685
강관	4,928	5,206	5,640	5,007	4,649

〈그림〉 2015~2019년 철강 총생산량

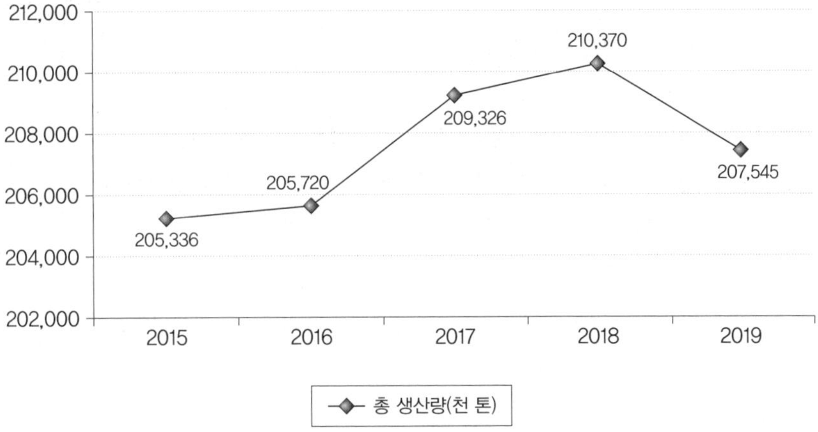

※ 출처: KOSIS(한국철강협회, 철강통계조사)

① 철근과 생산량의 증감 추이가 동일한 항목은 2개이다.

② 철강재를 제외한 항목들의 생산량은 매년 총생산량의 60% 이상을 차지한다.

③ 철근 생산량과 형강 생산량의 차이는 강관 생산량보다 매년 크다.

④ 2018년의 전년 대비 증감률이 가장 큰 항목은 형강이다.

⑤ 2019년 이후부터 철강 총생산량의 전년 대비 감소량이 동일할 때 2022년 총생산량은 2억 톤 이하로 떨어진다.

16. 다음은 품목군별 수입신고 현황에 대한 자료이다. 이에 대한 설명으로 옳지 않은 것은?

〈표〉 품목군별 수입신고 현황

(단위: 건, 톤, 천 달러)

품목군	2016			2017			2018		
	건수	중량	금액	건수	중량	금액	건수	중량	금액
농/임산물	62,616	8,330,470	4,873,389	69,121	9,037,001	5,064,152	71,258	8,808,119	5,285,819
가공식품	237,516	5,803,783	6,649,604	251,756	6,009,302	6,783,933	271,736	6,190,252	6,872,826
건강기능 식품	10,555	10,775	506,752	10,691	11,069	509,619	12,043	13,531	610,751
식품첨가물	37,481	345,712	834,691	37,480	364,863	887,229	39,074	373,908	926,831
기구 또는 용기/포장	92,806	403,328	1,875,938	105,429	354,332	1,793,605	118,673	379,907	2,023,787
축산물	96,686	1,335,122	5,027,016	102,027	1,447,534	5,775,075	115,410	1,672,768	6,867,384
수산물	87,783	1,031,712	3,670,242	95,769	1,071,586	4,158,540	99,920	1,115,071	4,749,658
계	625,443	17,260,902	23,437,632	672,273	18,295,687	24,972,153	728,114	18,553,556	27,337,056

※ 출처: KOSIS(식품의약품안전처, 수입식품현황)

① 농/임산물의 건당 중량은 매년 감소한다.

② 1톤당 금액은 농/임산물이 매년 가장 적다.

③ 전체 건수 중 가공식품을 제외한 항목들은 매년 60% 이상을 차지한다.

④ 기구 또는 용기/포장 항목의 전년 대비 건수 증가율은 2018년이 2017년보다 높다.

⑤ 품목군별 수입신고 금액의 상위 5개 항목은 매년 순위가 동일하다.

17. 다음은 서울시의 인구 현황에 대한 자료이다. 이에 대한 설명으로 옳지 않은 것은?

〈표1〉 2015~2018년 서울시 15세 이상 인구 현황

(단위: 명)

구분	경제활동인구			비경제활동인구			합계
	남	여	소계	남	여	소계	
2015	3,025	2,366	5,391	1,108	2,113	3,221	8,612
2016	2,998	2,374	5,372	1,119	2,092	3,211	8,583
2017	2,988	2,408	5,396	1,109	2,052	3,161	8,557
2018	2,928	2,407	5,335	1,143	2,043	3,186	8,521

〈표2〉 2015~2018년 서울시 비경제활동인구 현황

(단위: 명)

구분	2015	2016	2017	2018
가사/육아	1,428	1,368	1,317	1,351
통학	832	803	788	774
기타	961	1,040	1,056	1,060

〈표3〉 2015~2018년 서울시 경제활동인구 현황

(단위: 명)

구분	2015	2016	2017	2018
취업자	5,165	5,146	5,152	5,081
실업자	226	226	244	254

※ 실업률(%) = 실업자 / 경제활동인구 × 100

※ 출처: KOSIS(서울특별시, 서울특별시기본통계)

① 서울시의 실업률은 매년 5% 미만이다.

② 2016년의 가사/육아를 하는 비경제활동 여성은 최소 250명이다.

③ 2017년 남성 경제활동인구 중 취업자는 90% 이상이다.

④ 서울시의 15세 이상 인구는 매년 감소한다.

⑤ 서울시의 15세 이상 여성은 매년 남성보다 많다.

18. 다음은 일부 지역에서의 RH− 혈액형별 헌혈 통계를 나타낸 자료이다. 이에 대한 설명으로 옳지 않은 것은?

〈표1〉 RH− 혈액형 지역별 헌혈 현황

(단위: 건)

구분	2017				2018				2019			
	O형	A형	B형	AB형	O형	A형	B형	AB형	O형	A형	B형	AB형
서울 남부	322	359	273	152	326	333	231	160	249	244	203	129
서울 동부	378	398	313	117	397	350	305	122	432	389	316	96
부산	294	289	251	89	274	287	257	83	252	290	240	99
인천	195	245	191	59	221	230	171	70	197	212	191	54
경기	345	287	236	98	333	294	257	106	321	298	233	82

〈표2〉 RH− 혈액형 성별 헌혈 현황

(단위: 건)

구분	남				여			
	O형	A형	B형	AB형	O형	A형	B형	AB형
2017	1,027	1,089	974	362	507	489	290	153
2018	1,087	1,068	894	403	464	426	327	138
2019	967	995	873	343	484	438	310	117

※ 출처: KOSIS(대한적십자사, 혈액정보통계)

① 2019년에 서울 남부에서 AB형 남성이 한 헌혈 건수는 최소 12건이다.

② 2018년 AB형 헌혈 건수의 전년 대비 증가율은 서울 남부가 서울 동부보다 높다.

③ 2019년의 헌혈 건수는 전년 대비 모든 혈액형에서 감소하였다.

④ 2017년의 B형 헌혈 건수 중 서울 동부에서의 남성 헌혈 건수는 5% 이상이다.

⑤ 2017년과 2018년의 헌혈 건수가 가장 많은 혈액형은 다르다.

19. 다음은 우리나라 국민연금 수급자 중 매월 100만 원 이상의 국민연금 수급자에 대한 현황 자료이다. 이에 대한 설명으로 옳지 않은 것을 모두 고르면?

[금액별 국민연금 수급자 현황]

(단위: 명)

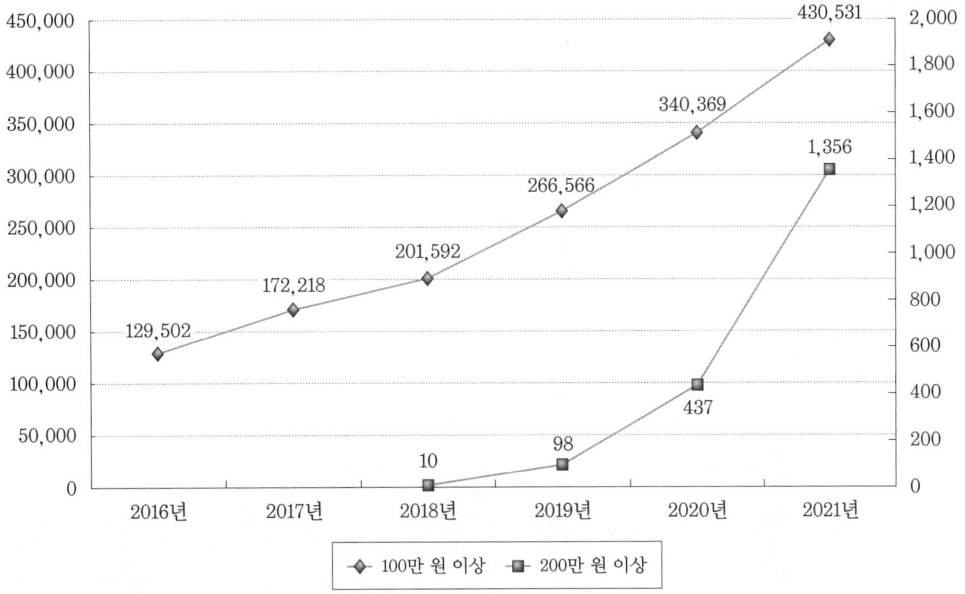

※ 2021년 말 기준 국민연금 전체 수급자: 607만 124명
※ 출처: 공공데이터포털(국민연금공단, 국민연금수급현황)

㉠ 매월 100만 원 이상 고액 국민연금 수급자 수는 2016년 대비 2021년에 3배 이상 증가하였다.
㉡ 국민연금 전체 수급자 수는 2018년도에 처음으로 20만 명을 넘으며 지속적으로 증가했다.
㉢ 200만 원 이상 국민연금 수급자 수가 전년 대비 가장 많이 증가한 해에는 100만 원 이상 국민연금 수급자 수도 가장 많이 증가하였다.
㉣ 2021년 국민연금 수급자 중 약 7% 이상의 인원이 매월 100만 원 이상씩 수급하고 있으며, 이 중 약 0.1% 이하의 인원만이 200만 원 이상씩 국민연금을 수급하고 있다.

① ㉠, ㉡ ② ㉠, ㉢ ③ ㉡, ㉢ ④ ㉡, ㉣ ⑤ ㉢, ㉣

20. 다음은 우리나라 인구 각 연령별 10만 명당 눈다래끼 환자 수를 조사한 자료이다. 이에 대한 설명으로 옳은 것은?

[연령별 눈다래끼 환자 수 현황]

(단위: 명)

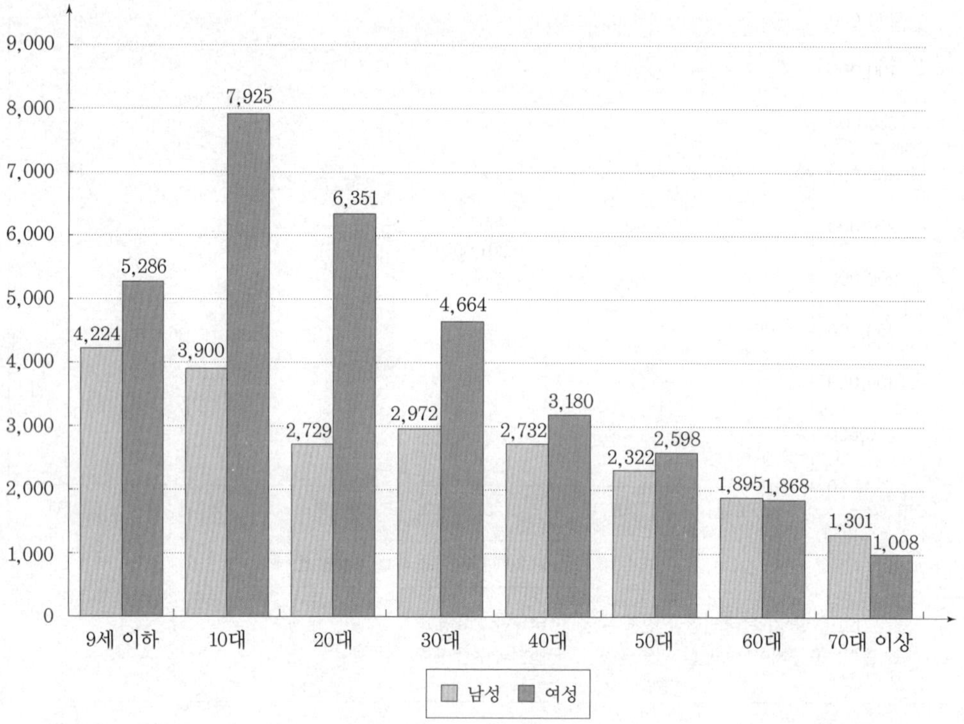

※출처: 국민건강보험공단 빅데이터운영실(2017-07-27 보도자료)

① 인구 10만 명당 눈다래끼는 남녀 모두 9세 이하에서 가장 많이 발생한다.

② 인구 10만 명당 남성 눈다래끼 환자 총 발생률은 3% 이상이다.

③ 인구 10만 명당 여성 눈다래끼 환자 총 발생률은 4% 이하이다.

④ 인구 10만 명당 20대 이하 여성 눈다래끼 환자 수는 50대 이상 남성 환자 수보다 4배 이상 많다.

⑤ 인구 10만 명당 10대 눈다래끼 환자 수는 20대 눈다래끼 환자 수보다 약 30% 이상 더 많다.

21. 다음은 증권사 2021년 5G 통신장비 업체의 매출, 영업이익과 시가총액에 대한 실적자료이다. 이에 대한 설명으로 옳은 것을 모두 고르면?

[2021년 5G 통신장비 업체 실적 전망]

(단위: 억)

기업체	주요제품	연매출	영업이익	시가총액
A	RF제품, 안테나, 필터	2,293	−113	16,366
B	전력 트랜지스터, 증폭기	1,027	56	9,353
C	기지국 함체	6,313	632	7,976
D	RF제품, 안테나, 필터	3,049	14	6,493
E	프론트홀	1,884	123	4,380
F	스몰셀, 시험, 계측장비	864	82	3,089

※ 영업이익률 = $\frac{\text{영업이익}}{\text{매출}} \times 100$

㉠ 5G 통신장비 주요 업체 중 영업이익률이 5% 이상 되는 기업은 총 4곳이다.
㉡ 연 매출액이 가장 큰 기업체와 가장 작은 기업체의 시가총액 차이는 두 기업체의 연 매출 차이보다 작다.
㉢ 안테나 및 필터를 생산하는 업체들은 평균 2,500억 이상의 매출과 1조 원 이상의 시가총액을 보유하며 해당 기업들의 영업이익률은 평균 5% 이상이다.
㉣ 매출 상위 2개 업체가 5G 주요 통신장비 업체의 매출, 영업이익, 시가총액 전체의 절반 이상을 차지하고 있다.

① ㉠, ㉡　② ㉠, ㉢　③ ㉡, ㉢　④ ㉡, ㉣　⑤ ㉢, ㉣

22. 다음 표는 2015~2019년 연도별 국내, 국제 우편물 물량 현황을 나타낸 자료이다. 자료에 대한 설명으로 옳은 것을 모두 고르면?

[2015~2019년 국내 우편물 물량 현황]

(단위: 십만 통)

국내		2015	2016	2017	2018	2019
합계		39,993	38,740	37,063	35,896	33,981
일반통상		35,326	33,783	31,856	30,409	28,013
특수통상		2,771	2,773	2,770	2,762	2,724
소포	소계	1,896	2,184	2,437	2,725	3,244
	보통	16	16	13	12	11
	등기	1,880	2,168	2,424	2,713	3,233

[2015~2019년 국제 우편물 물량 현황]

(단위: 십만 통)

국제	2015	2016	2017	2018	2019
합계	213	207	187	198	197
일반통상	75	74	65	55	51
특수통상	30	33	48	77	77
국제특급	102	94	68	60	63
소포	6	6	6	6	6

※출처: KOSIS(과학기술정보통신부, 우편물통계)

〈보기〉

㉠ 국내 우편물과 국제 우편물 모두 일반통상 우편물의 수는 매년 감소한다.
㉡ 국제 우편물의 통상 우편물 중에서 특수통상 우편물이 차지하는 비율은 매년 증가한다.
㉢ 국제특급 우편물이 가장 많았던 해에 국내 우편물 중 통상우편물이 차지하는 비율은 95% 이하이다.
㉣ 2016~2019년 국내 일반통상 우편물의 전년 대비 감소율은 2019년에 가장 크다.

① ㉠, ㉡ ② ㉠, ㉢ ③ ㉠, ㉡, ㉢ ④ ㉠, ㉡, ㉣ ⑤ ㉡, ㉢, ㉣

23. 다음은 서울시 주요 지역의 주택유형별 거주 인원에 대한 조사 자료이다. 이에 대한 설명으로 옳은 것은?

[서울시 주요 지역 주택유형별 가구 현황]

(단위: 가구, 명)

구분	가구					가구원	
	전체	단독주택 다가구주택	아파트	다세대주택	연립주택	전체	15세 이상
전체	1,104,459	332,293	449,973	173,759	148,461	2,464,989	2,219,522
종로구	63,414	23,851	14,860	11,241	13,489	139,718	127,925
중구	55,093	14,072	24,383	6,561	10,077	117,252	107,917
용산구	95,714	33,468	34,185	16,433	11,628	208,602	189,541
성동구	122,186	35,234	66,068	9,223	11,661	281,266	252,803
서대문구	133,112	40,147	52,717	25,953	14,295	302,902	273,147
관악구	248,959	105,868	54,907	41,971	46,213	478,545	444,535
강남구	208,833	36,246	118,981	27,474	26,132	498,857	437,959
강동구	177,148	43,407	83,872	34,903	14,966	437,847	385,695

※ 출처: 공공데이터포털(서울특별시, 2021년 기준 도시정책지표 조사 결과)

① 서울시 전체 가구 수 중 주요 지역 상위 3군데의 가구 수는 전체의 60% 이상을 차지하고 있다.

② 서울시 전체 가구당 가구원 수는 2.4명 이상이다.

③ 서대문구 15세 미만 가구원 수는 성동구 15세 미만 가구원 수보다 약 1,500명 이상 더 많다.

④ 서울시 주요 지역 가구당 가구원 수는 지역에 관계없이 2명 이상이다.

⑤ 서울 주요 지역 중 가구 수가 가장 많은 지역구는 단독주택 및 다가구주택, 다세대주택, 연립주택의 가구 수 역시 타 지역구 대비 많다.

24. 다음은 벤처기업협회에서 벤처 출신의 코스닥 상장기업 현황 등을 조사한 자료이다. 이에 대한 설명으로 옳은 것은?

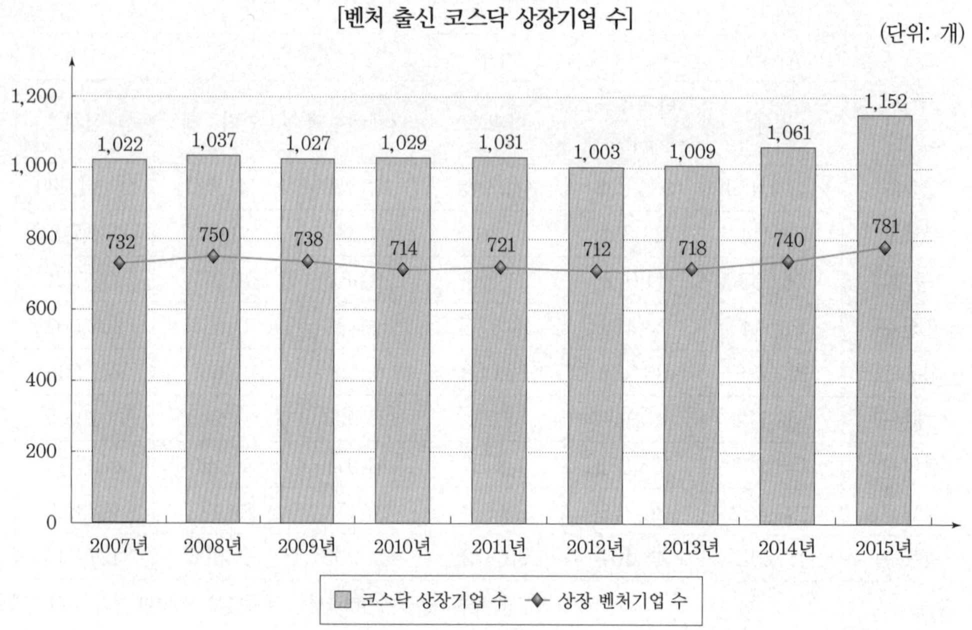

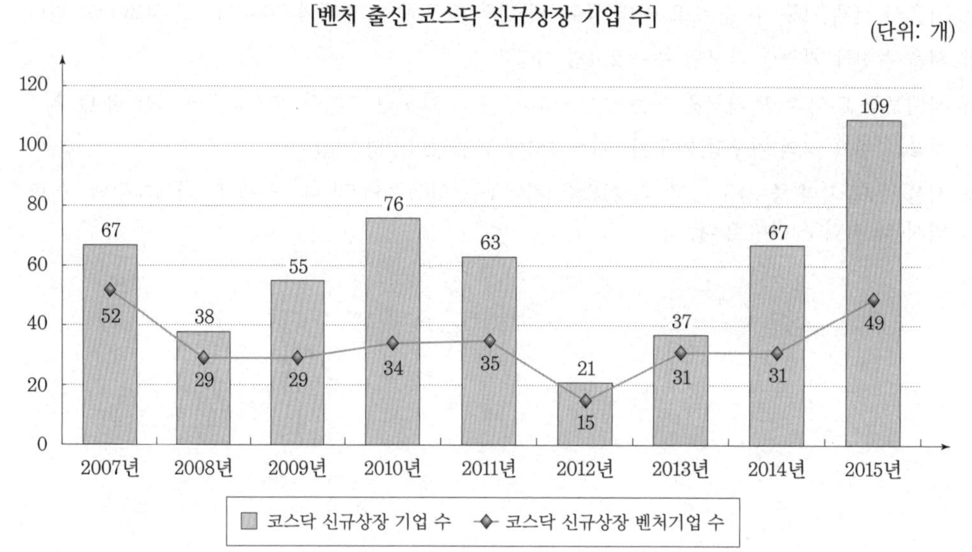

※ 점유율(비율) = $\frac{\text{(신규)상장 벤처기업 수}}{\text{(신규)상장기업 수}}$

※ 출처: 공공데이터포털(중소기업청, 벤처기업협회)

① 2015년 전체 코스닥 상장기업 1,152개 중 상장 벤처 출신 기업 수는 781개로 전체의 70% 이상을 차지하며 2007년 이후 최대를 기록했다.

② 2011년 코스닥 상장기업 수 중 코스닥 신규상장 기업 수의 비율은 2014년보다 더 높다.

③ 상장 벤처기업 수 중 매년 신규상장되는 벤처기업 수의 비율은 5% 이상을 유지하고 있다.

④ 2015년 코스닥 신규상장 벤처기업 수는 IT 업계 창업이 활발해지면서 역대 최고를 기록했다.

⑤ 코스닥 신규상장 기업 수 중 신규상장 벤처기업 수의 점유율이 가장 높은 해의 점유율은 가장 낮은 해 점유율의 2배 이하이다.

25. 다음은 2019년 1분기와 2분기의 전국 가구소득 분위별 가계수지에 대한 통계 자료이다. 다음 중 자료에 대한 설명으로 옳지 않은 것은?

[1분기 소득 분위별 가구당 가계수지]

(단위: 천 원)

구분		1분위	2분위	3분위	4분위	5분위
가구원 수(명)		2.39	2.81	3.20	3.42	3.42
가구주 연령(세)		63.26	54.57	50.20	48.75	50.19
소득		1,254.8	2,843.7	4,238.7	5,863.1	9,925.1
경상소득	소계	1,253.7	2,832.8	4,224.0	5,846.8	9,850.8
	근로소득	404.4	1,533.8	2,633.0	4,116.7	7,410.9
	사업소득	207.2	617.9	961.2	1,034.2	1,639.3
	재산소득	11.1	16.5	14.9	12.4	27.8
	이전소득	631.0	664.6	614.9	683.5	772.8
비경상소득		1.1	10.9	14.7	16.3	74.3
비소비지출		286.7	568.5	876.1	1,295.3	2,363.3
처분가능소득		968.1	2,275.2	3,362.6	4,567.8	7,561.8

[2분기 소득 분위별 가구당 가계수지]

(단위: 천 원)

구분		1분위	2분위	3분위	4분위	5분위
가구원 수(명)		2.39	2.91	3.20	3.36	3.45
가구주 연령(세)		63.84	53.28	49.74	49.62	50.57
소득		1,325.4	2,911.1	4,193.9	5,660.4	9,426.0
경상소득	소계	1,324.7	2,906.5	4,170.1	5,634.4	9,377.1
	근로소득	438.7	1,665.1	2,751.0	4,108.9	6,879.0
	사업소득	224.8	639.2	837.9	984.3	1,855.7
	재산소득	9.1	19.1	24.1	21.0	51.2
	이전소득	652.1	583.1	557.1	520.2	591.2
비경상소득		0.7	4.6	23.8	26.0	48.9
비소비지출		276.0	578.6	857.6	1,213.1	2,174.5
처분가능소득		1,049.4	2,332.5	3,336.3	4,447.3	7,251.5

※ 1) 가구원 수, 가구주 연령은 각 분위에 속하는 가구당 평균을 의미함
2) 소득과 지출에 대한 자료는 모두 월평균 기준임

① 2분기 소득 1분위의 가구당 월평균 소득은 1,325,400원으로 직전분기 대비 70,600원 증가하였으며, 소득 5분위의 가구당 월평균 소득은 9,426,000원으로 직전분기 대비 499,100원 감소하였다.

② 제시된 기간 동안 소득 1분위에서 5분위로 갈수록 가구당 평균 가구원 수가 많아지는 것은 아니다.

③ 1분기 소득 4분위의 가구당 월평균 경상소득은 소득 1분위의 가구당 월평균 경상소득의 4.5배 이상이다.

④ 2분기 소득 5분위의 가구당 월평균 비소비지출은 직전분기 대비 10% 이상 감소하였다.

⑤ 전국 가구의 월평균 소득의 평균은 1분기가 2분기보다 높다.

26. 다음은 우리나라 A 시의 성별에 따른 체류자격별 거주 외국인에 대한 현황 조사 자료이다. 이에 대한 설명으로 옳지 않은 것을 모두 고르면?

[체류자격별 성별 현황]

(단위: 명)

구분	비자코드	남성	여성	계
방문취업	H2	23,310	16,144	39,454
전문인력	E1~E7	6,799	4,895	11,694
유학	D2, D4	17,796	32,617	50,413
방문동거/거주/동반	F1~F3	13,826	18,996	32,822
재외동포	F4	66,616	74,027	140,643
영주자	F5	22,824	24,892	47,716
결혼이민자	F6	6,360	14,441	20,801
기타	G1	9,403	4,415	13,818

※ 출처: 공공데이터포털(국민연금공단, 자격외국인체류자격별가입현황)

㉠ A 시에 체류 중인 외국인은 여성이 남성보다 23,000명 이상 더 많다.
㉡ F2 비자를 가진 남성 인구는 F6 비자를 가진 남성 인구보다 2배 이상 많고, 같은 비자를 가진 여성 인구보다 5천 명 이상 적다.
㉢ E1~E7의 비자코드를 가진 전문인력은 남성과 여성 체류인구 모두 다른 체류코드 대비 가장 적을 뿐 아니라 유학 체류인구의 20%에 불과하다.
㉣ 재외동포 자격으로 거주 중인 외국인은 전체의 약 40% 이하를 차지하고 있다.

① ㉠, ㉡　② ㉠, ㉢　③ ㉡, ㉢　④ ㉡, ㉣　⑤ ㉢, ㉣

27. 다음은 우리나라 주요 통신사의 설비투자(CAPEX) 추이를 보여주는 현황 자료이다. 이에 대한 설명으로 옳은 것은?

[주요 통신사 설비투자(CAPEX) 연도별 현황]

(단위: 억)

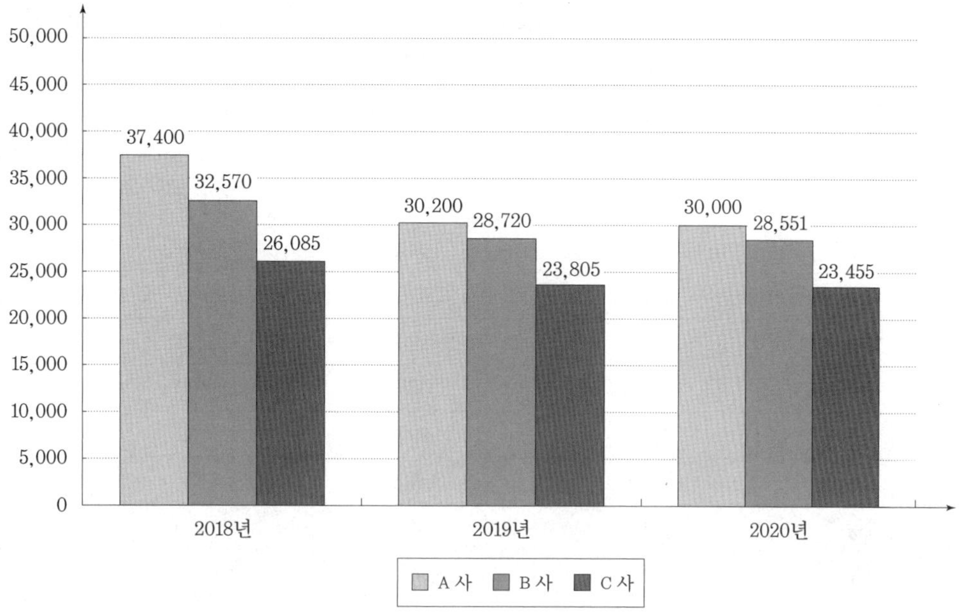

※ CAPEX(Capital expenditures): 미래의 이윤을 창출하기 위해 지출한 비용

① 연간 주요 통신사 총 설비투자 금액은 2019년 대비 2020년도에 소폭 증가하였다.

② A 사는 최근 3년간 10조 원 이상의 대규모 설비투자를 진행했다.

③ 2018년 주요 통신사의 총 설비투자 금액은 B 사의 최근 3년간 총 투자금액보다 작다.

④ 전년 대비 2019년 연간 투자액 감소율은 A 사 > B 사 > C 사 순으로 크다.

⑤ 2021년 주요 통신사 연간 설비투자 금액이 A 사만 10% 증가한다고 하면 2021년도 A 사의 연간 투자 금액은 같은 해 주요 통신사 전체 투자 금액의 40% 이상을 차지한다.

28. 다음은 2021년 상반기 말 기준 주요 시도의 외국인 토지 보유 현황에 대한 자료이다. 이에 대한 설명으로 옳은 것은?

[주요 시도별 외국인 토지 보유 현황]

(단위: 천m^2, 억)

구분	2020년말		2021년 상반기	
	면적	금액	면적	금액
전국	253,347	314,962	256,740	316,906
수도권	52,514	188,480	53,515	190,252
서울	3,097	116,724	3,122	117,031
부산	4,988	21,531	5,013	21,539
대구	1,626	3,975	1,767	3,983
인천	3,675	24,147	3,752	24,596
광주	2,611	3,067	2,609	3,085
대전	1,474	3,193	1,469	3,213
울산	7,030	13,703	7,117	13,721
세종	1,936	849	2,060	660
제주	21,806	5,749	21,746	5,720

※ 출처: KOSIS(국토교통부, 시도별외국인토지보유현황)

㉠ 2020년말 기준 전국 외국인 토지 보유 면적과 금액 중 수도권이 면적은 20% 이상, 금액은 60% 이상을 차지하고 있다.
㉡ 2020년말 대비 2021년 상반기 외국인 토지 보유 면적과 금액은 모두 1% 이상 증가했다.
㉢ 2020년말 대비 2021년 상반기의 외국인 토지 보유 면적이 감소한 곳은 광주와 대전, 제주 총 3곳이다.
㉣ 2021년 상반기 외국인 토지 보유 천m^2당 금액은 서울시의 토지가 부산시의 토지보다 약 8배 이상 더 비싸다.

① ㉠, ㉡ ② ㉠, ㉢ ③ ㉡, ㉢ ④ ㉡, ㉣ ⑤ ㉢, ㉣

29. 다음 표는 산업별, 직업별 취업자 현황과 구성비에 대한 자료이다. 자료에 대한 설명으로 옳은 것은?

[2018년 성별 취업자 현황]

구분	취업자 수(천 명)		취업자 구성비(%)	
	남자	여자	남자	여자
관리자	317	54	2.1	0.5
전문가 및 관련 종사자	2,839	2,652	18.5	23.2
사무 종사자	2,449	2,312	15.9	20.2
서비스 종사자	984	1,985	6.4	17.3
판매 종사자	1,495	1,542	9.7	13.5
농림어업 숙련 종사자	784	482	5.1	4.2
기능원 및 관련 기능 종사자	2,028	318	13.2	2.8
장치·기계조작 및 조립 종사자	2,716	382	17.7	3.3
단순노무 종사자	1,760	1,723	11.4	15.0
계	15,372	11,450	100.0	100.0

[직업별 취업자 구성비]

(단위: %)

구분	2014년	2015년	2016년	2017년	2018년
관리자	1.6	1.4	1.3	1.2	1.4
전문가 및 관련 종사자	19.8	19.8	20.0	20.3	20.5
사무 종사자	16.9	17.0	17.3	17.4	17.8
서비스 종사자	10.7	10.7	10.9	11.0	11.1
판매 종사자	12.2	12.0	11.8	11.6	11.3
농림어업 숙련 종사자	5.3	4.7	4.5	4.5	4.7
기능원 및 관련 기능 종사자	8.8	9.1	9.1	8.9	8.7
장치·기계조작 및 조립 종사자	12.0	12.2	12.1	11.9	11.5
단순노무 종사자	12.7	13.1	13.0	13.2	13.0
계	100.0	100.0	100.0	100.0	100.0

① 2018년 전체 취업자 26,822천 명 중 남자 취업자 수가 차지하는 비중은 약 53%이다.

② 2014년부터 2018년까지 직업별 취업자 구성비 순위는 모두 동일하다.

③ 2015년 전체 취업자 수가 2018년 전체 취업자 수와 동일하다고 가정하면 2015년 전문가 및 관련 종사자 수는 약 5,311천 명이다.

④ 2018년 서비스 종사자 중 여자 취업자 수는 남자 취업자 수의 두 배보다 작다.

⑤ 직업별 취업자 중 사무 종사자 수는 2018년이 2014년보다 많다.

30. 다음 표는 2015~2019년 철도교통사고 현황을 나타낸 자료이다. 자료에 대한 설명으로 옳은 것을 모두 고르면?

[2015~2019년 철도교통사고 현황]

(단위: 건)

구분	2015	2016	2017	2018	2019
합계	138	123	105	98	72
열차사고	4	8	4	4	6
건널목사고	12	9	11	8	15
사상사고	119	104	87	82	46
기타안전사고	3	2	3	4	5

[2015~2019년 사상사고 원인별 사고 건수]

(단위: 건)

구분	여객사상사고 건수	공중사상사고 건수	직무사상사고 건수
2015	53	48	18
2016	53	37	14
2017	52	23	12
2018	32	38	12
2019	13	25	8

[2015~2019년 사상사고 인원 현황]

(단위: 명)

구분	사망자 수	중상자 수	경상자 수
2015	73	25	38
2016	61	48	0
2017	49	40	0
2018	39	49	0
2019	29	19	0

[2015~2019년 사상사고 원인별 총 사상자 수 현황]

(단위: 명)

구분	여객사상사고	공중사상사고	직무사상사고
사상자 수	222	177	71

※ 출처: KOSIS(국토교통부, 철도사고현황)

〈보기〉

㉠ 전체 철도교통사고 건수와 사고로 인한 사망자 수는 매년 감소하였다.
㉡ 2015~2019년 여객사상사고로 인한 사망자 수는 적어도 3명 이상이다.
㉢ 매년 전체 철도교통사고 건수 중 사상사고 이외의 사고가 차지하는 비율은 30% 이하이다.
㉣ 2018년의 사상사고 건수 중 여객사상사고 건수가 차지하는 비율은 3년 전 대비 감소하였다.

① ㉠, ㉡　② ㉠, ㉢　③ ㉡, ㉣　④ ㉠, ㉡, ㉢　⑤ ㉠, ㉡, ㉣

31. 다음은 ○○공사 청년 인턴십 사업 안내이다. 이에 관한 다음 설명 중 옳지 않은 것은?

> 1. 사업 개요
>   - 대상: 미취업 청년
>   - 기간: 2024년 10월 7일(월)~11월 29일(금), 총 8주
>   - 시간: 주 5일, 하루 5시간(10:00~16:00, 점심시간 12:00~13:00은 근무 시간에서 제외)
>   - 장소: 참여기관 중 최대 3곳까지 선택 지원 가능
>   - 혜택: 인턴 수당 300만 원, 사전직무교육 수당 별도 지급, 수료증 발급
>   - 신분: 수련생(근로자 아님), 4대 보험 미적용
>
> 2. 모집 내용
>   - 모집 인원: 44명
>   - 지원 자격: 만 15세~34세 미취업 청년(워크넷 회원 필수)
>   - 신청 마감: 2024년 9월 20일(금) 13:00
>   - 제출서류: 참여신청서(개인정보동의서 및 자기소개서 포함), 재학/졸업증명서
>
> 3. 추진 절차
>   - 접수 마감: 9월 20일(금) 13:00
>   - 대면 심사: 9월 26일(목)~27일(금)(필요시 서면 대체 가능)
>   - 사전직무교육: 9월 30일(월)~10월 4일(금), 총 40시간
>   - 최종 배정: 9월 28일(토)~29일(일)
>   - 인턴십: 10월 7일(월)~11월 29일(금)
>
> 4. 유의 사항
>   - 제출서류 미제출·미비 시 불이익 발생
>   - 허위 기재 또는 결격사유 발생 시 합격 취소
>   - 사전직무교육 불참 시 선발 취소
>   - 고용보험 가입자, 사업자등록자, 계약직·프리랜서 등은 지원 불가
>   - 군필자는 복무기간만큼 나이 제한 연장(최대 만 39세까지)
>   - 주 30시간 미만 근무자는 미취업자로 간주하여 지원 가능

① 인턴십 수당 300만 원에는 사전직무교육 수당이 포함되어 있다.

② 하루 근무 시간은 총 5시간이며, 오전 10시부터 오후 4시까지이다.

③ 군필자의 경우 최대 만 39세까지 지원 자격이 연장될 수 있다.

④ 제출서류에는 자기소개서가 포함되어야 하며, 9월 20일까지 제출해야 한다.

⑤ 대면 심사는 9월 말에 진행되며, 상황에 따라 서면심사로 대체될 수 있다.

32. 갑돌, 을순, 병석, 정훈은 승진시험을 보았다. 승진시험은 의사소통능력, 수리능력, 문제해결능력 3과목을 각각 40문항 100점 만점 형식으로 치르는데, 각 과목별로 40점 이상을 취득하고 3과목 평균 60점 이상을 취득하여야 합격이다. 다음의 대화에 의할 때, 합격한 사람을 모두 고르면?

〈대화〉

갑돌: 을순이 넌 문제해결능력 점수가 수리능력 점수보다 30점이나 높다며?

을순: 그래봤자 내 문제해결능력 점수가 갑돌 너의 수리능력 점수보다 낮잖아.

병석: 첫! 그런 말 하지들 마. 그래도 너희 셋 다 전 과목이 내 의사소통능력 점수인 37.5점보다 다 높잖아.

정훈: 근데 이상하긴 하다. 평소 우리 넷 다 의사소통능력 점수가 가장 높았잖아. 그런데 실제 시험에서는 병석이만 평소와 다르네.

병석: 그래? 근데, 정훈 넌 의사소통능력 몇 점 받았냐?

정훈: 57.5점.

① 갑돌, 을순 ② 을순, 정훈 ③ 갑돌, 병석
④ 을순, 병석 ⑤ 병석, 정훈

33. 같은 회사에 다니는 가운, 나무, 다영, 라현이는 황금연휴를 맞이하여 휴가계획을 세우고 있다. 휴가가 시작하는 날은 1, 2, 3, 4일 중 하나를 택하여야 하고, 휴가가 끝나는 날은 같은 달의 5, 6, 7, 8일 중 하나를 택하여야 한다. 그들의 휴가계획에 대한 내용이 다음과 같을 때, 가운이의 휴가기간은 시작한 날과 끝나는 날을 포함하여 며칠인가?

- 네 명의 휴가 시작일과 종료일은 모두 각각 다르다.
- 가운이의 휴가기간이 가장 짧고 라현이의 휴가기간이 가장 길다.
- 나무와 다영이의 휴가 일수는 같다.
- 라현이의 휴가가 끝나는 날은 8일이 아니다.
- 라현이의 휴가가 시작되는 날에 다영이는 이미 휴가 중이다.

① 2일 ② 3일 ③ 4일 ④ 5일 ⑤ 6일

34. 국제하키대회에 출전한 A~H 팀 총 8개 팀은 다음과 같은 규칙으로 경기를 진행했다. 다음 정보들을 통해 추론했을 때, 〈보기〉에서 반드시 거짓인 진술을 모두 고른 것은?

[대회 규칙]

모든 경기에서 무승부는 없으며, 승수가 많은 팀이 높은 순위를 차지한다. 단, 승수가 같을 시에는 득실 차 및 득점 등을 통해 순위를 결정하여 같은 순위는 없도록 한다.

- 예선전: 각 조는 4팀으로 구성되어 있으며, 각 팀이 번갈아 한 경기씩 치르는 리그전을 통해 각 조의 상위 두 팀이 준결승에 진출한다.
- 준결승전: Ⅰ조 1위 팀 vs Ⅱ조 2위 팀
  Ⅱ조 1위 팀 vs Ⅰ조 2위 팀
- 결승전: 준결승전에서 승리한 두 팀이 대결한다.

[예선 조 편성]

- 〈Ⅰ조〉: A 팀, B 팀, C 팀, D 팀
- 〈Ⅱ조〉: E 팀, F 팀, G 팀, H 팀

[예선전 결과]

- 〈Ⅰ조〉
  A 팀은 D 팀에게만 졌다.
  B 팀과 C 팀은 D 팀에게 이겼다.
- 〈Ⅱ조〉
  G 팀을 이긴 팀은 없다.
  1승도 거두지 못한 팀은 없다.

〈보기〉

㉠ A 팀과 G 팀이 준결승전에서 대결했다.
㉡ D 팀과 H 팀이 준결승전에서 대결했다.
㉢ C 팀과 F 팀이 결승에서 대결했다.
㉣ E 팀과 H 팀이 결승에서 대결했다.

① ㉠, ㉡　② ㉠, ㉢　③ ㉡, ㉢　④ ㉡, ㉣　⑤ ㉢, ㉣

35. 다음을 읽고 〈보기〉의 내용 중 옳은 것을 모두 고른 것은?

조선시대 과거제도 가운데 문과와 무과는 초시, 복시, 전시의 3단계로 이루어졌으며 초시와 복시에서는 해당 시험별로 인원에 맞춰 합격 여부를 결정하였고, 전시에서는 복시에서 선발된 사람들을 대상으로 순위 및 등급을 결정하였다.

교지(敎旨)란 조선시대부터 국왕이 신하에게 관직·작위(爵位)·자격·시호(諡號)·토지·노비 등을 내려주는 문서이다. 교지는 그 용도에 따라 명칭이 달랐는데 관원에게 관작이나 관직을 내리는 교지는 고신(告身), 문무과 급제자에게 내리는 교지는 홍패(紅牌), 생원·진사시 합격자에게 내리는 교지는 백패(白牌), 죽은 사람에게 관작을 높여 주는 교지는 추증교지(追贈敎旨), 토지와 노비를 주는 교지는 노비토전사패(奴婢土田賜牌), 향리에게 면역(免役)을 인정하는 교지는 향리면역사패(鄕吏免役賜牌)라 하였다.

홍패는 과거를 치른 최종 합격자에게 내어주던 증서로서 붉은 바탕의 종이에 합격자의 성적·등급·성명 등을 먹으로 썼다. 고려시대 숙종 7년(1102년)에 과시의 을과급제자에게 왕이 홍패와 안마(鞍馬)를 준 것이 효시로서, 홍패에는 합격자의 이름과 합격의 구분이 되는 을과·병과·동진사(同進士)·은사(恩賜)·명경업(明經業) 등과 연대·시관을 기록하였고, 수여의 범위도 넓었다. 이에 비해 조선시대에는 그 수여 범위가 문과·무과(武科)의 전시(殿試) 합격자에게만 주는 등 제한적이었다. 한편, 생원(生員)이나 진사(進士)의 경우에는 백패(白牌)를 수여하였다. 특히 고려시대에는 홍패를 어전에서 직접 주지 않고 사령(使令)을 시켜 급제자의 본가에 전하게 함으로써 그 고을에 대해 영예를 과시하게 하여 다른 사람으로 하여금 면학심을 북돋우기도 하였다.

〈보기〉

가. 조선시대 문신인 갑이 나라에 큰 공을 세워 그 상으로 갑에게 토지와 노비를 주고, 돌아가신 부모님의 관작을 높여주기 위해 교지를 내렸다면 갑은 '노비토전사패(奴婢土田賜牌)'와 '고신(告身)'을 받았을 것이다.

나. 위 두 글의 내용은 홍패의 정확한 정의 및 기원을 판단하는 데 있어 서로 충돌하는 자료라고 할 수 있다.

다. 조선시대에 무관인 을이 새로운 관작을 받게 되었다면 교지를 직접 주지 않고 사령을 시켜 본가에 직접 전하게 하여 그 마을에서 영예를 과시하게 하였을 것이다.

라. 생원·진사시에 지원한 사람들은 초시, 복시, 전시를 거쳐 최종합격을 하였을 경우에 백패를 받게 된다.

① 가, 나 ② 가, 라 ③ 나 ④ 나, 다, 라 ⑤ 다, 라

36. ○○ 영재 교육원은 신입생 최종 선발을 앞두고 있다. 선발 과정은 2단계로 진행되며, 각 단계별 기준은 선발 기준과 같다. 지원자 평가 자료를 근거로 판단할 때, 〈보기〉에서 옳은 것을 모두 고르면?

[선발 기준]

[1차 심사: 지원 자격 심사(Pass/Fail)]
- 조건 1: 코딩 테스트 점수가 80점 이상일 것
- 조건 2: 연구 계획서를 제출했을 것

[2차 심사: 최종 등급 부여]
- 1차 심사를 통과한 지원자를 대상으로, 아래 기준에 따라 최종 등급을 부여한다.
  - 핵심 역량 점수 산출: 문제 해결력(가중치 0.4), 코딩 테스트(가중치 0.3), 수학 역량(가중치 0.3) 점수를 합산한다.
  - 가산점 적용: 정보/수학 올림피아드 수상자는 핵심 역량 점수에 5%의 가산점을 부여한다. (최종 점수 = 핵심 역량 점수 × 1.05)
  - 최종 등급 판정: 가산점까지 적용된 최종 점수와 연구 계획서 등급을 종합하여, 아래 표에 따라 가장 높은 등급을 부여한다.

등급	조건
우선 선발	최종 점수 90점 이상이면서 연구 계획서 '탁월' 등급
정규 선발	최종 점수 85점 이상
예비 후보	최종 점수 75점 이상
최종 탈락	위 등급에 해당하지 않는 경우

[지원자 평가 자료]

구분	지원자 A	지원자 B	지원자 C	지원자 D
문제 해결력	90	80	95	95
코딩 테스트	85	90	75	90
수학 역량	80	95	90	85
연구 계획서 제출	제출	제출	제출	제출
연구 계획서 등급	양호	양호	탁월	양호
올림피아드 수상	없음	있음	없음	없음

〈보기〉

ㄱ. C는 문제 해결력이 100점이더라도 정규 선발 등급을 받지 못했을 것이다.
ㄴ. 올림피아드 수상자인 지원자 B는 가산점을 적용받아 '우선 선발' 등급을 받는다.
ㄷ. 지원자 D는 '정규 선발' 등급을 받는다.
ㄹ. 만약 지원자 A의 수학 역량 점수가 5점 더 높았다면 등급이 높아졌을 것이다.

① ㄱ, ㄷ　② ㄱ, ㄹ　③ ㄴ, ㄷ
④ ㄱ, ㄷ, ㄹ　⑤ ㄴ, ㄷ, ㄹ

37. 갑, 을, 병, 정, 무가 동아리의 회장 후보로 출마했다. 회장은 단 한 명만 선출되며 이들은 자신과 다른 후보들에 대해 다음과 같이 말했다. 이 가운데 한 명만 진실을 말하고, 나머지 네 명은 모두 거짓말을 하고 있다고 할 때 회장으로 선출된 사람은 누구인가?

갑: 정은 회장으로 선출되지 않았어요. 을: 병은 회장으로 선출되었어요. 병: 나는 회장으로 선출되었어요. 정: 을은 거짓말을 하고 있어요. 무: 갑과 을 중에 회장으로 선출된 사람이 있어요.

① 갑 ② 을 ③ 병 ④ 정 ⑤ 무

38. 오늘 정민이는 8교시 수업이 있다. 오늘 있는 수업은 국어, 영어, 수학, 생물, 윤리와 예체능 3과목(음악, 미술, 체육)의 총 8과목이며 각각 1교시씩 배정되어 있다. 각 과목의 수업시간에 대한 내용이 아래 조건과 같을 때 다음 중 반드시 옳은 것은?

〈조건〉
1. 예체능 과목 수업은 연이어 있다. 2. 체육보다 영어와 수학 수업이 나중이다. 3. 수학시간이 끝나고 세 과목을 더 들은 후에 생물수업을 마치면 수업이 전부 끝난다. 4. 음악시간과 수학시간 사이에 한 과목 수업이 있으며 미술시간과 국어시간 사이에도 마찬가지이다.

① 국어시간의 바로 다음 시간은 영어시간이다.

② 생물시간과 영어시간 사이에 한 과목 수업이 있다.

③ 수학시간과 윤리시간 사이에 한 과목 수업이 있다.

④ 수학시간의 바로 다음 시간은 예체능 가운데 한 과목이다.

⑤ 영어시간과 윤리시간은 연이어 있다.

39. 'OO 네이처'는 '최종 입지 효율' 점수가 가장 높은 후보지 한 곳을 최종 선택하려고 한다. 다음 글과 〈표〉를 근거로 판단할 때, 화장품 브랜드 'OO 네이처'가 선택할 최적의 입지는?

〈조건〉

- 월 임대료가 2,000만 원을 초과하는 후보지는 고려하지 않는다.
- 주 방문 연령층이 브랜드의 핵심 타겟인 '20-30대'가 아닌 곳은 제외한다.
- 제품 및 재고를 보관할 전용 창고 공간 확보가 불가능한 후보지는 제외한다.
- 최종 입지 효율이 가장 높은 곳으로 선정한다.

$$\text{최종 입지 효율} = \frac{\text{월 예상 매출액} \times \text{입지 보너스}}{(\text{월 임대료} / 1{,}000) + \text{경쟁 위험 비용}}$$

- 월 예상 매출액: 일일 유동 인구(명) × 평균 구매 전환율 × 30일
- 입지 보너스: 지하철역 직접 연결 시 1.2, 미연결 시 1.0
- 경쟁 위험 비용: 경쟁 지수 × 200

〈표〉 후보지별 분석 데이터

후보 지역	주 방문 연령층	일일 유동 인구	평균 구매 전환율	경쟁 지수	월 임대료	지하철역 연결	창고 공간 확보
강남	20-30대	5,000명	0.1	40	25,000천 원	O	O
성수	20-30대	4,000명	0.12	20	15,000천 원	O	X
홍대	20-30대	7,000명	0.07	50	18,000천 원	X	O
가로수길	20-30대	4,500명	0.09	30	20,000천 원	X	O
명동	10-20대	8,000명	0.08	30	22,000천 원	X	O

① 강남 ② 성수 ③ 홍대
④ 가로수길 ⑤ 명동

40. 정부에서 토지의 개별공시지가를 결정·고시하기 위해서는 각각의 개별토지를 비교할 표준지를 선정한 후 그 비교표준지 가격에 토지가격비준표를 대입하여 산정한다. 비교표준지 선정은 용도가 동일한 표준지 중 개별토지와 유사한 것을 선정한다고 할 때, 다음 개별토지 중 가장 토지가격이 높은 것을 찾으면?

[비교표준지]

구분	용도	형상	도로	경사	가격
A	주거	1.0	1.2	0.8	1,000,000원/m^2
B	상업	1.2	0.8	1.0	1,600,000원/m^2
C	공업	0.8	1.0	1.0	800,000원/m^2

[개별토지]

구분	용도	형상	도로	경사
가	상업	0.8	1.2	0.8
나	주거	1.0	1.2	1.0
다	공업	1.2	1.2	1.0
라	주거	1.2	1.0	1.0
마	상업	0.8	1.2	0.8

예) 공업지역에 형상 1.2, 도로 0.8, 경사 1.0인 개별토지의 가격은 $800,000 \times \frac{1.2}{0.8} \times \frac{0.8}{1.0} \times \frac{1.0}{1.0} = 960,000$원/m^{2}가 된다.

① 가 ② 나 ③ 다 ④ 라 ⑤ 마

41. 다음은 선거에 대한 설명과 갑, 을, 병, 정의 투표 상황 및 이들의 대화이다. 이들 네 명이 투표한 후보에 대한 진술로 반드시 옳은 것은? (단, 이들 네 명은 모두 각 선거별로 한 명의 후보에게 유효 투표하였다.)

- 선거 개요: 2개의 선거를 동시에 실시하여 도지사와 시장을 각 1명씩 선출한다. 도지사 선거에 출마한 후보는 A, B, C, D이며, 시장 선거에 출마한 후보는 E, F, G, H이다.
- 투표 상황: 이들 4명은 모두 도지사 선거에서 다른 후보에게 투표했다. 시장 선거에서도 이들 4명은 모두 다른 후보에게 투표하였다. 또한 도지사 선거와 시장 선거 모두 같은 정당의 후보에게 투표한 사람은 없다. 도지사 선거에서 C 또는 D에게 투표한 사람은 시장 선거에서 F 또는 G에게 투표하였다.
- 후보별 정당
  가당- A, E / 나당- B, F / 다당- C, G / 라당- D, H
- 선거 결과
  도지사: C 후보가 당선
  시장: E 후보가 당선

[투표 후 네 명의 대화]

갑: 내가 투표한 사람들은 모두 낙선하였다.
을: 내가 투표한 2명 중 1명만 당선되었다.
병: 나는 나당 후보에게 투표했다.
정: 나는 가당과 라당 후보에게 투표했다.

① 갑은 나당의 후보에게 투표하였다.
② 을은 나당의 후보에게 투표하였다.
③ 병은 다당의 후보에게 투표하였다.
④ 을은 가당의 후보에게 투표하였다.
⑤ 병은 라당의 후보에게 투표하였다.

42. A, B, C, D, E, F 6개의 도시 간의 거리는 아래 표와 같다. 각각 한 명의 시장이 있으며, 거리가 25km 이하인 도시끼리는 같은 성씨를 가진 사람이 시장이 될 수 없다. 최소한의 성씨를 사용하여 각 도시에 시장을 배정하여야 한다고 할 때 다음 중 옳지 않은 것은?

(단위: km)

	A	B	C	D	E	F
A	–	20	24	22	28	26
B	20	–	18	35	40	36
C	24	18	–	23	24	50
D	22	35	23	–	19	28
E	28	40	24	19	–	17
F	26	36	50	28	17	–

① A와 E의 시장은 같은 성씨일 수 있다.

② B와 C의 시장은 다른 성씨이어야 한다.

③ D와 F의 시장은 같은 성씨이어야 한다.

④ 조건에 의하면 최소 3개의 서로 다른 성씨를 가진 시장이 필요하다.

⑤ C는 A, E 모두와 같은 성씨가 될 수 없다.

43. 다음의 진술들을 참이라고 할 때 철수가 최대로 먹거나 마실 수 있는 선물 종류의 개수로 옳은 것은?

> 철수는 좋아하는 것과 싫어하는 것의 구분이 명확해서 싫어하는 것들은 반드시 하지 않는다. NCS에 응시하는 철수는 친구들로부터 응원의 의미로 사탕, 초콜릿, 엿, 찹쌀떡, 껌, 커피의 6개의 선물을 받았다. 철수는 선물 중 초콜릿과 찹쌀떡을 함께 먹는 것을 좋아하지 않는다. 그리고 철수는 독특한 습성이 있어서 커피를 마시지 않거나 껌을 씹지 않는 경우에만 엿을 먹지 않는다고 한다. 또한 철수는 찹쌀떡을 먹지 않는 경우에는 엿을 먹지 않는다고 한다. 그러나 철수는 사탕과 초콜릿 중 적어도 하나를 먹는다고 한다. 그리고 철수는 평소에 잠이 많아서 커피와 같은 카페인 음료를 좋아하는데, 엿을 먹는 경우에만 커피를 마신다고 한다.

① 1　② 2　③ 3　④ 4　⑤ 5

44. 다음은 20X5년 ○○공사 소모품 구매 입찰공고이다. 이에 관한 다음 설명 중 옳지 않은 것은?

> 1. 공고 개요
>   - 입찰서 접수 기간: 20X5. 04. 01.~20X5. 04. 08. 17:00 (이후 접수 불가)
>   - 개찰일시: 20X5. 04. 08. 18:00 이후
>   - 기초금액: 약 39,200,000원 (부가세 포함)
>   - 추정가격: 약 35,500,000원
>   - 납품기한: 계약 체결일로부터 30일 이내
>   - 분할납품 및 공동계약: 불가
>
> 2. 입찰 참가자격
>   - 중소기업기본법에 따른 소기업 또는 소상공인 (확인서 제출 필요)
>   - 조달청 입찰 참가자격 등록 및 전자입찰 이용자 등록 완료자
>
> 3. 낙찰자 결정
>   - 적격심사 방식으로 낙찰하한율 83.5%, 통과점수 85점 적용
>   - 동일가격 입찰 시 전자추첨 방식으로 낙찰자 선정
>   - 낙찰자 선정 후 7일 이내 산출내역서 제출, 10일 이내 전자계약 체결
>
> 4. 주요 유의사항
>   - 규격·성능·품질을 반드시 확인해야 하며, 미숙지 시 불이익은 입찰자 책임
>   - 청렴계약제 적용, 금품·향응·담합 등 부정행위 시 입찰 및 낙찰 취소, 계약 해제 가능
>   - 직접 이행 의무 및 브로커 개입 금지 확약서 제출 필수
>   - 하도급 및 공동계약 불허
>   - 입찰보증금, 계약보증금, 인지세 등 관련 규정 준수 필요

① 입찰서 접수 마감 시각은 20X5년 04월 08일 17시이며, 이후 제출된 입찰서는 접수되지 않는다.

② 낙찰자 결정 시 낙찰하한율은 83.5%이며, 만약 동률 낙찰자가 있을 경우 전자추첨 방식으로 최종 낙찰자를 선정한다.

③ 입찰 참여를 위해서는 조달청 입찰 참가자격 등록 및 전자입찰 이용자 등록 완료자이어야 하며, 하도급 계약도 허용된다.

④ 낙찰자는 낙찰자 선정 후 7일 내 세부 산출내역서를 제출하고, 계약 체결일로부터 30일 이내에 납품해야 한다.

⑤ 입찰자는 청렴계약제에 따라 금품·향응 수수 및 담합 등 부정행위가 적발되면 입찰과 낙찰이 모두 취소될 수 있다.

45. **네 명의 친구 가람, 나은, 다율, 라온이 한 줄로 서 있다. 이들 중 한 명은 거짓말을 하고 있고, 나머지 세 명은 진실을 말하고 있다고 할 때 다음 중 반드시 옳은 것은?**

> **가람:** 나는 앞에서 네 번째 자리에 있어.
> **나은:** 나는 맨 앞에 서 있어.
> **다율:** 나은이는 내 바로 뒤에 있어.
> **라온:** 다율이와 가람이 사이에는 한 명이 있어.

① 가람이 거짓을 말할 수도 있다.

② 나은의 자리는 앞에서 첫 번째이다.

③ 다율은 진실을 말하고 있다.

④ 라온은 다율의 옆자리에 있다.

⑤ 가능한 경우의 수는 3가지이다.

46. **어느 대학교에서 총학생회장 및 총여학생회장 선거가 함께 진행되고 있다. 총학생회장 후보는 A, B, C 3명이며, 총여학생회장 후보는 D, E 2명이다. 4일 동안 진행되는 이 투표에서 총학생회장 선거는 재학생 모두가 투표권을 가지고 있으며, 총여학생회장 선거는 재학생 중 여학생만이 투표권을 가진다. 두 선거는 모두 투표율이 50% 이상일 시에만 유효한 선거로 인정된다. 다음은 투표가 시작되고 3일간 투표한 학생들의 수를 집계한 것이다. 투표를 마감했을 때, 총 투표자 수는 남학생이 2,610명, 여학생이 2,080명이었다. 다음은 두 선거의 개표 현황이다. B 후보와 D 후보가 당선을 확정하기 위해서 앞으로 필요한 최소 득표수는 각각 몇 표인지 구하면?** (단, 투표자는 후보 중 한 명에게만 기표하며, 최다 득표자가 당선된다.)

> 재학생 8,240명(남학생 4,604명, 여학생 3,636명)
> 투표 첫째 날 투표자 수 – 남학생 520명, 여학생 485명
> 투표 둘째 날 투표자 수 – 남학생 402명, 여학생 420명
> 투표 셋째 날 투표자 수 – 남학생 512명, 여학생 503명

> • 총학생회장 선거 개표현황 – 현재 2,230표 개표
> A 후보: 748표 B 후보: 903표 C 후보: 562표 무효: 17표
> • 총여학생회장 선거 개표현황 – 현재 1,215표 개표
> D 후보: 808표 E 후보: 402표 무효: 5표

	B 후보	D 후보
①	1,152	231
②	1,152	230
③	1,152	229
④	1,153	230
⑤	1,153	229

47. 아래의 내용을 토대로 했을 때, 임동근 씨가 환전을 함에 따라 얻은 이익 또는 손해는?

[상황]

9월 14일 07시 40분 인천을 출발해서 뉴욕 지사로 출장을 다녀온 임동근 씨는 출장 출발 직전 공항 환전소에서 185달러를 샀다. 뉴욕까지 비행시간은 16시간 25분이 걸렸으며, 뉴욕 지사에서의 업무는 뉴욕 공항에 내린 순간부터 다시 뉴욕에서 인천으로 출발하는 시점까지 휴식 및 휴일을 포함하여 100시간 진행되었다. 뉴욕에서 인천으로 돌아올 때 역시 비행시간은 인천에서 뉴욕으로 이동할 때와 동일한 시간이 소요되었으며, 업무를 진행하는 동안 별도의 여유시간이 생기지 않은 탓에 환전했던 돈을 사용할 일이 발생하지 않았고, 결국 환전했던 돈을 가지고 그대로 한국으로 귀국했다. 임동근 씨는 어쩔 수 없이 귀국 다음날 시중에 있는 A 은행으로 가서 환전했던 달러화를 팔았다.

[GMT]

뉴욕	서울
−5	+9

[환율 정보]

구분	공항 환전소		시중 A 은행	
	살 때 (원/달러)	팔 때 (원/달러)	살 때 (원/달러)	팔 때 (원/달러)
9/13	1,301.4	1,270.2	1,297.4	1,266.9
9/14	1,287.2	1,256.0	1,291.2	1,260.7
9/15	1,302.7	1,271.5	1,298.7	1,268.2
9/16	1,304.1	1,272.9	1,300.1	1,269.6
9/17	1,313.4	1,282.2	1,309.4	1,278.9
9/18	1,320.7	1,289.5	1,316.7	1,286.2
9/19	1,319.8	1,288.6	1,315.8	1,285.3
9/20	1,328.7	1,297.5	1,324.7	1,294.2
9/21	1,328.9	1,297.7	1,324.9	1,294.4

※ 1) 원화를 달러화로 환전할 때는 살 때의 기준으로, 달러화를 원화로 환전할 때는 팔 때의 기준으로 환전함
2) 공항 환전소와 시중 A 은행의 살 때/팔 때 금액은 환전 수수료율을 감안한 금액임

① 1,295원 손해
② 725원 손해
③ 255원 이득
④ 725원 이득
⑤ 1,295원 이득

48. 귀하는 프로젝트를 기획하면서 시간계획 순서에 따라 업무 우선순위를 나누고 각각의 소요시간을 확인하여 계획을 수립하고 있다. 귀하의 기획안을 확인한 제품개발팀 팀장은 임원진 회의를 통해 아래와 같은 사항을 결정하고 귀하에게 지시하였다. 아래의 내용을 토대로 일정을 수정한다고 할 때, 기존 계획에서 변경된 계획으로 진행됨에 따라 단축되는 일정은 총 얼마인가?

[제품 경쟁력 확보를 위한 개선 기획안]

1. 프로젝트 목표: 시장 점유율 하락 원인 분석 결과에 따른 제품 경쟁력 우위 확보
2. 프로젝트 총예산: 11,500,000,000원
3. 제품 디자인은 파리 소재 디자인 회사에서 전담하여 진행

[작업 일정표]

구분	작업	소요 시간	선행 작업
A	경쟁사 제품 Spec 조사	3일	-
B	자사 제품 강점/약점 조사	2일	-
C	제품 개선 방향 수립 회의	5일	A, B
D	신규 제품 세부 Spec 결정	2일	C
E	신규 제품 디자인 의뢰	5일	D
F	신규 제품 공정 설계	7일	D
G	신규 제품 랜더링	2일	E, F
H	시제품 제작	5일	G
I	1차 제품 자체평가	3일	H
J	1차 제품 전문기관 평가 의뢰	4일	H
K	개선점 반영 및 2차 시제품 제작	5일	I, J
L	최종 평가	3일	K
M	프로젝트 종결 보고	1일	L

[제품개발팀장의 지시]

작성한 기획안은 확인했습니다. 해당 기획안을 토대로 임원진 회의를 진행하여 일정 변경이 가능한 부분을 검토하고 각 부서별 협조 요청을 해 두었습니다. 우선 경쟁사 제품 Spec 조사는 마케팅팀에서 미리 조사해둔 자료가 있어서 1일이면 자료 준비가 완료될 것 같습니다. 신규 제품 공정 설계는 공정설계팀에서 5일 안에 마무리를 짓겠다고 했으니 그에 맞추어 일정을 진행해 주시면 될 것 같습니다. 하지만 디자인 회사 측에서 일정을 1일 연장해 달라는 요청이 왔으니 그 부분도 감안을 해야 할 것 같습니다. 아, 한 가지 빠뜨릴 뻔했는데, 1차 제품 전문기관 평가 의뢰는 진행하지 않기로 했습니다. 1차 평가는 자체평가만으로 진행할 예정이니, 자체평가 후에 바로 개선점을 반영하여 2차 시제품 제작을 시작해 주세요.

① 3일 ② 4일 ③ 5일 ④ 6일 ⑤ 7일

[49 - 50] 귀하는 ○○기업의 홍보팀 사원으로 신제품 홍보업무를 담당하기로 했다. 다음 자료를 보고 각 물음에 답하시오.

[○○기업 신제품 홍보 기획안]

- 신제품 구매 시 판촉물 증정을 통한 신제품 구매 독려
  - 신제품 1개 구매 시 판촉물 1개 증정
- 1차 홍보 이벤트 신제품 판매 목표 수량 1,000개
  - 신제품 1개당 판매가격: 125,000원
  - 매진 시 총 판매 금액: 125,000,000원
  - 매진 시 예상 순수익: 8,250,000원
- 판촉물 후보 목록 및 가격

구분	보조 배터리	미니 선풍기	3단 우산	에코백	보드게임
가격(원)	8,500	6,500	7,500	3,500	7,500
선호도	A	C	C	D	B

※ 1) 판촉물은 선호도를 최우선으로 선정하며, 선호도는 A > B > C > D 순으로 높음
(단, 금액이 50% 이상 저렴하다면 선호도가 한 단계 낮은 것을 선택함)
2) 판촉물의 1개당 가격은 신제품의 1개당 순수익금을 넘거나 같을 수 없음
3) 선호도가 동일하다면 금액이 저렴한 것을 우선으로 함
4) 모든 판촉물은 구매 시 10%의 부가세가 별도로 가산됨
5) 판촉물 총 구매가격이 850만 원을 넘어가면 10% 할인됨
6) 최종 행사 후 순수익은 '매진 시 예상 순수익 - 판촉물 구매 비용'으로 계산함

49. 위의 내용을 토대로 귀하가 판촉물로 선정해야 하는 물건은?

① 보조 배터리　② 미니 선풍기　③ 3단 우산　④ 에코백　⑤ 보드게임

50. 준비한 모든 상품과 모든 판촉물이 다 소진되었다고 할 때, 이번 신제품 판촉 행사를 통해 ○○기업이 얻은 순수익은? (단, 판촉물 구매 비용 외 다른 비용은 고려하지 않는다.)

① 750,000원　② 1,100,000원　③ 1,750,000원　④ 2,450,000원　⑤ 4,400,000원

51. ○○회사의 인사팀 팀장인 안 팀장이 팀의 서무 담당자에게 뉴욕 출장을 마치고 한국으로 돌아갈 비행기 항공권 예매를 요청하였다. 안 팀장이 보낸 메일이 아래와 같을 때, 귀하가 예매해야 하는 항공권은?

[안 팀장의 메일]

안녕하세요. 갑작스럽게 일정이 변경되어 부득이 항공권 예매를 요청 드리게 되었습니다. 원래 일정이 오후 7시에 진행되는 사장님 업무 미팅에 참석하면 되는 일정이라서 거기에 맞추어 예매를 진행했지만 갑자기 홍보팀 김 팀장님께서 사전 미팅을 업무 미팅 3시간 전에 진행하자는 요청을 하셔서 항공권 변경이 필요합니다. 회의가 회사에서 진행될 예정이니, 아무리 늦어도 회의가 시작하기 전 30분 전에는 회사에 도착할 수 있는 스케줄의 항공권을 예매해 주시기 바랍니다. 비행기 도착 후 회사까지 들어가는 데 1시간 30분 정도가 소요될 것으로 예상되니, 그 부분도 꼭 고려해서 예매 부탁드립니다. 항공권이 결정되는 대로 일정과 함께 답장 부탁드립니다. 감사합니다.

[도시별 UTC]

도시	뉴욕	런던	파리	서울
UTC	−5	0	+1	+9

※ UTC: 협정 세계시

[한국행 비행기 시간표]

구분	OJ 0325	KS 517	LF 3227	US 2402	UK 418
뉴욕 출발시각	13:30	08:35	11:30	09:30	10:00
총 소요 시간	14시간 45분	16시간 30분	15시간 05분	14시간 20분	14시간 30분

① OJ 0325 ② KS 517 ③ LF 3227 ④ US 2402 ⑤ UK 418

[52 – 53] 다음 자료를 보고 각 물음에 답하시오.

[본사 및 지사 간 거리]

(단위: km)

구분	본사	A 지사	B 지사	C 지사	D 지사	E 지사	F 지사
본사	–	230	217	87	–	–	–
A 지사	230	–	–	–	–	183	–
B 지사	217	–	–	–	–	144	173
C 지사	87	–	–	–	165	–	–
D 지사	–	–	–	165	–	–	182
E 지사	–	183	144	–	–	–	172
F 지사	–	–	173	–	182	172	–

[출장 규정]

1. 출장비 지급 규정

직급	시내 출장	시외 출장	비고
부장 이상	5만 원	7만 5천 원	2박 3일 이상 출장의 경우 50% 가산 금액 지급
과장 이상 차장 이하	4만 원	6만 원	
과장 미만	3만 원	4만 5천 원	

※ 1) 시외 출장은 원 근무지에서 거리가 100km 이상인 지역이 출장 일정에 포함되어 있는 경우를 의미함
2) 모든 기준 금액은 1일당 지급 금액임

2. 유류비 지급 규정

- 직급에 따른 차등 없이 지급함
- 실제 주유비 기준이 아닌 총 이동 거리, 이용 차량 공인 연비, 현재 기준 유가를 토대로 산출한 금액 기준 지급을 원칙으로 함

※ 현재 기준 유가 – 휘발유: 1,600원/L, 경유: 1,400원/L

52. ○○공사 본사에서 근무하고 있는 임동근 과장은 이번 주에 3박 4일 일정으로 전국에 있는 A~F 총 6개 지사의 점검을 계획하고 있다. 최단 거리로 이동하는 방법으로 모든 지사를 점검하려고 할 때, 임동근 과장이 본사에서 출발하여 모든 지사를 점검하고 본사로 돌아오는 데 이동하는 총 이동 거리는?

① 1,138km ② 1,164km ③ 1,207km ④ 1,265km ⑤ 1,306km

53. 위에서 계획한 방법대로 모든 지사를 점검하고 돌아온 임동근 과장은 출장에 따른 비용을 청구하고자 한다. 임동근 과장이 이용한 차량에 대한 정보가 아래와 같을 때, 임동근 과장이 청구할 총 금액은? (단, 비용은 출장비와 유류비 외에는 고려하지 않는다.)

[차량 및 주유 정보]

유종	공인 연비	주유 금액
휘발유	12km/L	132,650원

① 424,200원 ② 462,400원 ③ 487,600원 ④ 515,200원 ⑤ 547,400원

54. ○○공사 구매부서에서 근무하고 있는 귀하는 갑을 협력업체에게 지불할 대금을 계산하고 있다. 아래의 상황을 토대로 귀하가 협력업체에 지불해야 하는 금액은?

[상황]

갑을 협력업체로부터 A, B, C, D 4개의 제품을 업무일마다 납품받는 귀하는 사용량과 재고량을 매일 체크하여 아래와 같은 표를 만들었다. 귀하는 아래의 표를 토대로 7일 월요일부터 18일 금요일까지 납품받은 제품의 대금을 지불하려고 한다.

[제품 사용량 및 재고량]

(단위: 원/개, 개)

제품명	제품 A		제품 B		제품 C		제품 D	
가격	6,000원/개		7,400원/개		4,600원/개		5,500원/개	
구분	사용량	재고량	사용량	재고량	사용량	재고량	사용량	재고량
4일	23	15	31	22	22	14	15	31
7일	32	22	23	10	15	30	33	15
8일	45	17	35	27	45	2	24	14
9일	65	13	15	32	15	37	23	16
10일	40	23	22	26	52	20	25	17
11일	35	26	43	5	32	15	30	10
14일	45	10	32	17	43	23	24	21
15일	42	12	33	22	37	14	25	22
16일	35	9	28	30	28	22	15	32
17일	46	7	34	20	30	15	33	15
18일	28	5	20	23	31	14	40	10

※ 모든 업무는 평일에만 진행되며, 제품은 업무 시작 시간인 08시 이전에 납품이 되고, 사용량과 재고량은 업무가 종료되는 17시 이후에 체크하여 정리하였음

① 6,547,900원 ② 6,774,100원 ③ 6,989,500원 ④ 7,137,400원 ⑤ 7,423,700원

55. 아래의 가을빛 도시축제 요금과 상황을 토대로 할 때, 윤아네 가족이 지불해야 할 비용은 총 얼마인가?

[가을빛 도시축제 요금]

(단위: 원/인)

구분	성인 (만 19세 이상)	청소년 (만 13~18세)	어린이 (만 4~12세)
입장권	8,000	7,000	6,000
체험권(1인 1매)	16,000	12,000	10,000
패키지권(입장+체험)	20,000	16,000	13,000
연간 자유권	50,000	45,000	40,000

※ 1) 만 65세 이상은 입장권과 체험권을 각각 50% 할인받을 수 있음(연간 최대 2회)
2) 만 4세 미만 유아는 별도의 비용을 지불하지 않음
3) 연간 자유권 보유자는 별도의 입장권과 체험권을 구매하지 않아도 됨

[상황]

윤아는 올해 만 70세가 된 할머니와 직장에 다니는 아버지, 그리고 전업주부인 어머니와 함께 살고 있으며, 자신보다 5살 많은 만 17세의 고등학생 오빠가 있고, 10살 어린 남동생도 있다. 이러한 윤아네 가족은 올해 가족 모두 함께 가을빛 도시축제를 4회 방문할 예정이다. 두 번째와 세 번째 방문에서는 체험도 함께 진행할 예정이지만, 첫 번째 방문과 마지막 방문에서는 체험은 하지 않을 예정이고, 가능한 저렴한 방안으로 티켓을 구매하려고 한다.

① 218,000원 ② 223,000원 ③ 225,000원 ④ 227,000원 ⑤ 229,000원

56. 다음은 ○○기관의 회의실 배정 계획에 관한 자료이다. 아래의 내용을 토대로 할 때, 회의실 배정이 완료된 부서의 예상 성과금액 총합은 얼마인가?

[상황]

○○기관은 외부 방문자와 회의를 진행할 수 있는 외부 회의실 1과 외부 회의실 2를 가지고 있다. 효율적인 회의 진행을 위해 주말에 다음 주 회의 신청을 받은 후 회의실 배정 우선순위 및 회의실 배정 제약 조건에 따라 가능한 많은 회의를 진행할 수 있도록 회의실을 배정하려고 한다.

[회의실 배정 우선순위]

1. 회의의 중요도가 높은 회의를 최우선으로 배정한다.
   → 회의 중요도는 시급성 × 0.6 + 효과성 × 0.4로 계산한다.
2. 회의의 중요도가 동일한 경우 회의실 신청이 더 빠른 부서의 회의를 우선으로 한다.
3. 회의실 신청 일자도 동일한 경우 예상 성과금액이 높은 회의를 배정한다.

[회의실 배정 제약 조건]

- 외부 회의실 1은 외부 회의실 2에 비해 면적이 넓은 회의실로 방문 인원이 10명 이상인 경우에만 배정이 가능하다.
- 각 회의실은 주당 최대 10시간까지만 사용이 가능하다.
- 하나의 회의는 분할할 수 없으며, 진행 도중 다른 회의실로 변경은 불가능하다.
- A 회의실과 B 회의실에서 개별 회의를 동시에 진행할 수 있다.

[회의실 신청 현황]

부서명	신청 일자	방문 인원	총 회의 시간	시급성(점)	효과성(점)	예상 성과금액 (백만 원)
A 팀	5월 17일	10명	4시간	85	75	130
B 팀	5월 16일	12명	3시간	90	70	128
C 팀	5월 18일	8명	5시간	88	80	140
D 팀	5월 17일	11명	6시간	84	78	126
E 팀	5월 16일	9명	2시간	86	76	134
F 팀	5월 19일	13명	4시간	89	74	124

※ 위의 A~F 팀 외 회의실을 신청한 팀은 없음

① 526백만 원 ② 652백만 원 ③ 656백만 원 ④ 658백만 원 ⑤ 782백만 원

57. 아래의 내용을 토대로 해공이가 상품을 구매하기 위해 지불해야 하는 최소 금액은?

- 해공이는 Sale Festival을 맞이하여 온라인 쇼핑몰에서 평소 구매하고 싶었던 블루투스 이어폰과 백팩, 그리고 청바지를 1개씩 구입하려고 한다.
- 각 물품의 가격과 Festival 기본 할인은 다음과 같다.

구분	블루투스 이어폰	백팩	청바지
정가(원)	186,000	214,000	162,000
할인율(%)	20	20	40

- Sale Festival을 맞이하여 온라인 쇼핑몰에서는 동시 구매 물품 1개당 5%씩 최대 10%를 최종 구매 금액에서 추가 할인을 하는 대박 할인을 진행한다.
- 해공이는 지난달 해당 온라인 쇼핑몰에서 구매 이벤트에 당첨되어 결제 금액이 40만 원 이상일 경우 5만 원이 할인되는 할인 쿠폰을 사용할 수 있다.
- 해공이는 A사 카드와 B사 카드를 모두 소지하고 있는데, 각 카드사별 할인율과 조건은 아래와 같다.

구분	A 사 카드	B 사 카드
조건	총 결제금액 35만 원 이상 시	총 결제금액 30만 원 이상 시
할인	4만 원 청구 할인	2만 원 청구 할인

※ 할인은 'Festival 기본 할인 → 대박 할인 → 할인 쿠폰 → 카드사 할인' 순으로 적용됨

① 327,200원 ② 335,480원 ③ 342,300원 ④ 353,740원 ⑤ 367,460원

58. ○○회사의 홍보담당자인 A 과장은 지난달 출장비를 정산하고자 한다. 아래의 내용을 토대로 A 과장이 지급받을 수 있는 출장비의 총액은?

[○○회사 출장비(급여 + 비용) 지급 기준]

1. 출장에 따른 추가 급여 지급 사항
   가. 출장에 따른 추가 급여 지급은 국내 출장과 해외 출장으로 구분하여 지급한다.
      1) 국내 출장 – 직급에 따라 차등 지급한다.
         가) 임원~부장: 1일당 5만 원
         나) 차장~과장: 1일당 3만 원
         다) 대리~사원: 1일당 2만 원
      2) 해외 출장 – 직급에 따른 차등 없이 지급한다.
         ※ 지급기준: 업무시간 기준 1시간당 시급의 50%를 가산

2. 출장에 따른 비용 지급 사항
   가. 출장에 따른 비용 지급은 숙박비, 교통비, 식비에 한해 지급한다.
      1) 숙박비 – 실 사용금액을 지급하며, 최대 지급액은 직급에 따라 차등 규정한다.
         가) 임원~부장: 1일당 25만 원
         나) 차장~과장: 1일당 20만 원
         다) 대리~사원: 1일당 15만 원
      2) 교통비 – 이동 거리 및 사용 차량의 유종에 따라 지급한다.

유종	가솔린	디젤	LPG
L당 가격(원)	1,400	1,200	980

※ 1) 전기차를 이용한 경우 이동 거리에 상관없이 1일 1만 원의 교통비를 지급함
2) 해외 출장의 경우 임원~부장은 비즈니스, 차장~사원은 이코노미에 한하며, 1일 교통비 5만 원을 추가 지급함

      3) 식비 – 직급에 따른 차등 없이 1식당 25,000원을 지급한다.
         가) 당일 출장의 경우 식사 횟수에 따라 규정된 금액을 지급한다.
         나) 1박 2일 출장의 경우 4식에 해당하는 금액을 지급한다.
         다) 1박 2일 초과 출장의 경우 1박 추가 시마다 3식에 해당하는 금액을 추가 지급한다.
   나. 출장에 따른 비용은 법인카드로 결제한 경우에만 경비처리가 가능하며 개인카드 결제 시 영수증을 지참하더라도 별도의 비용 청구는 불가능하다.

[A 과장의 출장 이력]

일정	목적	행선지	숙박	식사
2/8~2/9	홍보 리플릿 제작 검수	천안(왕복 176km)	175,000원	3식(37,000원)
2/15	광고 제작 회의 참석	일산(왕복 66km)	–	2식(26,000원)
2/23~2/24	지역 홍보 행사 참석	대전(왕복 253km)	210,000원	5식(62,000원)

※ 단, A 과장은 모든 일정에 개인 차량(가솔린, 연비: 11km/L)을 이용함

① 540,000원 ② 635,000원 ③ 716,000원 ④ 838,000원 ⑤ 923,000원

59. ○○공사는 신입사원 연수를 진행하고자 한다. 다음 상황과 교육 계획표, 강사 초빙 금액 산정기준을 근거로 판단할 때, ○○공사가 신입사원 연수를 진행하면서 필요한 총 강사 초빙 금액은?

[상황]

○○공사는 20XX년 3월 9일부터 2박 3일간 공개채용을 통해 채용한 신입사원 147명에 대한 연수를 진행하고자 한다. 연수 기간 중 교육은 아래의 [교육 계획표]에 따라 진행될 예정이다. 연수는 서울에서 편도 2시간이 소요되는 ○○공사 연수원에서 진행 예정이며, 별도의 대중 교통수단을 이용할 경우 왕복 80,000원의 경비가 소요될 것으로 예상되어 왕복 교통비는 80,000원으로 책정되었다.

[교육 계획표]

시간	1일 차	2일 차	3일 차
오전	–	비즈니스 매너	효율적인 문서 작성법
오후	커뮤니케이션 스킬	프레젠테이션 스킬	–

※ 1) 오전 강의는 09시~12시 진행, 오후 강의는 13시~17시 진행
2) 강의별 강사는 서로 다르며, 각 강의는 1명의 강사가 진행

[강사 초빙 금액 산정기준]

– 강의료(강사 1인당)

구분	기본요금 (3시간까지)	추가요금(3시간 초과 시)
비즈니스 매너	500,000원	100,000원/시간
효율적인 문서 작성법	600,000원	150,000원/시간
프레젠테이션 스킬	450,000원	100,000원/시간
커뮤니케이션 스킬	550,000원	120,000원/시간

– 출장비(강사 1인당)
- 교통비는 왕복으로 정해진 금액 지급
- 이동보상비는 이동 시간당 15,000원 지급

– 강사 초빙 금액은 강의료와 출장비(교통비, 이동보상비)의 합으로 산정함

① 264만 원 ② 277만 원 ③ 288만 원 ④ 293만 원 ⑤ 321만 원

60. 다음은 ○○공공기관의 연간 성과 평가 기준과 A 팀의 분기별 평가 점수표이다. 이를 바탕으로 올해 A 팀에 지급될 연간 성과급 총액을 구하면?

[성과급 지급 기준]

1. 성과 평가는 각 항목별 100점을 만점으로 하며, 항목별 가중치는 다음과 같다.

목표 달성률 점수	협업 만족도 점수	리더십 평가 점수
40%	30%	30%

2. 각 항목별 가중치를 고려하여 합산한 점수에 가점을 더해서 종합 점수를 산출하며, 종합 점수에 따라 아래 표의 기준에 맞추어 등급과 성과급을 산출한다.

종합 점수	95점 이상	95점 미만 ~ 90점 이상	90점 미만 ~ 80점 이상	80점 미만
등급	A	B	C	D
성과급(1회 기준)	100만 원	70만 원	50만 원	미지급

3. 성과급은 분기마다 지급되며, 연간 총 4회 지급된다.
※ 단, 직전 분기 평가가 D 등급일 경우 해당 분기 성과급은 50% 감액됨

[A 팀 분기별 평가 점수표]

항목	작년 4분기	1분기	2분기	3분기	4분기
목표 달성률	84	88	97	76	92
협업 만족도	72	75	92	78	86
리더십 평가	81	82	96	79	89
가점		1	1		1

※ 가중치를 고려하여 합산한 점수에 가점을 더한 점수를 종합 점수로 하며, 종합 점수는 100점을 초과할 수 있음

① 145만 원 ② 150만 원 ③ 155만 원 ④ 160만 원 ⑤ 165만 원

약점 보완 해설집 p.81

✂ 자르는 선

해커스잡

NCS 실전모의고사 6회 PSAT형

성명

ㄱ	ㅏ	ㄱ	ㄱ	ㅏ	ㄱ	ㄱ	ㅏ	ㄱ	ㄱ	ㅏ	ㄱ
ㄴ	ㅑ	ㄴ	ㄴ	ㅑ	ㄴ	ㄴ	ㅑ	ㄴ	ㄴ	ㅑ	ㄴ
ㄷ	ㅓ	ㄷ	ㄷ	ㅓ	ㄷ	ㄷ	ㅓ	ㄷ	ㄷ	ㅓ	ㄷ
ㄹ	ㅕ	ㄹ	ㄹ	ㅕ	ㄹ	ㄹ	ㅕ	ㄹ	ㄹ	ㅕ	ㄹ
ㅁ	ㅗ	ㅁ	ㅁ	ㅗ	ㅁ	ㅁ	ㅗ	ㅁ	ㅁ	ㅗ	ㅁ
ㅂ	ㅛ	ㅂ	ㅂ	ㅛ	ㅂ	ㅂ	ㅛ	ㅂ	ㅂ	ㅛ	ㅂ
ㅅ	ㅜ	ㅅ	ㅅ	ㅜ	ㅅ	ㅅ	ㅜ	ㅅ	ㅅ	ㅜ	ㅅ
ㅇ	ㅠ	ㅇ	ㅇ	ㅠ	ㅇ	ㅇ	ㅠ	ㅇ	ㅇ	ㅠ	ㅇ
ㅈ	ㅡ	ㅈ	ㅈ	ㅡ	ㅈ	ㅈ	ㅡ	ㅈ	ㅈ	ㅡ	ㅈ
ㅊ	ㅣ	ㅊ	ㅊ	ㅣ	ㅊ	ㅊ	ㅣ	ㅊ	ㅊ	ㅣ	ㅊ
ㅋ	ㅐ	ㅋ	ㅋ	ㅐ	ㅋ	ㅋ	ㅐ	ㅋ	ㅋ	ㅐ	ㅋ
ㅌ	ㅒ	ㅌ	ㅌ	ㅒ	ㅌ	ㅌ	ㅒ	ㅌ	ㅌ	ㅒ	ㅌ
ㅍ	ㅔ	ㅍ	ㅍ	ㅔ	ㅍ	ㅍ	ㅔ	ㅍ	ㅍ	ㅔ	ㅍ
ㅎ	ㅖ	ㅎ	ㅎ	ㅖ	ㅎ	ㅎ	ㅖ	ㅎ	ㅎ	ㅖ	ㅎ
ㄲ	ㅘ	ㄲ	ㄲ	ㅘ	ㄲ	ㄲ	ㅘ	ㄲ	ㄲ	ㅘ	ㄲ
ㄸ	ㅚ	ㄸ	ㄸ	ㅚ	ㄸ	ㄸ	ㅚ	ㄸ	ㄸ	ㅚ	ㄸ
ㅃ	ㅝ	ㅃ	ㅃ	ㅝ	ㅃ	ㅃ	ㅝ	ㅃ	ㅃ	ㅝ	ㅃ
ㅆ	ㅟ	ㅆ	ㅆ	ㅟ	ㅆ	ㅆ	ㅟ	ㅆ	ㅆ	ㅟ	ㅆ
ㅉ	ㅢ	ㅉ	ㅉ	ㅢ	ㅉ	ㅉ	ㅢ	ㅉ	ㅉ	ㅢ	ㅉ
	ㅙ			ㅙ			ㅙ			ㅙ	
	ㅞ			ㅞ			ㅞ			ㅞ	

수험번호

0	0	0	0	0	0
1	1	1	1	1	1
2	2	2	2	2	2
3	3	3	3	3	3
4	4	4	4	4	4
5	5	5	5	5	5
6	6	6	6	6	6
7	7	7	7	7	7
8	8	8	8	8	8
9	9	9	9	9	9

생년월일

0	0	0	0	0	0
1	1	1	1	1	1
2	2	2	2	2	2
3	3	3	3	3	3
4	4	4	4	4	4
5	5	5	5	5	5
6	6	6	6	6	6
7	7	7	7	7	7
8	8	8	8	8	8
9	9	9	9	9	9

1	①	②	③	④	⑤	21	①	②	③	④	⑤	41	①	②	③	④	⑤
2	①	②	③	④	⑤	22	①	②	③	④	⑤	42	①	②	③	④	⑤
3	①	②	③	④	⑤	23	①	②	③	④	⑤	43	①	②	③	④	⑤
4	①	②	③	④	⑤	24	①	②	③	④	⑤	44	①	②	③	④	⑤
5	①	②	③	④	⑤	25	①	②	③	④	⑤	45	①	②	③	④	⑤
6	①	②	③	④	⑤	26	①	②	③	④	⑤	46	①	②	③	④	⑤
7	①	②	③	④	⑤	27	①	②	③	④	⑤	47	①	②	③	④	⑤
8	①	②	③	④	⑤	28	①	②	③	④	⑤	48	①	②	③	④	⑤
9	①	②	③	④	⑤	29	①	②	③	④	⑤	49	①	②	③	④	⑤
10	①	②	③	④	⑤	30	①	②	③	④	⑤	50	①	②	③	④	⑤
11	①	②	③	④	⑤	31	①	②	③	④	⑤	51	①	②	③	④	⑤
12	①	②	③	④	⑤	32	①	②	③	④	⑤	52	①	②	③	④	⑤
13	①	②	③	④	⑤	33	①	②	③	④	⑤	53	①	②	③	④	⑤
14	①	②	③	④	⑤	34	①	②	③	④	⑤	54	①	②	③	④	⑤
15	①	②	③	④	⑤	35	①	②	③	④	⑤	55	①	②	③	④	⑤
16	①	②	③	④	⑤	36	①	②	③	④	⑤	56	①	②	③	④	⑤
17	①	②	③	④	⑤	37	①	②	③	④	⑤	57	①	②	③	④	⑤
18	①	②	③	④	⑤	38	①	②	③	④	⑤	58	①	②	③	④	⑤
19	①	②	③	④	⑤	39	①	②	③	④	⑤	59	①	②	③	④	⑤
20	①	②	③	④	⑤	40	①	②	③	④	⑤	60	①	②	③	④	⑤

해커스공기업

NCS

통합 봉투모의고사

모듈형/피듈형/PSAT형+전공

약점 보완 해설집

해커스

NCS 전문가의 학습가이드

NCS 실전모의고사의 회차별 특징과 풀이 전략을 확인해 보세요.

NCS 실전모의고사 1회 모듈형

모듈형 시험은 NCS 가이드북의 이론과 개념을 바탕으로 문제가 출제되므로 기본적으로 NCS 가이드북을 학습해야 합니다. 다만, 지원한 기업 및 직무에 따라 출제되는 영역이 다르므로 자신이 지원하는 기업 및 직무에 출제되는 영역을 파악하여 이에 맞게 학습하는 것이 좋습니다.

NCS 실전모의고사 2~4회 피듈형

피듈형 시험은 모듈 응용형으로도 불리며 모듈형과 PSAT형 문제가 모두 출제되므로 NCS 가이드북의 핵심 내용을 정리하여 영역별 기본 이론을 암기하고, 다양한 유형의 PSAT형 문제를 충분히 풀어보면서 논리적 사고력과 문제 해결력을 기르는 것이 좋습니다.

NCS 실전모의고사 5~6회 PSAT형

PSAT형 시험은 모듈형보다 제시되는 자료의 길이가 길고, 논리적 사고력과 정보 해석 및 추론 능력을 요구하는 문제가 출제됩니다. 따라서 주어진 시간 내에 많은 문제를 정확하게 풀 수 있도록 영역별로 자신만의 문제 풀이 방법을 익히는 것이 좋습니다.

실력 점검표

실제 문제 풀이 시간과 맞힌 개수를 적어 보면서 문제 풀이 실력이 향상되었는지 확인해 보세요. 추가로 아래 QR코드를 통해 경쟁자와 나의 위치를 비교해 보세요.

- 제한 시간 내에 문제 풀이를 완료하고, 적정 정답 개수(50문항 40개/60문항 50개) 이상의 문제를 맞혔다면 '상', 둘 중 하나만 만족했다면 '중', 둘 중 하나도 만족하지 못했다면 '하'에 표시하세요.
- 풀이 실력이 '하'인 경우에는 NCS 실전모의고사를 다시 한 번 풀어보면서 실력을 향상시키세요.

구분	풀이 시간	맞힌 개수	풀이 실력
NCS 실전모의고사 1회	/60분	/50	상 중 하
NCS 실전모의고사 2회	/70분	/60	상 중 하
NCS 실전모의고사 3회	/70분	/60	상 중 하
NCS 실전모의고사 4회	/70분	/60	상 중 하
NCS 실전모의고사 5회	/80분	/60	상 중 하
NCS 실전모의고사 6회	/80분	/60	상 중 하

'바로 채점 및 성적 분석 서비스'로 바로 확인하는 내 위치! ▶

해커스공기업 NCS 통합 봉투모의고사 모듈형/피듈형/PSAT형 + 전공

NCS 실전모의고사 1회 모듈형

정답

01 의사소통 ④	02 의사소통 ②	03 의사소통 ⑤	04 의사소통 ④	05 의사소통 ①	06 의사소통 ①	07 의사소통 ①	08 수리 ②	09 수리 ④	10 수리 ④
11 수리 ②	12 수리 ①	13 수리 ③	14 수리 ③	15 수리 ②	16 문제해결 ③	17 문제해결 ②	18 문제해결 ②	19 문제해결 ④	20 문제해결 ⑤
21 문제해결 ⑤	22 문제해결 ③	23 문제해결 ⑤	24 자기개발 ③	25 정보 ③	26 자기개발 ④	27 자원관리 ①	28 자원관리 ②	29 자원관리 ④	30 자원관리 ③
31 자원관리 ①	32 자원관리 ②	33 대인관계 ③	34 정보 ②	35 정보 ④	36 정보 ③	37 정보 ④	38 정보 ②	39 기술 ②	40 기술 ④
41 기술 ①	42 조직이해 ③	43 조직이해 ②	44 조직이해 ⑤	45 조직이해 ③	46 조직이해 ②	47 직업윤리 ①	48 직업윤리 ②	49 직업윤리 ①	50 직업윤리 ③

취약 영역 분석표

영역별로 맞힌 개수, 틀린 문제 번호와 풀지 못한 문제 번호를 적고 나서 취약한 영역이 무엇인지 파악해 보세요.
취약한 영역은 해커스잡 사이트(ejob.Hackers.com)에서 제공하는 '시험 당일 최종 마무리 <NCS 빈출 개념 핵심 요약집>'을 학습하고, 틀린 문제 및 풀지 못한 문제를 다시 풀어보면서 확실히 극복하세요.

영역	맞힌 개수	틀린 문제 번호	풀지 못한 문제 번호
의사소통능력	/7		
수리능력	/8		
문제해결능력	/8		
자기개발능력	/2		
자원관리능력	/6		
대인관계능력	/1		
정보능력	/6		
기술능력	/3		
조직이해능력	/5		
직업윤리	/4		
TOTAL	**/50**		

해설

01 의사소통능력 문제 정답 ④

기안서는 조직 내부에서 특정 사안에 대한 의견, 계획, 결재 요청 등을 전달하는 문서이지만, "귀 기관의 무궁한 발전을 기원합니다." 같은 인사말은 대외 공문서에서 사용하는 표현이다. 기안서는 사내 문서로서 인사말 없이 바로 본론으로 들어가는 것이 일반적인 작성 방식이므로 적절하지 않은 내용이다.

오답 체크

① 공문서는 정부나 공공기관에서 공식적으로 작성하는 문서로, 끝맺음에 '끝.'을 사용하고, 육하원칙이 명확히 드러나도록 작성하므로 적절한 내용이다.

② 보고서는 특정 사안의 결과나 진행 상황을 공유하는 목적의 문서로, 업무보고·출장보고·결산보고서 등 다양한 형태로 존재하므로 적절한 내용이다.

③ 기획서는 목적과 추진방안, 기대효과 등을 체계적으로 정리한 문서로, 설득력 있는 전달을 위해 도표·그래프를 사용하는 것이 일반적이므로 적절한 내용이다.

⑤ 비즈니스 메모는 업무상 필요한 내용을 간단히 정리하여 전달하는 문서로, 전화메모, 회의메모 등이 해당되며, 형식보다 실용성을 중시하고, 메모 형식이 일반적이므로 적절한 내용이다.

02 의사소통능력 문제 정답 ②

날짜 다음 괄호를 사용하는 경우 괄호 뒤에 마침표를 표기하지 않는 것을 원칙으로 한다.

[03-04]

03 의사소통능력 문제 정답 ⑤

발신된 기업금융연구원과 수신인인 OO과학기술원으로 미루어보아 각 기관끼리 주고받는 문서인 공문서라는 것을 알 수 있다.

오답 체크

① 기안서: 부서 내 공문서라고 불리며, 부서 간 주고받는 문서

② 품의서: 어떤 일의 집행을 시행하기에 앞서 결재권자에게 특정한 사안을 승인해줄 것을 요청하는 문서

③ 기획서: 자신의 아이디어나 회의에서 나온 아이디어를 의뢰인이나 상사에게 제출할 목적으로 작성하는 문서

④ 결의서: 회의나 지출을 할 때 특정한 안건에 대한 수행을 목적으로 의사를 표시하여 결정한 내용을 기록한 문서

04 의사소통능력 문제 정답 ④

날짜는 한글은 쓰지 않고 연월일을 모두 쓰되, 마침표를 찍는 것이 원칙이므로 2025. 08. 09.로 고쳐 쓰는 것이 적절하다.

오답 체크

① 제목과 세부내용을 쓸 때 ':(쌍점)'은 앞말과는 붙여 쓰고, 뒷말과는 띄어 쓰는 것이 원칙이므로 적절하지 않다.

② 번호는 '1-가-1)-가)-(1)-(가)-①-㉮' 순으로 써야 하므로 적절하지 않다.

③ 문서의 마지막에 '끝'은 기업명 옆에 쓰는 것이 아니라 문서의 마지막에 쓰는 것이므로 적절하지 않다.

⑤ 붙임에서 붙임 파일을 쓸 때는 각각 파일명과 부수를 써야 하므로 적절하지 않다.

05 의사소통능력 문제 정답 ①

날짜 표기에서 '2025.03.01.'은 온점은 맞지만 띄어쓰기를 하지 않은 것이 규정 위반이다. 공문서 작성 규정에 따르면 날짜는 '2025. 03. 01.'처럼 각 항목 뒤에 온점을 찍고 한 칸 띄우는 것이 원칙이며, 같은 문서 내 '2025. 12. 15.'처럼 올바르게 띄운 부분과 비교할 때 일관성이 깨진다. 따라서 표기 방식에 일관성이 있다고 볼 수 없으므로 적절하지 않다.

오답 체크

② 본 공문서 내의 모든 숫자 표기는 아라비아 숫자를 사용하고 있으며, 금액 항목이 없어 금액 병기 규정 적용 여부와는 무관하다. 숫자 표기에 대한 일관성은 유지되고 있어 맞는 내용이다.

③ 항목 구분은 '1. → 가. → 나. → 다.' 순으로 되어 있으며, 들여쓰기도 항목 레벨에 따라 2타씩 적용되어 있어 체계적이므로 맞는 내용이다.

④ '공연·전시 창작물 제작 지원'과 '결과발표회 및 홍보물 제작 지원'은 나열형 병렬 구조로 표현되어 문장 구조상 일관성을 유지하고 있으므로 맞는 내용이다.

⑤ '2025~2029'라는 기간 표기에서 물결(~) 기호는 정책명, 계획명, 연차 구분 등에서 일반적으로 사용되는 표기이며, 특별히 오해의 소지가 없는 한 허용되므로 맞는 내용이다.

06 의사소통능력 문제 정답 ①

문장에서 사용된 '고치다'는 '잘못된 것이나 부족한 것, 나쁜 것 따위를 고쳐 더 좋거나 착하게 만듦'의 의미로 사용되었기 때문에 '수선'이 아니라 '개선'이 적절하다.

오답 체크

② '이름, 제도 따위를 바꾸다'의 의미로 사용되었으므로 '개정'과 대응된다.

③ '잘못되거나 틀린 것을 바로잡다'는 의미로 사용되었으므로 '정정'과 대응된다.

④ '고장이 나거나 못 쓰게 된 물건을 손질하여 제대로 되게 하다'의 의미로 사용되었으므로 '수리'와 대응된다.

⑤ '병 따위를 낫게 하다'라는 의미로 사용되었으므로 '치료'와 대응된다.

07 의사소통능력 문제 정답 ①

'개수(個數)'는 '낱으로 셀 때의 물건의 수효'를 나타내는 명사로서, [개쑤]로 발음되지만 한자로 이루어진 합성어이므로 사잇소리 규정에 따라 사이시옷을 붙이지 않는다.

오답 체크

② '보이거나 들어오다'라는 의미의 표현은 '띄다'이므로 '띄는'으로 써야 한다.

③ 단어의 두 번째 음절 이하에서는 두음법칙이 적용되지 않으므로 '희로애락'으로 쓰는 것이 적절하다.

④ '거칠다'는 활용과정에서 '어간의 ㄹ'이 탈락하므로 관형사형 어미 '-ㄴ'과 결합한 '거친'이 적절하다.

⑤ '그달의 몇째 되는 날'이라는 의미의 표현은 '며칠'로 쓰는 것이 적절하다. '몇 일'은 없는 말이다.

08 수리능력 문제 정답 ②

농도 20% 소금물 500g에서 덜어낸 양을 a로 두면 $\frac{20}{100}(500-a) = \frac{16}{100} \times 500$이고 a = 100이다.

사실상 이후의 정보는 a를 구하는 데 필요는 없다.

09 수리능력 문제 정답 ④

전체 인원은 7명이며, 3명을 뽑는 조합은 총 ${}_7C_3 = 35$가지이다. 남자 3명만 뽑는 경우는 ${}_3C_3 = 1$가지, 여자 3명만 뽑는 경우는 ${}_4C_3 = 4$가지이다.

따라서 조건을 만족하지 않는 경우가 1 + 4 = 5가지이므로, 조건을 만족하는 경우는 35 - 5 = 30가지이다.

10 수리능력 문제 정답 ④

각 팀에서 1명씩 포함되어야 하므로 마케팅팀 ${}_3C_1 \times$ 개발팀 ${}_2C_1 \times$ 디자인팀 ${}_3C_1 = 3 \times 2 \times 3 = 18$가지이다.

11 수리능력 문제 정답 ②

민지의 현재 나이를 x라 하면, 어머니는 $x + 24$이고, 5년 후에 민지는 $x + 5$, 어머니는 $x + 29$이다. 5년 후 어머니 나이는 민지 나이의 2배보다 6세가 적다고 하였으므로 $x + 29 = 2(x + 5) - 6$이고 $x = 25$이다.

따라서 현재 어머니 나이는 49세이며 4년 전 어머니 나이는 45세이다.

12 수리능력 문제 정답 ①

두 번째 버스가 30분(0.5시간) 늦게 출발했으므로, 두 버스의 시간 차는 0.5시간이다. 거리를 x라 하면, 첫 번째 버스 시간은 $\frac{x}{60}$, 두 번째 버스 시간은 $\frac{x}{90}$이고 $\frac{x}{60} - \frac{x}{90} = 0.5$이므로 거리 $x = 90$km이다.

13 수리능력 문제 정답 ③

A 부속품 한 개의 가격을 a, B 부속품 한 개의 가격을 b라고 하고 식을 세워보면 560a = 630b이다. 정리하면 8a = 9b, 즉 $a = \frac{9}{8}b$이다.

같은 예산으로 A를 360개 구입하고 나머지 금액으로 B를 구입한다고 하였으므로, 처음 예산인 560a에서 360a를 뺀 200a의 금액으로 B를 구입하는 것이다. $200a = 200 \times \frac{9}{8}b$이므로 225b로 정리된다.

따라서 남은 금액으로 B를 225개 살 수 있다.

14 수리능력 문제 정답 ③

2016~2018년 기간의 평균 수질 등급은 B 항 (42 + 38 + 20 + 33 + 22 + 44) / 6 ≒ 33.2점으로 2등급, C 항 (29 + 38 + 32 + 44 + 30 + 44) / 6 ≒ 36.2점으로 3등급이다.

따라서 B, C 항의 해당 기간 평균 수질 등급은 다르므로 옳은 설명이다.

오답 체크

① A 항은 다른 항보다 수질 점수가 항상 높기 때문에 수질이 좋지 않으므로 옳지 않은 설명이다.

② B 항의 경우 2016년도에는 동절기인 2월이 하절기인 8월보다 수질 점수가 높아 수질이 좋지 않으므로 옳지 않은 설명이다.

④ A, B, C 항의 수질 등급이 3등급이었던 시기는 각각 5, 6, 6개로 같지 않으므로 옳지 않은 설명이다.

⑤ 2017년 2월부터 동절기의 B 항의 수질 점수는 높아지기 때문에 수질이 나빠지고 있지만 C 항은 점수가 감소 - 증가하였기 때문에 수질이 좋아졌다가 나빠졌으므로 옳지 않은 설명이다.

빠른 문제 풀이 Tip

계산 과정이 없는 선택지부터 풀이한다. <표>에서 제시된 수치만을 통해 눈으로 옳고 그름 판단이 가능한 ①, ②, ④, ⑤를 빠르게 확인하고 모두 옳지 않은 설명이므로 소거하면 남은 ③이 정답이다.

15 수리능력 문제 정답 ②

2016년 우리나라 임금근로자의 근무환경 만족도에 대한 정보가 없어 2017년에 전년 대비 증가하였는지 알 수 없으므로 옳지 않은 설명이다.

오답 체크

① 2017년 우리나라 임금근로자가 하는 일에 대하여 만족하고 있다는 응답률이 35.2%이며, 2년 전인 2015년 30.8%보다 4.4%p 증가하였으므로 옳은 설명이다.

③ 근무환경에 대하여 만족하는 비율이 여자가 32.3%로 남자 29.1%보다 3.2%p 높으므로 옳은 설명이다.

④ 근로시간에 대하여 만족하는 비율이 여자가 30.7%로 남자 26.0%보다 4.7%p 높으므로 옳은 설명이다.

⑤ 근로시간에 대하여 만족하는 직군은 전문관리직이 38.0%, 사무직이 34.9%로 상대적으로 다른 직군보다 높은 편이므로 옳은 설명이다.

16 문제해결능력 문제 정답 ③

문제의 본질을 파악하기 위해 기존의 합의된 시각을 비판적으로 재검토하고 다양한 이견을 수용하는 태도는 피상적 이해를 넘어선 깊이 있는 분석과 창의적 해결안 모색에 필수적이다. 이는 고정관념을 타파하고 문제의 핵심에 접근하려는 긍정적 노력으로 장애요인이 아니다.

오답 체크

① 어떤 문제가 발생하면 직관으로 성급하게 판단하여 문제의 본질을 명확하게 분석하지 않고 대책안을 수립, 실행하는 것은 근본적인 해결을 하지 못하거나 새로운 문제를 야기하는 결과를 초래할 수 있는 장애요인이다.

② 개인적인 편견이나 경험, 습관으로 증거와 논리에도 불구하고 정해진 규정과 틀에 얽매여서 새로운 아이디어와 가능성을 무시해 버리는 것은 고정관념에 얽매이는 경우에 해당하며 문제해결을 방해하는 장애요인이다.

④ 문제해결에 있어 우리가 알고 있는 단순하거나 쉽게 떠오르는 정보에만 의존하는 경향은 문제해결의 오류를 범하게 하거나 본질을 놓치게 만드는 장애요인이다.

⑤ 자료를 수집하는 데 있어 구체적인 절차를 무시하고 많은 자료를 얻으려는 노력에만 온 열정을 쏟는 경우가 있다. 무계획적인 자료 수집은 무엇이 제대로 된 자료인지를 알지 못하는 우를 범할 우려가 많으므로 장애요인이다.

17 문제해결능력 문제 정답 ②

정보는 주변에서 발견할 수 있는 지식과 책이나 밖에서 본 현상의 두 가지 형태를 의미하는데, 이러한 정보를 조합하여 최종적인 해답으로 통합하는 것이 창의적 사고의 출발이다. 여기서 지식은 내적 정보이며 현상은 외적 정보이므로 옳지 않은 설명이다.

오답 체크

① 문제를 빠르게 해결했다고 해서 그 사람을 창의적이라고 할 수는 없으며 안 풀리는 문제, 해답이 많은 문제, 때로는 정답이 없는 문제를 해결하는 사람이야말로 창의적인 사람이라고 할 수 있으므로 옳은 설명이다.

③ 개인이 발휘한 창의력은 경우에 따라 사회발전을 위한 원동력을 제공하기도 하고, 새로운 사회 시스템을 구축하는 데 쓰이기도 하므로 옳은 설명이다.

④ 창의적인 사고는 창의력 교육훈련을 통해서 개발할 수 있으며 모험심, 호기심, 적극적, 예술적, 집념과 끈기, 자유분방함 등이 보장될수록 높은 창의력을 보이기도 하므로 옳은 설명이다.

⑤ 창의적 사고에는 '문제를 사전에 찾아내는 힘', '문제해결에 있어서 다각도로 힌트를 찾아내는 힘' 그리고 '문제해결을 위해 끈기 있게 도전하는 태도' 뿐만 아니라 사고력을 비롯해서 성격, 태도에 걸친 전인격적인 가능성까지도 포함되므로 옳은 설명이다.

18 문제해결능력 문제 정답 ②

강제연상법은 "각종 힌트에서 강제로 연결 지어 발상하는 방법"이며, 대표적인 방법은 '체크리스트'이다. "주제와 본질적으로 닮은 대상을 찾아 그 유사점을 힌트로 활용"하는 것은 비교발상법의 특징이므로 적절하지 않은 설명이다.

오답 체크

① 자유연상법은 "어떤 생각에서 다른 생각을 계속해서 떠올리는 작용을 통해 어떤 주제에서 생각나는 것을 계속해서 열거해 나가는 발산적 사고의 한 방법"이며, 브레인스토밍이 가장 대표적인 방법이므로 적절한 설명이다.

③ 비교발상법은 "주제와 본질적으로 닮은 것을 힌트로 하여 새로운 아이디어를 얻는 방법"이며, NM법과 시네틱스가 대표적 기법이다. 이 중 시네틱스는 "서로 관련이 없어 보이는 것들을 조합하여 새로운 것을 도출"하는 방법으로, 이는 비교발상법의 넓은 범주 내에서 이루어질 수 있는 창의적 조합 활동이므로 적절한 설명이다.

④ 비교발상법의 가장 대표적인 방법에는 대상과 비슷한 것을 찾아내 그것을 힌트로 새로운 아이디어 등을 생각해 내는 NM법, 서로 관련이 없어 보이는 것들을 조합하여 새로운 것을 도출해내는 집단 아이디어 발상법인 시네틱스(synectics)가 있으므로 적절한 설명이다.

⑤ 창의적으로 사고하기 위해서는 문제에 대한 다양한 사실이나 아이디어를 창출할 수 있는 발산적 사고가 필요하며, 자유연상법, 강제연상법, 비교발상법 등이 이러한 발산적 사고의 개발 방법들이므로 적절한 설명이다.

19 문제해결능력 문제 정답 ④

특정한 몇몇 사례만을 근거로 전체가 그러할 것이라고 단정하는 것은 '성급한 일반화의 오류'에 대한 적절한 설명이다.

오답 체크

① 상대방의 주장과는 전혀 상관없는 별개의 논리를 만들어 공격하는 것은 '허수아비 공격의 오류'에 대한 설명이다.

② 어떤 주장이 증명되지 않았다고 해서 그 반대의 주장이 참이라고 주장하는 것은 '무지의 오류'에 대한 설명이다.

③ 문맥을 무시하고 과도하게 문구에만 집착하여 논리적 오류에 빠지게 되는 것은 '과대 해석의 오류'에 대한 설명이다.

⑤ 질문 안에 이미 특정 답변을 전제하거나 유도하여, 어떤 답변을 하든 불리하게 만드는 것은 '복합 질문의 오류'에 대한 설명이다. 예를 들어 형사가 피의자에게 "또다시 이런 죄를 지을 것인가"라고 묻는 경우, '예'나 '아니오' 어떤 답을 하더라도 피의자가 불리해지게 된다.

20 문제해결능력 문제 정답 ⑤

과제 해결의 용이성은 실시상의 난이도, 필요자원 적정성을 기준으로 판단하며 자사 내부적 문제해결은 과제 해결의 중요성을 판단하는 기준이므로 적절하지 않은 설명이다.

오답 체크

① 과제 선정 시에는 여러 후보 과제안에 대해 효과 및 실행 가능성 측면에서 평가하여 우선순위가 가장 높은 안을 선정하므로 적절한 설명이다.

② 과제안에 대한 평가 기준은 일반적으로 과제 해결의 중요성, 과제 착수의 긴급성, 과제 해결의 용이성을 고려하여 여러 기준을 동시에 설정하는 것이 바람직하므로 적절한 설명이다.

③ 과제 해결의 중요성에 대한 평가 기준으로는 매출/이익 기여도, 지속성/파급성, 고객 만족도 향상, 경쟁사와의 차별화 등이 활용될 수 있으므로 적절한 설명이다.

④ 과제 착수의 긴급성에 대한 평가 기준으로는 달성의 시급도와 달성에 필요한 시간 등이 이용될 수 있으므로 적절한 설명이다.

21 문제해결능력 문제 정답 ⑤

중요도와 실현 가능성을 고려해서 종합적인 평가를 내리고 채택 여부를 결정하는 것은 해결안 개발 단계의 '해결안 평가 및 최적안 선정' 절차에 대한 내용이므로 옳지 않은 설명이다.

오답 체크

① 실행계획 수립 단계는 무엇을(What), 어떤 목적으로(Why), 언제(When), 어디서(Where), 누가(Who), 어떤 방법으로(How)의 물음에 대한 답을 가지고 계획하는 단계이므로 옳은 설명이다.

② 실행계획 수립 시 인적, 물적, 예산, 시간 자원을 고려하여 실행계획을 수립해야 하므로 옳은 설명이다.

③ 실행계획 수립 시 해결안별 난이도를 고려하여 세부 실행내용을 구체적으로 수립해야 하므로 옳은 설명이다.

④ 실행의 목적과 과정별 진행 내용을 일목요연하게 정리해야 하므로 옳은 설명이다.

22 문제해결능력 문제 정답 ③

문제 유형을 기준에 따라 분류할 때, 해결방법에 따른 문제 유형은 논리적 문제, 창의적 문제가 있으며, 업무수행 과정 중 발생한 문제 유형은 발생형 문제, 탐색형 문제, 설정형 문제가 있다. 발생형 문제는 보이는 문제, 탐색형 문제는 찾는 문제, 설정형 문제는 미래문제라고도 한다. 한편, 이탈문제와 미달문제는 발생형 문제, 개선문제와 강화문제는 탐색형 문제, 개발문제와 달성문제는 설정형 문제와 관련이 있다.
따라서 빈칸에 들어갈 내용을 순서대로 바르게 나타내면 '창의적 – 보이는 문제 – 미래문제'가 된다.

23 문제해결능력 문제 정답 ⑤

'내·외부자원의 효과적 활용'은 문제해결에 필요한 기술, 재료, 방법, 사람 등 "필요한 자원 확보 계획을 수립하고 내·외부자원을 효과적으로 활용하라"는 적극적인 자세를 의미하며, 단순히 외부 자원에 주로 의존하거나 내부 자원의 한계를 인정하는 자세를 의미하는 것은 아니므로 적절하지 않은 설명이다.

오답 체크

① 전략적 사고는 "현재 당면하고 있는 문제와 그 해결방법에만 집착하지 말고, 그 문제와 해결방안이 상위 시스템 또는 다른 문제와 어떻게 연결되어 있는지를 생각하는 것"을 의미하므로 적절한 설명이다.

② 분석적 사고는 "전체를 각각의 요소로 나누어 그 요소의 의미를 도출한 다음 우선순위를 부여하고 구체적인 문제해결 방법을 실행하는 것"이 요구되므로 적절한 설명이다.

③ 분석적 사고의 한 유형인 '사실 지향의 문제해결'은 "일상 업무에서 일어나는 상식, 편견을 타파하여 객관적 사실로부터 사고와 행동을 출발하라"는 것이므로 주관적 판단이나 편견을 배제하고 객관적 사실에 근거하는 접근은 사실 지향의 문제해결에 대한 적절한 설명이다.

④ 발상의 전환은 "사물과 세상을 바라보는 인식의 틀을 전환하여 새로운 관점에서 바라보는 사고를 지향"하는 것이므로 적절한 설명이다.

24 자기개발능력 문제 정답 ③

매슬로의 욕구 단계 이론에서 기본급과 쾌적하고 안전한 작업 환경 보장은 주로 생리적 욕구와 안정의 욕구, 즉 하위 단계의 욕구를 충족시키는 데 기여한다. 따라서 상위 욕구 충족을 목표로 할 때는 상대적으로 효과가 미미할 것으로 예상된다. 존경의 욕구나 자기실현의 욕구와 같은 상위 욕구를 충족시키기 위해서는 도전적인 직무 부여, 성장 기회 제공, 인정과 포상, 자율성 확대 등의 방안이 더 직접적인 효과를 갖는다.

더 알아보기

매슬로의 욕구 단계 이론

미국의 심리학자 매슬로는 1943년, 인간의 동기를 설명하기 위해 '욕구 위계이론(Hierarchy of Needs)'을 제시하였다. 이 이론은 인간의 욕구가 단계적으로 상승하며, 하위 욕구가 충족되어야 상위 욕구가 발현된다는 점에 근거를 둔다. 각 단계는 아래와 같이 설명된다.

단계	개념	예시
[1단계] 생리적 욕구	가장 기본적인 욕구로, 인간이 생존을 위해 반드시 충족해야 하는 욕구	공기, 물, 음식, 수면, 주거, 체온 유지 등
[2단계] 안정의 욕구	생리적 욕구가 어느 정도 충족되면, 개인이 신체적·정서적 안정을 원하게 되는 욕구	신체적 보호, 건강, 질서, 직업 안정성, 법과 제도, 재정적 안정 등
[3단계] 사회적 욕구	인간이 사회적 존재로서 다른 사람과 관계 맺기를 원하며, 소속되고자 하는 욕구	가족·친구·연인과의 친밀감, 공동체 참여, 집단 내 수용 등
[4단계] 존경의 욕구	사회적 욕구가 충족되면, 타인으로부터 인정받고 자신을 가치 있는 존재로 느끼고자 하는 욕구	내적 욕구(자존감, 자기 존중, 독립성), 외적 욕구(타인의 인정, 명예, 지위, 사회적 평판 등)
[5단계] 자기실현의 욕구	가장 높은 단계의 욕구로, 개인이 자신의 잠재력을 실현하고자 하는 욕구	자기개발, 창의성 발휘, 도전, 목표 달성, 의미 있는 삶 추구 등

25 정보능력 문제 정답 ③

정보의 관리는 단순 보관을 넘어, 수집된 정보를 사용하기 쉬운 형태로 분류, 정리, 구조화하는 과정이 포함되어야 한다. 원본 그대로 개인 PC에 날짜별로 보관하는 것은 체계적인 관리가 미흡하다고 볼 수 있다.

더 알아보기

정보처리 과정

정보처리 과정은 일반적으로 다음과 같은 단계로 정리할 수 있다.

정보의 기획	· 필요한 정보가 무엇인지, 어디서, 언제까지, 왜, 누가, 어떻게, 얼마의 비용으로 수집할지 계획하는 단계이다. · 정보활동의 첫 단계이자 정보관리의 가장 중요한 단계로, 보통 5W2H 원칙에 따라 기획한다.
정보의 수집	· 다양한 정보원으로부터 기획된 목적에 적합한 정보를 입수하는 단계이다. · 정보수집의 최종 목적은 '예측'을 잘하는 것이다.
정보의 관리 (또는 분석 및 가공)	· 수집된 정보를 문제 해결이나 결론 도출에 사용하기 쉽도록 의미 있는 형태로 바꾸고 체계적으로 정리하는 단계이다. · 여기에는 정보의 분류, 분석, 구조화 등이 포함될 수 있다.
정보의 활용	· 관리된 정보를 실제 업무 수행이나 의사결정에 적용하는 단계이다. · 정보가 필요하다는 문제 상황을 인지하고, 문제 해결에 적합한 정보를 찾아 선택하며, 윤리적으로 적용하는 능력이 포함된다.

26 자기개발능력 문제 정답 ④

조하리의 창 모델에서 '보이지 않는 창(Blind Area)'은 타인은 알고 있지만 자신은 모르는 영역을 의미한다. 김대수 대리가 스스로를 생각하는 모습과 타인이 평가하는 모습 간에 차이가 있다는 것은 '보이지 않는 창'이 클 가능성이 크다.
따라서 동료들로부터 솔직한 피드백을 받아 이 영역을 줄이고 자아 인식을 확장하는 것이 필요하다.

더 알아보기

조하리의 창

미국의 심리학자 조셉 루프트(Joseph Luft)와 해리 잉햄(Harry Ingham)이 1955년에 개발한 대인관계와 자기인식 개선 도구로, 이름은 두 사람의 이름을 조합한 것이다. 이 이론은 자기 자신에 대한 정보가 본인과 타인에게 얼마나 알려져 있는지를 기준으로 4가지 영역으로 구분하여, 자기이해(Self-awareness)와 타인이해(Interpersonal understanding)를 증진시키는 데 활용된다.

영역	개념	확장방법
열린 창 (Open Area)	· 자신도 알고 타인도 아는 영역 · 성격, 말투, 업무스타일 등 공개된 정보	피드백과 자기개방을 통해 확대 가능

보이지 않는 창 (Blind Area)	· 타인은 알고 있으나 자신은 모르는 영역 · 무의식적 언행, 습관, 첫인상 등	타인의 피드백을 수용하여 축소 가능
숨겨진 창 (Hidden Area)	· 자신은 알고 있으나 타인은 모르는 영역 · 감정, 가치관, 비밀 등	자기개방으로 줄일 수 있음
미지의 창 (Unknown Area)	· 자신도 타인도 모르는 영역 · 잠재력, 트라우마, 미개발 능력 등	새로운 경험과 피드백을 통해 발견 가능

27 자원관리능력 문제 정답 ①

인적자원은 능동적인 자원이라는 특성을 가지고 있으며, 이러한 특성 때문에 인적자원은 관리와 동기부여가 매우 중요한 자원이다. 회의 내용에 따르면 업무 몰입에 따라 성과가 크게 달라질 수 있다고 했으며, 개인적인 피드백 및 성장을 체감할 수 있는 기회를 원한다고 했으므로 업무를 수행하는 데 동기가 잘 부여되어야 한다는 점을 논의하고 있다는 것을 알 수 있다.

28 자원관리능력 문제 정답 ②

능력주의는 능력을 고려하여 가장 적합한 업무를 수행하도록 하고, 그에 따른 결과를 공정하게 평가해서 적절한 보상을 주는 것을 말한다.
따라서 현재 제시된 상황에 가장 적합한 것은 능력주의이다.

오답 체크

① 적재적소주의: 개인의 적성·흥미·특성을 고려해 역할을 배치하는 원칙이나, 평가·보상은 포함하지 않는다.

③ 균형주의: 팀 전체의 능력 향상과 사기 진작을 위해 인원, 적성, 역할의 균형을 맞추는 원칙이다.

④ 공정인사의 원칙: 채용·배치·승진 과정에서 공정성을 강조하는 원칙이다.

⑤ 공정보상의 원칙: 업무 기여도에 따라 공정한 보상을 제공하는 원칙이다.

29 자원관리능력 문제 정답 ④

같은 퇴근 후 시간이라도 이 대리는 운동과 자기계발로 만족감과 성취감을 느끼고, 박 과장은 소모적으로 시간을 보내며 무료함을 느낀다는 사례는 시간을 어떻게 사용하느냐에 따라 그 가치가 달라진다는 점을 잘 보여주는 사례이다.

오답 체크

① 시간의 절대량은 동일하지만, 이 사례는 사용 방식에 따른 차이를 강조하고 있으므로 적절하지 않다.

② 시간의 속도는 일정하지만, 이 사례의 초점은 시간의 질적 가치에 있으므로 적절하지 않다.

③ 시간의 저축 불가능성은 언급되지 않았으므로 적절하지 않다.

⑤ 시간을 빌릴 수 없다는 점은 사례 내용과 직접 연결되지 않으므로 적절하지 않다.

30 자원관리능력 문제 정답 ③

사례에서는 사용할 물건·보관할 물건 구분, 동일성·유사성 구분, 회전대응 원칙, 선입선출 원칙이 모두 언급되었다. 그러나 재질, 온도, 습도, 위험성 등 물품의 특성에 따라 구분하는 방법은 사례에서 언급되지 않았으므로 적절하지 않다.

오답 체크

① 사용할 물건과 보관할 물건의 구분: 작업용·보관용을 구분하는 것으로, 사례에서 적용되었다.

② 동일성과 유사성에 따른 구분: 같은 종류·비슷한 종류끼리 구분하는 것으로, 사례에서 적용되었다.

④ 회전대응 보관의 원칙: 사용 빈도가 높은 물건을 가까이에 배치하는 것으로, 사례에서 핵심적으로 적용되었다.

⑤ 선입선출의 원칙: 먼저 입고된 물품을 먼저 사용하는 원칙으로, 사례에서 적용되었다.

31 자원관리능력 문제 정답 ①

전체 방향과 우선순위를 정하지 않은 채 일부터 진행하고, 업무 지시의 잦은 변경으로 혼란을 초래해 중복·과도한 작업이 발생한 상황은 계획 부족에서 비롯된 전형적 자원 낭비 요인이다.

32 자원관리능력 문제 정답 ②

공정 보상의 원칙은 인사 절차의 공정성이 아니라, 직원의 성과·기여도에 따른 공정한 보상을 의미한다. 인사 평가, 승진, 배치, 근무성적 평가 같은 절차를 공정하게 진행하는 것은 공정 인사의 원칙에 해당하는 설명이다.

33 대인관계능력 문제

정답 ③

이 고객은 자신의 지위나 소유를 과시하며 직원을 낮추어 보려는 '거만형' 고객의 특징을 보이고 있다. '거만형' 고객은 인정받고 존중받고 싶어 하는 욕구가 강하다. 따라서 이들의 불만을 효과적으로 다루기 위해서는 먼저 그들의 지위나 감정을 인정해주고 존중하는 태도를 보이는 것이 중요하다. 감정적으로 맞서거나 무시하는 대신, 존중하는 태도를 유지하면서 전문적이고 정중하게 문제 해결 방안을 제시하는 것이 고객의 저항을 줄이고 긍정적인 방향으로 대화를 이끌어 나가는 데 효과적이다.

더 알아보기

고객 불만 표현 유형

고객은 저마다 다른 성향과 방식으로 자신의 의견이나 불만을 표현한다. 효과적인 고객 응대를 위해서는 이러한 유형을 이해하고 각 유형에 맞는 접근 방식을 취하는 것이 중요하다.

유형	핵심 욕구 및 특징	응대방법
거만형	· 존중과 인정 · 자신의 지위, 능력, 소유 등을 과시하며 우월감을 드러냄 · 직원을 가르치려 들거나 무시하는 태도를 보임 · 특별 대우나 규정 외의 요구를 하는 경우가 많음	· 존중과 인정 표현 · 침착하고 정중한 태도 유지 · 명확하고 공정한 기준 제시 · 가능한 범위 내 대안 제시
의심형	· 신뢰와 확신 · 직원의 설명, 제품/서비스 품질, 약속 등에 대해 끊임없이 의심하고 확인 · 부정적인 측면에 집중하고, 최악의 경우를 가정하는 경향 · 객관적인 증거나 보증을 강력하게 요구	· 명확한 증거 제시 · 투명한 정보 공개 · 일관성 있는 응대 · 책임자 연결(필요시) · 끈기 있는 설명
트집형	· 완벽함 추구 또는 관심 요구 · 매우 사소한 문제나 작은 흠을 찾아내어 과도하게 불만 제기 · 까다롭고 완벽주의적인 성향을 보이거나, 다른 불만을 간접적으로 표출하기도 함 · 감정적인 반응을 유도하려 할 수 있음	· 적극적인 경청과 공감 · 사과 및 시정 약속 · 쟁점 분리 & 핵심 문제 집중 · 정중하게 회사나 일반적인 기준 제시 · 긍정적 측면 강조해 균형
빨리빨리형	· 시간 절약 및 신속성 · 성격이 매우 급하며, 대기 시간이나 처리 지연에 대해 강한 불만 표현 · 과정보다는 결과를 중시하며, 신속하고 효율적인 처리를 원함 · 결론부터 말하는 것을 선호	· 신속한 초기 대응 · 처리 절차 및 예상 시간 안내 · 간결하게 핵심 위주 설명 · 지연 시 사전 양해 및 상황 공유 · 효율적인 업무 처리
전문가형 /분석형	· 정확한 정보, 논리적 설득, 전문성 인정 · 제품/서비스에 대해 깊이 있는 지식을 가지고 있음 · 감성보다는 논리, 데이터, 명확한 근거 중시 · 정보의 정확성, 절차의 합리성 등에 대해 질문하거나 문제를 제기할 수 있음	· 전문성 인정 및 존중 (예: "정확히 알고 계십니다.") · 정확한 정보 제공 · 논리적이고 체계적인 설명 · 섣부른 반론 자제 · 함께 해결책 모색

34 정보능력 문제

정답 ②

자료는 가공되지 않은 단순한 사실이나 값을 의미한다. 따라서 '고객의 나이(ㄱ)'와 '고객의 이름(ㄴ)'은 자료에 해당한다.

정보는 자료를 특정 목적에 맞게 가공하여 의미를 부여한 것이다. '9월 한 달간 일평균 매출(ㄷ)'은 매출 자료를 집계하고 평균을 내어 가공한 결과이므로 정보에 해당한다.

지식은 정보가 축적되고 체계화되어 일반적인 문제해결이나 미래 예측에 활용될 수 있는 상태이다. '특정 요일의 매출 하락 이유(ㄹ)'와 '매출을 늘리기 위한 신메뉴 개발 방안(ㅁ)'은 수집된 정보들을 분석하고 종합하여 도출된 판단이나 전략이므로 지식에 해당한다.

더 알아보기

자료, 정보, 지식의 구분

일반적으로 자료, 정보, 지식은 계층적인 관계를 갖는다. 엘렌 켄트로의 지식삼각형에서는 가장 기본적인 하단부터 자료, 정보, 지식 순으로 구성되며, 지식 위에 특별히 지혜를 포함시키기도 한다. 즉, 가공되지 않은 자료를 특정 목적에 맞게 처리하면 정보가 되고, 이러한 정보가 축적되고 체계화되어 일반화된 원리나 판단의 기준이 되면 지식이 된다.

자료 (Data)	· 단순한 사실의 나열이자 정보 작성을 위해 필요한 데이터이다. · 객관적 실제를 반영하며, 그것을 전달할 수 있도록 기호화한 것이다. · 아직 특정 목적에 대하여 평가되지 않은 상태인 숫자나 문자들의 단순한 나열을 의미한다.

정보 (Information)	· 의미 있는 자료로, 자료를 특정한 목적과 문제 해결에 도움이 되도록 가공한 것이다. · 자료를 일정한 프로그램에 따라 컴퓨터가 처리·가공함으로써 특정한 목적을 달성하는 데 필요하거나, 특정한 의미를 지닌 것으로 다시 생산된 것을 뜻한다. · McDonough는 정보를 '의미 있는 자료(데이터)'로 정의했다.
지식 (Knowledge)	· 가치 있는 정보이며, 정보를 집적하고 체계화하여 장래의 일반적인 사항에 대비해 보편성을 갖도록 한 것이다. · 어떤 특정의 목적을 달성하기 위해 과학적 또는 이론적으로 추상화되거나 정립되어 있는 일반화된 정보를 뜻한다. · 어떤 대상에 대하여 원리적·통일적으로 조직되어 객관적 타당성을 요구할 수 있는 판단의 체계를 제시한다. · McDonough는 지식을 '가치 있는 정보'로 정의했다.

35 정보능력 문제 정답 ④

초깃값은 $A=2$, $B=3$, $C=0$으로 설정되었다. 최초 $2 \geq 3 \times 3$가 아니므로 No의 경로를 따라가면 $A=A^2-1$이므로 3이 되고, $B=2 \times B-1$이므로 5가 된다. 그리고 $C=(C+1)^2$이므로 1이 된다. 이후 다시 확인해 보면 $3 \geq 5 \times 3$가 아니므로 No의 경로를 따라가면 $A=A^2-1$이므로 8이 되고, $B=2 \times B-1$이므로 9가 된다. 그리고 $C=(C+1)^2$이므로 4가 된다. 이후 다시 확인해 보면 $8 \geq 9 \times 3$가 아니므로 No의 경로를 따라가면 $A=A^2-1$이므로 63이 되고, $B=2 \times B-1$이므로 17이 된다. 그리고 $C=(C+1)^2$이므로 25가 된다. 이후 다시 확인해 보면 $63 \geq 17 \times 3$이므로 이때의 C가 출력되고 그 값은 25이다.

36 정보능력 문제 정답 ③

별도로 사용자지정 항목을 추가하지 않았을 경우 "가"는 일반 텍스트로 인식되어 "가"라는 글자가 계속 복사되지만, "갑"은 <갑, 을, 병, 정, 무….>의 첫 번째 텍스트로, "월"은 <월, 화, 수, 목, 금….>의 첫 번째 텍스트로, "자"는 <자, 축, 인, 묘, 진….>의 첫 번째 텍스트로 인식되어 채워지므로 3행에는 '가, 병, 수, 인'이 채워진다.

37 정보능력 문제 정답 ④

제어판은 새 하드웨어 추가, 프로그램 추가 및 제거(프로그램 및 기능), 사용자 계정 관리, 접근성 옵션의 변경과 같이 기본적인 시스템의 설정이 가능하므로 적절하지 않다.

오답 체크

① 제어판 '마우스'에서 설정 가능하다.

② 제어판 '날짜 및 시간'에서 설정 가능하다.

③ 제어판 '전원 옵션'에서 설정 가능하다.

⑤ 제어판 '작업 표시줄 및 탐색'에서 설정 가능하다.

38 정보능력 문제 정답 ②

'⊞ + [D]'는 열려있는 모든 창을 최소화하여 바탕화면을 표시하거나 이전 크기로 복원하는 키이므로 적절하다.

오답 체크

① ⊞: 시작 메뉴 열기 또는 닫기

③ ⊞ + [T]: 작업 표시줄의 프로그램을 차례로 선택

④ ⊞ + [L]: 컴퓨터 잠금 또는 사용자 전환

⑤ ⊞ + [R]: 실행 대화상자 열기

39 기술능력 문제 정답 ②

AI 전화 서비스를 활용하는 사업에 대한 내용이므로 성공적인 기술이 다른 지역으로 이동하는 기술 이전의 단계로 볼 수 있다.

더 알아보기

기술 시스템(Technological system)의 발전 단계

기술 시스템은 개별 기술이 네트워크로 결합하는 것으로, 기술이 발전하면서 이전에는 없던 연관이 개별 기술들 사이에서 만들어지는 것을 말한다.

발전 단계	개념	핵심 역할
[1단계] 기술 발명, 개발, 혁신의 단계	기술 시스템이 탄생하고 성장	기술자 (발명가 겸 기업가)
[2단계] 기술 이전의 단계	성공적인 기술이 다른 지역으로 이동	기술자 (발명가 겸 기업가)
[3단계] 기술 경쟁의 단계	기술 시스템 사이의 경쟁	기업가
[4단계] 기술 공고화 단계	경쟁에서 승리한 기술 시스템의 관성화	자문 엔지니어와 금융전문가

40 기술능력 문제 정답 ④

제품, 서비스 및 프로세스의 단위 분야에 있어 가장 우수한 실무를 보이는 비경쟁적 기업 내의 유사 분야를 대상으로 하는 '비경쟁적 벤치마킹'이다. 비경쟁적 벤치마킹은 혁신적인 아이디어의 창출 가능성이 큰 반면 다른 환경의 사례를 가공하지 않고 적용할 경우 효과를 보지 못할 가능성이 크다.

벤치마킹은 비교대상에 따라서 내부 벤치마킹, 경쟁적 벤치마킹, 비경쟁적 벤치마킹, 글로벌 벤치마킹으로 분류되고, 수행 방식에 따라서 직접적 벤치마킹과 간접적 벤치마킹으로 구분된다.

41 기술능력 문제 정답 ①

지속가능한 기술 중에는 풍력발전, 조력발전, 태양열발전처럼 지금의 주된 발전 기술과는 상당히 차이를 보이는 기술도 있다. 그렇지만 많은 지속가능한 기술들은 지금 우리가 가진 기술과 그 형태에서 크게 다르지 않다. 더 중요한 것은 그 기술이 디자인될 때 얼마나 더 많이 사회적·환경적인 연관에 중심을 두는가이다.

더 알아보기

- 환경경영: 기존의 품질경영을 환경분야까지 확장한 개념으로, 생산에서부터 소비까지 제품생산 전과정에서 환경문제부터 사회적 책임까지 효율적으로 관리하는 경영을 의미한다.
- ISO 14000 시리즈: 기업의 환경경영시스템을 규정한 국제규격으로, 환경경영시스템(ISO 14001), 환경표지(ISO 14020 시리즈), 환경영향평가법(ISO 14030시리즈) 등 규격번호가 모두 14000대기 때문에 ISO 14000 시리즈라 불린다.
- 그린워싱: 기업이 제품의 생산 또는 서비스의 제공, 경영전략의 운영에 있어 친환경적인 특징을 과장하거나 잘못 표현하여 경제적 이익을 보는 마케팅 관행으로, 우리말로는 '친환경 위장제품'이라고 부른다.
- 환경표시제도: 사무기기, 가전제품, 생활용품 등의 환경친화적인 제품을 생산, 소비할 수 있도록 환경정보를 제공하는 제도이며, 우리나라는 1992년부터 시행하고 있다.

42 조직이해능력 문제 정답 ③

A 팀의 상황은 각 단계별 수행 여부를 확인하는 것이 핵심이며, 시간 관리는 주요 고려 사항이 아니다. 체크리스트는 업무 활동별 수행 수준 달성 확인에 효과적이며, 시간의 흐름을 표현하는 데는 한계가 있으므로, 이 상황에 가장 적합하다.

(다)는 체크리스트의 핵심 기능으로, A 팀 관리자가 '필수적인 항목들을 빠짐없이 수행했는지' 확인하려는 목적과 일치한다.

(바) 역시 체크리스트의 주요 용도로, A 팀의 '수행 확인' 필요성에 부합한다.

(사)는 시간 표현에 한계가 있지만 수행 여부 확인에 강점이 있는 체크리스트의 특징을 정확히 설명한다.

따라서 체크리스트에 대한 올바른 설명으로 묶인 것은 (다), (바), (사)이다.

오답 체크

(가)와 (차)는 간트 차트에 대한 설명이며, (나)와 (마)는 워크플로 시트에 대한 설명이다.

(라)는 간트 차트, 워크플로 시트, 체크리스트의 주된 기능이 아니며, 이는 예산 계획서나 자원 배분 계획 등 별도의 프로젝트 관리 문서에 해당한다.

(아)는 워크플로 시트가 순서를 보여주며 의존성을 나타낼 수 있고, 간트 차트도 어느 정도 선후 관계를 보여준다. 하지만 복잡한 의존 관계는 PERT/CPM 차트에서 더 명확히 표현된다.

(자)는 위험 관리 계획(Risk Management Plan)의 일부로, 일반적인 업무수행 시트의 기능은 아니다.

더 알아보기

업무수행 시트

업무수행 시트는 업무수행 계획을 구체적으로 수립하고 관리하는 데 사용되는 도구이다. 주요 업무수행 시트에는 간트 차트, 워크플로 시트, 체크리스트가 있다.

간트 차트 (Gantt chart)	· 단계별로 업무를 시작해서 끝나는 데 걸리는 시간을 바(막대) 형태로 표시한다. · 프로젝트의 전체 일정을 한눈에 파악할 수 있다. · 각 단계별 소요 시간과 업무 활동 사이의 관계를 보여준다. · MS-Excel 등을 이용하여 각 단계별 일정을 기입해 쉽게 제작할 수 있다.
워크플로 시트 (Work flow sheet)	· 일의 흐름을 동적으로 보여주는 시트이다. · 시트에 사용하는 도형을 다르게 표현하여 주된 작업과 부차적인 작업, 혼자 처리할 수 있는 일과 다른 사람의 협조가 필요한 일, 주의해야 할 일 등을 구분해서 표현할 수 있다.
체크리스트 (Check list)	· 업무의 각 단계를 효과적으로 수행했는지 스스로 점검해볼 수 있는 도구이다. · 업무를 세부 활동으로 나누고, 각 활동별로 기대되는 수행 수준을 달성했는지 확인하는 데 효과적이다. · 시간의 흐름을 표현하는 데는 한계가 있다. · 각 단계별로 수행 여부를 점검하는 데 주로 사용된다.

43 조직이해능력 문제 정답 ②

<보기>는 네트워크 조직에 대한 설명이다. 네트워크 조직은 여러 독립적인 조직이 협력하는 구조이므로, 성과에 대한 책임소재가 불분명해질 수 있다. 책임소재가 분명한 것은 주로 사업부 조직의 특징이다.

더 알아보기

유기적 조직

유기적 조직은 급변하는 환경에 신속하게 적응하기 위해 설계된 유연한 조직구조이다. 의사결정 권한이 분산되어 있고, 공식적인 규칙이나 절차가 적으며, 구성원 간의 비공식적 소통이 강조된다. 대표적인 유형은 다음과 같다.

프로젝트 조직	· 특정한 사업 목표 달성을 위해 조직 내 전문 인력으로 구성했다가 목표가 달성되면 해산하는 임시 조직 형태이다. · 명확한 목표가 있어 사기가 높지만, 팀 내 갈등이나 팀워크 문제가 생길 수 있다.
매트릭스 조직	· 수직적 구조(기능 부서)와 수평적 구조(프로젝트팀)가 혼합된 형태이다. · 구성원은 동시에 두 개의 팀에 속해 두 명의 상급자로부터 명령을 받을 수 있다. · 불안정한 환경에서 복잡한 의사결정과 빈번한 변화에 적절한 대응이 가능하지만, 이중 보고 체계로 인해 혼란이 발생할 수 있다.
네트워크 조직	· 핵심적인 부문에만 조직 활동을 집중시키고 나머지 부문은 아웃소싱이나 전략적 제휴를 통해 외부 전문가에게 맡기는 형태이다. · 상하 구분 없이 동등한 입장에서 업무를 분담하고 협력하여 조직 간 벽이 없고 교류가 활발하다. · 협력업체와의 관계 유지 및 갈등 해결에 시간이 소요될 수 있고 구성원의 충성심이 약해질 수 있다.
사업부제 조직	· 제품별, 지역별, 고객별 등으로 사업 단위를 편성하고 각각에 독립성을 부여하는 조직 형태이다. · 경영 환경이 불안정할 때 대규모 조직에 적합할 수 있다.
팀 조직	· 팀장이 중심이 되어 팀원 간 동등한 책임하에 문제를 해결하는 구조이다. · 계층 구조가 단순화되거나 수평적이므로 의사결정 속도가 빠르며, 환경 변화에 유연하게 대응할 수 있다.
애자일 조직	· 부서 간 경계를 없애고 필요에 따라 소규모 팀을 구성하여 업무를 수행하는 조직 문화이다. · 급변하는 시장 환경 속에서 다양한 수요에 유연하고 민첩하게 대응하기 위한 경영 방식이다.

44 조직이해능력 문제

정답 ⑤

보기에서 설명하는 관리 기법은 CRM이다. CRM(Customer Relationship Management)은 고객 특성에 기초한 기업의 마케팅 전략을 말한다.

더 알아보기

- ERP(Enterprise Resource Planning): 기업 전체를 경영자원의 효과적 이용이라는 관점에서 통합적으로 관리하고 경영의 효율화를 기하기 위한 수단이다.
- CSV(Creating Shared Value): 공유가치경영이라고도 불리는 CSV는 기업 활동 자체가 사회적 가치를 창출하면서 동시에 경제적 수익을 추구할 수 있는 방향으로 이루어지는 행위를 말한다.
- ESG(Environmental, Social and Governance): 환경보호(Environment)·사회공헌(Social)·윤리경영(Governance)의 약자로, ESG 경영이란 기업의 지속적 성장을 평가하는 비재무적 성과를 측정하는 방법이다. 기업이 환경보호에 앞장서며, 사회적 약자에 대한 지원 등의 사회공헌 활동을 하며, 법과 윤리를 철저히 준수하는 경영이다.
- CSR(Corporate Social Responsibility): 기업의 사회책임이라는 뜻으로 기업이 경제적 책임이나 법적 책임 외에도 폭넓은 사회적 책임을 적극적으로 수행해야 한다는 것을 말한다.

45 조직이해능력 문제

정답 ③

WO 전략은 약점을 극복하면서 기회를 활용하는 전략이다. AI 딜리버리 로봇 도입은 '인건비 인상'이라는 약점을 극복하고, '디지털 혁신'이라는 기회를 활용하는 전략에 해당한다.

오답 체크

①은 SO 전략, ②와 ④는 ST 전략, ⑤는 WT 전략으로 볼 수 있다.

더 알아보기

SWOT 전략

SWOT 분석을 통해 도출된 내부 환경(강점, 약점)과 외부 환경(기회, 위협) 요인을 바탕으로 다음과 같은 네 가지 기본 전략을 수립할 수 있다.

SO(강점-기회) 전략	· 내부의 강점(Strength)을 적극적으로 활용하여 외부 환경의 기회(Opportunity)를 최대한 살리는 전략이다. · 가장 공격적인 전략으로, 시장 확대나 신규 사업 진출 등에 활용될 수 있다.
ST(강점-위협) 전략	· 내부의 강점(Strength)을 활용하여 외부 환경의 위협(Threat)을 회피하거나 그 영향을 최소화하려는 전략이다. · 기업이 강력한 브랜드 충성도(강점)를 가지고 있다면, 이를 바탕으로 신규 경쟁자의 시장 진입(위협)에 따른 고객 이탈을 방어할 수 있다.
WO(약점-기회) 전략	· 외부 환경의 기회(Opportunity)를 활용하여 내부의 약점(Weakness)을 보완하거나 극복하려는 전략이다. · 기업이 처한 국면을 전환할 수 있는 기회로 삼을 수 있다. 예를 들어, 시장 성장(기회)에 발맞춰 부족한 생산 능력(약점)을 확충하는 것이다.
WT(약점-위협) 전략	· 내부의 약점(Weakness)을 최소화하고 동시에 외부 환경의 위협(Threat)을 회피하려는 방어적인 전략이다. · 사업 축소, 철수 또는 현상 유지 등 보수적인 접근 방식이 사용될 수 있다.

46 조직이해능력 문제

정답 ②

○○○는 직원들이 주인의식을 갖게 하여 구성원들 간 조화와 단합을 이끌었다. 구성원의 조화와 단합은 조직만의 독특한 신화, 예식, 의식 등으로 타 집단과의 이질감을 더 느끼게 하고 내부인끼리의 동질성을 높여준다.

47 직업윤리 문제

정답 ①

공직자는 원칙적으로 직무 관련자로부터 금품 등을 수수할 수 없다. 청탁금지법상 농축수산물 선물 가액 상한선(현재 15만 원)이 있지만, 이는 원활한 직무수행, 사교, 의례 목적일 때 예외적으로 허용되는 것이며, 대가성이나 직무 관련성이 명확한 경우 또는 거절 의사를 표시했음에도 제공되는 경우에는 허용되지 않는다. 가장 안전하고 윤리적인 행동은 거절하고 신고하는 것이다. 특히, 허용되는 가액 기준은 정책에 따라 변동될 수 있으며, 법의 취지는 '받지 않는 것'이 원칙이므로, ①과 같이 거절하고 신고하는 것이 가장 바람직하다.

더 알아보기

청탁금지법(김영란법)

정식 명칭은 부정청탁 및 금품등 수수의 금지에 관한 법률(약칭: 청탁금지법)이며, 공직자 등에 대한 부정청탁 및 공직자 등의 금품 등의 수수를 금지함으로써 공직자 등의 공정한 직무수행을 보장하고 공공기관에 대한 국민의 신뢰를 확보하는 것을 목적으로 제정되었다.

구분	주요 내용
부정청탁 금지	· 누구든지 직접 또는 제3자를 통하여 직무를 수행하는 공직자 등에게 법령을 위반하게 하거나 지위·권한을 남용하게 하는 등 14가지 유형의 부정청탁을 해서는 안 된다. · 공직자 등은 부정청탁을 받았을 때 이를 거절하는 의사를 명확히 표시해야 하며, 동일한 부정청탁을 다시 받은 경우에는 소속 기관장에게 서면으로 신고해야 한다.
금품 등 수수 금지	· 공직자 등은 직무 관련 여부 및 기부·후원·증여 등 그 명목에 관계없이 동일인으로부터 1회 100만 원 또는 매 회계연도 300만 원을 초과하는 금품 등을 받거나 요구 또는 약속해서는 안 된다. · 직무와 관련하여서는 대가성 여부를 불문하고 원칙적으로 금품 등을 받는 것이 금지되지만, 예외적으로 허용되는 경우가 있다.
예외적으로 허용되는 금품 등 (직무 관련성이 있더라도)	· 원활한 직무수행 또는 사교·의례 또는 부조의 목적으로 제공되는 음식물·경조사비·선물 등으로서 대통령령으로 정하는 가액 범위 안의 금품 등 - 음식물: 5만 원 - 선물: (일반) 5만 원 / (농수산물 및 농수산가공품) 15만 원(명절 기간에 한정해 30만 원까지 허용) - 경조사비: (축의금·조의금) 5만 원 / (화환·조화) 10만 원 · 기타 예외 사유: 공공기관이 소속 공직자 등이나 파견 공직자 등에게 지급하거나 상급 공직자 등이 위로·격려·포상 등의 목적으로 하급 공직자 등에게 제공하는 금품 등, 사회상규에 따라 허용되는 금품 등
처벌	· 부정청탁을 하거나 금품 등을 제공한 자, 그리고 이를 수수한 공직자 등 모두 처벌 대상이 될 수 있다. (과태료, 징역, 벌금 등)

48 직업윤리 문제

정답 ②

윤리적 책임은 법적 요구 사항을 넘어 사회가 기대하는 공정하고 올바른 행동을 실천하는 것이다. 아동 노동 착취나 열악한 노동 환경은 심각한 인권 문제이자 비윤리적인 행위이다. A 사는 단순히 윤리 강령을 선언하거나 자선 활동을 하는 것을 넘어, 자사의 공급망에서 발생하는 비윤리적 문제를 해결하기 위한 실질적이고 적극적인 조치를 취해야 한다. 이는 윤리적 책임을 이행하는 핵심적인 행동이다.

사회적 책임에서 가장 기본적이고 필수적인 책임은 경제적 책임이다. 이는 기업이 이윤을 창출하여 생존하고, 고용을 유지하며, 사회가 필요로 하는 재화와 서비스를 생산·공급하는 기본적인 의무를 의미한다. B 사는 재정적 어려움 속에서도 생존과 가치 제공을 위해 노력하고 있으므로, 경제적 책임을 가장 우선적으로 수행하려 하고 있다고 볼 수 있다.

법률적 책임은 기업이 사회의 법적 테두리 안에서 경제 활동을 수행해야 할 의무를 의미한다. 이는 사회가 기업에게 기대하는 최소한의 행동 규범으로, 법률과 규정을 준수하는 것을 포함한다. C 사는 환경 법규, 공정거래법, 노동법 등 제반 법규를 철저히 준수하고 있으므로, 법률적 책임을 충실히 이행하고 있다고 볼 수 있다.

자선적 책임은 법적, 경제적, 윤리적 책임을 넘어 기업이 좋은 기업 시민으로서 자발적으로 사회에 기여하고 공동체의 삶의 질을 향상시키려는 노력을 의미한다. D 사의 교육 프로그램 지원, 문화 예술 후원, 환경 보호 캠페인 등은 법이나 윤리적 의무로 강제된 것이 아닌, 기업의 자선적 판단에 따른 사회공헌 활동이므로 자선적 책임에 해당한다.

더 알아보기

기업의 사회적 책임(CSR) 4단계

아치 캐롤(Archie B. Carroll) 교수는 1979년, 기업의 사회적 책임을 포괄적으로 이해하기 위한 4단계 피라미드 모델을 제시했다. 이 모델은 기업이 사회의 일원으로서 수행해야 할 다양한 책임들을 그 중요도와 기본성에 따라 계층적으로 구분한 것이다. 각 단계는 하위 단계의 책임이 충족되는 것을 전제로 하며, 기업이 지속 가능한 성장을 이루기 위해서는 이 모든 책임을 균형 있게 이행해야 한다고 강조한다.

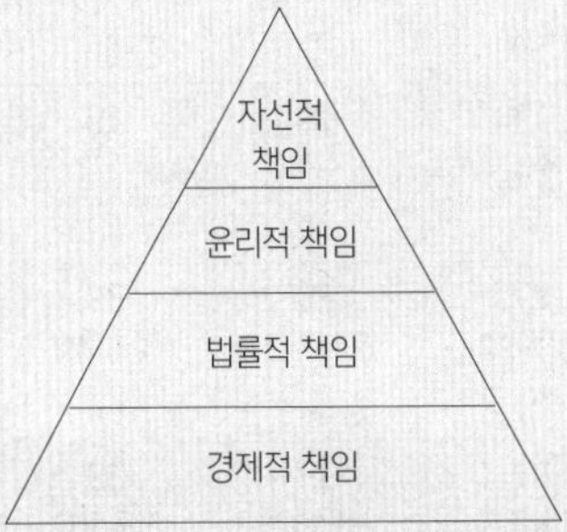

경제적 책임	· 기업의 가장 기본적이고 근본적인 책임 · 기업이 이윤을 창출하여 생존하고, 고용을 유지하며, 사회가 필요로 하는 재화와 서비스를 생산·공급하는 기본적인 의무
법률적 책임	· 기업이 사회가 제정한 법률과 규정의 테두리 안에서 경제 활동을 수행해야 할 의무 · 사회가 기업에게 기대하는 최소한의 행동 규범으로, 법률과 규정을 준수하는 것을 포함
윤리적 책임	· 법으로 명문화되어 있지는 않지만, 사회가 기업에게 기대하는 공정하고 올바르며 정의로운 행동 규범을 준수하는 것 · 법적 요구 사항을 넘어 사회가 기대하는 공정하고 올바른 행동을 실천하는 것
자선적 책임	· 기업의 자발적인 의지에 따라 사회 발전에 기여하고 공동체의 삶의 질을 향상시키려는 노력 · 법적, 경제적, 윤리적 책임을 넘어 기업이 좋은 기업 시민으로서 자발적으로 사회에 기여

49 직업윤리 문제 　정답 ①

E: 직업은 사회적 효용성이 있는 일이라고 말하고 있다.

직업은 생활에 필요한 경제적 보상을 주고, 본인의 자발적 의사에 의한 것이어야 하며, 장기적으로 계속해서 일하는 지속성이 있어야 한다. 직업은 평생에 걸쳐 물질적인 보수 외에 만족감, 명예 등 자아실현의 중요한 기반이 되는 것이다. 또한 직업은 노력이 소용되는 일이며, 계속적으로 수행하는 일이다.

50 직업윤리 문제 　정답 ③

이미 아침 인사를 나눈 사이라면, 가벼운 목례나 눈인사로 예를 표하거나, 상황에 맞는 간단한 배려의 말을 건네는 것이 자연스럽고 적절한 직장 예절이다.

오답 체크

좁은 공간인 엘리베이터에서 다시 과도하게 격식을 갖춘 인사를 반복하는 것은 어색할 수 있으며(①), 상대방을 무시하거나(②, ⑤), 지나치게 사적인 대화를 시도하는 것(④) 또한 바람직하지 않다.

해커스공기업 NCS 통합 봉투모의고사 모듈형/피듈형/PSAT형 + 전공

NCS 실전모의고사 2회 피듈형

정답

01	02	03	04	05	06	07	08	09	10
의사소통	의사소통	의사소통	의사소통	의사소통	의사소통	의사소통	의사소통	의사소통	수리
⑤	①	③	④	③	④	②	⑤	④	①
11	12	13	14	15	16	17	18	19	20
수리	수리	수리	수리	수리	수리	수리	수리	수리	문제해결
④	⑤	⑤	②	①	③	④	③	①	④
21	22	23	24	25	26	27	28	29	30
문제해결	문제해결	문제해결	문제해결	문제해결	문제해결	문제해결	문제해결	자기개발	자기개발
③	④	⑤	⑤	④	③	⑤	③	③	②
31	32	33	34	35	36	37	38	39	40
자기개발	대인관계	대인관계	자원관리	자원관리	자원관리	자원관리	자원관리	자원관리	자원관리
④	④	④	④	②	①	④	③	⑤	③
41	42	43	44	45	46	47	48	49	50
자원관리	자원관리	정보	정보	정보	정보	정보	정보	기술	기술
④	⑤	①	①	③	⑤	④	②	④	③
51	52	53	54	55	56	57	58	59	60
기술	조직이해	조직이해	조직이해	조직이해	조직이해	직업윤리	직업윤리	직업윤리	직업윤리
⑤	④	③	④	②	④	③	⑤	③	②

취약 영역 분석표

영역별로 맞힌 개수, 틀린 문제 번호와 풀지 못한 문제 번호를 적고 나서 취약한 영역이 무엇인지 파악해 보세요.
취약한 영역은 해커스잡 사이트(ejob.Hackers.com)에서 제공하는 '시험 당일 최종 마무리 <NCS 빈출 개념 핵심 요약집>'을 학습하고, 틀린 문제 및 풀지 못한 문제를 다시 풀어보면서 확실히 극복하세요.

영역	맞힌 개수	틀린 문제 번호	풀지 못한 문제 번호
의사소통능력	/9		
수리능력	/10		
문제해결능력	/9		
자기개발능력	/3		
자원관리능력	/9		
대인관계능력	/2		
정보능력	/6		
기술능력	/3		
조직이해능력	/5		
직업윤리	/4		
TOTAL	**/60**		

해설

01 의사소통능력 문제 정답 ⑤

공문서는 공식적인 문서이므로 "부탁드립니다"와 같은 청유형 표현은 지양해야 한다. 정확하고 단정한 문체 사용이 요구되며, "협조하여 주시기 바랍니다", "참고하시기 바랍니다"와 같이 명료하고 중립적인 표현이 바람직하다. "부탁드립니다"는 회람, 공지, 비공식 이메일에서는 사용할 수 있으나, 공문서에서는 문체상 부적절하다.

오답 체크

① 날짜는 '2025. 06. 10.'처럼 각 항목마다 온점을 찍고, 한 칸씩 띄어 써야 한다. '2025.06.10.'은 띄어쓰기가 누락된 오류이므로 적절한 설명이다.

② 수신자는 '문화체육관광부 장관'으로 기관장을 기재하였고, 괄호 안에 실제 문서를 처리할 담당부서(지역문화진흥과장)를 참조로 명시하여 표기 규정에 맞으므로 적절한 설명이다.

③ 공문서의 항목 구분 방식은 일반적으로 '1. → 가. → 1) → (1) → ①' 등 단계별로 정해져 있으며, 이 문서는 '1. → 가. → 나.'의 순서를 잘 따르고 있으므로 적절한 설명이다.

④ 첨부문서가 직접 포함되지 않고 별도 송부될 경우, '붙임자료는 별도 송부 예정'이라는 문구로 명확히 안내하는 것은 일반적으로 허용되는 표현이므로 적절한 설명이다.

02 의사소통능력 문제 정답 ①

(가)는 '또한'이라는 접속사가 있어 이 문단 앞에 어떤 내용이 나올 것이라고 예측할 수 있으며, 내용은 권력의 성격 자체가 변화하며 초기호경제의 새로운 생산모델을 제시하고 있다. (나)는 지식에 대한 중요성과 초기호성에 대해 이야기하고 있으므로 가장 먼저 제시될 수 있는 단락이다. (다)는 초기호경제가 되면서 나타나는 상황에 대해 이야기하고 있으므로 (가)의 뒤에 들어가는 것이 적당하다. (라) 역시 경제체제의 변화에 대한 내용을 이야기하고 있으므로 (다)의 뒤에 들어갈 수 있다. (마)는 '이러한'이 앞의 초기호경제를 중앙에서 분산화시킨다는 내용을 받고 있으므로 (라)의 뒤에 들어갈 수 있다. (바)는 초기호경제에 대한 정리를 하고 있으므로 마지막에 위치하는 것이 적당하다.

따라서 (나) - (가) - (다) - (라) - (마) - (바)가 적절하다.

03 의사소통능력 문제 정답 ③

A 팀장은 말을 끊는 행동(겉치레 경청 및 말 가로채기), 시선을 회피하고 팔짱을 끼는 자세(SOLER 기법 위반: Eye contact, Open posture, Lean forward, Relaxed posture 위반), 화자의 감정을 무시하고 판단하는 태도(방어적 경청)를 보이며, 전반적으로 경청의 정서적·행동적 태도에서 모두 부정적인 사례에 해당하므로 적절한 설명이다.

오답 체크

① A 팀장은 B 사원의 말을 끊고 단정하는 발언을 하였으며, 이는 인지적 공감이나 적극적 경청의 태도와 거리가 멀다. 오히려 판단과 선입견이 드러나는 태도이므로 적절하지 않은 설명이다.

② A 팀장은 B 사원의 감정에 몰입하기는커녕 오히려 무시하거나 단절시켰으며, 이는 감정이입 과잉의 실패가 아니라 공감 부족에 의한 실패 사례이므로 적절하지 않은 설명이다.

④ 대화 내용에 대한 요약이나 피드백 없이 자리를 떴다는 점에서 반영 기법(paraphrasing)이나 정서적 피드백을 수행했다고 보기 어려우므로 적절하지 않은 설명이다.

⑤ A 팀장의 태도는 정보를 수집하기 위한 것이 아니라, 정보를 받아들이기 전에 스스로 판단하거나 평가하는 태도로 정보적 경청보다는 비판적 태도와 방어적 경청에 가까우므로 적절하지 않은 설명이다.

더 알아보기

경청능력

적극적 경청	· 심리학자 칼 로저스(Carl Rogers)가 제시한 개념으로, 단순히 듣는 것에 그치지 않고 이해·공감·반응까지 포함하는 능동적 경청 방식 - 인지적 요소: 말의 표면적 의미뿐만 아니라 숨은 의미까지 파악하려는 의식적인 집중 - 정서적 요소: 듣는 동안 화자의 감정에 휘둘리지 않고, 감정의 균형을 유지하면서 공감하는 능력 - 행동적 요소: 고개 끄덕임, 눈 맞춤, 자세 기울이기 등 비언어적 반응을 통해 상대에게 경청하고 있음을 눈에 보이도록 전달하는 태도 · 특히 상담·갈등 해결·피드백 면담에서 핵심적인 커뮤니케이션 기법
겉치레 경청	· 실제로는 관심을 두지 않거나 듣고 있지 않음에도, 듣는 척하는 형태의 비진정성 경청 방식 - 상대의 말에 집중하지 않고 있음에도 눈을 맞추거나 고개를 끄덕이며 형식적으로 반응함 - 내용 이해나 반응 없이 자동적으로 동의하거나 적절하지 않은 타이밍에 반응함 - 상대에게 기만의 인상을 줄 수 있으며, 신뢰 형성에 부정적인 영향을 미침 · 집중력 부족, 관심 결여, 태도적 문제 등에서 비롯되는 대표적인 경청 실패 사례
방어적 경청	· 상대의 말을 있는 그대로 받아들이지 않고, 그것을 비판이나 공격으로 해석하여 방어적으로 반응하는 경청 방식 - 화자의 의도를 왜곡하거나, 비난받는다고 느껴 불쾌하게 반응함 - 자존감이 낮거나 불안감이 높을 때 나타나기 쉬움 - 갈등 상황에서 대화를 격화시키고 신뢰를 저하시킴 · 심리적 소음(정서적 장애)으로 분류되며, 자기중심성, 편견, 선입견과도 연결됨

반영하기 기법	· 화자의 말을 자신의 언어로 요약하거나 바꾸어 다시 말함으로써, 정확히 이해했는지를 확인하는 기법 - 화자: "요즘 회의에 참여하기가 너무 부담스럽습니다." - 청자: "회의 자리에 있는 것 자체가 지금은 큰 스트레스로 느껴지시는군요." · 화자의 감정과 메시지를 청자가 진심으로 받아들이고 있다는 신호를 주며, 공감과 신뢰를 높이는 핵심 기술로, 조던 피터슨(Jordan Peterson)은 이를 "상대가 '그래, 그게 바로 내가 하고 싶던 말이야'라고 느끼게 하는 것"이라고 표현함
SOLER 기법	· 제라드 이건(Gerard Egan)이 제시한 비언어적 경청 태도의 다섯 가지 핵심 요소 - S(Squarely): 상대방과 정면으로 마주하는 자세를 취함으로써 심리적 거리감을 줄이는 태도 - O(Open posture): 팔짱을 끼지 않고 열린 자세를 유지하여, 상대를 수용할 준비가 되어 있음을 보여주는 태도 - L(Lean forward): 앞으로 몸을 약간 기울여 상대의 말에 관심과 몰입을 표현하는 태도 - E(Eye contact): 적절한 눈 맞춤을 통해 집중과 존중의 의사를 전달하는 태도 - R(Relaxed posture): 긴장하지 않고 편안함을 유지함으로써 상대가 마음을 열고 말할 수 있도록 돕는 태도 · 상담뿐 아니라, 모든 비즈니스 커뮤니케이션 상황에서 적용 가능한 실전 경청 기술

04 의사소통능력 문제 정답 ④

이 보도자료의 핵심은 "AI를 활용한 지역산업 혁신"이며, 제도 목적은 단순한 AI 기술 보급이 아닌 지역 산업과의 융합 및 디지털 전환에 중점을 두고 있다. 구체적 사업 내용인 "전국 6대 권역에 AI 혁신허브 구축" 및 "산업 특성 맞춤형 AI 적용 모델 개발"은 제목의 "혁신허브 구축"과 일치한다.
따라서 "AI로 지역산업에 날개를 달다"는 비유적 표현으로 핵심 의도를 잘 드러내고, "산업부, 혁신허브 구축 추진"은 정책 주체와 사업 내용을 명확하게 제시하므로 보도자료의 제목으로 가장 적절하다.

오답 체크

① 지역 일자리 창출도 부수 효과이긴 하나, 핵심 의도는 AI 산업 허브이므로 적절하지 않다.

② 예산안 전체가 아니라 AI 산업혁신 예산에 국한되므로 적절하지 않다.

③ 산업단지 리모델링과는 무관하므로 적절하지 않다.

⑤ 디지털 교육도 포함되긴 하나, 중심은 AI 기반 산업 구조 혁신이므로 적절하지 않다.

05 의사소통능력 문제 정답 ③

(가)에서 '예술이나 음악 분야에서 박사 학위를 받은 유명 예술가나 음악가는 몇 명일까?'라는 문장으로 문제제기를 하고 있으므로 가장 처음에 들어가는 단락임을 알 수 있다. 또한 (나)에서 '사례가 바로 위에 있다는 것을 알 수 있다'는 것으로 미루어 사례를 이야기하고 있는 (다), (라) 뒤에 위치한다는 것을 알 수 있다.
따라서 (가) - (다) - (라) - (나)가 적절하다.

06 의사소통능력 문제 정답 ④

'노루 피하면 범 만난다'하여 재난은 피하기가 어려움을 강조하고 있고, 또 '육지에 살던 자가 수궁에 들어가거나 남의 호강을 부질없이 욕심내면 죽을 것이다'와 같은 표현을 통해 ㉠에는 '분수에 맞게 살아야 한다'는 내용이 들어가야 함을 알 수 있다.
따라서 ㉠에 들어갈 속담으로 적절한 것은 '아무리 좋은 능력도 알맞은 자리에 놓이지 않으면 제 가치를 발휘할 수 없다'는 뜻인 '금방울도 제 자리에 있어야 빛난다'이다.

오답 체크

① 눈 가리고 아웅한다: 진실을 숨기기 위한 얕은 수단은 오래가지 못한다.

② 궁하면 통한다: 위기 속에는 신통한 방책이나 운이 열릴 수도 있다.

③ 핑계 없는 무덤 없다: 아무리 큰 잘못을 저질렀어도 그것을 변명하고 이유를 붙일 수 있다.

⑤ 구더기 무서워 장 못 담그랴: 부작용이나 작은 장애 때문에 정작 중요한 일을 포기해서는 안 된다.

07 의사소통능력 문제 정답 ②

'금지시키는'은 어법상 과잉표현이다. '금지하다'는 이미 타인에게 어떤 행위를 하지 못하도록 제지하는 타동사이므로, 여기에 사동 접미사 '-시키다'를 붙이면 중복된 의미가 되어 부자연스럽다.
따라서 '출입을 금지하는 구역' 또는 '출입이 제한된 구역'이라고 표현하는 것이 더 정확하다.

08 의사소통능력 문제 정답 ⑤

"중소기업 옴부즈만은 6월 대구·경북을 시작으로 대전·세종지역에 이어 이번 부산·울산·경남지역을 거쳐 연말까지 매달 서울, 경기, 광주 등 주요 거점 도시를 찾아 '소상공인 현장 간담회'를 개최할 예정이다."라는 문장을 보아 가장 처음 개최된 곳은 대구·경북임을 알 수 있다.

09 의사소통능력 문제 정답 ④

자연이 변화하고 운동한다는 사실이 밝혀짐에 따라 자연의 모든 물질이 계량화될 수 있는지에 대해 많은 과학자들이 의심하게 되었다는 맥락이기 때문에 이를 '이러한 변화'로 받는 것은 옳으므로 적절하지 않다.

오답 체크

① '하는 데에'에서 '데'는 '것'이나 '장소'의 뜻을 나타내는 의존명사이므로 띄어 쓰는 것이 적절하다.

② 한자와 한자가 결합한 단어의 경우 일부 예외적인 단어를 제외하고는 사이시옷을 표기하지 않는 것이 원칙이므로 '초점'으로 수정하는 것이 적절하다.

③ 맥락상 '면적과 부피와 무게를 나타내는 도구(수단)'로서의 의미를 드러내므로 '수로써'로 수정하는 것이 적절하다.

⑤ 주어가 '물질이 변화한다는 사실은'이므로 주술호응을 고려하면 '~맺는다는 것을 의미한다'로 수정하는 것이 적절하다.

10 수리능력 문제 정답 ①

7% 소금물과 12% 소금물을 3 : 2로 섞어서 만들어진 농도 x%의 소금물 양이 250g이므로 250g을 3 : 2의 비율로 나누면 7%는 150g, 12%는 100g이다.

따라서 $\frac{7}{100}\times150+\frac{12}{100}\times100=\frac{x}{100}\times250$이고 x를 구하면

$x=9$%이고, 250g에서 버린 소금물의 양을 a로 두면,

$\frac{9}{100}(250-a)+\frac{4}{100}a=\frac{8.2}{100}\times250$이므로

$a=40$이다.

11 수리능력 문제 정답 ④

기댓값 = '각 강의 수강 확률 × 수강료'를 모두 더한 값이다.

- A: 0.2 × 100,000 = 20,000
- B: 0.25 × 80,000 = 20,000
- C: 0.35 × 60,000 = 21,000
- D: 0.2 × 120,000 = 24,000

따라서 진주가 지불하게 될 수강료의 기댓값은 20,000 + 20,000 + 21,000 + 24,000 = 85,000원이다.

12 수리능력 문제 정답 ⑤

정가를 x, 원가를 a라고 하면

$0.8x-6{,}000=a$

$0.6x+2{,}000=a$

두 식은 같은 원가 a에 대한 식이므로 $0.8x-6{,}000=0.6x+2{,}000$, $x=40{,}000$이다.

따라서 원가 $a=0.8\times40{,}000-6{,}000=26{,}000$원이다.

13 수리능력 문제 정답 ⑤

조건부확률 문제이다.

제품이 불량 판정을 받을 확률은 불량인 모든 경우와 정상 중 $\frac{1}{5}$ 즉, 0.2에 해당되는 경우이다.

따라서 불량 판정을 받을 확률은 $0.4\times1+0.6\times0.2=0.52$이고, 실제 불량 확률은 0.4이므로 제품이 불량 판정을 받았을 때, 실제로 불량일 확률은 $\frac{0.4}{0.52}=\frac{40}{52}=\frac{10}{13}$이다.

14 수리능력 문제 정답 ②

건강검진을 받지 않은 사람은 1,200 × 35% = 420명이고, 이 중 질병이 없는 사람은 420 − 45 = 375명이다.

따라서 전체 중 임의로 1명을 뽑았을 때 질병이 없으면서 건강검진을 받지 않은 사람일 확률은 $\frac{375}{1{,}200}=\frac{5}{16}$이다.

15 수리능력 문제 정답 ①

원가에 x%를 붙여 정가를 책정할 경우 원가를 a라고 하면 정가는 $a(1+\frac{x}{100})$이다.

정가에서 20% 할인하여 판매한다는 것은 정가의 80%를 받는다는 의미이며, 원가의 4%만큼 이익을 남긴다는 것은 원가의 104%에 해당하는 수익을 낸다는 의미이므로 $a(1+\frac{x}{100})\times\frac{80}{100}=\frac{104}{100}a$이며, 양변에서 a는 약분되고 $x=30$이다.

따라서 원가의 30%에 해당하는 가격을 원가에 더해 정가를 책정해야 한다.

16 수리능력 문제 정답 ③

<표 1>에 제시된 도시들(특별시·광역시)의 실업률이 전국 평균 실업률보다 모두 높은 것을 통해 알 수 있으므로 옳은 설명이다.

오답 체크

① <표 2>에서 2017년에서 2018년 사이 실업률이 가장 큰 폭으로 증가한 연령층은 15~29세이므로 옳지 않은 설명이다.

② 실업률이 가장 높은 도시는 부산이고, 실업률이 가장 높은 연령층이 15~29세이기는 하지만, 실업률만 주어진 자료만으로는 부산에 그 연령층이 가장 많다고 볼 수는 없으므로 옳지 않은 설명이다.

④ 부산은 2019년도에 가장 높으므로 옳지 않은 설명이다.

⑤ 실업률만으로 실제 노동인구가 많은지는 알 수 없으므로 옳지 않은 설명이다.

17 수리능력 문제

정답 ④

결혼에 대해 '해야 한다'고 응답한 비율은 남자가 52.8%, 여자가 43.5%로 남자가 높으며, 동거에 대해 '동의한다'고 응답한 비율도 남자가 58.9%, 여자가 53.9%로 남자가 높으므로 옳은 설명이다.

오답 체크

①, ② 비율만 제시된 자료이기에 각 항목별 응답한 인원수는 확인할 수 없으므로 옳지 않은 설명이다.

③ 동거에 대해 '동의한다'고 응답한 비율은 2018년에 56.4%, 2016년에 48.0%이고, 응답률의 증가율은 {(56.4 - 48.0) / 48.0} × 100 = 17.5%이므로 옳지 않은 설명이다.

⑤ 연령대가 높아질수록 결혼에 대해 '해야 한다'고 응답한 비율은 계속해서 증가하는 반면, 동거에 대해 '동의한다'고 응답한 비율은 20대까지 증가하다가 30대 이후 감소하여 증감 추이가 정반대는 아니므로 옳지 않은 설명이다.

18 수리능력 문제

정답 ③

㉡ 2019년 대비 2021년 총 가입자 감소율

$= \frac{4,247,966 - 4,294,747}{4,294,747} \times 100 = \frac{-46,781}{4,294,747} \times 100 \fallingdotseq -1.1\%$

2019년 대비 2021년 매출액 감소율 $= \frac{655,354 - 658,296}{658,296} \times 100 = \frac{-2,942}{658,296} \times 100 \fallingdotseq -0.4\%$로 가입자 감소율이 매출액 감소율보다 더 크게 하락했으므로 옳은 설명이다.

㉢ 해당 종합 방송 채널의 모바일 가입자는 2020년에 처음 발생하였고, 2020년 가입자 대비 2021년 가입자 수는 약 $\frac{115,443}{2,609} \fallingdotseq 44.2$배 증가하였으므로 옳은 설명이다.

오답 체크

㉠ 이 업체의 매출액과 영업이익은 2019년 대비 2020년에 증가한 이후 2021년도에 다시 감소하였고, 가입자 수의 경우
2019년은 4,187,717 + 107,030 = 4,294,747명,
2020년은 4,037,281 + 194,777 + 2,609 = 4,234,667명,
2021년은 3,844,751 + 287,772 + 115,443 = 4,247,966명
으로 가입자 수는 2020년에 소폭 감소한 이후 2021년에 다시 증가하였으므로 옳지 않은 설명이다.

㉣ 2021년 대비 2022년 매출과 영업이익이 각각 5%, 10%씩 하락한다면 2022년 매출액은 약 655,354 × 0.95 ≒ 622,586백만 원 ≒ 6,226억 원, 2022년 영업이익은 57,422 × 0.9 ≒ 51,680백만 원 ≒ 517억 원을 기록할 것으로 예상된다.
따라서 매출액과 영업이익이 각각 6,000억 원과 500억 원을 하회할 것으로 예상된다는 것은 옳지 않은 설명이다.

19 수리능력 문제

정답 ①

'보완율 = 보완 예정 공원 시설 개수 / 전체 공원 시설 개수 × 100'이므로 전체 공원 시설 개수는 보완 예정 공원 시설 개수를 보완율로 나누게 되면 확인할 수 있고, 보완 예정에 포함되지 않은 시설 개수는 전체 공원 시설 개수에서 보완 예정 공원 시설 개수를 제외한 수치이다.

- 전체 공원 시설 개수 = 보완 예정 공원 시설 / 보완율
- 보완 예정에 포함되지 않은 시설 개수 = 전체 공원 시설 개수 - 보완 예정 공원 시설 총 개수

구분		A 구	B 구	C 구	D 구
보완 예정 공원 시설	기계시설	35	20	0	40
	전기시설	110	85	120	65
	건축시설	115	50	60	100
	토목시설	80	115	100	80
	합계	340	270	280	285
보완율		75%	85%	60%	40%
전체 공원 시설 개수		340 / 75% = 453	270 / 85% = 318	280 / 60% = 467	285 / 40% = 713
보완 예정에 포함되지 않은 시설 개수		453 - 340 = 113	318 - 270 = 48	467 - 280 = 187	713 - 285 = 428

위와 같은 결과에 따라서 보완 예정에 포함되지 않은 시설의 개수가 가장 적은 행정 구역 순서는 B 구 - A 구 - C 구 - D 구 순이다.

20 문제해결능력 문제

정답 ④

'so what' 방법은 "눈앞에 있는 정보로부터 의미를 찾아내어, 가치 있는 정보를 이끌어 내는 사고"이며, '어떻게 될 것인가?', '어떻게 해야 한다'라는 내용이 포함되어야 한다. 이는 정보로부터 결론, 주장, 또는 행동 방향을 도출하는 데 중점을 두는 것으로, 단순히 '무엇이 문제인가'를 심층 파악하는 데만 주목적이 있다고 보기는 어려우므로 적절하지 않은 설명이다.

오답 체크

① 논리적 사고는 사고의 전개에서 전후 관계가 일치하고 있는가를 살피고, 아이디어를 평가하는 능력을 의미한다. 또한, 다른 사람을 공감시켜 움직일 수 있게 하며, 짧은 시간에 헤매지 않고 사고할 수 있게 하고, 행동하기 전 생각을 하게 함으로써, 설득을 쉽게 할 수 있게 하므로 적절한 설명이다.

② 논리적 사고의 가장 기본은 "항상 생각하는 습관을 갖는 것"이며, 의문이 들었을 때 계속해서 "왜 그런지"에 대해서 생각해야 하므로 적절한 설명이다.

③ 피라미드 구조화는 "하위의 사실이나 현상부터 사고함으로써 상위의 주장을 만들어가는 방법"이므로 적절한 설명이다.

⑤ 논리적인 사고는 "고정된 견해나 자신의 사상을 강요하는 것"이 아니며, 설득은 "나의 주장을 다른 사람에게 이해시켜 공감시키고 그 사람이 내가 원하는 행동을 하게 만드는 것"이므로 적절한 설명이다.

21 문제해결능력 문제 정답 ③

문제점은 문제의 근본원인이 되는 사항으로 문제해결에 필요한 열쇠인 핵심 사항을 말하므로 빈칸 안에 들어갈 단어는 '문제점'이다.

22 문제해결능력 문제 정답 ④

외부환경요인 분석에서는 동일한 Data라도 자신에게 긍정적으로 전개되면 기회로, 부정적으로 전개되면 위협으로 구분하므로 옳은 설명이다.

오답 체크

① 외부환경요인은 기회와 위기로 구분되며, 강점과 약점으로 구분되는 것은 내부환경요인이므로 옳지 않은 설명이다.

② 자신을 제외한 모든 정보를 기술하며 좋은 쪽으로 작용하는 것은 기회, 나쁜 쪽으로 작용하는 것은 위협으로 분류하므로 옳지 않은 설명이다.

③ 언론매체, 개인 정보망 등을 통하여 입수한 상식적인 세상의 변화 내용을 시작으로 당사자에게 미치는 영향을 순서대로, 점차 구체화하므로 옳지 않은 설명이다.

⑤ 외부환경분석에 활용되는 것은 SCEPTIC 체크리스트이며 MMMITI는 내부환경분석에 활용하면 좋은 체크리스트이므로 옳지 않은 설명이다.

23 문제해결능력 문제 정답 ⑤

브레인스토밍의 진행방법은 다음과 같다.

첫 번째, 주제를 구체적이고 명확하게 정한다. 논의하고자 하는 주제는 구체적이고 명확하게 주어질수록 많은 아이디어가 도출될 수 있다.

두 번째, 구성원의 얼굴을 볼 수 있도록 좌석을 배치하고 큰 용지를 준비한다. 구성원들의 얼굴을 볼 수 있도록 사각형이나 타원형으로 책상을 배치해야 하고, 칠판에 모조지를 붙이거나, 책상 위에 큰 용지를 붙여서 아이디어가 떠오를 때마다 적을 수 있도록 하는 것이 바람직하다.

세 번째, 구성원의 다양한 의견을 도출할 수 있는 사람을 리더로 선출한다. 직급이나 근무경력에 따라서 리더를 선출하는 것은 딱딱한 분위기를 만들 수 있기 때문에 직급에 관계없이 분위기를 잘 조성할 수 있는 사람을 리더로 선출해야 한다.

네 번째, 구성원은 다양한 분야의 5~8명 정도로 구성한다. 브레인스토밍을 위한 인원은 5~8명 정도가 적당하며, 주제에 대한 비전문가를 절반 이하로 구성한다.

다섯 번째, 발언은 누구나 자유롭게 하고 모든 발언 내용을 기록한다. 브레인스토밍 시에는 누구나 무슨 말이라도 할 수 있도록 해야 하며, 발언 내용은 요약해서 잘 기록함으로써 내용을 구조화할 수 있어야 한다.

마지막으로, 아이디어를 비판해서는 안 된다. 제시된 아이디어는 비판해서는 안 되며, 다양한 아이디어 중 독자성과 실현가능성을 고려해 결합한 뒤 최적의 방안을 찾아야 한다.

24 문제해결능력 문제 정답 ⑤

3C 분석은 자사, 경쟁사, 고객을 분석하는 방법이며, 고객 분석은 "고객은 자사의 상품/서비스에 만족하고 있는지"를, 자사 분석은 "자사가 세운 달성목표와 현상 간에 차이가 없는지"를, 경쟁사 분석은 "경쟁기업의 우수한 점과 자사의 현상 간에 차이가 없는지"를 질문을 통해 분석하는 방법이므로 적절한 설명이다.

오답 체크

① 환경 분석은 문제인식 절차의 초기 단계로, 환경을 분석한 후 주요 과제를 도출하고 과제를 선정하는 절차를 거치므로 적절하지 않은 설명이다.

② 3C 분석은 자사(Company)뿐만 아니라 경쟁사(Competitor)와 고객(Customer)도 분석 대상에 포함하며, 이는 외부 환경 요소도 고려하는 것으로 볼 수 있으므로 적절하지 않은 설명이다.

③ SWOT 분석은 기업 내부 환경의 강점(Strengths)과 약점(Weaknesses), 그리고 외부 환경의 기회(Opportunities)와 위협(Threats)을 분석하는 기법으로, 선지는 내부와 외부 요인의 출처를 반대로 설명하고 있으므로 적절하지 않은 설명이다.

④ SWOT 분석에서 외부 환경 요인 분석에는 SCEPTIC 체크리스트를, 내부 환경 요인 분석에는 MMMITI 체크리스트를 활용할 수 있으며, 선지는 각 체크리스트의 활용 대상을 반대로 설명하고 있으므로 적절하지 않은 설명이다.

25 문제해결능력 문제 정답 ④

해결안 평가 및 최적안 선정 과정에서는 문제(what), 원인(why), 방법(how)을 고려해서 해결안을 평가하고 가장 효과적인 해결안을 선정해야 하며, 중요도와 실현 가능성 등을 고려해서 종합적인 평가를 하므로 적절한 설명이다.

오답 체크

① 해결안 개발 단계는 문제로부터 도출된 근본 원인을 효과적으로 해결할 수 있는 최적의 해결방안을 수립하는 단계이다. 근본 원인 분석은 해결안 개발 이전 단계인 원인 분석 단계에서 이루어지므로 적절하지 않은 설명이다.

② 해결안 도출 시 독창적이고 혁신적인 아이디어를 도출하는 것이 중요하므로, 양적 측면만을 최우선으로 고려한다는 것은 적절하지 않은 설명이다.

③ 해결안 선정은 중요도와 실현 가능성 등을 고려해서 종합적인 평가를 통해 이루어지며, 단순히 과거 성공 사례나 신속성에만 의존하여 복잡한 평가를 지양하는 것은 아니므로 적절하지 않은 설명이다.

⑤ 해결안 도출 시 유사한 방법이나 목적을 갖는 내용은 군집화 후 최종 해결안으로 정리하는 과정을 거쳐 제시해야 하며, 모든 개별 아이디어를 즉시 실행 계획으로 옮기는 것은 아니므로 적절하지 않은 설명이다.

26 문제해결능력 문제 정답 ③

제시문의 내용을 정리하면 다음과 같다.

· 주식 O → 부동산 X
· 채권 O → 펀드 O
· 부동산 O → 채권 O
· 주식 X → 펀드 X

따라서 네 번째 명제와 두 번째 명제의 대우와 세 번째 명제의 대우를 연결하면 주식에 투자하지 않는 사람은 부동산에 투자하지 않는다는 것을 알 수 있다.

오답 체크

① 두 번째 명제에서 채권 O로 시작하는 명제를 만들 수 있고 첫 번째 명제의 대우로 주식 X로 끝나는 명제를 만들 수 있으나 시작과 끝을 연결할 수 없으므로 채권 O → 주식 X를 도출할 수 없다.

② 제시된 명제나 대우로는 부동산 O로 끝나는 명제를 도출할 수 없다.

④ 첫 번째 명제에서 주식 O로 시작하는 명제를 만들 수 있고 네 번째 명제에서 펀드 X로 끝나는 명제를 만들 수 있으나 시작과 끝을 연결할 수 없으므로 주식 O → 펀드 X를 도출할 수 없다.

⑤ 제시된 명제나 대우로는 부동산 X로 시작하는 명제를 도출할 수 없다.

27 문제해결능력 문제 정답 ⑤

네 번째 조문 본문의 120만 원이나 각호의 금액보다 적은 금액이므로 익명으로 건네는 것은 네 번째 조문에 위배되지 않는다.

오답 체크

① 마지막 조문 "누구든지 타인의 명의나 가명으로 정치자금을 기부할 수 없다."에 위배된다.

② 산악회 회원들과의 등반 후 점심 식사는 사적 모임에서의 지출이므로 세 번째 조문 3호에 위배된다.

③ 네 번째 조문에 의하면 1회 120만 원을 초과하여 정치자금을 기부하는 자는 실명이 확인되는 방법으로 기부하여야 하므로 익명으로 가져다 놓은 것은 네 번째 조문에 위배된다.

④ 두 번째 조문에서 그 회계는 공개되어야 한다고 하였으므로 아무리 지인에게 기부받은 것만으로 선거활동을 하였더라도 회계를 공개하여야 한다.

28 문제해결능력 문제 정답 ③

우선 문제와 조건들을 살펴보면 총 10개의 팀이 사무실을 사용하고 있으며 팀의 구성을 보면 기획실 A 팀, B 팀, C 팀, 인사팀, 총무팀, 재무팀, 관리팀, 영업부 A 팀, B 팀, C 팀의 10개 팀임을 알 수 있다. 한편 다와 라를 살펴보면 아래와 같이 4개 팀의 위치가 정리된다.

101호	102호	103호	104호	105호	106호
	관리팀		인사팀		
	기획 B		재무팀		

한편 나에서 101호에는 기획실 두 팀이 들어가야 하는데 이미 B 팀은 102호에 있으므로 나머지 A, C 팀이 들어가면 된다.

101호	102호	103호	104호	105호	106호
기획 A	관리팀		인사팀		
기획 C	기획 B		재무팀		

마에서 103호와 105호에는 영업부 A, B, C 팀의 세 팀이 있다고 하였다. 따라서 위의 여섯 팀과 영업부 세 팀을 제외한 나머지 팀인 총무팀이 106호에 들어가게 된다.

101호	102호	103호	104호	105호	106호
기획 A	관리팀		인사팀		
기획 C	기획 B		재무팀		총무팀

또한 마에서 103호와 105호에는 영업부 A, B, C 팀이 있다고 하였는데 바에서 104~106호는 5개 팀이 사용한다고 하였다. 따라서 103호에는 한 팀만 들어가고, 105호에 두 팀, 106호에 한 팀이 들어간다. 단 어느 사무실에 어느 팀이 들어가는지는 명확하지 않다.

101호	102호	103호	104호	105호	106호
기획 A	관리팀		인사팀	영업?팀	
기획 C	기획 B	영업?팀	재무팀	영업?팀	총무팀

이를 토대로 보기를 살펴보면,

ⓒ 재무팀의 바로 왼쪽 사무실에는 영업부 한 팀만 있다.
ⓜ 총무팀 옆에는 영업부 두 팀이 있지만 어떤 팀인지는 확실치 않다.

오답 체크

㉠ 관리팀의 왼쪽에는 기획실의 두 팀뿐이지만 오른쪽에 영업부의 한 팀이 자리하고 있으므로 반드시 참이다.

㉡ 기획 A 팀의 오른쪽에 기획 B 팀이 있으므로 반드시 참이다.

㉣ 106호 사무실은 총무팀만 사용하므로 반드시 참이다.

29 자기개발능력 문제 정답 ③

경력 중기에 있는 전문가가 급변하는 산업 환경에 대응하기 위해서는 현재의 전문성을 바탕으로 미래 지향적인 역량을 강화하는 것이 중요하므로, 자신의 핵심 역량을 진단하고, 미래 산업 동향에 맞춰 신기술 및 융합 지식을 학습하며, 변화된 환경에서 새로운 역할이나 리더십을 발휘할 기회를 적극적으로 모색하는 것이 장기적으로 효과적인 전략이다. 안주하거나 과거 경험에만 의존하는 것은 바람직하지 않다.

더 알아보기

경력개발 단계와 특징

경력개발은 일반적으로 다음과 같이 직업 선택, 조직 입사, 경력 초기, 경력 중기, 경력 말기로 나누어 볼 수 있으며, 성인 초기에 직업을 선택하고, 조직에 입사하여 경력 초기의 과정을 거치며, 성인 중기에 경력 중기 또는 경력 말기의 과정을, 성인 말기에 경력 중기 또는 경력 말기의 직업생활을 유지하고 퇴직을 준비하는 과정을 거친다.

경력단계	주요 내용 및 특징
직업 선택 (~25세)	· 자기이해 및 직업탐색 · 적성, 가치관, 흥미, 역량 파악 · 직업역량 준비(교육, 자격증 등) · 일생 동안 여러 번 반복될 수도 있음
조직 입사 (18~25세)	· 첫 직장 진입 · 조직 특성 및 직무 선택 · 학력, 시기, 환경에 따라 유동적 · 본격적인 경력의 시작점
경력 초기 (25~40세)	· 직무 습득 및 조직 적응 · 규칙과 문화 이해 · 역할 정립, 실적 중심 행동 강화 · 승진 관심 증가, 성공지향적 시기
경력 중기 (40~55세)	· 경력 정체기 도달 가능성 · 성취 재평가 및 경력 전환 고려 · 반복적 업무로 인한 권태감 발생 · 생산성 유지 노력 필요
경력 말기 (50대 중반~퇴직 전)	· 퇴직 준비와 가치 유지 · 신체적, 심리적 변화 직면 · 역할 축소 또는 전환기 · 퇴직 스트레스, 생애 설계 필요

30 자기개발능력 문제 정답 ②

효과적인 자기개발 계획은 정확한 자기 이해(자아인식)에서 시작된다. 급격한 산업 환경 변화에 직면했을 때, 무작정 새로운 기술을 배우거나 이직을 준비하기보다는 먼저 자신의 현재 상태(흥미, 강점, 약점, 가치관 등)를 객관적으로 분석하고, 변화하는 환경 속에서 자신이 어떤 역량을 발휘할 수 있을지, 어떤 부분을 보완해야 할지를 진단하는 과정이 필수적이다. 이를 통해 개인에게 최적화된 맞춤형 성장 전략과 경력 경로를 설정할 수 있다.

더 알아보기

· **효과적인 자기개발 계획**

자기개발은 개인이 자신의 능력, 태도, 지식, 기술 등을 지속적으로 향상시키는 활동이다. 체계적인 자기개발 계획은 목표 달성의 효율성을 높이고, 변화하는 환경에 능동적으로 대응할 수 있게 해준다.

단계	내용
[1단계] 자기 분석	자신의 강점, 약점, 관심사, 역량 수준 등을 파악
[2단계] 목표 설정	단기·중기·장기 목표를 SMART 기준으로 설정
[3단계] 전략 수립	역량 강화를 위한 구체적인 실천 계획 도출
[4단계] 실행	학습, 경험, 네트워킹, 자격 취득 등을 실천
[5단계] 평가 및 피드백	중간 점검 및 피드백 반영으로 계획 수정

· SMART

목표 설정 시 고려해야 할 5가지 요소로, 다음과 같은 의미를 지닌다.

S(Specific)	구체적이어야 함
M(Measurable)	측정 가능해야 함
A(Achievable)	달성 가능해야 함
R(Relevant)	관련성이 있어야 함
T(Time-bound)	기한이 정해져 있어야 함

31 자기개발능력 문제 정답 ④

미래의 어려운 상황에서도 극복한다는 믿음은 진로탄력성의 구성요소 중에서 긍정적 태도에 해당된다.

더 알아보기

진로탄력성의 구성요소

진로탄력성은 진로선택 과정에서 겪게 되는 고난과 시련을 빠르게 극복하여 도약하는 계기로 삼는 힘이다. 진로탄력성이 높은 경우 역경을 겪더라도 긍정적인 힘으로 원래 위치로 되돌아갈 뿐 아니라 그 이상의 상태로 발전할 수 있다.

적응성 /변화대처	급변하는 환경에 적응할 수 있는 유연한 대처능력이면서, 변화를 받아들이고 적극적으로 진로 목표를 달성하는 것
자기이해 /자기신뢰	자기 자신을 긍정적으로 인식하고 자신의 내적·외적 특성을 올바르게 이해하는 것
자기조절 /진로자립	자신의 감정을 인식하고 행복을 바람직한 방향으로 조절하는 것

긍정적 태도 /성취열망	미래의 어려운 상황도 극복 가능하다는 긍정적 믿음으로 부정적 감정을 다스리는 것
대인·정보관계 /관계활용	사회적 관계망을 형성해 상호관계를 맺고 이 관계를 긍정적으로 유지하여 진로를 개척하는 것

32 대인관계능력 문제

정답 ④

A~E 각 팀은 성과기 - 격동기 - 해체기 - 형성기 - 규범기의 특징을 갖고 있다.

성과기(Performing)는 팀이 가장 높은 수준의 성과를 내는 단계로, 팀원들은 상호 의존적이고 협력적이며, 자율적으로 문제를 해결하고 목표 달성에 집중한다. A 팀의 모습은 성과기의 전형적인 특징을 나타낸다.

B 팀은 의견 충돌과 감정적 대립이 발생하는 격동기(Storming)에 해당된다. 격동기의 리더는 갈등을 억누르기보다는 이를 자연스러운 과정으로 인정하고, 팀원들이 서로의 의견을 존중하며 건설적으로 해결할 수 있도록 적극적으로 소통을 중재하고 지원하는 역할을 해야 한다.

해체기(Adjourning)는 프로젝트나 과업이 완료된 후 팀이 해산되는 단계로, 이 시기에는 성과를 정리하고 축하하며, 팀원들은 만족감과 함께 이별에 대한 감정을 경험하게 된다. C 팀은 해체기의 모습을 보여주고 있다.

형성기(Forming)는 팀이 처음 구성되어 멤버들이 서로를 탐색하고, 목표와 역할이 불분명하며, 상호 의존성이 낮고 불안감과 기대감이 공존하는 단계이다. D 팀의 상황은 형성기의 특징을 명확하게 보여준다.

규범기(Norming)는 갈등을 극복하고 팀의 규칙, 규범, 역할이 정립되며, 응집력과 신뢰가 형성되는 단계이다. E 팀은 목표 공유, 역할 인지, 규칙 수립, 신뢰 형성 등 규범기의 핵심적인 특징들을 보여주고 있다.

더 알아보기

터크만(Tuckman)의 팀 발달 단계

브루스 터크만(Bruce Tuckman)이 제시한 팀 발달 단계는 팀의 현재 상태를 이해하고, 각 단계에서 발생할 수 있는 문제점을 예측하며, 팀이 더 높은 수준으로 발전하기 위해 필요한 리더십과 개입 전략을 수립하는 데 유용한 틀을 제공한다. 초기에는 4단계 모델을 제시한 이후 '해체기'가 추가되어 5단계 모델이 되었지만, 핵심적인 팀 활동과 성과 창출 과정은 주로 4단계로 요약하여 설명하기도 한다. 모든 팀이 이 단계를 순서대로 거치는 것은 아니며 팀의 상황이나 과업의 특성에 따라 특정 단계를 건너뛰거나, 이전 단계로 돌아가기도 한다.

단계	특징	주요 과업
[1단계] 형성기 (Forming)	· 팀이 처음 구성되는 초기 단계 · 팀원들은 서로를 잘 알지 못하며, 조심스럽고 탐색적인 태도를 보임 · 팀의 목표, 구조, 역할 등이 불분명하여 불안감과 기대감이 공존 · 리더에게 많이 의존하며, 명확한 방향 제시를 기대함 · 대인관계보다는 과업 자체에 대한 관심이 높을 수 있음	상호 이해 증진, 관계 형성, 목표 및 방향 설정
[2단계] 격동기 (Storming /혼란기)	· 팀원들이 자신의 의견을 내세우기 시작하면서 갈등과 대립이 발생하는 단계 · 팀의 목표, 역할, 리더십, 업무 방식 등에 대한 이견 표출됨 · 권력 다툼이나 파벌이 형성될 수 있으며, 부정적인 감정이 나타나기도 함 · 팀의 생산성이 일시적으로 저하될 수 있음	갈등 해결, 의사소통 규칙 확립, 역할 재조정
[3단계] 규범기 (Norming)	· 격동기를 거치면서 팀의 규칙, 규범, 가치관 등이 확립되는 단계 · 팀원 간의 신뢰와 응집력이 높아지고, 소속감이 강화됨 · 역할이 명확해지고, 협력적인 분위기 속에서 업무가 진행됨 · 피드백이 활발해지고, 서로에게 도움을 주려는 모습이 나타남	팀 규범 정착, 협력 체계 구축, 응집력 강화
[4단계] 성과기 (Performing)	· 팀이 가장 높은 수준의 성과를 창출하는 단계 · 팀원들은 공동의 목표 달성을 위해 헌신하며, 높은 수준의 협력과 시너지를 발휘함 · 상호 의존적이며, 자율적으로 문제를 해결하고 의사결정을 내림 · 팀의 구조와 역할이 유연하게 운영되며, 변화에 효과적으로 대응함	목표 달성, 성과 극대화, 지속적인 개선 및 혁신

[5단계] 해체기 (Adjourning)	· 프로젝트나 과업이 완료되어 팀이 공식적으로 해산되는 단계(1977년 추가) · 팀원들은 목표 달성에 대한 만족감, 성취감과 함께 이별에 대한 아쉬움, 불안감 등 복합적인 감정을 경험함 · 그동안의 활동과 성과를 정리하고 평가함	과업 마무리, 성과 정리 및 축하, 정서적 마무리

33 대인관계능력 문제 정답 ④

'협력 전략'(Win-Win 전략)의 핵심은 정보 교환을 통해 서로의 목적(이해관계)을 파악하고 이를 통합하는 것이다. 표면적인 '입장'(일정 단축, 품질 보장)에만 머무르면 ① 강압전략이나 ③ 타협전략으로 흐르기 쉽다. 따라서 가장 먼저 해야 할 일은 ④, 즉 각자의 근본적인 이해관계를 함께 탐색하고 공유하여 '어떻게 하면 빠른 출시와 높은 품질을 동시에 만족시킬 수 있을까?'라는 공동의 문제 해결을 위한 기반을 마련하는 것이다. 이는 협력전략의 협상전술 중에서 '협동적 원인 탐색', '정보수집과 제공', '쟁점의 구체화' 단계에 해당한다.

오답 체크

① 자신의 입장을 강하게 주장하고 상대방을 압도하여 자신의 이익을 극대화하려는 강압전략(경쟁전략)이다.

② 직접적인 갈등 해결을 피하는 회피전략이나 갈등을 외부의 결정에 의해 해결하려는 시도에 해당한다.

③ 양측이 서로 조금씩 양보하여 중간 지점에서 합의점을 찾는 '주고받기(give and take)' 방식인 타협전략이다.

⑤ 직접적인 협상 '전략'이라기보다는, 협상력을 높이고 협상 결렬에 대비하기 위한 중요한 '준비' 활동으로 볼 수 있다.

더 알아보기

협상전략

대체로 협상전략은 협력전략(문제해결전략), 유화전략(양보전략), 회피전략(무행동전략), 강압전략(경쟁전략) 등으로 구분할 수 있다. 이 중 협력전략(Win-Win)이 장기적으로 가장 바람직하고 효과적인 전략으로 간주된다. 하지만 실제 협상에서는 상황의 특성(시간, 중요도, 관계, 힘의 균형 등)을 고려하여 가장 적절한 전략을 선택하거나 조합하여 사용하는 유연성이 중요하다.

구분	핵심	접근방법	전술
협력전략 (문제해결전략)	· "나도 이기고 너도 이긴다." (I Win - You Win) · 자신과 상대방 모두의 이익 극대화	· 문제를 함께 해결할 과제로 보고, 정보를 교환하며 창의적인 대안 찾기 · 상호 신뢰와 열린 소통이 필수적	공동 원인 탐색, 정보 공유, 다양한 대안 개발 및 평가
유화전략 (양보전략)	· "나는 지고 당신은 이긴다." (I Lose - You Win) · 자신의 이익보다 상대방의 이익 우선시	· 상대방의 요구를 수용하고 양보하며, 관계 유지 중시 · 관계가 매우 중요하거나, 쟁점이 상대에게 더 중요할 때 사용	양보, 수용, 굴복, 요구 철회
회피전략 (무행동전략)	· "나도 지고 너도 진다(또는 무관심)." (I Lose - You Lose) · 협상이나 갈등 자체를 피하려 함	· 결정을 미루거나, 중단하거나, 아예 협상에 불참 · 쟁점이 사소하거나, 시간/정보가 부족하거나, 협상이 불리할 때 사용	회피, 무시, 무반응, 철수
강압전략 (경쟁전략)	· "나는 이기고 너는 진다." (I Win - You Lose) · 자신의 이익을 극대화하기 위해 상대방 압박	· 힘의 우위를 바탕으로 자신의 입장을 강요하고, 상대방의 희생 요구 · 관계보다 결과가 중요하거나, 신속한 결정이 필요하고 자신의 힘이 우위에 있을 때 사용	위협, 협박, 강압적 설득, 일방적 주장

34 자원관리능력 문제 정답 ④

명함은 반드시 명함지갑이나 전용 보관함에 정리해 관리해야 하며, 주머니나 서랍에 넣어두는 방식은 분실·훼손 위험이 높아 잘못된 관리법이다.

35 자원관리능력 문제 정답 ②

②는 고객이 당장 원하는 간단한 환불 요청을 해결하지 않고, 장기적인 제도 개선 논의에만 몰두해 고객 불만을 방치한 사례로, 즉시 해결 가능한 문제부터 처리해야 한다는 원칙에 어긋난다.

36 자원관리능력 문제 정답 ①

주어진 상황을 토대로 살펴보면 고객 보고서는 중요하면서도 긴급한 일에 해당하고 동료 자료 정리는 긴급하지만 중요하지는 않은 일에 해당한다. 그리고 개인 목표·자기계발 계획은 중요하지만 긴급하지는 않은 일, 유튜브 시청은 중요하지도 긴급하지도 않은 일에 해당한다.

따라서 우선 순위는 고객 보고서 → 동료 자료 정리 → 개인 목표·자기계발 계획 → 유튜브 시청이 된다.

[37-38]

37 자원관리능력 문제 정답 ④

주어진 표에서 임대료, 원재료비, 인건비, 감가상각비는 직접비에 해당하고, 관리비, 공과금은 간접비에 해당한다. NCS 가이드북에 따르면 '제품을 제조하는 과정에서 소모된 원료나 필요한 장비에 지출한 비용(구매 및 임대를 모두 포함)'을 직접비로 구분하고 있으며, 감가상각비의 경우 설비의 구매 및 활용에 따른 비용이므로 직접비로 구분하는 것이 적당하다.

38 자원관리능력 문제 정답 ③

문제 상황에서 3개월간 진행되었다고 했으므로, 3개월간 소요된 직접비 항목의 총합은 아래와 같다.

- 임대료: 10,000,000원/월 × 3개월 = 30,000,000원
- 원재료비: 40,000,000원
- 인건비: 3,100,000원/인 × 25명 × 3개월 = 232,500,000원
- 감가상각비: 6,000,000원
- 총합: 30,000,000 + 40,000,000 + 232,500,000 + 6,000,000 = 308,500,000원

이때, A와 B의 직접비 배분율이 3 : 2라고 했으므로 A에 배분되는 직접비는 308,500,000 × 3/5 = 185,100,000원이다.

39 자원관리능력 문제 정답 ⑤

계획표를 살펴보면 별도의 여유시간이 전혀 없이 작성된 것을 알 수 있다. 시간 계획표를 작성할 때는 '60:40 Rule'에 근거하여 돌발상황에 대비할 수 있는 여유시간을 확보해야 한다.

40 자원관리능력 문제 정답 ③

가격이 가장 저렴한 원두를 최우선으로 선택한다고 했으므로 최우선으로 고려해야 하는 원두는 A 로스터리의 원두와 E 로스터리의 원두이다. 가격이 동일하다면 품질이 더 좋은 원두를 선택한다 했고, 원두 품질 점수는 소비자 만족 점수와 전문가 평가 점수를 50%씩 고려하여 계산한다고 했으므로 A 로스터리의 품질 점수는 85 × 0.5 + 88 × 0.5 = 86.5점이고, E 로스터리의 품질 점수는 90 × 0.5 + 88 × 0.5 = 89점이다. 따라서 A 로스터리와 E 로스터리 중에서는 E 로스터리의 우선순위가 더 높다.

E 로스터리의 원두로 드립 커피 1잔을 추출하는 데 필요한 원가는 9원 × 10g = 90원이고, 드립 커피 1잔당 원두 차이에 따른 원가 상승이 10원을 초과하지 않으면 품질이 더 좋은 원두를 선택한다고 했으므로, 드립 커피 1잔을 추출하는 데 필요한 원가가 10원 × 10g = 100원인 B 로스터리와 C 로스터리는 품질 점수를 확인해 볼 필요가 있다.

B 로스터리의 품질 점수는 90 × 0.5 + 85 × 0.5 = 87.5점으로 E 로스터리의 품질 점수인 89점보다 낮지만 C 로스터리의 품질 점수는 92 × 0.5 + 90 × 0.5 = 91점으로 E 로스터리의 품질 점수인 89점보다 높다.

따라서 A 씨가 거래처로 선정하기에 적합한 로스터리는 C 로스터리이다.

41 자원관리능력 문제 정답 ④

휴가를 2일, 3일, 4일, 8일, 9일에 사용하면 5월 1일~5월 9일까지 휴가이고, 총 휴일은 9일이므로 별도의 가산점은 받을 수 없다. 해당 기간 중 비가 오는 날은 8일과 9일 이틀이 포함되어 있으며, 미세먼지 농도가 매우 나쁨의 기준인 151 이상인 날은 5월 5일 하루가 있다. 따라서 총점은 -3점이 된다.

휴가를 8일, 9일, 10일, 11일, 12일에 사용하면 5월 5일~5월 14일까지 휴가이고, 총 휴일은 10일이므로 +2점의 가산점을 받을 수 있다. 해당 기간 중 비가 오는 날은 8일과 9일 이틀이 포함되어 있으며, 미세먼지 농도가 매우 나쁨의 기준인 151 이상인 날은 5월 5일, 5월 10일, 5월 11일 3일이 포함되어 있다. 따라서 총 감점은 -5점이므로 총점은 -3점이 된다.

휴가를 12일, 15일, 16일, 17일, 18일에 사용하면 5월 12일~5월 21일까지 휴가이고, 총 휴일은 10일이므로 +2점의 가산점을 받을 수 있다. 해당 기간 중 비가 오는 날은 20일 하루가 포함되어 있으며, 미세먼지 농도가 매우 나쁨의 기준인 151 이상인 날은 포함되지 않는다. 따라서 총 감점은 -1점이므로 총점은 +1점이 된다.

휴가를 15일, 16일, 17일, 18일, 22일에 사용하면 5월 13일~5월 22일까지 휴가이고, 총 휴일은 10일이므로 +2점의 가산점을 받을 수 있다. 해당 기간 중 비가 오는 날은 20일 하루가 포함되어 있으며, 미세먼지 농도가 매우 나쁨의 기준인 151 이상인 날은 포함되지 않는다. 따라서 총 감점은 -1점이므로 총점은 +1점이 된다.

휴가를 22일, 23일, 24일, 25일, 26일에 사용하면 5월 19일~5월 28일까지 휴가이고, 총 휴일은 10일이므로 +2점의 가산점을 받을 수 있다. 해당 기간 중 비가 오는 날은 5월 20일 하루가 포함되어 있으며, 미세먼지 농도가 매우 나쁨의 기준인 151 이상인 날은 5월 25일과 5월 26일 이틀이 포함되어 있다. 따라서 총 감점은 -3점이므로 총점은 -1점이 된다.

12일~21일, 13일~22일 일정의 점수가 동일하므로 각 기간의 미세먼지 농도의 평균을 살펴보면 12일~21일: 66.2, 13일~22일: 62.7이므로 선택해야 하는 일정은 13일~22일 일정이다.

따라서 휴가가 끝나고 처음 출근하는 날짜는 23일이다.

42 자원관리능력 문제 정답 ⑤

갑은 본인이 8/1~8/4 출장이 예정되어 있는데 8/4~8/10 휴가를 신청했다. 휴가 일정을 위해 업무 일정을 조정할 수 없다고 했으므로 갑은 휴가를 변경해야 한다.

을은 8/19~8/25 휴가를 신청했다. 해당 일정에 예정되어 있는 업무 일정은 기와 경의 출장 일정 중 8/19이다. 따라서 다른 사람들의 휴가 일정을 고려하지 않은 상황에서 을은 해당 일정에 휴가를 갈 수 있다. 하지만 정과 무가 신청한 휴가 일정에도 8/19가 포함되어 있으며, 정과 무 모두 을보다 휴가를 먼저 신청했으므로 을은 휴가를 변경해야 한다. 이때 마찬가지의 이유로 정 또한 휴가를 변경해야 한다.

병은 8/11~8/17 휴가를 신청했다. 해당 일정은 주말과 공휴일을 제외하고 4일밖에 되지 않으므로 병은 휴가 일정을 변경해야 한다.

따라서 휴가 일정을 변경하지 않아도 되는 사람은 '무'이다.

43 정보능력 문제 정답 ①

주어진 문제는 엑셀 시트에서 각 분기별 목표실적과 판매실적을 바탕으로 다음 두 가지를 계산하도록 요구하고 있다. [E2] 수식에서 'C2-B2'는 '판매실적-목표실적'을 계산하고, MAX 함수는 두 값 중 더 큰 값을 반환한다. 만약 판매실적이 목표실적보다 커서 'C2-B2'의 결과가 양수이면 그 값이 그대로 나오고, 목표에 미달하여 결과가 음수가 되면 -1이 반환된다. 이는 '목표 미달 시 -1'이라는 조건을 완벽하게 충족한다.

[F2] 수식은 판매실적(C2)이 목표실적(B2)보다 크거나 같으면 (>=) "달성", 그렇지 않으면 "미달"을 반환한다. 4분기처럼 판매실적과 목표실적이 정확히 같은 경우에도 "달성"으로 올바르게 처리한다.

따라서 ①의 수식 조합이 문제의 요구사항을 가장 정확하고 간결하게 만족시킨다.

오답 체크

② [E2] 수식은 올바르게 작동하나 [F2] 수식이 잘못되었다. '=IF(E2>0, "달성", "미달")'는 목표와 실적이 정확히 같아 E2의 값이 0이 될 경우, 0>0이 거짓(FALSE)이므로 "미달"을 잘못 반환하므로 적절하지 않다.

③ [E2] 수식 '=C2-B2'는 목표 미달 시(2분기) -10,000과 같은 음수 값을 그대로 표시하므로, '목표 미달 시 -1'이라는 조건을 만족하지 못한다. [F2] 수식 자체는 초과달성률(D2)을 기준으로 0% 이상이면 "달성"으로 판단하므로 논리적으로는 맞을 수 있으나, [E2]가 틀렸으므로 적절하지 않다.

④ [E2] 수식의 SUMIF 함수는 조건에 맞는 셀 범위(Range)의 합계를 구하는 함수이다. SUMIF(C2, ">"&B2, C2-B2)와 같이 세 번째 인수에 계산식을 넣을 수 없어, 함수 구문 자체가 성립하지 않는 오류이다. 또한 [F2]의 VLOOKUP 수식은 '근사치 일치' 방식으로 작동하도록 설계되어 "달성"과 "미달"을 올바르게 구분할 수 있으나, 배열 상수의 복잡한 구문 때문에 매우 비효율적이고 부적절한 방식이므로 적절하지 않다.

⑤ [E2] 수식의 ABS 함수는 절댓값을 반환하므로 목표 미달 시(2분기) 10,000이 표시된다. 따라서 '목표 미달 시 -1' 조건을 만족하지 못한다. [F2] 수식은 판매실적이 목표실적보다 '크고' 동시에 초과달성률도 0보다 '클' 때만 "달성"으로 처리하므로, 목표를 정확히 달성한 경우(C2=B2, D2=0%) "미달"로 잘못 표시하므로 적절하지 않다.

더 알아보기

엑셀 함수

MAX 함수	· 여러 값 중 가장 큰 값을 반환한다. · 목표치 대비 초과 달성분만 계산하거나, 미달성 시에는 0으로 처리할 때 사용한다.
IF 함수	· 조건을 검사하여 조건이 참(TRUE)일 때의 값과 거짓(FALSE)일 때의 값을 다르게 반환한다. · '조건문' 역할을 하며 목표 달성 여부, 특정 값의 범위에 따른 결과 표시 등 다양한 경우에 활용된다.
SUMIF 함수	· 조건에 맞는 셀들의 합계를 계산한다. · 특정 조건을 만족하는 데이터만 골라서 합계를 낼 때 유용하다.
VLOOKUP 함수	· "Vertical Lookup"의 줄임말로, 특정 값을 기준으로 테이블(표)의 첫 번째 열에서 해당 값을 찾은 다음, 같은 행에 있는 지정된 열의 값을 반환한다. · 특정 코드나 값에 해당하는 설명을 자동으로 가져올 때 주로 사용된다. · TRUE(또는 생략)는 찾을 값이 정확히 일치하지 않아도 가장 근접한 값을 찾으며, FALSE는 찾을 값이 정확히 일치하는 경우에만 값을 반환하고 없으면 오류(N/A)를 반환한다. 실무에서는 대부분 FALSE를 사용한다.

ABS 함수	· 숫자의 절댓값 즉, 숫자의 부호와 상관없이 그 값의 크기만을 반환한다. · 차이의 크기만을 알고 싶을 때 사용한다.
AND 함수	· 모든 논리 인수가 참(TRUE)이면 참(TRUE)을 반환하고, 하나라도 거짓(FALSE)이면 거짓(FALSE)을 반환한다. · 여러 조건을 동시에 만족해야 하는 경우에 IF 함수와 함께 사용된다.

44 정보능력 문제 정답 ①

<Alt> + <ESC>는 현재 실행 중인 앱을 순서대로 전환하는 바로가기 키이다.
시작 메뉴의 바로가기 키는 <Ctrl> + <ESC>이다.

45 정보능력 문제 정답 ③

'윈도우키 + M'은 바탕화면으로 돌아가기의 단축키이다.

오답 체크

① '윈도우키 + W'를 누른 후 전체 화면 캡처를 선택하면 전체 화면이 캡처되어 캡처 및 스케치 App으로 연결된다.

② '윈도우키 + Print Screen'을 누르면 전체 화면이 캡처되고, 원하는 곳에 'Ctrl + V'를 통해 붙여넣기 할 수 있다.

④ '윈도우키 + Shift + S'를 누르면 사각형 캡처, 자유형 캡처, 창 캡처, 전체 화면 캡처를 선택하여 캡처가 가능하고, 캡처한 이미지는 캡처 및 스케치 App으로 연결된다.

⑤ 'Alt + Print Screen'을 누르면 특정 창이 캡처되고, 원하는 곳에 'Ctrl + V'를 통해 붙여넣기 할 수 있다.

[46-47]

46 정보능력 문제 정답 ⑤

해결 기간은 오류 발생 Data 수에 따라 결정되고, 오류 발생 Data 수는 발생 범위를 통해 확인 가능하다. 'Problem founded at 43$27$_A_0'라는 메시지가 확인되었으므로, 해당 오류는 A_0 구역 Disk 중 43 × 27 = 1,161개 Data에서 발생한 오류이고, 해결 기간 표에 따라 '72시간 이상'이 소요됨을 알 수 있다.

47 정보능력 문제 정답 ④

'Index QDOPISD with CRT'라는 문구에서 QDOPISD 항목은 안전코드인 QXOPIAE와 'D와 X', 'S와 A', 'D와 E' 알파벳 3개의 차이를 보이고 있다.

따라서 안전코드와 알파벳 차이 3개 이상 5개 미만의 항목 중 치명도가 CRT일 경우의 Input code를 살펴보면 'CDIM'임을 알 수 있다.

48 정보능력 문제 정답 ②

(A)는 스스로 전파되지는 않지만 복제와 감염을 특징으로 하는 바이러스(Virus)에 대한 설명이다.
(B)는 네트워크를 통해 스스로 전파되는 특징을 가진 웜(Worm)에 대한 설명이다.
(C)는 시스템에 잠입하여 공격자의 조종을 받게 하며, 자기 복제 능력이 없는 트로이 목마(Trojan Horse)에 대한 설명이다.

더 알아보기

주요 악성코드

바이러스 (Virus)	사용자 컴퓨터 내의 프로그램이나 실행 가능한 파일에 자신을 복제하여 감염시키며, 스스로 다른 컴퓨터로 전파되지는 않는다. 감염된 파일이 실행될 때 악의적인 기능을 수행할 수 있다.
웜 (Worm)	네트워크를 통해 스스로를 복제하고 전파하는 독립적인 악성 프로그램이다. 시스템의 취약점을 이용하여 확산되며, 시스템 부하를 높여 시스템을 다운시킬 수 있다.
트로이 목마 (Trojan Horse)	정상적인 프로그램으로 위장하여 사용자가 실행하도록 유도한 뒤, 실제로는 사용자의 정보를 유출하거나 시스템을 파괴하는 등 악의적인 기능을 수행한다. 스스로 복제하거나 전파하는 능력은 없다.
랜섬웨어 (Ransomware)	사용자의 컴퓨터 시스템에 있는 파일들을 암호화하여 접근할 수 없게 만들거나 시스템을 잠근 후, 이를 해제하는 대가로 금전(몸값)을 요구하는 악성 프로그램이다.
스파이웨어 (Spyware)	사용자 모르게 설치되어 컴퓨터 사용자의 개인정보(예: 아이디, 비밀번호, 방문 웹사이트 기록 등)를 수집하여 외부로 전송하는 악성 프로그램이다.
애드웨어 (Adware)	사용자의 의사와 관계없이 특정 소프트웨어를 실행하거나 설치 후 자동으로 광고를 표시하는 프로그램이다. 일부 애드웨어는 사용자 정보를 수집하기도 한다.

49 기술능력 문제 정답 ④

실패 중에는 기술자들이 반드시 겪어야 하는 '에디슨식 실패'도 있지만, 아무런 보탬이 되지 않는 실패도 있다. 실패의 원인은 무수히 많다. 이 중에는 일을 하는 과정에서 어쩔 수 없이 일어나거나 직면하는 원인이 있는 반면에, 태만이나 고의적 부정처럼 의도적인 행위에 의한 원인도 있다.

50 기술능력 문제 정답 ③

산업 재해의 직접적 원인은 위험 장소 접근, 안전장치 기능 제거, 보호 장비의 미착용 등 불안전한 행동(인간적 원인)과 시설물 자체의 결함 등 불안전한 상태(기계적 원인)로 나뉜다. 자료와 같은 산업 재해가 발생한 원인은 직접적 원인 중 불안전한 행동에 해당하므로 적절하지 않다.

오답 체크

① '감전 방지 조치 미실시, 접근 한계 거리 미준수'는 산업 재해의 기본적 원인 중에서 작업관리상 원인에 해당하므로 적절하다.

② 안전 규칙을 제정하는 것은 불안전한 행동 방지 방법에 해당하므로 적절하다.

④ 각종 기계·설비 등이 항상 양호한 상태로 작동되도록 유지·관리를 철저히 하는 것은 불안전한 상태를 제거하는 방법에 해당하므로 적절하다.

⑤ 산업 재해를 예방하기 위한 과정은 1) 안전 관리 조직, 2) 사실의 발견, 3) 원인 분석, 4) 시정책의 선정, 5) 시정책 적용 및 뒤처리이다. 이 중 네 번째 단계에 해당하는 '시정책의 선정'은 원인을 분석한 내용을 토대로 기술적 개선, 인사 조정 및 교체, 교육, 설득, 공학적 조치 등 적절한 시정책을 선정하는 단계에 해당하므로 적절하다.

51 기술능력 문제 정답 ⑤

훌륭한 기술경영자가 되기 위해서는 리더십, 기술적인 능력, 행정능력 등이 필요하다. 기술경영자는 일반적으로는 기술개발이 결과 지향적으로 수행되도록 유도하는 능력을 갖추어야 하고, 기술개발 과제의 세부 사항까지 파악할 수 있도록 치밀해야 하며, 기술개발 과제의 전 과정을 전체적으로 조망할 수 있는 능력을 가져야 한다. 빌 게이츠는 타사의 기술을 빠르게 도입해 자사의 상품으로 만들어 발전시켰다.

더 알아보기

기술경영자에게 필요한 능력

- 기업의 전반적인 전략 목표에 기술을 통합시키는 능력
- 빠르고 효과적으로 새로운 기술을 습득하고 기존의 기술에서 탈피하는 능력
- 기술을 효과적으로 평가할 수 있는 능력
- 기술 이전을 효과적으로 할 수 있는 능력
- 새로운 제품개발 시간을 단축할 수 있는 능력
- 크고 복잡하고 서로 다른 분야에 걸쳐 있는 프로젝트를 수행할 수 있는 능력
- 조직 내의 기술 이용을 수행할 수 있는 능력
- 기술 전문 인력을 운용할 수 있는 능력

52 조직이해능력 문제 정답 ④

제시된 조직은 '비공식조직'으로 비공식조직은 개인들의 협동과 상호작용에 따라 형성된 자발적인 집단이다.

따라서 인간관계에 따라 형성된 자발적인 조직이라는 것이 비공식조직의 특성으로 적절하다.

오답 체크

①, ②, ⑤ 공식조직의 특성이다.

③ 영리조직의 특성이다.

53 조직이해능력 문제 정답 ③

(다)의 차은숙 팀장은 조직 내 문제를 해결하는 활동을 하고 있으므로, 이는 의사결정적 역할(분쟁 조정자/분쟁 해결자)에 해당한다. 정보적 역할은 외부 환경 변화를 모니터링하고 전달하는 역할이다.

오답 체크

(가)와 (라)는 협상가/분쟁 해결자로서 의사결정적 역할, (나)는 리더로서 대인적 역할, (마)는 정보 탐색자/전파자로서 정보적 역할이다.

더 알아보기

경영자의 역할

헨리 민츠버그(Henry Mintzberg)는 경영자가 실제로 수행하는 다양한 활동들을 관찰하여, 이를 10가지 주요 역할로 구분하고 다시 세 가지 범주로 묶어 제시했다.

대인적 역할(Interpersonal Roles)은 경영자의 공식적인 지위와 권한에서 비롯되며, 조직 구성원 및 외부 이해관계자들과의 관계에 중점을 둔다. 정보적 역할(Informational Roles)은 경영자가 조직 운영에 필요한 정보를 수집, 처리, 전달하는 활동과 관련된다. 의사결정적 역할(Decisional Roles)은 경영자가 정보를 바탕으로 조직의 중요한 선택과 결정을 내리는 활동을 포함한다.

대인적 역할	· 대표자(Figurehead): 조직을 상징하는 인물로서 의례적이거나 법적인 성격의 직무를 수행한다. (예: 공식 행사 참석, 문서 서명 등) · 리더(Leader): 조직 구성원들에게 동기를 부여하고, 그들의 활동을 지휘하며, 채용, 교육, 평가 등을 통해 조직을 이끈다. · 연결자(Liaison): 조직 외부의 개인이나 집단과 상호작용하며 유익한 정보망을 구축하고 유지한다.

정보적 역할	· 감독자(Monitor/정보 탐색자): 조직 내외부 환경에서 다양한 정보를 탐색하고 수집하여 변화, 기회, 위협 등을 파악한다. · 전파자(Disseminator/정보 보급자): 외부에서 얻거나 내부적으로 생성된 중요한 정보를 조직 구성원들에게 효과적으로 전달한다. · 대변인(Spokesperson): 조직의 계획, 정책, 활동, 결과 등을 조직 외부의 이해관계자들에게 공식적으로 전달하는 역할을 한다.
의사결정적 역할	· 기업가(Entrepreneur): 조직 내에서 새로운 기회를 포착하고, 변화와 혁신을 주도하며, 개선 프로젝트를 설계하고 실행한다. · 분쟁 조정자(Disturbance Handler/분쟁 해결자): 예기치 않은 문제, 위기 상황, 조직 내 갈등 발생 시 이를 해결하고 조직을 안정화시키는 역할을 한다. · 자원배분자(Resource Allocator): 예산, 인력, 설비 등 조직의 한정된 자원을 어디에 어떻게 배분할지 결정하고 승인한다. · 협상가(Negotiator): 조직을 대표하여 주요 계약, 노사 협상, 외부 기관과의 거래 등에서 협상을 주도한다.

54 조직이해능력 문제

정답 ④

팀제는 대표적인 수평적 조직구조로 전략적 업무를 수행하는 조직에 적합하므로 적절한 설명이다.

오답 체크

① 팀제는 의사결정단계의 축소로 신속한 의사결정을 가능하게 하므로 동태적 상황에 대한 조직 구성원의 신속한 의사결정을 저해시킨다는 내용은 적절하지 않다.

② 팀 단위로 성과 평가가 이루어지기 때문에 팀제는 무임승차 행위가 빈번하게 나타나며, 이로 인한 업무 공동화 가능성도 높으므로 업무 공동화 현상이 없다는 내용은 적절하지 않다.

③ 계급제적 속성이 강한 사회의 경우 자율성을 제고하는 팀제가 성공적으로 형성되기 어려우므로 계급제 사회에서 팀 조직이 성공적으로 형성될 가능성이 높다는 내용은 적절하지 않다.

⑤ 팀제는 고위 관료의 권한을 축소하고 팀장에 대한 대폭적 권한 위임으로 팀의 자율성이 보장되며 팀원의 역할과 능력에 따라 팀에 기여하는 정도가 달라지므로 팀장의 역할을 한정 지은 내용은 적절하지 않다.

55 조직이해능력 문제

정답 ②

유럽 시장 진출 시 요구되는 식품 안전(ISO 22000), 환경 경영(ISO 14001), 사회적 책임(ISO 26000)을 모두 충족해야 한다.

오답 체크

ISO 9001은 품질경영시스템, ISO 45001은 안전보건경영시스템으로, 이 문제의 핵심 요구사항과는 거리가 있다.

더 알아보기

ISO 경영시스템 표준

국제표준화기구(ISO, International Organization for Standardization)는 상품 및 서비스의 국제적 교환을 촉진하고, 지적·과학적·기술적·경제적 활동 분야에서의 협력을 증진하기 위해 설립된 국제적인 표준 개발 기구이다. ISO에서 발행하는 경영시스템 표준(Management System Standards, MSS)은 조직이 특정 목표를 달성하기 위해 자원과 프로세스를 효과적으로 관리하고 지속적으로 개선할 수 있도록 하는 프레임워크와 요구사항을 제공한다.

ISO 9001 (품질경영시스템)	고객에게 일관된 품질의 제품과 서비스를 제공하고, 고객 만족을 증진시키기 위한 조직의 품질경영시스템 요구사항을 규정한다.
ISO 14001 (환경경영시스템)	조직이 환경적 책임을 다하고, 환경 성과를 지속적으로 개선하며, 환경 관련 법규를 준수하기 위한 환경경영시스템 요구사항을 규정한다.
ISO 22000 (식품안전경영시스템)	식품 공급망의 모든 단계에서 식품으로 인한 위해 요소를 식별, 예방, 관리하여 안전한 식품을 소비자에게 제공하기 위한 식품안전경영시스템 요구사항을 규정한다.
ISO 26000 (사회적 책임 가이드라인)	조직이 지속 가능한 발전을 위해 사회적 책임을 이행하는 데 필요한 원칙과 핵심 주제(지배구조, 인권, 노동 관행, 환경, 공정 운영 관행, 소비자 이슈, 지역사회 참여 및 발전 등)에 대한 지침을 제공한다. 이는 인증을 위한 표준이 아닌 지침 표준이다.
ISO 27001 (정보보안경영시스템)	조직의 중요한 정보 자산(고객 정보, 기술 정보 등)을 체계적으로 보호하고 정보 보안 위험을 효과적으로 관리하기 위한 정보보안경영시스템 요구사항을 규정한다.
ISO 45001 (안전보건경영시스템)	작업장에서 발생할 수 있는 위험을 예방하고, 근로자에게 안전하고 건강한 작업 환경을 제공하며, 산업 재해를 줄이기 위한 안전보건경영시스템 요구사항을 규정한다.
ISO 50001 (에너지경영시스템)	조직이 에너지 효율을 개선하고, 에너지 사용량 및 비용을 절감하며, 온실가스 배출을 줄이기 위한 체계적인 에너지관리시스템 요구사항을 규정한다.

56 조직이해능력 문제

정답 ④

조직문화는 정성적인 측정이 이루어지며, 조직의 매출과 직접적으로 연계하여 성과를 측정하기는 어렵다. 한편 조직의 비전 체계는 조직이 지향하는 바람직한 미래상을 표현한 것으로, 조직 구성원들이 궁극적으로 나아가야 할 방향을 구체화한 것이다.

57 직업윤리 문제 정답 ③

아무리 좋은 의도라 할지라도, 회사의 자산은 정해진 규정과 절차에 따라 관리되고 처분되어야 한다. 회사의 허락 없이 제품을 임의로 가져가거나 처분하는 것은 절도에 해당할 수 있으며, 이는 정직성과 준법성이라는 기본적인 직업윤리에 명백히 위배된다. 또한, 식품 위생과 관련된 규정을 어길 수도 있다.

58 직업윤리 문제 정답 ⑤

90도 인사인 '배례'는 종교의식에서 하는 인사로 일상생활에서는 사용하지 않으므로 감사의 마음을 표할 때나 사과할 때에는 45도 정도로 상체를 숙이는 '정중례'를 하는 것이 적절하다.

더 알아보기

인사의 종류

1. 묵례(가벼운 인사)

상대	가까운 동료 또는 하급, 하루에 몇 번 마주친 낯선 어른이나 상사
방법	미소 짓는 표정으로 15도 정도 상체를 굽히면서 시선은 발끝 2~3m 앞쪽을 바라본다.
상황	좁은 공간에서 제대로 인사를 할 수 없을 때, 상사를 2회 이상 만났을 때, 동료나 아랫사람을 만났을 때, 화장실이나 목욕탕 등 다수가 이용하는 장소에서 만났을 때, 대화 중에 인사를 할 때, 근무 중이나 상사나 동료에게 부탁이 있을 때 등

2. 보통례(보통 인사)

상대	어른이나 상사, 고객
방법	"안녕하세요, 안녕히 가세요" 등 인사말을 할 수 있으며, 30도 정도 상체를 숙이면서 시선은 1m 앞쪽을 바라본다.
상황	마중하거나 배웅할 때, 외출이나 귀가할 때, 만나거나 헤어질 때 등 일상생활에서 많이 하는 인사

3. 정중례(정중한 인사)

상대	국민, 국가원수, 집안 어른
방법	"감사합니다" 등의 인사말을 할 수 있으며, 45도 정도 상체를 숙이면서 시선은 1m 앞쪽을 바라본다.
상황	감사나 사죄를 표현할 때, 고객이나 어른을 맞이하거나 전송할 때, 공식 석상에서 처음 인사할 때, 면접 시 인사할 때 등 가장 공손한 인사

59 직업윤리 문제 정답 ③

B 사: 기후변화로 인한 가뭄, 홍수, 지진 등 재해·재난이 빈번해짐에 따라 기후변화 TF(태스크포스)를 신설하여 기후변화 영향을 분석하는 공공기관의 사례는 환경경영에 해당하므로 적절하지 않다.

G 사: 기업의 예술지원 활동을 뜻하는 메세나는 사회공헌 활동으로 윤리경영과는 무관하므로 적절하지 않다.

더 알아보기

- 윤리경영
  기업의 경영활동에 있어서 지켜야 할 '윤리'를 최우선의 가치로 생각하고 법적·경제적 책임은 물론 사회 통념상 기대되는 윤리적 책임을 다함으로써 고객 등 이해관계인에게 신뢰를 얻을 수 있도록 경영하는 것을 의미한다.
  고질적 부정부패 척결에 대한 국민적 인식이 증대됨에 따라 정부도 각종 제도와 법을 통해 윤리경영을 강조하고 있으며, 이에 따라 윤리경영은 이제 글로벌 스탠더드로 부상하면서 선택사항이 아닌 기업생존을 위한 필수적 요건이 되고 있다.
- ISO 19600
  국제표준화기구(ISO)에서 제정한 준법경영시스템(Compliance Management System) 분야의 국제표준이다.

60 직업윤리 문제 정답 ②

A: 행위자의 사과와 재발방지약속 등 합의, 행위자의 처벌 내지 손해배상 등 원하는 해결방법을 먼저 결정해야 하므로 적절하지 않다.

D: 상대방과의 대화 내용을 녹음하는 것은 법적으로 허용되므로 적절하지 않다.

더 알아보기

성희롱 발생 시 기억해야 할 5가지

1. 어떻게 대처할 것인가?
   - 성희롱을 당하면 단호하게 거부의 의사를 표현한다.
   - 합리적인 해결방안을 모색하되 사직을 생각하는 것은 바람직하지 않다. (성희롱으로 인한 피해회복이 중요)
2. 어떤 방법을 선택할 것인가?
   - 행위자의 사과와 재발방지약속 등 합의, 행위자의 처벌 내지 손해배상 등 원하는 해결방법을 먼저 결정한다.
   - 문제해결을 위해 자신을 소중히 여기며 누구로부터 어떤 도움을 받을 수 있는지 생각한다.
   - 사내의 고충처리절차, 노동조합, 외부상담기관이나 법률지원단체 등을 찾아본 후 적절한 해결방법을 선택한다.
3. 증거의 수집
   - 행위자에게 거부의사를 밝힌다. (문자나 편지 등 내용증명도 포함)
   - 만나서 이야기할 경우 자신의 입장을 잘 정리하여 말할 수 있도록 준비한다.
   - 상대방과의 대화 내용을 녹음하는 것은 법적으로 허용된다.
   - 행위자와 직접 만나기 어렵다면 가족이나 친구 등 믿을만한 사람과 함께 만난다.

4. 직장 내 해결절차 이용

- 직장 내 성희롱 구제 절차 내지 고충처리절차가 마련되어있다면 해당 기구에 신고하고, 기구나 담당자가 없는 경우 인사부서에 신고한다.
- 신고할 때는 행위자의 행위에 대해서 구체적으로 진술한다.
- 본인의 보호조치 및 피해구제를 위해 해결책을 요구한다.

5. 성희롱 발생 시 외부기관을 통한 구제방법

구분	방법	구제내용
비사법적 구제	지방고용노동관서 진정	성희롱으로 인한 사업주 조치 요구(가해자 징계, 피해자 불이익 처분 등)
	노동위원회 구제신청	성희롱피해자(가해자)의 부당한 해고, 휴직, 정직, 전직 등 처분 시 구제 신청 등
	국가인권위원회 진정	성희롱 행위자와 책임자에 대한 사내 조치, 손해배상 등
사법적 구제	지방고용노동관서 고소/고발	성희롱으로 인한 사업주 처벌요구(행위자 미조치, 피해자 불이익 처분 등)
	검찰 고소/고발	형사 처벌 되는 법 위반 행위에 대한 처벌 요구(성폭력 범죄, 형법/남녀고용평등법 위반)
	법원 민사소송	성희롱으로 인하여 발생한 손해배상 청구

해커스공기업 NCS 통합 봉투모의고사 모듈형/피듈형/PSAT형+전공

NCS 실전모의고사 3회 피듈형

정답

01 의사소통 ②	02 의사소통 ②	03 의사소통 ③	04 의사소통 ②	05 의사소통 ②	06 의사소통 ③	07 의사소통 ①	08 의사소통 ⑤	09 의사소통 ②	10 의사소통 ⑤
11 수리 ④	12 수리 ③	13 수리 ③	14 수리 ②	15 수리 ⑤	16 수리 ②	17 수리 ②	18 조직이해 ②	19 수리 ⑤	20 수리 ②
21 수리 ④	22 수리 ④	23 문제해결 ④	24 문제해결 ①	25 문제해결 ④	26 문제해결 ⑤	27 문제해결 ②	28 문제해결 ④	29 문제해결 ②	30 문제해결 ⑤
31 문제해결 ②	32 문제해결 ⑤	33 문제해결 ②	34 문제해결 ③	35 자기개발 ①	36 자원관리 ④	37 자원관리 ②	38 자원관리 ⑤	39 자원관리 ③	40 자원관리 ③
41 자원관리 ③	42 자원관리 ④	43 자원관리 ④	44 자원관리 ①	45 자원관리 ④	46 대인관계 ④	47 정보 ①	48 정보 ⑤	49 정보 ③	50 정보 ④
51 정보 ③	52 기술 ①	53 조직이해 ②	54 조직이해 ①	55 조직이해 ④	56 조직이해 ①	57 조직이해 ③	58 직업윤리 ③	59 직업윤리 ②	60 직업윤리 ④

취약 영역 분석표

영역별로 맞힌 개수, 틀린 문제 번호와 풀지 못한 문제 번호를 적고 나서 취약한 영역이 무엇인지 파악해 보세요.
취약한 영역은 해커스잡 사이트(ejob.Hackers.com)에서 제공하는 '시험 당일 최종 마무리 <NCS 빈출 개념 핵심 요약집>'을 학습하고, 틀린 문제 및 풀지 못한 문제를 다시 풀어보면서 확실히 극복하세요.

영역	맞힌 개수	틀린 문제 번호	풀지 못한 문제 번호
의사소통능력	/10		
수리능력	/11		
문제해결능력	/12		
자기개발능력	/1		
자원관리능력	/10		
대인관계능력	/1		
정보능력	/5		
기술능력	/1		
조직이해능력	/6		
직업윤리	/3		
TOTAL	**/60**		

해설

01 의사소통능력 문제 정답 ②

지문에서는 '스마트팩토리 디지털 트윈 플랫폼'이 서울, 부산, 대전 등 주요 거점에 구축된다고 되어 있으며, 전국 모든 산업단지로 확대된다는 언급은 없다. "모든 중소기업이 활용" 가능하다는 표현 역시 과장된 기술이다.

따라서 범위와 대상이 과장되어 일치하지 않으므로 적절하지 않다.

02 의사소통능력 문제 정답 ②

ㄷ. 기술혁신 부문에서 "태양광 고효율 셀"과 "부유식 해상풍력 설계 최적화" 기술에 집중 투자한다고 명시되었으므로 일치한다.

ㄹ. "한국에너지공단, 에너지기술평가원, 지역 에너지센터 등 총 12개 유관기관이 역할을 분담"하여 실행한다고 명시되었으므로 일치한다.

오답 체크

ㄱ. 보도자료에서는 "총 30개 지자체와 협약을 체결"했다고 명시되어 있다. "전국 모든 지자체"는 과장된 표현이므로 일치하지 않는다.

ㄴ. '에너지캐시백'은 전력 소비를 일정 수준 이상 줄인 가구 및 소상공인에게 주는 성과 기반 인센티브로 보편적 지급이 아니다. 또한 "체납 가구 제외"라는 전제 조건은 언급되지 않았으므로 일치하지 않는다.

ㅁ. 자문단은 "연 1회 공개보고서"를 통해 성과를 공유한다고 했으므로 "분기마다"는 일치하지 않는다.

03 의사소통능력 문제 정답 ③

해당 보도자료는 정부의 중소기업 지원 정책을 알리는 공식 발표문 형식의 글이므로 전체 흐름은 "① 정책 발표 배경 및 목적 제시 → ② 정책의 철학과 방향 설정 → ③ 분야별 세부 대책 설명"의 순서로 구성된다.

우선 (가)는 중소벤처기업부가 '2025 중소기업 역량강화 종합대책'을 발표하게 된 배경을 설명한다. 고금리, 글로벌 공급망 재편, 기술패권 경쟁 등 대외 환경 변화에 따른 중소기업의 위기와 대응 필요성을 언급하며 전체 정책의 필요성과 방향성을 제시하고 있다. 이는 보도자료의 도입부로 가장 적절한 단락이므로 첫 번째에 위치해야 한다.

다음으로 (나)는 정책의 핵심 철학을 서술한다. 기존 공급자 중심의 일괄지원 방식에서 벗어나, 수요자 맞춤형 정책으로 전환하려는 기조를 설명하고 있다. "중소기업을 보호 대상이 아닌 경제 주체로 본다"는 문장은 정부의 정책 관점을 명확히 드러내며, 세부 정책을 설명하기에 앞서 전체 전략의 철학적 기반을 제공하는 역할을 하므로 이 단락은 서론에 이어 두 번째에 배치되는 것이 논리적으로 자연스럽다.

(다)는 세부 지원 대책의 첫 번째 항목으로 자금 지원 정책을 다룬다. 자금 공급 확대, 펀드 조성, 보증제도 개편 등의 내용은 중소기업이 직면한 가장 실질적인 문제인 유동성 확보와 관련되어 있으며, 구체적인 실행방안을 제시한다. 보통 정책 설명에서는 가장 기본이 되는 자금 지원을 먼저 제시하므로 이 단락은 세 번째에 위치하는 것이 타당하다.

그 다음으로는 (라)가 이어진다. 이 단락은 기술 개발과 인력 양성에 관한 내용을 포함하고 있다. 자금 확보 이후 중소기업이 성장하기 위해 필요한 두 번째 핵심 요소는 기술력과 인재이다. 특히 공공연구소와의 협력, 디지털 전환 직무훈련 등은 중장기적 경쟁력 강화를 위한 전략으로, 자금 정책 다음 순서로 제시되기에 적절하다.

마지막으로 (마)는 판로 확대와 해외 진출에 관한 대책을 다룬다. 이는 중소기업이 자금과 기술, 인력을 기반으로 성장한 후 실제 시장에서 경쟁력을 갖추기 위한 단계로, 정책 구조상 마지막에 배치되는 것이 가장 자연스럽다. 글로벌 스타트업 육성, 수출 바우처, 온라인 플랫폼 확대 등은 최종 결과물에 가까운 정책 성격을 지니므로 종결부로 적합하다.

따라서 가장 논리적인 배열 순서는 (가) - (나) - (다) - (라) - (마)이다.

04 의사소통능력 문제 정답 ②

이 보도자료의 핵심 키워드는 "단기 회복 + 장기 성장", "생존을 넘어 자생력", "성장의 사다리 복원", "종합대책 발표"로 이 모든 흐름을 "생존을 넘어 성장", "국가 프로젝트"라는 표현으로 포괄한 ②가 보도자료의 제목으로 가장 적절하다.

오답 체크

① 세제 개편에 대한 언급이 전혀 없어 내용과 부합하지 않으므로 적절하지 않다.

③ 상권 르네상스는 전체 사업의 일부분으로 포괄성이 부족하므로 적절하지 않다.

④ 제한 강화라는 표현은 실제 정책 방향인 지원 확대와 반대되므로 적절하지 않다.

⑤ 디지털 전환은 핵심 전략이 아닌 하나의 수단이므로 적절하지 않다.

[05-06]

05 의사소통능력 문제 정답 ②

지원방식은 대출 실행 후 이자 일부(2.5%)를 보전하는 간접지원으로, 직접 금액을 무상 지급하지 않으므로 일치하지 않는다.

06 의사소통능력 문제 정답 ③

③은 동일 사업으로 타 정책자금 수혜 이력이 있는 경우로, '2. 지원 대상 요건'에서 중복 수혜 시 지원 불가로 명시되어 있으므로 금융지원을 받을 수 없다.

오답 체크

① 1년 이상 영업 중이며, 신용등급은 10등급 이하에 해당하지 않으므로 금융지원을 받을 수 있다.

② 최근 1년간 지방세 체납 사실이 없으므로 금융지원을 받을 수 있다.

④ 1년 이상 영업 중이며, 최근 1년간 지방세 체납 사실이 없고, 신용등급은 10등급 이하에 해당하지 않으므로 금융지원을 받을 수 있다.

⑤ 도박장 인근이나 직접 업종이 도박·향락·유흥 업종은 아니므로 금융지원을 받을 수 있다.

07 의사소통능력 문제 정답 ①

이 글의 전개는 '핵심 개념 도입 → 환경 변화 → 문제 지적 → 해결 방안'의 구조를 따른다.

따라서 ㄴ: '문서 작성 능력'이라는 주제를 도입 → ㄱ: 최근 상황과 필요성 부각 → ㄹ: 부정적 결과 경고 → ㄷ: 해결책 제시의 순서로 배열되는 것이 가장 적절하다.

08 의사소통능력 문제 정답 ⑤

⑤는 주어와 서술어 간의 호응이 어긋나 문장의 구조가 어색해진 사례이다.

이 문장의 주어는 '우리에게 가장 큰 문제는'으로 명확히 제시되어 있으나, 그에 이어지는 서술어 '기준이 다르다'는 서술절 내부의 중심 내용에 해당할 뿐, 주어와 직접적으로 연결되는 문장 끝맺음으로 적절하지 않다.

따라서 '우리에게 가장 큰 문제는 타인을 대할 때와 자신을 대할 때 기준이 다르다는 것이다.'와 같은 표현으로 수정해야 문법적으로도, 의미 전달 측면에서도 완결된 문장이 된다.

오답 체크

① '연극을 인생과 비유하다'라는 표현은 '비유하다'의 부사어 자리에 어울리지 않는 조사 '과'를 사용한 오류로, '연극을 인생에 비유하다'가 올바른 표현이다.

② '폐기되어져야 한다'는 피동의 의미가 있는 '되다'와 '-어지다'를 함께 쓴 이중피동 표현이다. 이 경우에는 단순 피동 형태인 '폐기되어야 한다' 또는 능동적 표현으로 '폐기해야 한다'라고 써야 한다.

③ 접속 구조에서 부사어가 생략되어 의미가 어색해진 경우이다. '지키다'와 '구속받다'는 성격이 다른 동사이므로, '법을 지키기도 하고, 법에 구속을 받기도 하며 살아간다'처럼 부사어를 명확히 제시해야 문장이 자연스럽고 호응이 맞는다.

④ 주어의 행위 주체가 모호하게 표현된 중의적 문장이다. '철수는 달려오면서 손을 흔드는 친구에게 반갑다고 인사했다'라는 문장은, '달려오는' 주체가 철수인지 친구인지 불분명하여 문장의 의미가 명확하게 전달되지 않는다. 따라서 철수가 달려왔다면, '철수는 달려오며, 손을 흔드는 친구에게 반갑다고 인사했다', 친구가 달려온 경우라면, '달려오며 손을 흔드는 친구에게 철수는 반갑다고 인사했다'로 표현해야 한다.

09 의사소통능력 문제 정답 ②

'쏜살같이'에서 '같이'는 '앞말이 보이는 전형적인 특징처럼'이라는 의미를 나타내는 조사로, 체언인 '쏜살' 뒤에 붙여 쓰는 것이 맞다. 그러나 '나와 같이'의 '같이'는 '함께'라는 의미를 나타내는 부사이므로 띄어 써야 한다.

오답 체크

① '김 사장', '박 과장', '이 대리'와 같이 성명과 직함이 결합된 표현은 띄어 쓰는 것이 적절하다.

③ '가듯이'는 동사 어간 '가-'에 어미 '-듯이'가 붙은 형태로, 어간과 어미는 붙여 쓰는 것이 원칙이라는 점에서 '맺듯이'도 붙여 쓰는 것이 적절하다.

④ '기계만큼'에서의 '만큼'은 체언 뒤에 붙은 조사이므로 붙여 쓰는 것이 적절하지만 '할 만큼'에서의 '만큼'은 의존명사이므로 띄어 써야 한다.

⑤ 수식과 피수식의 관계에서는 일반적으로 띄어 써야 하므로 관형어 '하얀', '예쁜'은 뒤에 오는 체언과 띄어 쓰는 것이 적절하다.

10 의사소통능력 문제 정답 ⑤

'근본'은 '사물의 본질이나 본바탕'을 의미하므로, 맥락상 '사물이나 일이 생겨남. 또는 그 사물이나 일이 생겨난 바'를 의미하는 '유래'로 고치는 것이 적절하다.

오답 체크

① '설혹'은 '(주로 부정적인 의미에서) 가정해서 말하여'라는 의미이고, '설령' 역시 같은 의미이므로 수정할 필요가 없다.

② '이제'는 '바로 이때, 지나간 때와 단절된 느낌을 표현'의 의미이고, '지금'은 '말하는 바로 이때'라는 의미이므로 '이제'로 쓰는 것이 적절하다.

③ '마침'은 '어떤 경우나 기회에 알맞게'라는 의미이고, '공교롭게'는 '뜻하지 않았던 사실이나 사건과 우연히 마주치게 된 것이 기이하다고 할 만하게'의 의미이므로 '마침'으로 쓰는 것이 적절하다.

④ '뜨겁다'는 '몸에 상당한 자극을 느낄 정도로 온도가 높다'는 의미이고, '덥다'는 '기온이 높거나 기타의 이유로 몸에 느끼는 기운이 뜨겁다'라는 의미이므로 '뜨겁다'로 쓰는 것이 적절하다.

11 수리능력 문제 정답 ④

원래 소금 양은 $\frac{10}{100} \times 200 + \frac{5}{100} \times 300 = 35$g이므로 계획했던 농도는 $\frac{35}{500} \times 100 = 7$%이다.

여기에 실수로 소금 14g이 추가되어 총 소금은 49g이 되었으므로 농도 7%를 맞추기 위해 추가할 물의 양을 x라고 하면 $\frac{49}{500+14+x} \times 100 = 7\%$이다.
따라서 추가로 넣어야 할 물의 양인 $x = 186$g이다.

12 수리능력 문제 정답 ③

총 원가는 16,000 × 75 = 1,200,000원이고, 전체 원가의 40% 이익을 얻으려고 하므로 목표 수익은 1,200,000 × 1.4 = 1,680,000원이다. 이때 판매가 가능한 것은 이벤트 증정용을 제외한 70개이므로 1개당 판매가격은 $\frac{1,680,000}{70}$ = 24,000원이다.

13 수리능력 문제 정답 ③

작년 사무직을 x명, 작년 현장직을 y명으로 두면 $y = x + 80$이고 증가 인원은 $0.15x + 0.12y = 96$이다. 연립하면 $x = 320$이고 올해 사무직 직원은 15% 증가하였으므로 320 × 1.15 = 368명이다.

14 수리능력 문제 정답 ②

A 정수기로 물을 받는 데 1분, 즉, 60초가 소요되므로 주전자는 초당 1/60만큼 채워진다.
B 정수기로는 72초가 소요되므로 초당 1 / 72만큼 채워진다.
즉, A와 B 정수기로 함께 받으면 초당 1 / 60 + 1 / 72 = 11 / 360만큼 채워지며, 다 채우기 위해서는 360 / 11 ≒ 32.7초, 약 33초가 필요하다.

15 수리능력 문제 정답 ⑤

비수기 하루 한 객실의 가격을 a라고 한다면, 성수기는 객실의 금액이 1.2a가 된다.
비수기에는 매일 30%의 공실이 발생하므로 70개의 객실만 채워지고, 이때의 매출은 70a가 되며, 성수기에는 만실이므로, 하루에 120a의 매출이 발생한다.
이때, 비수기 하루 매출과 성수기 하루 매출의 평균은 $\frac{(70a + 120a)}{2}$ = 6,650,000원이며, 이때 비수기 하루 숙박료는 a = 70,000원이 된다.
따라서 성수기 하루 객실 숙박료는 1.2a = 84,000원이 정답이다.

16 수리능력 문제 정답 ②

테이블의 좌측은 임원진이 위치하고 우측은 팀과 직책에 따른 자리 구분을 하지 않는다. 또한 우측은 3년 차 이상의 직원 4명과 3년 차 미만 직원 3명이 함께 앉으려고 하기 때문에 3년 차 미만 직원 3명을 하나로 묶으면 5명이 일렬로 앉는 것과 같게 되므로 5!가지의 수가 나온다. 여기에 3년 차 미만 직원을 배치하는 방법은 3!가지의 수가 나오므로 우측 열 자리에 직원 7명이 앉을 수 있는 총 가짓수는 5! × 3! = 120 × 6 = 720가지가 된다.

17 수리능력 문제 정답 ②

A와 B가 같이 작업을 하면 18일이 소요되므로 A와 B가 각각 단독으로 작업했을 때 걸리는 일수를 a와 b라고 나타내면 아래와 같은 식이 나온다.
{(1 / a) + (1 / b)} × 18 = 1
또한 B가 단독으로 작업하면 A가 단독으로 작업했을 때보다 1.5배의 시간이 걸리므로 아래와 같은 식을 세울 수 있다.
(1 / a) = (1 / b) × 1.5
따라서 두 식을 연립하여 풀면 a = 30, b = 45이므로 A가 단독으로 작업했을 때 ○○제품 1개를 만드는 데 걸리는 시간은 30일이다.

18 조직이해능력 문제 정답 ②

피그말리온 효과(= 로젠탈 효과)는 자기 충족적 예언효과를 의미하며, 무언가에 대한 믿음, 기대, 예측이 실제로 일어나는 현상이다. 권 부장의 영업 2팀에 대한 기대와 믿음이 영업 2팀의 실적상승에 기여했다.

오답 체크

① 플라세보 효과: 의사가 효과 없는 가짜 약 혹은 꾸며낸 치료법을 환자에게 제안했는데, 환자의 긍정적인 믿음으로 인해 병세가 호전되는 현상이다.

③ 근본적 귀속의 착오(= 이기적 착오): 타인의 실패를 평가할 때는 상황적 요인의 영향은 과소평가하고 개인적 요인의 영향은 과대평가하는 반면, 타인의 성공을 평가할 때는 상황적 요인의 영향은 과대평가하고 개인적 요인의 영향은 과소평가하는 현상이다.

④ 막바지 효과(= 근접 효과): 시간적 오류 중 하나로, 최근의 실적이나 능력을 중심으로 평가하는 효과이다.

⑤ 연쇄 효과(= 후광 효과, Halo Effect): 한 평가 요소에 대한 판단이 연쇄적으로(관련이 전혀 없는 경우에도) 다른 요소 평가에도 영향을 주는 효과이다.

19 수리능력 문제 정답 ⑤

ㄷ. 초등학교의 연간 사교육비 총액의 전년 대비 증가율은 2017년 (81,311 - 77,438) / 77,438 × 100 ≒ 5.0%, 2018년 (85,531 - 81,311) / 81,311 × 100 ≒ 5.2%, 2019년 (95,597 - 85,531) / 85,531 × 100 ≒ 11.8%이고, 고등학교의 연간 사교육비 총액의 전년 대비 증가율은 2017년 (57,095 - 55,065) / 55,065 × 100 ≒ 3.7%, 2018년 (59,348 - 57,095) / 57,095 × 100 ≒ 3.9%, 2019년 (61,819 - 59,348) / 59,348 × 100 ≒ 4.2%로 매년 초등학교의 증가율이 더 높으므로 옳은 설명이다.

ㄹ. 초등학교를 제외한 중학교와 고등학교의 사교육 참여율은 매년 증가하므로 옳은 설명이다.

오답 체크

ㄱ. 1인당 월평균 사교육비의 전년 대비 증가율은 2017년 초등학교가 (25.3 - 24.1) / 24.1 × 100 ≒ 5.0%, 중학교가 (29.1 - 27.5) / 27.5 × 100 ≒ 5.8%, 2018년 초등학교가 (26.3 - 25.3) / 25.3 × 100 ≒ 4.0%, 중학교가 (31.2 - 29.1) / 29.1 × 100 ≒ 7.2%, 2019년 초등학교가 (29.0 - 26.3) / 26.3 × 100 ≒ 10.3%, 중학교가 (33.8 - 31.2) / 31.2 × 100 ≒ 8.3%로 중학교의 증가율이 더 높을 때가 있으므로 옳지 않은 설명이다.

ㄴ. 전체 학생 수는 연간 사교육비 총액 / (1인당 월평균 사교육비 × 12개월)이므로, 2016년 180,606 / (25.6 × 12) ≒ 588만 명, 2017년 186,703 / (27.2 × 12) ≒ 572만 명, 2018년 194,852 / (29.1 × 12) ≒ 558만 명, 2019년 209,970 / (32.1 × 12) ≒ 545만 명으로 매년 감소하므로 옳지 않은 설명이다.

빠른 문제 풀이 Tip

계산 과정이 없거나 풀이 시간이 적은 <보기>부터 풀이하여 오답인 선택지를 소거한다. 먼저 ㄹ은 <표3>을 통해 계산 과정 없이 옳은 설명임을 확인할 수 있으므로 ①, ②, ③을 소거한다. 남은 선택지에 의해 ㄱ은 계산할 필요 없이 옳지 않은 설명임을 알 수 있고 나머지 ㄴ과 ㄷ 중 비교적 계산이 간단한 ㄴ을 먼저 확인하여 정답을 빠르게 찾을 수 있다.

ㄴ. 주석을 활용하여 전체 학생 수 = 연간 사교육비 총액 / (1인당 월평균 사교육비 × 12)임을 빠르게 확인한다. 비율값의 크기 비교이므로 × 12는 생략할 수 있으므로 2016년은 180,606 / 25.6, 2017년은 186,703 / 27.2로 나타내어 분모 값과 분자 값의 증가율로 크기 비교를 할 수 있다. 2017년은 2016년 대비 분모 값은 1.6만큼, 분자 값은 약 6,000만큼 증가하였다. 증가율을 파악하기 위해 25.6과 180,606 각각의 10%를 구하면 2.56과 18,060.6이고, 5%는 10%의 절반인 약 1.3과 9,000이다. 이에 따라 분모는 5% 이상 증가, 분자는 5% 미만 증가하여 분모의 증가율이 더 크므로 분수 값은 감소함을 알 수 있다.

20 수리능력 문제 정답 ②

2017년의 1인 1일 상수도 사용량의 총 생산원가는 289 × 898 × 0.001 ≒ 260원으로 250원 이상이므로 옳은 설명이다.

오답 체크

① 1인 1일 급수량 대비 사용량의 비율은 증가/감소가 일관되지 않으므로 옳지 않은 설명이다.

③ 생산원가의 전년 대비 증가량이 가장 높았던 해는 36.2원인 2011년이므로 옳지 않은 설명이다.

④ 2018년 1인 1일 급수량의 5년 전 대비 증가율은 (348 - 335) / 335 × 100 ≒ 3.9%로 4% 이하이므로 옳지 않은 설명이다.

⑤ 2018년의 생산원가의 전년 대비 증가율 (914.3 - 898) / 898 × 100 ≒ 1.8%를 2019년에 적용하면 914.3 × 1.018 ≒ 930.8원으로 932원 이하이므로 옳지 않은 설명이다.

빠른 문제 풀이 Tip

① 2013~2014년의 급수량 대비 사용량은 분모 값이 335로 같기 때문에 분자 값을 비교하면 282에서 280으로 감소하였으므로 옳지 않은 설명임을 알 수 있다.

③ 눈으로 한번 훑어보고 전년 대비 증가량의 기준값을 임의로 잡아 기준값 이상인 증가량만 골라 정확한 값을 비교한다. 기준값을 30으로 잡으면 전년 대비 증가량이 30 이상인 2011, 2013, 2017년도만 비교하면 된다. 전년 대비 증가량은 2011년이 36.2, 2013년이 34.6, 2017년이 30이므로 2011년의 증가량이 가장 높았음을 알 수 있다.

21 수리능력 문제 정답 ④

2018년 전체 가맹점 수의 전년 대비 증감량은 5,751천 개, 증가한 편의점 가맹점 수는 1,810천 개로 (1,810 / 5,751) × 100 ≒ 31.5%이므로 옳지 않은 설명이다.

오답 체크

① 2018년 가맹점 수 상위 3대 업종인 편의점, 한식, 치킨 구성비의 합은 23.6 + 16.7 + 14.3 = 54.6%이므로 옳은 설명이다.

② 2018년 업종별 가맹점 수의 전년 대비 증감률은 외국식이 16.6%로 가장 높고, 두발 미용이 12.7%, 김밥·간이음식이 10.3%로 증가하였으며, 의약품과 제과점은 각각 -6.7%, -5.9%로 감소하였으므로 옳은 설명이다.

③ 2018년 치킨의 가맹점 수는 25,110천 개, 생맥주·기타주점의 가맹점 수는 11,676천 개로 25,110 / 11,676 ≒ 2.2배이고, 제과점 가맹점 수는 7,354천 개로 25,110 / 7,354 ≒ 3.4배이므로 옳은 설명이다.

⑤ 2017년 대비 2018년에 증가한 가맹점 수가 1,810천 개로 가장 많은 편의점과 증가한 가맹점 수가 259천 개로 가장 적은 안경·렌즈의 2018년 가맹점 수 차이는 41,359 - 3,184 = 38,175천 개이므로 옳은 설명이다.

22 수리능력 문제 정답 ④

㉡ 1995~2015년 동안 조사가 진행된 시점에 인천광역시보다 인구밀도가 항상 높았던 곳은 (A), (B), (C)이므로 이 세 지역 중 한 곳은 대구광역시이다.
㉢ 1995~2015년까지 인구밀도가 꾸준한 증가 추이를 보이는 지역은 (C), (D)이므로 두 지역은 경기도와 광주광역시 중 하나이다.
㉣ 조사가 진행된 모든 시점에 부산광역시의 면적이 경기도의 3배라면 인구는 9배 이상이었으므로 인구밀도는 부산광역시가 경기도의 3배 이상이다. 이러한 조건을 1995~2015년 동안 만족하는 곳은 (A)와 (D)이다. 따라서 (A)는 부산광역시, (D)는 경기도이다. ㉢에서 (C), (D) 두 지역은 경기도와 광주광역시 중 하나였으므로 남은 (C)는 광주광역시이다. 또한 ㉡에 의해 남은 (B)는 대구광역시가 된다.

따라서 위 내용을 정리하면 (A) 부산광역시, (B) 대구광역시, (C) 광주광역시, (D) 경기도이다.

23 문제해결능력 문제 정답 ④

탐색형 문제는 잠재 문제, 예측 문제, 발견 문제의 세 가지 형태로 구분된다.

24 문제해결능력 문제 정답 ①

ㄱ. 소프트 어프로치는 조직 구성원들이 같은 문화적 토양을 가지고 이심전심으로 서로를 이해하는 상황을 가정하며, 코디네이터 역할을 하는 제3자는 권위나 공감에 의지하여 의견을 중재하고, 타협과 조정을 통하여 해결을 도모하므로 옳은 설명이다.
ㄴ. 하드 어프로치는 서로의 생각을 직설적으로 주장하고 논쟁이나 협상을 통해 의견을 조정해 가는 방법이며, 이때 중심적 역할을 하는 것이 논리, 즉 사실과 원칙에 근거한 토론이다. 제3자는 이를 기반으로 구성원에게 지도와 설득을 하고 전원이 합의하는 일치점을 찾아내려고 하므로 옳은 설명이다.

오답 체크

ㄷ. 퍼실리테이션을 이용한 문제해결은 구성원이 자율적으로 실행하는 것이며, 제3자가 합의점이나 줄거리를 준비해 놓고 예정대로 결론이 도출되어 가도록 해서는 안 되므로 퍼실리테이터가 미리 해결안이나 합의점을 설정하고 유도한다는 것은 옳지 않은 설명이다.
ㄹ. 하드 어프로치는 잘못하면 단순한 이해관계의 조정에 그치고 말아서 그것만으로는 창조적인 아이디어나 높은 만족감을 이끌어 내기 어렵고, 감정적 만족도 극대화가 주목표라 보기 어려운 한편, 퍼실리테이션은 초기에 생각하지 못했던 창조적인 해결 방법을 도출한다고 하여 창의성을 중시하므로 옳지 않은 설명이다.

25 문제해결능력 문제 정답 ④

가설 설정은 관련 자료, 인터뷰 등을 통해 검증할 수 있어야 하며 간단명료하게 표현하고 논리적이며 객관적이어야 하므로 적절한 설명이다.

오답 체크

① 원인 분석 단계는 파악된 핵심 문제에 대한 분석을 통해 근본 원인을 도출해 내는 단계로, 근본 원인 규명이 주된 목표이므로 적절하지 않은 설명이다.
② 원인 분석은 쟁점 분석, 데이터 분석, 원인 파악 절차로 진행되며 핵심 이슈에 대한 가설을 설정한 후 가설 검증을 위해 필요한 데이터를 수집, 분석하여 문제의 근본 원인을 도출해 나가는 것이므로 적절하지 않은 설명이다.
③ 가설 설정은 자신의 직관, 경험, 지식, 정보 등에 의존하여 이슈에 대한 일시적인 결론을 예측해 보는 것이므로 적절하지 않은 설명이다.
⑤ 원인의 패턴에는 "단순한 인과관계", "닭과 계란의 인과관계"(원인과 결과 구분이 어려운 경우), 그리고 "복잡한 인과관계"(두 가지 유형이 복잡하게 얽힌 경우) 등 다양한 유형이 있다. 모든 문제의 원인이 복잡한 패턴으로만 나타나는 것은 아니므로 적절하지 않은 설명이다.

26 문제해결능력 문제 정답 ⑤

3C 분석은 자사(Company), 경쟁사(Competitor), 고객(Customer)을 분석하는 기법, SWOT 분석은 기업 내부의 강점(Strengths)과 약점(Weaknesses), 외부 환경의 기회(Opportunities)와 위협(Threats) 요인을 분석 평가하는 방법으로 선지의 내용은 각 분석의 기법을 반대로 설명하고 있으므로 적절하지 않은 설명이다.

오답 체크

① 문제점이란 문제의 근본 원인이 되는 사항으로 문제해결에 필요한 열쇠인 핵심 사항을 말하며 문제의 핵심이 무엇인지 알면, 문제의 반은 풀린 것과 같으므로 적절한 설명이다.
② 발생형 문제는 어떤 기준을 일탈함으로써 생기는 일탈 문제와 기준에 미달하여 생기는 미달 문제로 대변되며 원상복귀가 필요한 반면, 탐색형 문제는 현재의 상황을 개선하거나 효율을 높이기 위한 문제를 의미하므로 적절한 설명이다.
③ 피라미드 구조화 방법은 하위의 사실이나 현상부터 사고함으로써 상위의 주장을 만들어가는 방법이며 'so what' 방법은 눈앞에 있는 정보로부터 의미를 찾아내어 가치 있는 정보를 이끌어 내는 사고로 '어떻게 될 것인가?', '어떻게 해야 한다'라는 내용이 포함되어야 하므로 적절한 설명이다.
④ 창의적인 사고는 기존의 정보(지식, 상상, 개념 등)들을 특정한 요구조건에 맞거나 유용하도록 새롭게 조합시킨 것이며, 발산적(확산적) 사고로서, 아이디어가 많고 다양하고 독특한 것을 의미한다. 또한, 교육훈련을 통해 개발될 수 있는 능력이므로 적절한 설명이다.

27 문제해결능력 문제 정답 ②

외부환경 분석을 위한 체크리스트인 SCEPTIC은 ① Social(사회), ② Competition(경쟁), ③ Economic(경제), ④ Politic(정치), ⑤ Technology(기술), ⑥ Information(정보), ⑦ Client(고객)를 의미하며, 내부환경 분석을 위한 체크리스트인 MMMITI는 ① Man(사람), ② Material(물자), ③ Money(돈), ④ Information(정보), ⑤ Time(시간), ⑥ Image(이미지)를 의미한다.

28 문제해결능력 문제 정답 ④

해결안 개발 단계는 해결안 도출 절차에서 문제로부터 최적의 해결안을 도출하고 아이디어를 명확화한 후, 해결안 평가 및 최적안 선정 절차에서 최적안 선정을 위한 평가 기준을 선정하고 우선순위 선정을 통해 최적안을 선정하므로 옳은 설명이다.

오답 체크

① 문제 인식 단계에서 후보과제를 도출하고 효과 및 실행 가능성 측면에서 평가하여 과제를 도출하는 절차는 과제 선정이며, 환경 분석에서는 Business System상의 거시 환경 분석을 하므로 옳지 않은 설명이다.

② 문제 도출 단계의 절차는 문제 구조 파악 후 핵심 문제를 선정하는 것이며, 이슈(Issue) 분석 절차는 원인 분석 단계에서 이루어지므로 옳지 않은 설명이다.

③ 원인 분석 단계 중 데이터(Data) 분석 절차는 데이터의 수집계획 수립, 데이터 정리·가공, 데이터 해석을 내용으로 하며, 근본 원인을 파악하고 원인과 결과를 도출하는 절차는 원인 파악 절차이므로 옳지 않은 설명이다.

⑤ 실행 및 평가 단계는 '실행계획 수립 → 실행 → Follow-up'의 절차를 따르며, 해결안 도출은 해결안 개발 단계의 절차이므로 옳지 않은 설명이다.

29 문제해결능력 문제 정답 ②

원인 분석 단계의 절차와 그 내용을 정리하면 다음과 같다.

구분	이슈 분석	데이터 분석	원인 파악
내용	· 핵심이슈 설정 · 가설 설정 · Output 이미지 결정	· Data 수집계획 수립 · Data 정리/가공 · Data 해석	· 근본 원인을 파악하고 원인과 결과를 도출

따라서 원인 분석 단계의 절차에 따른 내용이 적절하게 분류된 것은 'Output 이미지 결정'이다.

30 문제해결능력 문제 정답 ⑤

주어진 정보를 정리하면 다음과 같다.

· 사과(O) → 바나나(X)
· 포도(X) → 오렌지(X)
· 복숭아(O) → 바나나(O)
· 오렌지(O) → 사과(O)

세 번째 명제 복숭아(O) → 바나나(O), 첫 번째 명제의 대우 바나나(O) → 사과(X), 네 번째 명제의 대우 사과(X) → 오렌지(X)를 순서대로 연결하면 복숭아(O) → 오렌지(X)가 도출된다.

따라서 복숭아를 좋아하는 사람은 오렌지를 좋아하지 않는다는 것은 반드시 참인 결론이다.

31 문제해결능력 문제 정답 ②

수빈이 범인인지 여부에 대한 진술이 많으므로 수빈이 범인인 경우와 범인이 아닌 경우로 나누어 살펴보자.

[경우 1] 수빈이 범인인 경우

그러면 민수의 두 번째 진술은 거짓, 지현의 두 번째 진술은 진실, 수빈의 두 번째 진술은 거짓이 된다. 그런데 규칙에서 모두 진실 하나, 거짓 하나를 말했다고 하였으므로 민수의 첫 번째 진술은 진실, 지현의 첫 번째 진술은 거짓, 수빈의 첫 번째 진술은 진실이 되며, 각 진술에 의해 다음과 같은 정보를 추가로 알 수 있다.

구분	진술 1	진술 2	정보
민수	T	F	민수 X
지현	F	T	태경 O
태경			
수빈	T	F	지현 O

그런데 범인은 한 명이라고 하였으므로 태경과 지현이 모두 범인이 되는 것은 불가능하다. 따라서 수빈이 범인이라는 가정은 틀린 것이 된다.

[경우 2] 수빈이 범인이 아닌 경우

그러면 민수의 두 번째 진술은 진실, 지현의 두 번째 진술은 거짓, 수빈의 두 번째 진술은 진실이 된다. 그런데 규칙에서 모두 진실 하나, 거짓 하나를 말했다고 하였으므로 민수의 첫 번째 진술은 거짓, 지현의 첫 번째 진술은 진실, 수빈의 첫 번째 진술은 거짓이 되며, 각 진술에 의해 다음과 같은 정보를 추가로 알 수 있다.

구분	진술 1	진술 2	정보
민수	F	T	민수 O
지현	T	F	태경 X
태경			
수빈	F	T	지현 X

태경이 범인이 아니므로 태경의 첫 번째 진술은 진실이 되고 태경의 두 번째 진술은 거짓이 되며 이로 인해 정리되는 내용은 아래와 같이 모순 없이 성립함을 알 수 있다.

구분	진술 1	진술 2	정보
민수	F	T	민수 O
지현	T	F	태경 X
태경	T	F	민수 O
수빈	F	T	지현 X

이를 통해 선지를 살펴보면, 지현의 첫 번째 말은 진실이므로 ②는 옳은 진술이다.

오답 체크

① 민수가 범인이므로 옳지 않은 진술이다.

③ 태경의 두 번째 말은 거짓이므로 옳지 않은 진술이다.

④ 범인은 민수이기에 지현과 수빈은 모두 범인이 아니므로 옳지 않은 진술이다.

⑤ 민수의 첫 번째 말과 수빈의 첫 번째 말은 모두 거짓이므로 옳지 않은 진술이다.

32 문제해결능력 문제 정답 ⑤

제시문의 내용을 정리하면 다음과 같다.

수조	• 조용하고 통풍이 잘되며 직사광선이 들지 않아야 함 • 수초가 있는 것이 좋음 • 둥근 알갱이의 작은 자갈을 사용하는 것이 좋으며, 산호 자갈은 금물임
수질	• 약산성으로 pH 6.2~6.8의 범위가 좋음
수온	• 20~27도 • 겨울에는 히터가 필요하고, 여름에는 수온계로 수온 체크가 필요함
먹이	• 실지렁이, 브라인슈림프 등의 살아있는 먹이와 플레이크 푸드 등의 인공 먹이를 균형 있게 공급해야 함 • 1일 최저 2회로 적당량을 주는 것이 좋음

이를 토대로 선택지를 살펴보면 수조는 둥근 알갱이의 작은 자갈을 사용하고, 수질은 pH 6.6이며, 수온은 히터와 수온계로 유지하며, 먹이는 살아있는 먹이와 인공 먹이를 균형 있게 공급하는 ⑤가 거피의 사육법으로 가장 적절하다.

오답 체크

① 수조에 산호 자갈이 들어가서는 안 되므로 적절하지 않다.

② 겨울에 필요한 히터가 없으므로 적절하지 않다.

③ 수온을 체크할 수온계가 없으므로 적절하지 않다.

④ 수온을 체크할 수온계가 없으며, 살아있는 먹이와 인공 먹이를 균형 있게 공급해야 하지만 인공 먹이가 없으므로 적절하지 않다.

33 문제해결능력 문제 정답 ②

셋째 조문 2항에 의하면 일반 도서 대출 기간은 7일이며, 같은 조문 4항에 의하면 1회 연장 시 기존 대출 기간과 동일한 7일이 추가되므로 옳은 설명이다.

오답 체크

① 첫째 조문에 의하면 도서는 KDC 분류와 저자명 순으로 분류되나, 전자책은 두 번째 조문에 의하면 '분류기호-입수연도-일련번호'가 아니라 디지털 접근 코드로 관리되므로 옳지 않은 설명이다.

③ 셋째 조문 1항에 의하면 정회원은 도서 5권, 비도서 2점까지 대출 가능하며, 정기간행물은 대출할 수 없으므로 옳지 않은 설명이다.

④ 다섯째 조문 1항에 의하면 훼손된 자료는 내용을 읽을 수 없게 하거나 원상 복구 불가능할 경우에만 원가 전액 변상하며, 같은 조문 3항에 의하면 훼손 여부 판단은 사서 재량에 따르므로 옳지 않은 설명이다.

⑤ 넷째 조문 2항에 의하면 연체 자료가 있으면 모든 도서관 서비스(열람실 이용 포함)가 제한되어 열람실 이용도 불가능하므로 옳지 않은 설명이다.

34 문제해결능력 문제 정답 ③

A 전송방식 비용

• 1만 명 기준: 10+5=15억 원

• 5만 명 기준: 20+5=25억 원

B 전송방식 비용

• 1만 명 기준: 1+10=11억 원

• 5만 명 기준: 2+30=32억 원

따라서 1만 명 기준일 경우 B 전송방식이 유리하고 5만 명 기준일 경우 A 전송방식이 유리하며, 월요일, 화요일, 수요일에는 1만 명 기준을 적용하고 목요일, 금요일, 토요일, 일요일에는 5만 명 기준을 적용하는 것이 유리하다.

㉠ A 전송방식만 사용할 경우 $15\times\frac{3}{7}+25\times\frac{4}{7}\fallingdotseq$ 20억 7천만 원, B 전송방식만 사용할 경우 $11\times\frac{3}{7}+32\times\frac{4}{7}=$23억 원, 월요일, 화요일, 수요일에는 B 전송방식을, 목요일, 금요일, 토요일, 일요일에는 A 전송방식을 쓸 경우 $11\times\frac{3}{7}+25\times\frac{4}{7}=$19억 원의 비용이 든다.
따라서 A 전송방식과 B 전송방식을 혼용하는 것이 하나의 방식으로 사용하는 것보다 유리하므로 옳은 설명이다.

㉡ '㉠'의 계산에서 A 전송방식만 사용하는 경우 20억 7천만 원의 비용이 들고 B 전송방식만 사용하는 경우 23억 원의 비용이 든다. 따라서 A 전송방식만 사용하는 것이 비용면에서 더 유리하므로 옳은 설명이다.

오답 체크

㉢ 월요일, 화요일, 수요일에는 B 전송방식을, 목요일, 금요일, 토요일, 일요일에는 A 전송방식을 사용하는 것이 비용면에서 가장 유리하므로 옳지 않은 설명이다.

35 자기개발능력 문제 정답 ①

자아 인식에 대한 설명이다. 자기개발 계획을 수립할 때 사용해야 될 전략 4가지는 '장단기 목표를 수립한다', '인간관계를 고려한다', '현재의 직무를 고려한다', '구체적인 방법으로 계획한다'이다.

[36-37]

36 자원관리능력 문제 정답 ④

문제에 따르면 최종 점수 산출 방식은 디자인 점수 × 25% + 내구성 점수 × 45% + 착화감 점수 × 30%이므로 각 업체별로 최종 점수를 산출하면 아래와 같다.

A 업체	85 × 0.25 + 90 × 0.45 + 88 × 0.3 = 21.25 + 40.5 + 26.4 = 88.15점
B 업체	90 × 0.25 + 85 × 0.45 + 90 × 0.3 = 22.5 + 38.25 + 27 = 87.75점
C 업체	92 × 0.25 + 90 × 0.45 + 85 × 0.3 = 23 + 40.5 + 25.5 = 89점
D 업체	88 × 0.25 + 88 × 0.45 + 92 × 0.3 = 22 + 39.6 + 27.6 = 89.2점
E 업체	86 × 0.25 + 89 × 0.45 + 87 × 0.3 = 21.5 + 40.05 + 26.1 = 87.65점

따라서 점수가 가장 높은 업체는 D 업체이다.

37 자원관리능력 문제 정답 ②

위의 문제를 통해 확인한 업체는 D 업체이고, D 업체의 러닝화 1켤레당 판매 가격은 87,000원이다. 그리고 문제에서 주어진 원가는 1켤레당 재료비 20,000원 + 인건비 30,000원 + 유통비 7,500원 = 57,500원이 된다.

따라서 1켤레당 순이익은 87,000 − 57,500 = 29,500원이 되고, 500켤레를 판매했을 때 얻을 수 있는 순수익은 29,500원/켤레 × 500켤레 = 14,750,000원이 된다.

38 자원관리능력 문제 정답 ⑤

주어진 조건을 정리해 보면 1달에 사용하는 원료량이 1,000kg = 1t이므로, 월 생산량이 1t이 되지 않는 KL 머티리얼즈는 납품 업체로 선정할 수 없다. 6개월 단위 계약이므로 총 계약량은 1,000kg × 6 = 6,000kg = 6t으로 KC 머티리얼즈에서는 10%의 할인을 받을 수 있으며, KG 머티리얼즈에서는 10t이 넘지 않으므로 할인을 받을 수 없다. 위의 조건에 따라 단가를 계산해 보면, KC 머티리얼즈 원료 단가 = 6,000원 × 0.9 = 5,400원, KG 머티리얼즈 원료 단가 = 5,500원, KN 머티리얼즈 원료 단가 = 6,500원이 된다.

최우선으로 고려해야 하는 것은 원료의 품질이기 때문에 KN 머티리얼즈를 기준으로 생각하였을 때, KN 머티리얼즈의 원료 단가보다 KC 머티리얼즈의 원료 단가가 20% 이상 저렴하다면 원료의 품질이 한 단계 낮더라도 KC 머티리얼즈를 선택해야 한다. KN 머티리얼즈의 원료 단가가 6,500원이므로 20% 저렴한 단가를 구해보면 6,500 × 0.8 = 5,200원으로 KC 머티리얼즈의 원료 단가보다 200원 낮다. 20% 이상 저렴하지 않기 때문에 계약은 KN 머티리얼즈와 해야 하고, 총 계약량이 6,000kg이므로 총 물품 금액은 6,000 × 6,500 = 39,000,000원이다.

따라서 계약금은 총 물품 금액의 10%를 지불해야 한다고 했으므로 39,000,000원의 10%인 3,900,000원을 계약금으로 지불해야 한다.

[39-40]

39 자원관리능력 문제 정답 ③

분기별 매출 증가율을 고려하지 않고, 홍보 제품별 두 회사가 얻는 한 분기 수익의 합을 나타내면 다음과 같다.

구분		T 회사			
		A 제품	B 제품	C 제품	D 제품
S 회사	A 제품	3	6	4	7
	B 제품	6	7	9	6
	C 제품	1	5	−2	−8
	D 제품	8	0	2	4

따라서 한 분기 수익의 합이 클수록 연 수익의 합도 크므로 1년 동안 S 회사가 'B 제품', T 회사가 'C 제품'을 홍보할 때 두 회사가 얻는 수익의 합이 가장 크다.

40 자원관리능력 문제 정답 ③

1분기 매출 증가율은 A 제품이 50%, B 제품이 0%, C 제품이 25%, D 제품이 100%이므로 내년 1분기에 T 회사가 A 제품만 홍보할 때, S 회사가 홍보하는 제품별 두 회사의 수익은 다음과 같다.

구분		T 회사
		A 제품
S 회사	A 제품	(6, −0.5)
	B 제품	(−3, 13.5)
	C 제품	(10, −3.5)
	D 제품	(12, 3)

따라서 S 회사가 내년 1분기에 T 회사보다 더 많은 수익을 내려면 A 제품과 C 제품과 D 제품을 홍보해야 한다. 이때, 회사와의 수익 차이는 A 제품이 6 - (-0.5) = 6.5조 원, C 제품이 10 - (-3.5) = 13.5조 원, D 제품이 12 - 3 = 9조 원이므로 수익 차이가 최대가 되려면 홍보해야 하는 제품은 'C 제품'이다.

41 자원관리능력 문제 정답 ③

기존에 사용하던 1.54kg짜리 노트북보다 300g 이상 가벼워야 한다고 했으므로 무게는 1.24kg 이하여야 한다. 따라서 정 노트북은 선택할 수 없다. RAM은 16GB 이상이어야 한다고 했으므로 병 노트북도 선택할 수 없다. 화면 크기는 15인치 이상인 제품으로 원한다고 했으므로 화면 크기를 살펴보면 갑 노트북은 16.2 - 1 = 15.2인치이고, 을 노트북은 베젤리스이므로 15.4인치로 두 노트북 모두 선택 가능하다.

두 노트북 중 더 저렴한 노트북은 갑 노트북이지만 A 카드사를 이용할 때 갑 노트북의 가격은 180만 원 × 0.9 = 162만 원이고, 을 노트북의 가격은 195만 원 × 0.9 = 175.5만 원이므로, 을 노트북 가격이 갑 노트북 가격보다 10% 이상 비싸지 않으면서 100g 이상 가볍다. 따라서 선택해야 하는 것은 을 노트북이고, 을 노트북의 가격은 앞서 구한 바와 같이 175.5만 원이다.

42 자원관리능력 문제 정답 ④

갑 회사는 상주 인력 수가 2명 이상이면서 평균 긴급 출동 소요 시간이 10분 미만인 업체 중에서만 선택하므로 A, B, C, D 업체 중에서 선택한다. CCTV 평가 항목 중 비용 4 : 녹화 시간 3 : 야간 촬영 기능 3의 비율로 최종 점수를 산출해 보면,

A 업체 = 7 × 0.4 + 10 × 0.3 + 9 × 0.3 = 8.5점,

B 업체 = 9 × 0.4 + 7 × 0.3 + 10 × 0.3 = 8.7점,

C 업체 = 10 × 0.4 + 6 × 0.3 + 7 × 0.3 = 7.9점,

D 업체 = 6 × 0.4 + 9 × 0.3 + 10 × 0.3 = 8.1점이다.

따라서 갑 회사가 선정할 업체는 B 업체이다.

을 회사는 CCTV 평가 항목 중 비용 4 : 녹화 시간 2 : 야간 촬영 기능 4의 비율로 점수를 산출하고, 해당 점수에 평균 긴급 출동 소요 시간이 5분 이하인 업체에 가산점 1점, 상주 인력 수가 2명을 초과하는 경우 가산점 1점을 부여하여, 최종 점수가 가장 높은 업체로 선정하므로 업체별 점수를 산출해 보면,

A 업체 = 7 × 0.4 + 10 × 0.2 + 9 × 0.4 + 1 = 9.4점,

B 업체 = 9 × 0.4 + 7 × 0.2 + 10 × 0.4 + 1 = 10점,

C 업체 = 10 × 0.4 + 6 × 0.2 + 7 × 0.4 + 1 = 9점,

D 업체 = 6 × 0.4 + 9 × 0.2 + 10 × 0.4 = 8.2점,

E 업체 = 8 × 0.4 + 10 × 0.2 + 7 × 0.4 = 8점,

F 업체 = 6 × 0.4 + 8 × 0.2 + 7 × 0.4 + 1 = 7.8점,

G 업체 = 9 × 0.4 + 10 × 0.2 + 7 × 0.4 = 8.4점이다.

따라서 을 회사가 선정할 업체는 B 업체이다.

[43-45]

43 자원관리능력 문제 정답 ④

문제에서 최소 이동 거리를 구하기 위해 [거래처 간 상호 거리] 표를 참고한다. 이때 표에서 거리가 표시되지 않은 구간은 이동 불가이므로 주어진 조건에서 최단 경로는 사무실 → A → D → C → B → E → 사무실 경로이다. 각 구간별 거리는 사무실 → A: 7.3km, A → D: 10.2km, D → C: 4.2km, C → B: 8.2km, B → E: 3.4km, E → 사무실: 5.9km이므로 전체 이동 거리는 7.3 + 10.2 + 4.2 + 8.2 + 3.4 + 5.9 = 39.2km이다.

44 자원관리능력 문제 정답 ①

위의 문제를 통해 전체 이동 거리는 39.2km라는 것을 알 수 있고, 주어진 연비와 기준 유가를 토대로 유류비를 계산하면 39.2km ÷ 14.0km/L × 1,890원/L = 5,292원이 된다.

45 자원관리능력 문제 정답 ④

사무실에서 오전 8시부터 1시간 동안 회의를 진행한 뒤 업무를 시작한다고 했으며, 각 거래처에서의 업무는 1시간씩 소요된다고 했으므로 5시간의 업무 소요 시간이 발생한다. 또한 중간에 점심식사 시간을 위한 휴식을 1시간 갖는다고 했으며, 총 이동 거리가 39.2km이고, 평균 이동 속력이 50km/h라고 했으므로 총 소요 시간은 아래와 같이 산출할 수 있다.

- 업무: 회의 1시간 + 거래처 5시간 + 점심 1시간 = 총 7시간
- 이동: 39.2km ÷ 50km/h × 60분 = 47.04분 = 47분 2.4초 → 초 단위 미만 절사 → 47분 2초
- 최종 도착 시간: 오전 8시 + 7시간 + 47분 2초 = 오후 3시 47분 2초

따라서 최종 도착 시간은 오후 3시 47분 02초이다.

46 대인관계능력 문제 정답 ④

제시된 상황은 팀원들이 처음 만나 서로를 탐색하는 '형성기(Forming)'에 해당한다. 이 단계에서 리더는 명확한 목표와 방향을 제시하여 불확실성을 줄이고, 팀원들이 서로를 알아가고 긍정적인 관계를 맺을 수 있도록 지원하는 역할을 해야 한다.

오답 체크

①은 성과기, ②는 규범기, ③은 격동기, ⑤는 해체기의 리더 역할에 대한 설명이다.

더 알아보기

터크만(Tuckman)의 팀 발달 단계와 리더의 역할

단계	특징	리더의 역할
[1단계] 형성기 (Forming)	· 팀이 처음 구성되는 초기 단계 · 팀원들은 서로를 잘 알지 못하며, 조심스럽고 탐색적인 태도를 보임 · 팀의 목표, 구조, 역할 등이 불분명하여 불안감과 기대감이 공존 · 리더에게 많이 의존하며, 명확한 방향 제시를 기대함	· 명확한 비전과 목표 제시 · 팀원 간 상호작용 촉진 및 안전한 분위기 조성 · 팀의 구조와 기본적인 운영 방식 설정 · 적극적인 의사소통 및 정보 제공
[2단계] 격동기 (Storming /혼란기)	· 팀원들이 자신의 의견을 내세우기 시작하면서 갈등과 대립이 발생하는 단계 · 팀의 목표, 역할, 리더십, 업무 방식 등에 대한 이견 표출됨 · 권력 다툼이나 파벌이 형성될 수 있으며, 부정적인 감정이 나타나기도 함 · 팀의 생산성이 일시적으로 저하될 수 있음	· 갈등을 자연스러운 과정으로 인정하고 회피하지 않음 · 팀원들이 서로의 의견을 경청하고 존중하도록 유도 · 건설적인 갈등 해결을 위한 중재 및 코칭 · 명확한 의사소통 채널 및 규칙 확립 지원
[3단계] 규범기 (Norming)	· 격동기를 거치면서 팀의 규칙, 규범, 가치관 등이 확립되는 단계 · 팀원 간의 신뢰와 응집력이 높아지고, 소속감이 강화됨 · 역할이 명확해지고, 협력적인 분위기 속에서 업무가 진행됨 · 피드백이 활발해지고, 서로에게 도움을 주려는 모습이 나타남	· 팀원들의 참여를 격려하고 피드백 제공 · 팀의 규범과 가치를 강화 · 팀의 활동을 촉진하고 지원(Facilitator) · 팀의 성과를 인정하고 격려
[4단계] 성과기 (Performing)	· 팀이 가장 높은 수준의 성과를 창출하는 단계 · 팀원들은 공동의 목표 달성을 위해 헌신하며, 높은 수준의 협력과 시너지를 발휘함 · 상호 의존적이며, 자율적으로 문제를 해결하고 의사결정을 내림 · 팀의 구조와 역할이 유연하게 운영되며, 변화에 효과적으로 대응함	· 팀의 자율성을 존중하고 권한 위임 · 필요한 자원 확보 및 외부 장애물 제거 지원 · 팀의 성장을 위한 새로운 도전 과제 제시 · 팀의 성과를 인정하고 축하
[5단계] 해체기 (Adjourning)	· 프로젝트나 과업이 완료되어 팀이 공식적으로 해산되는 단계(1977년 추가) · 팀원들은 목표 달성에 대한 만족감, 성취감과 함께 이별에 대한 아쉬움, 불안감 등 복합적인 감정을 경험함 · 그동안의 활동과 성과를 정리하고 평가함	· 팀의 성과와 팀원들의 기여를 공식적으로 인정하고 축하 · 팀원들이 긍정적으로 마무리하고 새로운 시작을 준비하도록 지원 · 성과와 경험을 공유하고 조직의 자산으로 남김

47 정보능력 문제

정답 ①

김 대리는 "데이터 유출은 출력물 형태로 이루어지기 때문에 출력물을 가장 중요하게 보호해야 합니다"라고 단정적으로 말했는데, 파일 형태의 유출 또한 매우 중요하기에 '출력물 관리가 가장 중요하다'고 하는 것은 정보보호의 다각적인 측면을 간과한 발언일 수 있으므로 적절하지 않다.

오답 체크

다른 직원들의 발언은 일반적인 정보보호 강화 방안에 해당한다. 이 사원의 경우 출력물 보안 조치(로그 저장, 워터마크), 유 팀장의 경우 모바일 기기 보안 관리(디바이스 제어, 원격 조치), 강 대리의 경우 지능형 개인정보 관리 시스템(실시간 검출, 자동 암호화), 박 사원의 경우 정보의 위변조 방지 및 진본성 확보는 적절하다.

더 알아보기

내부 정보보호를 위해 임직원이 준수해야 할 사항

내부 정보보호는 외부 위협 못지않게 중요하며, 임직원 개개인의 보안 인식과 실천이 핵심적인 역할을 한다. 조직의 정보 자산을 안전하게 보호하고 비즈니스 연속성을 확보하기 위해 모든 임직원이 숙지하고 준수해야 할 주요 사항은 다음과 같다.

계정 및 접근 관리	· 강력한 비밀번호 사용 및 주기적 변경 · 계정 정보 공유 금지 · 다중 요소 인증(MFA) 활성화 · 최소 권한 원칙 준수 · 로그아웃 생활화
PC 및 시스템 보안	· 운영체제(OS) 및 소프트웨어 최신 업데이트 · 인가된 소프트웨어 사용 · 백신 프로그램 실시간 감시 및 정기 검사 · USB 등 이동식 저장 매체 통제 · 중요 데이터 암호화
데이터 처리 및 관리	· 정보 등급 분류 준수 · 출력물 관리 강화 · 개인정보 탐지 및 암호화 · '클린 데스크' 정책 준수 · 안전한 데이터 저장·전송·폐기

이메일 및 인터넷 사용	· 의심스러운 이메일 주의 · 업무용/개인용 이메일 분리 · 파일 첨부 시 보안 고려 · 안전한 웹 서핑 · 공용 Wi-Fi 사용 주의
모바일 기기 및 원격 근무	· 모바일 기기 보안 설정 · 분실/도난 시 즉시 신고 · 원격 근무 환경 보안 · 공용 PC 사용 자제
물리적 보안	· 출입 통제 준수 · 사무 기기 관리 · 회의실 보안
보안 인식 및 대응	· 내부 위협의 심각성 인지 · 보안 교육 참여 · 보안 정책 및 지침 준수 · 의심스러운 활동 즉시 신고

48 정보능력 문제 정답 ⑤

필요한 정보를 쉽게 찾지 못하는 것은 '용이성'의 문제이며, 찾더라도 바로 활용하기 어려운 상태라면 '유용성'도 부족한 것으로 볼 수 있다.

더 알아보기

정보관리의 3원칙

수집된 다양한 형태의 정보를 어떤 문제 해결이나 결론 도출에 사용하기 쉬운 형태로 바꾸는 정보관리 과정에서 고려해야 할 세 가지 주요 원칙이다.

목적성	정보는 사용 목적을 명확히 설명해야 한다. 즉, 정보가 왜 관리되고 있으며 어떤 목적을 위해 사용될 것인지가 분명해야 한다.
용이성	정보는 쉽게 작업할 수 있어야 한다. 필요한 정보를 쉽게 찾고, 이해하고, 다룰 수 있도록 관리해야 한다.
유용성	정보는 즉시 사용할 수 있어야 한다. 필요할 때 바로 접근하여 활용할 수 있는 상태로 정보가 유지되어야 그 가치를 발휘할 수 있다.

49 정보능력 문제 정답 ③

COUNTIF(지정범위, 조건) 함수는 지정된 범위 내에서 주어진 조건을 만족하는 셀의 개수를 센다. 이 문제에서는 '결과' 열(C2:C6)에서 "합격"이라는 텍스트를 포함하는 셀의 개수를 세어야 한다.
따라서 올바른 수식은 =COUNTIF(C2:C6, "합격")이다.

오답 체크

① COUNT 함수는 숫자 셀의 개수만 센다.

② COUNTA 함수는 비어있지 않은 모든 셀의 개수를 센다.

④ COUNTIF(B2:B6, "합격") 함수는 범위(B2:B6)가 잘못되었다.

⑤ SUMIF 함수는 조건에 맞는 셀의 합계를 구한다.

50 정보능력 문제 정답 ④

Input 함수를 통해 a라는 값에 'int(정수)'인 4라는 값을 입력 받았다. 이후 z=1로 할당되었고, w는 (z-3)*2+1이므로 -3이 할당된다. 'a'의 값은 4로 1인 'z'보다 크므로 'w' 값이 'a' 값보다 크지 않더라도 or로 연결되어 있기 때문에 if 구문은 참이 된다.
따라서 y는 2*a가 되고, 이 값은 8이 된다.

51 정보능력 문제 정답 ③

지원번호의 오른쪽에서 첫 번째 문자가 남자의 성별 코드인 [B10]의 내용인 M과 동일하면 '남', 동일하지 않으면 '여'를 출력하라는 함수이므로 =IF(RIGHT(C2, 1)=B10, "남", "여")가 적절하다. 하지만 채우기 핸들을 이용해서 [D3:D7] 영역에도 오류가 없도록 함수를 구성해야 하므로, 채우기 핸들을 활용할 때 [B10] 셀에 대한 지정이 바뀌지 않으면서 지원번호는 바뀔 수 있도록 [B10] 셀을 고정해야 한다.
따라서 적절한 함수는 =IF(RIGHT(C2, 1)=B$10, "남", "여")가 된다.

52 기술능력 문제 정답 ①

제시문은 4차 산업혁명 시대에는 단순 반복적인 업무는 기계가 대체하므로, 인간은 고차원적인 사고, 창의성, 융합 능력 등을 발휘해야 한다고 강조한다.

① 단순히 주어진 매뉴얼을 따르는 능력으로, 자동화될 가능성이 높은 단순 업무에 해당하므로, 미래 사회에서 요구되는 핵심 기술능력으로 보기 어렵다.

오답 체크

②, ③, ④, ⑤는 모두 기술을 이해하고, 적용하며, 새로운 가치를 창출하는 능동적이고 고차원적인 기술능력에 해당한다.

더 알아보기

기술능력의 필요성

기술을 사회의 모든 체계에서 필요로 하는 분야라고 이해한다면, 기술능력은 사회 모든 직업인이 지녀야 할 능력으로 이해할 수 있다. 따라서 모든 직업에 종사하는 사람들이 지녀야 할 직업기초능력으로서 기술능력은 매우 중요한 의미를 지닌다.

53 조직이해능력 문제

정답 ②

브레인스토밍은 비판 없이 아이디어를 제시할 수 있어야 하는데 송 대리는 윤 사원의 발언을 비판하고 있다.

더 알아보기

브레인스토밍

여러 명이 한 가지의 문제를 놓고 아이디어를 비판 없이 제시하여 그 중에서 최선책을 찾아내는 방법

1. 다른 사람이 아이디어를 제시할 때에는 비판하지 않는다.
2. 문제에 대한 제안은 자유롭게 이루어질 수 있다.
3. 아이디어는 많이 나올수록 좋다.
4. 모든 아이디어들이 제안되고 나면 이를 결합하고 해결책을 마련한다.

54 조직이해능력 문제

정답 ①

순서대로 Customer Value(고객가치), Customer Cost(구매비용), Convenience(고객편의성), Communication(고객과의 소통)의 고객 관점의 4C로 변화하였다.

55 조직이해능력 문제

정답 ④

· 혁기: 인도에서는 카스트 제도, 파키스탄과의 관계, 채식주의 등에 대해 직접적으로 자세히 묻는 것은 민감한 주제라 실례가 될 수 있어 부적절한 행동이다.

· 상진: 미국에서는 시간 엄수를 매우 중요하게 생각한다. 약속 시간에 15분이나 늦은 것은 결례에 해당하며, 교통 체증을 이유로 들더라도 가볍게 사과하는 것만으로는 충분하지 않을 수 있으므로 부적절한 행동이다.

· 혜민: 러시아에서는 꽃을 선물할 때 홀수로 준비해야 하며, 짝수의 꽃은 장례식 등 슬픈 일에 사용되므로 부적절한 행동이다.

· 선우: 태국에서는 어린 아이의 머리를 신성하게 여겨 머리에 손을 대거나 쓰다듬는 행위를 매우 모욕적이거나 무례한 것으로 간주하므로 부적절한 행동이다.

따라서 부적절한 행동을 한 사람으로만 짝지어진 것은 ④이다.

오답 체크

· 주영: 중국에서는 결혼 축의금이나 선물 시 붉은색을 선호하며, 짝수를 길하게 여기는 경향이 있으므로 적절한 행동이다.

· 민지: 인도에서는 왼손을 부정하게 여겨 식사 시 오른손을 사용하는 것이 올바른 예절이므로 적절한 행동이다.

· 지훈: 일본에서는 명함을 교환한 후 받은 명함을 바로 지갑에 넣는 것보다, 테이블 위에 잠시 올려두고 대화하는 것을 예의로 여기므로 적절한 행동이다.

더 알아보기

주요 국가별 국제 비즈니스 매너

국제 비즈니스 매너를 숙지하고 실천하는 것은 개인과 조직의 이미지를 긍정적으로 만들고, 문화적 차이에서 오는 마찰을 줄여 신뢰를 구축하며, 궁극적으로 성공적인 비즈니스 관계를 맺는 데 중요한 역할을 한다. 그러나 각 국가의 비즈니스 매너는 일반적인 경향이며, 모든 상황에 일괄적으로 적용되지는 않기 때문에 실제 교류 시에는 상대방을 존중하고 관찰하며 유연하게 대처하는 것이 중요하다.

미국	· 시간 관념: 시간을 돈과 같이 매우 중요하게 생각하므로, 약속 시간을 철저히 지켜야 한다. · 명함 교환: 비즈니스 관계에서 필요할 때 주고받으며, 받은 명함을 바로 지갑에 넣는 것을 무례하다고 여기지 않는다. 악수를 먼저 한 후 교환하는 것이 일반적이다. · 대화: 처음 만났을 때는 개인적인 공간을 존중하며, 상대방이 선호하는 호칭을 사용하는 것이 좋다.
중국	· 선물: 붉은색이나 금색 포장을 선호하며, 일반적으로 짝수를 길하게 여긴다. 다만, 우산(이별 암시)과 같이 특정 의미를 지닌 물건은 피하는 것이 좋다. · 식사: 음식을 조금 남기는 것이 예의로 간주될 수 있다. 차는 잔의 절반 정도, 술은 가득 채워 따르는 경향이 있다. · 인사 및 태도: 악수나 가벼운 목례를 하며, 겸손한 자세를 중요하게 생각한다. 명함은 양쪽 면에 영어와 중국어를 함께 표기하는 것이 좋다.
일본	· 명함 교환: 매우 중요하게 여기며, 받은 명함은 즉시 넣지 않고 테이블 위에 잠시 놓아두며 정중히 다룬다. · 관계 중시: 인맥을 통한 비즈니스를 중요하게 생각하며, 소개를 통해 만나는 경우가 많다. · 대화: 상대방의 말을 끝까지 경청하고, "감사합니다", "미안합니다" 등의 표현을 자주 사용한다. · 식사: 밥그릇이나 국그릇을 왼손으로 들고 먹으며, 밥을 조금 남기면 더 먹고 싶다는 의미로 해석될 수 있다.
인도	· 손 사용: 왼손은 부정한 것으로 간주되므로, 식사 시나 물건을 주고받을 때는 반드시 오른손을 사용해야 한다. · 대화 주제: 카스트 제도, 파키스탄과의 관계, 종교, 채식주의 등 민감한 주제는 피하는 것이 좋다. · 인사: 남성끼리는 악수하지만, 이성 간에는 악수보다 합장하며 "나마스테"라고 인사하는 것이 일반적이다.
러시아	· 선물: 꽃을 선물할 때는 홀수로 준비해야 한다. 짝수는 장례식 등 슬픈 일에 사용된다. · 인사: 친밀감의 표현으로 포옹하거나 볼에 입을 맞추는 인사를 하며, 이는 남성들 사이에서도 이루어질 수 있다.

독일	· 비즈니스 스타일: 질서, 원칙, 정확성을 매우 중요하게 여기며, 약속 시간을 철저히 지킨다. 상세하고 구체적인 정보를 선호한다.
태국	· 신체 접촉: 머리는 신성한 부분으로 여겨지므로 다른 사람(특히 아이)의 머리를 만지는 것은 금기이다. 발로 사람이나 물건을 가리키는 것도 매우 무례한 행동이다.
이슬람 문화권 국가 (예: 사우디아라비아 등 중동 국가)	· 음식: 돼지고기와 알코올은 종교적으로 금지된다. 할랄 인증 식품을 확인하는 것이 좋다. · 시간 관념: 일부 국가에서는 시간 약속에 비교적 유연한 경향을 보일 수 있다.
라틴 아메리카 국가 (예: 브라질)	· 시간 관념: 시간 약속에 대해 다소 유연한 편일 수 있으며, 인내심이 필요할 수 있다. · 신체 접촉: 대화 중 가벼운 신체 접촉(예: 팔을 잡거나 어깨를 두드리는 것)은 친근감의 표현일 수 있다.

56 조직이해능력 문제 정답 ①

다양한 팀이 공통된 하나의 목적을 지향하는 조직의 특성으로 인해 각 팀은 독립성을 유지하면서도 다른 업무와 상호연계성을 가지고 있다. 또한 팀별로 업무를 추진하는 데 있어서 자율권과 재량권도 인정된다. 물론 조직의 목적을 달성하기 위하여 업무가 통합되어야 하므로 업무는 직업인들에게 부여되며 개인이 선호하는 업무를 임의로 선택할 수 있는 재량권이 매우 적다. 업무는 요구되는 지식, 기술, 도구가 다양하고 독립성, 자율성, 재량권의 정도도 각기 다르다.

57 조직이해능력 문제 정답 ③

총체적 품질관리 TQM은 고객이 원하는 품질을 생산하기 위해 조직 내 모든 사람이 참여하여 지속적으로 품질을 개선하는 품질관리 기법이다.

더 알아보기

TQM의 대표적인 특징

1. 집단적 노력 강조: 조직 내 모든 구성원의 참여를 강조
2. 예방적·사전적 통제: 사후관리가 아닌 산출 초기에 품질이 정착될 수 있도록 사전적·예방적 관리를 강조
3. 고객 요구 존중
4. 장기적 시간관: 결점이 없어질 때까지 지속적으로 품질을 관리
5. 분권적 조직구조: 집권적, 계층적인 조직구조보다는 수평적이고 분권적인 유기적 조직구조에 적합

58 직업윤리 문제 정답 ③

비즈니스 식사 자리는 업무의 연장이지만, 동시에 편안한 분위기에서 관계를 다지는 기회이기도 하다. 기본적인 식사 예절(소리 내지 않기, 식기 조심히 다루기 등)을 지키고, 대화 시에는 경청과 공감의 자세를 보이며, 특정인에게만 집중하기보다는 모든 동석자를 배려하는 것이 중요하다. 또한, 민감한 주제나 일방적인 술 강요, 잦은 휴대폰 사용 등은 피해야 할 행동이며, 업무 이야기는 적절한 타이밍에 자연스럽게 꺼내는 것이 좋다.

오답 체크

식사 시작부터 업무 이야기를 꺼내 계약을 서두르는 것(①)은 상대방에게 부담을 주고 편안한 분위기를 해치는 조급한 행동이다. 주요 상대방에게만 집중하고 다른 동석자를 소외시키는 것(②)은 매우 무례하며, 팀 전체에 대한 배려가 부족함을 드러낸다. 과도한 음주나 술 강요(④)는 상대방에게 불쾌감을 줄 수 있으며, 비즈니스 에티켓에 어긋난다. 식사 중 잦은 휴대폰 사용(⑤)은 함께 있는 사람들에게 집중하지 않는 무례한 행동으로 비춰질 수 있으며, 대화의 흐름을 끊고 상대방을 존중하지 않는다는 인상을 준다.

더 알아보기

비즈니스 식사 예절

준비	· 초대와 예약: 비즈니스 식사 초대는 최소 1주일 전에 하고, 장소는 상대방이 편안하게 느낄 수 있는 곳을 선택한다. 예약은 필수이며, 예약 시간은 약속 시간보다 30분 정도 늦게 잡는 것이 좋다. 예약 사항(일시, 장소, 인원 등)은 참석자에게 미리 공유한다. · 드레스 코드: 식사 장소와 상황에 맞는 복장(비즈니스 캐주얼 또는 정장)을 준비한다. · 시간 엄수: 약속 시간보다 10분 정도 일찍 도착하는 것이 예의다. · 정보 파악(초대 시): 상대방의 음식 취향, 알레르기 등을 미리 파악해두면 좋다.
착석 및 자리 배치	· 인사: 상대방이 도착하면 반갑게 맞이하고, 간단한 인사말을 나눈다. · 안내: 상석과 말석을 구분하며, 안내를 따르거나 잘 모를 경우 물어본다. · 자리 배치: 입구에서 가장 먼 곳, 경치가 좋은 곳이 상석이다. 중요한 인물이나 고객이 상석에 앉도록 배려한다. · 화장실: 식사 전 미리 다녀와 식사 중 자리를 비우지 않도록 한다.

주문 및 식사 중	· 메뉴 선택: 식사를 주최한 사람이나 상급자는 참석자들에게 먼저 메뉴를 권하는 것이 좋다. 초대받은 사람이나 하급자는 주최자나 다른 참석자들이 선택한 것과 비슷한 가격대의 음식을 선택하는 것이 무난하며, 너무 비싸거나 저렴한 음식, 먹기 불편한 음식은 피하는 것이 좋다. · 주문 순서: 여성이나 상급자나 주최 측이 먼저 주문하도록 배려한다. · 음료: 알코올 주문 시 상대방 의사를 존중하고, 과음하지 않도록 주의한다. · 식사 속도: 상대방과 비슷한 속도로 식사하며, 너무 빨리 또는 천천히 먹지 않는다. · 식기 사용: 포크, 나이프, 젓가락 등 식기 사용법을 숙지한다. · 소리 내지 않기: 쩝쩝거리거나 후루룩 소리를 내지 않는다. 트림 등은 결례에 해당한다. · 상대방 배려: 손이 먼 음식은 가까이 옮겨주고, 다른 사람의 접시에 음식이 부족하지 않도록 배려한다.
대화 매너	· 음식 주문 전 대화: 메뉴를 고르기 전에는 가벼운 대화(날씨, 안부 등)로 분위기를 부드럽게 만든다. · 주제: 정치, 종교 등 민감한 주제는 피하고, 가벼운 이야기로 시작한다. 비즈니스 이야기는 식사가 어느 정도 진행된 후에 꺼낸다. · 경청: 상대방의 말을 경청하고, 적절한 반응과 공감의 태도를 보인다. · 휴대폰: 식사 중에는 휴대폰을 진동이나 무음으로 설정하고, 대화에 집중한다.
식사 후	· 식사 마무리: 다른 사람들과 속도를 맞추어 식사를 마치고, 상급자나 주최 측이 수저를 놓으면 따라서 놓는다. · 계산: 초대한 사람이 자연스럽게 계산한다. 계산 과정은 상대방에게 부담을 주지 않게 조용히 처리한다. · 감사 인사: 식사 후에는 상대방에게 시간을 내줘서 고맙다는 인사를 전한다. 식사 후 감사 메시지나 이메일을 보내면 더욱 좋다. · 후속 조치: 식사 중 논의된 비즈니스 내용이 있다면 빠른 후속 조치를 취한다.

59 직업윤리 문제 정답 ②

자신이 맡은 분야에는 전문적인 능력과 역량을 갖추고 지속적인 자기 개발을 해야 조직의 발전을 이룰 수가 있다.

따라서 여유 시간에 직무 능력 향상을 위한 역량개발 활동을 하는 것은 조직인으로서 적합한 행동으로 볼 수 있다.

60 직업윤리 문제 정답 ④

장 사원의 잘못이 아니므로 사건 대처에 대한 판단과 충고를 하는 것은 상황에 적합한 반응으로 보기 어렵다.

오답 체크

① 피해자를 비난하거나 수군대는 행위, 허위 소문 유포, 따돌림이나 괴롭힘 등을 하는 것은 2차 가해에 해당하므로 적절하다.

② 성희롱에 대한 문제제기로 불이익을 겪게 될 경우, 사내 고충 상담원, 부서장 등에게 상황을 정확히 보고하고 후속 조치에 나서는 것이 중요하므로 적절하다.

③ 문제를 제기한 사람이 고립되지 않도록 주변 동료들이 적극적으로 돕는 것이 중요하므로 적절하다.

⑤ 직장 내에서 성희롱이 받아들여질 수 없는 분위기와 문화가 조성되도록 노력하는 것이 중요하므로 적절하다.

해커스공기업 NCS 통합 봉투모의고사 모듈형/피듈형/PSAT형 + 전공

NCS 실전모의고사 4회 피듈형

정답

01	02	03	04	05	06	07	08	09	10
의사소통	의사소통	기술	기술	의사소통	의사소통	의사소통	의사소통	의사소통	의사소통
②	④	②	①	③	②	③	③	③	①
11	12	13	14	15	16	17	18	19	20
의사소통	의사소통	수리	수리	수리	수리	수리	수리	수리	수리
②	②	②	③	③	③	③	③	⑤	②
21	22	23	24	25	26	27	28	29	30
수리	수리	조직이해	조직이해	수리	수리	문제해결	문제해결	문제해결	문제해결
③	③	②	⑤	④	③	③	②	②	③
31	32	33	34	35	36	37	38	39	40
문제해결	문제해결	문제해결	문제해결	문제해결	문제해결	문제해결	자기개발	자원관리	자원관리
⑤	④	⑤	②	⑤	⑤	③	①	③	②
41	42	43	44	45	46	47	48	49	50
자원관리	자원관리	자원관리	자원관리	자원관리	자원관리	자원관리	자원관리	대인관계	대인관계
⑤	⑤	③	④	④	②	③	①	②	②
51	52	53	54	55	56	57	58	59	60
정보	정보	정보	정보	조직이해	조직이해	직업윤리	직업윤리	직업윤리	직업윤리
①	①	③	②	②	②	②	①	③	②

취약 영역 분석표

영역별로 맞힌 개수, 틀린 문제 번호와 풀지 못한 문제 번호를 적고 나서 취약한 영역이 무엇인지 파악해 보세요.
취약한 영역은 해커스잡 사이트(ejob.Hackers.com)에서 제공하는 '시험 당일 최종 마무리 <NCS 빈출 개념 핵심 요약집>'을 학습하고, 틀린 문제 및 풀지 못한 문제를 다시 풀어보면서 확실히 극복하세요.

영역	맞힌 개수	틀린 문제 번호	풀지 못한 문제 번호
의사소통능력	/10		
수리능력	/12		
문제해결능력	/11		
자기개발능력	/1		
자원관리능력	/10		
대인관계능력	/2		
정보능력	/4		
기술능력	/2		
조직이해능력	/4		
직업윤리	/4		
TOTAL	**/60**		

해설

[01-02]

01 의사소통능력 문제 정답 ②

2문단에서 국민기초생활보장제도의 수급자로 선정되려면 소득인정액 기준과 부양의무자 기준을 모두 충족해야 한다고 하였으므로 국민기초생활보장제도의 수급자로 선정되려면 소득인정액 기준과 부양의무자 기준 중 하나만 만족해도 된다는 설명은 적절하지 않다.

오답 체크

① 1문단에서 국민기초생활보장제도는 지난 40여 년간 시혜적 단순 보호 차원의 생활 보호 제도에서 저소득층에 대한 국가적 책임을 강조하는 종합적 빈곤 대책으로 바뀌었다고 하였으므로 적절하다.

③ 2문단에서 생계급여 선정 기준은 기준 중위소득의 30% 이하가 되어야 한다고 하였으며, 3,870,577원의 30%는 1,161,173원이므로 적절하다.

④ 2문단에서 국민기초생활보장제도의 수급자로 선정되려면 소득인정액 기준과 부양의무자 기준 모두를 충족해야 한다고 하였으며, 4인 가구 중위소득이 4,000,000원일 때 생계급여 선정 기준은 기준 중위소득의 30%인 1,200,000원 이하이고 부양의무자가 없는 경우 부양의무자 기준을 충족한다고 하였으므로 적절하다.

⑤ 2문단에서 부양의무자 기준에는 부양의무자가 있어도 부양능력이 없는 경우가 포함된다고 하였으며, 부양의무자의 범위는 수급권자의 1촌 직계혈족인 부모, 아들, 딸과 그 배우자가 해당된다고 하였으므로 적절하다.

02 의사소통능력 문제 정답 ④

국민기초생활보장제도의 수급자로 선정되려면 소득인정액 기준과 부양의무자 기준 모두를 충족해야 한다. 소득인정액 기준은 기준 중위소득의 30% 이하라고 하였으며, 가구 규모에 따른 급여별 생계급여 선정 기준은 아래와 같다.

가구 규모	기준 중위소득 30% 이하
1인 가구	527,158원
2인 가구	897,594원
3인 가구	1,161,173원
4인 가구	1,424,752원
5인 가구	1,688,331원
6인 가구	1,951,910원
7인 가구	2,216,914원

㉡ 김 씨는 소득이 1인 가구 기준 중위소득의 30% 이하이며, 결혼을 하지 않아 자식이 없고 부모님이 계시지 않아 부양의무자가 없으므로 국민기초생활보장제도의 수급자로 선정될 수 있다.

㉣ 강 씨는 소득이 3인 가구 기준 중위소득의 30% 이하이며, 부양의무자인 아들 두 명이 초등학생이기 때문에 부양능력이 없으므로 국민기초생활보장제도의 수급자로 선정될 수 있다.

오답 체크

㉠ 이 씨는 소득이 없지만 부양의무자인 아들과 며느리가 부양하고 있으므로 국민기초생활보장제도의 수급자로 선정될 수 없다.

㉢ 한 씨는 소득이 2인 가구 기준 중위소득의 30%를 초과하므로 국민기초생활보장제도의 수급자로 선정될 수 없다.

03 기술능력 문제 정답 ②

기술혁신 과정의 불확실성과 모호함은 기업 내에서 많은 논쟁과 갈등을 유발할 수 있다. 또한 기업의 기존 조직 운영 절차나 제품구성, 생산방식, 나아가 조직의 권력구조 자체에도 새로운 변화를 야기함으로써 조직의 이해관계자 간의 갈등이 구조적으로 존재한다.

더 알아보기

· 기술능력이 뛰어난 사람의 특징
1. 실질적 해결을 필요로 하는 문제를 인식함
2. 인식된 문제를 위해 다양한 해결책을 개발 및 평가함
3. 실제적 문제를 해결하기 위해 지식 또는 기타 자원을 선택 및 최적화시키며 적용함
4. 주어진 한계 속에서 제한된 자원을 가지고 업무를 수행함
5. 기술적 해결에 대한 효용성을 평가함
6. 여러 상황 속에서 기술의 체계와 도구를 사용하고 익힘

· 기술혁신의 특성
1. 과정 자체가 매우 불확실하고 장기간의 시간을 필요로 함
2. 지식 집약적인 활동
3. 혁신 과정의 불확실성과 모호함은 기업 내 많은 논쟁과 갈등을 유발할 수 있음
4. 조직의 경계를 넘나듦

04 기술능력 문제 정답 ①

(가) 신소재 제조 기술은 기술적 사상의 창작(발명)에 해당하므로 특허권으로 보호받아야 한다.

(나) 스마트폰 케이스 외형은 물품의 외관 디자인에 해당하므로 디자인권으로 보호받아야 한다.

(다) 브랜드 로고는 상품의 출처를 나타내는 표장이므로 상표권으로 보호받아야 한다.

따라서 (가) 특허권, (나) 디자인권, (다) 상표권이 적절하다.

더 알아보기

산업재산권

산업재산권은 산업 활동과 관련된 사람의 정신적 창작물이나 창작 방법에 대해 인정하는 독점적 권리이며 창작자의 독점·배타적인 권리를 보호하여 기술 진보와 산업발전을 추구한다.

구분	개념	기간
특허권	새로운 기술적 사상의 창작(발명)을 보호	설정등록일로부터 출원일 후 20년까지 존속
실용신안권	기존 기술을 개량한 소발명(고안)을 보호	설정등록일로부터 출원일 후 10년까지 존속
디자인권	물품의 심미적인 외관(디자인)을 보호	설정등록일로부터 출원일 후 20년까지 존속
상표권	상품의 식별표지(상표)를 보호	설정등록일로부터 10년간 보호되고 10년마다 갱신 가능

05 의사소통능력 문제 정답 ③

STEP 4 내부 심의 단계는 특정 조건('시설 면적 $500m^2$ 이상' 또는 '야간 사용 포함')을 충족할 경우 반드시 시행하도록 되어 있다. 반대로, 이 조건에 해당되지 않는 경우에만 생략이 가능하다. 즉, 내부 심의는 조건부 단계이지, 항상 생략되는 것이 아니므로 옳지 않은 내용이다.

오답 체크

① $800m^2$ 규모이면서 야간 콘서트라는 조건이므로, 심의 대상 조건을 모두 충족한다. 따라서 내부 심의를 반드시 거쳐야 하며, 이후 사용 승인이 고지되면 신청인은 대관료를 납부해야 사용이 확정되므로 옳은 내용이다.

② STEP 2 서류 확인 단계에 따르면 사업계획서, 시설 사용계획서, 안전계획서를 반드시 첨부해야 하며, 누락 시 신청이 반려될 수 있다고 명시되어 있으므로 옳은 내용이다.

④ 사용 승인이 고지된 후에도 기한 내 대관료를 납부하지 않으면 사용 승인이 취소될 수 있음이 유의사항에 분명히 적시되어 있다. 또한 모든 절차와 통보는 온라인 시스템을 통해 실시간 전달된다고 안내되어 있으므로 옳은 내용이다.

⑤ $200m^2$ 규모이면서 주간 행사인 독서 세미나는 심의 기준($500m^2$ 이상, 야간 포함)에 해당하지 않아 심의 생략 가능 대상이 되어 STEP 2(서류 확인) → STEP 3(시설 협의) → STEP 5(사용 승인)으로 자연스럽게 이어지므로 옳은 내용이다.

06 의사소통능력 문제 정답 ②

박OO 씨는 신청 후 자금지원 안내문을 기다리고 있기에 [3]단계 심의를 통과한 후 [4]단계 자금지원부에서 안내문을 발송하는 시점에 해당하므로 옳다.

오답 체크

① 김OO 씨는 형식은 통과했지만 시장성 부족으로 탈락했기에 [2]단계가 아니라 [3]단계인 외부 전문가 위원회 심사에서 이루어진 탈락 사유이므로 옳지 않다.

③ 정OO 씨는 아직 신청만 완료하고 서류 제출한 상태이기에 [1]단계에 해당하므로 옳지 않다.

④ 이OO 씨는 안내문을 받은 후 보조금 신청서 및 실행계획서를 제출했기에 [5]단계에 해당하므로 옳지 않다.

⑤ 윤OO 씨는 최종 승인 및 보조금 지급이 완료되었기에 [6]단계에 해당하므로 옳지 않다.

07 의사소통능력 문제 정답 ③

정 과장은 상대의 책임을 지적하는 상황에서, 일방적인 비난이 아닌 '공감과 조율'의 태도를 가져야 한다.

③ "업무량이 많았던 건 이해합니다"라는 공감 표현과 "저도 조율이 부족했던 점이 있었던 것 같네요"라는 자기 책임 인식 표현이 함께 들어 있다. 이는 조직 내 협업 관계에서 상대방을 존중하면서도 갈등을 완화할 수 있는 대화 전략으로 이상적이므로 빈칸에 들어갈 말로 가장 적절하다.

오답 체크

①, ②, ④, ⑤ 모두 일방적 비난, 감정 자극, 변명 차단형 표현으로, 갈등 상황을 악화시킬 수 있는 말들이다. 특히 ④, ⑤는 공격적이고 위협적으로 들릴 수 있어 비생산적 대화 전략에 해당한다.

08 의사소통능력 문제 정답 ③

세 번째 단락에서 "바디우는 기존의 사회 구조를 벗어나는 독특한 사건이 발생하면 사회 구성원들은 이 사건을 전에 없던 '이름'으로 부르고 이 이름은 사건이 사라진 후에도 사회에 흔적으로 남는다고 본다. 사건이 사라지고 난 후, 개인이나 집단은 사건의 이름을 통해 사건을 떠올리며 사회 안의 각 요소들과 사건의 관련성을 살펴보는 시도를 한다."라고 하고 있으므로 개인은 사건을 떠올리며 사건의 관련성을 살펴본다고 할 수 있으므로 적절한 내용이다.

오답 체크

① 첫 번째 단락에서 정치란 세상을 변화시키는 것이라고 말하며, 더 나은 세상을 만들기 위해서는 좋은 지도자를 뽑아 정부를 잘 운영하는 것으로는 부족하다고 이야기하고 있으므로 적절하지 않다.

② 두 번째 단락에서 사건은 의도적으로 발생시킬 수 없고 사회 전체에서 일어나는 것이 아니라고 하고 있으므로 적절하지 않다.

④ 진리가 만들어지는 과정을 진리 절차라고 하며, 진리란 거짓에 반대되는 사실을 가리키는 것이 아니라고 하고 있으므로 적절하지 않다.

⑤ 마지막 단락에서 사회 구조의 변화를 위해서는 앞으로의 일이 아니라 이미 일어났던 사건에 관심을 가지고 그 사건을 이어 가야 한다고 이야기하고 있으므로 적절하지 않다.

09 의사소통능력 문제 정답 ③

㉠의 문맥적 의미는 두 무지개의 색깔이 위아래로 대칭적인 모습을 보인다는 것이다. 따라서 '어떤 두 대상이 주어진 어떤 관계에 의하여 서로 짝을 이루는 것'을 뜻하는 '대응(對應)된다'로 바꾸어 쓸 수 있다.

오답 체크

① '대립(對立)'은 '서로 반대되거나 모순되는 관계'를 뜻하기 때문에 적절하지 않다.

② '대비(對比)'는 '서로 맞대어 비교하는 것'을 의미하므로 ㉠과 의미가 통하지 않는다.

④ '대조(對照)'는 '서로 반대가 되는 것'을 의미하므로 문맥에 어울리지 않는다.

⑤ '대체(對替)'는 '어떤 계정의 금액을 다른 계정에 옮겨 적는 일'을 뜻하기 때문에 문맥에 맞지 않는다.

10 의사소통능력 문제 정답 ①

이 글의 전개는 '정의 → 기준 → 문제 → 해결책'의 구조를 따른다. 따라서 ㄴ: 기획안의 정의 제시 → ㄹ: 기획안 평가 기준(실행 가능성) 부각 → ㄱ: 실행계획 결여 또는 현실을 고려하지 않은 제안 시 문제점 → ㄷ: 해결책 순서로 배열되는 것이 가장 적절하다.

11 의사소통능력 문제 정답 ②

한글 맞춤법 제30항에 따라 '곳간(庫間), 셋방(貰房), 숫자(數字), 찻간(車間), 툇간(退間), 횟수(回數)'를 제외한 한자어에는 사이시옷이 들어가지 않는다.

따라서 ㉡을 사잇소리 현상이 발생한 것으로 보아 '잇점'으로 고쳐 쓰는 것은 적절하지 않다.

오답 체크

① '구분하다'는 '일정한 기준에 의하여 구별해서 나누다'라는 의미이기에 문맥상 '구분할 수'로 바꾸어 써도 무방하므로 적절하다.

③ '-ㄹ수록'은 앞 절 일의 어떤 정도가 그렇게 더하여 가는 것이 뒤 절 일의 어떤 정도가 더하거나 덜하게 되는 조건이 된다는 의미의 연결 어미이기에 '많을수록'으로 붙여 써야 하므로 적절하다.

④ ㉣의 앞에서는 역선택의 문제가 판매자와 구매자의 정보 불균형으로 발생한다는 내용을 말하고 있고, ㉣의 뒤에서는 이러한 역선택의 문제는 민간 부문에서 나타난다는 내용을 말하고 있기에 ㉣을 문단 끝으로 이동해야 하므로 적절하다.

⑤ ㉤이 있는 문장은 국민연금이 지급준비금을 많이 가지고 있을 필요가 없다는 내용의 평서문이기에 '보유할'로 고쳐 써야 하므로 적절하다.

12 의사소통능력 문제 정답 ②

돈을 일부만 썼다는 의미로 의미상 중의적인 표현이 없는 문장이다.

오답 체크

① 거래처 직원이 아무도 안 왔다는 의미 또는 일부만 왔다는 의미를 드러낼 수 있는 중의적인 문장이다.

③ 예약을 지난 주말에 했다는 의미 또는 지난 주말에 방문했다는 의미로 해석될 수 있는 중의적인 문장이다.

④ 입사동기와 보고서 작성업무 중 보고서 작성업무를 더 좋아한다는 의미 또는 입사동기들이 보고서 작성업무를 좋아하는 것보다 내가 보고서 작성업무를 더 좋아한다는 의미로 해석될 수 있는 중의적인 문장이다.

⑤ 운동화를 신고 있는 상태라는 의미인지, 신는 행위를 하고 있는 중이라는 의미인지 중의적으로 해석 가능한 문장이다.

더 알아보기

대표적인 중의적 표현

1. 수식 관계에 의한 중의성: 수식어의 범위가 명확하지 않다.
   예 예쁜 영희의 동생을 만났다. (X) → '예쁜'이 영희를 꾸미는지 영희의 동생을 꾸미는지 명확하지 않음
2. 연결 관계에 의한 중의성: 병렬 구분의 의미가 명확하지 않다.
   예 마우스와 키보드 세 개를 샀다. (X) → '마우스 한 개, 키보드 세 개'인지, '마우스와 키보드가 각각 세 개'인지, '마우스와 키보드를 합하여 모두 세 개'인지 명확하지 않음
3. 비교 구문에 의한 중의성: 비교 대상이 명확하지 않다.
   예 나는 친구보다 영화를 더 좋아한다. (X) → '친구와 영화'를 비교하는지, '내가 영화를 좋아하는 정도와 친구가 영화를 좋아하는 정도'를 비교하는지 명확하지 않음
4. 조사에 의한 중의성: 조사 '의'의 범위가 명확하지 않다.
   예 그의 그림을 보았다. (X) → '그가 소유한 그림'인지, '그가 그린 그림'인지, '그를 그린 그림'인지 명확하지 않음
5. 부정문에 의한 중의성: 부정의 범위가 명확하지 않다.
   예 학생들이 다 오지 않았다. (X) → '학생들이 한 명도 오지 않은 경우'인지, '학생들이 몇 명만 온 경우'인지 명확하지 않음

13 수리능력 문제 정답 ②

1mL = 1cm^{3}이기에 물의 총 부피 = 10mL × 8초 = 80mL = 80cm^{3}이다. 사각기둥 부피는 밑넓이×높이로 구할 수 있으므로 사각기둥 부피 = 4 × 5 × 높이 = 80cm^{3}가 되어 높이 = 4cm이다.

14 수리능력 문제 정답 ③

민호가 1이 나왔을 때 지훈이가 승리하기 위해서는 2, 3, 4, 5, 6 중 하나가 나와야 하므로 민호가 1이 나오고 지훈이가 승리할 확률은 $\frac{1}{6} \times \frac{5}{6} = \frac{5}{36}$이다.
민호가 2가 나왔을 때 지훈이가 승리하기 위해서는 3, 4, 5, 6 중 하나가 나와야 하므로 민호가 2가 나오고 지훈이가 승리할 확률은 $\frac{1}{6} \times \frac{4}{6} = \frac{4}{36}$이다.
이와 같은 원리로 민호가 3이 나왔을 때 지훈이가 승리하기 위해서는 4, 5, 6 중 하나가 나와야 하므로 확률은 $\frac{3}{36}$, 민호가 4가 나왔을 때 지훈이가 승리하기 위해서는 6이 나와야 하므로 확률은 $\frac{1}{36}$이다.
민호가 5나 6이 나오는 경우 지훈이가 승리할 확률은 없다.
따라서 지훈이가 승리할 확률은 $\frac{5+4+3+1}{36} = \frac{13}{36}$이 된다.

15 수리능력 문제 정답 ③

해외 연수를 가는 사원의 최저 연수 점수를 x라고 하면, 전체 사원(80명)의 평균 연수 점수는 $x-8$, 해외 연수를 가지 않는 사원들(60명)의 평균 연수 점수는 $x-18$이고,
해외 연수를 가는 사원들(20명)의 평균 연수 점수를 A라고 하면, $A \times 2/3 + 2 = x$이므로
$A = 3/2(x-2)$이다.
따라서 80명의 전체 연수 점수를 구하는 식은 $80(x-8) = 3/2(x-2) \times 20 + (x-18) \times 60$이므로 해외 연수를 가는 사원의 최저 연수 점수 $x = 50$이다.

16 수리능력 문제 정답 ③

머핀 생산 개수를 a, 쿠키 생산 개수를 b로 설정하면 밀가루 사용량은 $300a + 200b \le 2{,}600$이고, 버터 사용량은 $200a + 100b \le 1{,}600$이다.
따라서 이를 연립하여 풀이하면 최대 a = 6개, b = 4개이다.

17 수리능력 문제 정답 ③

현수가 만든 소금물은 총 80 + 20 = 100g이며
농도는 소금 / 소금물 × 100 = 20 / 100 × 100 = 20(%)이다.
그러므로 현아가 만든 소금물의 농도만 20%가 된다면, 두 소금물을 합쳤을 때의 농도도 20%가 될 것이다.
현아가 사용한 A 비커의 수돗물 양을 a라고 하면 현아가 만든 소금물의 농도는 20 / (a + 20) × 100(%)이고 이것이 20%보다 낮다고 한다. 그래서 소금의 양을 4g 추가했을 때 농도가 20%가 된다면, (20 + 4) / (a + 20 + 4) × 100% = 20%이어야 하므로 a는 96g이 된다.

18 수리능력 문제 정답 ③

일의 총 양을 각 제시된 소요 기간 18, 9 ,36의 공배수인 36으로 가정하면, 1일당 진행하는 일의 양이 A는 2, B는 4, C는 1이 된다.
C가 일하는 기간을 x로 설정하면, 계획대로 진행하는 경우는 $(2+4) \times 3 + 1 \times x = 36$, $x = 18$일이고 총 기간은 18 + 3 = 21일이다. 그러나 실제 생산은 $(2+4) \times 2 + 1 \times x = 36$, $x = 24$일이고 총 기간은 24 + 2 = 26일이다.
따라서 계획한 기간과 실제 생산 기간의 차이는 5일이 된다.

19 수리능력 문제 정답 ⑤

작년 남성 신입사원의 수를 a, 여성 신입사원의 수를 b라고 하면 올해 증가한 신입사원의 수는 아래와 같이 나타낼 수 있다.
① a + b = 2,000
② 0.15a − 0.125b = 2,000 × 0.04 = 80
따라서 두 식을 연립하여 풀면 a = 1,200, b = 800이고, 올해 채용된 남성 신입사원은 작년에 비해 15% 증가하였으므로 1,200 × 1.15 = 1,380명이다.

20 수리능력 문제 정답 ②

전체 내과 전문의 10,580 + 3,866 = 14,446명 중 종합병원에 소속되어 있는 사람은 1,478 + 1,054 = 2,532명이며 2,532 / 14,446 × 100 ≒ 17.5%로 15% 이상이므로 옳은 설명이다.

오답 체크

① 남성은 내과 > 정형외과 > 외과 > 산부인과 > 이비인후과 > 안과 > 신경외과 > 피부과 순이며, 여성은 내과 > 산부인과 > 안과 > 외과 > 피부과 > 이비인후과 > 신경외과 > 정형외과 순으로 동일하지 않으므로 옳지 않은 설명이다.

③ 여성 피부과 전문의 소속이 없는 의료기관은 요양병원이며, 요양병원의 남성 내과 전문의는 609명으로 남성 신경외과 전문의 199명의 3배보다 크므로 옳지 않은 설명이다.

④ 상급종합병원에 소속되어 있는 사람의 비율은 이비인후과가 (297 + 45) / (3,454 + 357) × 100 ≒ 9.0%, 피부과가 (124 + 49) / (1,633 + 513) × 100 ≒ 8.1%로 이비인후과가 더 높으므로 옳지 않은 설명이다.

⑤ 남성 전문의 중에서 전문과목별로 종합병원에 소속되어 있는 사람이 차지하는 비율은 내과 14%, 외과/정형외과 20%, 신경외과 34%, 산부인과 13%, 안과 7%, 이비인후과 8%, 피부과 5%로 신경외과가 가장 높으므로 옳지 않은 설명이다.

⏱ **빠른 문제 풀이 Tip**

② 제시된 수를 모두 활용하지 않고 유효숫자를 두세 자리 정도로 설정하여 빠르게 계산한다. 어림 계산하면 종합병원에 소속되어 있는 사람은 15+11=26, 내과 전문의는 106+39=145이며, 145의 10%는 14.5이고 5%는 10%의 절반으로 7.25이므로 15%는 14.5+7.25=21.75이다. 15%인 21.75보다 26이 더 크므로 종합병원에 소속되어 있는 사람의 비율은 15% 이상이다.

21 수리능력 문제 정답 ③

2016년의 전년 대비 에너지 사용량 증가량이 가장 큰 곳은 +50천 toe인 아파트이며 아파트가 2016년 전체 에너지 사용량에서 차지하는 비중은 479 / 2,720 × 100 ≒ 17.6%로 10% 이상이므로 옳지 않은 설명이다.

오답 체크

① 2014년 이후의 에너지 사용량 상위 3개 업종은 상용, 아파트, 학교 건물로 동일하므로 옳은 설명이다.

② 2015년 전화국의 5년 전 대비 에너지 사용량 증가율은 (69 − 46) / 46 × 100 = 50%로 연구소 (169 − 116) / 116 × 100 ≒ 45.7%보다 크므로 옳은 설명이다.

④ 2015년의 15년 전 대비 에너지 사용량 증가량이 동일하게 유지될 때 상용 건물은 388 − 139 = 249천 toe만큼 증가하여 2030년에 388 + 249 = 637천 toe로 사용량이 가장 많으므로 옳은 설명이다.

⑤ 2014~2016년도 사이에 에너지 사용량이 계속해서 증가하지 않는 곳은 호텔 건물뿐이며 호텔 건물의 평균 사용량은 (226 + 224 + 233) / 3 ≒ 228천 toe이므로 옳은 설명이다.

22 수리능력 문제 정답 ③

2017~2019년 동안 에너지공급업 법인 창업기업 수의 전년 대비 증감폭은 2017년에 2,138 − 754 = 1,384개, 2018년에 2,954 − 2,138 = 816개, 2019년에 1,164 − 2,954 = −1,790개이다.
따라서 증감폭은 2019년에 가장 크므로 옳지 않은 설명이다.

오답 체크

① 전체 창업기업 중에서 개인 창업기업이 차지하는 비중은 '100% − 법인 창업기업이 차지하는 비중(%)'과 동일하다. 따라서 개인 창업기업이 차지하는 비중이 매년 90% 이상이라는 것은 법인 창업기업이 차지하는 비중이 매년 전체의 10% 미만이라는 의미이다. 표에서 매년 법인 창업기업이 차지하는 비중은 2016년이 (96,625 / 1,190,177) × 100 ≒ 8.12%, 2017년이 (97,549 / 1,256,267) × 100 ≒ 7.76%, 2018년이 (102,372 / 1,344,366) × 100 ≒ 7.6%, 2019년이 (109,520 / 1,285,259) × 100 ≒ 8.52%로 매년 10% 미만이므로 옳은 설명이다.

② 전체 창업기업 수가 매년 감소하는 업종은 제조업이며, 제조업이 매년 전체 창업기업 중에서 차지하는 비중은 2016년이 (58,742 / 1,190,177) × 100 ≒ 4.9%, 2017년이 (58,015 / 1,256,267) × 100 ≒ 4.6%, 2018년이 (57,325 / 1,344,366) × 100 ≒ 4.3%, 2019년이 (52,317 / 1,285,259) × 100 ≒ 4.1%로 매년 5% 이하이므로 옳은 설명이다.

④ 2017년 건설업의 법인 창업기업 수의 전년 대비 증가율은 {(9,094 − 8,575)/8,575} × 100 ≒ 6.1%, 2017년 건설업의 개인 창업기업 수의 전년 대비 증가율은 {(55,925 − 53,625) / 53,625} × 100 ≒ 4.3%이다.
따라서 2017년 건설업의 법인 창업기업 수의 전년 대비 증가율은 2017년 건설업의 개인 창업기업 수의 전년 대비 증가율보다 크므로 옳은 설명이다.

⑤ 2017~2019년 전체 창업기업 수의 증감 추이는 증가 → 증가 → 감소이며, 이와 동일한 추이를 보이는 업종은 에너지공급업, 건설업, 서비스업 3개이므로 옳은 설명이다.

⏱ **빠른 문제 풀이 Tip**

① 제시된 기간 동안 전체 창업기업 중에서 개인 창업기업이 차지하는 비중은 매년 90% 이상이라는 것은 전체 창업기업 × 0.1의 값이 법인 창업기업보다 크다는 의미이다.
2016년 1,190,177 × 0.1 = 119,017.7 > 96,625, 2017년 1,256,267 × 0.1 = 125,626.7 > 97,549, 2018년 1,344,366 × 0.1 = 134,436.6 > 102,372, 2019년 1,285,259 × 0.1 = 128,525.9 > 109,520으로 매년 전체 창업기업 × 0.1의 값이 법인 창업기업보다 크므로 옳은 설명이다.

② 전체 창업기업 중에서 차지하는 비중이 매년 5% 이하라는 것은 해당 값 × 20의 값이 전체 창업기업 수보다 적다는 의미이다.
전체 창업기업 수가 매년 감소하는 업종은 제조업이고, 제조업의 수를 백의 자리에서 올림 한 값 × 20과 전체 창업기업 수를 비교하면 2016년에 59,000 × 20 = 1,180,000 < 1,190,177, 2017년에 59,000 × 20 = 1,180,000 < 1,256,267, 2018년에 58,000 × 20 = 1,160,000 < 1,344,366, 2019년에 53,000 × 20 = 1,060,000 < 1,285,259로 전체 창업기업 수가 매년 더 크므로 옳은 설명이다.

③ 증감폭을 비교하므로, 부호를 고려하지 않고 앞 두 자리의 값만 계산하여 비교한다.
2017년에 21 − 7 = 14, 2018년에 29 − 21 = 8, 2019년에 29 − 11 = 18로 2019년에 증감폭이 가장 크므로 옳지 않은 설명이다.

④ 전년 대비 증가율 = {(올해 값 − 작년 값) / 작년 값} × 100이므로 (올해 값 − 작년 값) / 작년 값을 비교한다.
2017년 건설업의 법인 창업기업 수의 (올해 값 − 작년 값) / 작년 값은 (9,094 − 8,575) / 8,575 = 519 / 8,575, 2017년 건설업의 개인 창업기업 수의 (올해 값 − 작년 값) / 작년 값은 (55,925 − 53,625) / 53,625 = 2,300 / 53,625이다. 이때 2,300 / 53,625는 519 / 8,575와 비교했을 때, 분자는 약 4.xx배, 분모는 5배 이상이므로 2,300 / 53,625가 519 / 8,575보다 작은 값이다.

따라서 2017년 건설업의 법인 창업기업 수의 전년 대비 증가율은 2017년 건설업의 개인 창업기업 수의 전년 대비 증가율보다 크므로 옳은 설명이다.

23 조직이해능력 문제 정답 ②

정부나 공공 단체, 사업체에서 외국의 자본과 기술을 들여오는 외자 도입은 금융 계정에 포함되는 항목으로, 경상수지가 아니라 자본·금융 계정에 해당되므로 경상수지가 변동되는 사례로 적절하지 않다.

오답 체크

① 해외여행은 경상수지 중 서비스수지에 해당되므로 한국을 찾는 외국인 관광객이 증가하는 것은 국제수지 중 경상수지가 변동되는 사례로 적절하다.

③ 이자와 배당금을 포함하는 투자소득은 경상수지 중 본원소득수지에 해당되므로 해외로 진출한 국내 기업이 국내의 다른 기업에 투자한 대가로 배당금을 받는 것은 국제수지 중 경상수지가 변동되는 사례로 적절하다.

④ 해외로 기부금을 전달하는 것은 경상수지 중 이전소득수지에 해당되므로 해외 난민을 구제하기 위해 국제 난민기구에 원조한 것은 국제수지 중 경상수지가 변동되는 사례로 적절하다.

⑤ 해외의 물건을 수입하는 것은 경상수지 중 상품수지에 해당되므로 캐나다의 물가 하락으로 캐나다의 물건을 수입하는 것은 국제수지 중 경상수지가 변동되는 사례로 적절하다.

24 조직이해능력 문제 정답 ⑤

1997년 금융위기 직전 수출의 부진으로 경상수지 적자가 누적됨에 따라 빚을 무분별하게 끌어다 써서 자본·금융 계정은 흑자였으므로 적절하지 않다.

더 알아보기

국제수지

- 경상수지: 국제 거래에서 이루어지는 경상 거래에 의한 수지로, 기업의 경우 통상의 영업 활동에서 계속적으로 생기는 수입과 지출의 차액을 이른다.

구분	특징
상품수지	외국과의 상품 수출입을 통해 발생한 외환의 수취와 지급의 차이
서비스수지	외국과의 여행, 운송, 통신, 교육, 보험 등의 서비스 거래를 통해 발생한 외환의 수취와 지급의 차이
본원소득수지	외국과 노동이나 자본을 거래한 결과 발생한 임금이나 투자 소득(이자, 배당금) 등 외환의 수취와 지급의 차이
이전소득수지	외국과 대가 없이 주고받은 송금이나 기부금, 정부 간 무상 원조 등의 거래 차이

- 자본·금융 계정: 자본수지와 금융 계정으로 나눌 수 있는 자본·금융 계정은 국제 거래에서 자본의 이동을 통해 흘러들어온 외환과 흘러나간 외환의 차이를 말한다.

구분	특징
자본수지	특허권 거래, 해외 이주 비용 등으로 발생한 외환 수취와 지급의 차이
금융 계정	해외 직접 투자, 증권 투자, 차관, 준비 자산 등으로 발생한 외환 수취와 지급의 차이

25 수리능력 문제 정답 ④

2010년 대비 2018년 여자 고용률의 증가율은 $\{(50.9-47.9)/47.9\} \times 100 \fallingdotseq 6.3\%$이고, 남자 고용률의 증가율은 $\{(70.8-70.3)/70.3\} \times 100 \fallingdotseq 0.7\%$로 여자가 남자의 10배 이하이므로 옳지 않은 설명이다.

오답 체크

① 전체 고용률은 2011년부터 2014년까지 전년 대비 증가, 2015년에 전년과 동일, 2016년과 2017년에 전년 대비 증가하여 전반적으로 증가하는 경향을 보이다가 2018년에 전년 대비 $60.8-60.7=0.1\%p$ 감소하였으므로 옳은 설명이다.

② 2018년 남자 고용률은 70.8%로 2017년 남자 고용률인 71.2%에서 0.4%p 감소하였으며, 2018년 여자 고용률은 50.9%로 2017년 여자 고용률인 50.8%에서 0.1%p 증가한 것을 알 수 있으므로 옳은 설명이다.

③ 남녀 고용률의 차이는 22.5%p인 2012년 이후 계속해서 감소 추세이며, 남녀 실업률의 차이는 0.0%p인 2014년 이후 감소 추세가 아니므로 옳은 설명이다.

⑤ 2011년 이후 남녀 실업률의 전년 대비 증감 추이를 보면 2015년에 남자 실업률은 증가하는 반면 여자 실업률은 전년도와 동일하여 전년 대비 증감 추이가 동일하지 않은 해는 1개 연도이므로 옳은 설명이다.

26 수리능력 문제 정답 ③

2014년의 내국인이 1천 명이었다면 2018년은 $1-10-2+3+26=18$천 명이므로 옳은 설명이다.

오답 체크

① 2000년 이후 10년간 내국인의 순 이동 인구수는 2008년까지 (-)로 감소하였지만 2009년에는 (+)로 내국인의 출국보다 입국이 많아 우리나라의 내국인은 증가하였으므로 옳지 않은 설명이다.

② 2000년 이후 외국인의 총 이동수가 감소하기 시작한 첫해인 2002년의 내국인 순 이동인구는 228 - 290 = -62천 명이므로 옳지 않은 설명이다.

④ 2000~2004년의 우리나라의 외국인의 순 이동인구는 계속 (+)였기 때문에 우리나라의 외국인은 계속 증가하였으므로 옳지 않은 설명이다.

⑤ 2009년의 외국인 대비 내국인의 비율은 입국자의 경우 359 / 233 × 100 ≒ 154%, 출국자의 경우 338 / 233 × 100 ≒ 145%로 입국자가 더 높으므로 옳지 않은 설명이다.

27 문제해결능력 문제 정답 ③

이는 '창의적 사고'에 대한 설명이다. '창의적 사고'는 당면 문제 해결을 위해 이미 알고 있는 경험과 지식을 해체하여 새로운 정보로 결합하는 것이며, 아이디어가 많고 다양한 '발산적 사고'와 관련이 깊으므로 옳지 않은 설명이다.

오답 체크

① 비판적 사고는 어떤 주제나 주장에 대해 적극적으로 분석하고 종합하며 평가하는 능동적인 사고이며 이는 비판적 사고의 핵심적인 정의이므로 옳은 설명이다.

② 비판적 사고의 중요한 태도인 '문제의식'에 대한 설명이다. 사소해 보이는 실수에도 문제의식을 갖고 끈기 있게 파고들어 위대한 발견을 하는 것은 비판적 사고의 중요한 태도이므로 옳은 설명이다.

④ 비판적 사고는 사소한 문제가 아닌 문제의 핵심을 중요한 대상으로 하며, 객관적 근거에 기초하여 현상을 분석하고 평가하는 사고이므로 옳은 설명이다.

⑤ 비판적 사고에 필요한 태도 중 '고정관념 타파'에 대한 설명이다. 비판적 사고를 위해서는 정보에 대한 개방성을 가지고 편견을 갖지 않는 것이 중요하므로 옳은 설명이다.

28 문제해결능력 문제 정답 ②

문제해결을 위해서는 고정관념과 편견 등 심리적 타성 및 기존의 패러다임을 극복하고 새로운 아이디어를 효과적으로 낼 수 있는 창조적 스킬 등을 습득하는 것이 필요하다.

29 문제해결능력 문제 정답 ②

실행 및 평가 단계의 이전 단계인 '해결안 개발 단계'에 대한 설명이다. 도출된 근본 원인을 해결할 여러 방안을 만든 후 그 해결안들을 평가하여 최적안을 선정하는 과정은 '해결안 평가 및 최적안 선정' 과정에서 이루어진다. '실행 및 평가 단계'는 이렇게 선정된 최적안을 실제 상황에 적용하는 단계이므로 적절하지 않은 설명이다.

오답 체크

① 실행 및 평가 단계의 '실행계획 수립 절차'에 대한 설명이다. 이 절차에서는 해결안을 실행하기 위해 무엇을(what), 왜(why), 언제(when), 어디서(where), 누가(who), 어떻게(how) 할 것인지 자원을 고려하여 구체적인 계획을 수립하므로 적절한 설명이다.

③ 실행 및 평가 단계의 '실행 및 사후관리 절차'에 대한 설명이다. 전면적으로 해결안을 실시하기 전에 사전 조사(pilot test)를 통해 미리 문제점을 발견하고 해결안을 보완한 후 대상 범위를 넓혀야 하므로 적절한 설명이다.

④ 실행 및 평가 단계의 '사후관리(Follow-up)'에 대한 설명이다. 실행상의 문제점을 신속히 해결하기 위해 감시 체제(monitoring system)를 구축하는 것이 바람직하며, 문제가 재발하지 않는지, 계획된 기간 및 비용이 지켜졌는지 등을 고려해야 하므로 적절한 설명이다.

⑤ 실행 및 평가 단계의 '실행 및 사후관리 절차'에 대한 설명이다. 가능한 사항부터 실행하며 그 과정에서 나온 문제점을 해결해 가면서 해결안의 완성도를 높여야 하므로 적절한 설명이다.

30 문제해결능력 문제 정답 ③

심층면접법은 조사자의 철저한 인터뷰 기법 스킬과 훈련이 요구되며 인터뷰 결과를 사실과 다르게 해석할 수 있다는 단점이 있고, 이 외에 인터뷰 시간을 집중적으로 투입해야 하며 비용이 많이 소요된다는 단점도 있으므로 옳은 설명이다.

오답 체크

① 심층면접법은 조사자가 응답자와 일대일로 마주한 상태에서 응답자의 잠재된 동기와 신념, 태도 등을 발견하고 조사주제에 대한 정보를 수집하는 방법이므로 옳지 않은 설명이다.

② 심층면접법은 다른 방법을 통해 포착할 수 없는 심층적인 정보를 경험적으로 얻을 수 있고 독특한 정보를 얻을 수 있는 등의 장점을 지니고 있으므로 옳지 않은 설명이다.

④ 표적집단면접이란 6~8인으로 구성된 그룹에서 특정 주제에 대해 논의하는 과정으로 숙련된 사회자의 컨트롤 기술에 의해 집단의 이점을 십분 활용하여 구성원들의 의견을 도출하는 방법이므로 옳지 않은 설명이다.

⑤ 표적집단면접을 진행할 때 확실한 판정이 가능한 것은 판정을 하지만 그렇지 못한 경우는 판정을 내려서는 안 되므로 옳지 않은 설명이다.

31 문제해결능력 문제 정답 ⑤

이는 '설정형 문제'가 아닌 '탐색형 문제'에 해당한다. 탐색형 문제는 현재의 상황을 개선하거나 효율을 높이기 위한 문제이며, '경쟁사보다 높은 수준의 고객 만족도를 달성'하는 것은 현재의 상황을 개선하고 더 나은 상태를 추구하는 활동이므로 적절하지 않은 내용이다.

오답 체크

① 이는 발생형 문제의 핵심 특징을 정확히 설명한 내용이다. 발생형 문제는 어떤 기준을 일탈하거나 미달했을 때 발생하며, 원인이 내재되어 있어 원인 지향적 문제라고도 불리므로 적절한 내용이다.

② 이는 탐색형 문제의 정의에 대한 내용이다. 탐색형 문제는 현재 상황의 개선 및 효율 증대를 목표로 하는, 눈에 보이지 않는 문제이므로 적절한 내용이다.

③ 이는 설정형 문제의 특징에 대한 내용이다. 설정형 문제는 미래 상황에 대응하는 문제이며, 해결을 위해 많은 창조적인 노력이 요구되기 때문에 창조적 문제라고도 하므로 적절한 내용이다.

④ '판매량 목표 미달'이라는, 이미 발생하여 기준에 미치지 못한 현상에 대한 원인을 찾고 해결하려는 과제는 발생형 문제의 전형적인 예시이므로 적절한 내용이다.

32 문제해결능력 문제 정답 ④

전략적 사고는 '해결 방안이 상위 시스템 또는 다른 문제와 어떻게 연결되어 있는지를 생각하는 것'이며 '정해진 규정과 틀에 얽매이는' 고정관념은 전체적인 시각을 요구하는 전략적 사고를 방해하는 대표적인 장애요인에 해당하므로 옳은 설명이다.

오답 체크

① 사실 지향의 분석적 사고는 일상 업무에서 일어나는 상식, 편견을 타파하여 객관적 사실로부터 사고와 행동을 출발하라는 것이다. 문제해결 시 우리가 알고 있는 단순한 정보들에 의존하여 신속하게 판단하는 것은 오히려 문제해결의 장애요인 중 쉽게 떠오르는 단순한 정보에 의지하는 경우에 해당하므로 옳지 않은 설명이다.

② 내·외부자원의 효과적인 활용은 문제해결 시 기술, 재료, 방법, 사람 등 필요한 자원 확보 계획을 수립하고 내·외부자원을 효과적으로 활용하라는 것이다. 가능한 한 많은 자료를 확보하는 것이 우선시된다는 것은 문제해결의 장애요인 중 너무 많은 자료를 수집하려고 노력하는 경우에 해당하므로 옳지 않은 설명이다.

③ 발상의 전환은 사물과 세상을 바라보는 인식의 틀을 전환하여 새로운 관점에서 바라보는 사고를 지향하라는 것이다. '기대하는 결과를 미리 명시하고 달성 방법을 구상하는 것'은 '성과 지향의 분석적 사고'에 대한 설명이므로 옳지 않은 설명이다.

⑤ 가설 지향의 분석적 사고는 현상 및 원인분석 전에 지식과 경험을 바탕으로 일의 과정이나 결과, 결론을 가정한 다음 검증 후 사실일 경우 다음 단계의 일을 수행하라는 것이기에 '문제를 철저히 분석하지 않는' 장애요인을 극복할 수 있는 방법이라고 할 수 없으므로 옳지 않은 설명이다.

33 문제해결능력 문제 정답 ⑤

<보기>의 ㉠부터 ㉤은 모두 상황으로 제시된 세 가지 사실로부터 내용을 정리한 예이다. ㉣이나 ㉤은 "주식을 사지 말라" 혹은 "주식을 사라"고 주장하는 메시지가 명확하며, 제시된 세 가지 상황을 모두 고려하고 있으므로, "So what?"을 사용하였다고 말할 수 있다.

오답 체크

㉠ 상황 1.만 고려하고 있어 "So what?"의 사고가 원활히 이루어지지 않았다.

㉡ 사고한 '자동차 산업의 미래'는 상황 3.의 주식시장에 대해서는 충분히 고려하고 있지 못하다.

㉢ 주식시장에 대해서도 포함하고 있으며, 세 가지의 상황 모두 자동차 산업의 가까운 미래를 예측하는 데 사용될 수 있는 정보이기 때문에 모순은 없다. 그러나 자동차 산업과 주식시장의 변화에 대한 사실은 전달이 어렵다.

34 문제해결능력 문제 정답 ②

제시된 명제를 정리하면 다음과 같다.

- 전제 1: 운전 O → 영어 O
- 전제 2: ______________
- 전제 3: 운전 X → 영업 X
- 결론: 안경 X → 영업 X

여기서 전제 1의 대우와 전제 3을 연결하면 '영어 X → 운전 X → 영업 X'가 된다. 따라서 전제 2에 들어갈 내용이 '안경 X'를 전건으로 하고 '영어 X', '운전 X', '영업 X' 가운데 하나를 후건으로 하는 명제이면 '안경 X → 영업 X'라는 결론을 반드시 참이 되게 한다. 이때, 대우도 고려한다면 '영어 O', '운전 O', '영업 O' 가운데 하나를 전건으로 하고 '안경 O'를 후건으로 하는 명제도 가능하다.

②는 '영어 O'를 전건으로 하고 '안경 O'를 후건으로 하므로 타당한 전제이다. 다시 말해, ②의 대우, 전제 1의 대우, 전제 3을 순서대로 연결하면 '안경 X → 영어 X → 운전 X → 영업 X'가 도출된다.

오답 체크

① '안경 O'를 전건으로 하는 명제이므로 타당한 전제가 아니다.

③ '영어 O'를 후건으로 하는 명제이므로 타당한 전제가 아니다.

④ '영어 X'를 전건으로 하는 명제이므로 타당한 전제가 아니다.

⑤ '운전 O'를 후건으로 하는 명제이므로 타당한 전제가 아니다.

35 문제해결능력 문제 정답 ⑤

첫 번째 조건과 두 번째 조건을 정리하면 다음과 같이 두 가지 경우로 나타낼 수 있다.

[경우 1]	[경우 2]
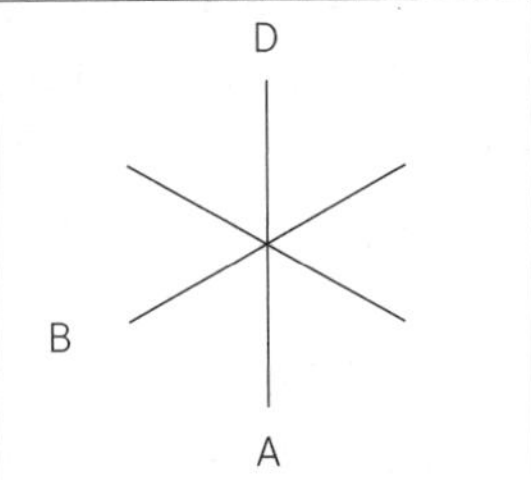	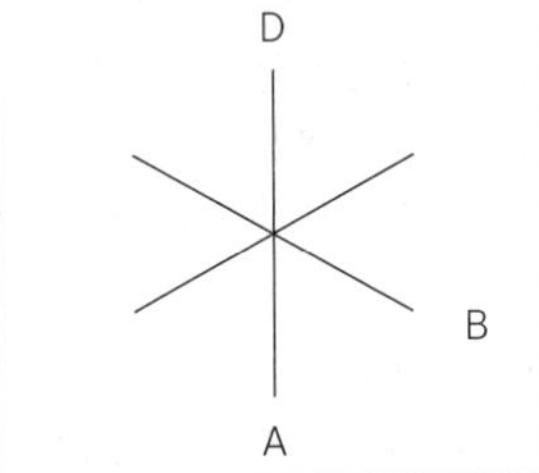

네 번째 조건에서 E는 F의 맞은편에 앉는다고 하였으므로 각 경우에서 두 사람이 앉을 수 있는 경우를 정리하고, 나머지 자리에 C가 앉으면 다음과 같이 정리된다.

[경우 1]	[경우 2]
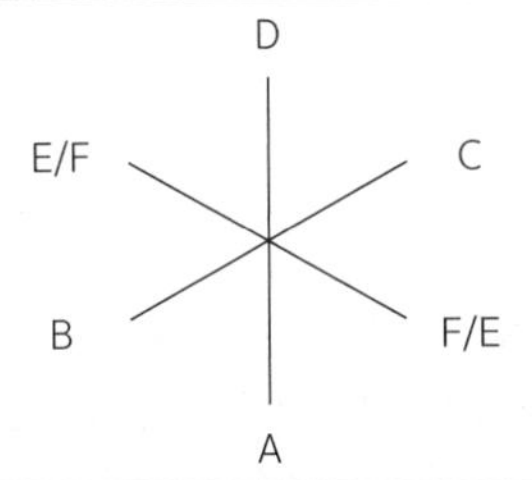	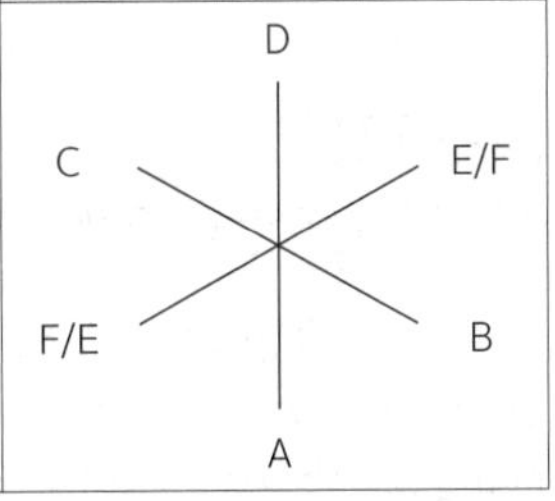

이를 토대로 선지를 살펴보면, F의 바로 왼쪽에 D가 있는 경우는 [경우 1]에서만 가능한데 이때 A의 바로 오른쪽에는 E가 앉으므로 ⑤는 항상 참이다.

오답 체크

① 두 경우 모두 B와 D 사이에는 F가 앉을 수도 있으므로 항상 참이라고 할 수는 없다.

② [경우 1]에서는 A의 왼쪽 두 번째 자리에는 E나 F가 앉을 수도 있으므로 항상 참이라고 할 수는 없다.

③ [경우 1]에서는 A와 E가 이웃한다면, D의 바로 오른쪽에는 F가 앉지만 [경우 2]에서는 C가 앉으므로 항상 참이라고 할 수는 없다.

④ 두 경우 모두 C와 E가 서로 이웃해서 앉을 수도 있으므로 항상 참이라고 할 수는 없다.

36 문제해결능력 문제 정답 ⑤

외국에서 6개월 이상 위탁교육을 받은 사람은 교육기간의 2배만큼 복무기간에 가산하여 복무해야 하기에 7개월 × 2 = 14개월이 연장되므로 옳다.

오답 체크

① 의무복무기간은 10년이며 전역 지원은 한 번의 기회만 있으나 10년을 채운 뒤에는 전역 가능하므로 전역이 제한된다는 내용은 옳지 않다.

② 공군사관학교를 졸업하고 비행자격을 취득한 사람은 15년 의무복무 대상인데 5년 차에 전역은 지원 가능할 뿐이며 자동 전역된다는 내용은 옳지 않다.

③ 국내의 군 외 교육기관에서 6개월 이상 위탁교육 시 그 기간만큼 복무기간에 가산되는 것은 맞다. 하지만 원래 복무기간인 4년에서 6개월이 늘어 4년 6개월이 되는 것이지 3년 6개월에서 4년으로 늘어난다는 내용은 옳지 않다.

④ 국방부 장관이 각 군의 인력운영을 위하여 필요하다고 인정하는 경우 그 복무기간을 단축할 수 있다는 규정이 있기는 하지만 국군간호사관학교를 졸업한 간호과 장교는 제외한다고 하였으므로 옳지 않다.

37 문제해결능력 문제 정답 ③

㉠ • 갑 시험을 시행할 경우

국가의 응시료 지원 경비
= (20,000 − 10,000) × 15,000 = 1억 5천만 원
국가의 감독관 파견 경비
= (15,000 / 500) × 500,000 = 1천 5백만 원
→ 총 국가 부담비용 = 1억 6천 5백만 원

• 을 시험을 시행할 경우

국가의 응시료 지원 경비
= (15,000 − 10,000) × 15,000 = 7천 5백만 원
국가의 감독관 파견 경비
= (15,000 / 300) × 500,000 = 2천 5백만 원
→ 총 국가 부담비용 = 1억 원

• 병 시험을 시행할 경우

국가의 응시료 지원 경비
= (10,000 − 10,000) × 15,000 = 0원
국가의 감독관 파견 경비
= (15,000 / 100) × 500,000 = 7천 5백만 원
→ 총 국가 부담비용 = 7천 5백만 원

따라서 병 시험의 총 국가 부담비용이 7천 5백만 원으로 가장 저렴하므로 옳은 내용이다.

㉡ 몽골의 경우 갑 시험과 을 시험 모두 1개 고사장의 수용 가능 인원이 100명으로 동일하므로 국가의 감독관 파견 경비 역시 동일하다.

따라서 경비상의 차이는 응시료 지원 경비밖에 없으므로 갑 시험이 을 시험보다 1인당 (20,000 − 10,000) − (15,000 − 10,000) = 5,000원 더 많으므로 옳은 내용이다.

오답 체크

㉢ · 갑 시험을 시행할 경우
국가의 응시료 지원 경비 = (20,000 - 10,000) × 3,000 = 3천만 원
국가의 감독관 파견 경비 = (3,000 / 100) × 2,000,000 = 6천만 원
→ 총 국가 부담비용 = 9천만 원
· 을 시험을 시행할 경우
국가의 응시료 지원 경비
= (15,000 - 10,000) × 3,000 = 1천 5백만 원
국가의 감독관 파견 경비
= (3,000 / 50) × 2,000,000 = 1억 2천만 원
→ 총 국가 부담비용 = 1억 3천 5백만 원
따라서 갑 시험과 을 시험의 총 국가 부담비용 차액은 135,000,000 - 90,000,000 = 45,000,000원이며 이를 예상인원인 3,000명으로 나누면 45,000,000 / 3,000 = 15,000원이므로 옳지 않은 내용이다.

38 자기개발능력 문제 정답 ①

제시된 자료는 영국의 어머니는 아이가 도움을 요청하지 않는 한 아이 스스로 할 수 있도록 먼저 나서서 도와주지 않는다는 내용이다. 따라서 작은 도전부터 시작하여 하나하나씩 성취감을 맛보도록 함으로써 자기 효능감을 높일 수 있다는 의미의 '성공 경험'이 영국 아이들의 자기 효능감에 영향을 준 요인으로 가장 적절하다.

[39-40]

39 자원관리능력 문제 정답 ③

경험이나 성향, 흥미를 고려하여 적절한 위치에 배치하는 것은 '적성배치'이다.

오답 체크

① 양적배치: 부문의 작업량과 조업도의 여유 또는 부족 인원을 고려하여 소요 인원을 배치하는 것
② 질적배치: 팀 또는 그룹 전체의 효율이 최대가 될 수 있도록 인적자원의 능력을 고려하여 적합한 위치에 배치하는 것

40 자원관리능력 문제 정답 ②

이 팀장은 모든 부서, 모든 팀원에 대해 평등한 적재적소를 고려해야 한다고 했으므로 '균형주의'에 대한 내용을 언급하고 있고, 최 팀장은 전체의 효율 향상을 위해서는 적합한 위치에 필요한 능력을 갖춘 인재를 배치해야 한다고 했으므로 '적재적소주의'에 대한 내용을 언급하고 있다. 또한 김 부장의 마지막 발언을 보면 신입사원들이 능력을 발휘할 수 있도록 기회와 장소를 제공해야 하며 그에 따른 성과를 공정하게 평가해서 적절한 보상을 주어야 한다고 했으므로 '능력주의'에 대한 내용을 언급하고 있다.

41 자원관리능력 문제 정답 ⑤

인프라 지원팀의 요청사항을 보면 필수 조건은 엔지니어 경력 3년 이상에 전기기사 자격증 소지자이다. 해당 조건을 만족하는 사람은 정, 경, 임 3명이다. 필수 조건을 만족하는 사람이 2명 이상이라면 전기공사기사 자격증이 있는 사람을 우선으로 해 달라고 했으므로 조건을 만족하는 사람은 경, 임 2명이다. 해당 자격증까지 만족하는 사람이 2명 이상인 경우 경력이 많은 사람을 선발해 달라고 했으므로 인프라 지원팀에 배치해야 하는 사람은 경과 임 중 경력이 많은 임이다.
관리팀의 요청사항을 보면 필수 조건은 사무 또는 생산 관리 경력 2년 이상이다. 해당 조건을 만족하는 사람은 갑, 을, 무, 기 4명이다. 필수 조건을 만족하는 사람이 2명 이상이라면 컴퓨터활용능력 1급이 있는 사람으로 선발해 달라고 했으므로 조건을 만족하는 사람은 을, 기 2명이다. 이 조건까지 만족하는 사람이 2명 이상이라면 토익 점수가 높은 사람으로 선발해 달라고 했으므로, 관리팀에 배치해야 하는 사람은 을과 기 중 토익 점수가 더 높은 기이다.

[42-43]

42 자원관리능력 문제 정답 ⑤

[업체 선정 기준]을 살펴보면 최종 점수가 가장 높은 업체를 선택하되, 10% 이상 저렴한 차순위 업체가 있으면 저렴한 업체를 선택한다고 되어 있으므로 우선 최종 점수를 통한 우선순위를 살펴볼 필요가 있다.
최종 점수는 블라인드 테이스팅 결과에 70%의 가중치를 두고 편의성에 30%의 가중치를 두어 산출한다고 했고, 블라인드 테이스팅 결과는 향과 맛을 동일한 가중치로 두어 산출한다고 했으므로, 각 업체의 최종 점수는 아래와 같다.

A 업체	(85 + 88) / 2 × 0.7 + 92 × 0.3 = 88.15점
B 업체	(90 + 85) / 2 × 0.7 + 90 × 0.3 = 88.25점
C 업체	(92 + 90) / 2 × 0.7 + 88 × 0.3 = 90.1점
D 업체	(88 + 90) / 2 × 0.7 + 94 × 0.3 = 90.5점
E 업체	(90 + 88) / 2 × 0.7 + 87 × 0.3 = 88.4점

따라서 D 업체가 가장 우선순위가 높고 C 업체, E 업체, B 업체, A 업체 순이 된다.
이때 D 업체의 가격은 g당 170원이고, D 업체의 차순위 업체는 최종 점수상 바로 다음인 C 업체인데, C 업체의 원두 가격은 150원으로 D 업체보다 10% 이상 저렴하다. 따라서 D 업체보다는 C 업체를 선정해야 하는 상황이 된다.
하지만 C 업체의 가격은 g당 150원이고, C 업체의 차순위 업체는 최종 점수상 바로 다음인 E 업체인데, E 업체의 원두 가격은 135원으로 C 업체보다 10% 이상 저렴하다. 따라서 C 업체보다는 E 업체를 선정해야 하는 상황이 된다.

E 업체의 차순위 업체는 최종 점수상 바로 다음인 B 업체인데, B 업체의 가격은 130원으로, E 업체 가격 135원의 10% 이상 저렴하지 않다.
따라서 선영 씨가 최종적으로 선택하기에 가장 적절한 업체는 E 업체가 된다.

43 자원관리능력 문제 정답 ③

문제에서 1달 예상 판매량은 450잔이라고 했으며, 원두커피 1잔당 필요한 원두량은 10g으로 항상 동일하다고 했으므로 1달 예상 원두 필요량은 450잔 × 10g/잔 = 4,500g이 된다. 앞선 문제에서 E 업체로 선택한다고 했기에 1g당 원두의 가격은 135원이 되며, 총 소요 비용은 4,500g × 135원/g = 607,500원이다.
따라서 이 금액의 10%를 계약금으로 지불한다고 했으므로 계약금은 607,500원 × 0.1 = 60,750원이다.

44 자원관리능력 문제 정답 ④

목요일 14~16시에는 A 부장, C 과장, D 과장, E 대리, G 사원, 귀하가 참석 가능하므로 5명 이상이 참석 가능하고, 부장 또는 차장 중 1명 이상이 참석 가능하며, 과장/대리 직급에서 3명이 참석할 수 있다.

오답 체크

① 월요일 09 ~ 11시에는 귀하를 제외하고 A 부장, B 차장, D 과장, G 사원밖에 참석하지 못한다.
② 화요일 09~11시에는 A 부장과 B 차장이 모두 참석할 수 없다.
③ 목요일 13~15시에는 귀하가 참석이 불가능하다.
⑤ 금요일 09~11시에는 B 차장, D 과장, E 대리, G 사원밖에 참석하지 못한다.

45 자원관리능력 문제 정답 ④

집에서 오전 8시에 출발한다고 했고, 오전 8시~10시 사이에는 출근 교통 혼잡시간으로 버스의 소요시간은 20%, 택시의 소요시간은 50%가 증가한다고 했으므로 감안하여 시간을 변경하면 아래와 같다.

구분	집 ↔ 사무실	사무실 ↔ 거래처	거래처 ↔ 집
버스	48분	45분	50분
지하철	35분	40분	35분
택시	45분	30분	40분

버스, 지하철, 택시를 각 1번씩밖에 이용할 수 없다고 했으므로 이동에 시간이 최소로 소요되는 경우는 버스 - 택시 - 지하철을 이용하는 경우이고, 이때 총 소요시간은 1시간 53분이 소요된다. 회사에서의 업무는 3시간, 휴식 시간 1시간, 거래처에서 업무 미팅 3시간이 소요되므로 업무에 소요되는 시간은 총 7시간이 되고, 이동 소요 시간까지 고려하면 집에서 출발한 뒤 다시 집에 도착하는 데 걸리는 소요시간은 총 8시간 53분이 된다.
따라서, 집에 도착할 수 있는 가장 빠른 시간은 오후 4시 53분이다.

46 자원관리능력 문제 정답 ②

1일 유동 인구가 5만 명 이상인 지하철역 근처라고 했으므로 각 지하철역의 1일 유동 인구를 구해보면 A 지하철역: 24,320 + 17,480 + 9,745 = 51,545명, B 지하철역: 19,786 + 21,345 + 7,654 = 48,785명, C 지하철역: 21,562 + 20,435 + 11,432 = 53,429명이다. 따라서 A 지하철역과 C 지하철역 근처는 가능하지만 B 지하철역 근처는 계약할 수 없으므로 병 상가는 계약할 수 없다.
1층에 위치한 상가라고 했으므로 2층에 위치한 을 상가 역시 계약할 수 없고, 남아있는 갑 상가, 정 상가, 무 상가 중 2년 동안 납입할 월세와 보증금의 합이 가장 적은 상가로 계약해야 한다.
갑 상가: 17,430만 원 + 85만 원 × 24개월 = 19,470만 원,
정 상가: 16,300만 원 + 105만 원 × 24개월 = 18,820만 원,
무 상가: 14,950만 원 + 145만 원 × 24개월 = 18,430만 원이므로
가장 저렴한 무 상가와 계약해야 하고 지불하는 비용은 총 18,430만 원이다.

[47-48]

47 자원관리능력 문제 정답 ③

기존에 주어진 작업일정표를 PERT의 형태로 바꾸면 아래와 같다.

A_4 ┬ C_6 ┬ D_2 — E_2 ┬ G_2 — H_1
B_3 ┘ └— F_7 —┘

하지만 [홍보팀장의 전달사항]에 따르면 장소 섭외(A)는 4일에서 2일로 단축되고, 협찬사 모집(B)은 진행하지 않으므로 이벤트 프로그램 기획 회의(C)는 장소 섭외(A) 완료 후 바로 시작할 수 있다. 또한 홍보 자료 제작 요청(D)은 2일에서 4일로 연장되며, 리허설(G)은 이벤트 안내문 발송(E)만 끝나면 현장 운영 계획 수립(F) 완료 여부와 관계없이 진행할 수 있다. 이에 따라 PERT는 아래와 같이 수정된다.

A_2 — C_6 ┬ D_4 — E_2 — G_2 — H_1
└ F_7

따라서 장소 섭외부터 이벤트 본 행사 완료까지 소요되는 기간은 2일 + 6일 + 4일 + 2일 + 2일 + 1일 = 총 17일이 된다.

48 자원관리능력 문제 정답 ①

대화가 진행되는 시점은 4월 3일(화)이고, 업무를 시작하는 날짜는 사흘(3일) 뒤인 4월 6일(금)이다. 또한 위의 문제에 따르면 전체 소요 기간은 17일이며 이는 업무 시작일로부터 평일 기준 17일째 되는 날 창립 20주년 기념 이벤트를 진행한다는 의미가 된다. 업무를 수행할 때 주말(토·일)은 제외하고 평일만 업무를 수행한다고 했으며, 주말 외 공휴일은 없다고 했으므로 기간 내 주말은 4월 7일(토), 4월 8일(일), 4월 14일(토), 4월 15일(일), 4월 21일(토), 4월 22일(일), 4월 28일(토), 4월 29일(일)이 있다.
따라서 이벤트 본 행사가 진행되는 날짜는 4월 30일이 된다.

49 대인관계능력 문제 정답 ②

A 부서 김 부장은 자신의 이익만을 강하게 주장하므로 '경쟁형'에 해당한다. B 부서 박 부장은 자신의 이익보다 상대방과의 관계를 중시하며 양보하려 하므로 '수용형(동조형)'에 해당한다.

더 알아보기

토마스-킬만(Thomas-Kilmann)의 갈등관리 유형 정리

토마스-킬만 갈등관리 방식 도구(TKI: Thomas-Kilmann Conflict Mode Instrument)는 케네스 토마스(Kenneth Thomas)와 랄프 킬만(Ralph Kilmann)이 개발한 모델로, 사람들이 갈등 상황에서 어떻게 반응하는지를 설명하는 데 널리 사용된다. 이 모델은 갈등 상황에서 사람들이 보이는 행동을 '자신의 이익을 얼마나 추구하는가'(독단성)와 '상대방의 이익을 얼마나 배려하는가'(협력성)라는 두 축을 기준으로 5가지 유형으로 나눈다. 각 유형에는 장단점이 있으며, 상황에 맞는 유형을 선택하고 활용하는 것이 중요하다.

유형	기본 입장 및 특징	행동	결과
회피형 (Avoiding)	· 나도 지고 너도 진다 (Lose-Lose) · 갈등 자체를 피함 (독단성↓, 협력성↓)	문제를 덮어두거나, 결정을 미루거나, 상황에서 벗어남	근본적인 문제 해결이 안 됨
경쟁형 (Competing)	· 나는 이기고 너는 진다 (Win-Lose) · 내 이익 관철이 최우선(독단성↑, 협력성↓)	자기주장이 강하고, 상대를 희생시키더라도 목표를 달성하려 함	빠른 결정 가능하나, 관계 악화 및 반발 우려
수용형 (Accommodating)	· 나는 지고 너는 이긴다 (Lose-Win) · 상대 이익이 최우선(독단성↓, 협력성↑)	자신의 요구를 희생하고, 상대방의 의지에 따름	관계 유지에 유리하나, 자신의 이익 손실 및 불만 누적 가능
타협형 (Compromising)	· 조금씩 이기고 조금씩 진다 (give and take, Mini Win-Lose) · 중간 지점에서 절충(독단성↔, 협력성↔)	서로 조금씩 양보하여 부분적인 만족을 얻는 실용적 해결책을 찾음	신속한 해결 가능하나, 최적의 해법은 아닐 수 있음
통합형/협력형 (Integrating/Collaborating)	· 나도 이기고 너도 이긴다 (Win-Win) · 양쪽 모두의 이익 극대화 추구(독단성↑, 협력성↑)	열린 소통을 통해 근본 원인을 파악하고, 창의적인 대안을 모색	가장 이상적이나, 시간과 노력이 많이 필요함

50 대인관계능력 문제 정답 ②

영업팀 박선홍 팀장의 리더십 스타일은 명확한 목표 제시, 성과에 따른 보상과 처벌(질책)을 중심으로 팀을 관리하는 거래적 리더십의 핵심 특징인 '조건적 보상'과 '예외에 의한 관리'에 해당한다. 반면 기획팀 이진주 팀장은 비전 공유, 영감 부여, 개별적 배려와 성장 지원 등을 통해 팀원들의 내적 동기를 자극하는 모습을 보여준다. 이는 변혁적 리더십의 핵심 특징인 '이상적 영향력', '영감적 동기 부여', '지적 자극', '개별적 배려'에 해당한다.
따라서 박 팀장은 거래적 리더십, 이 팀장은 변혁적 리더십에 가장 가깝다.

오답 체크

지시적 리더십(Directive Leadership)은 리더가 명확한 목표와 구체적인 과업 수행 방법을 제시하고, 부하의 행동을 엄격하게 지시하며 통제하는 리더십, 지원적 리더십(Supportive Leadership)은 리더가 부하의 복지와 개인적인 요구에 관심을 기울이고, 우호적이고 지지적인 분위기를 조성하여 부하의 자신감과 만족도를 높이는 리더십, 방임적 리더십(Laissez-faire Leadership)은 리더가 의사결정과 책임 수행을 회피하고 부하에게 대부분의 자유를 허용하며, 최소한으로 개입하는 리더십, 서번트 리더십(Servant Leadership)은 리더가 자신을 낮추고 부하를 최우선으로 섬기며, 그들의 성장과 발전을 돕고 조직의 목표 달성에 기여하도록 헌신하는 리더십이다.

더 알아보기

거래적 리더십과 변혁적 리더십

거래적 리더십(Transactional Leadership)과 변혁적 리더십(Transformational Leadership)은 현대 리더십 연구에서 매우 중요하게 다루어지며, 서로 대비되는 특징을 가지고 있다.

구분	거래적 리더십	변혁적 리더십
개념	· 리더와 부하(팀원) 간의 명확한 '거래' 또는 '교환' 관계에 기반 · 리더는 부하에게 기대하는 과업과 성과를 명확히 제시하고, 부하가 이를 달성했을 때 그에 상응하는 보상을 제공하는 방식 · 주로 외재적 동기(보상, 처벌)를 활용하여 조직의 안정성과 효율성 추구	· 리더가 부하의 가치관, 신념, 욕구 수준을 변화시켜 리더와 조직에 대한 신뢰와 헌신을 이끌어내고, 이를 통해 기대 이상의 성과를 창출하도록 내적 동기를 부여하는 방식 · 리더는 부하에게 단순히 지시하고 보상하는 것을 넘어, 영감과 비전을 제시하고 성장을 지원하는 역할
주요 특징	· 조건적 보상(Contingent Reward): 목표 달성 시 인센티브나 칭찬 같은 긍정적 보상을 제공하고, 미달 시에는 질책이나 불이익 같은 부정적 피드백을 줌 · 예외에 의한 관리(Management by Exception): - 적극적: 표준에서 벗어나지 않도록 지속적으로 감시하고, 문제 발생 시 즉시 개입 - 소극적: 문제가 발생한 후에야 개입 · 자유방임(Laissez-Faire): 리더가 책임을 회피하고 거의 개입하지 않는 형태로, 리더십의 부재로 보기도 함	· 이상적 영향력(Idealized Influence/카리스마): 리더는 높은 윤리관과 신념으로 부하의 존경과 신뢰를 얻으며 역할 모델이 됨 · 영감적 동기 부여(Inspirational Motivation): 낙관적인 비전과 목표를 제시하여 부하들에게 도전 의식과 열정을 불러일으킴 · 지적 자극(Intellectual Stimulation): 부하들이 기존의 방식을 넘어 창의적으로 생각하고 문제를 해결하도록 격려 · 개별적 배려(Individualized Consideration): 부하 개개인의 특성과 욕구를 이해하고, 코칭과 멘토링을 통해 성장을 지원
효과적인 상황	안정된 환경, 명확하고 표준화된 업무, 단기적 성과 달성이 중요할 때	변화와 혁신이 필요한 환경, 장기적인 성장 추구, 부하의 잠재력 개발이 중요할 때
한계	변화와 혁신 유도 어려움, 부하의 내적 동기나 잠재력 개발에는 한계가 있음	높은 직무 만족도 및 조직 몰입도, 혁신 행동 촉진, 뛰어난 성과 창출

51 정보능력 문제

정답 ①

· 김 대리: Windows 로고 키 + M은 현재 열려 있는 모든 창을 최소화하여 바탕화면을 표시하는 단축키이므로 바른 설명이다.

· 이 사원: Excel에서 Ctrl + Shift + ;(세미콜론)은 현재 시간을 현재 셀에 입력하는 단축키이므로 바른 설명이다.

따라서 정확하게 설명한 사람은 김 대리와 이 사원이다.

오답 체크

· 박 과장: Windows에서 실행 중인 프로그램 간 전환은 주로 Alt + Tab 키를 사용한다. Alt + Enter는 선택한 항목의 속성 창을 여는 데 사용되므로 바르지 않은 설명이다.

· 최 주임: Excel에서 Ctrl + N은 새 통합 문서(파일)를 만드는 단축키이다. 새 워크시트를 삽입하는 단축키는 일반적으로 Shift + F11 또는 Alt + Shift + F1이므로 바르지 않은 설명이다.

더 알아보기

윈도우즈 주요 단축키

기본 작업	· Ctrl + C: 선택한 항목 복사하기 · Ctrl + X: 선택한 항목 잘라내기 · Ctrl + V: 복사하거나 잘라낸 항목 붙여넣기 · Ctrl + Z: 마지막 작업 실행 취소하기 · Ctrl + Y: 실행 취소한 작업 다시 실행하기 · Delete: 선택한 항목 삭제하여 휴지통으로 보내기 · Shift + Delete: 선택한 항목 영구적으로 삭제하기 · Alt + F4: 현재 활성화된 앱 또는 창 닫기(바탕화면에서는 시스템 종료 창 열기)
파일 탐색 및 시스템	· Windows 로고 키 + E: 파일 탐색기 열기 · Windows 로고 키 + D: 바탕 화면 표시 또는 숨기기 · Windows 로고 키 + M: 모든 창 최소화하기 · Windows 로고 키 + Shift + M: 최소화된 창 복원하기 · Windows 로고 키 + R: 실행 대화 상자 열기 · Windows 로고 키 + L: PC 잠금 또는 계정 전환 · Windows 로고 키 + I: 설정 앱 열기 · Ctrl + Shift + Esc: 작업 관리자 열기 · F2: 선택한 파일 또는 폴더 이름 바꾸기 · F5: 현재 창 새로 고침하기 · Alt + Tab: 열려 있는 앱 또는 창 간에 전환하기 · Print Screen: 전체 화면 캡처하여 클립보드에 저장 · Alt + Print Screen: 현재 활성화된 창만 캡처하여 클립보드에 저장 · Windows 로고 키 + Shift + S: 화면 캡처 도구(부분 캡처 등) 열기

엑셀 주요 단축키

파일 및 기본 작업	· Ctrl + N: 새 통합 문서 만들기 · Ctrl + O: 기존 통합 문서 열기 · Ctrl + S: 현재 통합 문서 저장하기 · F12: 다른 이름으로 저장하기 · Ctrl + P: 인쇄 대화 상자 열기 · Ctrl + W: 현재 통합 문서 닫기

데이터 입력 및 편집	· F2: 활성 셀 편집하기 · Ctrl + Z: 마지막 작업 실행 취소하기 · Ctrl + Enter: 선택한 여러 셀에 동시에 데이터 입력하기 · Alt + Enter: 셀 내에서 줄 바꿈하기 · Ctrl + ;(세미콜론): 현재 날짜 입력하기 · Ctrl + Shift + ;(세미콜론): 현재 시간 입력하기 · F4: 마지막 작업 반복하기 / 수식 입력 시 셀 참조(절대/상대/혼합) 전환하기
이동 및 선택	· Ctrl + 방향키: 데이터 범위의 끝으로 이동하기 · Ctrl + Home: A1 셀로 이동하기 · Ctrl + End: 데이터가 있는 마지막 셀로 이동하기 · Ctrl + PageUp / PageDown: 이전 / 다음 워크시트로 이동하기 · Ctrl + A: 워크시트 전체 또는 현재 데이터 범위 선택하기 · Shift + 방향키: 선택 영역 확장하기 · Ctrl + Shift + 방향키: 데이터 범위 끝까지 선택 영역 확장하기
서식 및 기타	· Ctrl + 1: '셀 서식' 대화 상자 열기 · Ctrl + B: 굵게 서식 적용/해제 · Ctrl + I: 기울임꼴 서식 적용/해제 · Ctrl + U: 밑줄 서식 적용/해제 · Shift + F11: 새 워크시트 삽입하기

52 정보능력 문제 　정답 ①

인증분야별 식별부호는 적합인증은 C, 적합등록은 R, 잠정인증은 I이므로 기본인증 정보 식별부호가 R 또는 RS이어야 적합등록을 받은 식별부호이다.

따라서 R-C-BZI-LolliPods는 기본인증 정보 식별부호가 C이므로 적절하지 않다.

53 정보능력 문제 　정답 ③

MATCH(5, B1:B5, 1)=1, MATCH(42, C1:C5, 1)=3이므로 INDEX(A1:C5, 1, 3)의 출력값은 A1:C5 범위의 1행 3열인 19이다.

54 정보능력 문제 　정답 ②

숫자 데이터 중간에 공백이나 특수 문자가 있으면 문자로 인식해 셀의 왼쪽으로 정렬되므로 옳은 설명이다.

오답 체크

① 숫자 데이터는 기본적으로 셀의 오른쪽으로 정렬되므로 옳지 않은 설명이다.

③ 문자 데이터는 기본적으로 셀의 왼쪽으로 정렬되므로 옳지 않은 설명이다.

④ 날짜 데이터는 자동으로 셀의 오른쪽으로 정렬되므로 옳지 않은 설명이다.

⑤ 날짜 데이터는 하이픈(-)이나 슬래시(/)를 이용하여 연, 월, 일을 구분하고, 시간 데이터는 콜론(:)을 이용하여 시, 분, 초를 구분하므로 옳지 않은 설명이다.

55 조직이해능력 문제 　정답 ②

갈등관리에서의 갈등은 표면적으로 드러난 갈등뿐만 아니라 당사자들이 느끼는 잠재적 갈등상태까지 포함하므로 옳지 않은 설명이다.

오답 체크

① 갈등관리 전략에는 갈등해소 전략과 갈등촉진 전략이 있다. 갈등해소 전략에는 공동의 적 확인, 자원증대 등이 포함되고, 갈등조성(촉진) 전략에는 의사전달 통로변경, 태도가 다른 사람들 접촉 유도 등이 있으므로 옳은 설명이다.

③ 갈등의 당사자들에게 공동의 상위목표를 제시하는 것은 대표적인 갈등해소 전략이므로 옳은 설명이다.

④ 갈등의 순기능적 요소를 긍정하는 현대적 접근방식은 갈등의 순기능과 역기능의 상호작용을 강조하며 적정수준의 갈등을 촉진하는 전략을 이용하기도 한다. 조직이 처한 상황에 따라 필요하면 갈등을 조장하여 이를 통해 해결력 개선, 새로운 아이디어 촉발 등의 이점을 얻기도 하므로 옳은 설명이다.

⑤ 대인관계와 관련되어 발생하는 관계갈등은 문화차이, 소통 부족에 의해 유발되므로, 의사소통에 장애를 유발하는 요소들을 제거하고 직원들 간에 의사소통 기회를 제공해 주어야 하므로 옳은 설명이다.

56 조직이해능력 문제 　정답 ②

퇴거 장벽이 높다는 것은 사업 실패 시 시장에서 빠져나오기 힘든 상황이므로 위협 요인에 해당된다.

오답 체크

③ 구매자가 소수가 되어 버리면 차후에 구매자와 협상 시 불리해질 수 있기 때문에 소수의 구매자가 상품을 대량 구매하는 상황은 위협 요인에 해당한다.

57 직업윤리 문제 　정답 ②

고정된 자세를 취하면 딱딱한 분위기를 만들게 된다. 고객을 대할 때에는 밝고 긍정적인 자세로 대화에 임하는 것이 적절하므로 꼿꼿한 자세를 취하여 딱딱한 분위기로 고객을 대하는 것은 고객의 만족도를 높이기 위한 방안으로 보기 어렵다.

58 직업윤리 문제 정답 ①

책임감은 삶을 긍정적으로 바라보는 태도가 바탕이 된다. 100% 책임의식을 지니는 것은 인생에 있어서 우리가 지니고 있는 능력을 긍정적으로 봄으로써 최대화하는 것과 같다.

59 직업윤리 문제 정답 ③

유족들에게 돌아가신 연유 등을 상세히 캐묻는 것은 예의에 어긋나는 행동이므로 가장 적절하지 않다.

더 알아보기

장례식에 어울리는 행동

- 유족들에게 돌아가신 연유 등을 상세히 캐묻는 것은 예의에 어긋나는 행동이다.
- 장례식 옷차림은 정장이 원칙이며 검은색, 회색 등의 무채색을 기본으로 한다.
- 영전에 조문을 먼저 하고 상주에게 위로의 말을 건넨 후 조의금을 전달하는 것이 좋다.
- 가까운 사이인 경우 문상으로 끝내지 않고, 함께 밤샘을 해주거나 행사를 도와 일을 해주는 것은 유족에게 큰 위로가 될 수 있다.

60 직업윤리 문제 정답 ②

성실은 정성스럽고 참된 것으로, 근면함보다는 충(忠) 혹은 신(信)의 의미와 더 가깝다. 성실한 사람은 책임감이 강하고 목표한 바를 이루기 위해 목표 지향적 행동을 지속한다.

더 알아보기

성실

성실한 사람들의 행동이나 태도	· 무엇을 하든지 마음을 담아 행동하는 것 같다. · 최선을 다한다. · 바르게 생각하고 행동한다.
성실하지 않은 사람들의 행동이나 태도	· 일을 하지만 진심이 느껴지지 않는다. · 자기 이익만을 생각하거나 잔머리를 쓴다. · 주어진 업무만 하거나, 문제가 되지 않을 만큼만 일한다.

해커스공기업 NCS 통합 봉투모의고사 모듈형/피듈형/PSAT형 + 전공

NCS 실전모의고사 5회 PSAT형

정답

01 의사소통	02 의사소통	03 의사소통	04 의사소통	05 의사소통	06 의사소통	07 의사소통	08 의사소통	09 의사소통	10 의사소통
⑤	④	②	③	④	③	②	②	①	③
11 의사소통	12 의사소통	13 의사소통	14 의사소통	15 의사소통	16 수리	17 수리	18 수리	19 수리	20 수리
④	④	⑤	④	①	②	④	③	②	②
21 수리	22 수리	23 수리	24 수리	25 수리	26 수리	27 수리	28 수리	29 수리	30 수리
④	④	②	③	④	③	⑤	④	⑤	②
31 문제해결	32 문제해결	33 문제해결	34 문제해결	35 문제해결	36 문제해결	37 문제해결	38 문제해결	39 문제해결	40 문제해결
⑤	②	⑤	①	④	①	④	②	③	③
41 문제해결	42 문제해결	43 문제해결	44 문제해결	45 문제해결	46 자원관리	47 자원관리	48 자원관리	49 자원관리	50 자원관리
⑤	⑤	⑤	②	②	②	④	①	⑤	①
51 자원관리	52 자원관리	53 자원관리	54 자원관리	55 자원관리	56 자원관리	57 자원관리	58 자원관리	59 자원관리	60 자원관리
④	①	⑤	③	③	④	②	①	④	④

취약 영역 분석표

영역별로 맞힌 개수, 틀린 문제 번호와 풀지 못한 문제 번호를 적고 나서 취약한 영역이 무엇인지 파악해 보세요.
취약한 영역은 해커스잡 사이트(ejob.Hackers.com)에서 제공하는 '시험 당일 최종 마무리 <NCS 빈출 개념 핵심 요약집>'을 학습하고, 틀린 문제 및 풀지 못한 문제를 다시 풀어보면서 확실히 극복하세요.

영역	맞힌 개수	틀린 문제 번호	풀지 못한 문제 번호
의사소통능력	/15		
수리능력	/15		
문제해결능력	/15		
자원관리능력	/15		
TOTAL	**/60**		

해설

01 의사소통능력 문제 정답 ⑤

1문단에 따르면 미국의 많은 신문은 후보의 정치적 신념, 소속 정당, 정책을 분석해 자신의 입장과 같거나 그것에 근접한 후보를 선택하여 지지해 왔다. 따라서 신문이 후보의 정치적 성향을 분석하여 지지 후보를 선택해 왔음을 알 수 있다. 그러나 신문이 지지 후보를 선택하는 과정에서 유권자의 표심을 분석했다는 내용은 지문에서 찾을 수 없다.

02 의사소통능력 문제 정답 ④

보도자료 중 "국산 AI 반도체의 국가 데이터센터 채택률을 2030년까지 50% 이상으로 확대하는 목표를 세웠다"는 부분과 정확히 일치한다. 반도체 정책 중 가장 구체적인 수치 목표로 제시된 부분이므로, 일치 여부 판단이 명확한 문항이다.

오답 체크

① 지문에서는 GAI 시장을 미국이 주도하고 있으며 한국은 K-모델을 통해 주도권 확보를 목표로 한다고 명시되어 있으므로 일치하지 않는다.
② 한국형 생성모델은 2027년까지 개발되며 미국과 공동 개발된다는 언급은 지문에 전혀 없으므로 일치하지 않는다.
③ 산업 특화형 AI 모델 개발을 위해 언어 중심 생태계에서 벗어나 멀티모달 중심으로 확장한다고 했기에 기존 생태계를 유지하려는 입장은 아니므로 일치하지 않는다.
⑤ "K-AI 윤리 프레임워크"는 민간 주도 자율규제를 제도적으로 뒷받침한다고 했기에 정부가 직접 규제하고 민간은 배제한다는 설명은 정반대이므로 일치하지 않는다.

03 의사소통능력 문제 정답 ②

가상세계, 거울세계, 증강현실, 라이프로깅의 사례를 보게 된다면 원래 있던 기술이 발전한 것을 알 수 있다.

04 의사소통능력 문제 정답 ③

4단락에서 보면 단기금리가 하락했을 때 실질 주택가격이 상승했다는 것을 알 수 있다.

05 의사소통능력 문제 정답 ④

보도자료의 여섯 번째 단락에 해당하는 내용으로, 정부가 전통시장과 골목상권의 디지털 전환을 위해 다양한 지원을 제공하며, 특히 고령 소상공인을 위한 '찾아가는 디지털 활용 교육 프로그램'을 함께 운영한다고 명시되어 있으나 선지에서는 이를 "생략하기로 했다"라고 반대로 기술하고 있으므로 바르게 이해하지 못한 내용이다.

오답 체크

① '로컬 창업 패스'를 통한 지방대 졸업 → 창업 → 정착 → 금융 연계까지의 원스톱 체계를 언급하고 있으므로 바르게 이해한 내용이다.
② 지역특화산업을 기술개발, 사업화, 수출, 인력양성으로 단계적으로 연결된 전략으로 설명하고 있으므로 바르게 이해한 내용이다.
③ 국토교통부, 중소벤처기업부, 문화체육관광부 등 6개 부처가 협업하여 지역 브랜드 육성 및 마케팅을 지원한다고 했으므로 바르게 이해한 내용이다.
⑤ 지방 이전 기업에 대해 공장부지 매입비, 고용보조금, R&D 비용을 패키지로 지원한다고 했으므로 바르게 이해한 내용이다.

06 의사소통능력 문제 정답 ③

지문에서는 오히려 AI 도입이 저소득 필수노동자에게 유연성을 주지 못하며, 근로 강도가 증가할 수 있다고 경고하고 있으므로 선지의 후반부는 지문과 일치하지 않는 내용이다.

오답 체크

① 지문에서는 지식 기반 직무에까지 생성형 AI가 침투하고 있으며, 과거의 단순 제조 자동화와는 질적으로 다른 구조라고 명시되므로 일치하는 내용이다.
② 지문에서는 아이슬란드, 스페인, 일본 등의 주 4일제 시범 사례, 그리고 만족도 상승과 생산성 유지라는 보고 내용이 그대로 등장하므로 일치하는 내용이다.
④ 지문에서는 '노동의 종말' 담론이 다시 부활하는 이유로 기술이 인간만의 고유 영역이라 여겨졌던 직무에 도전하고 있다는 점을 언급하고 있으므로 일치하는 내용이다.
⑤ 지문의 "주 4일제로 곧장 이어지리라는 서사에는 비약이 존재한다"는 문장이 전면적 제도 도입이 과도하게 일반화된 주장이라는 비판과 연결되므로 일치하는 내용이다.

07 의사소통능력 문제 정답 ②

이 문항은 기획재정부가 발표한 『2025~2035 중장기 경제성장 전략』의 주요 내용 중 핵심 3대 전략 방향과 그 세부 실행 계획에 대한 이해도를 평가하기 위한 문제이다. 문제의 요구는 "내용과 일치하지 않는 것"을 고르는 것으로, 전체 내용을 정확히 파악한 후 사실관계의 왜곡이나 과장 표현 여부를 가려내는 것이 관건이다.
지문에서 정부는 고령층의 노동시장 참여 확대를 추진한다고만 서술되어 있으며, 정년 연장이나 전면적인 의무화라는 제도적 변화에 대해서는 전혀 언급하지 않았다. 즉, 지문은 정책 방향의 기조만 언급했을 뿐, 구체적인 제도 도입이나 입법화에 관한 내용은 포함되어 있지 않다. ②는 지문에 없는 내용을 사실처럼 과장한 내용이므로 일치하지 않는 내용이다.

오답 체크

① '서비스업의 낮은 생산성 보완을 위한 정책'에 대한 내용이다. 지문에서는 제조업 대비 낮은 서비스업 노동생산성을 끌어올리기 위해 디지털 전환 촉진, 규제 유연화, 세액 공제 확대 등의 정책을 병행 추진한다고 명확히 제시되어 있으므로 일치하는 내용이다.

③ '미래산업 기술 상용화 지원'에 관한 내용으로, 반도체, 배터리, 바이오, 수소경제 등 국가전략기술에 대해 민관 공동투자 및 규제샌드박스를 통한 상용화 지원이 계획되어 있다고 지문에서 분명히 언급되고 있으므로 일치하는 내용이다.

④ '생산가능인구 감소 대응'에 관한 내용으로, 지문에 따르면 정부는 고령층의 노동시장 참여 확대와 함께 외국인 고급인력 도입, 청년 고용률 제고를 위한 직무역량 중심의 고용정책을 병행 추진하겠다고 서술되어 있으므로 일치하는 내용이다.

⑤ 이번 전략의 기조에 관한 내용으로, 지문에서는 "단기 경기 대응보다 중장기 구조 개혁에 무게를 두고 있으며, 양적 성장보다는 질적 전환과 지속가능성 확보를 핵심 가치로 삼고 있다"고 명확히 밝히고 있으므로 일치하는 내용이다.

08 의사소통능력 문제 정답 ②

지문 전반에서 드러나는 전략은 기술과 제도를 병행하는 것이며, 특히 도시 운영 체계의 디지털 전환, AI 기반 예측 시스템, 디지털트윈 모델 확산, 스마트 인프라 실증 적용기술 중심 전략이 전면에 배치되어 있다.

법제도 정비는 세 번째 전략으로서 거버넌스를 뒷받침하는 후속 수단이지, 우선순위 전략이 아니므로 바르게 이해하지 못한 내용이다.

오답 체크

① '전국 단위 도시전환 전략', '디지털트윈의 단계적 확산'을 지문에서 직접 언급하고 있으므로 바르게 이해한 내용이다.

③ 도시서비스 전략(첫 번째 전략)에서 AI 기반 예측 - 알림 - 조치 체계 실시간 센서망 통합 연동이 핵심 내용이므로 바르게 이해한 내용이다.

④ '스마트 포용 존(Smart Inclusion Zone)'의 지정과 디지털 소외지역 중심 차등형 기술 지원이 지문에 그대로 명시되어 있으므로 바르게 이해한 내용이다.

⑤ 도시데이터 거버넌스 전략(세 번째 전략)에서, 시민을 수동적 데이터 대상이 아닌 '능동적 기여자(Prosumer)'로 전환시키겠다는 내용과 일치하므로 바르게 이해한 내용이다.

09 의사소통능력 문제 정답 ①

'국내 통화량이 증가하여 유지될 경우 장기에는 실질 통화량이 변하지 않으므로 장기의 환율도 변함이 없을 것이다.'라는 말은 잘못 되었다. 지문의 두 번째 단락 마지막 부분에 통화량이 증가하면 물가는 상승하고 장기의 환율도 상승할 것이라고 이야기하고 있으므로 적절하지 않다.

오답 체크

② 물가가 경직될수록 금리가 하락한다고 이야기했으므로 신축적이 되면 금리가 하락하는 폭이 낮다는 것을 추론할 수 있으므로 적절하다.

③ 두 번째 단락에서 물가가 경직되면 물가의 조정 속도는 단기적으로 경직성이 있고, 장기적으로 신축성이 있다고 하고 환율은 조정 속도가 단기적으로도 신축적으로 조정이 될 수 있기 때문에 오버슈팅이 일어난다고 이야기하고 있으므로 적절하다.

④ 환율의 오버슈팅은 통화량의 증가로 물가가 신축적인 경우에 예상되는 환율상승과 금리 하락에 따른 자금의 해외 유출이기에 자금의 해외 유출이 클수록 환율의 오버슈팅은 커진다고 볼 수 있으므로 적절하다.

⑤ 세 번째 단락에서 오버슈팅이 길어질수록 물가 경직성이 크다고 이야기하고 있으므로 적절하다.

더 알아보기

· 구매력 평가설
구매력 평가설은 G.카셀이라는 스웨덴 경제학자가 내어놓은 이론으로 국가 간의 통화의 교환비율은 장기적으로 각국 통화의 상대적 구매력을 반영한 수준으로 결정된다는 것을 말한다.

· 오버슈팅
오버슈팅이란 상품이나 혹은 금융자산, 통화가치가 시장에서 결정되는 가격이 일시적으로 폭등과 폭락을 했다가 장기적으로 균형이 맞춰지는 현상을 말한다. 공급이 비탄력적이거나 시장의 효율성이 저하되면 오버슈팅이 나타난다. 공급이 비탄력적인 경우는 공급의 양을 생산자가 마음대로 정하지 못하게 되면 나타나게 된다.

10 의사소통능력 문제 정답 ③

글로벌 CBPR 인증은 2022년에 도입된 것이 아니라, 2022년 글로벌 협의체가 출범하여 3년간 논의 후 2025년에 시행된 것이다. 또한 CBPR의 기원은 2011년 APEC 지역 9개국의 상호 인증에서 출발했으며, 2022년은 전환점일 뿐 초창기 도입 시점이 아니므로 적절하지 않다.

오답 체크

① 2문단을 통해 글로벌 CBPR 인증은 전자상거래 활성화와 국경 간 안전한 개인정보 이전 촉진을 위한 제도임을 알 수 있으므로 적절하다.

② 3문단에 일본, 싱가포르 등 글로벌 인증을 국외이전 수단으로 채택한 국가로부터 개인정보 이전이 가능해진다고 명시되어 있으므로 적절하다.

④ 첫 번째 단락과 마지막 단락을 통해 한국인터넷진흥원은 인증기관으로 지정되어 인증심사 업무를 수행한다는 것을 알 수 있으므로 적절하다.

⑤ 마지막 단락을 통해 APEC CBPR 인증을 받은 국내 12개 기업은 2025년 6월 2일부터 자동으로 글로벌 인증이 부여된다는 것을 알 수 있으므로 적절하다.

11 의사소통능력 문제 정답 ④

문장의 맥락상 '이름을 붙였다'는 의미이므로 '명명'을 넣는 것이 적절하다.

오답 체크

① 보조용언의 경우 띄어 쓰는 것이 원칙이고 붙여 쓰는 것도 허용되어 '만들어 준'으로 띄어 써도 무방하므로 적절하지 않다.

② ㉡ 앞에서 배양된 지 오래된 세균을 주사한 닭들이 다시 콜레라에 걸리지 않았다는 내용을 확인할 수 있어 이러한 사실이 예전부터 알려져 왔다는 내용으로 연결되는 ㉡을 옮길 필요는 없으므로 적절하지 않다.

③ ㉢의 주어가 '어떤 역사가는'이므로 주술호응을 고려하면 '어떤 역사가는 ~의 원인으로 ~를 들기도 한다'로 쓰는 것이 옳으므로 적절하지 않다.

⑤ 영국 왕립내과의학대학은 제너에게 의사 자격증을 주지 않았으나 파스퇴르는 제너의 업적을 인정했다는 의미로 '그러나'로 연결되는 것이 옳으므로 적절하지 않다.

12 의사소통능력 문제 정답 ④

일정한 수나 양이 그 수만큼 거듭됨을 의미하는 의존 명사 '-배'는 띄어 써야 하므로 ㉣을 '수만 배'로 띄어 쓰는 것이 적절하다.

오답 체크

① ㉠의 앞에서는 나노 기술의 의미에 대한 내용을 말하고 있고, ㉠의 뒤에서는 나노 기술의 의미가 가리키는 목표에 대한 내용을 말하고 있다. 따라서 ㉠을 뒤에 오는 말이 앞의 내용과 상반됨을 나타내는 말인 '반면'으로 고쳐 쓰는 것은 적절하지 않다.

② ㉡의 앞에서 자연에서 얻을 수 있는 재료 없이도 쇠고기와 쌀과 같은 물질을 제조할 수 있고, 인체에 필요한 DNA나 혈구 등을 만들 수 있다고 하였으므로 나노 기술을 이용하여 필요한 물질을 자원 없이도 생산하는 것뿐만 아니라 인체의 질병도 고칠 수 있다는 내용의 ㉡을 세 번째 문단의 마지막 문장으로 옮기는 것은 적절하지 않다.

③ ㉢이 있는 문장에서 나노 과학자들이 자연 현상을 인공적으로 재탄생하게 할 수 있다고 하였으므로 한 번 하였던 행위나 일을 다시 되풀이한다는 의미의 '재연'으로 수정하는 것은 적절하지 않다.

⑤ 외래어 표기법에 따라 받침에는 'ㄱ, ㄴ, ㄹ, ㅁ, ㅂ, ㅅ, ㅇ'만 써야 하며 외래어 'Pocket'의 올바른 표기는 '포켓'이므로 ㉤을 '포켄용'으로 고쳐 쓰는 것은 적절하지 않다.

13 의사소통능력 문제 정답 ⑤

다시 평가한다는 의미의 '재평가'는 '다시'와 의미가 중복되므로 ㉤을 '다시 재평가하는'으로 고쳐 쓰는 것은 적절하지 않다.

오답 체크

① ㉠이 있는 문장의 주어가 '이 전략'이기에 ㉠을 '시간을 단축하고자 한다'로 수정해야 하므로 적절하다.

② ㉡의 앞에서는 제품의 개발 속도를 높이기 위한 방안 수립이 중요하다는 내용을 말하고 있고, ㉡의 뒤에서는 이를 위해 전략 단계를 계획하는 것이 중요하다는 내용을 말하고 있다. 따라서 앞에서 말한 일이 뒤에서 말할 일의 원인, 이유, 근거가 됨을 나타내는 접속 부사인 '따라서'를 넣어야 하므로 적절하다.

③ '-하다'가 붙는 어근에는 끝소리가 'ㅅ' 받침인 경우를 제외하고는 '-히'를 붙여야 하므로 ㉢을 '공고히'로 수정해야 하므로 적절하다.

④ ㉣은 경험전략이 단순히 기존 과정을 압축하여 가속화하는 것만으로는 현실적으로 시장에 제품을 출시하는 속도를 단축하기 어렵다는 내용을 말하고 있으며, ㉣의 앞에서 어떠한 전략이 압축전략과 달리 계획 수립이 어려운 상황에서 채택되는 전략이라는 상반된 내용을 말하고 있으므로 뒤에 오는 말이 앞의 내용과 상반됨을 나타내는 말인 반면으로 시작하는 ㉣을 바로 앞의 문장과 순서를 바꿔야 하므로 적절하다.

14 의사소통능력 문제 정답 ④

'팔은 안으로 굽는다'는 사람은 아무래도 자기와 가까운 사람에게 정이 가기 마련이라는 의미로 사람이라면 누구나 그러할 수 있다는 보편성의 인식을 나타낸다.
따라서 인간적 정(情)의 자연스러움을 의미하는 인지상정(人之常情)과 의미가 통한다.

오답 체크

① 이율배반(二律背反): 서로 모순되는 두 명제가 동시에 성립할 수 없다는 의미이다.

② 당동벌이(黨同伐異): 같은 편은 감싸고 다른 편은 배척한다는 의미이다.

③ 수구초심(首邱初心): 여우가 죽을 때 머리를 자기가 살던 언덕 쪽으로 둔다는 고사에서 유래한 것으로 고향이나 본래 마음을 잊지 않는다는 의미이다.

⑤ 비일비재(非一非再): 자주 있는 일이라는 의미이다.

15 의사소통능력 문제 정답 ①

이 글은 원인에서 결과, 그리고 해결책으로 이어지는 논리적 구조를 따르는 것이 적절하다.
따라서 ㄴ: 상황 진술 → ㄹ: 그로 인해 발생하는 문제 → ㄷ: 그 문제의 구체적인 사례 제시, 해당 문제를 심화하는 원인 → ㄱ: 이에 따른 해결 방안(소통 강조)으로 귀결되도록 이어지는 순서로 배열되어야 한다.

16 수리능력 문제 정답 ②

㉠ 문자표의 1행과 2행은 문자표기 순서에 따라 '알파벳 대문자 ↔ 한글 자음', '가나다 ↔ 로마숫자', '알파벳 소문자 ↔ 아라비아 숫자'로 변환되기에 순서대로 나열한 것은 'b, ㄹ, Ⅵ, ㅇ'이므로 타당하지 않다.

㉣ 토끼는 130분 중에서 70분을 달리므로 토끼가 달린 거리는 $10 \times \frac{70}{60} = \frac{70}{6}$km이고, 거북이가 달린 거리는 $6 \times \frac{130}{60} = \frac{78}{6}$km이다. 따라서 토끼와 거북이의 거리 차이는 $\frac{78}{6} - \frac{70}{6} = \frac{8}{6} \fallingdotseq 1.33$km이므로 타당하지 않다.

오답 체크

㉡ 각 군의 세 번째 숫자는 앞의 두 수의 합이라는 규칙이 적용되기에 빈칸에 들어갈 숫자는 '8'이므로 타당하다.

㉢ 인쇄에 필요한 활자의 수는 각 숫자의 자리 수이므로 한 자리 수, 두 자리 수, 세 자리 수로 나누어 계산한다. 1에서 100까지 숫자 중 한 자리 수는 9개, 두 자리 수는 90개, 세 자리 수는 1개이다. 따라서 인쇄할 때 필요한 활자의 수는 (1 × 9) + (2 × 90) + (3 × 1) = 192개이므로 타당하다.

17 수리능력 문제 정답 ④

문제의 정보를 정리하면 아래와 같다.

대상자 분류	검사키트상 질병 A가 맞다고 판단	검사키트상 질병 A가 아니라고 판단
실제 질병 A에 감염 (300명)	210명	90명
실제 질병 A에 감염되지 않음 (700명)	140명	560명

따라서 검사키트 사용 결과 질병 A에 감염되지 않았다고 판정된 사람 중 실제로 질병 A에 감염된 사람의 비율은 {90 / (90 + 560)} × 100 ≒ 13.8%이다.

18 수리능력 문제 정답 ③

2018년 대뇌혈관질환 진료비의 전년 대비 증가율은 (27,867 - 25,915) / 25,915 × 100 ≒ 7.5%로 7%보다 높으므로 옳은 설명이다.

오답 체크

① 2018년 진료실 인원은 호흡기결핵 항목을 제외하고 전년 대비 모두 증가하였으므로 옳지 않은 설명이다.

② 간 질환 항목의 1인당 평균 진료비는 2011년 6,610 / 1,556 ≒ 4.25십 만원, 2017년 9,797 / 1,627 ≒ 6.02십 만원, 2018년 10,202 / 1,771 ≒ 5.76십 만원으로 증가 후 감소하였으므로 옳지 않은 설명이다.

④ 진료실 인원이 가장 적은 호흡기결핵 항목의 2018년 진료비의 전년 대비 증가율은 (1,452 - 1,353) / 1,353 × 100 ≒ 7.3%이며 이보다 적은 증가율을 보이는 항목은 간 질환 (10,202 - 9,797) / 9,797 × 100 ≒ 4.1%이므로 옳지 않은 설명이다.

⑤ 진료비가 적은 질병의 순위는 2011년 호흡기결핵 < 갑상선장애 < 간 질환 < 신경계질환 < 만성신장병, 2017년 호흡기결핵 < 갑상선장애 < 간 질환 < 만성신장병 < 관절염, 2018년 호흡기결핵 < 갑상선장애 < 간 질환 < 만성신장병 < 관절염으로 같지 않으므로 옳지 않은 설명이다.

19 수리능력 문제 정답 ②

40대 중 외래와 입원서비스를 모두 이용한 비율은 2018년 65.4 + 3.0 - (100 - 33.7) = 2.1%, 2019년 64.2 + 2.8 - (100 - 34.9) = 1.9%로 2019년에 감소했으므로 옳은 설명이다.

오답 체크

① 의료서비스를 이용하지 않은 남성의 비율은 2018년에 41.5%로 2019년 34.9%보다 높지만, 실제 설문에 참여한 모집단의 총 인원수를 몰라 알 수 없으므로 옳지 않은 설명이다.

③ 2018년에 외래와 입원서비스 중 하나라도 이용한 비율은 주부 100 - 18.4 = 81.6%, 무직 100 - 20.4 = 79.6%로 주부가 더 높으므로 옳지 않은 설명이다.

④ 2018년 입원을 이용한 비율은 15~19세보다 20~29세가 더 낮으므로 옳지 않은 설명이다.

⑤ 2019년의 전년 대비 외래 이용 증가율은 초등교육 이하 (91.1 - 87.3) / 87.3 × 100 ≒ 4.4%, 중등교육 (72.8 - 67.5) / 67.5 × 100 ≒ 7.9%, 고등교육 (59.2 - 54.1) / 54.1 × 100 ≒ 9.4%로 고등교육 부분이 가장 높으므로 옳지 않은 설명이다.

빠른 문제 풀이 Tip

② 벤다이어그램을 이용하여 풀이한다. 2018년의 경우, 40대의 외래서비스 이용률 65.4%를 n(A), 40대의 입원서비스 이용률 3.0%를 n(B)라고 하면 외래와 입원서비스를 모두 이용한 비율인 $n(A \cap B) = n(A) + n(B) - n(A \cup B) = 65.4 + 3.0 - (100 - 33.7) = 2.1$%임을 알 수 있다. 2019년의 경우도 이와 동일하게 계산하여 비교한다.

20 수리능력 문제 정답 ②

2019년의 전국 평균 저수용량은 7,734 / 62.3 × 100 ≒ 12,414백만 m^3로 3년 전인 2016년의 6,172 / 47.2 × 100 ≒ 13,076백만 m^3보다 감소하였으므로 옳지 않은 설명이다.

오답 체크

① 2019년 평균 저수용량은 성덕댐 18 / 64.4 × 100 ≒ 28백만 m^3, 보현산댐 8.5 / 38.6 × 100 ≒ 22백만 m^3로 성덕댐이 더 크므로 옳은 설명이다.

③ 평균 저수량이 가장 큰 해와 평균 저수율이 가장 높은 해 모두 2019년이므로 옳은 설명이다.

④ 평균 저수용량이 가장 큰 댐은 1,504.7/54.7 × 100≒2,751백만 m^3인 충주댐이며 이곳의 유입량 또한 2,346.5백만 m^3로 가장 많으므로 옳은 설명이다.

⑤ 유입량 하위 5개 댐 항목은 보현산댐(10.3) < 성덕댐(19.5) < 부안댐(27.2) < 군위댐(29.3) < 김천부항댐(54.0)이며 평균 저수량 하위 5개 댐 항목은 보현산댐(8.5) < 성덕댐(18.0) < 군위댐(23.9) < 부안댐(33.1) < 김천부항댐(33.7)으로 동일하므로 옳은 설명이다.

빠른 문제 풀이 Tip

계산 과정이 없는 ③, ⑤를 먼저 풀이한 후, 정답을 찾을 수 없다면 나머지 선택지를 풀이한다. ①, ②, ④를 풀기 위해서는 주석을 활용하여 평균 저수용량 = 평균 저수량 / 평균 저수율 × 100임을 빠르게 확인한다. 정확한 비율값을 구하는 것이 아니라 분수의 대소 비교로 비율값의 크기를 비교한다.

① 평균 저수량/평균 저수율은 성덕댐이 18/64.4, 보현산댐이 8.5/38.6이다. 분모와 분자의 배수 관계를 활용하면 성덕댐은 분모 값이 분자 값의 4배보다 작고, 보현산댐은 분모 값이 분자 값의 4배보다 크므로 평균 저수용량은 성덕댐이 더 큼을 알 수 있다.

21 수리능력 문제 정답 ④

2018년의 사고 발생 건수 중 전년 대비 증가율은 LP가스 (88 − 81) / 81 × 100 ≒ 9%, 도시가스 (31 − 29) / 29 × 100 ≒ 7%로 LP가스가 더 높으므로 옳지 않은 설명이다.

오답 체크

① 주어진 시기의 전체 가스 사고와 고압가스 사고 건수의 증감 추이는 감소 − 증가 − 감소로 동일하므로 옳은 설명이다.

② 전체 가스 사고 중 도시가스와 고압가스의 사고 비율의 합은 2016년 (29 + 18) / 122 × 100 ≒ 39%, 2017년 (29 + 11) / 121 × 100 ≒ 33%, 2018년 (31 + 24) / 143 × 100 ≒ 38%, 2019년 (32 + 9) / 118 × 100 ≒ 35%로 매년 40% 이하이므로 옳은 설명이다.

③ 2017~2019년 LP가스 사고의 원인 항목 중 기타를 제외한 상위 3개 항목은 사용자 취급 부주의, 시설미비, 제품노후(고장)로 동일하므로 옳은 설명이다.

⑤ 주어진 시기의 원인별 연평균 발생 건수는 시설미비 (16 + 5 + 5 + 19 + 5 + 5 + 19 + 11 + 4 + 22 + 5 + 2) / 4 = 29.5건, 사용자 취급 부주의 (37 + 1 + 28 + 2 + 1 + 19 + 2 + 2 + 25) / 4 = 29.25건으로 시설미비가 더 많으므로 옳은 설명이다.

빠른 문제 풀이 Tip

④ 분모와 분자의 배수 관계를 활용하여 풀이한다. 2018년의 전년 대비 증가량/사고 발생 건수는 LP가스가 7/81, 도시가스가 2/29이다. 분모 값이 분자 값의 몇 배인지 살펴보면 LP가스는 12배보다 작고, 도시가스는 12배보다 크므로 LP가스의 증가율이 더 높음을 알 수 있다.

22 수리능력 문제 정답 ④

2003년 대비 2004년의 전국 공공도서관 수와 전국 공공도서관 내 총 좌석 수의 증가율은 아래와 같다.

전국 도서관 수의 증가율: {(461 − 424) / 424} × 100 ≒ 8.7%

전국 도서관 내 총 좌석 수의 증가율: {(256 − 240) / 240} × 100 ≒ 6.7%

따라서 2003년 대비 2004년의 전국 공공도서관 수의 증가율은 전국 공공도서관 내 총 좌석 수의 증가율보다 크므로 옳지 않은 설명이다.

오답 체크

① 2004년, 2005년의 연간 이용자 1인당 평균 이용책 수는 아래와 같다.
2004년: 143백만 권 / 134백만 명 ≒ 1.1권/명
2005년: 198백만 권 / 151백만 명 ≒ 1.3권/명
따라서 연간 이용자 1인당 평균 이용책 수는 2004년 대비 2005년에 증가하였으므로 옳은 설명이다.

② 2003년, 2006년의 도서관 1개당 보유하고 있는 평균 좌석 수는 아래와 같다.
2003년: 240천 개 / 424개 ≒ 0.57천 개/개
2006년: 248천 개 / 551개 ≒ 0.45천 개/개
따라서 도서관 1개당 보유하고 있는 평균 좌석 수는 2003년 대비 2006년에 감소하였으므로 옳은 설명이다.

③ 전국 공공도서관 자료 수의 전년 대비 증가량이 가장 큰 해는 2005년이며 이때의 도서관 1개당 평균 직원 수는 6,133명 / 491개 ≒ 12.5명/개로 12명 이상이므로 옳은 설명이다.

⑤ 2006년 전국 공공도서관이 보유한 총 비도서의 수는 5,584 − 5,189 = 395만 권으로 매년 증가하므로 옳은 설명이다.

빠른 문제 풀이 Tip

③ 도서관 1개당 평균 직원 수가 12명 이상이라는 것은 도서관 수 × 12 < 직원 수라는 의미이다.
전국 자료 수의 전년 대비 증가량이 가장 큰 2005년에 도서관 수는 491개로 십의 자리에서 올림한 값에 × 12를 하면 500 × 12 = 6,000이고, 2005년 직원 수 6,133명보다 적으며 2005년 도서관 1개당 평균 직원 수가 12명 이상이므로 옳은 설명이다.

④ 전년 대비 증가율={(올해 값-작년 값)/작년 값}×100이므로 (올해 값-작년 값)/작년 값을 비교한다.
2004년의 전국 도서관 수의 (올해 값-작년 값)/작년 값은 (461-424)/424=37/424이고, 2004년 총 좌석 수의 (올해 값-작년 값)/작년 값은 (256-240)/240=16/240이다. 이 때 분자 값을 비교하면 37은 16의 2배 이상이고, 분모 값을 비교하면 424는 240의 2배 미만이므로 37/424가 16/240보다 크다.
따라서 2004년의 전국 도서관 수의 증가율이 전국 도서관 내 총 좌석 수의 증가율보다 크므로 옳지 않은 설명이다.

23 수리능력 문제 정답 ②

㉠ 원화 기준 2018년 GDP는 1,893조 원으로 전년 대비 증감률이 3.1%임을 알 수 있으므로 옳은 설명이다.
㉣ 달러 기준 2014년 대비 2018년의 GDP 증가율은 {(17,209-14,840)/14,840}×100 ≒ 16.0%이고, 같은 기간 1인당 GNI의 증가율은 {(33,434-29,384)/29,384}×100 ≒ 13.8%이므로 옳은 설명이다.

오답 체크

㉡ 달러 기준 2011년 대비 2018년 1인당 GNI의 증가율은 {(33,434-25,256)/25,256}×100 ≒ 32.4%이므로 옳지 않은 설명이다.
㉢ 원화 기준 GDP의 전년 대비 증감률이 6.1%로 가장 높은 해는 2015년이고, 1인당 GNI의 전년 대비 증감률이 10.9%로 가장 높은 해는 2018년이므로 옳지 않은 설명이다.

[24-25]

24 수리능력 문제 정답 ③

2019년 고령층 인구의 2009년 대비 증가율은 {(13,843-9,040)/9,040}×100 ≒ 53.1%이므로 옳지 않은 설명이다.

오답 체크

① 2019년 5월 고령층 인구의 경제 활동 참가율은 전년 동월 대비 0.9%p 증가하여 1%p 미만 증가하였으므로 옳은 설명이다.
② 2015년 고령층 인구의 고용률은 전년 대비 감소하였으며 2016년은 전년과 동일하므로 옳은 설명이다.
④ 2019년 5월 고령층 인구 중 비경제 활동 인구는 전년 동월 대비 49천 명 증가하였고, 이 중 55~64세 인구가 53천 명 증가, 65~79세 인구가 4천 명 감소하여 비경제 활동 인구가 증가한 이유는 55~64세 인구의 증가로 볼 수 있으므로 옳은 설명이다.
⑤ 2019년 고령층 취업자 수의 전년 대비 증가율은 {(7,739-7,421)/7,421}×100 ≒ 4.3%로 5% 미만이므로 옳은 설명이다.

25 수리능력 문제 정답 ④

고용률이 가장 크게 변화한 해는 49.0%에서 50.6%로 1.6%p 증가한 2010년이고, 2010년 고령층 취업자 수의 전년 대비 증가율은 {(4,767-4,431)/4,431}×100 ≒ 7.6%이다.

26 수리능력 문제 정답 ③

시도별 가구당 경상소득(전년도)는 인천, 경기는 지속적으로 증가했으나 서울의 경우 2019년 대비 2020년에 20만 원 감소했으므로 옳지 않은 설명이다.

오답 체크

① 경기도의 가구당 자산액은 2018년 45,940만 원에서 2019년 47,546만 원으로 1,606만 원 증가하였다.
따라서 증가 비율은 (47,546-45,940)/45,940×100 ≒ 3.5%로 3% 이상이므로 옳은 설명이다.
② 가구당 순자산액은 자산액-부채액으로 서울시의 2020년 가구당 순자산액은 67,839-11,077=56,762만 원이므로 옳은 설명이다.
④ 가구당 부채액은 자산액-순자산액으로 인천시의 2018년 가구당 부채액은 33,800-26,735=7,065만 원이므로 옳은 설명이다.
⑤ 2020년 자산액 대비 부채액 비율은 다음과 같다.
서울시: $\frac{11,077}{67,839}\times 100 \fallingdotseq 16.3\%$
인천시: $\frac{8,498}{40,605}\times 100 \fallingdotseq 20.9\%$
경기도: $\frac{10,213}{48,437}\times 100 \fallingdotseq 21.1\%$
따라서 자산 대비 부채 비율이 제일 높은 시도는 경기도이므로 옳은 설명이다.

27 수리능력 문제 정답 ⑤

㉡ 성별 과의존위험군에 속하는 인구수를 구하면 아래와 같다.
남성: 14,790×17.9%=14,790×0.179=약 2,647명
여성: 14,922×19.3%=14,922×0.193=약 2,880명
따라서 과의존위험군에 속하는 여성이 과의존위험군에 속하는 남성보다 많으므로 옳은 설명이다.
㉢ 과의존위험군과 일반사용자군 모두 스마트폰 1일 평균 이용횟수의 값이 가장 큰 연령대는 성인(만 20~59세)이므로 옳은 설명이다.
㉣ 과의존위험군 청소년과 60대 중 스마트폰 1일 평균 이용횟수가 10회 미만이라고 한 응답자 수를 구하면 아래와 같다.
청소년: 5,144명×30.3%×28.5%=5,144명×0.303×0.285=약 444명
60대: 2,205명×12.9%×17.1%=2,205명×0.129×0.171=약 49명

따라서 과의존위험군 청소년 중 스마트폰 1일 평균 이용횟수가 10회 미만이라고 한 응답자 수는 과의존위험군 60대 중 스마트폰 1일 평균 이용횟수가 10회 미만이라고 한 응답자 수의 10배 이하이므로 옳은 설명이다.

오답 체크

㉠ 유아동 → 청소년 → 성인까지 연령대가 높아질수록 과의존위험군과 일반사용자군의 1일 평균 스마트폰 이용횟수가 증가하지만 성인→60대로 연령대가 높아질 때 과의존위험군과 일반사용자군의 1일 평균 스마트폰 이용횟수가 감소하므로 옳지 않은 설명이다.

28 수리능력 문제 정답 ④

2018년 응답자 중 40~49세 비만유병자는 1,130 × 36.8% ≒ 416명, 50~59세 비만유병자는 1,197 × 35.2% ≒ 421명으로 40~49세 비만유병자가 약 5명 더 적으므로 옳은 설명이다.

오답 체크

① 2016년 50~59세 비만유병률은 36.1%로 2016년 전체 인구 비만유병률도 36.1%로 동일하기 때문에 항상 높지는 않으므로 옳지 않은 설명이다.

② 2016년 60세 이상 연령대의 비만유병자 수는 1,017 × 40.2% ≒ 409명, 1,064 × 37.5% = 399명이므로 409 + 399 = 808명이고, 2017년 60세 이상 연령대의 비만유병자 수는 1,099 × 38.0% ≒ 418명, 1,091 × 34.7% ≒ 379명이므로 418 + 379 = 797명이다.
따라서 60세 이상 연령대의 비만유병자 수는 2016년 대비 2017년에 감소하였으므로 옳지 않은 설명이다.

③ 전체 인구 비만유병률은 2012년부터 2년간 하락했으나 2016년에서 2017년에도 1% 수준 하락 후 재상승했기 때문에 옳지 않은 설명이다.

⑤ 19~29세 연령의 응답자 중 비만유병자 수는 2016년 686 × 27.2% ≒ 187명, 2017년 722 × 29.4% ≒ 212명, 2018년 756 × 26.9% ≒ 203명으로 2017년 대비 2018년은 약 9명 감소했으므로 옳지 않은 설명이다.

29 수리능력 문제 정답 ⑤

㉠ 감전사고로 인한 사망자 중 2도 이상의 화상을 입은 사람의 비중은 2018년 {(4 + 1 + 2) / 17} × 100 ≒ 41.2%, 2019년 {(3 + 3 + 3) / 27} × 100 ≒ 33.3%이다.
따라서 2019년에 감전사고로 인한 사망자 중 2도 이상의 화상을 입은 사람의 비중은 전년 대비 감소하였으므로 옳은 설명이다.

㉡ 2018년 아크로 인한 부상자 중 2도 이하의 화상을 입은 사람의 수로 가능한 최솟값은 아크로 인한 부상자가 전부 3도 이상의 화상을 입었을 때이다.
따라서 2018년 아크로 인한 부상자 중 2도 이하의 화상을 입은 사람의 수는 적어도 (185 - 125 - 17) = 43명 이상이므로 옳은 설명이다.

㉣ 2019년 3도 이하의 화상을 입은 사람 중 충전부직접접촉으로 인한 감전사고 사상자로 가능한 최솟값은 248 - 12 = 236명이므로 2019년 3도 이하의 화상을 입은 사람 중 충전부직접접촉으로 인한 감전사고 사상자는 적어도 236명 이상이다.
따라서 2019년 아크로 인한 감전사고 사상자의 수는 195명으로 2019년 3도 이하의 화상을 입은 사람 중 충전부직접접촉으로 인한 감전사고 사상자가 2019년 아크로 인한 감전사고 사상자의 수보다 많으므로 옳은 설명이다.

오답 체크

㉢ 감전사고로 인한 전체 사상자 중 충전부직접접촉으로 인한 감전사고 사상자가 차지하는 비중은 2018년 (263 / 515) × 100 ≒ 51.1%, 2019년 (248 / 508) × 100 ≒ 48.8%이다.
따라서 감전사고로 인한 전체 사상자 중 충전부직접접촉으로 인한 감전사고 사상자가 차지하는 비중은 전년 대비 2019년에 감소하였으므로 옳지 않은 설명이다.

30 수리능력 문제 정답 ②

2011년 공기업 및 준정부기관의 채용 인력은 2,684 + (1,352 + 2,769) = 6,805명이고, 이는 전체 신규채용 인력 중 $\frac{6,805}{14,673} \times 100$ ≒ 46.4%이므로 절반 이상을 차지하고 있지는 않다.
따라서 옳지 않은 설명이다.

오답 체크

① 2013년 전체 신규채용 인력 = 4,041 + 3,980 + 9,303 = 17,324명이고, 2011년부터 신규채용 인력은 매년 증가하고 있으므로 옳은 설명이다.

③ 2014년 위탁집행형 준정부기관의 신규채용 증가 인력 수 = 3,766 - 2,728=1,038명,
기타공공기관의 신규채용 감소 인력 수 = 8,370 - 9,303 = -933명으로 위탁집행형 준정부기관의 신규채용 증가 인력 수가 기타공공기관의 신규채용 감소 인력 수보다 더 크다. 따라서 옳은 설명이다.

④ 2016년 시장형 공기업 채용 인력은 5,112 - 1,549 = 3,563명이고, 2011년 준정부기관 전체 채용 인력은 1,352 + 2,769 = 4,121명으로 2011년 대비 2016년 공공기관 채용 인력은 기금관리형 공공기관을 제외한 모든 공공기관에서 채용 인원이 증가했음을 확인할 수 있으므로 옳은 설명이다.

⑤ 2015년 기타공공기관 신규채용 인원은 18,932 - 4,331 - 4,835 = 9,766명이고, 기타공공기관 신규채용 인력이 가장 많은 해는 2015년, 가장 적은 해는 2011년으로 두 해의 차이는 9,766 - 7,868 = 1,898명이므로 옳은 설명이다.

31 문제해결능력 문제 정답 ⑤

범인이 1명이라고 하였으므로 각각이 범인이라고 가정하고 진술의 진실 여부를 정리하면 다음과 같다.

진술 \ 범인가정	[경우 1] 갑이 범인인 경우	[경우 2] 을이 범인인 경우	[경우 3] 병이 범인인 경우	[경우 4] 정이 범인인 경우
갑: 을 O or 병 O	F	T	T	F
을: 정 X	T	T	T	F
병: 을 F	F	F	F	T
정: 갑 O or 을 O	T	T	F	F
거짓의 수	2	1	2	3

이를 토대로 선지를 살펴보면, 거짓을 말하는 사람이 2명인 것은 [경우 1]과 [경우 3]인데 [경우 1]에서 갑은 거짓을 말하지만, [경우 3]에서 갑은 진실을 말하고 있으므로 ⑤는 옳지 않은 진술이다.

오답 체크

① 거짓을 말하는 사람이 1명이면 [경우 2]를 말하는 것이며 이때의 범인은 을이므로 옳은 진술이다.

② 거짓을 말하는 사람이 3명이면 [경우 4]를 말하는 것이며 이때 진실을 말하는 사람은 병이므로 옳은 진술이다.

③ 갑이 범인인 것은 [경우 1]인데 이때 병은 거짓을 말하고 있으므로 옳은 진술이다.

④ 병이 범인인 것은 [경우 3]인데 이때 진실을 말하는 사람은 갑과 을, 2명이므로 옳은 진술이다.

32 문제해결능력 문제 정답 ②

문제에서 가능한 경우를 파악하여 보았을 때 A 행의 2열에는 G 또는 B가 들어갈 수 있다. 따라서 G가 들어갔을 때와 B가 들어갔을 때를 나누어서 생각해보면 아래 두 가지밖에 존재하지 않는다.

[경우 1] A 행의 2열에 G가 들어간 경우

	1열	2열	3열	4열	5열	6열
A 행	B	G	R	G	B	R
B 행	G	R	B	R	G	B

[경우 2] A 행의 2열에 B가 들어간 경우

	1열	2열	3열	4열	5열	6열
A 행	G	B	R	G	R	B
B 행	R	G	B	R	B	G

따라서 B 행의 6열이 G인 경우는 [경우 2]이나, [경우 2]에서 A 행의 2열은 G가 아닌 B여야 하므로 잘못된 발언이다.

오답 체크

① A 행의 5열이 R이면 B 행의 1열은 R인 경우는 [경우 2]에서 가능하다.

③ A 행의 6열과 B 행의 2열은 같은 색이 가능한 경우는 [경우 1]에서 가능하다.

④ 경우 1, 2 모두 A 행의 1열과 B 행의 6열은 같은 색이 가능하다.

⑤ B 행의 4열은 R인데 A 행의 2열의 옆에는 R이 있으므로 A 행의 2열과 B 행의 4열은 같은 색이 불가능하다.

[33-34]

33 문제해결능력 문제 정답 ⑤

금리 및 우대조건에 따르면 기본금리는 연 2.7%이며, 모든 우대금리를 합산할 경우 최대 3.35%까지 금리를 받을 수 있으므로 옳은 설명이다.

오답 체크

① 거래조건에 '자유적립식(매월 자유롭게 입금 가능)'이라고 되어 있으므로 매달 동일한 금액을 자동이체 해야 한다는 내용은 옳지 않은 설명이다.

② 우대금리 조건에서 고향사랑기부금 납부 시 제공하는 우대금리는 0.4%p로 명시되어 있다. 0.65%p라는 수치는 여러 우대조건(기부금 0.4%p + 연령별 우대 등)을 모두 합친 최대 우대금리 범위의 예시일 뿐, 기부금 납부만으로 0.65%p를 받는 것은 아니므로 옳지 않은 설명이다.

③ 거래조건에서 가입기간은 최소 12개월부터 최대 24개월까지 가능하므로 옳지 않은 설명이다.

④ 거래조건에 따르면 신규 가입 시 최소 1만 원 이상으로 시작할 수 있고, 매회 적립금액은 1천 원 이상부터 가능하다. 월 최대 적립금액은 40만 원으로 자유롭게 적립할 수 있기에, 5만 원 이상 가입이나 매월 3만 원 이상 납입 의무는 없으므로 옳지 않은 설명이다.

34 문제해결능력 문제

정답 ①

- 갑: 기본금리 2.7% + 기부금 우대 0.4% + 청년 우대 0.2% = 3.3% (인터넷뱅킹 미가입)
- 을: 기본금리 2.7% + 60세 이상 우대 0.1% + 인터넷뱅킹 우대 0.05% = 2.85% (기부금 0원으로 기부 우대 미적용)
- 병: 기본금리 2.7% + 기부금 우대 0.4% + 인터넷뱅킹 우대 0.05% = 3.15% (청년 우대 미적용)
- 정: 기본금리 2.7% + 청년 우대 0.2% = 2.90% (기부금 3만 원으로 기부 우대 미적용, 인터넷뱅킹 미가입)
- 무: 기본금리 2.7% + 60세 이상 우대 0.1% = 2.80% (인터넷뱅킹 미가입, 기부금 2만 원으로 기부 우대 미적용)

따라서 받을 수 있는 최종 연 금리가 가장 높은 사람은 '갑'이다.

35 문제해결능력 문제

정답 ④

두 번째 세 번째 명제가 조건명제가 아니므로 대우를 활용할 수 없다. 따라서 이 명제들의 정보를 나타내기 위해 다음과 같은 그림을 그려 하나씩 정리해보자.

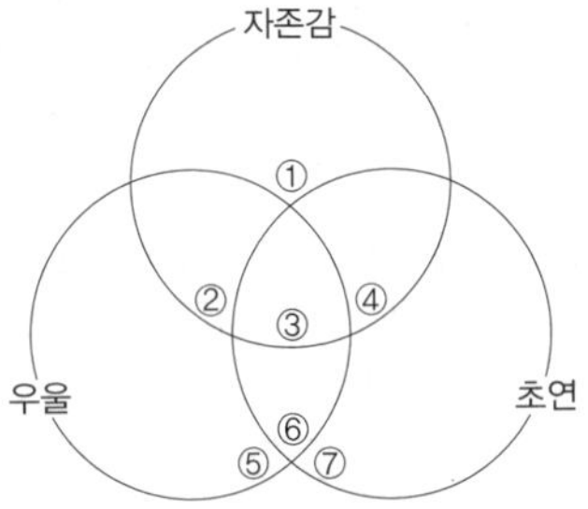

첫 번째 명제는 우울한 사람 가운데 초연한 사람은 없다는 의미이므로 3번, 6번 영역이 존재하지 않는다는 의미이다. 한편 두 번째 명제는 자존감이 높은 사람은 1, 2, 3, 4번 영역 중에 우울한 사람인 2, 3번 영역의 어딘가가 존재한다는 의미인데 앞에서 첫 번째 명제에서 3번 영역이 지워졌으므로 2번 영역이 존재한다는 의미이다. 한편 세 번째 명제는 초연한 사람인 3, 4, 6, 7번 영역 중에 자존감이 높지 않은 사람인 6, 7번 영역이 존재한다는 의미인데 첫 번째 명제에서 6번 영역이 지워졌으므로 7번 영역이 존재한다는 의미가 된다. 존재하는 영역은 ⓥ표시를 하고 존재하지 않는 영역은 빗금으로 지워서 표시하면 다음과 같은 그림이 그려진다.

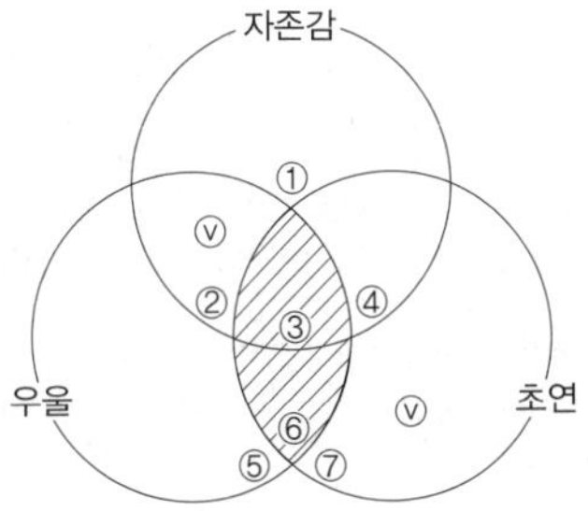

이에 의하면 3번 영역, 6번 영역은 존재하지 않으며 2번 영역과 7번 영역은 반드시 존재하고 아무 표시가 없는 1, 4, 5, 8번 영역은 존재하는지 여부를 알 수 없다고 판단하면 된다.

이를 토대로 선택지를 살펴보면, 자존감이 높으면서 우울하지만 초연하지 않은 사람은 2번 영역을 말하는데 2번 영역은 반드시 존재하므로 자존감이 높으면서 우울하지만 초연하지 않은 사람은 반드시 존재한다.

오답 체크

① 초연하면서 자존감이 높은 사람은 3, 4번 영역을 말하는데 3번 영역은 존재하지 않고 4번 영역은 존재하는지 여부를 알 수 없으므로 초연하면서 자존감이 높은 사람이 있는지는 알 수 없다.

② 우울하면서 자존감이 높지 않은 사람은 5, 6번 영역을 말하는데 6번 영역은 존재하지 않고 5번 영역은 존재하는지 여부를 알 수 없으므로 우울하면서 자존감이 높지 않은 사람이 있는지는 알 수 없다.

③ 자존감이 높은 사람이 모두 초연한 사람이 되려면 자존감이 높은 사람이 모두 초연한 사람에 포함되어야 하므로 자존감이 높으면서 초연하지 않은 1, 2번 영역이 존재하지 않아야 한다. 그런데 2번 영역이 존재하므로 자존감이 높은 사람 중에 초연하지 않은 사람이 반드시 존재한다는 것을 알 수 있고 자연히 자존감이 높은 사람은 모두 초연한 사람이 될 수는 없다.

⑤ 우울하지 않으면서 초연하지만 자존감이 높은 사람은 4번 영역을 의미하는데 4번 영역은 존재하는지 여부를 알 수 없으므로 우울하지 않으면서 초연하지만 자존감이 높은 사람이 있는지는 알 수 없다.

36 문제해결능력 문제

정답 ①

제시된 그래프의 수치는 1인당 월평균 생산량을 나타낸 그래프로 문제와 그래프의 내용을 정리하면 다음과 같은 표로 나타낼 수 있다.

구분	1월	2월	3월	4월	5월
투입 사원	A	A, B	A, B, C	A, B, C, D	A, B, C, D, E
1인당 월평균 생산량	15개	14개	12개	12개	13개

사원이 투입됨으로 인해 변화하는 총 생산량과 한계 생산량을 추가로 정리하면 다음과 같다.

구분	1월	2월	3월	4월	5월
투입 사원	A	A, B	A, B, C	A, B, C, D	A, B, C, D, E
1인당 월평균 생산량	15개	14개	12개	12개	13개
총 생산량	15개	28개	36개	48개	65개
한계 생산량	15개	13개	8개	12개	17개

따라서 A, B, C, D, E 사원의 월간 생산량은 순서대로 15, 13, 8, 12, 17개가 된다. 예를 들어 2월에 원래 A 사원 1명이 15개를 생산하던 중 월간 13개를 생산하는 능력을 가진 B 사원이 투입되면서 월간 총 생산량이 28개가 되어 1인당 평균 생산량이 28 / 2 = 14개가 된 것이다. 이제 위 내용을 토대로 <보기>를 살펴보아야 한다.

㉡ 다섯 명 중 월간 생산량이 가장 많은 사원은 월간 생산량이 17개인 E 사원이고 E 사원은 5월에 새로 투입되었으므로 옳은 설명이다.

㉢ 다섯 명 중 월간 생산량이 가장 적은 사원은 월간 생산량이 8개인 C 사원이고 C 사원은 3월에 새로 투입되었으므로 옳은 설명이다.

오답 체크

㉠ 총 생산량이 가장 많은 달은 총 생산량이 65개인 5월이고 가장 적은 달은 총 생산량이 15개인 1월이므로 옳지 않은 설명이다.

㉣ A 사원의 월간 생산량은 15개이고 B 사원의 월간 생산량은 13개이므로 옳지 않은 설명이다.

37 문제해결능력 문제 정답 ④

규칙과 관계없이 가영, 나희, 다솔이 참석하는지 여부의 경우의 수를 모두 정리하면 다음과 같은 8가지 경우가 가능하다.

경우	가영	나희	다솔
1	O	O	O
2	O	O	X
3	O	X	O
4	O	X	X
5	X	O	O
6	X	O	X
7	X	X	O
8	X	X	X

첫 번째 규칙에 의하면 1, 3번 경우가 지워지며, 두 번째 규칙에 의하면 8번째 경우가 지워진다. 세 번째 규칙에 의하면 나희가 참석하는 1, 2, 5, 6번 경우 중에 가영이 참석하는 1, 2번이 지워진다. 이를 정리하면 1, 2, 3, 8번 경우가 지워지면서 다음의 4가지 경우만 가능하다.

경우	가영	나희	다솔
4	O	X	X
5	X	O	O
6	X	O	X
7	X	X	O

이를 토대로 선택지를 살펴보면, 가영이 참석하지 않는 경우는 5, 6, 7번 경우로 이때 나희와 다솔이 참석하는 경우의 수는 3가지이므로 반드시 거짓이다.

오답 체크

① 셋이 참석하는 경우의 수는 4, 5, 6, 7번 경우로 4가지이므로 반드시 옳다.

② 나희가 참석하는 경우는 5, 6번 경우인데 이때 다솔이 참석하는지 여부는 알 수 없으므로 반드시 거짓이라고 할 수는 없다.

③ 다솔이 참석하는 경우는 5, 7번 경우인데 이때 나희가 참석하는지 여부는 알 수 없으므로 반드시 거짓이라고 할 수는 없다.

⑤ 다솔이 참석하지 않는 경우는 4, 6번 경우로 두 경우 모두 가영과 나희 중에 한 명만 참석하므로 반드시 옳다.

38 문제해결능력 문제 정답 ②

고조선의 8조교는 세 조목(살인, 상해, 도둑질)만이 명확히 전해진다는 것을 알 수 있으므로 옳은 내용이다.

오답 체크

① "단군조선에 관한 기록은 대부분 신화나 설화의 형태로 전해지며…"라는 내용을 통해 단군조선 기록이 역사적 사실에 근거하지 않았다는 것을 알 수 있으므로 옳지 않은 내용이다.

③ "첫째, 사람을 죽인 자는 사형에 처한다. 둘째, 남에게 상해를 입힌 자는 곡물로써 배상한다."라는 부분에서 사람을 죽인 자는 사형에 처해지고 곡물 배상은 상해를 입힌 자에게 해당한다는 것을 알 수 있으므로 옳지 않은 내용이다.

④ "남의 물건을 훔친 자는 12배로 배상한다."라는 문장으로 부여 법금에는 도둑질한 자에게 사형이 아니라 배상 명령이 있었다는 것을 알 수 있으므로 옳지 않은 내용이다.

⑤ "사치하지 말라."라는 내용을 통해 고려시대 8관계율에 의하면 사치는 금지함을 알 수 있지만 재혼을 금지하는 규정은 찾을 수 없으므로 옳지 않은 내용이다.

39 문제해결능력 문제 정답 ③

각 도시와 설명회 유형별로 총예산을 계산하면 다음과 같다.

총예산 = (필요 설명회장 수 × 대관료) + (예상 참석 시민 수 ÷ 100) × 운영비

서울 (예상 인원 600명)	· 종합: 설명회장 3개(600/200) 필요 → (3 × 200만) + (6 × 50만) = 600만 + 300만 = 900만 원 · 표준: 설명회장 4개(600/150) 필요 → (4 × 200만) + (6 × 40만) = 800만 + 240만 = 1,040만 원 · 간편: 설명회장 6개(600/100) 필요 → (6 × 200만) + (6 × 30만) = 1,200만 + 180만 = 1,380만 원
부산 (예상 인원 400명)	· 종합: 설명회장 2개(400/200) 필요 → (2 × 150만) + (4 × 50만) = 300만 + 200만 = 500만 원 · 표준: 설명회장 3개(400/150 = 2.66...) 필요 → (3 × 150만) + (4 × 40만) = 450만 + 160만 = 610만 원 · 간편: 설명회장 4개(400/100) 필요 → (4 × 150만) + (4 × 30만) = 600만 + 120만 = 720만 원

대구 (예상 인원 250명)	· 종합: 설명회장 2개(250/200 = 1.25) 필요 → (2 × 100만) + (2.5 × 50만) = 200만 + 125만 = 325만 원 · 표준: 설명회장 2개(250/150 = 1.66…) 필요 → (2 × 100만) + (2.5 × 40만) = 200만 + 100만 = 300만 원 · 간편: 설명회장 3개(250/100 = 2.5) 필요 → (3 × 100만) + (2.5 × 30만) = 300만 + 75만 = 375만 원
광주 (예상 인원 150명)	· 종합: 설명회장 1개(150/200 = 0.75) 필요 → (1 × 80만) + (1.5 × 50만) = 80만 + 75만 = 155만 원 · 표준: 설명회장 1개(150/150) 필요 → (1 × 80만) + (1.5 × 40만) = 80만 + 60만 = 140만 원 · 간편: 설명회장 2개(150/100 = 1.5) 필요 → (2 × 80만) + (1.5 × 30만) = 160만 + 45만 = 205만 원

이를 토대로 <보기>의 내용을 살펴보자.

ㄱ. 서울에서 총예산이 가장 적게 드는 유형은 900만 원이 드는 종합 설명회이므로 옳은 내용이다.

ㄴ. 대구에서 표준 설명회를 진행할 때의 총예산은 300만 원이며, 종합 설명회를 진행할 때의 총예산은 325만 원으로 325 − 300 = 25만 원이므로 옳은 내용이다.

오답 체크

ㄷ. 각 도시별 최소 비용은 서울(900만), 부산(500만), 대구(300만), 광주(140만)이다. 이를 합산하면 1,840만 원으로 2,000만 원이 넘지 않으므로 옳지 않은 내용이다.

40 문제해결능력 문제 정답 ③

갑이 무에게 졌는데 총점이 9점이라면 나머지 세 경기는 모두 이겼다는 것이며, 병이 을에게 졌는데 을의 총점이 3점이라는 것은 을은 병을 제외한 나머지 세 경기에서 모두 졌다는 의미가 된다. 이를 정리하면 다음과 같다.

구분	갑	을	병	정	무	총점
갑		O	O	O	X	9
을	X		O	X	X	3
병	X	X				
정	X	O				
무	O	O				6

정이 무에게 이겼으며, 무의 총점은 6점이라고 하였는데 이미 무는 갑과 을에게 이겨서 6점을 확보한 상태로 무는 병과 정에게 졌다는 것을 알 수 있다. 이에 따라 제시문의 내용을 정리하면 다음과 같이 병과 정의 경기 결과만 정리되지 않았음을 알 수 있다.

구분	갑	을	병	정	무	총점
갑		O	O	O	X	9
을	X		O	X	X	3
병	X	X			O	
정	X	O			O	
무	O	O	X	X		6

따라서 병, 정 누가 이기더라도 승수의 합은 4이므로 이 정보만으로는 병과 정의 경기 결과는 알 수 없다.

오답 체크

① 병의 총점이 을의 총점보다 높으면 병이 정에게 이겼음을 알 수 있다.

② 정이 3승을 거뒀다면 정이 병에게 이겼음을 알 수 있다.

④ 경기 결과 을이 단독으로 5위를 차지했다면 병이 정에게 이겼음을 알 수 있다.

⑤ 경기 결과 갑이 단독으로 1위를 차지했다면 병이 정에게 이겼음을 알 수 있다.

41 문제해결능력 문제 정답 ⑤

'6. 기타 유의사항'에서 '20X5년 9월 1일 기준으로 본교에 재직 중인 비전임교원, 강사, 조교는 지원할 수 없다'고 명시되어 있다. 학문후속세대전형은 전형의 한 종류일 뿐, 이 지원 불가 조건에 예외를 두지 않으므로 옳지 않은 설명이다.

오답 체크

① '1. 채용 인원'에서 '총 527명(비전임교원 41명, 강사 486명)'을 통해 확인 가능하므로 옳은 설명이다.

② '2. 지원 자격'의 '강사' 항목에서 '만 65세 미만이어야 하며, 임용 후 만 65세가 되면 해당 학기 말일로 당연 퇴직'을 통해 확인 가능하므로 옳은 설명이다.

③ '2. 지원 자격'의 '겸임교수' 항목에서 '원소속(본직)기관에서 상시적으로 근무하고 있는 자 ~ 근무 경력이 3년 이상'을 통해 확인 가능하므로 옳은 설명이다.

④ '5. 지원 방법 및 기간'에서 '공고 및 지원서 접수 기간: 20X5년 5월 30일(금)부터 20X5년 6월 9일(월) 15시까지', 그리고 '서류 제출: 지원서 접수 기간과 동일'을 통해 확인 가능하므로 옳은 설명이다.

42 문제해결능력 문제 정답 ⑤

지문에서는 두 가지 개념의 '거부'가 나타난다. 처음 나온 거부에는 말뚝이 더 깊이 들어갈 수 없는 지점을 의미한다. 그런데 두 번째 나온 거부 개념은 '거부'에 대한 당대의 표준이 해머를 24번 내리쳐 2인치 이상 더 들어갈 수 없는 상태를 의미한다고 한다.

따라서, 지문에 진술되었듯이 '말뚝들이 해머로 24번 내리쳐져서 2인치 이상 들어가지 않을 때까지 계속해서 박았다'라고 되어 있으므로 모든 말뚝들은 해머로 24번 내리쳐도 2인치 이상 들어가지 않았을 것이다.

오답 체크

① 리알토 다리의 견고함에 대한 조사를 했다는 내용은 있으나 그것이 안전한지 여부에 대한 내용은 찾아볼 수 없다.

② 거부에 대한 기준에 관한 내용은 나타나 있지만 그를 근거로 다리의 안전을 보증할 수 있을지 여부를 판단할 근거가 될 만한 내용은 없다.

③ 다 폰테는 리알토 다리가 당대의 거부기준을 만족시킨다고 진술하고 있으므로 지문에 나타난 정보와 배치되며 다른 다리 건축가들이 어떤 기준을 갖고 있었는지 확인할 수 있는 내용 역시 없다.

④ 지문에는 1700년 이전 건축된 다리들이 거부지점에 도달했다고 나와 있으므로 옳지 않은 내용이다.

43 문제해결능력 문제

정답 ⑤

각각의 상황에 따른 순현재가치 즉, 투자 수익에서 투자 비용을 뺀 가치를 비교하여 현수가 선택할 수 있는 최선의 방안을 선정한다.

[경우 1] 대상 건물을 현재 상태 그대로 이용 시
토지 가격 + 건물 가치 = 50억 원 + 2억 원 / 0.1 = 70억 원

[경우 2] 대상 건물을 철거하고 주차장으로 이용 시
토지 가격 - 철거비 + 주차장이용 시 가치
= 50억 원 - 2억 원 + 3억 원 / 0.1 = 78억 원

[경우 3] 대상 건물을 철거하고 상가건물 신축 시
토지 가격 - 철거비 - 상가건물 신축비용 + 상가건물 가치
= 50억 원 - 2억 원 - 30억 원 + 6억 원 / 0.1 = 78억 원

[경우 4] 대상 건물을 철거하고 임대주택 신축 시
토지 가격 - 철거비 - 임대주택 신축비용 + 임대주택 가치
= 50억 원 - 2억 원 - 20억 원 + 5억 원 / 0.1 = 78억 원

[경우 5] 대상 건물을 리모델링 시
토지 가격 - 리모델링 비용 + 리모델링 후 건물 가치
= 50억 원 - 10억 원 + 4억 원 / 0.1 = 80억 원

따라서 리모델링 시의 순현재가치가 가장 크므로 현수가 선택할 수 있는 가장 적절한 판단은 건물을 리모델링하는 것이다.

빠른 문제 풀이 Tip

문제에서 요구하는 바는 선택지의 모든 경우에 대해 계산식을 도출한 후 그 수치를 비교하는 것이다. 이때 선택지 ① 계산식 도출 → 계산, 선택지 ② 계산식 도출 → 계산과 같이 각각의 선택지별로 계산식을 도출한 후 수치를 계산하는 과정을 반복하는 것보다 선택지 ① 계산식 도출 → 선택지 ② 계산식 도출과 같이 모든 선택지의 계산식만을 도출한 후에 계산은 한 번에 모아서 하거나, 구체적인 계산 없이 비교만으로 대소를 판단하는 것도 방법일 수 있다.
예를 들어 선택지 ③과 ④를 비교하면 선택지 ③의 계산식은 50억 원 - 2억 원 - 30억 원 + 6억 원 / 0.1이고 선택지 ④의 계산식은 50억 원 - 2억 원 - 20억 원 + 5억 원 / 0.1이 되는데 이 가운데 50억 원 - 2억 원은 동일한 수치이므로 제외하고 -30억 원 + 6억 원 / 0.1과 - 20억 원 + 5억 원 / 0.1만을 비교하면 된다.
둘 다 30억 원이라는 수치가 나오므로 선택지 ③과 ④는 같은 수치임을 알 수 있게 되고 같은 수치이면 정답이 될 수 없다는 것까지 판단할 수 있게 된다.

44 문제해결능력 문제

정답 ②

네 번째 조건에 따라 경우의 수를 정리하면 다음과 같다.

구분	소설	역사	과학	예술	여행	요리
경우 1	O	O				
경우 2	X	X				

두 번째 조건의 대우에서 소설책을 대출하면 여행책도 대출함을 알 수 있고 첫 번째 조건에서 여행책을 대출하면 예술책도 대출하므로 이를 정리하면 다음과 같다.

구분	소설	역사	과학	예술	여행	요리
경우 1	O	O		O	O	
경우 2	X	X				

그런데 문제에서 세 종류의 책만 대출이 가능하다고 하였으므로 경우 1은 문제의 조건에 위배된다. 한편 다섯 번째 조건에서 역사책을 대출하지 않으면 과학책을 대출한다고 하였고 세 번째 조건에서 과학책을 대출하면 요리책도 대출하므로 이를 정리하면 다음과 같다.

구분	소설	역사	과학	예술	여행	요리
~~경우 1~~	~~O~~	~~O~~		~~O~~	~~O~~	
경우 2	X	X	O			O

남은 것은 예술책과 여행책인데 첫 번째 조건에서 여행책을 대출하면 예술책도 대출한다고 하였으므로 여행책을 대출하면 네 종류의 책을 대출하는 것이 되어 조건에 어긋난다. 이에 따라 여행책은 대출할 수 없으며 세 종류의 책을 대출한다고 하였으므로 예술책은 대출하여야 한다. 이를 정리하면 다음과 같다.

구분	소설	역사	과학	예술	여행	요리
~~경우 1~~	~~O~~	~~O~~		~~O~~	~~O~~	
경우 2	X	X	O	O	X	O

따라서 대출할 수 없는 책으로만 짝지어진 것은 ② 역사, 여행이 된다.

45 문제해결능력 문제

정답 ②

우선 펀드별 이득을 정리하면 다음과 같다.

	경기 상황		
	좋을 때	보통일 때	좋지 않을 때
A 펀드	900	700	300
B 펀드	-200	700	1,500
C 펀드	2,000	700	-500

전문가의 예측을 전적으로 신뢰하여 최대한의 기대이득을 얻으려 한다면 아래의 결과에서 보듯이 B 펀드에 투자하는 것이 최악의 선택이 된다.

A 펀드 = (900 × 0.3) + (700 × 0.5) + (300 × 0.2) = 680
B 펀드 = (-200 × 0.3) + (700 × 0.5) + (1,500 × 0.2) = 590
C 펀드 = (2,000 × 0.3) + (700 × 0.5) + (-500 × 0.2) = 850

오답 체크

① 내년 경기가 좋을 것이라고 예상한다면 C 펀드에 투자하는 것이 2,000의 이득을 얻으므로 가장 바람직하다.

③ 성철이 자신은 운이 없다고 생각한다면 경기의 상황여부를 고려하기 보다는 이익, 손해 여부를 감안해야 한다. 다시 말해 각 펀드 중에서 손해가 나더라도 가장 덜 손해가 나는 쪽으로 투자해야 한다. 따라서 A(300), B(-200), C(-500) 전략 가운데 최솟값이 가장 적은 A 펀드에 투자하는 것이 합리적인 선택이 된다. 한편 성철이 자신은 운이 좋다고 생각한다면 각 펀드 중에서 이익이 나는 것 중에 최대의 이익이 나는 쪽으로 투자해야 한다. 따라서 A(900), B(1,500), C(2,000) 전략 가운데 최댓값이 가장 큰 C 펀드에 투자하는 것이 합리적인 선택이 된다.

④ 전문가의 예측에도 불구하고 내년 경기가 보통일 것이라고 예상한다면 A, B, C 모두 700만 원의 이득을 얻으므로 어떤 펀드에 투자해도 상관없다.

⑤ 경기에 관한 확률이 모두 동일하다고 생각한다면 아래의 결과에서 보듯이 C 펀드에 투자하는 것이 합리적인 선택이 된다.

A 펀드 $= (900 \times \frac{1}{3}) + (700 \times \frac{1}{3}) + (300 \times \frac{1}{3}) = \frac{1,900}{3}$

B 펀드 $= (-200 \times \frac{1}{3}) + (700 \times \frac{1}{3}) + (1,500 \times \frac{1}{3}) = \frac{2,000}{3}$

C 펀드 $= (2,000 \times \frac{1}{3}) + (700 \times \frac{1}{3}) + (-500 \times \frac{1}{3}) = \frac{2,200}{3}$

46 자원관리능력 문제 정답 ②

제시된 자료에 따르면 여러 행사를 동시에 진행하지 않고, 1년 동안 최대한 많은 행사를 최소 비용으로 진행해야 한다. 5개의 행사를 모두 진행하거나 진행 기간이 가장 긴 E를 제외한 나머지 4개의 행사를 진행하면 행사를 진행하는 기간이 1년이 넘게 되므로 최대 3개의 행사를 진행하게 된다. 이때 비용이 가장 적은 A, B, D 3개의 행사를 선정할 경우 진행 기간이 총 3 + 3 + 2 = 8개월로 1년 동안 행사를 진행하지 않는 기간이 4개월이 되므로 불가능하다. 다음으로 비용이 적은 B, C, D 3개의 행사를 선정할 경우 진행 기간이 총 3 + 5 + 2 = 10개월로 가능하다.

따라서 탁 팀장은 B, C, D 3개의 행사를 선정하며, 이때 책정한 예산은 8천만 원이다.

47 자원관리능력 문제 정답 ④

지사 방문 업무용 차량을 계약하는 것이므로 준대형 차량으로 계약해야 하기 때문에 S-class 렌터카의 A 차량과 3S 렌터카의 D 차량은 계약이 불가능하며, 1년 기준 주행 거리가 40,000km이므로 S-class 렌터카의 B 차량은 계약이 불가능하다. 조건을 만족하는 S-class 렌터카의 C 차량과 3S 렌터카의 B, C 차량의 1년 대여료와 유류비의 합을 계산해 보면 다음과 같다.

S-class 렌터카 C 차량:
대여료 7,000,000 + 유류비 (40,000 / 14) × 1,400 = 11,000,000원
3S 렌터카 B 차량:
대여료 8,000,000 + 유류비 (40,000 / 10) × 1,400 = 13,600,000원
3S 렌터카 C 차량:
대여료 7,500,000 + 유류비 (40,000 / 18) × 1,200 ≒ 10,166,667원
따라서 가장 저렴한 차량은 3S 렌터카의 C 차량이다.

48 자원관리능력 문제 정답 ①

이 문제는 아동센터에 학용품을 후원하기 위해 필요한 자원을 최소 비용으로 구매하는 상황이다. 각 아동센터가 요청한 품목은 색연필, 필기구세트, 크레파스이며, 업체별 단가가 다르고, 업체마다 특정 조건을 만족하면 할인이 적용된다.

A 업체에서 세 가지 물품을 모두 구매할 경우 최종 금액의 10% 할인을 받을 수 있으므로, 이 조건을 반영한 할인 단가를 포함하여 아래와 같이 가격 표를 정리할 수 있다.

물품 구분	A 업체 (기본 가격)	A 업체 (할인 가격)	B 업체
색연필	5,000원	4,500원	5,200원
필기구세트	6,000원	5,400원	5,200원
크레파스	5,500원	4,950원	4,700원

B 업체는 최종 결제 금액이 300만 원을 초과하는 경우 최종 결제 금액의 10%를 할인 받을 수 있다고 하였으나, 모든 물품을 B 업체에서 구매하는 경우의 비용은 5,200 × 120 + 5,200 × 180 + 4,700 × 150 = 2,265,000원으로 300만 원을 초과하지 않아서 할인을 받을 수 없다.

따라서 최소 비용을 구해야 하며, 문제에서 모든 물품을 동일한 업체에서 구매해야 한다는 제한 조건이 명시되어 있지 않으므로, 업체 간 혼합 구매가 가능하다는 전제하에 최종 금액을 비교해보아야 한다. 위의 표에서 색연필은 A 업체의 할인 가격이 가장 저렴하지만, 필기구세트와 크레파스는 B 업체의 가격이 가장 저렴하다. 그렇기에 A 업체의 할인 가격만을 기준으로 판단해서는 안 되며, 각 물품별 최저가 조합이 실제로 더 저렴한지를 따져봐야 하므로 아래의 2가지 경우에 대한 비교가 필요하다.

모든 물품을 A 업체에서 구매하는 경우	색연필은 A 업체, 나머지는 B 업체에서 구매하는 경우
4,500 × 120 + 5,400 × 180 + 4,950 × 150 = 2,254,500원	5,000 × 120 + 5,200 × 180 + 4,700 × 150 = 2,241,000원

따라서 색연필은 A 업체에서, 나머지는 B 업체에서 구매하는 경우가 최소 비용이며, 최종 결제 금액은 2,241,000원이 된다.

[49-50]

49 자원관리능력 문제 정답 ⑤

문제는 직무 전문성과 실무 역량 강화를 위한 교육 프로그램 참여자를 선발하는 것으로, 주어진 기준에 따라 1명을 선정해야 한다.
교육은 6월 10일부터 2박 3일간 진행되며, 전 일정 참석 가능한 신청자만 선발 대상이 된다. 최민재는 6/11까지만 참여 가능하므로 선발 대상자에서 제외된다.
첫 번째로 "금년 교육 참여 횟수가 적은 사람을 우선 선발한다"고 했으므로 일정상 참석이 가능한 사람 중 교육 참여 횟수 기준으로 보면, 박지후와 정하윤이 각각 교육 참여 횟수 1회로 최우선 대상이 된다.
금년 교육 참여 횟수가 같은 경우 근속 연수가 긴 사람을 우선 선발한다고 했는데, 박지후와 정하윤은 근속 연수가 6년으로 서로 동일하므로 두 사람의 최종 평가 점수를 비교해야 한다.
최종 평가 점수는 동료 평가 60%, 부서장 평가 40%의 비율로 산출한 점수에 가점을 더하여 산출한다고 했으므로 이 기준에 따라 두 사람의 최종 평가 점수를 산출하면 아래와 같다.

박지후	87 × 0.6 + 82 × 0.4 + 0 = 85.0점
정하윤	86 × 0.6 + 82 × 0.4 + 1 = 85.4점

따라서 최종 평가 점수가 더 높은 정하윤이 선발 기준을 만족하게 되어 교육 프로그램에 참여하게 된다.

50 자원관리능력 문제 정답 ①

위의 문제에서 선발된 직원인 정하윤의 직급은 대리이고, 대리 직급의 기본 지급률은 70%이며, 최대 지급 가능 금액은 250,000원이다.
이러한 조건을 토대로 선택할 수 있는 숙소와 지급 가능 금액을 살펴보면 아래와 같다.

숙소명	총 비용 계산	지급 가능 금액
산들채	120,000 × 2 + 12,000 × 7 = 324,000원	324,000 × 0.7 = 226,800원
바다쉼터	140,000 × 2 + 11,000 × 7 = 357,000원	357,000 × 0.7 = 249,900원
하늘정원	150,000 × 2 + 10,500 × 7 = 373,500원	373,500 × 0.7 = 261,450원 → 250,000원
골든스위트	선택 불가(과장 이상만 선택 가능)	

골든스위트는 과장 이상만 선택 가능하므로 정하윤 대리는 선택할 수 없고, 선택할 수 있는 곳 중 가장 많은 지원금을 받을 수 있는 곳은 하늘정원이다. 단, 이때 총 비용의 70%는 261,450원이지만, 최대 지급 가능 금액이 250,000원이므로 정하윤 대리가 하늘정원을 선택할 경우 지급 가능 금액은 250,000원이 된다.
따라서 지원받을 수 있는 최대 금액과 최소 금액의 차이는 250,000 - 226,800 = 23,200원이다.

51 자원관리능력 문제 정답 ④

이 문제는 △△기관이 업무용 차량을 리스로 도입하려 할 때, 제시된 조건에 따라 계약 가능한 업체를 판단하고, 해당 업체 중 가장 저렴한 비용을 산출하여 선택하는 문제이다.
우선 △△기관은 7월 1일 자로 본사 소속 부서에 차량을 배정한다고 했기에 7월 1일 이전에 차량을 제공할 수 있는 업체만 대상이 된다. 이에 따라 B 업체는 7월 2일 제공 예정이므로 선발 대상에서 제외된다.
그 다음으로는 차량 성능 평가 항목의 최종 점수가 85점 이상인 업체만 계약이 가능하기에, 각 업체의 점수를 평가 항목 가중치에 따라 계산해야 한다. 점수는 연비 평가 35%, 안정성 평가 35%, 정비 편의성 30%의 비율로 산출한다고 했으므로, 점수는 다음과 같다.

A 업체	88 × 0.35 + 82 × 0.35 + 86 × 0.30 = 85.3점
C 업체	92 × 0.35 + 85 × 0.35 + 89 × 0.30 = 88.65점
D 업체	83 × 0.35 + 86 × 0.35 + 81 × 0.30 = 83.45점

그러므로 점수 기준을 충족하는 업체는 A와 C이며, D는 점수 기준 미달로 제외된다.
이제 A와 C 두 업체에 대해 1년간 총 비용을 비교해야 한다. 1년간 총 비용은 월 리스료 × 12개월 + 연간 보험료 + 부가 옵션료로 계산하면 다음과 같다.

A 업체	120 × 12 + 36 + 7 = 1,483만 원
C 업체	118 × 12 + 40 + 8 = 1,464만 원

따라서 모든 조건을 충족하면서 가장 비용이 저렴한 업체는 C 업체이며, △△기관이 지불해야 하는 비용은 1,464만 원이 된다.

52 자원관리능력 문제 정답 ①

동경 135°에 위치한 인천이므로 시차는 +9이다. 뉴욕은 서경 75°에 위치하고 있으므로 시차는 -5이다. 따라서 인천과 뉴욕의 시차는 14시간이 된다. 총이동에 걸리는 시간은 13시간 40분+3시간+3시간 20분=20시간이므로 뉴욕에 도착하는 시간은 서울 기준 4월 22일 04시이고, 뉴욕과 서울의 시차가 14시간이므로, 이는 4월 21일 14시가 된다.

[53-54]

53 자원관리능력 문제 정답 ⑤

주어진 정보에 따라 점수를 산출하면 아래와 같다.

구분	가	나	다	라	마
지하철 접근성	25	15	20	10	5
유동 인구수	25	15	20	25	15
월세	5	15	20	25	25
보증금	5	10	15	5	25
면적	-5	0	0	0	5
최종 점수	55	55	75	65	75

따라서 다 지역과 마 지역의 점수가 동일하므로 우선순위에 따라 보증금 점수가 더 높은 마 지역을 선정해야 한다.

54 자원관리능력 문제 정답 ③

대화 내용을 정리하여 점수로 환산해 보면 아래 표와 같다.
최종 점수는 지하철 접근성 점수×0.3+유동 인구수 점수×0.3+월세 점수×0.2+보증금 점수×0.2+감점으로 산출 가능하다.

구분	가	나	다	라	마
지하철 접근성 (30%)	100	80	90	70	60
유동 인구수 (30%)	100	70	80	90	60
월세 (20%)	60	70	80	90	100
보증금 (20%)	60	80	90	70	100
면적 (감점)	-10	-10	0	0	0
최종 점수	74	65	85	80	76

따라서 최종적으로 선정할 수 있는 지역은 다 지역이다.

55 자원관리능력 문제 정답 ③

현재 냉장고가 고장이 발생하여 교체해야 하는 상황이고, 임동근 씨는 840L보다 크거나 같은 냉장고를 선택한다고 했으므로 B 냉장고와 D 냉장고는 선택할 수 없다. 색상에 대한 기준은 없으며 가격도 조건을 만족하는 제품이 여러 개 있다면 그중 가장 저렴한 것이라고 했으므로 마지막에 제시된 일 평균 소비전력 조건을 만족하는 제품 중 양문형이 있다면 양문형으로, 양문형이 2개 이상 있다면 그중 가장 저렴한 제품으로 선택한다. 현재 일 평균 소비전력은 고장이 나서 교체하려는 냉장고를 제외하고 0.4+2.1+3.2+2.4+2.7+0.3+0.8=11.9kWh이므로 새로 구매하는 냉장고의 일 평균 소비전력이 2.1kWh를 초과하지 않으면 된다. 따라서 가능한 제품은 C 냉장고와 E 냉장고 2개이다. 이 중 가격이 더 저렴한 냉장고는 E 냉장고지만, C 냉장고가 양문형이고, E 냉장고는 4-door type이므로 C 냉장고를 선택한다.

56 자원관리능력 문제 정답 ④

대인관계능력을 60%, 협상능력을 40%의 가중치로 두고 환산한 점수를 산출해 보면
유지민: 9×0.6+7×0.4=8.2점,
장규진: 8×0.6+7×0.4=7.6점,
김민정: 6×0.6+8×0.4=6.8점,
김진우: 8×0.6+8×0.4=8.0점,
배진솔: 8×0.6+9×0.4=8.4점으로 배진솔이 가장 높다.
따라서 갑 프로젝트 담당자는 배진솔이 된다.
배진솔을 제외한 4명의 직원 중 업무실행능력 점수가 가장 높은 직원은 유지민과 김진우 두 명이다. 유지민과 김진우는 결단력 또한 7점으로 동일하고, 기획력은 유지민이 김진우보다 높으므로 을 프로젝트의 담당자는 유지민이 된다.
남은 장규진, 김민정, 김진우 세 명의 점수를 대인관계능력 30%, 업무실행능력, 기획력을 각 20%, 나머지 항목을 각 15%의 가중치를 두고 환산해 보면,
장규진: 8×0.3+7×0.15+8×0.2+9×0.15+7×0.2=7.8점,
김민정: 6×0.3+8×0.15+7×0.2+8×0.15+6×0.2=6.8점,
김진우: 8×0.3+8×0.15+9×0.2+7×0.15+6×0.2=7.65점이다.
따라서 장규진은 정 프로젝트 담당자, 김진우는 병 프로젝트 담당자, 김민정은 무 프로젝트 담당자가 된다.

57 자원관리능력 문제 정답 ②

모든 제작은 팀장님 지시 다음 날부터 시작된다고 했으므로 4월 6일 수요일부터 시작되며 4월 13일에는 최종 완성이 되어야 한다고 했으므로 총 8일 이내에 제작이 가능한 업체로 선정해야 한다. 제작해야 하는 총 수량은 6,000개이고, 갑을 판촉물의 경우 시간당 180개를 제작하며 하루에 6시간 근무를 하므로 1일당 1,080개를 제작할 수 있다. 6,000 ÷ 1,080 ≒ 5.6이므로 근무일 기준 6일째에 최종 완성이 가능하다. 매주 토, 일이 휴일이라고 했고, 4월 6일 수요일부터 4월 13일 수요일까지 휴일을 제외하고 6일간 근무를 할 수 있으므로 별도의 휴일 근무 없이 제작이 가능한 업체이다. 따라서 총금액은 180원/개 × 6,000 = 1,080,000원이다.

병정 기프트는 시간당 100개를 제작하며 하루 8시간 근무하므로 1일당 800개를 제작할 수 있다. 6,000 ÷ 800 = 7.5이므로 근무일 기준 8일째에 최종 완성이 가능하다. 매주 일이 휴일이라고 했고, 4월 6일 수요일부터 4월 13일 수요일까지 휴일을 제외하고 7일간 근무를 할 수 있으므로 기한 내 제작을 위해서는 휴일 제작을 요청해야 한다. 휴일에 요청 시 기본 금액의 50%에 해당하는 금액을 추가로 지불해야 한다고 했고, 1일 최대 제작 수량 단위로 요청이 가능하다고 했으므로 병정 기프트에서 휴일에 제작하는 수량은 800개이다. 따라서 총금액은 160원/개 × 5,200 + 160원/개 × 1.5 × 800 = 1,024,000원이다.

무기 인쇄소는 시간당 80개를 제작하며 하루 10시간 근무하므로 1일당 800개를 제작할 수 있다. 6,000 ÷ 800 = 7.5이므로 근무일 기준 8일째에 최종 완성이 가능하다. 별도의 휴일이 없기 때문에 4월 6일 수요일부터 4월 13일 수요일까지 휴일을 제외하고 8일간 근무를 할 수 있으므로 기한 내 제작이 가능하다. 이에 따라 총금액은 170원/개 × 6,000 = 1,020,000원이다

따라서 가장 저렴한 업체는 무기 인쇄소이며, 총금액은 1,020,000원이다.

58 자원관리능력 문제 정답 ①

준 중형 이상, 대형 미만의 차량으로 계약한다고 했으며, SUV 차량은 계약하지 않는다고 했으므로 계약 가능한 차량은 B 차량과 D 차량 그리고 E 차량이 있다. 그중 외벽에 문구 스티커 부착이 가능한 차량으로 대여해야 한다고 했는데, D 차량의 경우 차량 외벽 스티커 부착이 불가능하다고 했으므로 최종적으로 선택이 가능한 차량은 B 차량과 E 차량 2대이다. 각 차량의 3년간 총비용을 살펴보면

B 차량: 390만원 × 3 + (2,600km/월 ÷ 13.0km/L × 1,740원/L) × 12개월 × 3년 = 24,228,000원

E 차량: 480만 원 × 0.9 × 3 + (2,600km/월 ÷ 9.2km/L × 1,840원/L) × 12개월 × 3년 = 31,680,000원이므로

더 저렴한 B 차량을 계약해야 하고, 3년간 지불해야 하는 총비용은 24,228,000원이다.

[59-60]

59 자원관리능력 문제 정답 ④

성능 점수, 경제성 점수는 단순 비교를 통해 산출이 가능하고 연비 점수는 계산을 통해 점수 산출이 가능하다. 따라서 각 전지 별 우선 연비 점수 산출을 위해 전지 용량 당 주행거리를 소수점 셋째 자리까지 산출해 보면 아래와 같다.

구분	A 전지	B 전지	C 전지	D 전지	E 전지
전지 용량 당 주행거리 (km/kWh)	440/74 ≒ 5.946	430/73 ≒ 5.890	430/69 ≒ 6.232	400/65 ≒ 6.154	510/78 ≒ 6.538

산출한 결과와 단가, 전지 용량을 토대로 점수를 산출해 보면 다음과 같다.

구분	A 전지	B 전지	C 전지	D 전지	E 전지
성능 점수	4	3	2	1	5
경제성 점수	3	4	2	5	1
연비 점수	2	1	4	3	5

따라서 각 회사별 가중치에 따라 점수를 산출해 보면 아래와 같다.

구분	갑 회사	을 회사	병 회사
A 전지	4×0.3+3×0.3 +2×0.4=2.9	4×0.4+3×0.2 +2×0.4=3.0	4×0.3+3×0.4 +2×0.3=3.0
B 전지	3×0.3+4×0.3 +1×0.4=2.5	3×0.4+4×0.2 +1×0.4=2.4	3×0.3+4×0.4 +1×0.3=2.8
C 전지	2×0.3+2×0.3 +4×0.4=2.8	2×0.4+2×0.2 +4×0.4=2.8	2×0.3+2×0.4 +4×0.3=2.6
D 전지	1×0.3+5×0.3 +3×0.4=3.0	1×0.4+5×0.2 +3×0.4=2.6	1×0.3+5×0.4 +3×0.3=3.2
E 전지	5×0.3+1×0.3 +5×0.4=3.8	5×0.4+1×0.2 +5×0.4=4.2	5×0.3+1×0.4 +5×0.3=3.4

따라서, 갑 회사가 선택해야 하는 전지는 E 전지이고, 을 회사도 E 전지이다. 병 회사는 무게가 300kg을 초과하는 전지는 선택하지 않는다고 했으므로 E 전지를 제외하고 점수가 가장 높은 D 전지를 선택해야 한다.

60 자원관리능력 문제 정답 ④

위의 문제에서 산출한 성능 점수, 경제성 점수, 연비 점수에 무게 점수를 추가하면 아래와 같다.

구분	A 전지	B 전지	C 전지	D 전지	E 전지
성능 점수	4	3	2	1	5
경제성 점수	3	4	2	5	1
연비 점수	2	1	4	3	5
무게 점수	2	3	4	5	1

산출된 점수를 토대로 변경된 가중치를 감안하여 총점을 산출하면 다음과 같다.

구분	병 회사
A 전지	$4\times0.3+3\times0.2+2\times0.2+2\times0.3=2.8$
B 전지	$3\times0.3+4\times0.2+1\times0.2+3\times0.3=2.8$
C 전지	$2\times0.3+2\times0.2+4\times0.2+4\times0.3=3.0$
D 전지	$1\times0.3+5\times0.2+3\times0.2+5\times0.3=3.4$
E 전지	$5\times0.3+1\times0.2+5\times0.2+1\times0.3=3.0$

따라서 점수가 가장 높은 전지는 D 전지이다.

해커스공기업 NCS 통합 봉투모의고사 모듈형/피듈형/PSAT형 + 전공

NCS 실전모의고사 6회 PSAT형

정답

01	**02**	**03**	**04**	**05**	**06**	**07**	**08**	**09**	**10**
의사소통	의사소통	의사소통	의사소통	의사소통	의사소통	의사소통	의사소통	의사소통	의사소통
③	③	③	④	③	②	④	④	①	④
11	**12**	**13**	**14**	**15**	**16**	**17**	**18**	**19**	**20**
의사소통	의사소통	의사소통	의사소통	수리	수리	수리	수리	수리	수리
⑤	①	②	⑤	④	④	②	④	④	⑤
21	**22**	**23**	**24**	**25**	**26**	**27**	**28**	**29**	**30**
수리	수리	수리	수리	수리	수리	수리	수리	수리	수리
①	④	⑤	⑤	④	③	④	⑤	③	⑤
31	**32**	**33**	**34**	**35**	**36**	**37**	**38**	**39**	**40**
문제해결	문제해결	문제해결	문제해결	문제해결	문제해결	문제해결	문제해결	문제해결	문제해결
①	①	③	④	③	①	④	⑤	③	③
41	**42**	**43**	**44**	**45**	**46**	**47**	**48**	**49**	**50**
문제해결	문제해결	문제해결	문제해결	문제해결	문제해결	자원관리	자원관리	자원관리	자원관리
②	③	⑤	③	④	④	⑤	①	②	②
51	**52**	**53**	**54**	**55**	**56**	**57**	**58**	**59**	**60**
자원관리	자원관리	자원관리	자원관리	자원관리	자원관리	자원관리	자원관리	자원관리	자원관리
④	②	④	⑤	②	②	②	④	③	④

취약 영역 분석표

영역별로 맞힌 개수, 틀린 문제 번호와 풀지 못한 문제 번호를 적고 나서 취약한 영역이 무엇인지 파악해 보세요.
취약한 영역은 해커스잡 사이트(ejob.Hackers.com)에서 제공하는 '시험 당일 최종 마무리 <NCS 빈출 개념 핵심 요약집>'을 학습하고, 틀린 문제 및 풀지 못한 문제를 다시 풀어보면서 확실히 극복하세요.

영역	맞힌 개수	틀린 문제 번호	풀지 못한 문제 번호
의사소통능력	/14		
수리능력	/16		
문제해결능력	/16		
자원관리능력	/14		
TOTAL	**/60**		

해설

01 의사소통능력 문제 정답 ③

한국을 제외한 나머지 자동차 회사에서 수소 자동차의 연구를 포기한 이유는 인프라에 대한 부재가 아닌 전기 자동차가 더 효율적이라는 이유에서였으므로 적절하지 않다.

오답 체크

① 3문단에서 일반적으로 자동차는 폐차될 때까지 수명 기간 중 96퍼센트 동안 멈춰있다고 하며 자동차에서 생산한 에너지를 되파는 형태가 된다면 분산형 전원이 만들어지고 진정한 에너지 민주화가 이루어질 것이라고 하였으므로 적절하다.

②, ⑤ 4문단에서 수소 경제는 가시화되어 있다고 하며 대중화에 대한 논의, 화석 연료로부터 벗어나겠다는 열의가 얼마나 뜨거운가에 달려있다고 하였으므로 적절하다.

④ 2문단에서 수소 연료전지가 동력원으로 사용될 경우 지구 온난화 속도가 급격히 줄어들어 산업 시대 이전 수준에 머물고 지구 기온 상승이라는 장기적 환경 위기도 누그러질 수 있다고 하였으므로 적절하다.

02 의사소통능력 문제 정답 ③

1문단에서 사적 연금이나 공공 부조 제도와 함께 공적 연금 제도를 실시하고 있다고 했으므로, 공적 연금 제도를 시행한 뒤에 공공 부조를 폐지해야 하는 것은 아니다.

오답 체크

① 1문단에서 연금 제도의 목적을 달성하는 수단으로 사적 연금, 공공 부조, 공적 연금 제도 등을 언급하고 있다.

② 1문단에서 공적 연금 제도와 사적 연금이 함께 실시되고 있음을 언급하고 있다.

④ 2문단에서 공공 부조가 야기하는 도덕적 해이가 납세 부담을 가중시킬 수 있음을 언급하고 있다.

⑤ 3문단에서 공적 연금 제도가 소득 재분배 효과가 있음을 언급하고 있다.

[03-04]

03 의사소통능력 문제 정답 ③

1문단에서 위반에 대한 제재를 통해 법의 효력을 확보하는 일반적인 경향과 신뢰가 구속력을 형성하는 BIS 비율 규제를 대조하여 제시하고 있다. 또한 6문단에서 구체적인 권리와 의무를 명시한 조약이나 국제 사회에서 보편적으로 받아들여 지키고 있는 보편적 규범인 국제 관습법은 '딱딱한 법'이고, 이와 달리 법적 구속력이 없는 BIS 비율 규제는 '말랑말랑한 법'이라고 설명하고 있다. 따라서 제재보다는 신뢰로써 법적 구속력을 확보하는 데 주안점을 두는 것은 '딱딱한 법'이 아니라 '말랑말랑한 법'이라는 것을 알 수 있으므로 적절하지 않다.

오답 체크

① 조약은 국가나 국제기구들이 그들 사이에 지켜야 할 구체적인 권리와 의무를 명시적으로 합의하여 창출하는 규범이라는 내용이 1문단에 제시되어 있으므로 적절하다.

② 새롭게 발표되는 바젤 협약은 이전 협약에 들어 있는 관련 기준을 개정하는 효과가 있다는 내용이 5문단에 제시되어 있으므로 적절하다.

④ 바젤 기준을 따르지 않을 경우 은행이 믿을 만하다는 징표를 국제 금융 시장에 보여 주지 못해 재무 건전성에 의심을 받을 수 있다는 내용을 5문단을 통해 이끌어낼 수 있다. 따라서 국제기구의 결정을 지키지 않을 때 입게 될 불이익이 국제기구의 결정이 준수되도록 하는 역할을 한다는 설명은 적절하다.

⑤ 초국가적 감독 권한이 없으며, 그 결정에도 법적 구속력이 없는 바젤 위원회의 바젤 기준을 세계 각국에서 자발적으로 받아들여 법제화하는 것은 은행이 믿을 만하다는 징표를 국제 시장에 보여 주기 위함이라는 것을 5~6문단을 통해 알 수 있으므로 적절하다.

04 의사소통능력 문제 정답 ④

'바젤 I' 협약에서는 감독 기관의 승인 하에 은행의 선택에 따라 시장 위험의 측정 방식을 사용할 수 있도록 하였고, 이는 '바젤 II' 협약에서도 유지된다. '바젤 II' 협약에서는 신용 위험의 측정 방식으로 표준 모형이나 내부 모형 가운데 하나를 은행이 이용할 수 있도록 하였는데, 내부 모형의 경우 은행이 선택한 위험 측정 방식을 감독 기관의 승인 하에 사용할 수 있다.
따라서 '바젤 II' 협약에 따르면 시장 위험의 측정 방식과 신용 위험의 측정 방식 모두 감독 기관의 승인 하에 은행이 선택하여 사용할 수 있다.

오답 체크

① '바젤 I' 협약은 회사채에 위험 가중치 100%를 획일적으로 부여하도록 하고 있다.
따라서 회사채의 신용도가 낮아질 경우에도 위험 가중치나 위험 가중자산에는 변화가 없으므로 BIS 비율이 영향을 받지 않는다.

② '바젤 II' 협약은 감독 기관이 필요시 위험가중자산에 대한 자기자본의 최저 비율이 규제 비율을 초과하도록 자국 은행에 요구할 수 있게 함으로써 자기자본의 경직된 기준을 보완하고자 했다는 내용이 4문단에 제시되어 있다.
따라서 각국의 은행들이 준수해야 하는 위험가중자산 대비 자기자본의 최저 비율이 동일하다는 설명은 적절하지 않다.

③ '바젤 II' 협약의 표준 모형에 따르면 OECD 국가의 국채의 위험 가중치는 0%에서 150%까지이고, 회사채의 위험 가중치는 20%에서 150%까지이다. 만약 위험 가중치가 낮은 국채를 매각하고, 이를 위험 가중치가 높은 회사채에 투자한다면 위험가중자산이 더 커지므로 BIS 비율은 낮아지게 된다.

⑤ '바젤 III' 협약은 위험가중자산에 대한 기본자본의 비율이 최소 6%가 되게 보완하였다. 바젤위원회의 BIS 비율은 위험가중자산에 대한 자기자본의 비율로 결정되는데, 위험가중자산에 대한 보완자본의 비율이 2%가 되지 않는다 하더라도 기본자본의 비율이 높아지면 BIS 비율을 충족할 수 있다. 예를 들어, 위험가중자산에 대한 보완자본의 비율이 1.5%라고 할 때 기본자본의 비율이 6.5% 이상이면 BIS 비율을 충족할 뿐만 아니라 위험가중자산에 대한 기본자본의 비율이 6%를 넘겨야 한다는 '바젤 III' 협약도 충족시킨다.

따라서 '바젤 III' 협약에 따라 위험가중자산 대비 보완자본이 최소 2%가 되어야 한다는 설명은 적절하지 않다.

더 알아보기

- BIS: 국제결제은행

  BIS(Bank for International Settlements)는 1930년 헤이그 협정을 모체로 설립된 세계에서 가장 오래된 국제금융기구로서 중앙은행 간 정책협력을 주요 기능으로 하고 있으며 현재 60개 중앙은행이 회원은행으로 참여하고 있다. BIS는 중앙은행 간 협력체로서의 기능 수행에 중점을 두고 있으나 국제금융거래의 원활화를 위한 편의 제공, 국제결제업무와 관련한 수탁자 및 대리인으로서의 역할도 수행하고 있다. BIS는 최고의사결정 기관인 총회, 운영을 담당하는 이사회, 일반 업무를 관장하는 집행부로 구성되어 있으며 중앙은행 간 정보교환기능 제고를 위해 총재회의, 특별회의, 각종 산하 위원회 회의 등을 수시로 개최하고 있다. 또한, 아시아지역과 아메리카지역 중앙은행과의 관계를 증진하기 위하여 홍콩 및 멕시코시티에 지역사무소를 개설하였다. 한국은행은 1975년 연차총회에 옵서버 자격으로 참석한 이래 국제통화협력을 위해 노력한 결과 1997년 1월 14일 정식회원으로 가입하였다.

- BIS 비율

  BIS가 정한 은행의 위험자산(부실채권) 대비 자기자본비율로 1988년 7월 각국 은행의 건전성과 안정성 확보를 위해 최소 자기자본비율에 대한 국제적 기준을 마련하였다. 이 기준에 따라 적용대상은행은 위험자산에 대하여 최소 8% 이상의 자기자본을 유지하도록 하였다. 즉, 은행이 거래기업의 도산으로 부실채권이 갑자기 늘어나 경영위험에 빠져들게 될 경우 최소 8% 정도의 자기자본을 가지고 있어야 위기상황에 대처할 수 있다는 것이다.

  즉, 숫자가 높을수록 은행의 재무상태가 좋다는 의미이고, 반대로 낮아지면 자기자본이 줄어들고 위험가중자산이 늘어났다는 의미이다.

- NPL 비율(고정이하여신비율)

  여신이란 금융기관이 고객에게 돈을 빌려주는 것을 말한다. 그래서 고정이하여신비율이란 총 여신 중 3개월 이상 연체된 대출이 차지하는 비율로 원리금 회수에 문제가 있을 것으로 판단되는 여신을 의미하며, Non-performing loan의 약자로 무수익여신이라고 한다. 일정 기간 이상 이자가 연체된 대출금, 부도 등으로 법정관리에 들어간 기업의 대출금으로 빌려준 은행입장에서 회수가 불확실하거나 불가능하다고 판단한 여신이다. 즉 부실채권인 것이다. 그렇기 때문에 NPL 비율은 낮을수록 은행의 재무건전성이 좋다는 뜻이 된다.

05 의사소통능력 문제 정답 ③

김 과장은 오히려 공공 분야, 교육, 의료처럼 인간 중심 가치가 중요한 영역에서는 기술만으로는 안 된다고 말하고 있다. 즉, 해당 분야에서 AI의 대체를 긍정적으로 보지 않으므로 일치하지 않는 내용이다.

오답 체크

① 김 과장의 대사 중 생산성은 높일 수 있지만, 일자리 감소나 계층 간 격차 심화가 우려된다는 부분에서 명확히 드러나므로 일치하는 내용이다.

② 박 대리가 기술만 믿을 것이 아니라 제도적 장치와 윤리적 기준이 병행되어야 한다고 말한 부분을 근거로 하고 있으므로 일치하는 내용이다.

④ 박 대리가 AI 결정이 항상 공정하거나 설명 가능하지 않다는 지적에 인정하고, 감시체계와 윤리 가이드라인 필요성을 강조한 부분에서 정확히 드러나고 있으므로 일치하는 내용이다.

⑤ 대화 말미에 두 사람이 기술을 설계하는 사람이 돼야 한다, 방향은 사람이 정해야 한다고 말하며 공감대를 형성하는 부분에서 알 수 있으므로 일치하는 내용이다.

06 의사소통능력 문제 정답 ②

이는 보도자료에서 첫 번째 전략으로 제시된 '체류형 지역관광 모델 확대'에 정확히 해당한다. 해당 전략은 단기 방문 중심의 구조에서 벗어나 장기 체류를 유도하고, 이를 위해 지역문화 콘텐츠와 숙박할인 플랫폼을 연계한다고 명시되어 있다. 전주시 사례는 장기 체류 유도와 지역 소비 연결이라는 핵심 개념을 모두 반영하고 있어 가장 적절한 연결이다.

오답 체크

① 이는 보도자료에서 마지막 전략으로 제시된 '국제관광 다변화 및 한류 연계 전략'에 해당해야 한다. 외국인 관광객 유치, K-콘텐츠 연계, 현지어 맞춤형 홍보는 모두 국제관광 전략의 핵심이므로, 이를 '생활관광 및 공정관광 확산'으로 연결한 매칭은 적절하지 않다.

③ 이는 보도자료의 두 번째 전략인 '관광 인프라 디지털화 및 스마트 서비스 확장'에서 제시된 '혼잡도 예측 서비스', '데이터 기반 수요 분석 플랫폼'과 직접 연결된다. 그런데 선지에서는 이 사례를 '지역관광기업 성장 및 유니콘 육성' 전략으로 연결했으므로 적절하지 않다.

④ 이는 보도자료의 세 번째 전략인 '지역관광기업 성장 및 유니콘 육성'에서 강조한 '관광기업 지원센터', '전용 투자펀드', '해외진출 지원'과 완전히 일치한다. 그러나 선지에서는 이 사례를 '관광 인프라 디지털화 및 스마트 서비스 확장' 전략으로 연결하였으므로 적절하지 않다.

⑤ 이는 보도자료의 네 번째 전략인 '생활관광 및 공정관광 확산'에서 제시된 '주민 참여형 관광', '관광-커뮤니티 연계', '수익의 지역 재분배'와 내용상 정확히 일치한다. 하지만 선지에서는 이를 '국제관광 다변화 및 한류 연계 전략'으로 연결하였으므로 적절하지 않다.

07 의사소통능력 문제 정답 ④

4문단 마지막에서 '사유재산이란 '청동기 시대'부터 생겨왔던 개념이자 인간의 소유욕이라는 욕망과도 관련이 있는 부분이기 때문에 필연적으로 없어질 수는 없을 것이다'라는 내용으로 미루어보아 공유경제가 대중화되더라도 소유의 개념은 없어질 수 없다고 예측한다.

08 의사소통능력 문제 정답 ④

(나)는 전체 글의 문제 제기 역할을 한다. 트럼프의 재집권 시도, 보편 관세주의 공약, 전방위적 무차별 관세 가능성이라는 현실 위협을 제시하며 글을 여는 것이 가장 자연스럽다.
(마)는 이러한 위협이 단순한 무역 문제가 아니라 안보·기술 등과 얽힌 국가 전략적 사안임을 지적하며, 단기 대응을 넘은 대응 체계 필요성을 강조한다. 위기의 본질을 확장하는 역할이다.
(가)는 그다음에 제시될 1차 실질 대응 전략이다. 구체적인 조치로 시장 다변화, 공급망 재조정, 신흥국 협력 강화가 제시된다. 즉, 경제 구조의 분산 전략이다.
(라)는 경제적 대응 외에도 필요한 외교·통상 협상 전략의 다층화를 제안한다. FTA 중심 외교의 한계를 보완하기 위한 전략이자, (가)의 확장 논리다.
(다)는 전체의 결론이자 미래 지향적 제언이다. 미국 중심 구조에서 벗어난 장기적 자립 체계, 체질 개선을 강조하며, 글의 방향성과 설득력 있는 마무리를 제공한다.
따라서 가장 논리적인 글 흐름은 (나) – (마) – (가) – (라) – (다)이다.

09 의사소통능력 문제 정답 ①

<보기>의 ⓐ 매개 요소와 ⓑ 인물의 성격은 포함관계에 해당되므로 이와 동일한 관계를 나타내는 것은 '자동차'와 '승용차'가 적절하다.

오답 체크

② '소'와 '위'는 구성요소의 관계이다.
③ '여름'과 '겨울'은 반의 관계이다.
④ '납세'와 '징세'는 반의 관계이다.
⑤ '책상'과 '의자'는 동일위상의 관계이다.

10 의사소통능력 문제 정답 ④

ⓔ 뒤의 '내가 차별을 당하고 싶지 않다면'을 통해 ⓔ에는 '우리 자신은 다른 사람에게 차별받고 싶어 하지 않는다.'는 내용이 들어가는 것이 적절하며, 앞뒤 문맥을 고려할 때 '그러나'와 같은 역접의 접속 표현이 사용되어야 한다.
따라서 '그러나 우리 자신은 다른 사람에게 차별받고 싶어 하지 않는다.'와 같은 문장이 들어가는 것이 적절하다.

오답 체크

① 백조와 오리의 생김새의 차이를 설명하고 있으므로 '다르다'로 쓰는 것이 적절하다.
② '차별받다'는 '차별'뒤에 '어떤 행동이나 의미를 당하다'라는 의미의 접사 '-받다'가 붙은 표현으로 한 단어이므로 붙여 쓰는 것이 적절하다.
③ '백조가 다른 ~ 인정받은 것이다.'의 이유를 제시해야 문장 간의 의미 연결이 자연스러워지므로 '어미도 그 어린 새를 자신의 새끼로 받아들이는 습성이 있기 때문이다.'로 수정하는 것이 적절하다.
⑤ 맥락상 '너그럽게 감싸 받아들이다'의 의미를 표현하는 '포용하려는'이 들어가는 것이 적절하다.

11 의사소통능력 문제 정답 ⑤

제시문은 산업 사회가 인간의 개성과 자유를 억압하고, 기술 중심의 구조가 인간을 수단화하며, 사회과학과 매스미디어를 활용해 인간을 통제하고 있다는 문제점을 지적하고 있으므로 ⑤가 적절하다.

오답 체크

① 산업 사회의 긍정적 측면은 다루지 않으며, 상반된 입장이 비교되지 않으므로 적절하지 않다.
② 철학자(칸트, 마르쿠제)의 인용은 산업사회의 부정적 측면을 제시하기 위해 이루어졌을 뿐, 그들의 이론을 중점적으로 설명하고 있는 것은 아니므로 적절하지 않다.
③ 개념 정의보다 부정적 효과에 초점이 맞춰져 있으며, 다양한 사례가 제시되고 있는 것도 아니므로 적절하지 않다.
④ 역사적 전개 순서나 시대 흐름 중심의 설명이 제시되어 있지 않으므로 적절하지 않다.

12 의사소통능력 문제 정답 ①

견강부회(牽强附會)는 '억지로 끌어 붙여 자기 주장을 합리화하려는 태도'를 의미하므로 빈칸에 들어갈 표현으로 적절하다.

오답 체크

② 아전인수(我田引水): 자기에게만 이롭게 해석한다는 의미이다.
③ 언중유골(言中有骨): 부드러운 말 속에 날카로운 속뜻이 있다는 의미이다.
④ 백면서생(白面書生): 세상 물정 모르는 학자라는 의미이다.
⑤ 미사여구(美辭麗句): 화려하지만 알맹이 없는 말이라는 의미이다.

13 의사소통능력 문제 정답 ②

자신이 언제든 합리적 판단을 내릴 수 있다는 측면에서 앞 문장과 동일한 내용을 말하고 있으므로 '즉'으로 쓰는 것이 옳으므로 적절하지 않다.

오답 체크

① 사랑에 빠진 사람의 비합리성이나 맹목성을 비유하는 표현이므로 '눈에 콩깍지가 쓰였다'가 적절하다.

③ 앞 문장과의 관계를 고려하면 '카너먼에 의하면'이 ⓒ에도 그대로 적용되므로 '카너먼에 의하면 인간은 ~심리적 경향이 있다는 것이다'로 호응 관계를 이루는 것이 적절하다.

④ 맥락상 그 판단을 한 개인에게는 (편향된 판단이) 진실처럼 느껴진다는 의미이므로 주어가 '편향된 판단'임을 알 수 있고 따라서 피동표현인 '받아들여진다는'으로 수정하는 것이 적절하다.

⑤ ⓜ의 '내지'는 '얼마에서 얼마까지'의 의미를 지닌 부사이므로 띄어 쓰는 것이 적절하다.

14 의사소통능력 문제 정답 ⑤

'뿐'은 의존명사이므로 보조사 '만'을 붙여 쓰는 것은 맞지만, '아니라'는 형용사이기에 띄어 써야 하므로 적절하지 않다.

오답 체크

① '데'는 의존명사이므로 띄어 쓰는 것이 적절하다.

② '평가된다'는 한 단어이므로 붙여 쓰는 것이 적절하다.

③ '국가 의례'는 두 단어이므로 띄어 쓰는 것이 적절하다.

④ '있지 않다'는 형용사 '있다'의 활용형인 '있지'와 보조형용사 '않다'가 연결되어 사용되는 형태이므로, 문장의 각 단어는 띄어 쓴다는 원칙에 따라 '있지 않다'와 같이 띄어 쓰는 것이 적절하다.

15 수리능력 문제 정답 ④

2018년 형강의 전년 대비 증감률은 (4,784 - 4,467) / 4,467 × 100 ≒ 7%이며, 이보다 큰 증감률을 보이는 것은 (5,007 - 5,640) / 5,640 × 100 = -11%인 강관이므로 옳지 않은 설명이다.

오답 체크

① 철근 생산량의 증감 추이는 증가 - 증가 - 감소 - 감소이며 이와 동일한 항목은 철강재, 강관 2개이므로 옳은 설명이다.

② 철강재를 제외한 항목들의 생산량이 매년 총생산량에서 차지하는 비율은 (1 - 철강재 생산량/전체 생산량) × 100이므로 계산하면 다음과 같다.
- 2015년: (1 - 78,720 / 205,336) × 100 ≒ 62%
- 2016년: (1 - 80,185 / 205,720) × 100 ≒ 61%
- 2017년: (1 - 81,314 / 209,326) × 100 ≒ 61%
- 2018년: (1 - 81,132 / 210,370) × 100 ≒ 61%
- 2019년: (1 - 79,927 / 207,545) × 100 ≒ 61%

따라서 매년 총생산량의 60% 이상을 차지하므로 옳은 설명이다.

③ 철근 생산량과 형강 생산량의 차이와 강관 생산량의 크기 비교를 하면 다음과 같다.
- 2015년: 9,800 - 4,515 = 5,285 > 4,928천 톤
- 2016년: 10,341 - 4,398 = 5,943 > 5,206천 톤
- 2017년: 11,296 - 4,467 = 6,829 > 5,640천 톤
- 2018년: 10,621 - 4,784 = 5,837 > 5,007천 톤
- 2019년: 9,936 - 4,644 = 5,292 > 4,649천 톤

따라서 철근 생산량과 형강 생산량의 차이는 강관 생산량보다 매년 크므로 옳은 설명이다.

⑤ 2019년 이후부터 철강 총생산량의 전년 대비 감소량이 동일할 때 매년 210,370 - 207,545 = 2,825천 톤씩 감소하므로 2020년에는 207,545 - 2,825 = 204,720천 톤, 2021년에는 204,720 - 2,825 = 201,895천 톤, 2022년에는 201,895 - 2,825 = 199,070천 톤이 된다.
따라서 2022년 총생산량은 2억 톤 이하로 떨어지므로 옳은 설명이다.

빠른 문제 풀이 Tip

제시된 <표>와 <그림>의 수치가 크므로 유효숫자를 이용하여 풀이한다.

16 수리능력 문제 정답 ④

기구 또는 용기/포장 항목의 전년 대비 건수 증가율은 2017년 (105,429 - 92,806) / 92,806 × 100 ≒ 14%, 2018년 (118,673 - 105,429) / 105,429 × 100 ≒ 13%로 2017년이 더 높으므로 옳지 않은 설명이다.

오답 체크

① 농/임산물의 건당 중량은 2016년 8,330,470 / 62,616 ≒ 133.0톤/건, 2017년 9,037,001 / 69,121 ≒ 130.7톤/건, 2018년 8,808,119 / 71,258 ≒ 123.6톤/건으로 매년 감소하므로 옳은 설명이다.

② 다른 항목은 주어진 자료에서 매년 금액/중량의 값이 1천 달러를 넘지만, 농/임산물은 매년 1천 달러보다 적으므로 옳은 설명이다.

③ 전체 건수 중 가공식품을 제외한 항목들이 차지하는 비율은 (1 - 가공식품 건수 / 전체 건수) × 100이므로 다음과 같다.
- 2016년: (1 - 237,516 / 625,443) × 100 ≒ 62.0%
- 2017년: (1 - 251,756 / 672,273) × 100 ≒ 62.6%
- 2018년: (1 - 271,736 / 728,114) × 100 ≒ 62.7%

따라서 매년 60% 이상을 차지하므로 옳은 설명이다.

⑤ 품목군별 수입신고 금액의 상위 5개 항목은 가공식품 > 축산물 > 농/임산물 > 수산물 > 기구 또는 용기/포장 항목 순으로 매년 동일하므로 옳은 설명이다.

빠른 문제 풀이 Tip

④ 제시된 <표>의 수치가 크므로 유효숫자를 두세 자리로 설정하여 계산한다. 2017년은 (105 - 92) / 92 = 13 / 92, 2018년은 (119 - 106) / 106 = 13 / 106으로 분자가 같으므로 계산할 필요 없이 자대모소에 의해 전년 대비 건수 증가율은 2017년이 더 높음을 알 수 있다.

17 수리능력 문제 정답 ②

2016년의 가사/육아를 하는 비경제활동 여성의 최솟값은 2016년의 모든 비경제활동 남성이 가사/육아를 하는 경우인 1,368 - 1,119 = 249명으로 250명보다 적으므로 옳지 않은 설명이다.

오답 체크

① 서울시의 실업률은 2015년 226 / 5,391 × 100 ≒ 4.19%, 2016년 226 / 5,372 × 100 ≒ 4.21%, 2017년 244 / 5,396 × 100 ≒ 4.52%, 2018년 254/5,335 × 100 ≒ 4.76%로 매년 5% 미만이므로 옳은 설명이다.

③ 2017년 남성 경제활동인구 2,988명 중 취업자의 최솟값은 모든 경제활동 여성이 취업자인 경우인 5,152 - 2,408 = 2,744명이고, 비중은 2,744 / 2,988 × 100 ≒ 91.8%로 90% 이상이므로 옳은 설명이다.

④ 서울시의 15세 이상 인구인 경제활동인구+비경제활동인구는 매년 감소하므로 옳은 설명이다.

⑤ 서울시의 15세 이상 여성과 남성은 2015년 2,366 + 2,113 = 4,479명 > 3,025 + 1,108 = 4,133명, 2016년 2,374 + 2,092 = 4,466명 > 2,998 + 1,119 = 4,117명, 2017년 2,408 + 2,052 = 4,460명 > 2,988 + 1,109 = 4,097명, 2018년 2,407 + 2,043 = 4,450명 > 2,928 + 1,143 = 4,071명으로 매년 여성이 더 많으므로 옳은 설명이다.

18 수리능력 문제 정답 ④

2017년 B형 헌혈 건수 974 + 290 = 1,264건 중 서울 동부에서의 남성 헌혈 건수 최솟값은 모든 B형 여성이 헌혈을 했을 경우인 313 - 290 = 23건이며 이는 B형 헌혈 건수 전체의 23 / 1,264 × 100 ≒ 1.8%로 5% 미만일 수 있으므로 옳지 않은 설명이다.

오답 체크

① 2019년 서울 남부에서의 AB형 남성 헌혈 건수 최솟값은 모든 AB형 여성이 헌혈을 했을 경우인 129 - 117 = 12건이므로 옳은 설명이다.

② 2018년 AB형 헌혈 건수의 전년 대비 증가율은 서울 남부가 (160 - 152) / 152 × 100 ≒ 5.3%, 서울동부가 (122 - 117) / 117 × 100 ≒ 4.3%로 서울 남부가 더 높으므로 옳은 설명이다.

③ 2018년과 2019년의 헌혈 건수를 비교하면 다음과 같다.
- O형: 1,087 + 464 = 1,551건 > 967 + 484 = 1,451건
- A형: 1,068 + 426 = 1,494건 > 995 + 438 = 1,433건
- B형: 894 + 327 = 1,221건 > 873 + 310 = 1,183건
- AB형: 403 + 138 = 541건 > 343 + 117 = 460건

따라서 2019년에 모든 혈액형에서 감소하였으므로 옳은 설명이다.

⑤ 2017년과 2018년의 헌혈 건수가 가장 많은 혈액형은 각각 A형 1,089 + 489 = 1,578건, O형 1,087 + 464 = 1,551건으로 다르므로 옳은 설명이다.

19 수리능력 문제 정답 ④

㉡ 국민연금 수급자 중 매월 100만 원 이상 수급하는 인원은 2018년도에 처음으로 20만 명 이상이 수급하기 시작했지만 국민연금 전체 수급자 수 현황은 문제에서 제시하고 있지 않기 때문에 확인할 수 없으므로 옳지 않은 설명이다.

㉣ 2021년 국민연금 수급자는 총 607만 124명이며 이 중 매월 100만 원 이상씩 수급하는 인원은 430,531명으로 전체의 약 $\frac{430,531}{6,070,124}$ × 100 ≒ 7.1%를 차지하고 있다.
또한 430,531명 중 200만 원 이상 국민연금 수급자는 1,356명으로 100만 원 이상씩 수급자 중 약 $\frac{1,356}{430,531}$ × 100 = 0.3%에 해당하는 인원이 매월 200만 원 이상씩 수급하고 있다.
따라서 옳지 않은 설명이다.

오답 체크

㉠ 2016년 매월 100만 원 이상 국민연금 수급자 수는 129,502명으로 2021년 430,531명 대비 약 $\frac{430,531}{129,502}$ ≒ 3.3배 증가했다.
따라서 옳은 설명이다.

㉢ 표의 기울기를 보면 200만 원 이상 국민연금 수급자 수가 가장 많이 증가한 해는 2021년이다. 또한 100만 원 이상 국민연금 수급자 수는 2019년부터 2021년까지의 기울기가 크게 증가하였다. 각 연도의 수급자 수 증가 현황을 살펴보면 전년 대비 2019년 100만 원 이상 수급자 수는 266,566 - 201,592 = 64,974명 증가, 전년 대비 2020년 100만 원 이상 수급자 수는 340,369 - 266,566 = 73,803명 증가, 전년 대비 2021년 100만 원 이상 수급자 수는 430,531 - 340,369 = 90,162명 증가하였으므로 가장 많이 증가한 해는 2021년도이다.
따라서 옳은 설명이다.

20 수리능력 문제 정답 ⑤

인구 10만 명당 10대 눈다래끼 환자 수는 3,900 + 7,925 = 11,825명, 인구 10만 명당 20대 눈다래끼 환자 수는 2,729 + 6,351 = 9,080명이므로 10대의 눈다래끼 환자 수는 20대 환자 수보다 약 $\frac{11,825-9,080}{9,080}$ × 100 = $\frac{2,745}{9,080}$ × 100 ≒ 30.2% 더 많다.
따라서 옳은 설명이다.

오답 체크

① 인구 10만 명당 눈다래끼 환자 수를 보면 남성의 경우 9세 이하에서 가장 높고, 여성의 경우 10대에서 가장 높은 것을 확인할 수 있다.
따라서 옳지 않은 설명이다.

② 우리나라 전 연령 남성 눈다래끼 환자 수 = 4,224 + 3,900 + 2,729 + 2,972 + 2,732 + 2,322 + 1,895 + 1,301 = 22,075명
각 연령별 10만 명당 발생 환자 수이며 전 연령 기준 8개 조사 구간이므로 총 80만 명당 22,075명의 환자가 발생했음을 알 수 있다. 즉, 전 연령 남성 눈다래끼 환자 발생율은 $\frac{22,075}{800,000}$ × 100 ≒ 2.8%이다.
따라서 옳지 않은 설명이다.

③ 우리나라 전 연령 여성 눈다래끼 환자 수 = 5,286 + 7,925 + 6,351 + 4,664 + 3,180 + 2,598 + 1,868 + 1,008 = 32,880명
각 연령별 10만 명당 발생 환자 수이며 전 연령 기준 8개 조사 구간이므로 총 80만 명당 32,880명의 환자가 발생했음을 알 수 있다. 즉, 전 연령 여성 눈다래끼 환자 발생율은 $\frac{32,880}{800,000} \times 100 \fallingdotseq 4.1\%$이다. 따라서 옳지 않은 설명이다.

④ 인구 10만 명당 20대 이하 여성 눈다래끼 환자 수는 5,286 + 7,925 + 6,351 = 19,562명,
인구 10만 명당 50대 이상 남성 눈다래끼 환자 수는 2,322 + 1,895 + 1,301 = 5,518명,
20대 이하 여성 눈다래끼 환자 수는 50대 이상 남성 눈다래끼 환자 수보다 약 $\frac{19,562}{5,518} \fallingdotseq 3.5$배 많으므로 옳지 않은 설명이다.

21 수리능력 문제 정답 ①

㉠ 5G 통신장비 주요 업체들의 연평균 영업이익률을 살펴보면
A 업체 = $\frac{-113}{2,293} \times 100 \fallingdotseq -4.9\%$,
B 업체 = $\frac{56}{1,027} \times 100 \fallingdotseq 5.5\%$,
C 업체 = $\frac{632}{6,313} \times 100 \fallingdotseq 10.0\%$,
D 업체 = $\frac{14}{3,049} \times 100 \fallingdotseq 0.5\%$,
E 업체 = $\frac{123}{1,884} \times 100 \fallingdotseq 6.5\%$,
F 업체 = $\frac{82}{864} \times 100 \fallingdotseq 9.5\%$이므로 5% 이상의 영업이익률을 가진 기업체는 B, C, E, F 업체로 총 4군데이므로 옳은 설명이다.

㉡ 연 매출액이 가장 큰 기업체는 C 업체로 6,313억이고 가장 작은 기업체는 F 업체로 864억으로 이 두 업체의 시가총액 차이는 7,976 - 3,089 = 4,887억이다. 그리고 이 두 기업체의 연 매출 차이는 6,313 - 864 = 5,449억으로 두 업체의 시가총액 차이보다 연 매출 차이가 더 크므로 옳은 설명이다.

오답 체크

㉢ 안테나 및 필터를 생산하는 기업체는 A와 D로 두 회사의 평균 매출액 = $\frac{2,293 + 3,049}{2} = \frac{5,342}{2} = 2,671$억이고, 평균 시가총액은 $\frac{16,366 + 6,493}{2} = \frac{22,859}{2} \fallingdotseq 11,430$억이다. 하지만, 두 업체의 영업이익률을 보면 A 업체 = $\frac{-113}{2,293} \times 100 \fallingdotseq -4.9\%$, B 업체 = $\frac{14}{3,049} \times 100 \fallingdotseq 0.5\%$로 평균 5% 이상의 영업이익률을 기록하지는 않았으므로 옳지 않은 설명이다.

㉣ 매출 상위 2개 업체는 C 업체와 D 업체로 이 두 기업의 총매출액은 6,313 + 3,049 = 9,362억, 주요 통신장비 업체 총매출 = 2,293 + 1,027 + 6,313 + 3,049 + 1,884 + 864 = 15,430억으로 전체 매출액의 $\frac{\text{매출상위2개업체총매출액}}{\text{주요통신장비업체총매출액}} \times 100 = \frac{9,362}{15,430} \times 100 \fallingdotseq 60.7\%$만큼 차지하고 있다. 그리고 C 업체와 D 업체의 총영업이익은 632 + 14 = 646억, 주요 통신장비업체 총영업이익 = -113 + 56 + 632 + 14 + 123 + 82 = 794억으로 전체 영업이익액의 $\frac{\text{매출상위2개업체총영업이익}}{\text{주요통신장비업체총영업이익}} \times 100 = \frac{646}{794} \times 100 \fallingdotseq 81.4\%$만큼 차지하고 있다. 또한, C 업체와 D 업체의 총시가총액은 7,976 + 6,493 = 14,469억, 주요 통신장비 업체 총시가총액 = 16,366 + 9,353 + 7,976 + 6,493 + 4,380 + 3,089 = 47,657억으로 전체 시가총액의 $\frac{\text{매출상위2개업체총시가총액}}{\text{주요통신장비업체총시가총액}} \times 100 = \frac{14,469}{47,657} \times 100 \fallingdotseq 30.4\%$를 차지하고 있다.
따라서, 매출 상위 2개 업체는 전체 매출액과 영업이익의 절반 이상을 차지하고 있지만 시가총액은 절반 이상을 차지하고 있지 않으므로 옳지 않은 설명이다.

22 수리능력 문제 정답 ④

㉠ 주어진 표에서 국내 우편물 중 일반통상 우편물의 수는 2015년부터 2019년까지 35,326 → 33,783 → 31,856 → 30,409 → 28,013십만 통으로 감소했고, 국제 우편물 중 일반통상 우편물의 수는 2015년부터 2019년까지 75 → 74 → 65 → 55 → 51십만 통으로 감소했으므로 옳은 설명이다.

㉡ 국제 우편물의 통상 우편물 중에서 특수통상 우편물이 차지하는 비율은 아래와 같다.
2015년: {30 / (30 + 75)} × 100 ≒ 28.6%
2016년: {33 / (33 + 74)} × 100 ≒ 30.8%
2017년: {48 / (48 + 65)} × 100 ≒ 42.5%
2018년: {77 / (77 + 55)} × 100 ≒ 58.3%
2019년: {77 / (77 + 51)} × 100 ≒ 60.2%
따라서 국제 우편물의 통상 우편물 중에서 특수통상 우편물이 차지하는 비율은 매년 증가하므로 옳은 설명이다.

㉣ 2016~2019년 국내 일반통상 우편물의 전년 대비 감소율은 아래와 같다.
2016년: {(33,783 - 35,326) / 35,326} × 100 ≒ (-)4.4%
2017년: {(31,856 - 33,783) / 33,783} × 100 ≒ (-)5.7%
2018년: {(30,409 - 31,856) / 31,856} × 100 ≒ (-)4.5%
2019년: {(28,013 - 30,409) / 30,409} × 100 ≒ (-)7.9%
감소율이 큰 것은 감소한 비율이 가장 큰 것을 찾는 것으로 2016~2019년 국내 일반통상 우편물의 전년 대비 감소율은 2019년에 그 절댓값이 가장 크므로 옳은 설명이다.

오답 체크

ⓒ 국제특급 우편물이 가장 많았던 해는 2015년이며, 2015년의 국내 우편물 중 통상우편물이 차지하는 비율은 {(35,326 + 2,771) / 39,993} × 100 ≒ 95.3%이다.
따라서 국제특급 우편물이 가장 많았던 해에 국내 우편물 중 통상우편물이 차지하는 비율은 95%를 초과하므로 옳지 않은 설명이다.

빠른 문제 풀이 Tip

ⓒ 국내 우편물 중 통상우편물이 차지하는 비율이 95% 이하라는 것은 국내 우편물 중 소포가 차지하는 비율이 5% 이상이라는 의미이다. 또한, 국내 우편물 중 소포가 차지하는 비율이 5% 이상이라는 것은 소포 × 20 > 국내 우편물이라는 의미이다.
국제특급 우편물이 가장 많았던 2015년에 소포는 1,896십만 통, 국내 우편물은 39,993십만 통이고, 소포 × 20 = 1,896 × 20 = 37,920십만 통 < 39,993십만 통이므로 국내 우편물 중 소포가 차지하는 비율은 5% 미만이고, 통상우편물이 차지하는 비율은 95% 이상이므로 옳지 않은 설명이다.

ⓔ 분자와 분모의 크기를 통해 대략적으로 비교한다.
전년 대비 감소율 = {(올해 값 - 작년 값) / 작년 값} × 100이므로 (올해 값 - 작년 값) / 작년 값을 비교한다.
국내 일반통상 우편물의 (올해 값 - 작년 값)/작년 값은
2016년에 (33,783 - 35,326) / 35,326 = (-)1,543/35,326,
2017년에 (31,856 - 33,783) / 33,783 = (-)1,927 / 33,783,
2018년에 (30,409 - 31,856) / 31,856 = (-)1,447 / 31,856,
2019년에 (28,013 - 30,409) / 30,409 = (-)2,396/30,409
이다. 이때 2019년의 분자가 가장 크고 분모가 가장 작으므로 (-)2,396 / 30,409가 가장 크다.
따라서 2016~2019년 국내 일반통상 우편물의 전년 대비 증감률의 크기는 2019년에 가장 크므로 옳은 설명이다.

23 수리능력 문제 정답 ⑤

서울 주요 지역 중 가구 수가 가장 많은 지역구는 248,959가구 수가 살고 있는 관악구로 관악구의 단독주택, 다가구주택, 다세대주택, 연립주택의 가구 수는 타 서울 주요 지역 가구 수 대비 더 많은 것을 표에서 확인할 수 있으므로 옳은 설명이다.

오답 체크

① 서울 주요 지역 상위 3곳은 관악구, 강남구, 강동구로 상위 3곳의 가구 수는 248,959 + 208,833 + 177,148 = 634,940가구로 전체의 약 $\frac{634,940}{1,104,459}$ × 100 ≒ 57.5%를 차지하고 있으므로 옳지 않은 설명이다.

② 서울시 전체 가구 수 1,104,459가구 중 전체 가구원 수는 2,464,989명으로 가구당 가구원 수는 약 $\frac{2,464,989}{1,104,459}$ ≒ 2.23명/가구로 2.4명을 넘지는 않으므로 옳지 않은 설명이다.

③ 서대문구 15세 미만 가구원 수는 302,902 - 273,147 = 29,755명, 성동구 15세 미만 가구원 수는 281,266 - 252,803 = 28,463명으로 서대문구 15세 미만 가구원 수는 성동구 보다 29,755 - 28,463 = 1,292명 더 많으므로 옳지 않은 설명이다.

④ 서울시 주요 지역 중 관악구는 가구 수 248,959가구 대비 가구원 478,545명으로 가구당 약 $\frac{478,545}{248,959}$ ≒ 1.92명으로 2명을 넘지 않으므로 옳지 않은 설명이다.

24 수리능력 문제 정답 ⑤

코스닥 신규상장 기업 수 중 신규상장 벤처기업 수의 점유율이 가장 높은 해는 2013년 = $\frac{31}{37}$ × 100 ≒ 83.8%를 차지하고 있고, 점유율이 가장 낮은 해는 2010년 = $\frac{34}{76}$ × 100 ≒ 44.7%를 차지하고 있다.
따라서 83.8은 44.7의 2배 이하이므로 옳은 설명이다.

오답 체크

① 2015년 코스닥 상장기업 수는 1,152개이고 이 중에 상장 벤처기업 수는 781개로 2007년 이후 최대 개수를 기록했지만 전체의 약 $\frac{781}{1,152}$ × 100 ≒ 67.8%를 차지하고 있으므로 70% 이상을 차지하고 있다는 보기는 옳지 않은 설명이다.

② 2011년 코스닥 상장기업 수 중 코스닥 신규상장 기업의 비율은 $\frac{63}{1,031}$ × 100 ≒ 6.1%이고, 2014년 코스닥 상장기업 수 중 신규상장 기업의 비율은 $\frac{67}{1,061}$ × 100 ≒ 6.3%이다. 즉, 2014년 코스닥 상장기업 수 중 코스닥 신규상장 기업의 비율이 2011년보다 더 높으므로 옳지 않은 설명이다.

③ 2008년 상장 벤처기업 수 중 신규상장 벤처기업 수의 비율을 보면 $\frac{29}{750}$ × 100 ≒ 3.9%로 5%를 넘지 않으므로 매년 5% 비율 이상을 유지하고 있다는 내용은 옳지 않은 설명이다.

④ 2015년 코스닥 신규상장 벤처기업 수는 49개로 2007년 52개보다 더 적으므로 조사 기간 중 신규상장 벤처기업 수가 가장 많지는 않다. 또한 IT 업계 창업이 활발했는지는 문제에서 확인할 수 없기 때문에 옳지 않은 설명이다.

25 수리능력 문제 정답 ④

2분기 소득 5분위의 가구당 월평균 비소비지출은 2,174.5천 원으로 직전분기인 1분기 소득 5분위의 가구당 월평균 비소비지출 2,363.3천 원 대비 {(2,363.3 - 2,174.5) / 2,363.3} × 100 ≒ 8.0% 감소하였으므로 옳지 않은 설명이다.

오답 체크

① 2분기 소득 1분위의 가구당 월평균 소득은 직전분기 대비 1,325,400 − 1,254,800 = 70,600원 증가하였고, 소득 5분위의 가구당 월평균 소득은 9,925,100 − 9,426,000 = 499,100원 감소하였으므로 옳은 설명이다.

② 1분기 소득 4분위와 5분위의 가구당 평균 가구원 수는 3.42명으로 동일하여 소득 1분위에서 5분위로 갈수록 가구당 평균 가구원 수는 증가만 하는 것은 아니므로 옳은 설명이다.

③ 1분기 소득 4분위의 가구당 월평균 경상소득은 소득 1분위의 가구당 월평균 경상소득의 5,846.8 / 1,253.7 ≒ 4.7배이므로 옳은 설명이다.

⑤ 전국 가구의 월평균 소득의 평균은 1분기에 (1,254.8 + 2,843.7 + 4,238.7 + 5,863.1 + 9,925.1) / 5 ≒ 4,825.1천 원, 2분기에 (1,325.4 + 2,911.1 + 4,193.9 + 5,660.4 + 9,426.0) / 5 ≒ 4,703.4천 원으로 1분기 평균이 2분기보다 높으므로 옳은 설명이다.

26 수리능력 문제 정답 ③

㉡ F2 비자는 방문동거/거주/동반으로 비자코드는 F1~F3 체류자격에 포함된다. F1~F3 비자코드 중 F2 비자에 대해 정확한 성별 현황은 문제에서 제시하고 있지 않으므로 F6 비자를 가진 남성 인구와 여성 인구와의 비교를 할 수 없다.
따라서 옳지 않은 설명이다.

㉢ E1~E7의 비자코드를 가진 남성 체류인구는 6,799명으로 결혼이민자 남성 체류인구 6,360명보다 많고, E1~E7의 비자코드를 가진 여성 체류인구는 4,895명으로 기타 여성 체류인구 4,415명보다 많다. 또한, 전문인력 총 인구는 11,694명으로 유학체류인구 50,413명 대비 약 $\frac{11,694}{50,413} \times 100 ≒ 23.2\%$ 수준이므로 보기는 옳지 않은 설명이다.

오답 체크

㉠ A 시에 체류 중인 외국인 남성 인구는 23,310 + 6,799 + 17,796 + 13,826 + 66,616 + 22,824 + 6,360 + 9,403 = 166,934명이고, 여성 인구는 16,144 + 4,895 + 32,617 + 18,996 + 74,027 + 24,892 + 14,441 + 4,415 = 190,427명으로 여성 인구가 남성 인구보다 190,427 − 166,934 = 23,493명 더 많다.
따라서 옳은 설명이다.

㉣ 재외동포 자격으로 거주 중인 외국인은 140,643명으로 남성과 여성 전체 인구 166,934 + 190,427 = 357,361명 중 약 $\frac{140,643}{357,361} \times 100 ≒ 39.4\%$를 차지하고 있다.
따라서 옳은 설명이다.

27 수리능력 문제 정답 ④

전년 대비 2019년 연간 투자액 감소율을 주요 통신사별로 살펴보면

A 사 = $\frac{30,200 - 37,400}{37,400} \times 100 = \frac{-7,200}{37,400} \times 100 ≒ -19.3\%$

B 사 = $\frac{28,720 - 32,570}{32,570} \times 100 = \frac{-3,850}{32,570} \times 100 ≒ -11.8\%$

C 사 = $\frac{23,805 - 26,085}{26,085} \times 100 = \frac{-2,280}{26,085} \times 100 ≒ -8.7\%$이므로

감소율이 큰 회사는 A 사 > B 사 > C 사 순이다.
따라서 옳은 설명이다.

오답 체크

① 2019년 주요 통신사 총 설비투자 금액은 30,200 + 28,720 + 23,805 = 82,725억, 2020년 주요 통신사 총 설비투자 금액은 30,000 + 28,551 + 23,455 = 82,006억으로 2019년 대비 2020년도에 총 설비투자 금액은 감소하였다.
따라서 옳지 않은 설명이다.

② A 사의 최근 3년간 설비투자 금액을 보면 37,400 + 30,200 + 30,000 = 97,600억으로 10조 원을 넘지는 않으므로 옳지 않은 설명이다.

③ 2018년 주요 통신사의 총 설비투자 금액은 37,400 + 32,570 + 26,085 = 96,055억이고, B 사의 최근 3년간 설비투자 금액은 32,570 + 28,720 + 28,551 = 89,841억으로 2018년 주요 통신사의 총 설비투자 금액이 B 사의 최근 3년간 총 투자금액보다 크다.
따라서 옳지 않은 설명이다.

⑤ 2021년 주요 통신사 연간 설비투자 금액은 A 사는 10% 증가한 33,000억이고, B 사와 C 사는 2020년과 동일하다. 이때 전체 투자 금액 중 A 사의 비율을 살펴보면 $\frac{33,000}{33,000 + 28,551 + 23,455} \times 100 = \frac{33,000}{85,006} \times 100 ≒ 38.8\%$를 차지하고 있으므로 2021년 주요 통신사 투자 금액 중 A 사가 40% 이상을 차지한다는 내용은 옳지 않은 설명이다.

28 수리능력 문제 정답 ⑤

㉢ 2020년말 대비 2021년 상반기의 외국인 토지 보유 면적이 감소한 시도는 광주, 대전, 제주 총 3곳이므로 옳은 설명이다.

㉣ 2021년 상반기 서울시의 외국인 토지 보유 천m^2당 금액은 $\frac{117,031}{3,122} ≒ 37.5$억/천$m^2$,
부산시의 외국인 토지 보유 천m^2당 금액은 $\frac{21,539}{5,013} ≒ 4.3$억/천$m^2$로 서울시의 천$m^2$당 금액은 부산시보다 약 $\frac{37.5}{4.3} ≒ 8.7$배 더 비싸므로 옳은 설명이다.

오답 체크

㉠ 2020년 말 기준 전국 토지 보유 면적 253,347천m² 중 수도권 면적은 52,514천m²로 전체 면적의 약 $\frac{52,514}{253,347} \times 100 ≒ 20.7\%$를 차지하고 있고, 토지 보유 금액 기준으로는 전국 314,962억 중 수도권 토지 금액이 188,480억으로 전체 금액의 약 $\frac{188,480}{314,962} \times 100 ≒ 59.8\%$를 차지하고 있지만 60%를 넘지는 않는다.
따라서 옳지 않은 설명이다.

㉡ 2020년말 대비 2021년 상반기 면적 증가율 $= \frac{256,740 - 253,347}{253,347} \times 100 = \frac{3,393}{253,347} \times 100 ≒ 1.34\%$,
2020년말 대비 2021년 상반기 금액 증가율 $= \frac{316,906 - 314,962}{314,962} \times 100 = \frac{1,944}{314,962} \times 100 ≒ 0.62\%$이므로 면적은 1% 이상 증가했지만 외국인 토지 보유 금액은 1% 이상 증가하지 않았다.
따라서 옳지 않은 설명이다.

29 수리능력 문제 정답 ③

2015년 전체 취업자 수가 2018년 전체 취업자 수와 동일하다고 가정하면, 2015년 전체 취업자 수는 15,372 + 11,450 = 26,822천 명, 전문가 및 관련 종사자 구성비는 19.8%로 2015년 전문가 및 관련 종사자 수는 26,822 × 0.198 ≒ 5,311천 명이므로 옳은 설명이다.

오답 체크

① 2018년 전체 취업자 수 26,822천 명에서 남자 취업자 수가 차지하는 비중은 (15,372 / 26,822) × 100 ≒ 57%이므로 옳지 않은 설명이다.

② 2014년도에는 장치·기계조작 및 조립 종사자 구성비는 12.0%로 판매 종사자 구성비 12.2%보다 낮은 반면 나머지 연도에는 장치·기계조작 및 조립 종사자 구성비가 더 높아 순위가 모두 동일하지는 않으므로 옳지 않은 설명이다.

④ 2018년 성별 취업자 현황에서 서비스 종사자의 여자 취업자 수는 남자 취업자 수의 1,985 / 984 ≒ 2배로 여자 취업자 수가 남자 취업자 수의 두 배보다 크므로 옳지 않은 설명이다.

⑤ 직업별 취업자 구성비만으로 2014년 사무 종사자 수를 파악할 수 없으므로 옳지 않은 설명이다.

빠른 문제 풀이 Tip

① 2018년 전체 취업자 26,822천 명 중 남자 취업자 수가 차지하는 비중이 약 53%라는 것은 여자 취업자 수가 차지하는 비중이 약 47%이며, 남자 취업자 수와 여자 취업자 수의 차이가 차지하는 비중이 약 6%라는 의미이다. 2018년 남자 취업자 수와 여자 취업자 수의 차이는 15,372 - 11,450 = 3,922천 명으로 전체 취업자 26,822천 명 중 차지하는 비중은 10% 이상이고, 남자 취업자 수가 차지하는 비중이 약 55% 이상이므로 옳지 않은 설명이다.

30 수리능력 문제 정답 ⑤

㉠ 주어진 자료에서 전체 철도교통사고 건수는 2015년 138건, 2016년 123건, 2017년 105건, 2018년 98건, 2019년 72건으로 매년 감소하고, 사고로 인한 사망자 수 또한 2015년 73명, 2016년 61명, 2017년 49명, 2018년 39명, 2019년 29명으로 매년 감소하므로 옳은 설명이다.

㉡ 여객사상사고로 인한 사망자 수가 가장 적은 경우는 모든 중상자, 경상자가 여객사상사고로 인한 사상자 수에 포함되는 경우이다. 따라서 2015~2019년 중상자 수와 경상자 수의 총합은 25 + 48 + 40 + 49 + 19 + 38 = 219명이고, 219명 모두 여객사상사고로 인한 사상자라고 하더라도, 적어도 222 - 219 = 3명은 여객사상사고로 인한 사망자 수이므로 옳은 설명이다.

㉣ 2018년과 3년 전인 2015년의 사상사고 건수 중 여객사상사고 건수가 차지하는 비율은 2015년 (53 / 119) × 100 ≒ 44.5%, 2018년 (32 / 82) × 100 ≒ 39.0%이다.
따라서 2018년의 사상사고 건수 중 여객사상사고 건수가 차지하는 비율은 3년 전 대비 감소하였으므로 옳은 설명이다.

오답 체크

㉢ 매년 전체 철도교통사고 건수 중 사상사고 이외의 사고가 차지하는 비율은 (100% - 사상사고가 차지하는 비율)이므로 사상사고 이외의 사고가 차지하는 비율이 매년 30% 이하라는 것은 사상사고가 차지하는 비율이 매년 70%를 초과한다는 것과 동일하다. 매년 사상사고가 차지하는 비율을 구해보면 2015년 (119 / 138) × 100 ≒ 86.2%, 2016년 (104 / 123) × 100 ≒ 84.6%, 2017년 (87 / 105) × 100 ≒ 82.9%, 2018년 (82 / 98) × 100 ≒ 83.7%, 2019년 (46 / 72) × 100 ≒ 63.9%이다.
따라서 2019년에는 철도교통사고 건수 중 사상사고 이외의 사고가 차지하는 비율이 30%를 초과하므로 옳지 않은 설명이다.

31 문제해결능력 문제 정답 ①

1. 사업 개요에 의하면 인턴십 수당 300만 원과 사전직무교육 수당은 별도 지급되므로 수당이 포함되어 있다는 내용은 옳지 않다.

오답 체크

② 1. 사업 개요에 의하면 하루 근무 시간은 10:00부터 16:00까지, 점심시간을 제외하고 총 5시간이므로 옳다.

③ 4. 유의사항에 의하면 군필자는 의무복무기간만큼 나이 제한이 연장되며 최대 만 39세까지 가능하므로 옳다.

④ 2. 모집 내용에 의하면 제출서류에는 자기소개서가 포함되며 마감 시간이 9월 20일이므로 옳다.

⑤ 3. 추진 절차에 의하면 대면 심사는 9월 26~27일에 진행되며, 상황에 따라 서면심사로 대체 가능하므로 옳다.

32 문제해결능력 문제 정답 ①

가장 먼저 병석의 첫 번째 대화를 살펴보면, 병석은 의사소통능력 점수가 37.5점으로 과락임을 알 수 있고, 나머지 3명은 전 과목이 37.5보다 높으므로 과락은 없는 것을 추론할 수 있다. 을순의 경우 수리능력 점수를 최소 점수인 40점으로 가정하더라도 문제해결능력 점수는 그보다 30점이 높고 의사소통능력은 문제해결능력 점수보다 높으므로 각 과목의 점수가 순서대로 최소 40점, 70점, 70점이 되어 평균 60점 이상으로 합격이다. 갑돌의 경우 수리능력 점수가 을순의 문제해결능력 점수보다 높으므로 최소 70점 이상이고, 의사소통능력은 그보다 높으므로 문제해결능력 점수가 최소인 40점이라도 합격이다. 정훈은 가장 높은 점수가 의사소통능력 57.5점이므로 평균 60점을 넘을 수 없어 불합격이다.

33 문제해결능력 문제 정답 ③

라현이가 가장 긴 기간 동안 휴가를 가야한다고 하였으므로 라현에 대해 생각해본다.

라현이가 1일에 휴가를 시작한다면, 라현이가 휴가를 시작했을 때는 다영이는 이미 휴가 중이라는 조건에 위배된다.

라현이가 3일에 휴가를 시작한다면, 가장 긴 휴가는 7일에 끝나는 휴가로 휴가 기간은 5일이 된다. 그러나 1일째에 휴가를 시작한 사람이 누구든지 그는 최소한 5일에 휴가가 끝나게 되어 휴가 기간이 5일이 된다. 따라서 라현이는 휴가 일수가 가장 긴 사람이 될 수 없다. 라현이가 4일째 휴가를 시작했다고 해도 마찬가지로 라현이가 가장 긴 휴가 일수를 가진 사람이 될 수 없다. 따라서 라현이의 휴가 시작은 2일이어야 한다.

라현이의 휴가 시작이 2일이므로 다영이는 1일부터 휴가를 시작해야 하는데 그러면 다영이는 최소 5일의 휴가를 가게 되므로, 라현이의 휴가 기간은 6일은 되어야 가장 많은 휴가 일수를 가진 사람이 된다. 따라서 라현이는 7일에 휴가가 끝나야 한다. 따라서 다음의 표와 같이 정리될 수 있다.

휴가 시작일				휴가 종료일			
1	2	3	4	5	6	7	8
다영	라현			다영		라현	

나무와 다영이의 휴가 일수는 같으므로 나무는 4~8일까지 5일간 휴가를 다녀와야 하고, 자연히 가운이는 3~6일까지의 휴가를 다녀오게 된다. 이를 정리하면 다음과 같이 된다.

휴가 시작일				휴가 종료일			
1	2	3	4	5	6	7	8
다영	라현	가운	나무	다영	가운	라현	나무

따라서 가운이의 휴가 일수는 4일이 된다.

34 문제해결능력 문제 정답 ④

각 조의 경기결과를 정리하면 다음과 같다.

<I 조>

팀	A	B	C	D
A	*	승	승	패
B	패	*		승
C	패		*	승
D	승	패	패	*

A 팀은 2승 1패, D 팀은 1승 2패로 확정되었다. B 팀과 C 팀의 대결에서 승리한 팀은 2승 1패가 되므로 준결승에 진출하는 팀은 A팀과 B, C 중 승리한 팀임을 알 수 있으나 1위와 2위가 어떤 팀인지는 확정할 수 없다.

<II 조>

팀	E	F	G	H
E	*		패	
F		*	패	
G	승	승	*	승
H			패	*

G 팀은 3승을 했으며, 1승도 거두지 못한 팀은 없다고 했으므로 나머지 팀은 모두 1승 2패를 했음을 알 수 있다. 따라서 1위는 G 팀이며, 2위는 세 팀 중에 한 팀이 된다. 위 내용을 토대로 <보기>를 살펴보아야 한다.

㉡ D 팀은 준결승에 진출할 수 없으므로 반드시 거짓이다.

㉣ E 팀과 H 팀 모두 준결승에 진출할 수는 없으므로 반드시 거짓이다.

오답 체크

㉠ A 팀이 I 조 2위가 된다면 G 팀과 준결승전에서 대결할 수 있으므로 반드시 거짓은 아니다.

㉢ C 팀과 F 팀이 모두 예선 2위로 준결승에 진출한 후, 승리하여 결승에 진출할 수 있으므로 반드시 거짓은 아니다.

35 문제해결능력 문제 정답 ③

나. 첫 번째 글에서는 홍패는 교지의 일종이고 교지는 조선시대부터 국왕이 하사하던 것이라고 하고 있는 반면, 두 번째 글에서는 고려시대에 홍패를 내려준 적이 있다고 하고 있어 충돌되는 자료라고 할 수 있으므로 옳은 설명이다.

오답 체크

가. 토지와 노비를 주기 위해 내리는 교지는 노비토전사패가 맞지만 돌아가신 부모님의 관작을 높여주기 위해 내리는 교지는 고신이 아니라 추증교지가 되어야 하므로 옳지 않은 설명이다.

다. 본가에 직접 전하게 하여 영예를 과시하게 하였다는 내용은 고려시대의 홍패에 관한 내용만 기술되어 있을 뿐, 조선시대에 관작을 내려받는 고신에 관한 내용이라고 보기에는 그 근거가 빈약하므로 옳지 않은 설명이다.

라. 과거제도 가운데 문무과는 초시, 복시, 전시의 3단계로 이루어져 있다는 내용은 있지만 이 내용을 바로 생원·진사시의 경우에 적용시킬 수는 없으므로 옳지 않은 설명이다. 문무과는 급제자에게 홍패, 생원·진사시의 경우에는 백패를 내린 것을 보면 두 시험이 반드시 같은 단계를 거쳐 진행되는 시험이라고 볼 가능성은 적기 때문이다.

빠른 문제 풀이 Tip

제시문의 주제나 논지가 아니라 파편적으로 흩어져 있는 정보를 파악하는 것이 주된 목적이므로 선택지나 <보기>를 먼저 읽어내기보다는 제시문의 단락별 내용을 빠르게 스캔하여 어떤 내용이 어느 위치에 있는지 파악한 후에 선택지를 판단하는 것이 좋다.

36 문제해결능력 문제 정답 ①

지원자의 상황을 정리하면 다음과 같다.

지원자	핵심 역량 점수	가산점 적용 후 최종 점수	최종 등급	비고
A	90 × 0.4 + 85 × 0.3 + 80 × 0.3 = 85.5	85.5 + 0 = 85.5	정규 선발	
B	80 × 0.4 + 90 × 0.3 + 95 × 0.3 = 87.5	87.5 × 1.05 = 91.88	정규 선발	올림피아드 5% 가산점 적용되어 최종 90점 이상이지만 연구 계획서 등급이 양호이므로 우선 선발에 해당하지 않음
C	1차 탈락			코딩 테스트 점수 (75점) 미달
D	95 × 0.4 + 90 × 0.3 + 85 × 0.3 = 90.5	90.5 + 0 = 90.5	정규 선발	

이를 토대로 보기를 살펴보자.

ㄱ. C는 코딩 테스트 점수 75점이기에 1차 심사에서 탈락하므로, '정규 선발' 등급은 받지 못한다.

ㄷ. '우선 선발' 등급에 해당하기 위해서는 최종 점수 90점 이상이면서 연구 계획서 '탁월' 등급을 받아야 하는데, D의 최종 점수는 90.5점으로 점수는 충족하지만 연구 계획서 등급이 '탁월'에 해당하지 않아 '우선 선발' 등급에 해당하지 못하게 된다. 다만 '정규 선발' 조건은 충족하므로 정규 선발 등급을 받게 된다.

오답 체크

ㄴ. B는 최종 점수가 90점을 넘지만, 연구 계획서 등급이 '양호'이므로 '우선 선발' 조건에 부합하지 않는다.

ㄹ. 현재 A의 등급은 '정규 선발' 등급이다. 그런데 A의 수학 역량 점수가 5점 높아져 85점이 되면, 핵심 역량 점수는 (90 × 0.4) + (85 × 0.3) + (85 × 0.3) = 36 + 25.5 + 25.5 = 87점이 된다. 이는 '정규 선발' 등급에 해당하는 점수인데 A는 원래 '정규 선발' 등급이었으므로, 등급이 높아지지는 않는다.

37 문제해결능력 문제 정답 ④

정이 을은 거짓말을 하고 있다고 하였으므로 정이 진실인 경우 을은 거짓이 되고 정이 거짓인 경우 을은 진실이 된다. 어느 경우든 진실을 말하는 사람은 이 둘 가운데 있고 문제에서 한 명만 진실을 말한다고 하였으므로 갑, 병, 무의 진술은 거짓으로 확정된다. 그런데 갑의 진술이 정은 회장으로 선출되지 않았다고 하였는데 이 말이 거짓이므로 정이 회장으로 선출되었다는 것을 알 수 있다.
따라서 회장으로 선출된 사람은 정이다.

38 문제해결능력 문제 정답 ⑤

조건 3에서 수학시간이 4교시, 생물시간이 8교시임을 알 수 있다.

1	2	3	4	5	6	7	8
			수학				생물

조건 1에서 예체능 과목은 연이어 있다고 하였는데 조건 2에 따라 예체능 과목인 체육이 수학수업보다 먼저이므로 예체능 세 과목은 1, 2, 3교시가 된다.

1	2	3	4	5	6	7	8
음악, 미술, 체육			수학				생물

조건 4의 전반부에서 음악시간과 수학시간 사이에 한 과목이 있다고 하였으므로 음악시간은 2교시가 되고 미술시간과 국어시간 사이에도 한 과목이 있으므로 미술은 3교시, 국어가 5교시가 된다.

1	2	3	4	5	6	7	8
	음악	미술	수학	국어			생물

자연히 체육은 1교시가 되고 6교시와 7교시는 순서에 관계없이 영어와 윤리수업이 있다.

	1	2	3	4	5	6	7	8
1	체육	음악	미술	수학	국어	영어	윤리	생물
2	체육	음악	미술	수학	국어	윤리	영어	생물

따라서 영어시간과 윤리시간은 연이어 있음을 알 수 있다.

39 문제해결능력 문제 정답 ③

월 임대료가 2,000만 원을 초과하는 후보지는 고려하지 않는다고 하였으므로 강남과 명동은 제외하며, 주 방문 연령층이 20-30대가 아닌 곳은 명동인데 명동은 이미 예산이 초과하여 제외되었으므로 이 조건으로 제외되는 곳은 없으며, 제품 및 재고를 보관할 전용 창고 공간 확보가 불가능한 후보지는 제외한다고 하였는데 성수는 창고 공간을 확보하지 못하였으므로 성수도 제외된다. 따라서 홍대와 가로수길의 최종 입지 효율을 계산하여 높은 곳을 선정하면 된다. 최종 입지 효율의 분자와 분모의 내용을 정리하여 다시 나타내면 다음과 같다.

최종 입지 효율 $= \frac{\text{일일 유동 인구} \times \text{평균 구매 전환율} \times 30 \times \text{입지 보너스}}{(\text{월 임대료} / 1{,}000) + (\text{경쟁지수} \times 200)}$

이를 토대로 홍대와 가로수길의 최종 입지 효율을 정리하면 다음과 같다.

- 홍대: $(7{,}000 \times 0.07 \times 30 \times 1) / (18{,}000 + 50 \times 200)$
  $= 14{,}700 / 28{,}000 = 0.525$
- 가로수길: $(4{,}500 \times 0.09 \times 30 \times 1) / (20{,}000 + 30 \times 200)$
  $= 12{,}150 / 26{,}000 = 0.467$

따라서 최종 입지 효율이 높은 홍대를 선택하게 된다.

40 문제해결능력 문제 정답 ③

우선 각 개별토지에 맞는 비교표준지 선정이 중요하다. 문제 중 용도가 동일한 표준지를 선정해야 한다고 했으므로, 각각의 개별토지와 용도가 동일한 표준지와 비교하여 가격을 산출할 수 있다.

가. 비교표준지는 B

$1{,}600{,}000 \times \frac{0.8}{1.2} \times \frac{1.2}{0.8} \times \frac{0.8}{1.0} = 1{,}280{,}000\text{원}/m^2$

나. 비교표준지는 A

$1{,}000{,}000 \times \frac{1.0}{1.0} \times \frac{1.2}{1.2} \times \frac{1.0}{0.8} = 1{,}250{,}000\text{원}/m^2$

다. 비교표준지는 C

$800{,}000 \times \frac{1.2}{0.8} \times \frac{1.2}{1.0} \times \frac{1.0}{1.0} = 1{,}440{,}000\text{원}/m^2$

라. 비교표준지는 A

$1{,}000{,}000 \times \frac{1.2}{1.0} \times \frac{1.0}{1.2} \times \frac{1.0}{0.8} = 1{,}250{,}000\text{원}/m^2$

마. 비교표준지는 B

$1{,}600{,}000 \times \frac{0.8}{1.2} \times \frac{1.2}{0.8} \times \frac{0.8}{1.0} = 1{,}280{,}000\text{원}/m^2$

따라서 가장 토지가격이 높은 개별토지는 '다'이다.

빠른 문제 풀이 Tip

개별토지의 각각에 대해 모두 가격을 산출하는 공식을 적용하고 계산을 해야 하는데 개별토지마다 계산식을 적고 계산하는 과정을 거쳐 각각의 수치를 산출해내기보다는 계산식만을 적어 놓은 후 비교를 통해 답이 될 수 없는 것을 지워내는 방법도 좋다. 예를 들어 '나'와 '라'는 순서만 다를 뿐 같은 계산식임을 파악할 수 있는데 그러면 그 수치는 동일할 것이고 2개가 답이 될 수 없으므로 이 둘은 정답에서 제외하는 것도 방법일 수 있다.

41 문제해결능력 문제 정답 ②

먼저 을의 진술을 통해 을은 C 또는 E에게 투표 했음을 알 수 있다. 선거에서 C와 E가 당선되었는데 을은 자신이 투표한 사람 중 1명만 당선되었다고 하였으므로 을은 C에 투표하고 E에는 투표하지 않은 경우와 E에 투표하고 C에는 투표하지 않은 두 가지 경우가 있음을 알 수 있다. 이를 각각 살펴보면,

i) 을이 도지사 선거에서 C에게 투표했을 때

이 경우, 시장 선거에서 F 또는 G에게 투표할 수 있지만 C와 G는 같은 당이므로 F에게 투표하게 된다. 그리고 병은 나당 후보 중에 F를 선택할 수 없으므로 B를 선택하게 된다. 정은 도지사로 A 또는 D에게 투표할 수 있으나, D에게 투표하면 시장은 E에게 투표해야 하므로 'D에게 투표하면 F 또는 G에게 투표해야 한다'는 조건에 위배된다. 따라서 정은 도지사로 A, 시장으로 H를 선택하게 된다. 따라서 갑은 낙선자에게 투표했으므로 D와 G에게 투표하게 된다.

구분	도지사	시장
갑	D(라)	G(다)
을	C(다)	F(나)
병	B(나)	E(가)
정	A(가)	H(라)

ii) 을이 시장 선거에서 E에게 투표했을 때

'C 또는 D에게 투표한 사람은 시장 선거에서 F 또는 G에게 투표하였다.'라는 조건에 의해 을이 투표한 도지사 후보로 C와 D는 불가능하며, A 역시 E와 같은 당이므로 불가능하다. 따라서 을은 B와 E에게 투표하였음을 알 수 있다. 그리고 나당은 B와 F이므로 병은 F에게 투표하였고, 가당은 A와 E이므로 정은 A와 H에게 투표하였음을 알 수 있다. 그리고 갑은 낙선자에게만 투표했다는 조건을 통해 다음과 같이 표를 모두 채울 수 있다.

구분	도지사	시장
갑	D(라)	G(다)
을	B(나)	E(가)
병	C(다)	F(나)
정	A(가)	H(라)

따라서 선택지 중에 반드시 옳은 것은 '을은 나당의 후보에게 투표하였다.' 뿐이다.

42 문제해결능력 문제 정답 ③

문제의 조건에 주어진 25km 이하인 도시를 선으로 연결하여 그래프를 그려보면 오른쪽과 같다.

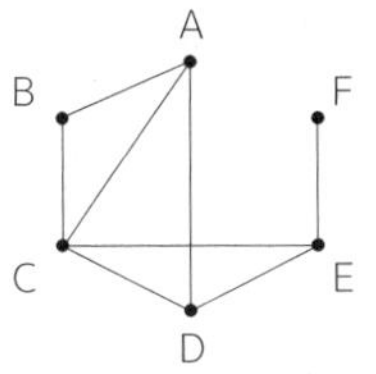

다음으로 가장 많은 도시와 선으로 연결되어 있는 도시부터 순서대로 성씨를 배정한다. 그림으로는 C가 4곳으로 가장 많으므로 C에게 1번 성씨를 배정한다.

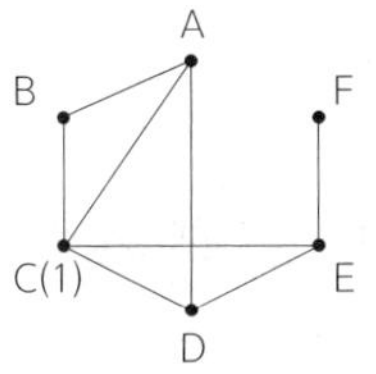

다음 A, D, E가 세 곳과 연결되어 있으므로 이 도시에 성씨를 할당해주어야 하는데 이 가운데에는 어느 곳에 먼저 할당해도 관계없다. A를 먼저 보면 C와 연결되어 있어 1번 성씨를 사용할 수 없으므로 새로운 2번 성씨를 할당해야 한다. 그러면 D는 A, B 모두와 연결되어 있으므로 1, 2번이 아닌 또 다른 성씨인 3번을 할당해야 한다.

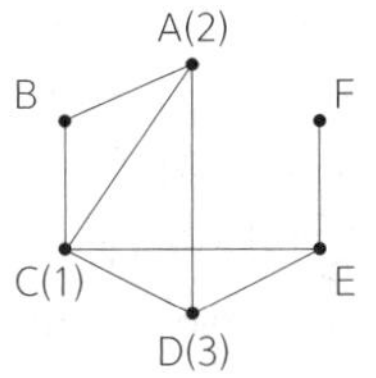

다음 E가 세 곳과 연결되어 있으므로 E에 성씨를 배정해야 하는데 E는 C, D와 각각 연결되어 있지만 A와는 연결되어 있지 않으므로 2번 성씨는 사용할 수 있다. 한편 B도 A, C와 연결되어 있지만 D와는 연결되어 있지 않으므로 3번 성씨를 사용할 수 있다.

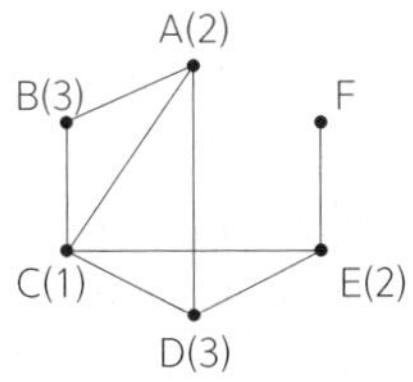

마지막으로 F는 E와 같은 성씨만 아니면 되므로 1번 성씨와 3번 성씨 모두 가능하다.

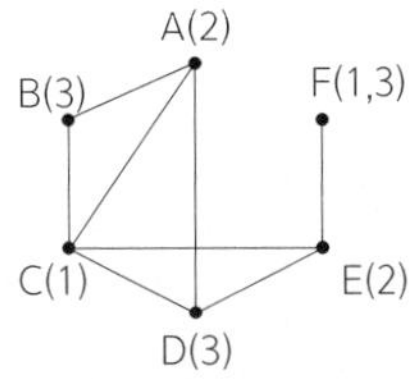

이를 토대로 선지를 살펴보면, D와 F는 선으로 연결되어 있지 않아 3번으로 같은 성씨가 가능하지만, F는 1번을 할당받을 수도 있기에 반드시 같아야 할 필요는 없으므로 ③은 옳지 않다.

오답 체크

① A와 E는 선으로 연결되어 있지 않아 같은 성씨가 가능하므로 옳다.

② B와 C는 선으로 연결되어 있어 같은 성씨가 될 수 없으므로 옳다.

④ 이 그래프에 따르면 최소 3가지 서로 다른 성씨가 필요하므로 옳다.

⑤ C는 A, E와 모두 선으로 연결되어 있어 같은 성씨가 될 수 없으므로 옳다.

43 문제해결능력 문제 정답 ⑤

철수가 받은 선물은 사탕, 초콜릿, 엿, 찹쌀떡, 껌, 커피인데 이들에 관한 정보를 정리하면 다음과 같다.

1. ~(초콜릿O and 찹쌀떡O)
2. 엿X → 커피X or 껌X
3. 찹쌀떡X → 엿X
4. 사탕O or 초콜릿O
5. 커피O → 엿O

네 번째 정보에 의하면 사탕과 초콜릿을 먹는 경우의 수는 사탕만 먹는 경우, 초콜릿만 먹는 경우, 둘 다 먹는 경우 세 가지가 가능하다. 이를 경우의 수로 나타내보면 다음과 같다.

경우	사탕	초콜릿	엿	찹쌀떡	껌	커피
1	O	O				
2	O	X				
3	X	O				

첫 번째 정보에서 초콜릿과 찹쌀떡을 같이 먹지는 않는다고 하였으므로 경우 1과 3에서는 찹쌀떡을 먹지 않으며 세 번째 정보에서 찹쌀떡을 먹지 않으면 엿도 먹지 않는다. 그리고 다섯 번째 정보의 대우에 의하면 엿을 먹지 않으면 커피도 마시지 않으므로 이를 나타내면 다음과 같다.

경우	사탕	초콜릿	엿	찹쌀떡	껌	커피
1	O	O	X	X		X
2	O	X				
3	X	O	X	X		X

남은 것은 두 번째 정보인데 경우 1, 2, 3 모두 두 번째 정보에는 어긋나지 않는 상황이다. 따라서 세 경우 모두 가능한 상황인데 이 가운데 빈 칸은 먹을 수도 있고 먹지 않을 수도 있는 곳이라고 보면 된다. 그런데 문제에서 최대로 먹거나 마실 수 있는 경우를 묻고 있으므로 경우 2의 나머지 빈 칸을 모두 O로 채운 경우로 판단할 수 있다. 이를 나타내면 다음과 같다.

경우	사탕	초콜릿	엿	찹쌀떡	껌	커피
2	O	X	O	O	O	O

이 경우는 조건과 어긋나는 것이 없으므로 최대 다섯 개의 선물을 먹거나 마실 수 있다.

44 문제해결능력 문제 정답 ③

4. 주요 유의사항 4번째에서 "하도급 및 공동계약 불허"라고 명시되어 있어 하도급 계약은 허용되지 않으므로 옳지 않은 설명이다.

오답 체크

① 1. 공고 개요의 1번째에 "입찰서 접수 기간: 20X5. 04. 01.~20X5. 04. 08. 17:00 (이후 접수 불가)"라고 되어 있기에 입찰서 접수는 04월 08일 17시까지이며 이후 제출된 입찰서는 접수되지 않으므로 옳은 설명이다.

② 3. 낙찰자 결정 1번째에서 "낙찰하한율 83.5%"라고 되어 있고 2번째에서 "동일가격 입찰 시 전자추첨 방식으로 낙찰자 선정"이라고 되어 있기에 낙찰하한율은 약 83.5%이고 동률 낙찰자가 있을 경우 전자추첨으로 결정하므로 옳은 설명이다.

④ 3. 낙찰자 결정 3번째에서 "낙찰자 선정 후 7일 이내 산출내역서 제출"이라고 되어 있고 1. 공고 개요 5번째에서 "납품기한: 계약 체결일로부터 30일 이내"라고 되어 있기에 낙찰자는 낙찰자 선정 후 7일 내 세부 산출내역서를 제출하고, 계약 체결일로부터 30일 이내에 납품해야 하므로 옳은 설명이다.

⑤ 4. 주요 유의사항 2번째에서 "청렴계약제 적용, 금품·향응·담합 등 부정행위 시 입찰 및 낙찰 취소, 계약 해제 가능"이라고 되어 있기에 부정행위 적발 시 입찰과 낙찰 모두 취소될 수 있으므로 옳은 설명이다.

45 문제해결능력 문제 정답 ④

각각의 말을 기호로 나타내면 다음과 같다.

- 가: _ _ _ 가
- 나: 나 _ _ _
- 다: 다 나
- 라: 다 _ 가, 가 _ 다

그런데 나은과 다율의 말은 동시에 진실일 수 없으므로 둘 중 한 사람이 거짓을 말한다는 것을 알 수 있다. 그러면 가람과 라온의 말은 진실인 것으로 확정되므로 가람이 네 번째, 다율이 두 번째임이 확정된다. 추가로 더 확정되는 정보는 없으므로 나은과 다율 각각이 거짓인 경우를 가정하여 하나씩 살펴보면 다음과 같다.

[경우 1] 나은이 거짓인 경우
나은은 첫 번째가 아니므로 세 번째일 수밖에 없고 자연히 라온이 첫 번째 자리가 된다. 따라서 라온 - 다율 - 나은 - 가람의 순서가 가능한데 다율의 말이 진실이 되므로 이 경우는 조건에 맞는 경우가 된다.

[경우 2] 다율이 거짓인 경우
나은이 다율의 바로 뒤에 있지 않으므로 나은은 첫 번째 자리가 되고 자연히 라온이 세 번째가 된다. 따라서 나은 - 다율 - 라온 - 가람의 순서가 가능한데 나은의 말이 진실이 되므로 이 경우 역시 조건에 맞는 경우가 된다.
위 두 경우를 정리하면 나은이 거짓인 경우는 라온 - 다율 - 나은 - 가람의 순서가 가능하고 다율이 거짓인 경우는 나은 - 다율 - 라온 - 가람의 순서가 가능하게 된다. 이를 토대로 선지를 살펴보면, 두 경우 모두 라온은 다율의 옆자리이므로 ④는 반드시 옳다.

오답 체크

① 거짓은 나은이나 다율이기에 가람이 거짓을 말할 수는 없으므로 반드시 옳다고 할 수 없다.

② [경우 1]에서는 나은의 자리가 첫 번째가 아니므로 반드시 옳다고 할 수 없다.

③ [경우 2]에서는 다율이 거짓을 말하고 있으므로 반드시 옳다고 할 수 없다.

⑤ 가능한 경우의 수는 2가지이므로 반드시 옳다고 할 수 없다.

46 문제해결능력 문제 정답 ④

- 총학생회장 선거
  4,690표 중에서 2,230표가 개표되었으며 B 후보가 A 후보를 155표차로 앞서 나가고 있다. B 후보가 당선을 확정 짓기 위해서는 개표되지 않은 표보다 B 후보와 A 후보의 표 차이가 더 커야 한다. 따라서 필요한 득표수를 x라고 한다면, 다음과 같은 부등식을 세울 수가 있다.
  현재 표 차이 + x > 현재 남은 표 − x
  $(903-748)+x>2{,}460-x$
  $x>1{,}152.5$가 되므로 B 후보가 필요한 최소득표수는 1,153이 된다.
- 총여학생회장 선거
  D 후보가 당선을 확정 짓기 위해서는 개표되지 않은 표보다 D 후보와 E 후보의 표 차이가 더 커야 한다. 따라서 이 경우 역시 필요한 득표수를 y라고 하고 부등식을 만들면 다음과 같다.
  $(808-402)+y>865-y$
  $y>229.5$가 되므로 D 후보가 필요한 최소득표수는 230이 된다.

47 자원관리능력 문제 정답 ⑤

9/14 07:40에 인천을 출발해서 16시간 25분이 걸려서 뉴욕으로 이동했고, GMT 기준 서울이 +9, 뉴욕이 −5이므로 뉴욕에 도착하는 시간은 뉴욕 현지 시간을 기준으로 9/14 10:05이다. 뉴욕에서의 업무는 휴식 및 휴일을 포함하여 100시간 진행되었다고 했으므로 뉴욕에서 인천으로 다시 출발하는 시간은 4일 4시간 후인 9/18 14:05이다. 인천으로 돌아갈 때도 16시간 25분이 소요되었으므로 시차를 감안하면 인천에 도착하는 시간은 서울 현지 시간 기준으로 9/19 20:30이다. 다음날 달러를 원화로 환전했다고 했으므로 환전은 9월 20일에 시중 A 은행에서 진행되었다.

최초 공항 환전소에서 달러를 살 때는 1,287.2원/달러에 185달러를 구입했으며, 다시 판매할 때는 시중 A 은행에서 1,294.2원/달러에 185달러를 판매했으므로, 최초 달러를 구입할 때 사용한 원화는 1,287.2 × 185 = 238,132원이며, 판매할 때 받은 원화는 1,294.2 × 185 = 239,427원이다. 따라서 임동근 씨는 239,427 − 238,132 = 1,295원 이익을 봤다.

48 자원관리능력 문제 정답 ①

제시된 작업 일정표에서 최초 선행 작업이 없는 A와 B 업무가 동시에 시작되고, 선행작업이 D로 동일한 E 작업과 F 작업, 그리고 선행작업이 H로 동일한 I와 J가 동시에 진행되므로 표로 나타내면 다음과 같다.

A_3, B_2 ─ C_5 ─ D_2 ─ E_5, F_7 ─ G_2 ─ H_5 ─ I_3, J_4 ─ K_5 ─ L_3 ─ M_1

여기서 제품개발팀장의 지시를 적용해 보면 경쟁사 제품 Spec 조사 (A)가 3일에서 1일로 단축되었으며, 신규 제품 공정 설계(F)는 7일에서 5일로 단축되었다. 반면 디자인 의뢰 업무(E)는 기존 5일에서 6일로 증가되었다. 마지막으로 1차 제품 전문기관 평가 의뢰(J) 업무가 취소되었으므로 변경된 부분을 반영하여 표를 수정하면 아래와 같다.

A_1, B_2 ─ C_5 ─ D_2 ─ E_6, F_5 ─ G_2 ─ H_5 ─ I_3 ─ K_5 ─ L_3 ─ M_1

변경 전 최소 소요시간은 3 + 5 + 2 + 7 + 2 + 5 + 4 + 5 + 3 + 1 = 37일이었으며, 변경된 일정을 반영한 최소 소요시간은 2 + 5 + 2 + 6 + 2 + 5 + 3 + 5 + 3 + 1 = 34일이므로 총 단축된 시간은 37 − 34 = 3일이 된다.

[49-50]

49 자원관리능력 문제 정답 ②

판촉물은 선호도를 최우선으로 선정한다고 했으므로 가장 먼저 고려해야 하는 것은 보조 배터리이다. 다만 판촉물의 1개당 가격이 신제품 1개당 순수익금을 넘거나 같을 수 없다고 했으므로 신제품 1개당 순수익금을 계산해 보면 8,250,000원 ÷ 1,000개 = 8,250원/개가 된다. 보조 배터리의 경우 1개당 가격이 8,500원이고 부가세 10%가 별도로 가산되므로 8,500원 × 1.1 = 9,350원으로 신제품 1개당 순수익금인 8,250원보다 높기 때문에 판촉물로 선정할 수 없다. 다음으로 선호도가 높은 항목은 보드게임인데, 보드게임의 가격은 7,500원이고 부가세 10%를 가산하면 7,500 × 1.1 = 8,250원으로 신제품 1개당 순수익금과 동일하므로 판촉물로 선정할 수 없다. 다음으로 선호도가 높은 항목은 미니 선풍기와 3단 우산이며, 이 두 가지 항목 중 3단 우산의 가격은 7,500원이고 부가세 10%를 가산하면 7,500 × 1.1 = 8,250원으로 신제품 1개당 순수익금과 동일하므로 판촉물로 선정할 수 없다. 미니 선풍기의 가격은 부가세를 포함하여 6,500 × 1.1 = 7,150원이고, 이보다 선호도가 1단계 낮은 에코백의 가격은 부가세를 포함하여 3,500 × 1.1 = 3,850원이므로 금액이 50% 이상 저렴하지 않다.

따라서 판촉물로 선정해야 하는 항목은 '미니 선풍기'이다.

50 자원관리능력 문제 정답 ②

매진 시 예상 순수익이 8,250,000원이고, 판촉물의 구매 비용은 부가세를 포함하여 미니 선풍기 1개당 가격인 7,150원 × 1,000 = 7,150,000원이 된다. 또한 판촉물 구매 비용이 850만 원을 넘어가지 않으므로 별도의 할인은 없다.

따라서 판촉 행사를 통해 ○○기업이 얻은 순수익은 8,250,000 − 7,150,000 = 1,100,000원이 된다.

51 자원관리능력 문제 정답 ④

원래 예정된 일정은 오후 7시 사장님 업무 미팅이었지만, 3시간 전에 사전 미팅을 진행하기로 했으므로 현재 안 팀장의 스케줄은 오후 4시 사전 미팅에 참석해야 하는 스케줄이다. 또한 회의 시작 30분 전에 회사에 도착해야 하므로 회사에 오후 3시 30분 전에는 도착해야 하고, 비행기 도착 후 회사에 들어가기까지 이동 시간이 1시간 30분 정도 소요되므로, 비행기 도착 시간은 오후 2시 이전이어야 한다.

비행기별 한국 공항 도착 시간을 살펴보면 다음과 같다.

OJ 0325: 뉴욕에서 13:30에 출발하고 총 소요 시간은 14시간 45분이므로 한국 공항 도착 시간은 뉴욕 시각 기준 04:15이며, 한국과 뉴욕의 시차가 14시간이므로, 이는 한국 현지 시각으로 18:15이다. 따라서 일정에 맞출 수 없다.

KS 517: 뉴욕에서 08:35에 출발하고 총 소요 시간은 16시간 30분이므로 한국 공항 도착 시간은 뉴욕 시각 기준 01:05이며, 한국과 뉴욕의 시차가 14시간이므로, 이는 한국 현지 시각으로 15:05이다. 따라서 일정에 맞출 수 없다.

LF 3227: 뉴욕에서 11:30에 출발하고 총 소요 시간은 15시간 05분이므로 한국 공항 도착 시간은 뉴욕 시각 기준 02:35이며, 한국과 뉴욕의 시차가 14시간이므로, 이는 한국 현지 시각으로 16:35이다. 따라서 일정에 맞출 수 없다.

US 2402: 뉴욕에서 09:30에 출발하고 총 소요 시간은 14시간 20분이므로 한국 공항 도착 시간은 뉴욕 시각 기준 23:50이며, 한국과 뉴욕의 시차가 14시간이므로, 이는 한국 현지 시각으로 13:50이다. 따라서 일정에 맞출 수 있다.

UK 418: 뉴욕에서 10:00에 출발하고 총 소요 시간은 14시간 30분이므로 한국 공항 도착 시간은 뉴욕 시각 기준 00:30이며, 한국과 뉴욕의 시차가 14시간이므로, 이는 한국 현지 시간으로 14:30이다. 따라서 일정에 맞출 수 없다.

[52-53]

52 자원관리능력 문제 정답 ②

최단 거리로 이동하는 경로를 구해 보면

본사 - A 지사 - E 지사 - B 지사 - F 지사 - D 지사 - C 지사 - 본사가 된다. 따라서 총 이동 거리는

230 + 183 + 144 + 173 + 182 + 165 + 87 = 1,164km가 된다.

53 자원관리능력 문제 정답 ④

과장 직급에 3박 4일 출장, 그리고 시외 출장이므로 1일당 지급받을 수 있는 출장비는 60,000원 × 1.5 × 4 = 360,000원이다. 여기에 유류비를 더해야 하므로 주어진 정보에 따라 유류비를 산출하면 1,164 km ÷ 12 km/L × 1,600 원/L = 155,200원이므로 총 금액은 360,000원 + 155,200원 = 515,200원이다.

54 자원관리능력 문제 정답 ⑤

제품의 납품 수량은 (7일~18일 사용량의 총합) - (4일 재고량 - 18일 재고량)을 통해서 파악할 수 있다.

제품 A는 4일 업무가 종료된 후 파악한 재고량이 15개이고, 18일 업무가 종료되고 파악한 재고량은 5개 이므로 7일~18일 사용하는 동안 재고량은 10개가 감소되었다. 해당 기간 동안 사용량의 총합은 32 + 45 + 65 + 40 + 35 + 45 + 42 + 35 + 46 + 28 = 413이다. 따라서 7일 ~18일 동안 납품된 제품의 수량은 413 - 10 = 403개이다.

제품 B는 4일 업무가 종료된 후 파악한 재고량이 22개이고, 18일 업무가 종료되고 파악한 재고량은 23개 이므로 7일~18일 사용하는 동안 재고량은 1개가 증가되었다. 해당 기간 동안 사용량의 총합은 23 + 35 + 15 + 22 + 43 + 32 + 33 + 28 + 34 + 20 = 285이다. 따라서 7일 ~18일 동안 납품된 제품의 수량은 285 - (-1) = 286개이다.

제품 C는 4일 업무가 종료된 후 파악한 재고량이 14개이고, 18일 업무가 종료되고 파악한 재고량은 14개 이므로 7일~18일 사용하는 동안 재고량의 변화가 없다. 해당 기간 동안 사용량의 총합은 15 + 45 + 15 + 52 + 32 + 43 + 37 + 28 + 30 + 31 = 328이다. 따라서 7일~18일 동안 납품된 제품의 수량은 328 - 0 = 328개이다.

제품 D는 4일 업무가 종료된 후 파악한 재고량이 31개이고, 18일 업무가 종료되고 파악한 재고량은 10개 이므로 7일~18일 사용하는 동안 재고량은 21개가 감소되었다. 해당 기간 동안 사용량의 총합은 33 + 24 + 23 + 25 + 30 + 24 + 25 + 15 + 33 + 40 = 272이다. 따라서 7일 ~18일 동안 납품된 제품의 수량은 272 - 21 = 251개이다.

위에서 구한 수량을 토대로 금액을 계산해 보면 403 × 6,000 + 286 × 7,400 + 328 × 4,600 + 251 × 5,500 = 7,423,700원이다.

55 자원관리능력 문제 정답 ②

이 문제는 가족 구성원의 연령과 할인 조건을 고려하여, 4회를 방문하기 위한 티켓 구매 방법 중 가장 저렴한 방식의 총 비용을 계산하는 문제이다.

[상황]에 따르면 윤아네 가족은 총 6명이며, 구성원별 연령에 따라 적용되는 요금은 다음과 같다.

할머니	· 성인 요금 · 만 65세 이상 우대 대상
아버지, 어머니	· 성인 요금 · 나이가 명확히 제시되지는 않았으나, 할머니의 나이가 만 70세이고, 윤아의 오빠 나이가 만 17세임을 감안하면 일반 성인 나이로 예상 가능
오빠	· 청소년 요금
윤아	· 어린이 요금 · 5살 많은 오빠가 만 17세이므로, 윤아는 만 12세
남동생	· 무료 · 만 12세인 윤아보다 10살이 어리므로 만 2세

문제에서 주어진 방문 계획은 1회차와 4회차에는 입장만 하고, 2회차와 3회차에는 체험까지 한다고 했으므로 단일권을 4회 구매하는 것과 패키지권, 그리고 연간 자유권을 비교해야 한다.

가장 먼저 할머니를 살펴보면 할머니는 연간 2회까지 입장권과 체험권 각각 50% 할인을 받을 수 있다. 따라서 2회에 대해서는 성인 입장권을 8,000원 × 0.50 = 4,000원에, 성인 체험권을 16,000원 × 0.50 = 8,000원에 구매할 수 있다. 이후 입장만 하는 2회는 일반 요금을 지불해야 하므로 연간 자유권을 구매하지 않는 경우의 총 금액은 12,000원/회 × 2회 + 8,000원/회 × 2회 = 40,000원이 된다. 반면 연간 자유권은 50,000원이므로 할머니는 체험까지 할 때 할인을 받으면서 체험을 하지 않을 때 입장권만 구매하는 경우가 더 저렴하다.

다음으로 아버지와 어머니를 살펴보면 별도의 할인이 없으므로 입장권만 구매하여 2회 입장하고 패키지권을 2회 구매하는 비용과 연간 자유권의 비용을 비교해야 한다. 입장권만 구매하여 2회 입장하고 패키지권을 2회 구매하는 비용은 패키지권 20,000원/회 × 2회 + 입장권 8,000원/회 × 2회 = 56,000원이고, 연간 자유권은 50,000원이므로 아버지와 어머니는 연간 자유권을 구매하는 경우가 더 저렴하다.

다음으로 오빠도 동일한 방법으로 비교를 해 보면 입장권만 구매하여 2회 입장하고 패키지권을 2회 구매하는 비용은 패키지권 16,000원/회 × 2회 + 입장권 7,000원/회 × 2회 = 46,000원이고, 연간 자유권은 45,000원이므로 오빠도 연간 자유권을 구매하는 경우가 더 저렴하다.

윤아의 남동생은 무료이므로 마지막으로 윤아도 마찬가지 방법으로 살펴보면 입장권만 구매하여 2회 입장하고 패키지권을 2회 구매하는 비용은 패키지권 13,000원/회 × 2회 + 입장권 6,000원/회 × 2회 = 38,000원이고, 연간 자유권은 40,000원이므로 윤아는 입장권과 패키지권을 방문 시마다 구매하는 경우가 더 저렴하다.

따라서 윤아네 가족이 지불해야 할 총 비용을 계산해 보면 40,000 + 50,000 × 2 + 45,000 + 38,000 = 223,000원이 된다.

56 자원관리능력 문제 정답 ②

이 문제는 제한된 자원(회의실 공간과 시간)을 가장 효율적으로 활용하기 위한 자원관리 전략을 묻는 문제이다. 주어진 조건에 따라 회의실을 배정하고, 이후 배정이 완료된 부서의 예상 성과금액을 합산해야 한다.

먼저 회의실 배정은 회의의 중요도를 기준으로 결정된다. 중요도는 시급성 × 0.6 + 효과성 × 0.4의 공식에 따라 계산되며, 모든 부서에 대해 해당 공식을 적용하면 다음과 같다.

A 팀	B 팀	C 팀
85 × 0.6 + 75 × 0.4 = 81.0점	90 × 0.6 + 70 × 0.4 = 82.0점	88 × 0.6 + 80 × 0.4 = 84.8점
D 팀	**E 팀**	**F 팀**
84 × 0.6 + 78 × 0.4 = 81.6점	86 × 0.6 + 76 × 0.4 = 82.0점	89 × 0.6 + 74 × 0.4 = 83.0점

중요도가 동일한 경우에는 회의 신청 일자, 신청 일자까지 동일할 경우에는 예상 성과금액이 우선순위를 결정한다. 이에 따라 회의실 배정 우선순위는 C 팀, F 팀, E 팀, B 팀, D 팀, A 팀 순으로 결정된다.

그 다음으로 회의실 배정 제약 조건을 고려하여 가능한 회의를 최대한 배정한다. 이때 외부 회의실 1은 방문 인원이 10명 이상일 경우에만 사용이 가능하지만 외부 회의실 2는 별도의 인원 제한 조건이 없다. 따라서 외부 회의실 2에는 방문 인원이 10명 이상인 경우에도, 10명 미만인 경우에도 모두 배정이 가능하다.

이러한 인원 조건을 토대로 10명 이상인 경우에 회의실 1로 우선 배정을 하면 아래와 같이 시간 상 D 팀과 A 팀 회의를 배정할 수 없다.

구분	C 팀	F 팀	E 팀	B 팀	D 팀	A 팀
회의실 1		배정 (4시간)		배정 (3시간)	배정 불가	배정 불가
회의실 2	배정 (5시간)		배정 (2시간)		배정 불가	배정 불가

하지만 회의실 2는 인원 제한이 없으므로 B 팀의 회의를 회의실 2에서 진행하도록 아래와 같이 변경하면 회의실 1의 잔여 시간으로 인해 D 팀도 배정이 가능해진다.

구분	C 팀	F 팀	E 팀	B 팀	D 팀	A 팀
회의실 1		배정 (4시간)			배정 (6시간)	배정 불가
회의실 2	배정 (5시간)		배정 (2시간)	배정 (3시간)		배정 불가

최대한 많은 회의를 진행할 수 있도록 배정한다고 했으므로 최종적으로 회의실 1에는 F 팀과 D 팀이, 회의실 2에는 C 팀, E 팀, B 팀이 배정된다.

따라서 회의실 배정이 완료된 부서의 예상 성과금액 총합은 128(B 팀) + 140(C 팀) + 126(D 팀) + 134(E 팀) + 124(F 팀) = 652백만 원이 된다.

57 자원관리능력 문제 정답 ②

각 항목을 1개씩 구매하는 경우 Festival 기본 할인을 감안하여 금액을 산출하면 186,000 × 0.8 + 214,000 × 0.8 + 162,000 × 0.6 = 417,200원이 된다.

이후 총 구매 품목 수가 3개이므로 대박 할인은 10% 적용 받을 수 있다. 따라서 417,200 × 0.9 = 375,480원이 된다. 해당 금액은 40만 원 이상이 아니므로 5만 원 할인 쿠폰은 사용할 수 없으며, 현재 금액은 375,480원이므로 A 사 카드로 결제하는 경우 4만 원의 청구 할인을 받을 수 있다.

따라서 최종적으로 해공이가 지불해야 하는 금액은 335,480원이다.

58 자원관리능력 문제 정답 ④

A 과장의 출장은 모두 국내 출장이므로 모든 급여 및 비용은 국내 출장을 기준으로 한다.

총 출장 일수는 천안 2일, 일산 1일, 대전 2일의 합인 5일이며, A 과장은 직급이 과장이므로 1일당 3만 원의 추가 급여를 지급받을 수 있어 5 × 30,000 = 150,000원의 추가 급여를 지급받을 수 있다. 숙박비는 총 숙박 일수가 2일이고, 1일 최대 20만 원을 지급받을 수 있으며, 실 사용금액을 기준으로 지급한다고 했으므로 천안 숙박비용은 175,000원, 대전 숙박비용은 200,000원을 지급받아 총 175,000 + 200,000 = 375,000원을 지급받을 수 있다. 교통비는 A 과장의 차량이 가솔린 차량이고, 연비는 11km/L이며, 총 이동 거리는 176 + 66 + 253 = 495km이므로, 사용된 휘발유는 495 ÷ 11 = 45L이다. L당 1,400원의 유류비가 책정되어 있으므로 A 과장이 지급받을 수 있는 교통비는 1,400 × 45 = 63,000원이다. 식비는 1식당 25,000원으로 규정되어 있고, 당일 출장의 경우 식사 횟수에 따라 지급한다고 되어 있으므로 일산 출장은 2식에 해당하는 금액을 지급받을 수 있고, 1박 2일 출장은 4식에 해당하는 금액을 지급한다고 되어 있으므로 천안 출장과 대전 출장은 각각 4식에 해당하는 금액을 지급받을 수 있어 총 10식에 해당하는 식비를 지급받을 수 있다. 따라서 25,000 × 10 = 250,000원을 지급받을 수 있다. 출장비는 추가 급여와 비용의 합이며, 비용은 숙박비, 교통비, 식비에 한하여 지급한다고 했으므로 위에서 계산한 항목들을 모두 합산하면 150,000 + 375,000 + 63,000 + 250,000 = 838,000원이 된다.

59 자원관리능력 문제 정답 ③

교육 계획표에 따르면 커뮤니케이션 스킬 강의와 프레젠테이션 스킬 강의는 오후에 진행되므로 4시간 동안 교육이 진행되며, 비즈니스 매너와 효율적인 문서 작성법 강의는 오전에 진행되므로 3시간 동안 교육이 진행된다. 모든 강의는 강의당 1명의 서로 다른 강사가 진행한다고 했으므로 강의료는

비즈니스 매너: 500,000원

효율적인 문서 작성법: 600,000원

프레젠테이션 스킬: 450,000 + 100,000 = 550,000원

커뮤니케이션 스킬: 550,000 + 120,000 = 670,000원이 된다.

총 4명의 강사가 강의를 진행하므로 총 왕복 교통비는 80,000원 × 4 = 320,000원이 되고,

이동 보상비는 이동 시간당 15,000원을 지급하므로 편도 2시간이 소요되는 연수원까지의 왕복 이동 보상비는 1인당 60,000원이 된다. 따라서 강사 4명에 대한 이동 보상비는 60,000원 × 4 = 240,000원이다.

따라서 총 강사 초빙 금액은 500,000 + 600,000 + 550,000 + 670,000 + 320,000 + 240,000 = 2,880,000원이다.

60 자원관리능력 문제 정답 ④

이 문제는 OO공공기관이 연간 성과 평가 기준에 따라 분기별 성과급을 산정하고, 최종적으로 연간 성과급 총액을 구하는 문제이다. 우선, 성과급은 매 분기마다 지급되며, 직전 분기의 등급이 D 등급일 경우 해당 분기의 성과급은 50% 감액된다는 조건을 고려해야 한다. 또한 성과는 세 가지 항목(목표 달성률, 협업 만족도, 리더십 평가)에 대해 각각 40%, 30%, 30%의 가중치를 적용해 산출하고, 가중 평균 점수에 가점을 더한 종합 점수로 등급을 부여한다.

각 분기의 종합 점수와 등급은 다음과 같이 계산된다.

작년 4분기	84 × 0.4 + 72 × 0.3 + 81 × 0.3 = 79.5점 → D 등급
1분기	88 × 0.4 + 75 × 0.3 + 82 × 0.3 + 1 = 83.3점 → C 등급
2분기	97 × 0.4 + 92 × 0.3 + 96 × 0.3 + 1 = 96.2점 → A 등급
3분기	76 × 0.4 + 78 × 0.3 + 79 × 0.3 = 77.5점 → D 등급
4분기	92 × 0.4 + 86 × 0.3 + 89 × 0.3 + 1 = 90.3점 → B 등급

종합 점수에 따른 각 분기별 성과급은 다음과 같다.

1분기	50만 원 × 0.5 = 25만 원 (작년 4분기가 D 등급이므로 50%만 지급)
2분기	100만 원
3분기	0원
4분기	70만 원 × 0.5 = 35만 원 (3분기가 D 등급이므로 50%만 지급)

따라서 올해 A 팀에 지급될 연간 성과급 총액은 25 + 100 + 0 + 35 = 160만 원이다.

김소원

이력

- (현) 해커스잡 NCS 직업기초능력 및 직무적성능력 전임강사
- 공공기관 채용정보 박람회 NCS 직업기초능력 초빙강사
  (2025, 2024, 2023, 2022, 2021, 2019, 2017, 2016, 2015)
- 금융권 공동취업박람회 초빙강사(2025, 2024, 2023, 2022)
- 충청도, 경상북도, 전라남도 주관 취업박람회 초빙강사
- 국민체육진흥공단, 양천구청 등 지자체/공기업 특강
- 한국직업방송 투데이잡스 취업 전문 컨설턴트 출연
- 성균관대, 이화여대, 경희대, 전북대, 전남대 외 40여 개 대학 및 고등학교 NCS 직업기초능력 특강 진행
- 서울대, 동국대, 성신여대 외 30여 개 대학 직무적성검사 강의 진행

저서

- 해커스공기업 NCS 통합 봉투모의고사 모듈형/피듈형/PSAT형 + 전공
- 단기 합격 해커스공기업 NCS 통합 기본서
- 해커스 민간경력자 PSAT 14개년 기출문제집
- 해커스 NCS&인적성 응용수리 500제
- 해커스공기업 PSAT 기출로 끝내는 NCS 수리 · 자료해석 집중 공략

김태형

이력

- (현) 해커스잡 NCS 직업기초능력 및 직무상식 전임강사
- (현) 해커스잡 자기소개서/면접 전임강사
- 공공기관 채용정보 박람회 초빙강사
  (2025, 2024, 2023, 2022, 2021, 2019, 2017, 2015)
- 금융권 공동취업박람회 초빙 강사(2024, 2023)
- 한국직업방송 투데이잡스 취업 전문 컨설턴트 출연
- 전라북도 지역인재 채용박람회 컨설턴트
- 성균관대, 이화여대, 서강대, 아주대 등 공기업 NCS 강의 진행
- 한양대, 성균관대, 이화여대 외 30여 개 대학 취업 특강 진행

저서

- 해커스공기업 NCS 통합 봉투모의고사 모듈형/피듈형/PSAT형 + 전공
- 단기 합격 해커스공기업 NCS 통합 기본서
- 해커스 따라하면 합격하는 공기업 면접 전략
- 해커스 한 권으로 끝내는 공기업 기출 일반상식
- NCS 핵심요약 직무적성검사 + 직업기초능력평가

최수지

이력

- (현) 해커스잡 자소서 전임강사
- (현) 해커스잡 직무적성/NCS 전임강사
- (현) 해커스자격증 KBS한국어능력시험 전임강사
- 공공기관 채용정보 박람회 초빙강사(2025, 2024, 2023, 2022, 2017)
- 성균관대, 한국기술교육대, 이화여대 등 전국 30여 개 대학 취업 특강 진행
- 동구마케팅고등학교, 서울여자상업고등학교 등 고등학교 취업 특강 진행

저서

- 해커스공기업 NCS 통합 봉투모의고사 모듈형/피듈형/PSAT형 + 전공
- 단기 합격 해커스공기업 NCS 통합 기본서
- 한달합격 해커스독학사 1단계 국어 최신기출 이론+문제
- 해커스 민간경력자 PSAT 14개년 기출문제집
- 해커스 공기업 논술
- 해커스 KBS 한국어능력시험 최수지 어휘 · 어법 핵심노트

윤종혁

이력

- (현) 해커스잡 공기업 취업 전문 컨설턴트
- (현) 해커스잡 금융권/공기업 논술 전임강사
- 공공기관 채용정보 박람회 초빙강사
  (2025, 2024, 2023, 2022, 2021, 2019, 2017, 2016, 2015)
- 한국직업방송 투데이잡스 취업 전문 컨설턴트 출연
- 금융권 공동취업박람회 초빙 강사(2025, 2024, 2023)
- 전라북도, 경상북도, 강원도 취업박람회 초빙강사
- 한국철도협회, 남부발전, 양천구청 등 지자체/공기업 특강
- 서울대, 이화여대, 고려대, 서강대, 전북대, 전남대 등 40여 개 대학 취업특강 진행

저서

- 해커스공기업 NCS 통합 봉투모의고사 모듈형/피듈형/PSAT형 + 전공
- 단기 합격 해커스공기업 NCS 통합 기본서
- 해커스 따라하면 합격하는 공기업 면접 전략
- 해커스 공기업 논술
- 해커스 쉽게 합격하는 공기업 NCS 자소서
- 해커스 한 권으로 끝내는 공기업 기출 일반상식

복지훈

이력

- (현) 해커스잡 NCS 직업기초능력 및 직무적성능력 전임강사
- 공공기관 채용정보 박람회 NCS 직업기초능력 초빙강사
  (2025, 2024, 2023, 2022, 2021, 2017)
- 금융권 공동 채용박람회 NCS 직업기초능력 강의 진행(2024, 2023, 2022)
- 중앙대, 한양대, 전남대 등 다수 대학 PSAT, LEET 강의 진행
- 이화여대, 동국대, 성균관대, 전북대 등 전국 30여 개 대학 직무적성검사 강의 진행
- 서울대, 카이스트, 성균관대, 서강대 등 전국 30여 개 대학 강의 진행

저서

- 해커스공기업 NCS 통합 봉투모의고사 모듈형/피듈형/PSAT형 + 전공
- 단기 합격 해커스공기업 NCS 통합 기본서
- 해커스 민간경력자 PSAT 14개년 기출문제집
- 해커스공기업 PSAT 기출로 끝내는 NCS 문제해결 · 자원관리 집중 공략

김동민

이력

- (현) 해커스잡 NCS 직업기초능력 및 직무적성능력 전임강사
- (현) 해커스잡 반도체 전공 전임강사
- 공공기관 채용정보 박람회 초빙강사(2025, 2024, 2023, 2022)
- 금융권 공동 채용박람회 NCS 직업기초능력 강의 진행(2024, 2023)
- 전라북도 지역인재 채용박람회 컨설턴트
- 경희대, 한국외대, 중앙대, 인천대, 성균관대 등 30여 개 대학 취업 특강 진행

저서

- 해커스공기업 NCS 통합 봉투모의고사 모듈형/피듈형/PSAT형 + 전공
- 단기 합격 해커스공기업 NCS 통합 기본서
- 해커스 NCS&인적성 응용수리 500제
- 해커스공기업 PSAT 기출로 끝내는 NCS 문제해결 · 자원관리 집중 공략
- 해커스 한 권으로 끝내는 공기업 기출 일반상식

공기업 합격을 위한
추가혜택

본 교재 인강 30% 할인쿠폰

D04KDKB33K9B0000

공기업 전 강좌 환급패스 10% 할인쿠폰

K366D247EF0EA000

이용방법 해커스잡 사이트(ejob.Hackers.com) 접속 후 로그인 ▶ 사이트 메인 우측 상단 [나의정보] 클릭 ▶ 상단 [나의 쿠폰-쿠폰/수강권 등록] 에 위 쿠폰번호 입력 후 이용 강의 결제 시 사용

* 쿠폰 유효기간: 2027년 12월 31일까지(ID당 1회에 한해 등록 가능) * 쿠폰 중복 할인 불가

소원쌤의 시험장에서 통하는 수리 SKILL 강의 수강권

6ECCDKC8K5BE9000

* 지급일로부터 30일간 PC로 수강 가능

이용방법 해커스잡 사이트(ejob.Hackers.com) 접속 후 로그인 ▶ 사이트 메인 우측 상단 [나의정보] 클릭 ▶ 상단 [나의 쿠폰-쿠폰/수강권 등록] 에 위 쿠폰번호 입력 ▶ [마이클래스-일반강좌]에서 수강 가능

* 쿠폰 유효기간: 2027년 12월 31일까지(ID당 1회에 한해 등록 가능)
* 쿠폰 등록 시점 직후부터 30일 이내 PC에서 응시 가능

NCS 온라인 모의고사 무료 응시권

484ADKCB7K20E000

경영학 온라인 모의고사 무료 응시권

K5E2DKC9K9F5A000

이용방법 해커스잡 사이트(ejob.Hackers.com) 접속 후 로그인 ▶ 사이트 메인 우측 상단 [나의정보] 클릭 ▶[나의 쿠폰 - 쿠폰/수강권 등록]에 위 쿠폰번호 입력 ▶ [마이클래스-모의고사]에서 응시 가능

* 쿠폰 유효기간: 2027년 12월 31일까지(ID당 1회에 한해 등록 가능) * 쿠폰 등록 시점 직후부터 30일 이내 PC에서 응시 가능

NCS 빈출 개념 핵심 요약집(PDF)

A85AH77DML22HTK3

NCS 7개 영역 모듈이론 확인 문제(PDF)

L553H87BML2RHTK2

OMR 답안지(PDF)

K4CBDKDBKF4KD123

이용방법 해커스잡 사이트(ejob.Hackers.com) 접속 후 로그인 ▶ 사이트 메인 중앙 [교재정보-교재 무료자료] 클릭 ▶ 교재 확인 후 이용하길 원하는 무료자료의 [다운로드] 버튼 클릭 ▶ 위 쿠폰번호 입력 후 다운로드

* 쿠폰 유효기간: 2027년 12월 31일까지(ID당 1회에 한해 등록 가능)

* 이 외 쿠폰 관련 문의는 해커스 고객센터(02-537-5000)로 연락 바랍니다.

FREE

무료 바로 채점 및 성적 분석 서비스

이용방법 해커스잡 사이트(ejob.Hackers.com) 접속 후 로그인 ▶ 사이트 메인 중앙 [교재정보 - 교재 채점 서비스] 클릭 ▶ 교재 확인 후 채점하기 버튼 클릭

* 사용기간: 2027년 12월 31일까지(ID당 1회에 한해 등록 가능)

▲ 바로 이용

해커스공기업 NCS 통합 봉투모의고사 모듈형/피듈형/PSAT형+전공

개정 4판 2쇄 발행 2025년 12월 1일
개정 4판 1쇄 발행 2025년 8월 29일

지은이	김소원, 윤종혁, 김태형, 복지훈, 최수지, 김동민, 해커스 NCS 취업교육연구소 공저
펴낸곳	㈜챔프스터디
펴낸이	챔프스터디 출판팀

주소	서울특별시 서초구 강남대로61길 23 ㈜챔프스터디
고객센터	02-537-5000
교재 관련 문의	publishing@hackers.com 해커스잡 사이트(ejob.Hackers.com) 교재 Q&A 게시판
학원 강의 및 동영상강의	ejob.Hackers.com

ISBN	978-89-6965-646-9 (13320)
Serial Number	04-02-01

해커스공기업

NCS

통합 봉투모의고사

모듈형/피듈형/PSAT형+전공

전공 실전모의고사

경제·경영/사무·행정/전기

해커스

경제·경영 실전모의고사

총 20문항 / 20분

01. 다음은 X재의 수요곡선과 공급곡선이다. $P_Y = 10$, $P_Z = 5$라고 할 때, 시장균형점에서 X재의 공급의 가격탄력성은?

> 수요곡선: $Q_d = 215 - 2P_X + 4P_Y - 3P_Z$
> 공급곡선: $Q_s = 40 + 2P_X$
> (단, P_X는 X재의 가격, P_Y는 Y재의 가격, P_Z는 Z의 가격이다.)

① 2　② $\frac{5}{7}$　③ $\frac{5}{14}$　④ $\frac{5}{28}$　⑤ $\frac{17}{35}$

02. 경영환경에 대한 다음 설명 중 가장 옳은 것은?

① 미시적 환경은 기업이 속한 산업 밖에서 발생하여 기업활동에 영향을 미치는 요인이다.
② 조직은 지속적으로 환경에 직면하게 되는데, 환경이 복잡하고 불안정하게 됨에 따라 환경의 불확실성은 증가한다.
③ 환경불확실성의 원천 중 환경복잡성은 과업환경이나 일반환경이 얼마나 변화하는가에 대한 함수이다.
④ 외부환경 중 직접적으로 영향을 미치는 환경은 일반환경이고, 간접적으로 영향을 미치는 환경은 과업환경이다.
⑤ 정태적인 환경에서는 유기적인 조직구조가 적합하고, 동태적인 환경에서는 기계적인 조직구조가 적합하다.

03. **A는 모든 소득을 효용극대화를 위해 소비한다. 소비자 A의 효용함수가 $U = 7X^{0.5}Y^{0.5}$일 때, 이에 관한 설명으로 옳은 것을 모두 고르면?** (단, 두 재화만 존재하며 P_X와 P_Y는 각각 X재와 Y재의 가격, MU_X와 MU_Y는 각각 X재와 Y재의 한계효용이다.)

> ㉠ 한계대체율은 체증하고 있다.
> ㉡ X재 가격이 Y재 가격의 2배인 경우 효용극대화 시 $MU_X = 0.5MU_Y$를 충족한다.
> ㉢ A는 두 재화를 골고루 소비하는 것을 추구한다.
> ㉣ X재 가격과 관계없이 Y재 소비는 불변이다.
> ㉤ 두 재화 모두 소득이 증가하면 수요량이 증가한다.

① ㉠, ㉡, ㉢　② ㉠, ㉢, ㉤　③ ㉡, ㉢, ㉣　④ ㉡, ㉢, ㉤　⑤ ㉢, ㉣, ㉤

04. **기업의 사회적 책임에 대한 다음 설명 중 옳은 것은 모두 몇 개인가?**

> ㉠ 윤리적 책임은 순전히 자유재량으로 사회에 공헌할 의도로 수행하는 책임을 의미하며, 사회적 기부행위, 약물남용방지 프로그램, 보육시설 운영, 사회복지시설 운영 등이 이에 속한다.
> ㉡ ESG 경영에서 ESG는 기업의 비재무적 요소인 환경(Environment)·사회(Social)·정부(Government)를 뜻하는 말이다.
> ㉢ 기업의 사회적 책임(CSR)은 기업의 몫을 일방적으로 사회에 떼어주는 것이라면, 공유가치창출(CSV)은 사회문제를 해결하고 이 과정에서 기업도 이익을 늘리는 윈윈(Win-Win)을 추구한다.
> ㉣ 캐롤(Carroll)이 주장한 기업의 사회적 책임 중 첫 번째 책임은 법적 책임이다.

① 0개　② 1개　③ 2개　④ 3개　⑤ 4개

05. **효율적인 생산이 이루어지는 A 시장에는 동질적인 기업들이 존재하고 시장수요함수는 Q = 5,000 − 2P이다. 개별기업의 장기평균비용함수가 $c = q^2 - 20q + 350$일 때, A 시장의 장기균형에서 존재할 수 있는 기업의 수는?** (단, Q는 시장수요량, q는 개별기업의 생산량을 나타낸다.)

① 100　② 250　③ 450　④ 500　⑤ 600

06. **마일즈(Miles)와 스노우(Snow)의 전략유형에 대한 다음 설명 중 가장 옳지 않은 것은?**

① 공격형(Prospectors)은 기술과 정보의 급속한 발전과 변화를 조기에 포착하고 기술혁신을 통하여 신제품을 개발한다.

② 방어형(Defenders)을 채택하는 기업들은 가장 효율적으로 제품을 생산 및 공급하며 이들에게 있어서는 기술적 효율이 성공의 관건이다.

③ 반응형(Reactors)은 쇠퇴기에 있는 산업이나 안정적인 환경에 있는 조직에 적합한 전략이다.

④ 공격형(Prospectors)은 고도의 전문지식을 필요로 하고 분권적 조직과 수평적 의사소통이 필수적이다.

⑤ 방어형(Defenders)은 시장환경의 변화에 신속하게 적응하지 못한다는 단점이 있다.

07. **노동공급곡선이 L = w − 10이고, 노동시장에서 수요독점인 기업 A가 있다. 기업 A의 노동의 한계수입 생산물이 $MRP_L = 110 - 2L$일 때, 이 기업의 임금은?** (단, L은 노동, w는 임금, 기업 A는 이윤극대화를 추구하고 생산물시장에서 독점기업이다.)

① 15 ② 35 ③ 45 ④ 55 ⑤ 60

08. **퀸(Quinn)과 로어바우(Rohrbaugh)가 개발한 경쟁적 가치모형에 대한 다음 설명 중 옳은 것끼리 짝지어진 것은?**

㉠ 조직의 한 부분에 집중하는 것이 아니라 조직의 다양한 부분들을 균형 있게 다루기 위해 몇몇 효과성 지표들을 지표 간의 경쟁이라는 관점에서 하나의 틀로 측정한다.
㉡ 하나의 조직에 서로 상반되는 가치가 공존하고 있다는 것을 의미한다.
㉢ 인간관계 접근은 분권화와 분화를 강조하는 유연성과 외부지향성의 차원을 가지는 경쟁적 가치에 해당한다.
㉣ 내부프로세스 접근은 집권화와 통합을 강조하는 통제성과 외부지향성의 차원을 가지는 경쟁적 가치에 해당한다.

① ㉠, ㉡ ② ㉠, ㉣ ③ ㉡, ㉢ ④ ㉡, ㉣ ⑤ ㉢, ㉣

09. **2기간 소비선택모형에서 소비자의 효용함수는 $U(C_1, C_2) = 2C_1C_2$이고, 예산제약식은 $C_1 + \frac{C_2}{1+r} = Y_1 + \frac{Y_2}{1+r}$이다. 이 소비자의 최적소비 행태에 대한 설명으로 옳지 않은 것을 모두 고르면?** (단, C_1은 1기의 소비, C_2는 2기의 소비, Y_1은 1기의 소득으로 100, Y_2는 2기의 소득으로 144, r은 이자율로 20%이다.)

> ㉠ 1기에 이 소비자는 차입자이다.
> ㉡ 1기에 이 소비자는 저축자이다.
> ㉢ 유동성제약이 발생하면 1기의 소비는 감소한다.
> ㉣ 이자율이 높아지면 미래소비가 감소한다.

① ㉠, ㉡ ② ㉠, ㉢ ③ ㉡, ㉢ ④ ㉡, ㉣ ⑤ ㉢, ㉣

10. **다음 중 카네기 의사결정모형(Carnegie decision model)에 대한 설명으로 가장 옳지 않은 것은?**

① 제한된 합리성에 근거한 조직의사결정모형이다.
② 조직에서의 의사결정은 많은 관리자들이 관여하기 때문에 최종적 의사결정은 이들 관리자들의 연합인 세력집단에 의하여 이루어진다.
③ 만족해를 인정하고 있으며, 의사결정과정에 영향을 미치는 조직 내 세력집단의 존재를 중시한다.
④ 세력집단은 제한된 능력, 문제의 복잡성, 정보의 부족, 불확실성, 시간의 압박 등과 같이 합리적 의사결정을 방해하는 여러 제약요인이 존재할 때는 형성되지 않는다.
⑤ 의사결정은 경영자가 조직목표와 이해관계의 달성을 위해 만든 규칙 속에서 이루어진다.

11. **통화 공급에 관한 설명으로 옳은 것을 모두 고르면?**

> ㉠ 지급준비율이 100%이면 통화량이 늘어나지 않는다.
> ㉡ 중앙은행이 공개시장운영을 통해 채권시장에서 채권을 매입하면 통화 공급이 증가한다.
> ㉢ 중앙은행의 은행에 대한 대출금리가 상승하면 통화 공급이 감소한다.
> ㉣ 금융위기로 인하여 은행의 안전성이 의심되어 예금주들의 현금인출이 증가하면 통화량이 증가한다.
> ㉤ 시중은행이 중앙은행으로부터 자금을 차입하는 경우 통화승수는 변함이 없다.

① ㉠, ㉡, ㉢ ② ㉠, ㉢, ㉤ ③ ㉡, ㉢, ㉣ ④ ㉡, ㉢, ㉤ ⑤ ㉢, ㉣, ㉤

12. 직무설계에 대한 다음 설명 중 가장 옳지 않은 것은?

① 직무설계의 주요 요인으로는 직무의 내용, 직무의 요건, 요구되는 대인관계 및 성과 등이 있다.

② 직무확대(Job enlargement)로 인해 과업완성에 대한 도전감이 증가되고 동기부여수준이 향상된다.

③ 직무순환은 작업집단에 이미 형성되어 있던 긴밀한 인간관계를 통한 협동시스템을 훼손시킬 수 있다.

④ 직무교차는 작업자가 서로 미루고 소홀히 할 경우 생산성에 문제가 야기될 수 있다.

⑤ 준자율적 작업집단은 작업집단 내 직무들 간의 상호의존성이 낮을 때, 직무들이 심리적 스트레스를 적게 야기시킬 때 그 효과가 보다 높게 나타난다.

13. A 국 경제는 총수요－총공급 모형에서 현재 장기균형상태에 있다. 부정적 충격과 관련한 설명으로 옳은 것은?

㉠ 장기균형상태의 총공급 곡선은 수직이다. ㉡ 부정적 공급 충격 시 확장적 통화정책으로 단기에 충격 이전 수준과 동일한 물가와 생산으로 돌아갈 수 없다. ㉢ 부정적 수요 충격 시 정부의 개입이 없을 경우 장기적으로 물가는 상승한다. ㉣ 부정적 수요 충격 시 확장적 재정정책으로 단기에 충격 이전 수준과 동일한 물가와 생산으로 돌아갈 수 없다.

① ㉠, ㉡　　② ㉠, ㉢　　③ ㉡, ㉢　　④ ㉡, ㉣　　⑤ ㉢, ㉣

14. 다음 중 공정별 배치의 단점으로 가장 옳지 않은 것은?

① 생산과정에서 발생하는 재공품의 동선이 복잡하다.

② 한 제품에서 다른 제품으로 전환하는 과정에서 손실되는 시간이 크다.

③ 제품디자인의 변경이 있는 경우에 그 변경이 쉽지 않아 유연성이 떨어진다.

④ 많은 종류의 재고가 필요하여 공간과 자본이 묶이게 된다.

⑤ 다양한 제품을 생산하기 때문에 생산계획과 통제가 어렵다.

15. **다음 거시경제모형에서 생산물시장과 화폐시장이 동시에 균형을 이루는 소득은?** (단, C는 소비, Y는 국민소득, I는 투자, G는 정부지출, T는 조세, r은 이자율, M^D는 화폐수요, M^S는 화폐공급이다. 물가는 고정되어 있고, 해외부문은 고려하지 않는다.)

- $C = 230 + 0.8(Y - T) - 1.5r$
- $I = 80 - 8.5r$
- $G = 70$
- $T = 100$
- $M^D = 150 + Y - 50r$
- $M^S = 650$

① 900 ② 950 ③ 1,000 ④ 1,100 ⑤ 1,200

16. **가빈(Gavin)의 품질측정에 대한 다음 설명 중 옳은 것은 모두 몇 개인가?**

㉠ 성능은 제품이 가지는 기본적인 기능 외에 이를 보완해주기 위한 추가적인 기능을 의미한다.
㉡ 신뢰성이 높은 제품일수록 무상보증기간은 짧아진다.
㉢ 내구성은 일반적으로 제품수명의 척도로서 제품이 성능을 제대로 발휘하는 수명의 길이로 측정된다.
㉣ 일치성은 제품이 명세서의 규격과 일치하는 정확도를 의미하고, 설계품질이라고도 한다.

① 0개 ② 1개 ③ 2개 ④ 3개 ⑤ 4개

17. 솔로우 모형에서 한나라의 생산함수가 $Y = L^{0.5}K^{0.5}$이다. 자본의 감가상각률(d)은 15%, 저축률(s)은 60%, 인구증가율(n)은 15%일 때, 이 경제의 균제상태(Steady state)에 대한 설명으로 옳은 것은? (단, 기술진보는 존재하지 않는다.)

㉠ 균제상태의 1인당 생산은 4이다. ㉡ 균제상태의 1인당 자본량은 4이다. ㉢ 균제상태의 총소득 증가율은 15%이다. ㉣ 균제상태의 1인당 자본량 증가율은 0%이다.

① ㉠, ㉡ ② ㉠, ㉢ ③ ㉡, ㉢ ④ ㉠, ㉡, ㉣ ⑤ ㉡, ㉢, ㉣

18. 다음에서 설명하는 표본추출방법으로 가장 옳은 것은?

• 비확률적 표본추출방법이다. • 조사자가 적절하다고 판단하는 조사대상자들을 선정한 다음에 그들로 하여금 또 다른 조사대상자들을 추천하도록 하는 방법이다. • 조사자가 모집단 구성원들 중 극소수 이외에는 누가 표본으로 적절한지를 판단할 수 없는 경우에 사용될 수 있다. • 연속적 추천에 의해 선정된 조사대상자들 간에는 동질성이 높을 수 있으나 모집단과는 매우 다른 특성을 가질 수 있다.

① 무작위표본추출(Random sampling)
② 할당표본추출(Quota sampling)
③ 판단표본추출(Judgement sampling)
④ 층화표본추출(Stratified sampling)
⑤ 눈덩이 표본추출(Snowball sampling)

19. 환율결정이론 중 무위험 이자율 평가설에 대한 설명으로 옳은 것은?

① 자국의 이자율과 외국의 이자율이 동일하고 미래환율이 현재환율보다 크다면 해외자본 유출이 발생한다.

② 선물환율이 일정하다면 이자율과 현재 환율은 비례 관계를 갖는다.

③ 해외 투자자가 국내에 투자할 때 수익률은 (자국의 이자율 − 외국의 이자율) + 환율상승률이다.

④ 자국의 이자율이 외국의 이자율보다 크다면 국내 화폐의 가치는 미래에 상승할 것으로 예측된다.

⑤ 이자율 평가설이 성립할 경우 실질환율은 1로 결정된다.

20. 광고효과의 측정시기를 사전 테스트와 사후 테스트로 구분할 때, 다음 중 사전 테스트에 해당하는 방법끼리 짝지어진 것은?

㉠ 직접평가	㉡ 포트폴리오 테스트
㉢ 회상 테스트	㉣ 실험법
㉤ 의견조사법	㉥ 재인 테스트

① ㉠, ㉡, ㉣　② ㉠, ㉣, ㉤　③ ㉡, ㉢, ㉥

④ ㉢, ㉣, ㉤　⑤ ㉢, ㉤, ㉥

정답·해설

정답

01	02	03	04	05	06	07	08	09	10
②	②	⑤	②	③	③	②	①	④	④
11	**12**	**13**	**14**	**15**	**16**	**17**	**18**	**19**	**20**
④	⑤	①	③	③	②	⑤	⑤	①	①

해설

01 정답 ②

문제에 주어진 수치를 대입하면 수요함수는 $Q_d = 215 - 2P_X + 40 - 15$이고, 공급함수는 $Q_s = 40 + 2P_X$이다. 이를 연립해서 풀면, $215 - 2P_X + 40 - 15 = 40 + 2P_X \rightarrow P_X = 50$, $Q = 140$이다.
공급의 가격탄력성을 구하면,
$\varepsilon = \frac{dQ}{dP} \times \frac{P}{Q} = 2 \times \frac{50}{140} = \frac{5}{7}$이다.

02 정답 ②

조직은 지속적으로 환경에 직면하게 되며, 환경이 복잡해지고 불안정해짐에 따라 환경의 불확실성은 증가한다.

오답 체크

① 미시적 환경은 기업이 속한 산업의 주요 구성요소를 말하고, 기업이 속한 산업 밖에서 발생하여 기업활동에 영향을 미치는 요인은 거시적 환경이다.

③ 환경불확실성의 원천 중 환경복잡성은 조직이 관리해야 하는 특수하고 일반적인 영향력의 강도, 수, 상호결합성에 대한 함수이고, 과업환경이나 일반환경이 얼마나 변화하는가에 대한 함수는 환경동태성이다.

④ 외부환경 중 직접적으로 영향을 미치는 환경은 과업환경이고, 간접적으로 영향을 미치는 환경은 일반환경이다.

⑤ 정태적인 환경에서는 기계적인 조직구조가 적합하고, 동태적인 환경에서는 유기적인 조직구조가 적합하다.

03 정답 ⑤

㉢ $MRS_{XY} = \frac{MU_X}{MU_Y} = \frac{7X^{-0.5}Y^{0.5}}{7X^{0.5}Y^{-0.5}} = \frac{Y}{X}$이다. 따라서 한계대체율은 체감하며 이는 원점에 대하여 볼록하므로 골고루 소비하는 것을 추구한다.

㉣ 컵-더글러스 효용함수에서 Y재의 수요량공식은 $\frac{\alpha}{\alpha+\beta} \times \frac{M}{P_Y}$이다. 따라서 X재 가격과 관계없이 Y재 소비는 불변이다.

㉤ 두 재화 모두 정상재이므로 소득에 비례하여 소비가 증가한다.

오답 체크

㉠ 한계대체율은 체감한다.

㉡ $P_X = 2P_Y$일 때 최적조합은 무차별곡선과 예산선이 접하므로 $\frac{P_X}{P_Y} = \frac{MU_X}{MU_Y} \rightarrow \frac{2P_Y}{P_Y} = \frac{MU_X}{MU_Y}$이므로 최적 소비조합에서 $MU_X = 2MU_Y$를 충족한다.

04 정답 ②

기업의 사회적 책임에 대한 설명으로 옳은 것은 ㉢이므로 총 1개이다.

오답 체크

㉠ 자선적 책임은 순전히 자유재량으로 사회에 공헌할 의도로 수행하는 책임을 의미하며, 사회적 기부행위, 약물남용방지 프로그램, 보육시설 운영, 사회복지시설 운영 등이 이에 속한다. 또한, 윤리적 책임은 기업의 직접적인 경제적 이익과 관계를 가지지 않으며 법률에도 규정되어 있지 않은 기업의 윤리적 의사결정에 관한 책임을 의미한다.

㉡ ESG 경영에서 ESG는 기업의 비재무적 요소인 환경(Environment)·사회(Social)·지배구조(Governance)를 뜻하는 말이다.

㉣ 캐롤(Carroll)이 주장한 기업의 사회적 책임 중 첫 번째 책임은 경제적 책임이다.

05 정답 ③

개별기업의 장기평균비용함수가 최저일 때의 한계비용이 장기균형가격이다. 평균비용을 미분하면 $2q-20=0$이므로 $q=10$이고, $q=10$일 때 평균비용이 250이므로 장기균형가격은 250이다.
$P=250$을 시장수요함수에 대입하면 시장수요량 $Q=4{,}500$이다.
개별기업의 생산량이 10이므로 장기균형에서 이 시장에는 450개의 기업이 존재하게 된다.

06 정답 ③

반응형(Reactors)은 적극적으로 환경을 개척하는 것이 아니라 전략형성에 실패한 기업군을 말한다. 그리고 쇠퇴기에 있는 산업이나 안정적인 환경에 있는 조직에 적합한 전략은 방어형(Defenders)이다.

07 정답 ②

생산요소시장의 균형은 $MRP_L=MFC_L$이다.
MFC_L은 TFC_L(W × L)을 미분하여 얻으므로 $MFC_L=2L+10$이다.
한계수입생산 $MRP_L=110-2L$이므로 이윤극대화 노동고용량을 구하기 위해 $MRP_L=MFC_L$로 두면 $110-2L=2L+10$, $4L=100$ → $L=25$이다.
수요독점기업은 노동공급곡선 높이에 해당하는 임금을 지급하므로 $L=25$를 노동공급곡선식에 대입하면 $w=35$임을 알 수 있다.

08 정답 ①

㉠ 경쟁적 가치모형은 4가지 효과성지표들(인간관계 접근, 내부 프로세스 접근, 합리적 목표 접근, 개방 시스템 접근)을 하나의 틀로 표현하고 있기 때문에 옳은 설명이다.
㉡ 경쟁적 가치모형은 4가지 효과성지표들(인간관계 접근, 내부 프로세스 접근, 합리적 목표 접근, 개방 시스템 접근)은 대각선 방향으로 서로 상반되는 가치를 가지기 때문에 서로 상반되는 가치가 공존하고 있다는 설명은 옳은 설명이다.

오답 체크

㉢ 인간관계 접근은 분권화와 분화를 강조하는 유연성과 내부지향성의 차원을 가지는 경쟁적 가치에 해당하고, 분권화와 분화를 강조하는 유연성과 외부지향성의 차원을 가지는 경쟁적 가치에 해당하는 것은 개방시스템 접근이다.
㉣ 내부프로세스 접근은 집권화와 통합을 강조하는 통제성과 내부지향성의 차원을 가지는 경쟁적 가치에 해당하고, 집권화와 통합을 강조하는 통제성과 외부지향성의 차원을 가지는 경쟁적 가치에 해당하는 것은 합리적 목표 접근이다.

09 정답 ④

현재소비와 미래소비 간의 한계대체율을 구해보면,
$MRS_{C_1C_2}=\frac{MU_{C_1}}{MU_{C_2}}=\frac{2C_2}{2C_1}=\frac{C_2}{C_1}$이다.
소비자균형에서는 예산선과 무차별곡선이 접하므로 $MRS_{C_1C_2}=(1+r)$로 두면 $\frac{C_2}{C_1}=1.2$, $C_2=1.2C_1$이 성립한다.
따라서 이자율이 증가하면 미래소비가 증가한다.
$C_1+\frac{C_2}{1.2}=100+\frac{144}{1.2}$에 대입하면 $2C_1=220$, $C_1=110$, $C_2=132$로 계산된다. 1기 소득이 100이고 1기 소비가 144이므로 이 소비자는 차입자임을 알 수 있다.
따라서, 차입을 위한 돈을 빌릴 수 없는 유동성제약이 발생하면 차입자인 이 소비자의 1기 소비는 감소한다.

10 정답 ④

세력집단은 제한된 능력, 문제의 복잡성, 정보의 부족, 불확실성, 시간의 압박 등과 같이 합리적 의사결정을 방해하는 여러 제약요인이 존재할 때 형성된다.

11 정답 ④

통화량의 변화분 $\triangle M$ = 통화승수 × $\triangle H$,
통화승수는 $\frac{1}{c+z(1-c)}$이다.
㉡ 중앙은행이 공개시장운영을 통해 채권시장에서 채권을 매입하면 본원통화가 증가하므로 통화 공급이 증가한다.
㉢ 중앙은행의 은행에 대한 대출금리가 상승하면 시중은행이 중앙은행으로부터의 차입을 줄이므로 본원통화가 감소하여 통화 공급이 감소한다.
㉤ 시중은행이 중앙은행으로부터 자금을 차입하는 경우 본원통화는 증가하지만 통화승수는 변함이 없다.

오답 체크

㉠ 지급준비율이 100%이면 통화승수가 1이므로 본원통화만큼만 통화량이 증가한다.
㉣ 금융위기로 인하여 은행의 안전성이 의심되어 예금주들의 현금인출이 증가하면 현금통화비율이 증가하므로 통화승수가 감소하여 통화량이 감소한다.

12 정답 ⑤

준자율적 작업집단은 작업집단 내 직무들 간의 상호의존성이 높을 때, 직무들이 심리적 스트레스를 많이 야기시킬 때 그 효과가 보다 높게 나타난다.

13 정답 ①

부정적 수요 충격은 총수요곡선을 단기적으로 좌측으로 이동시킨다. 단기적으로 실제 GDP가 잠재 GDP보다 작으므로 임금을 비롯한 각종 생산요소의 가격이 하락한다. 생산요소 가격이 하락하면 단기 총공급 곡선이 다시 오른쪽으로 이동하여 제자리로 돌아가게 된다.

부정적 공급 충격은 총공급 곡선을 단기적으로 좌측으로 이동시킨다. 단기적으로 실제 GDP가 잠재 GDP보다 작으므로 임금을 비롯한 각종 생산요소의 가격이 하락한다. 생산요소 가격이 하락하면 단기 총공급 곡선이 다시 오른쪽으로 이동하여 제자리로 돌아가게 된다.

㉠ 단기 총공급 곡선은 우상향, 장기균형상태의 총공급 곡선은 수직이다.

㉡ 부정적 단기 공급 충격 시 확장적 재정정책을 실시하면 총수요가 증가하므로 생산은 원상태로 돌아갈 수 있지만 물가는 반드시 상승한다.

오답 체크

㉢ 부정적 수요 충격 시 정부의 개입이 없을 경우 장기적으로 총공급이 증가하여 자연산출량 수준으로 돌아가므로 최초의 물가보다 하락한다.

㉣ 부정적 수요 충격 시 확장적 통화정책으로 수요곡선이 우측으로 이동하므로 장기에 물가와 생산량은 최초와 동일하다.

14 정답 ③

제품디자인의 변경이 있는 경우에 그 변경이 쉽지 않아 유연성이 떨어진다는 것은 제품별 배치의 단점에 해당한다.

15 정답 ③

IS곡선: $Y = C + I + G \rightarrow Y = 230 + 0.8(Y - 100) - 1.5r + 80 - 8.5r + 70 \rightarrow Y = 1,500 - 50r$

LM곡선: $\frac{M^d}{P} = \frac{M^s}{P}$ → 물가는 고정되어 있으므로 $150 + Y - 50r = 650 \rightarrow Y = 500 + 50r$

균형을 구하면, $1,500 - 50r = 500 + 50r \rightarrow r = 10$, $Y = 1,000$이다.

16 정답 ②

가빈(Gavin)의 품질측정에 대한 설명으로 옳은 것은 ㉢이므로 총 1개이다.

오답 체크

㉠ 성능은 제품의 기본적 운영특성을 말하는 것이고, 특징은 제품이 가지는 기본적인 기능 외에 이를 보완해주기 위한 추가적인 기능을 의미한다.

㉡ 신뢰성이 높은 제품일수록 무상보증기간은 길어진다.

㉣ 일치성은 제품이 명세서의 규격과 일치하는 정확도를 의미하고, 적합품질이라고도 한다. 설계품질(고성능설계)은 프로세스의 품질과 관련된 측면으로 무결점 제품을 생산하는 것을 말한다. 즉 우수한 성능, 엄격한 허용오차, 높은 내구성, 영업부문이나 서비스센터 종업원들의 숙련도, 고객에 대한 친절한 지원(판매 후 고객지원이나 고객 금융의 주선) 등을 포함한다.

17 정답 ⑤

균제상태의 조건은 $sf(k) = (n + d)k$이다.

문제에 주어진 조건을 대입하면 $0.6 \times \sqrt{k} = (0.15 + 0.15)k \rightarrow 2\sqrt{k} = k$, $k = 4$이다.

균제상태에서의 1인당 자본량 $k = 4$를 생산함수에 대입하면 1인당 생산량 $y = 2$이다.

균제상태는 안정적이므로 1인당 생산증가율과 자본량 증가율은 0%이고 총 소득 증가율은 인구증가율이다.

18 정답 ⑤

주어진 내용은 눈덩이 표본추출에 대한 설명이다.

19 정답 ①

국내이자율 - 외국이자율 = 환율변화율

자국의 이자율과 외국의 이자율이 동일하고 미래환율이 현재환율보다 크다면 1년 뒤 환율이 상승한다. 미래환율이 상승하기 위해서는 이자율이 하락해야 한다. 이로 인해 해외자본 유출이 발생한다.

오답 체크

② $i - i^f = \frac{S^{e_{t+1}} - S_t}{S}$이므로 예상환율이 일정하다면, 이자율이 증가하려면 현재환율이 작아야 한다. 따라서 반비례 관계를 가진다.

③ 해외 투자자가 국내에 투자할 때 수익률은 (자국의 이자율 - 외국의 이자율) - 환율상승률이다.

④ $i > i^f$일 때 환율이 상승하므로 국내 화폐의 가치는 미래에 하락할 것으로 예측된다.

⑤ 구매력 평가설이 성립할 경우 실질환율은 1로 결정된다.

20 정답 ①

광고효과의 측정방법은 다음과 같이 구분할 수 있으므로 사전 테스트에 해당하는 방법은 ㉠, ㉡, ㉣이다.

측정시기 / 측정대상	사전 테스트	사후 테스트
커뮤니케이션 효과	· 직접평가 · 포트폴리오 테스트 · 실험법	· 회상 테스트 · 재인 테스트 · 의견조사법
판매 효과	실험자료분석법	통계기법

사무·행정 실전모의고사

총 20문항 / 20분

01. 최근 소비자, 근로자, 일반국민들의 삶에 위협을 주는 개인이나 집단의 행위를 제약·규제하는 사회적 규제를 강화하고 있다. 다음 중 사회적 규제에 해당하지 않는 것은?

① 환경규제
② 소비자보호규제
③ 진입규제와 퇴거규제
④ 작업장안전과 보건규제

02. 다음 중 행태론의 특징에 해당하지 않는 것은?

① 거시적 분석에 치중한다.
② 계량적 분석에 치중한다.
③ 인간행태의 규칙성을 전제로 한다.
④ 논리실증주의 접근방법을 강조한다.

03. 나카무라(R. T. Nakamura)와 스몰우드(F. Smallwood)가 제시한 정책집행의 유형 중 다음 설명에 해당하는 유형은?

- 정책집행자는 자신들의 정책목표를 설정하고, 정책결정자로 하여금 이들의 목표를 채택하도록 모든 힘을 동원해서 설득한다.
- 정책집행자는 자신들의 목표성취에 필요한 수단들을 정책결정자와 협상을 통해서 확보한다.
- 정책집행자는 자신들의 정책목표를 성실하게 성취하려고 한다.

① 지시적 위임자형
② 협상자형
③ 재량적 실험가형
④ 관료적 기업가형

04. **다음 중 조직문화의 기능에 대한 설명으로 가장 적절하지 않은 것은?**

① 조직구성원의 사고와 행동에 방향을 제시해준다.

② 조직의 변혁기에 변화를 촉진하는 순기능이 있다.

③ 조직구성원을 동일한 방향으로 응집시키고 결속시키는 역할을 한다.

④ 조직의 경계를 설정해준다.

05. **다음 중 막스 베버(M. Weber)의 관료제 모형에 대한 설명으로 가장 적절하지 않은 것은?**

① 관료에게 지급되는 봉급은 업무수행 실적에 대한 평가에 따라 결정된다.

② 조직 구성원이 조직목표보다는 수단에 집착하여 목표의 전환 현상이 발생한다.

③ 모든 업무를 문서로 처리하는 문서주의는 번문욕례(繁文縟禮)를 초래한다.

④ 이상적인 관료제는 비정의성(Impersonality)에 따라 움직인다.

06. **다음 중 허츠버그의 욕구충족요인 이원론에 대한 설명으로 가장 적절하지 않은 것은?**

① 낮은 임금을 인상하는 방안은 근무태도의 단기적인 변동을 야기할 뿐 적극적인 동기 유발에는 영향을 미치지 않는다고 본다.

② 매슬로의 욕구 5단계론, 앨더퍼의 ERG 이론과 마찬가지로, 인간의 동기를 유발하는 요인이 무엇인지에 초점을 두는 내용이론으로 분류된다.

③ 조직 구성원에게 만족을 주고 동기를 유발하는 요인과 불만을 유발하는 요인은 서로 다른 차원이라는 것을 제시하였다.

④ 조직 내에 인간의 본성을 두 가지 유형으로 구분하고, 그에 따라 조직 관리 방법 및 구성원에 대한 동기부여 방법이 달라져야 한다고 주장했다.

07. 공기업 민영화에 대한 설명으로 옳지 않은 것은?

① 공공영역을 일정 부분 축소하는 것으로 볼 수 있다.

② 공기업에서 제공하던 공공서비스가 사적서비스로 변환되기 때문에 서비스 배분의 형평성 문제가 제기될 수 있다.

③ 공기업 매각을 통해 공공재정의 확충이 가능하다.

④ 시장성과 공공성 중 공공성이 큰 서비스를 다루는 공기업을 민영화하게 되면 민영화의 효과가 크게 나타난다.

08. 다음 중 「공공기관의 운영에 관한 법률」에 따른 공공기관의 유형에 속하지 않는 것은?

① 위탁집행형 준정부기관

② 시장형 공기업

③ 기금관리형 공기업

④ 기타 공공기관

09. 다음 중 전략적 인적자원관리에 대한 설명으로 가장 적절하지 않은 것은?

① 조직의 목표 및 전략과 인적자원관리 활동 사이의 조화를 추구한다.

② 미시적인 시각보다는 거시적인 시각에서 인사관리 방식을 통합하고자 한다.

③ 조직의 전략적 목표 달성을 위해서라면 구성원 개인의 욕구는 희생해도 괜찮다고 여긴다.

④ 기업이 보유하고 있는 내부자원 중 인적자원을 가장 관리하기 어려운 자원으로 본다.

10. 다음 빈칸에 들어갈 인사행정 제도를 순서대로 나열한 것은?

(㉠): 시험을 통해 능력과 자격 중심으로 개인을 평가하여 임용하는 제도로, 임용에의 기회균등을 실현하는 제도
(㉡): 학연·혈연·지연 등 개인적 관계를 바탕으로 임용하여 종신 고용이 보장되는 제도
(㉢): 정당에 대한 공헌도와 충성심을 기준으로 임용하여 정권 교체 시 광범위한 경질을 유발하는 제도

	㉠	㉡	㉢
①	정실주의	실적주의	엽관주의
②	실적주의	엽관주의	정실주의
③	엽관주의	정실주의	실적주의
④	실적주의	정실주의	엽관주의

11. 다음 중 「국가공무원법」상 공무원의 징계에 관한 설명으로 가장 옳지 않은 것은?

① 견책은 6개월간 승급이 정지된다.

② 강등은 1계급 아래로 직급을 내리고, 공무원 신분은 보유하나 3개월간 직무에 종사하지 못하며, 그 기간 중 보수의 전액을 감하는 처분을 말한다.

③ 정직은 1개월 이상 3개월 이하의 기간 동안 공무원 신분은 보유하나 직무에 종사하지 못하며, 그 기간 중 보수의 3분의 2를 감하는 처분을 말한다.

④ 파면은 5년간 공무원 재임용이 불가하다.

12. 다음 설명에 해당하는 공무원 교육훈련 유형은?

• 소규모 인원을 집중적으로 훈련하므로 구성원 능력에 따라 교육이 가능하다. • 근무지 내에서 관리자와 피교육자 간에 교육이 이루어져 시간 낭비가 적다. • 실제 업무를 수행하면서 기업 맞춤형 교육을 실시할 수 있다.

① 현장훈련(OJT) ② 감수성 훈련 ③ 신디케이트 ④ 사례연구

13. 부패에 대한 구성원의 용인 정도에 따라 부패의 종류를 구분할 때, 구성원의 다수가 어느 정도 용인하는 관례화된 부패는?

① 적색부패 ② 흑색부패 ③ 백색부패 ④ 회색부패

14. 다음 예산 관련 제도 중 나머지 셋과 성격이 다른 것은?

① 예산의 이체와 예비비 ② 이월과 계속비 ③ 이용과 전용 ④ 배정과 재배정

15. 다음 중 우리나라에서 예산과 법률의 차이에 대한 설명으로 옳은 것은?

① 예산으로는 법률의 개폐가 불가능하지만, 법률로는 예산을 변경할 수 있다.

② 법률과 예산안은 정부만이 제출할 수 있다.

③ 대통령은 국회가 의결한 법률안에 대해 거부권이 있고, 국회의결 예산에 대해서는 재의요구권이 있다.

④ 일반적으로 법률은 국가기관과 국민에 대해 구속력을 갖지만, 예산은 국가기관에 대해서만 구속력을 갖는다.

16. 행정통제는 통제력 행사 주체와 그 방향에 따라 외부통제와 내부통제로 나눌 수 있다. 다음 중 외부통제에 해당하지 않는 것은?

① 입법부에 의한 통제

② 옴부즈맨에 의한 통제

③ 매스컴에 의한 통제

④ 감사원에 의한 통제

17. 다음 중 행정개혁의 접근방법에 대한 설명으로 가장 적절하지 않은 것은?

① 행태적 접근방법은 조직의 목표달성뿐만 아니라 개인 개혁에 초점을 두어 인간중심적 접근방법이라고도 한다.

② 구조적 접근방법은 행정개혁의 목표를 달성하기 위한 조직 구조의 최적화가 주요 목적인 전통적 접근방법이다.

③ 기술적 접근방법은 운영 과정 및 업무의 흐름을 개선하기보다 기술력 자체의 개선에 중점을 둔다.

④ 다양한 접근방법을 종합적으로 고려하여 가장 이상적이고 합리적인 해결방안을 모색하는 접근방법은 종합적 접근방법이다.

18. **다음 중 우리나라의 전자정부 서비스에 대한 설명이 잘못 짝지어진 것은?**

① 나라장터 – 조달청에서 운영하는 국가 종합 전자 조달 시스템으로, 입찰공고, 입찰, 계약, 대금 지급 등 공공기관의 조달 업무 전 과정을 온라인으로 처리할 수 있다.

② 국민신문고 – 국민권익위원회에서 운영하는 범정부 온라인 소통 창구로, 정부에 대한 민원, 제안, 참여 등을 인터넷으로 신청하고 처리할 수 있다.

③ 대한민국 구석구석 – 한국철도공사에서 운영하는 온라인 여행 플랫폼으로, 승차권, 기차 여행 패키지, 숙박, 렌터카 예매 등의 종합 여행 서비스를 이용할 수 있다.

④ 홈택스 – 국세청에서 운영하는 종합 국세 서비스로, 인터넷을 통해 세금 신고 납부, 민원증명 발급, 현금영수증 조회, 전자 세금계산서 조회/발급 등을 이용할 수 있다.

19. **다음 중 지방정부의 자치법규인 조례에 대한 설명으로 가장 적절하지 않은 것은?**

① 지방자치단체장은 법령의 범위 안에서 그 사무에 관하여 조례를 제정할 수 있다.

② 개별 법률의 위임이 있을 경우 벌칙에 대한 규정도 가능하다.

③ 기관위임사무에 대해서는 조례로 제정할 수 없는 것이 원칙이다.

④ 시·군·자치구의 조례는 특별시·광역시·도의 조례를 위반해서는 안 된다.

20. **다음 중 주민자치에 대한 설명으로 옳은 것을 모두 고르면?**

㉠ 지방행정에 대한 주민 참여를 핵심으로 하는 정치적 의미의 자치이다. ㉡ 중앙 정부와 지방 정부 간에 권력적 감독 관계가 형성된다. ㉢ 자치권이 자연법상의 천부적 권리라는 고유권설을 전제로 한다. ㉣ 지방세제에 있어서 독립세주의를 채택한다. ㉤ 독일, 프랑스 등 유럽 대륙계 국가에서 발달해왔다.

① ㉠, ㉡ ② ㉢, ㉣ ③ ㉠, ㉢, ㉣ ④ ㉡, ㉢, ㉤

정답·해설

정답

01	02	03	04	05	06	07	08	09	10
③	①	④	②	①	④	④	③	③	④
11	**12**	**13**	**14**	**15**	**16**	**17**	**18**	**19**	**20**
③	①	③	④	④	④	③	③	①	③

해설

01 정답 ③

가격규제, 품질규제, 독과점 및 불공정거래규제, 진입규제, 퇴거규제는 경제적 규제에 해당된다.

더 알아보기

경제적 규제와 사회적 규제의 비교

구분	경제적 규제(광의)		사회적 규제
	경제적 규제(협의)	독과점 규제	
개념	· 기업의 본원적 활동에 대한 규제 · 경제적 규제는 기업 간의 자유로운 경쟁을 제약한다는 공통점이 있음	독과점 및 불공정 거래에 대한 규제는 시장경쟁을 창달하는 규제	기업의 사회적 행동에 대한 규제 또는 기업의 사회적 횡포를 막기 위한 규제
종류	· 가격규제 · 품질규제 · 진입규제 · 퇴거규제	· 부당한 공동행위의 제한 · 불공정거래 행위의 금지	· 공해규제와 환경보전 · 소비자보호규제 · 작업장안전과 보건규제

02 정답 ①

행태론은 인간행태를 중심으로 미시적 분석에 치중하였다.

더 알아보기

행태적 접근방법의 특징

· 행정의 본질을 합리적·집단적·협동적 의사결정으로 인식
· 연구 대상을 '행태'에 초점
· 분석수준은 방법론적 개체주의
· 논리실증주의에 근거한 연구
· 가치와 사실의 분리
· 계량적 분석
· 순수과학적·종합과학적 성격
· 미시적 접근

03 정답 ④

나카무라(R. T. Nakamura)와 스몰우드(F. Smallwood)는 정책집행의 유형을 정책결정자와 정책집행자 간의 관계를 중심으로 하여 고전적 기술자형, 지시적 위임자형, 협상자형, 재량적 실험가형, 관료적 기업가형으로 분류하였으며, 관료적 기업가형은 정책집행자가 정책결정자의 권한을 빼앗아 강력한 권한을 갖고 정책과정의 전체를 지배하는 유형이다.

더 알아보기

나카무라와 스몰우드의 정책집행유형 분류

구분	정책결정자의 역할	정책집행자의 역할	정책평가 기준
고전적 기술자형	· 구체적인 목표를 설정 · 정책집행자에게 기술적인 권한을 위임	정책결정자의 목표를 지지하며 그 목표를 달성하기 위한 기술적 수단을 강구	목표 달성도
지시적 위임자형	· 구체적인 목표를 설정 · 정책집행자에게 행정적인 권한을 위임	정책결정자의 목표를 지지하며 목표달성을 위해 집행자 상호 간에 행정적 수단에 관하여 교섭을 벌임	능률성

협상자형	· 목표를 설정 · 정책집행자와 목표 또는 목표달성을 위한 수단에 관하여 협상	목표달성에 필요한 수단에 관하여 정책결정자와 협상을 벌임	주민 만족도
재량적 실험가형	· 추상적 목표를 지지 · 정책집행자가 목표달성수단을 구체화시킬 수 있도록 광범위한 재량권을 위임	정책결정자를 위해 목표와 수단을 명백히 함(재정의)	수익자 대응성
관료적 기업가형	정책집행자가 설정한 목표와 목표달성수단을 지지	목표와 그 목표달성을 위한 수단을 형성시키고 정책결정자로 하여금 그 목표를 받아들이도록 설득	체제 유지도

04 정답 ②

조직문화는 장기적으로는 그 경직성으로 인하여 환경에의 적응성을 떨어뜨리고 변화와 개혁에 장애가 되기도 하므로 가장 적절하지 않다.

오답 체크

① 조직문화는 인간의 사고와 행동을 결정하는 주요 요인이므로 적절하다.

③ 조직문화는 구성원을 통합하여 응집력과 동질감, 일체감을 높여줌으로써 사회적·규범적 접착제로서의 역할을 하므로 적절하다.

④ 구성원들로 하여금 조직에 몰입하도록 하여 조직의 경계를 설정하므로 적절하다.

05 정답 ①

막스 베버(M. Weber)의 관료제 모형은 보수나 승진 등 전반적인 인사가 연공서열에 따라 이루어진다. 즉, 보수는 실적에 따라 지급되는 것이 아니라 연공서열에 따라 이루어지게 되므로 적절하지 않다.

오답 체크

② 목표와 수단이 대치하는 현상은 수단에 지나치게 동조하여 목표와 수단의 전도나 창의력 결여 등과 같은 부작용을 초래하는 관료제의 병리현상에 해당하므로 적절하다.

③ 책임의 한계를 명확히 하기 위한 문서에 의한 업무처리는 문서다작주의·형식주의를 초래할 수 있으므로 적절하다.

④ 관료는 개인의 자의적인 행동 개입 없이 법규에 정해진 바에 따라 공정하게 업무를 처리해야 하므로 적절하다.

06 정답 ④

조직 내의 인간 본성을 X 또는 Y로 가정하고, 이 가정에 따라 조직관리 방법이나 조직 구성원에 대한 동기부여 방법을 달리해야 한다고 주장한 것은 맥그리거의 XY 이론이므로 가장 적절하지 않다.

오답 체크

① 허츠버그의 욕구충족요인 이원론에 따르면 임금은 구성원의 불만을 초래하는 위생 요인에 해당하는 것으로 위생 요인이 충족되더라도 불만이 감소하나 동기가 유발되는 것은 아니므로 적절하다.

07 정답 ④

공공성보다는 시장성이 강한 조직일수록 시장에 잘 적응하여 공기업의 민영화 효과가 크게 나타나므로 옳지 않은 설명이다.

오답 체크

① 공기업의 민영화는 감축의 방식으로 공공부문을 줄이는 것이므로 옳은 설명이다.

② 민영화는 형평성 문제가 제기될 수 있으므로 옳은 설명이다.

③ 공기업을 매각할 경우 매각대금 수입으로 공공재정이 확충될 수 있으므로 옳은 설명이다.

더 알아보기

민영화의 장단점

장점	단점
· 행정기능 재분배를 통한 행정기능의 적정화 · 행정서비스의 효율성 제고 · 행정서비스의 질 향상 · 민간경제의 활성화 · 행정서비스 공급의 신축성 향상 · 주민의 선택폭 확대 · 작은 정부의 구현	· 공공서비스 생산에 대한 행정책임 확보의 곤란(정부가 직접 생산하는 것에 비해) · 행정의 안정성과 계속성 저해 · 공공성의 침해(특히 구매력 없는 소비자의 소외를 통한 형평성 저해)

08 정답 ③

공기업은 시장형과 준시장형으로 구별하며, 준정부기관은 기금관리형과 위탁집행형으로 구별한다.

더 알아보기

공공기관의 구분

공기업	자체수입액이 총수입액의 1/2을 초과하는 기관(정원 50인 이상) 1. 시장형 공기업 · 자산규모가 2조 원 이상이고 자체수입액이 대통령령이 정하는 기준(85%)인 기관 · 한국가스공사, 한국전력공사, 한국석유공사 등 2. 준시장형 공기업 · 시장형 공기업이 아닌 공기업 · 한국토지주택공사, 한국마사회 등

준정부 기관	공기업이 아닌 공공기관 중에서 지정(정원 50인 이상) 1. 기금관리형 준정부기관 · 「국가재정법」에 따라 기금을 관리하거나 관리를 위탁받은 준정부기관 · 공무원연금공단, 국민연금공단, 예금보험공사, 신용보증기금 등 2. 위탁집행형 준정부기관 · 기금관리형 준정부기관이 아닌 준정부기관 · 국립공원공단, 한국산업인력공단, 대한무역투자진흥공사, 한국농어촌공사, 한국환경공단, 한국가스안전공사, 한국연구재단, 한국소비자원 등
기타 공공기관	공기업과 준정부기관을 제외한 공공기관으로서 이사회 설치, 임원 임면, 경영실적평가, 예산, 감사 등의 규정을 적용하지 아니함

09 정답 ③

전략적 인적자원관리는 조직 구성원을 통제의 대상이 아닌 지속적인 경쟁우위의 원천이 되는 인적자본으로 여기고 구성원 개인의 욕구와 조직 목표 간의 조화, 일과 삶의 조화 등을 중시하므로 가장 적절하지 않다.

오답 체크

④ 전략적 인적자원관리에서는 인적자원이 가장 관리하기 어려운 자원인 동시에 목표 달성에 있어 가장 결정적인 요인이 된다고 보고 인적자원을 조직의 전략적 자원으로 활용하고자 하므로 적절하다.

10 정답 ④

㉠은 실적주의, ㉡은 정실주의, ㉢은 엽관주의에 대한 설명이다.

11 정답 ③

정직은 1개월 이상 3개월 이하의 기간 동안 공무원 신분은 보유하나 직무에 종사하지 못하고 보수의 전액을 감하는 징계처분이므로 옳지 않은 설명이다.

더 알아보기

징계처분의 종류

경징계	견책	전과에 대하여 훈계하고 회개하는 등 주의를 주는 것으로, 인사기록에 남는다. (6개월간 승급 정지)
	감봉	직무수행은 가능하나 1개월 이상 3개월 이하의 기간 동안 보수의 3분의 1을 감한다. (12개월간 승급 정지)
중징계	정직	공무원의 신분은 보유하나 1개월 이상 3개월 이하의 기간 동안 직무에 종사하지 못하며 보수 전액을 감한다. (18개월간 승급 정지)
	강등	공무원의 신분은 보유하나 1계급 아래로 직급을 내리고 3개월간 직무에 종사하지 못하며 보수 전액을 감한다. (18개월간 승급 정지)
	해임	강제퇴직의 한 종류로서 공무원직이 박탈된다. 퇴직급여에는 원칙적으로 영향을 주지 않으며 3년간 공무원 재임용이 불가하다. 단, 공금횡령 및 유용 등으로 해임된 경우에는 퇴직급여의 8분의 1 내지는 4분의 1을 삭감하여 지급한다.
	파면	강제퇴직의 한 종류로서 공무원직이 박탈된다. 5년간 공무원 재임용이 불가하며, 5년 미만 근무자는 퇴직급여의 4분의 1이 삭감되고 5년 이상 근무자는 퇴직급여의 2분의 1을 삭감하여 지급한다.

12 정답 ①

제시된 내용은 피교육자가 직무를 수행하는 동시에 관리자로부터 직무 수행에 필요한 지식과 기술을 배우는 교육훈련인 현장훈련(OJT)에 대한 설명이다.

13 정답 ③

부패에 대한 구성원의 용인 정도에 따라 백색부패, 흑색부패, 회색부패로 분류되며, 도덕적 비난의 대상이 되지만 구성원 다수가 어느 정도 용인하는 부패는 백색부패이다.

오답 체크

② 흑색부패: 사회 체제에 명백하고 심각한 해를 끼치며, 사회 구성원 모두가 부정적으로 인식하여 처벌을 원하는 유형

④ 회색부패: 사회 체제에 파괴적인 영향을 미칠 수 있는 잠재적인 부패이며, 처벌에 대해 구성원의 견해가 대립하는 유형

14 정답 ④

배정과 재배정은 예산집행의 재정통제 수단이다.

오답 체크

①, ②, ③ 예산의 이체와 예비비, 이월과 계속비, 이용과 전용은 모두 예산집행의 신축성 유지안에 해당한다.

15 정답 ④

일반적으로 법률은 국가기관과 국민에 대해 구속력을 가지며, 예산은 국가기관에 대해서만 구속력을 가지므로 옳은 설명이다.

오답 체크

① 우리나라에서는 예산이 법률이 아닌 의결형식이므로 예산과 법률은 그 성립요건과 형식이 본질적으로 달라 상호 간에 수정·개폐·변경이 불가능하므로 옳지 않은 설명이다.

② 법률은 정부와 국회가 모두 제출 가능하지만, 예산은 정부만이 제출할 수 있으므로 옳지 않은 설명이다.

③ 대통령은 국회가 의결한 법률에 대해 거부권이 있지만, 국회의결 예산에 대해서는 거부권이나 재의요구권이 없으므로 옳지 않은 설명이다.

더 알아보기

예산과 법률의 차이

구분	예산	법률
법적 근거	예산의결권: 헌법 제54조	법률의결권: 헌법 제53조
제출권	· 예산안 편성 및 집행권은 정부만 보유 · 예산심의 시 국회는 정부 동의 없이 지출예산 각 항의 금액 증가나 신비목 설치 불가능	법률안은 국회·정부 모두 제출 가능
제출기한	회계연도 개시 120일 전	제한 없음
대통령의 거부권 행사	불가	가능
의사표시의 대상	정부에 대한 재정권 부여의 국회의 의사표시	국민에 대한 국가의 의사표시
효력	회계연도 → 한시적 효력 발생	대체로 영속적 효력 발생
효력 발생 시기	국회의 의결로 효력 발생(정부는 공고만 할 뿐)	국회의 의결 후 정부의 공포로 효력 발생
구속력	· 정부와 국회 간 효력 발생 · 정부에 대한 구속	· 국민과 국민 간 효력 발생 · 국민과 정부에 대한 구속
법규 변경·수정	예산으로 법률 개폐 불가	법률로 예산 변경 불가

16 정답 ④

외부통제는 국회나 사법부와 같은 행정 조직 외부의 사람 및 기관에 의한 통제로, 입법부에 의한 통제, 사법부에 의한 통제, 옴부즈맨 제도, 시민에 의한 민중통제, 이익집단에 의한 통제, 여론과 매스컴에 의한 통제 등이 외부통제에 해당한다.

④ 감사원은 대통령 직속의 국가 최고 감사기관이므로 내부통제에 해당한다.

17 정답 ③

기술적 접근방법은 기술을 결부시켜 조직 내 행정과정이나 업무 흐름을 함께 개선하는 접근방법이므로 가장 적절하지 않다.

18 정답 ③

한국철도공사에서 운영하는 온라인 여행 플랫폼은 레츠코레일(Let's Korail)이며, 대한민국 구석구석은 한국관광공사에서 운영하는 국내 관광·여행 정보 제공 서비스이다.

더 알아보기

전자정부 서비스: 행정 업무의 효율성과 생산성 제고를 위하여 행정기관 및 공공기관의 업무를 전산화·정보화하여 제공하는 서비스

19 정답 ①

조례의 제정권자는 지방자치단체이며, 지방자치단체장은 규칙의 제정권을 가지므로 가장 적절하지 않다.

오답 체크

② 조례 제정 시 주민의 권리 제한 또는 의무 부과에 관한 사항이나 벌칙을 정할 때는 법률의 위임이 있어야 하므로 적절하다.

③ 기관위임사무는 집행기관에 위임된 사무이므로 의결기관인 지방의회가 관여할 수 없는 것이기 때문에 조례로 정할 수 없으므로 적절하다.

④ 시·군·자치구 등 기초자치단체의 조례는 특별시·광역시·도 등 광역자치단체의 조례를 위반하여 제정할 수 없으므로 적절하다.

20 정답 ③

주민자치에 대한 설명으로 옳은 것은 ㉠, ㉢, ㉣이다.

오답 체크

㉡, ㉤은 모두 단체자치에 대한 설명이다.

더 알아보기

주민자치와 단체자치 비교

구분	주민자치	단체자치
자치의 의미	정치적 의미 (민주주의 사상)	법률적 의미 (지방분권 사상)
자치권의 인식	고유권설	전래권설
자치의 중심	지방자치단체와 주민과의 관계	지방자치단체와 국가와의 관계
중앙통제 방식	입법·사법적 통제	행정적 통제
중앙과 지방의 관계	기능적 협력 관계	권력적 감독 관계
자치사무와 국가위임사무 구분	구분하지 않음	구분함
자치단체의 성격	단일적 성격 (자치단체)	이중적 성격 (자치단체 + 국가의 하급 기관)
지방세제	독립세주의	부가세주의
주요 국가	영국, 미국 등 영미계	독일, 프랑스 등 대륙계

전기 실전모의고사

총 20문항 / 20분

01. $\epsilon_s = 10$인 유리 콘덴서와 동일 크기의 $\epsilon_s = 1$인 공기 콘덴서가 있다. 유리 콘덴서에 200[V]의 전압을 가할 때 동일한 전하를 축적하기 위하여 공기 콘덴서에 필요한 전압[V]은?

① 20 ② 200 ③ 400 ④ 2000

02. 그림과 같은 균일한 자계 B[Wb/m^2]내에서 길이 l[m]인 도선 AB가 속도 v[m/s]로 움직일 때 ABCD 내에 유도되는 기전력 e[V]와 폐회로 ABCD 내의 저항 R에 흐르는 전류의 방향은? (단, 폐회로 ABCD 내의 도선 및 도체의 저항은 무시한다.)

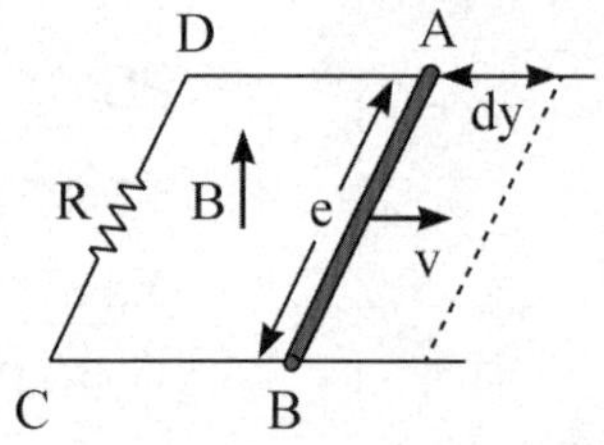

① $e = Blv$, 전류방향: C → D

② $e = Blv$, 전류방향: D → C

③ $e = Blv^2$, 전류방향: C → D

④ $e = Blv^2$, 전류방향: D → C

03. 비유전율 4, 비투자율 4인 매질 내에서의 전자파의 전파속도는 자유공간에서의 빛의 속도의 몇 배인가?

① $\frac{1}{3}$ ② $\frac{1}{4}$ ③ $\frac{1}{9}$ ④ $\frac{1}{16}$

04. 다음 (   ) 안에 들어갈 내용으로 옳은 것은?

> 전기쌍극자에 의해 발생하는 전위의 크기는 전기쌍극자 중심으로부터 거리의 (㉮)에 반비례하고, 자기쌍극자에 의해 발생하는 자계의 크기는 자기쌍극자 중심으로부터 거리의 (㉯)에 반비례한다.

① ㉮ 제곱 ㉯ 제곱

② ㉮ 제곱 ㉯ 세제곱

③ ㉮ 세제곱 ㉯ 제곱

④ ㉮ 세제곱 ㉯ 세제곱

05. 최대 자속밀도 B_m, 주파수 f에서의 유도기전력이 E_1일 때, 최대 자속밀도가 $2B_m$, 주파수 $2f$에서의 유도기전력을 E_2라 하면, E_1과 E_2의 관계는?

① $E_2 = E_1$ ② $E_2 = 2E_1$ ③ $E_2 = 4E_1$ ④ $E_2 = 0.25E_1$

06. 반지름 a[m], 중심 간 거리 d[m]인 두 개의 무한장 왕복선로에 서로 반대방향으로 전류 I[A]가 흐를 때, 한 도체에서 x[m] 거리인 P점의 자계의 세기는 몇 [AT/m]인가? (단, $d \gg a$, $x \gg a$라고 한다.)

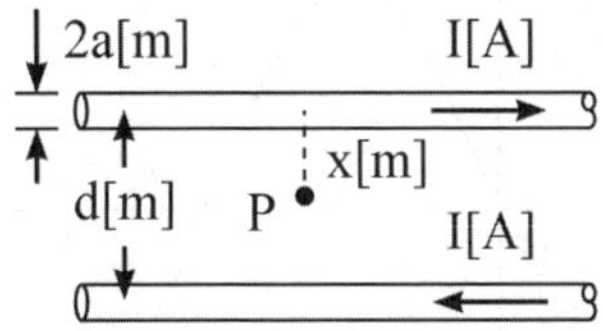

① $\frac{I}{2\pi}\left(\frac{1}{x}+\frac{1}{d-x}\right)$ ② $\frac{I}{2\pi}\left(\frac{1}{x}-\frac{1}{d-x}\right)$

③ $\frac{I}{4\pi}\left(\frac{1}{x}+\frac{1}{d-x}\right)$ ④ $\frac{I}{4\pi}\left(\frac{1}{x}-\frac{1}{d-x}\right)$

07. 그림과 같이 공기 중에서 무한평면도체의 표면으로부터 2[m]인 곳에 점전하 4[C]이 있다. 전하가 받는 힘은 몇 [N]인가?

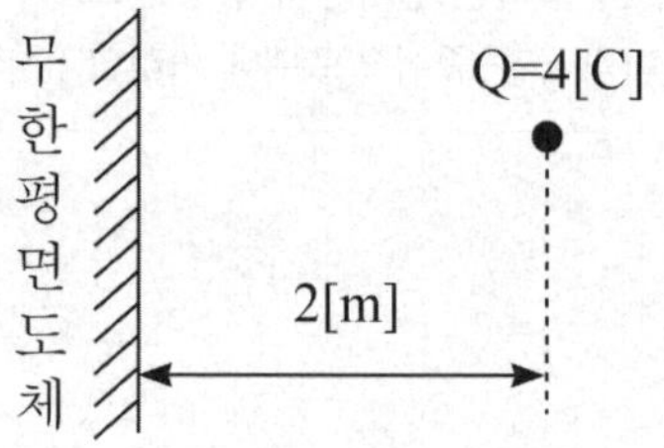

① 3×10^{9} ② 9×10^{9} ③ 1.2×10^{10} ④ 3.6×10^{10}

08. 기전력 1.6[V]의 전지에 부하저항을 접속하였더니 0.5[A]의 전류가 흐르고 부하의 단자전압이 1.5[V]이었다. 전지의 내부저항 [Ω]은?

① 0.4 ② 0.2 ③ 5.2 ④ 4.1

09. 그림과 같은 정현파 교류를 푸리에 급수로 전개할 때 직류분은?

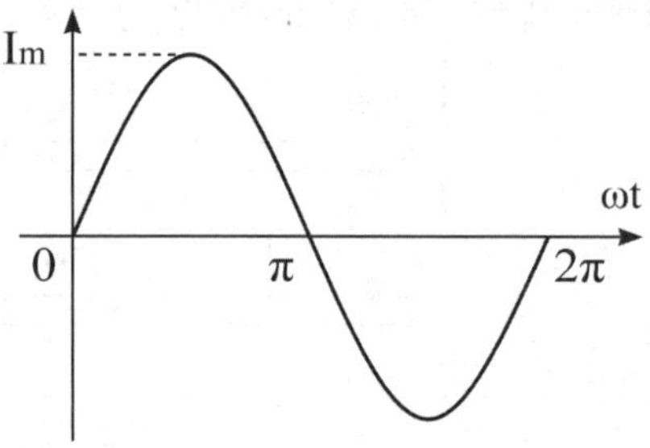

① I_m ② $\frac{I_m}{2}$ ③ $\frac{I_m}{\sqrt{2}}$ ④ $\frac{2I_m}{\pi}$

10. 2전력계법을 써서 대칭 평형 3상전력을 측정하였더니 각 전력계가 500[W], 300[W]를 지시하였다. 전 전력은 얼마인가? (단, 부하의 위상각은 60°보다 크며 90°보다 작다고 한다.)

① 200[W] ② 300[W] ③ 500[W] ④ 800[W]

11. 단상 전파 파형을 만들기 위해 전원은 어떤 단자에 연결해야 하는가?

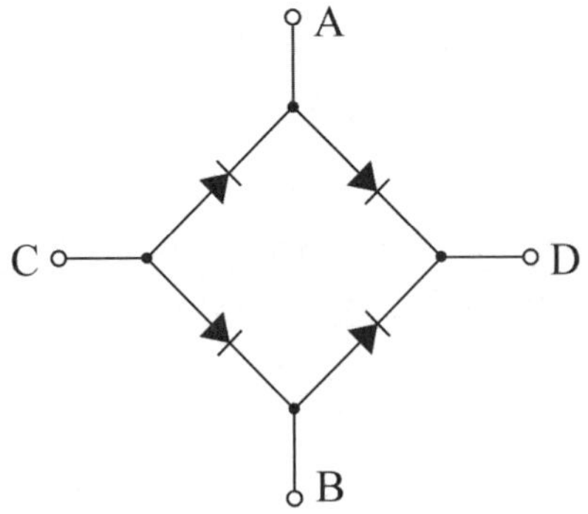

① A−B ② C−D ③ A−C ④ B−D

12. 3상 불평형 전압에서 역상전압이 25[V]이고, 정상전압이 100[V], 영상전압이 10[V]라 할 때 전압의 불평형률은?

① 0.25 ② 0.4 ③ 4 ④ 10

13. 전송선로에서 무손실일 때 L = 96[mH], C = 0.6[μF]이면 특성 임피던스는 몇 [Ω]인가?

① 100[Ω] ② 200[Ω] ③ 300[Ω] ④ 400[Ω]

14. 다음 회로의 4단자 상수 중 잘못 구해진 것은 어느 것인가?

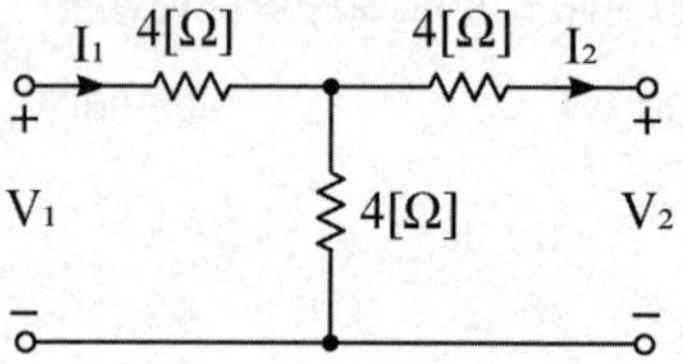

① A = 2 ② B = 12 ③ $C = \frac{1}{2}$ ④ D = 2

15. 궤환 제어계에서 제어요소에 관한 설명 중 가장 알맞은 것은?

① 검출부와 조작부로 구성되어 있다.

② 오차신호를 제어장치에서 제어대상에 가해지는 신호로 변환시키는 요소이다.

③ 목표 값에 비례하는 신호를 발생시키는 요소이다.

④ 입력과 출력을 비교하는 요소이다.

16. 다음 논리식 중 다른 값을 나타내는 논리식은?

① $XY + X\overline{Y}$ ② $(X + Y)(X + \overline{Y})$ ③ $X(X + Y)$ ④ $X(\overline{X} + Y)$

17. 다음 연산 증폭기의 출력은?

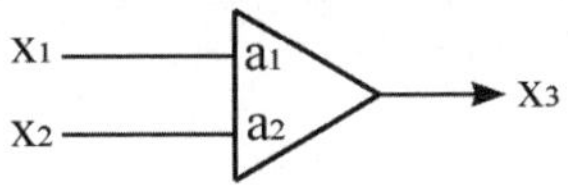

① $x_3 = -a_1x_1 - a_2x_2$
② $x_3 = a_1x_1 + a_2x_2$
③ $x_3 = (a_1 + a_2)(x_1 + x_2)$
④ $x_3 = -(a_1 - a_2)(x_1 + x_2)$

18. 개루우프 전달함수가 아래와 같을 때 근궤적의 가지 수(개)는?

$$G(s)H(s) = \frac{K}{s(s+1)(s+2)}$$

① 1 ② 2 ③ 3 ④ 4

19. $G(s) = 0.1\,s$이고 $\omega = 100$ [rad/sec]일 때, 계의 이득은 얼마인가?

① 20[dB] ② 30[dB] ③ 40[dB] ④ 50[dB]

20. 그림과 같은 궤환 제어계의 감쇠계수(제동비)는?

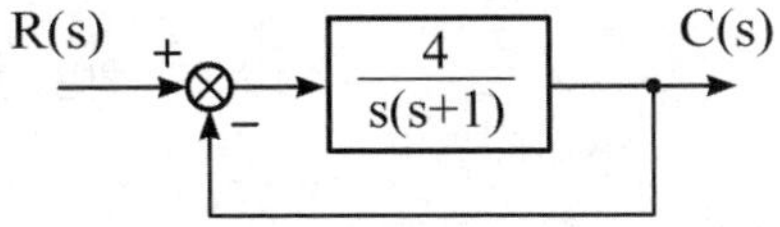

① $\zeta = 1$ ② $\zeta = \frac{1}{2}$ ③ $\zeta = \frac{1}{3}$ ④ $\zeta = \frac{1}{4}$

정답·해설

정답

01	02	03	04	05	06	07	08	09	10
④	①	②	②	③	①	②	②	④	④
11	**12**	**13**	**14**	**15**	**16**	**17**	**18**	**19**	**20**
①	①	④	③	②	④	①	③	①	④

해설

01 정답 ④

공기 콘덴서에 유리 유전체를 삽입하면 비유전율 ϵ_s배 만큼 용량이 증가하여 전하량도 ϵ_s배 만큼 증가한다.

따라서 공기 콘덴서가 유리 콘덴서와 동일한 전하를 축적하기 위해서는 ϵ_s배 만큼 전압을 가해야 하므로 2000[V]가 필요하다. $(Q = CV = \epsilon_s C_0 V)$

02 정답 ①

자계 내에 도체가 v[m/s]로 운동하면 도체에는 기전력이 유도된다. 도체의 운동방향과 자속밀도는 수직으로 쇄교하므로 기전력은 $e = Blv$가 발생된다.

방향은 아래 그림과 같이 플레밍 오른손 법칙에 의해 시계 방향으로 발생된다.

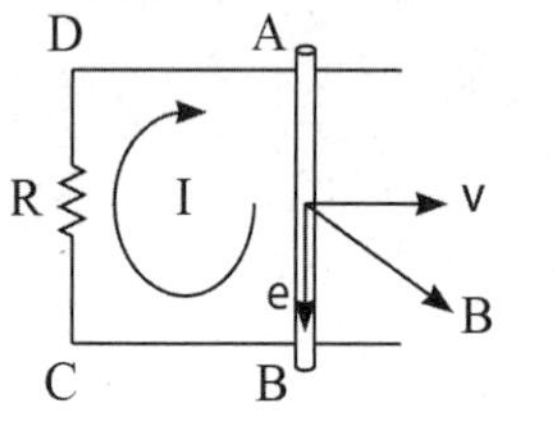

03 정답 ②

전파속도 $v = \frac{1}{\sqrt{\mu\epsilon}} = \frac{3\times10^8}{\sqrt{\mu_s\epsilon_s}} = \frac{C}{\sqrt{\mu_s\epsilon_s}} = \frac{C}{\sqrt{4\times4}} = \frac{C}{4}$이다.

04 정답 ②

㉮ 전기쌍극자에 의한 전위 $v = \frac{M\cos\theta}{4\pi\epsilon_0 r^2} \propto \frac{1}{r^2}$이다.

㉯ 자기쌍극자에 의한 자계의 세기 $|\vec{H}| = \frac{M}{4\pi\mu_0 r^3}\sqrt{1+3\cos^2\theta} \propto \frac{1}{r^3}$이다.

05 정답 ③

최대 유도기전력 $E_m = \omega N\phi_m = 2\pi fNB_mS[V]$이며, 여기서 N은 권선수, S는 단면적이다.

최대 유도기전력은 주파수 f와 최대 자속밀도 B_m에 비례하므로 f와 B_m가 모두 2배 증가하면 유도기전력은 4배 증가한다.

따라서 $E_2 = 4E_1$이다.

06 정답 ①

무한장 직선 도체의 자계의 세기($H = \frac{I}{2\pi r}$)에서 P점의 자계의 세기는 H_1과 H_2의 합력이 된다.

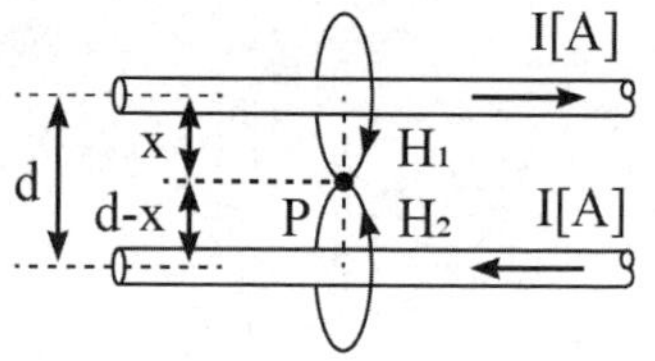

따라서 $H_P = H_1 + H_2 = \frac{I}{2\pi x} + \frac{I}{2\pi(d-x)} = \frac{I}{2\pi}(\frac{1}{x} + \frac{1}{d-x})$[AT/m]이다.

07 정답 ②

전하가 받는 힘(전기력) $F = \frac{Q^2}{4\pi\epsilon_0 r^2} = \frac{-Q^2}{4\pi\epsilon_0(2a)^2} = \frac{9\times10^9}{4} \times \frac{-Q^2}{a^2} = -\frac{9\times10^9}{4} \times \frac{4^2}{2^2}$

$= -9\times10^9$[N]

여기서, '−'는 흡인력을 의미한다.

08
정답 ②

전지의 내부저항을 r, 부하저항을 R로 표현하면 아래와 같이 나타낼 수 있다.

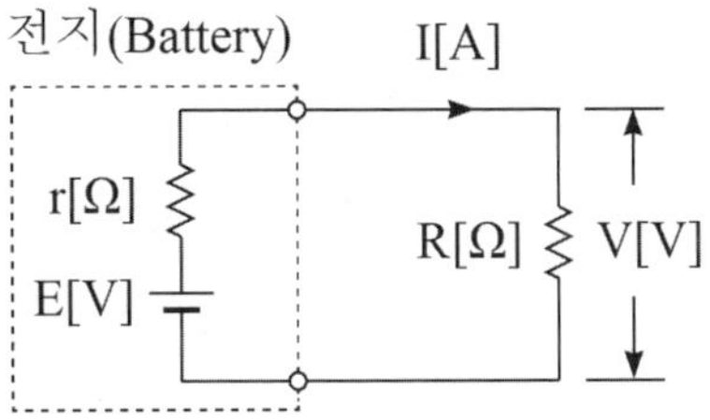

전류가 0.5[A]일 때 부하저항 $R=\frac{V}{I}=\frac{1.5}{0.5}=3[\Omega]$이고, 여기서 V는 부하의 단자전압이다.

따라서 기전력 $E=I(r+R)$ 관계에서 내부저항은 $r=\frac{E}{I}-R=\frac{1.6}{0.5}-3=0.2[\Omega]$이다.

09
정답 ④

직류분(교류의 평균값으로 해석)은

$a_0=\frac{1}{T}\int_0^T f(t)dt=\frac{1}{\pi}\int_0^\pi I_m \sin\omega t=\frac{2I_m}{\pi}$이다.

10
정답 ④

유효전력(소비전력) $P=W_1+W_2=500+300=800[W]$이다.

11
정답 ①

입력 단자는 A-B이고, 출력 단자는 C-D이다.

12
정답 ①

불평형률 $\%U=\frac{V_2}{V_1}\times100=\frac{25}{100}\times100=25[\%]$이다.

여기서 V_1은 정상분, V_2는 역상분이다.

13
정답 ④

특성임피던스(무손실 조건: $R=G=0$)은

$Z_0=\sqrt{\frac{L}{C}}=\sqrt{\frac{96\times10^{-3}}{0.6\times10^{-6}}}=400[\Omega]$이다.

14
정답 ③

T형 등가회로에서 4단자 정수는 다음과 같이 구할 수 있다.

- $A=1+\frac{Z_1}{Z_3}=1+\frac{4}{4}=2$
- $B=\frac{K}{Z_3}=\frac{Z_1Z_2+Z_2Z_3+Z_3Z_1}{Z_3}$
  $=\frac{4\times4+4\times4+4\times4}{4}=\frac{16\times3}{4}=12$
- $C=\frac{1}{Z_3}=\frac{1}{4}$
- $D=1+\frac{Z_2}{Z_3}=1+\frac{4}{4}=2$

따라서 잘못 구해진 것은 'C'이다.

15
정답 ②

제어요소는 동작신호(오차신호)를 제어대상의 제어신호인 조작량으로 변환시키는 요소이고, 조절부와 조작부로 구성되어 있다.

16
정답 ④

주어진 논리식들을 분석해보면 다음과 같다.

① $XY+X\overline{Y}=X(Y+\overline{Y})=X\cdot1=X$

② $(X+Y)(X+\overline{Y})=XX+X\overline{Y}+XY+Y\overline{Y}$
$=X+X\overline{Y}+XY+0=X(1+\overline{Y}+Y)$
$=X\cdot1=X$

③ $X(X+Y)=XX+XY=X+XY$
$=X(1+Y)=X\cdot1=X$

④ $X(\overline{X}+Y)=X\overline{X}+XY=0+XY=XY$

따라서 ④만 다른 값을 나타내고 있음을 알 수 있다.

17
정답 ①

반전 증폭기(OP-AMP)를 이용한 2입력 가산 증폭기의 등가 블록 선도는 아래와 같다.

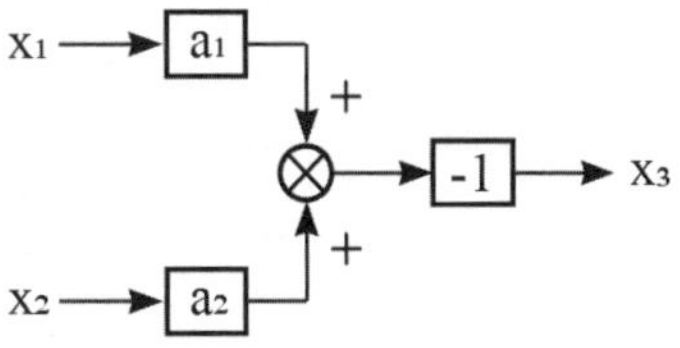

따라서 출력은 $x_3=-a_1x_1-a_2x_2$이다.

18
정답 ③

근궤적의 수는 극점과 영점의 수 중 큰 것에 의해 결정되거나 특성방정식의 차수에 의해 결정된다.

영점의 수 $Z=0$이고 극점의 수 $P=3$이므로, 근궤적 수는 3개가 된다.

19
정답 ①

주파수 전달함수 $G(j\omega)=j0.1\omega\,|_{\omega=100}=j10=10\angle90°$이다.

따라서 이득 $g=20\log|G(j\omega)|=20\log10=20[dB]$

20

정답 ④

전달함수 $M(s) = \dfrac{\dfrac{4}{s(s+1)}}{1+\dfrac{4}{s(s+1)}} = \dfrac{4}{s(s+1)+4}$이며,

특성방정식 $F(s) = s^2 + s + 4 = 0$이다.

이를 2차 제어계의 특성방정식 $F(s) = s^2 + 2\zeta\omega_n s + \omega_n^2$과 비교하여 ω_n과 ζ를 구할 수 있다.

상수항에서 $\omega_n^2 = 4$에서 고유각 주파수 $\omega_n = 2$이기에, 제동비가 $\zeta = \dfrac{1}{2\omega_n} = \dfrac{1}{4}$이므로 $\zeta < 1$이 되어 부족제동 상태가 된다.